山口県

〈収録内容〉

■ 平成30年度は、弊社ホームページで公開しております。
本ページの下方に掲載しておりますQRコードよりアクセスし、データをダウンロードしてご利用ください。

2023年度 ……………… 数・英・理・社・国

2022年度 ……………… 数・英・理・社・国

2021年度 ……………… 数・英・理・社・国

2020年度 ……………… 数・英・理・社・国

2019年度 ……………… 数・英・理・社・国

平成30年度 ……………… 数・英・理・社

解答用紙・音声データ配信ページへスマホでアクセス！ ⇒

※データのダウンロードは2024年3月末日まで。
※データへのアクセスには、右記のパスワードの入力が必要となります。 ⇒ 398726
※リスニング問題については最終ページをご覧ください。

〈各教科の受検者平均点〉

	数学	英語	理科	社会	国語	得点の合計
2023年度	21.6	25.6	24.5	27.1	27.1	125.8
2022年度	24.5	28.5	24.4	25.8	23.6	126.7
2021年度	25.7	27.4	31.0	33.2	28.9	146.3
2020年度	21.3 (5.0)	29.3 (6.2)	23.3	33.1	29.4 (8.1)	136.4 (19.3)
2019年度	26.8 (5.0)	27.0 (6.1)	28.7	30.7	30.2 (4.8)	143.3 (16.1)
2018年度	22.7 (7.8)	28.4 (10.2)	29.2	27.4	27.6 (9.1)	135.3 (27.2)

※各50点満点。
※(　)内は、学校指定教科検査。なお、合計は3教科全てを受検した者について集計したもの。

本書の特長

- POINT 1　解答は全問を掲載、解説は全問に対応！
- POINT 2　英語の長文は全訳を掲載！
- POINT 3　リスニング音声の台本、英文の和訳を完全掲載！
- POINT 4　出題傾向が一目でわかる「年度別出題分類表」は、約 10 年分を掲載！

実戦力がつく入試過去問題集

- ▶ 問題 …………… 実際の入試問題を見やすく再編集。
- ▶ 解答用紙 …… 実戦対応仕様で収録。
- ▶ 解答解説 …… 重要事項が太字で示された、詳しくわかりやすい解説。
  ※採点に便利な配点も掲載。

合格への対策、実力錬成のための内容が充実

- ▶ 各科目の出題傾向の分析、最新年度の出題状況の確認で、入試対策を強化！
- ▶ その他、志願状況、公立高校難易度一覧など、学習意欲を高める要素が満載！

解答用紙ダウンロード	解答用紙はプリントアウトしてご利用いただけます。弊社ＨＰの商品詳細ページよりダウンロードしてください。トビラのＱＲコードからアクセス可。
リスニング音声ダウンロード	英語のリスニング問題については、弊社オリジナル作成により音声を再現。弊社ＨＰの商品詳細ページで全収録年度分を配信対応しております。トビラのＱＲコードからアクセス可。
famima PRINT	原本とほぼ同じサイズの解答用紙は、全国のファミリーマートに設置しているマルチコピー機のファミマプリントで購入いただけます。※一部の店舗で取り扱いがない場合がございます。詳細はファミマプリント（http://fp.famima.com/）をご確認ください。
UD FONT	見やすく読みまちがえにくいユニバーサルデザインフォントを採用しています。

2023年度／山口県公立高校志願状況（全日制）

学校名・学科（コース）		入学定員	第一次募集の定員	第一志願者数	志願倍率
周防大島	普通	60	34	28	0.8
	地域創生	30	25	8	0.3
岩国	普通	200	200	191	1.0
	理数	40	28	33	1.2
坂上分校	普通	30	29	16	0.6
岩国総合	総合	105	69	63	0.9
高森	普通	90	39	29	0.7
岩国商	総合ビジネス	60	30	31	1.0
	国際情報	30	15	17	1.1
岩国工	機械	40	28	30	1.1
	電気	40	26	30	1.2
	都市工学	40	27	32	1.2
	システム化学	40	29	20	0.7
柳井	普通	130	104	120	1.2
柳井商工	ビジネス情報	60	44	34	0.8
	機械	30	23	18	0.8
	建築・電子	30	21	18	0.9
熊毛南	普通	80	60	64	1.1
田布施農工	生物生産	30	19	43	2.3
	食品科学	30	19	30	1.6
	都市緑地	30	27	31	1.1
	機械制御	30	22	26	1.2
光	普通	140	107	87	0.8
	総合	80	56	72	1.3
下松	普通	180	153	167	1.1
華陵	普通	80	60	66	1.1
	英語	40	28	23	0.8
下松工	システム機械	40	35	20	0.6
	電子機械	40	38	30	0.8
	情報電子	40	33	38	1.2
	化学工業	40	34	32	0.9
熊毛北	普通	30	30	15	0.5
	ライフデザイン	30	23	20	0.9
徳山	普通	260	260	277	1.1
	理数	40	32	51	1.6
新南陽	普通	150	105	134	1.3
徳山商工	総合ビジネス	40	22	24	1.1
	情報ビジネス	40	22	28	1.3
	機械	35	24	16	0.7
	電子情報技術	35	28	30	1.1
	環境システム	35	20	25	1.3
南陽工	機械システム	40	24	37	1.5
	電気	40	26	39	1.5
	応用化学	40	26	31	1.2
防府	普通	240	240	273	1.1
	衛生看護	40	30	38	1.3
防府西	総合	150	101	115	1.1
防府商工	商業	120	72	79	1.1
	情報処理	40	24	41	1.7
	機械	80	55	65	1.2
山口	普通	260	260	323	1.2
	理数	40	28	33	1.2
山口中央	普通	200	180	198	1.1
西京	普通	120	96	157	1.6
	（体育）	40	10	20	2.0
	総合ビジネス	40	32	43	1.3
	情報処理	40	32	41	1.3
山口農	生物生産	40	27	42	1.6
	食品工学	40	22	37	1.7
	生活科学	40	22	29	1.3
	環境科学	40	31	36	1.2
西市分校	総合	40	39	11	0.3
宇部	普通	160	160	199	1.2
	人文社会科学	40	56	70	1.3
	自然科学	40			
宇部中央	普通	160	104	121	1.2
宇部西	総合	105	97	119	1.2
宇部商	商業	90	58	66	1.1
	総合情報	30	22	25	1.1
宇部工	機械	40	30	27	0.9
	電子機械	40	32	29	0.9
	電気	35	28	29	1.0
	化学工業	35	29	20	0.7

学校名・学科(コース)		入学定員	第一次募集の定員	第一志願者数	志願倍率
小野田	普通	160	112	171	1.5
厚狭	普通	80	68	45	0.7
	総合家庭	35	27	32	1.2
小野田工	機械	30	21	26	1.2
	電子情報	30	21	27	1.3
	化学工業	30	25	24	1.0
美祢青嶺	普通	50	42	26	0.6
	機械	25	23	18	0.8
	電気	25	24	14	0.6
田部	普通	30	27	11	0.4
	総合生活	30	27	12	0.4
豊浦	普通	200	140	153	1.1
長府	総合	135	81	96	1.2
下関西	普通	160	160	158	1.0
	人文社会科学	35	49	39	0.8
	自然科学	35			
下関南	普通	160	112	128	1.1
下関北	普通	80	65	22	0.3
下関工科	機械工学	70	49	53	1.1
	電気工学	65	54	46	0.9
	建設工学	35	22	26	1.2
	応用化学工業	35	31	25	0.8
大津緑洋	普通	90	77	66	0.9
	生物生産	25	22	11	0.5
	生活科学	25	18	11	0.6
	海洋技術	25	17	23	1.4
	海洋科学	25	22	5	0.2
萩	普通	100	85	95	1.1
	人文社会科学	20	26	22	0.8
	自然科学	20			
奈古分校	総合	30	28	13	0.5
萩商工	総合ビジネス	30	16	8	0.5
	情報デザイン	30	16	22	1.4
	機械・土木	30	28	15	0.5
	電気・建築	30	22	21	1.0
下関商	商業	130	96	155	1.6
	情報処理	30			

※ 「第一次募集の定員」は入学定員から推薦入学合格内定者数を除いた数である。
「第一志願者数」は推薦合格内定者数を除いた数である。
「志願倍率」は「第一志願者数」を「第一次募集の定員」で割った数値である。

山口県公立高校難易度一覧

目安となる偏差値	公立高校名
75 ～ 73	
72 ～ 70	
	徳山(理数)
69 ～ 67	山口(理数)
	宇部(探究)，下関西(普／探究)，山口
66 ～ 64	岩国(理数)，宇部
	徳山
63 ～ 61	
	防府
	岩国
60 ～ 58	
	大津緑洋，下関南
57 ～ 55	下松，豊浦，萩(探究)，山口中央
	小野田，柳井
	萩
54 ～ 51	西京
	華陵(英語)，徳山商工(総合ビジネス／情報ビジネス)，光，防府(衛生看護)
	華陵，市下関商業(情報処理)，新南陽
	防府商工(商業／情報処理／機械)
50 ～ 47	岩国工業(機械／電気／都市工学／システム化学)，宇部工業(機械／電子機械／電気／化学工業)，西京(情報処理)，長府(総合)
	宇部商業(商業／総合情報)，西京(総合ビジネス)，市下関商業(商業)，萩商工(総合ビジネス／情報デザイン)
	岩国総合(総合)，宇部中央，熊毛南，徳山商工(機械／電子情報／技術環境システム)，防府西(総合)
	厚狭，岩国商業(総合ビジネス／国際情報)，下松工業(システム機械／電子機械／情報電子／化学工業)，下関工科(機械工学／電気工学／建設工学／応用化学工学)，光(総合)
46 ～ 43	下関北，萩商工(機械・土木／電気・建築)
	南陽工業(機械システム／電気／応用化学)，柳井商工(ビジネス情報)
	厚狭(総合家庭)，小野田工業(機械／電子情報／化学工業)，西京(体育)
	宇部西(総合)，熊毛北(ライフデザイン)，周防大島，田布施農工(機械制御)，山口農業(生物生産／食品工学／環境科学／生活科学)
42 ～ 38	熊毛北，周防大島(地域創生)，高森，田布施農工(生物生産／食品科学／都市緑地)，田部，柳井商工(機械／建築・電子)
	田部(総合生活)，美祢青嶺(普／機械／電気)
	大津緑洋(生物生産／生活科学／海洋技術／生活科学)，萩[奈古分校](総合)
	大津緑洋(海洋科学)
37 ～	山口農業[西市分校](総合)
	岩国[坂上分校]

＊(　)内は学科・コースを示します。特に示していないものは普通科(普通・一般コース)，または全学科(全コース)を表します。市は市立を表します。

＊データが不足している高校，または学科・コースなどにつきましては掲載していない場合があります。

＊公立高校の入学者は，「学力検査の得点」のほかに，「調査書点」や「面接点」などが大きく加味されて選抜されます。上記の内容は想定した目安ですので，ご注意ください。

＊公立高校入学者の選抜方法や制度は変更される場合があります。また，統廃合による閉校や学校名の変更，学科の変更などが行われる場合もあります。教育委員会などの関係機関が発表する最新の情報を確認してください。

数学　出題傾向の分析と合格への対策

出題傾向とその内容

〈最新年度の出題状況〉

本年度の出題数は，大問が9題，小問数にして23問と，昨年とほぼ同様であった。

出題内容は，大問1が数・式の計算，式の展開から基本問題が5問，大問2は二次方程式，円，変域，資料の散らばり・代表値から基本問題が4問，大問3は不等式，方程式の応用，大問4は平面図形の面積，相似な図形の体積比，大問5は資料の散らばり・代表値，確率，大問6は数の性質，大問7は作図，三角形の合同の性質を利用した図形の証明，大問8は図形と関数・グラフの融合問題，大問9は文字式の利用，比例の利用となっていた。

〈出題傾向〉

問題の出題数は，ここ数年，大問数で10題前後，小問数で26問前後で定着している。例年，大問数は10題前後と多いが，ほとんどの問題は，基礎的・基本的な学習事項の理解度をみる問題で構成されている。多少応用力を必要とする問題もあるが，教科書を中心とした学校の教材をしっかり学習すれば十分解ける問題である。

ここ数年，大問1では，数・式や平方根から，基本的な計算問題が5問，大問2では，数と式，方程式・不等式，関数，図形，資料の活用の分野から，数学の基本的な能力を問う問題が4問出題されている。これらの問題は確実に得点したい。大問2は大問1よりも応用力を必要とする小問群であり，この出題形式は今後も続くものと思われる。毎年，大問数で1～2題，図形と関数・グラフ，図形と確率，関数・グラフと確率など，複数の単元にわたる数学的理解度を問う融合問題が出題されている。また，図形の証明や作図問題も，例年，必ず出題されている。

来年度の予想と対策

まず，すべての領域について，基礎的な知識や計算力を身につけておくことが大切である。

問題自体はいずれも基礎的・基本的なものであるが，問題をざっと見て，どの問題が解きやすいかを短時間に見きわめ，解けそうにないと思ったときは，すぐに他の問題に取り組むことが重要であろう。また，問題が多いので，正確に速く解く練習も必要である。

また，方程式の利用の問題，数の性質や規則性の問題，関数$y=ax^2$，場合の数と確率，三角形の合同や相似の証明問題がほとんど毎年出題されており，このような傾向を念頭において学習をしておくことも大切である。図形と関数・グラフや図形と確率の融合問題は出題される年とされない年があるが，このような応用問題へも柔軟に対応できるような準備も確実にしよう。

⇨学習のポイント

- 授業や学校の教材を中心に全分野の基礎力をまんべんなく身につけよう。
- 日頃の学習で，的確な時間配分ができるよう，訓練しておこう。

年度別出題内容の分析表　数学

出題内容			26年	27年	28年	29年	30年	2019年	2020年	2021年	2022年	2023年
数と式		数の性質	○	○	○	○	○	○		○		○
		数・式の計算	○	○	○	○	○	○	○	○	○	○
		因数分解			○			○	○			
		平方根		○	○	○	○	○	○	○	○	○
方程式・不等式		一次方程式	○	○	○	○	○	○	○	○	○	
		二次方程式	○	○	○	○	○		○	○	○	○
		不等式				○		○		○	○	
		方程式の応用	○	○	○	○	○	○	○	○	○	○
関数		一次関数	○	○	○	○	○	○		○	○	○
		関数 $y = ax^2$	○	○	○	○	○	○	○	○	○	○
		比例関数	○	○	○	○		○	○	○		○
		関数とグラフ	○		○	○	○	○	○	○	○	○
		グラフの作成										
図形	平面図形	角度	○	○	○	○	○	○	○	○	○	○
		合同・相似	○	○	○	○	○	○	○	○	○	○
		三平方の定理	○	○	○	○	○	○	○		○	○
		円の性質	○	○	○	○	○	○	○	○	○	○
	空間図形	合同・相似			○							
		三平方の定理										
		切断									○	
	計量	長さ	○	○	○	○	○	○	○	○	○	○
		面積	○	○	○	○	○	○	○	○	○	○
		体積	○		○	○			○	○	○	○
	証明		○	○	○	○	○	○	○	○	○	○
	作図		○	○	○	○	○	○	○	○	○	○
	動点		○	○			○					
データの活用		場合の数	○		○	○						
		確率	○	○	○	○	○	○	○	○	○	○
		資料の散らばり・代表値(箱ひげ図を含む)	○	○	○	○	○	○	○	○	○	○
		標本調査					○				○	
融合問題		図形と関数・グラフ	○					○	○		○	○
		図形と確率	○									
		関数・グラフと確率										
		その他										
その他			○				○	○	○		○	○

―山口県公立高校―

英語 出題傾向の分析と合格への対策

出題傾向とその内容

〈最新年度の出題状況〉

本年度の大問構成は，リスニングが1題，対話文読解問題が2題，長文読解問題が2題，条件英作文問題が1題の合計6題であった。

昨年度と比べると，本年度は長文読解問題2題の出題順番の変更こそあったが，大問ごとの出題内容に大きな変更は見られなかった。

リスニング問題は，対話を聞いてから英語の問いに対する答えを選ぶもの，対話に続く英文を選ぶもの，英語を聞いてワークシートを完成させるものだった。配点は50点満点中13点(26%)で，他の都道府県と比較すると標準的な割合であった。

対話文・長文読解問題は，英文全体の概要をつかむ力と，英文に関するグラフや発表スライドなどの資料を読み取る力も求められている。

条件英作文は，前後のつながりが自然かを確認したうえで，自分の考えを書く必要がある

〈出題傾向〉

今年度も文法・語句問題が対話文読解の形式で出題された。基本的な語句補充問題と，語形変化問題であった。問題のレベルは標準的で，基本的な単語や熟語，文法の知識が重要となる。

対話文・長文読解問題では，内容を読みとって答える設問が多いため，読解の正確さが要求される。

対話文中の条件英作文は，基本的な文法や語句の正確な活用が求められる。また，対話の流れをつかんで，自分の考えを英語にしなければならない。

来年度の予想と対策

問題の量・レベルともに標準的なものなので，教科書の内容をしっかりと理解しておけばよいだろう。ただし，英文全体の概要を把握する必要のある問題が多く出題されているので，時間配分に気を配りながら，問題集などを用いて練習しておくこと。日頃から，英文を読むときに全体の概要を把握しながら読むように練習したり，英文と資料(図や表，グラフなど)が一緒になっている問題をすばやく解くように練習したりすると効果的だろう。

リスニングテストは，音声を利用し，日頃から英語を聞くことに慣れておくことが大切である。特にテスト3のように，放送される英文を聞きながら，ワークシートやメモなどの空所に語句を補充する形式には，類題を通じて慣れておきたい。

⇨学習のポイント

・教科書レベルの標準的な語い・表現をしっかり身につけよう。
・短いものでよいので，英文を書く練習を日頃からしておこう。
・リスニングに備えて，耳を英語に慣れさせよう。

年度別出題内容の分析表　英語

		出題内容	26年	27年	28年	29年	30年	2019年	2020年	2021年	2022年	2023年
設問形式	リスニング	絵・図・表・グラフなどを用いた問題										
		適文の挿入	○	○	○		○	○	○	○	○	○
		英語の質問に答える問題	○	○	○	○	○	○	○	○	○	○
		英語によるメモ・要約文の完成	○	○	○	○	○	○	○	○	○	○
		日本語で答える問題										
		書き取り										
	語い	単語の発音										
		文の区切り・強勢										
		語句の問題										
	読解	語句補充・選択（読解）	○	○	○	○	○	○	○	○	○	○
		文の挿入・文の並べ換え	○	○			○	○	○	○	○	○
		語句の解釈・指示語	○	○	○	○	○	○	○	○	○	○
		英問英答（選択・記述）	○	○	○	○	○	○	○	○	○	○
		日本語で答える問題	○									
		内容真偽	○					○	○	○	○	○
		絵・図・表・グラフなどを用いた問題		○	○		○	○	○	○	○	○
		広告・メール・メモ・手紙・要約文などを用いた問題	○	○	○	○	○	○	○	○	○	○
	文法	語句補充・選択（文法）						○	○	○	○	○
		語形変化		○			○	○	○	○	○	○
		語句の並べ換え	○	○	○	○	○	○	○	○		
		言い換え・書き換え										
		英文和訳										
		和文英訳	○		○							
		自由・条件英作文	○	○	○	○	○	○	○	○	○	○
文法事項		現在・過去・未来と進行形		○	○		○	○	○	○	○	○
		助動詞	○		○	○	○	○	○	○	○	○
		名詞・冠詞・代名詞			○			○	○	○	○	○
		形容詞・副詞	○		○		○	○	○	○	○	○
		不定詞	○	○	○	○	○	○	○	○	○	○
		動名詞			○	○	○	○	○	○	○	○
		文の構造（目的語と補語）					○	○		○	○	
		比較		○	○	○	○		○	○	○	○
		受け身				○		○	○	○		○
		現在完了		○		○	○		○	○	○	
		付加疑問文										
		間接疑問文				○				○		
		前置詞	○				○	○	○	○	○	○
		接続詞	○			○	○	○	○	○	○	○
		分詞の形容詞的用法				○	○		○	○		○
		関係代名詞		○	○	○	○		○	○		○
		感嘆文										
		仮定法										○

理科 出題傾向の分析と合格への対策

出題傾向とその内容

〈最新年度の出題状況〉

本年度の出題数は，大問が9題，小問数にして例年通り30～35問の出題数である。今年は，生物，化学，物理，地学分野から大問2題ずつと，最後の問題は複合問題であった。

〈出題傾向〉

それぞれの分野で領域全体から問題が構成されていた。身近な自然の事物，現象から出題されており，平素の理科の学習の成果を問う基礎的な内容で，解答形式は記述，論述，作図，計算，選択とさまざまで，かたよりはない。また，実験を通じて手順や注意，結果分析からの出題が多く，実験の意味を素早くとらえる必要がある。応用的な実験の題材が見られるが，教科書の内容をきちんと理解しておけば解ける問題ばかりである。

物理的領域　内容自体はスタンダードであり，比較的解きやすい問題群であった。事前に練習を積んでいれば難なく解けたであろう。

化学的領域　見慣れない実験をともなうため，正確な知識，思考力を要求される出題が目立った。化学に関する基本的な内容や，実験の方法としくみ，考え方の技術が身についていれば問題なく解答できたであろう。

生物的領域　応用的な実験や問題について出題された。正しく詳細な知識や求められる一面もあるが，標準レベルではあるので，落ち着いて取り組もう。

地学的領域　観察結果や資料をもとにした思考力を要する題材を使った出題であった。確かな理解と知識を要求される内容であるため，しっかりとした事前の準備に努めよう。

来年度の予想と対策

今年度はそれぞれの分野から2問ずつと，複合問題が出題されたが，全体的に広い分野から出題されている。数年間出題されなかった分野から出題されることもあるので，全体にかたよりのないしっかりした学力を養っておくことが必要である。教科書の実験を応用させた問題が多く出題されているので，教科書の重要事項は確実な知識として習得しておく必要がある。来年度もグラフや図や表の読み取りや作図の問題が出題されることが考えられるため，データ分析になれておく必要がある。実験操作なども手順と結果，注意事項を憶えておき，文章でまとめたり，図で表すことができるようにしておこう。

⇨学習のポイント

- 教科書の図や表など，詳細な部分までふくめ，単元全体にわたる知識を身につけよう。
- 基本的事項やあらゆる現象が起こる理由など，文章で説明する練習を積んでいこう。

年度別出題内容の分析表　理科

※★印は大問の中心となった単元

分野	学年	出題内容	26年	27年	28年	29年	30年	2019年	2020年	2021年	2022年	2023年
第一分野	第1学年	身のまわりの物質とその性質			○		○	★	○	○	★	
		気体の発生とその性質	★	○		○	○	○	○			○
		水溶液	○	★	○				★	○		
		状態変化			○					○		
		力のはたらき(2力のつり合いを含む)	○		★		○				○	○
		光と音	★	★		★			○	★	★	
	第2学年	物質の成り立ち					★	○				
		化学変化，酸化と還元，発熱・吸熱反応	○			○	○	★		○		○
		化学変化と物質の質量		★		★	○	★		★		
		電流(電力，熱量，静電気，放電，放射線を含む)	○		○		★		★	○		★
		電流と磁界	○	★				★		★		
	第3学年	水溶液とイオン，原子の成り立ちとイオン			★	★					★	○
		酸・アルカリとイオン，中和と塩	★				★		★		○	
		化学変化と電池，金属イオン					○			★		★
		力のつり合いと合成・分解(水圧，浮力を含む)	○		○	○	★		○		○	○
		力と物体の運動(慣性の法則を含む)						○	★			
		力学的エネルギー，仕事とエネルギー		○		★			○			○
		エネルギーとその変換，エネルギー資源		○	○			★			○	
第二分野	第1学年	生物の観察と分類のしかた							○	○		
		植物の特徴と分類	○	★	★	○				○	★	○
		動物の特徴と分類					○				○	★
		身近な地形や地層，岩石の観察					○		○	○		
		火山活動と火成岩	★				★		○	○	○	
		地震と地球内部のはたらき		★							★	
		地層の重なりと過去の様子				★	○		★	★		
	第2学年	生物と細胞(顕微鏡観察のしかたを含む)		★		○	○	○				
		植物の体のつくりとはたらき		○		★	★	★		○		
		動物の体のつくりとはたらき	★		★	★	○	○	★	○	★	★
		気象要素の観測，大気圧と圧力	○		○		○	★	★		★	○
		天気の変化	○		○							○
		日本の気象				★						○
	第3学年	生物の成長と生殖				★		★	★	★		
		遺伝の規則性と遺伝子	★									
		生物の種類の多様性と進化										
		天体の動きと地球の自転・公転						★		★		
		太陽系と恒星，月や金星の運動と見え方		★	★		★					★
		自然界のつり合い		★								○
自然の環境調査と環境保全，自然災害												
科学技術の発展，様々な物質とその利用							○				
探究の過程を重視した出題			○	○	○	○	○	○	○	○	○	○

社会　出題傾向の分析と合格への対策

出題傾向とその内容

〈最新年度の出題状況〉

本年度の出題数は大問6題，設問数44題である。解答形式は記号選択式17題，語句記入14題，ならべかえが1題，短文の記述問題も11問出題されている。また，グラフ作成も1問出されている。大問数は，日本地理1題，世界地理1題，歴史2題，公民1題，総合問題1題であり，小問数は各分野のバランスがとれていると言える。細かい知識を問う問題はなく，基礎・基本の定着と，資料を活用する力を試す総合的な問題が出題の中心となっている。

地理的分野では，略地図・表・グラフ・地形図を読み取り，諸地域の特色・産業・貿易・交通・通信などを考える出題となっている。歴史的分野では，コラムや絵図や画像や歴史地図等資料をもとに，日本の歴史を総合的に問う内容となっている。公民的分野では，政府の役割・財政・国際連合に関する基礎的な知識が問われている。

〈出題傾向〉

地理的分野では，地図・地形図・表・グラフなどが用いられており，産業や気候などから出題され，世界地理では各国の成り立ちや民族の特徴，貿易など広範囲から出題されている。

歴史的分野では，絵や写真などの資料が多く用いられており，資料から政治・外交・文化などを問う出題がされている。

公民分野では，政治のしくみ，くらしと経済，国際関係等から出題され，基礎的知識を幅広く問うものとなっている。

来年度の予想と対策

来年度も例年とほぼ変わりない出題が予想される。今年は記述問題も多数出題されたが，内容は基礎的なものが中心となるだろう。

対策としては，地理では教科書の内容を確実に把握することが必要である。特に，資料集や地図帳を活用することが大切である。基本的な問題練習も，同一問題をくり返しやろう。

歴史では，資料を活用して歴史の流れや外国との関連をつかみ，教科書の資料などから，重要事項に関してチェックする必要があるだろう。さらに，重要事項同士の因果関係を理解しよう。

公民では，教科書の内容の把握や，政治・経済や環境問題をチェックしておくことが重要となるだろう。特に，国際社会に関心をもって調べておくことも大切である。

過去には，時事問題もよく出題されているので，押さえておきたい。また，選択問題や語句を確実に解答できるように実力をつけておこう。記述問題にも多くの時間をかけて，誤字などに気をつけて書く練習をしていこう。

⇨学習のポイント

・地理では各種資料・地形図の読み取りと地形図の理解を深めよう！
・歴史では各種資料を活用して理解を深めよう！
・公民では政治・経済に注目して知識とニュースを結び付けよう！

年度別出題内容の分析表　社会

分野	区分	出題内容	26年	27年	28年	29年	30年	2019年	2020年	2021年	2022年	2023年
地理的分野	日本	地形図の見方	○	○	○	○	○	○	○	○	○	○
		日本の国土・地形・気候			○	○	○	○	○	○	○	○
		人口・都市		○		○	○	○	○		○	○
		農林水産業				○	○	○	○	○	○	○
		工業				○	○	○	○	○	○	○
		交通・通信	○	○								○
		資源・エネルギー									○	
		貿易		○	○				○			○
	世界	人々のくらし・宗教		○			○		○		○	○
		地形・気候	○	○		○	○	○	○	○	○	○
		人口・都市			○	○	○	○	○	○	○	○
		産業	○		○	○		○			○	○
		交通・貿易	○		○			○	○	○		○
		資源・エネルギー									○	
	地理総合											
歴史的分野	日本史―時代別	旧石器時代から弥生時代							○			
		古墳時代から平安時代	○	○	○	○	○	○	○	○	○	○
		鎌倉・室町時代	○	○	○	○	○	○	○	○	○	○
		安土桃山・江戸時代	○	○	○	○	○	○	○	○	○	○
		明治時代から現代	○	○	○	○	○	○	○	○	○	○
	日本史―テーマ別	政治・法律	○	○	○	○	○	○	○	○	○	○
		経済・社会・技術	○	○	○	○	○	○	○	○	○	○
		文化・宗教・教育	○	○	○	○	○	○	○	○	○	○
		外交	○	○	○	○	○	○	○	○	○	○
	世界史	政治・社会・経済史					○	○	○	○	○	○
		文化史	○				○				○	
		世界史総合										
	歴史総合											
公民的分野		憲法・基本的人権	○	○			○	○	○	○	○	○
		国の政治の仕組み・裁判	○	○	○	○	○	○	○	○	○	○
		民主主義										○
		地方自治					○	○	○			
		国民生活・社会保障		○	○	○		○	○	○	○	○
		経済一般	○	○	○	○	○	○	○	○	○	○
		財政・消費生活	○	○	○	○	○	○	○	○	○	
		公害・環境問題	○	○				○		○	○	
		国際社会との関わり	○		○	○			○	○	○	○
時事問題												
その他				○	○							○

―山口県公立高校―

国語 ●●●● 出題傾向の分析と合格への対策 ●●●●

出題傾向とその内容

〈最新年度の出題状況〉

本年度の出題数は全大問6題。小説，論説文，漢文，会話文それから漢字の読み書きである。

一の小説では，心情や話の流れを読み取る問題を中心に，知識問題として筆順・品詞の問題などが出題された。

二の論説文では，記述による説明問題を含む内容の読解のほか，文法問題や40字程度の記述問題が見られた。

三の漢文では，返り点，内容吟味の問題が出題された。

四の発表原稿では読みとりと文脈把握の問題が出題された。

五の漢字・仮名遣いの問題や文脈を把握する問題が出題された。

六は，作文。2つのスローガンのうち，1つを選び，その理由を160字以上240字以内で書く作文が出題された。

〈出題傾向〉

小説は，十代を主人公にしたものが扱われることが多く，読みやすい内容だと言えるだろう。登場人物の行動や発言から，正確に心情を読み取る力が求められている。

論説文もわかりやすい内容である。文章中で筆者が述べていることについての書き抜きや指定された語句を用いてまとめるといった記述問題がよく見られる。

現代文では，文章全体の表現の特徴をとらえる問題も見られる。

古文・漢文は，歴史的仮名遣い・返り点といった基本的な知識を問うものが必出。内容理解に関するものが中心である。

作文は，会話文を読み取り，それに関係する身近なテーマで体験を交えて自分の考えを述べるという形式が続いている。

知識問題は，漢字の読みと書き取りが必ず出題されるほか，文法や語句に関する問題が多い。

来年度の予想と対策

文学的文章の読解，説明的文章の読解，古文，漢文，作文という構成は，今後も続くと予想される。

読解問題に強くなるためには，数多くの文章にあたり，筆者の主張を読み取る練習や，主人公の心情を読み取る練習を重ねることが大切である。

古文・漢文は，歴史的仮名遣いや返り点など基本的な知識をおさえておきたい。文章を読みながら，主語が誰であるかということや，会話文はどこまでかを把握するようにしよう。

作文の対策は，書いてみること。さまざまなテーマで，具体的な体験をもとに自分の意見を簡潔に述べる練習をすることが有効だ。

知識問題は，漢字の読みや書き取りのほか，書写，文法，語句に関する問題に取り組んでおこう。

⇨学習のポイント

・問題集などで，多くの読解問題に取り組もう。
・さまざまなテーマで作文の練習をしておこう。
・教科書を使って，漢字の練習をよくしよう。

年度別出題内容の分析表　国語

出題内容			26年	27年	28年	29年	30年	2019年	2020年	2021年	2022年	2023年
内容の分類	読解	主題・表題	○									
		大意・要旨	○		○	○	○	○	○	○	○	○
		情景・心情	○	○	○	○	○	○	○	○	○	○
		内容吟味	○	○	○	○	○	○	○	○	○	○
		文脈把握	○	○	○	○	○	○	○	○	○	○
		段落・文章構成			○			○			○	
		指示語の問題	○		○	○	○					○
		接続語の問題				○				○		
		脱文・脱語補充	○	○	○	○	○	○	○	○	○	○
	漢字・語句	漢字の読み書き	○	○	○	○	○	○	○	○	○	○
		筆順・画数・部首	○		○	○	○	○	○	○	○	○
		語句の意味	○						○			○
		同義語・対義語	○			○		○				
		熟語		○		○	○			○	○	○
		ことわざ・慣用句	○							○		
		仮名遣い	○	○	○	○	○	○	○	○	○	○
	表現	短文作成						○				
		作文(自由・課題)	○	○	○	○	○	○	○	○	○	○
		その他										
	文法	文と文節			○	○						○
		品詞・用法		○	○		○	○	○	○	○	○
		敬語・その他				○	○			○		
	古文の口語訳			○							○	○
	表現技法・形式				○	○	○			○	○	○
	文学史											
	書写			○								
問題文の種類	散文	論説文・説明文	○	○	○	○	○	○	○	○	○	○
		記録文・報告文										
		小説・物語・伝記	○	○	○	○	○	○	○	○	○	○
		随筆・紀行・日記										
	韻文	詩										
		和歌(短歌)										
		俳句・川柳										
	古文		○	○	○	○	○	○	○	○	○	○
	漢文・漢詩		○	○	○	○	○	○	○	○	○	○
	会話・議論・発表		○	○	○		○	○	○	○	○	○
	聞き取り											

不安という人なつっこい怪物。

曽我部恵一｜ミュージシャン

受験を前に不安を抱えている人も多いのではないでしょうか。今回はミュージシャンであり，３人の子どもたちを育てるシングルファーザーでもある曽我部恵一さんにご自身のお子さんに対して思うことをまじえながら，“不安”について思うことを聞いた。

曽我部恵一
'90年代初頭よりサニーデイ・サービスのヴォーカリスト／ギタリストとして活動を始める。2004年，自主レーベルROSE RECORDSを設立し，インディペンデント／DIYを基軸とした活動を開始する。以後，サニーデイ・サービス／ソロと並行し，プロデュース・楽曲提供・映画音楽・CM音楽・執筆・俳優など，形態にとらわれない表現を続ける。

── 子どもの人生を途中まで一緒に生きてやろうっていうのが，何だかおこがましいような気がしてしまう。

子どもが志望校に受かったらそれは喜ばしいことだし，落ちたら落ちたで仕方がない。基本的に僕は子どもにこの学校に行ってほしいとか調べたことがない。長女が高校や大学を受験した時は，彼女自身が行きたい学校を選んで，自分で申し込んで，受かったからそこに通った。子どもに「こういう生き方が幸せなんだよ」っていうのを教えようとは全く思わないし，勝手につかむっていうか，勝手に探すだろうなと思っているかな。

僕は子どもより自分の方が大事。子どもに興味が無いんじゃないかと言われたら，本当に無いのかもしれない。子どもと仲良いし，好きだけど，やっぱり自分の幸せの方が大事。自分の方が大事っていうのは，あなたの人生の面倒は見られないですよって意味でね。あなたの人生はあなたにしか生きられない。自分の人生って，設計して実際動かせるのは自分しかいないから，自分のことを責任持ってやるのがみんなにとっての幸せなんだと思う。

うちの子にはこの学校に入ってもらわないと困るんですって言っても，だいたい親は途中で死ぬから子どもの将来って最後まで見られないでしょう。顔を合わせている時，あのご飯がうまかったとか，風呂入るねとか，こんなテレビやってたよ，とかっていう表面的な会話はしても，子どもの性格とか一緒にいない時の子どもの表情とか本当はちゃんとは知らないんじゃないかな。子どもの人生を途中まで一緒に生きてやろうっていうのが，何だかおこがましいような気がしてしまう。

── 不安も自分の能力の一部だって思う。

一生懸命何かをやってる人，僕らみたいな芸能をやっている人もそうだけど，みんな常に不安を抱えて生きていると思う。僕も自分のコンサートの前はすごく不安だし，それが解消されることはない。もっと自分に自信を持てるように練習して不安を軽減させようとするけど，無くなるということは絶対にない。アマチュアの時はなんとなくライブをやって，なんとなく人前で歌っていたから，不安はなかったけど，今はすごく不安。それは，お金をもらっているからというプロフェッショナルな気持ちや，お客さんを満足させないとというエンターテイナーとしての意地なのだろうけど，本質的な部分は“このステージに立つほど自分の能力があるのだろうか”っていう不安だから，そこは受験をする中学生と同じかもしれない。これは不安を抱えながらぶつかるしかない。それで，ぶつかってみた結果，ライブがイマイチだった時は，僕は今でも人生終わったなって気持ちになる。だから，不安を抱えている人に対して不安を解消するための言葉を僕はかけることができない。受験生の中には高校受験に失敗したら人生終わると思ってる人もいるだろうし，僕は一つのステージを失敗したら人生終わると思ってる。物理的に終わらなくても，その人の中では終わる。それに対して「人生終わらないよ」っていうのは勝手すぎる意見。僕たちの中では一回の失敗でそれは終わっちゃうんだ。でも，失敗しても相変わらずまた明日はあるし，明後日もある。生きていかなきゃいけない。失敗を繰り返していくことで，人生は続くってことがわかってくる。子どもたちの中には，そこで人生を本当に終わらそうっていう人が出てくるかもしれないけど，それは大間違い。同じような失敗は生きてるうちに何度もあって，大人になっている人は失敗を忘れたり，見ないようにしたりするのをただ単に繰り返して生きてるだけなんだと思う。失敗したからこそできるものがあるから，僕は失敗するっていうことは良いことだと思う。挫折が多い方が絶対良い。若い頃に挫折とか苦い経験っていうのはもう財産だから。

例えば，「雨が降ってきたから，カフェに入った。そしたら偶然友達と会って嬉しかった」。これって，雨が降る，晴れるとか，天気みたいなもうどうしようもないことに身を委ねて，自然に乗っかっていったら，結局はいい出来事があったということ。僕は，無理せずにそういう風に生きていきたいなと思う。失敗しても，それが何かにつながっていくから，失敗したことをねじ曲げて成功に持っていく必要はないんじゃないかな。

不安を感じてそれに打ち勝つ自信がないのなら，逃げたらいい。無理して努力することが一番すごいとも思わない。人間，普通に生きると70年とか80年とか生きるわけで，逃げてもどこかで絶対勝負しなきゃいけない瞬間っていうのがあるから，その時にちゃんと勝負すればいいんじゃないかな。受験がどうなるか，受かるだろうか，落ちるだろうか，その不安を抱えている人は，少なからず，勝負に立ち向かっていってるから不安を抱えているわけで。それは素晴らしいこと。不安っていうのは自分の中の形のない何かで自分の中の一つの要素だから，不安も自分の能力の一部だって思う。不安を抱えたまま勝負に挑むのもいいし，努力して不安を軽減させて挑むのもいい。または，不安が大きいから勝負をやめてもいいし，あくまでも全部自分の中のものだから。そう思えば，わけのわからない不安に押しつぶされるってことはないんじゃないかな。

MEMO

大切なことはメモしておこうネ！

ダウンロードコンテンツのご利用方法

※弊社 HP 内の各書籍ページより，解答用紙などのデータダウンロードが可能です。

※巻頭「収録内容」ページの下部 QR コードを読み取ると，書籍ページにアクセスが出来ます。（ Step 4 からスタート）

Step 1 東京学参 HP（https://www.gakusan.co.jp/）にアクセス

Step 2 下へスクロール『フリーワード検索』に書籍名を入力

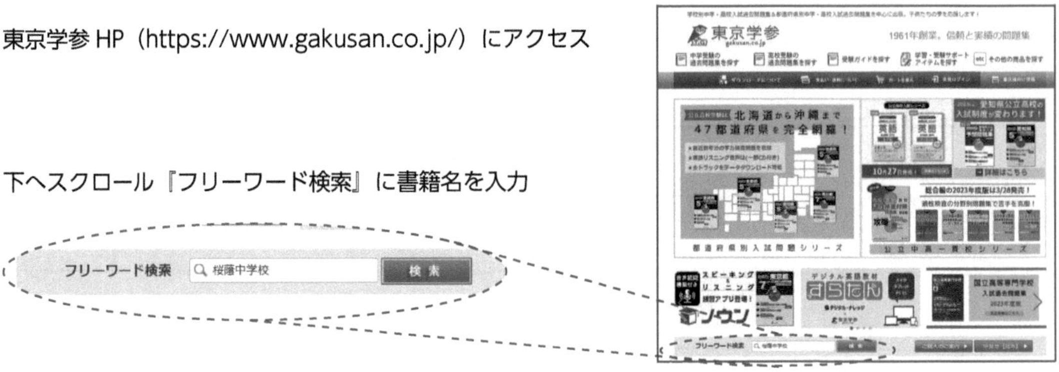

Step 3 検索結果から購入された書籍の表紙画像をクリックし，書籍ページにアクセス

Step 4 書籍ページ内の表紙画像下にある『ダウンロードページ』をクリックし，ダウンロードページにアクセス

Step 5 巻頭「収録内容」ページの下部に記載されているパスワードを入力し，『送信』をクリック

解答用紙・+αデータ配信ページへスマホでアクセス!　⇒

※データのダウンロードは 2024 年 3 月末日まで。

※データへのアクセスには，右記のパスワードの入力が必要となります。 ⇒ ●●●●●●

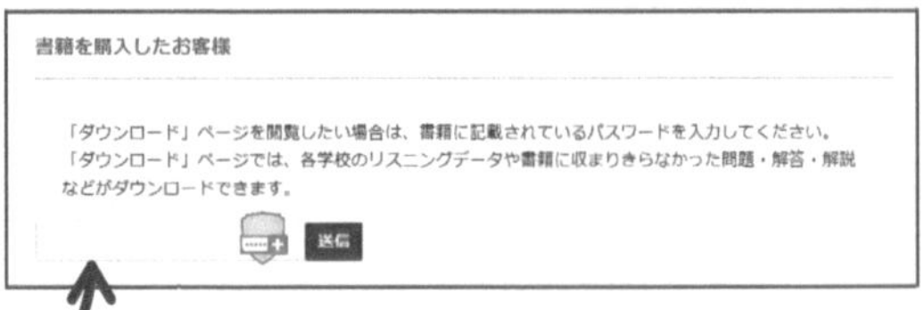

Step 6 使用したいコンテンツをクリック

※ PC ではマウス操作で保存が可能です。

山口県公立高等学校

2023年度

★★★★★★★★★★★★★★★★★★★★★★★

入　試　問　題

●くわしい解説……49ページ

＜数学＞ 時間 50分 満点 50点

1 次の(1)～(5)に答えなさい。

(1) $(-8) \div 4$ を計算しなさい。

(2) $\dfrac{5}{2}+\left(-\dfrac{7}{3}\right)$ を計算しなさい。

(3) $4(8x-7)$ を計算しなさい。

(4) $a=-2$，$b=9$ のとき，$3a+b$ の値を求めなさい。

(5) $(\sqrt{6}-1)(\sqrt{6}+5)$ を計算しなさい。

2 次の(1)～(4)に答えなさい。

(1) 二次方程式 $(x-2)^2-4=0$ を解きなさい。

(2) 右の図の円Oで，$\angle x$ の大きさを求めなさい。

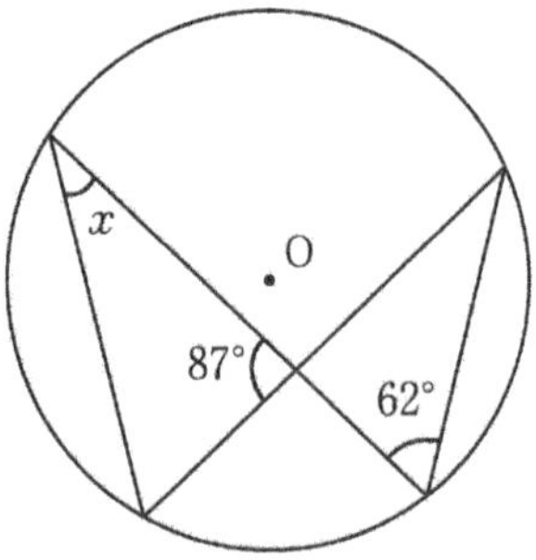

(3) 関数 $y=-2x^2$ について，次の ア ， イ にあてはまる数を求めなさい。

> x の変域が $-2 \leqq x \leqq 1$ のとき，y の変域は ア $\leqq y \leqq$ イ となる。

(4) 右の表は，ある中学校のウェブページについて，1日の閲覧数を30日間記録し，度数分布表にまとめたものである。

この度数分布表から1日の閲覧数の最頻値を答えなさい。

閲覧数（回）	度数（日）
以上　　未満	
0 ～ 20	1
20 ～ 40	6
40 ～ 60	9
60 ～ 80	10
80 ～ 100	3
100 ～ 120	0
120 ～ 140	1
計	30

3 数と式に関連して，次の(1)，(2)に答えなさい。

(1) 「1個あたりのエネルギーが20kcalのスナック菓子 a 個と，1個あたりのエネルギーが51kcalのチョコレート菓子 b 個のエネルギーの総和は180kcalより小さい」という数量の関係を，不等式で表しなさい。

(2) チョコレートにはカカオが含まれている。チョコレート全体の重さに対するカカオの重さの割合をカカオ含有率とし，次の式で表す。

$$\text{カカオ含有率（\%）} = \frac{\text{カカオの重さ}}{\text{チョコレート全体の重さ}} \times 100$$

カカオ含有率30％のチョコレートと，カカオ含有率70％のチョコレートを混ぜて，カカオ含有率40％のチョコレートを200 g作る。

このとき，カカオ含有率30％のチョコレートの重さを x g，カカオ含有率70％のチョコレートの重さを y gとして連立方程式をつくり，カカオ含有率30％のチョコレートの重さと，カカオ含有率70％のチョコレートの重さをそれぞれ求めなさい。

4 図形の計量について，あとの(1)，(2)に答えなさい。

(1) 図のように，半径6㎝で中心角60°であるおうぎ形をA，半径6㎝で弧の長さが6㎝であるおうぎ形をB，一辺の長さが6㎝の正三角形をCとする。

図

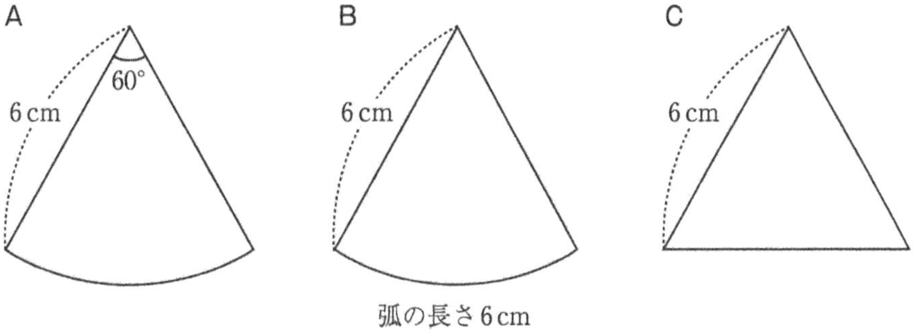

A，B，Cの面積について，次の $\boxed{a}$，$\boxed{b}$ にあてはまる語句の組み合わせとして正しいものを，下のア～エから1つ選び，記号で答えなさい。

・Aの面積よりもBの面積の方が $\boxed{a}$。
・Aの面積よりもCの面積の方が $\boxed{b}$。

ア　$\boxed{a}$：大きい　$\boxed{b}$：大きい
イ　$\boxed{a}$：大きい　$\boxed{b}$：小さい
ウ　$\boxed{a}$：小さい　$\boxed{b}$：大きい
エ　$\boxed{a}$：小さい　$\boxed{b}$：小さい

(2)　ある店では，１個400円のＭサイズのカステラと１個1600円のＬサイズのカステラを販売している。この店で販売しているカステラを直方体とみなしたとき，Ｌサイズのカステラは，Ｍサイズのカステラの縦の長さ，横の長さ，高さをすべて$\frac{5}{3}$倍したものになっている。

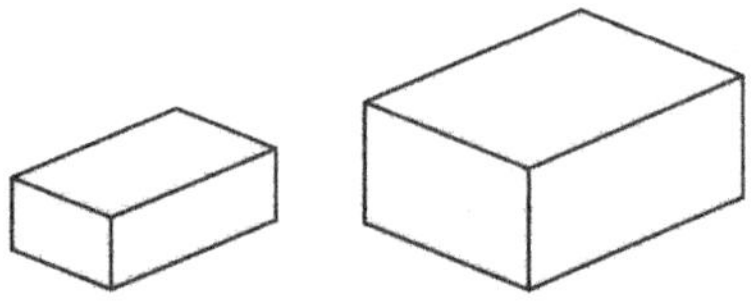

Ｍサイズ
400円

Ｌサイズ
1600円

1600円でＭサイズのカステラを４個買うのと，1600円でＬサイズのカステラを１個買うのとでは，どちらが割安といえるか。説明しなさい。

ただし，同じ金額で買えるカステラの体積が大きい方が割安であるとする。

5　Ｔさんが通う中学校では，毎年10月に各生徒の１週間の総運動時間（授業等を除く）を調査している。**図**は，その調査のうち，Ｔさんが所属する学年の生徒50人について，令和２年，令和３年，令和４年の各データを箱ひげ図に表したものである。

図

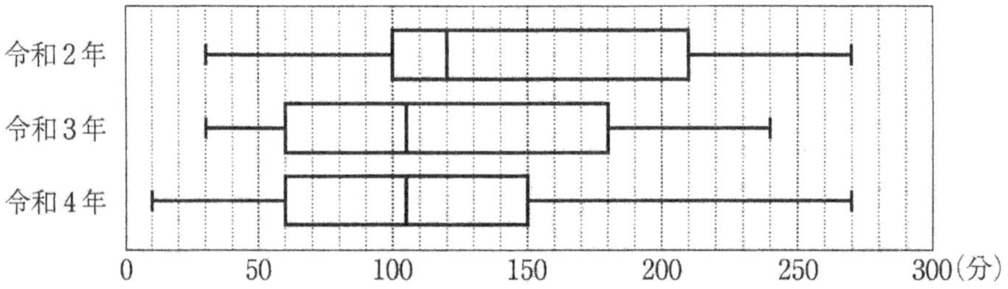

次の(1)，(2)に答えなさい。

(1)　**図**から読み取れることとして正しいものを，次の**ア**～**エ**から１つ選び，記号で答えなさい。

ア　すべての年で，１週間の総運動時間の最小値は30分となっている。

イ　１週間の総運動時間の四分位範囲は年々小さくなっている。

ウ　すべての年で，１週間の総運動時間が100分以上の人は25人以上いる。

エ　令和４年の１週間の総運動時間が150分以上の人数は，令和２年の１週間の総運動時間が210分以上の人数の２倍である。

(2)　Ｔさんは，**図**を見て，運動時間を増やしたいと考え，週に１回運動をする企画を立てた。そこで，種目を決めるためにアンケートを行い，その結果から人気のあった５種目をあげると，**表**のようになった。ただし，**表**の●は球技を表すものとする。

表の５種目の中から２種目を選ぶため，①，②，③，④，⑤の番号が１つずつかかれた５枚のくじを用意し，次のページの**選び方Ａ**と**選び方Ｂ**を考えた。

表

場所	種目	球技
グラウンド	①サッカー	●
	②ソフトボール	●
	③長縄跳び	
体育館	④ドッジボール	●
	⑤ダンス	

選んだくじが２枚とも球技である確率は，**選び方Ａ**と**選び方Ｂ**ではどちらが高いか。それぞれの選び方での確率を求めるまでの過程を明らかにして説明しなさい。

選び方A

・1つの箱を用意し，5枚のくじを入れる。

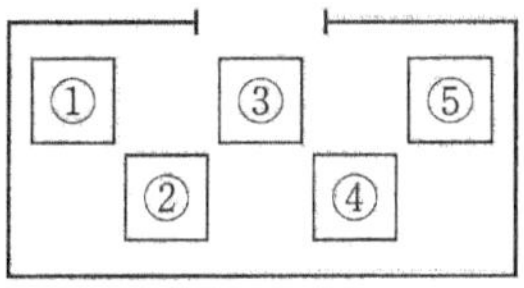

・箱の中のくじをよくかきまぜ，同時に2枚のくじを引く。

選び方B

・2つの箱を用意し，くじをグラウンドの種目と体育館の種目に分け，それぞれの箱に入れる。

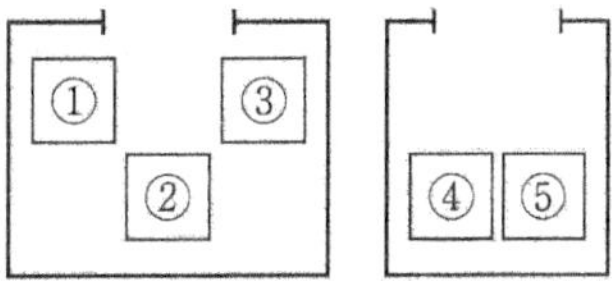

・箱の中のくじをよくかきまぜ，それぞれの箱から1枚ずつくじを引く。

6　Tさんは道路を走る車のナンバープレートを見て，自然数について考えた。
次の(1)，(2)に答えなさい。

(1)　Tさんは**図1**のようなナンバープレートを見て，「2けたの数71から2けたの数17をひいた式」と読み，「71－17＝54」になると考えた。また，17が71の十の位の数と一の位の数を入れかえた数であることに気づき，次のような**問題**をつくった。

図1

問題

2けたの自然数には，その数から，その数の十の位の数と一の位の数を入れかえた数をひくと54となるものがいくつかある。このような2けたの自然数のうち，最大の自然数を答えなさい。

問題の答えとなる自然数を求めなさい。

(2)　後日，Tさんは**図2**のようなナンバープレートを見て，連続する4つの偶数について，次のように考えた。

図2

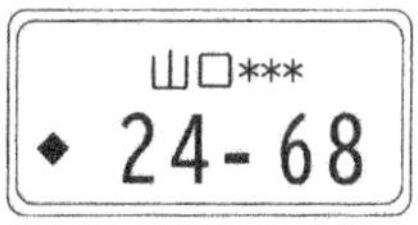

連続する4つの偶数のうち，小さい方から3番目と4番目の偶数の積から1番目と2番目の偶数の積をひく。例えば，連続する4つの偶数が，

2，4，6，8のとき，$6\times8-2\times4=48-8=40=8\times5$，

4，6，8，10のとき，$8\times10-4\times6=80-24=56=8\times7$，

6，8，10，12のとき，$10\times12-6\times8=120-48=72=8\times9$となる。

Tさんはこの結果から，次のように**予想**した。

予想

連続する4つの偶数のうち，小さい方から3番目と4番目の偶数の積から1番目と2番目の偶数の積をひいた数は，8の倍数である。

Tさんは，この予想がいつでも成り立つことを次のように説明した。下の□に式や言葉を適切に補い，Tさんの説明を完成させなさい。

説明

n を自然数とすると，連続する4つの偶数は $2n$，$2n+2$，$2n+4$，$2n+6$ と表される。これらの偶数のうち，小さい方から3番目と4番目の偶数の積から1番目と2番目の偶数の積をひいた数は，

$(2n+4)(2n+6)-2n(2n+2)=$

したがって，連続する4つの偶数のうち，小さい方から3番目と4番目の偶数の積から1番目と2番目の偶数の積をひいた数は，8の倍数である。

7　直角二等辺三角形について，次の(1)，(2)に答えなさい。

(1)　**図1**のように，AC＝BCの直角二等辺三角形ABCがあり，辺BCのCの方に延長した半直線BCをひく。AC＝2としたとき，半直線BC上にあり，$BP=1+\sqrt{5}$ となる点Pを定規とコンパスを使って作図しなさい。ただし，作図に用いた線は消さないこと。

図1

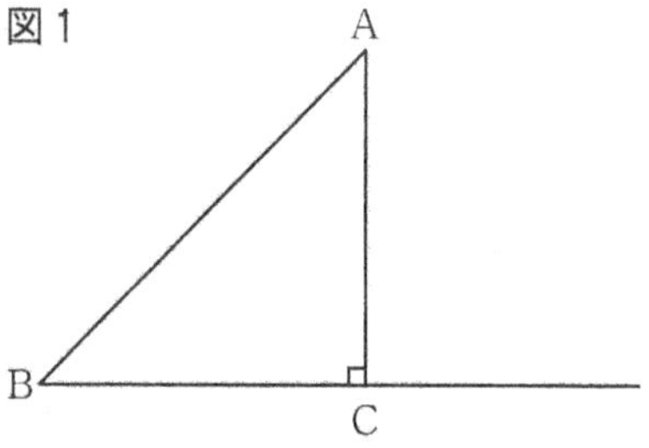

(2)　**図2**のように，AC＝BCの直角二等辺三角形ABCがあり，辺ACの延長上に，線分CDの長さが辺ACの長さより短くなる点Dをとる。また，点Aから線分BDに垂線AEをひき，線分AEと辺BCの交点をFとする。このとき，AF＝BDを証明しなさい。

図2

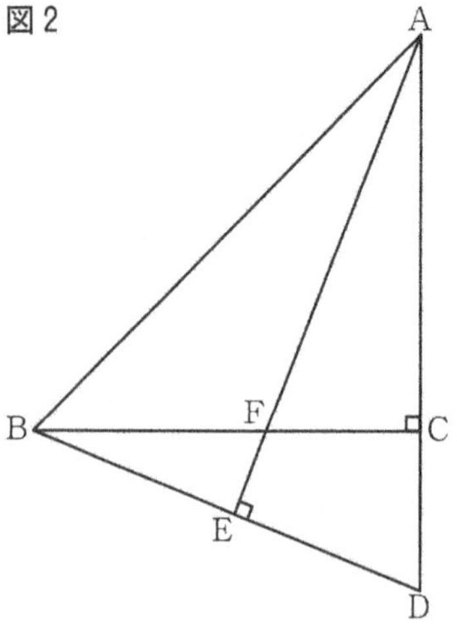

8　関数のグラフについて，次の(1)，(2)に答えなさい。

(1)　**図１**において，直線 ℓ は，$a<0$ である関数 $y=ax-1$ のグラフである。直線 ℓ と同じ座標軸を使って，関数 $y=bx-1$ のグラフである直線 m をかく。$a<b$ のとき，**図１**に直線 m をかき加えた図として適切なものを，下の**ア**～**エ**から１つ選び，記号で答えなさい。

図１

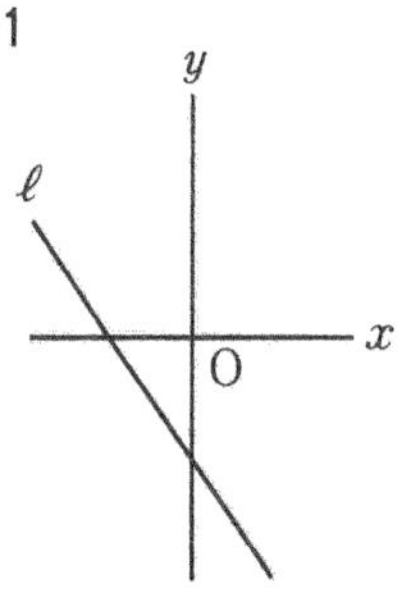

ア

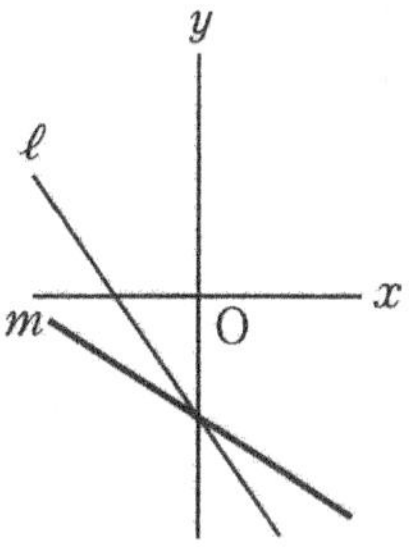

イ

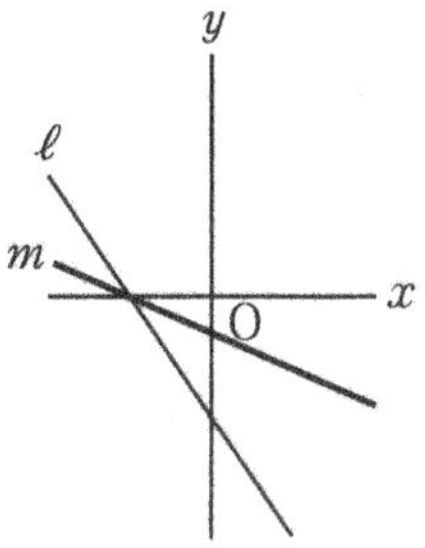

ウ

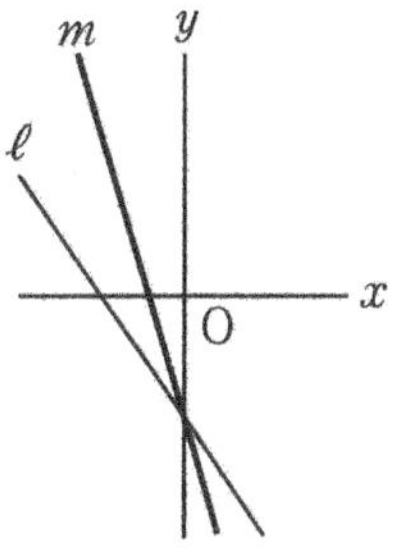

エ

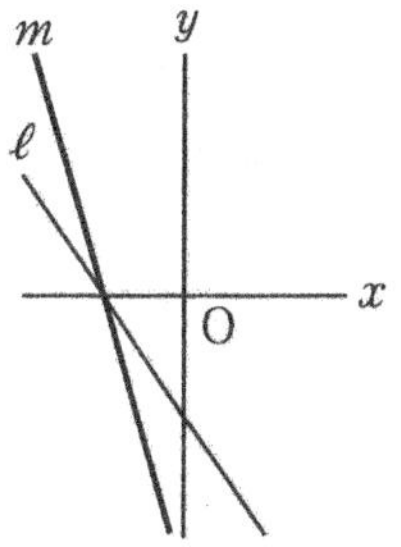

(2)　**図２**のように，関数 $y=x^2$ のグラフ上に２点A，Bがあり，それぞれの x 座標が -3，1 である。また，四角形ACBDは，線分ABを対角線とし，辺ADと x 軸が平行であり，辺ACと y 軸が平行である長方形である。このとき，長方形ACBDの面積を２等分し，傾きが $\frac{1}{2}$ である直線の式を求めなさい。

図２

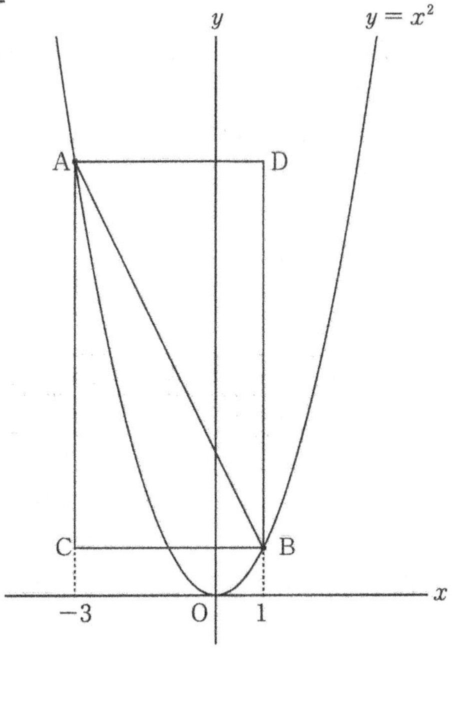

9　Ｔさんの住んでいる町に公園がある。

次の(1)，(2)に答えなさい。

(1)　Ｔさんが自宅から公園まで，毎時４kmの速さで歩くと，到着するまでにかかった時間は30分であった。Ｔさんが自宅から公園まで同じ道を，自転車に乗って毎時 a kmの速さで移動するとき，到着するまでにかかる時間は何分か。a を使った式で表しなさい。ただし，Ｔさんが歩く速さと，自転車に乗って移動する速さはそれぞれ一定であるとする。

(2)　この公園の地面は平らで，**図１**のような四角形ABCDの形をしている。四角形ABCDは，AD＝CD，AB＝10m，BC＝20m，∠ABC＝90°であり，面積は $\frac{800}{3}$ m²である。

この公園に街灯が設置されていなかったので，Ｔさんは街灯を設置したいと思い，次のように**仮定**して考えることにした。

図１

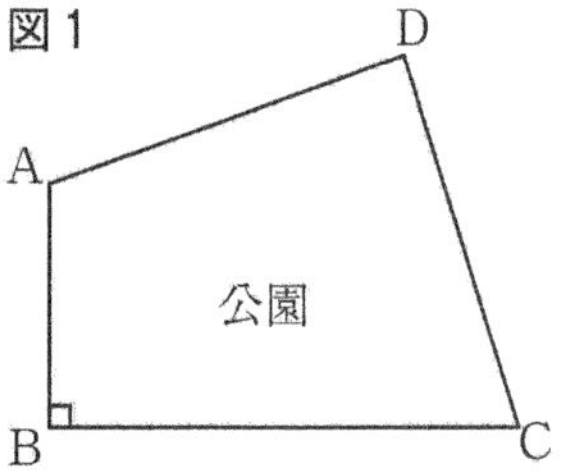

仮定

・**図２**のように，街灯は四角形ABCDの対角線ACの中点Mに１本だけ設置し，公園の地面全体を照らすようにする。

図２

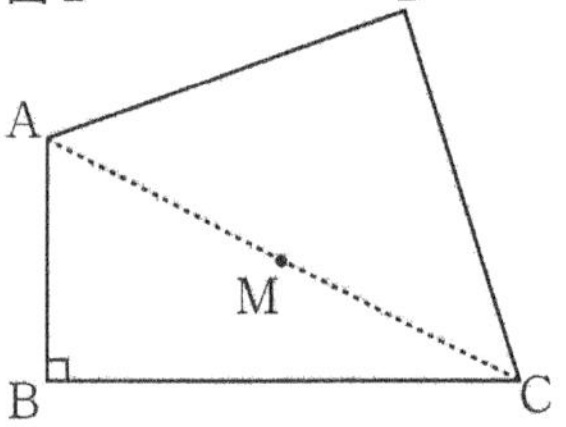

・街灯は地面に対して垂直に立て，街灯の先端に光源があるものとする。

・街灯の高さは光源から地面までの距離とし，自由に変えられるものとする。

・街灯が照らすことのできる地面の範囲は，街灯の根元をOとしたとき，Oを中心とする円の周上及び内部とし，その円の半径は街灯の高さに比例することとする。

・**図３**のように，街灯の高さが２mのとき，Oを中心とする半径10mの円の周上及び内部を照らすことができるものとする。

図３

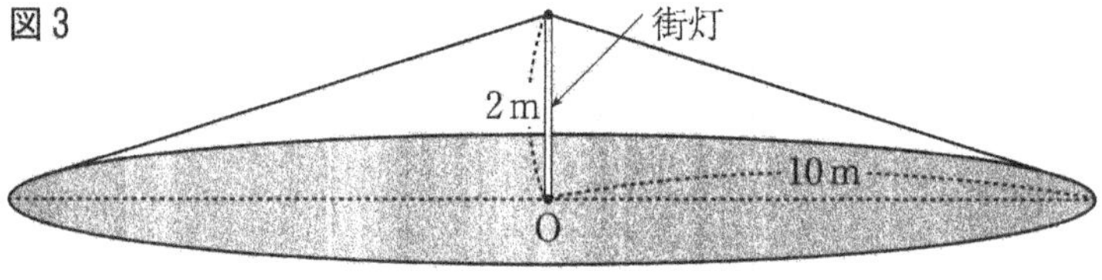

※ ■ は街灯が照らすことのできる地面の範囲を表している。

この**仮定**に基づいて，街灯を設置するとき，その高さは最低何m必要か。求めなさい。

＜英語＞　時間　50分　満点　50点

1　放送によるリスニングテスト

テスト１　４つの対話を聞いて，対話の内容に関するそれぞれの問いの答えとして最も適切なものを，１～４から１つずつ選び，記号で答えなさい。

No. 1　1 Today.　2 Tomorrow.　3 This Sunday.　4 Next Saturday.

No. 2
1 To get some vegetables and pizza.
2 To buy two tomatoes and an onion.
3 To make pizza with tomatoes.
4 To finish his homework.

No. 3
1 Yuko.　2 Yuko's brother.
3 Yuko's sister.　4 Mr. Smith.

No. 4
1 Because the restaurant isn't open.
2 Because it's too early to have lunch.
3 Because there are a lot of people in the restaurant.
4 Because Lucy doesn't know where the restaurant is.

テスト２　４つの対話を聞いて，それぞれの対話に続く受け答えとして最も適切なものを，１～４から１つずつ選び，記号で答えなさい。

No. 1
1 Yes, I can.　2 Thank you, please.
3 Well, I like your desk.　4 Sure, here you are.

No. 2
1 Yes, I will watch his drama tonight.
2 Yes, I'm going to leave New York tomorrow.
3 Yes, I hope your dream will come true.
4 Yes, I want to be popular around the world someday.

No. 3
1 He likes this picture better than that one.
2 He will study drawing pictures for a year.
3 He is the boy wearing a yellow T-shirt beside me.
4 He really enjoyed taking pictures in Italy.

No. 4
1 I'm sorry, but I don't like baseball games.
2 You're right. We should go there by bus.
3 OK. We can go there by my mother's car.
4 I see. Your idea sounds better than mine.

テスト３　次のページの【ワークシート】は，Mizukiが，英語の授業でクラスメイトのShotaとディスカッションをするために書いたものである。

今から，２人のディスカッションを聞いて，その内容に合うように，下線部(A)，(B)，

(C)に，それぞれ対話の中で用いられた英語１語を書きなさい。

また，あなたが Mizuki ならば，Shota の最後の質問に対して何と答えるか。下線部(D)に４語以上の英語で書きなさい。

【ワークシート】

Let's Talk!

If some foreign students come to our school, what can we do for them?

〈 My Idea 〉

★ Make an English ＿(A)＿

① ＿(B)＿ them our favorite places

→ shops restaurants...

② Put some photos on it

→ It can be a good ＿(C)＿ when we talk with them.

【Shota の最後の質問に対する答え】

I ＿＿＿＿＿＿(D)＿＿＿＿＿＿ .

2 次は，ニュージーランド（New Zealand）で留学を始める *Kenji* と，留学先の学校の *Lee* 先生との対話の一部である。これを読んで，次のページの(1)，(2)に答えなさい。

Ms. Lee: Hello, Kenji. Welcome to our school! You arrived ＿(A)＿ the airport this morning, right? How are you?

Kenji: I'm fine. But it's really hot here.

Ms. Lee: Oh, I know what you mean. It's winter in Japan now, right?

Kenji: Yes. Last week, I enjoyed skiing with my friends.

Ms. Lee: Really? I love skiing. I wish I (B)(be) in Japan now.

Kenji: ＿(C)＿, I saw a lot of unique street names on the way here.

Ms. Lee: Oh, they come from the ＿(D)＿ that Maori people speak. Maori people are indigenous to our country. We respect their culture.

Kenji: I see. Now I want to know more about New Zealand!

(注) skiing スキー　Maori マオリ（ニュージーランドの先住民）の
indigenous to ～ ～に先住している

(1) 下線部(A), (C), (D)に入る最も適切なものを，それぞれ1～4から1つずつ選び，記号で答えなさい。

(A)　1 at　　2 for　　3 of　　4 to

(C)　1 Every year　　2 As a result　　3 By the way　　4 For example

(D)　1 art　　2 language　　3 school　　4 nature

(2) 下線部(B)の（　）の中の語を，適切な形にして書きなさい。

3 *Yuki* は，英語の授業で，【発表スライド】（次のページ）を作成しながら，留学生の *Ann* と話をしている。次は，そのときの *Yuki* と *Ann* の対話の一部である。対話文と【発表スライド】を読んで，下の(1)～(3)に答えなさい。

Yuki: In my presentation, I'm going to introduce my favorite food, *kamaboko.* I've made two slides about its history and recipe, but I need one more.

Ann: I can see three pictures on the first slide. Are they all *kamaboko*? The (s　　　) are not the same. This one is on a wooden board, and another one is like crab meat.

Yuki: They look different, but they are all *kamaboko.* In fact, there are many kinds of local *kamaboko* all over Japan now. I've eaten famous local *kamaboko* before. It was like a bamboo leaf.

Ann: Really? That's interesting. Then, how about introducing local *kamaboko* in the presentation?

Yuki: Oh, that's a good idea! I'll make one more slide and introduce some examples.

(注) slide(s) スライド　recipe レシピ　wooden board 木の板
crab meat かにの身　bamboo leaf 笹（ささ）の葉

(1) 対話文中の下線部に入る適切な英語1語を書きなさい。ただし，（　）内に与えられた文字で書き始めなさい。

(2) 対話の内容に合うように，*Yuki* が *Ann* の提案を受けて作るスライドの見出しとして最も適切なものを，次の1～4から選び，記号で答えなさい。

1 A Variety of Local *Kamaboko*　　2 *Kamaboko* and Our Health

3 The History of *Kamaboko* Companies　　4 How to Make *Kamaboko*

(3) 【発表スライド】から読み取れる内容と一致するものを，次の1～6から2つ選び，記号で答えなさい。

1 At the party in 1115, *kamaboko* which was like crab meat was eaten.

2 An old book says *kamaboko* came from a foreign country in 1165.

3 A new kind of *kamaboko* was invented about 50 years ago.

4 *Kamaboko* on a wooden board is popular among children in Japan.

5 People need salt in the second step of making *kamaboko* at home.

6 When people make *kamaboko* at home, only twenty minutes are necessary.

【発表スライド】

1　History of *Kamaboko*

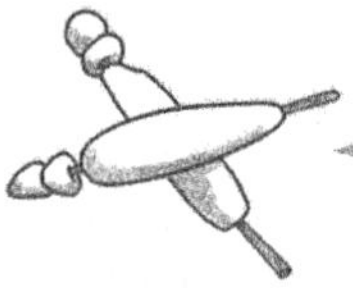

・According to an old book, *kamaboko* like this picture was eaten at a party in 1115.

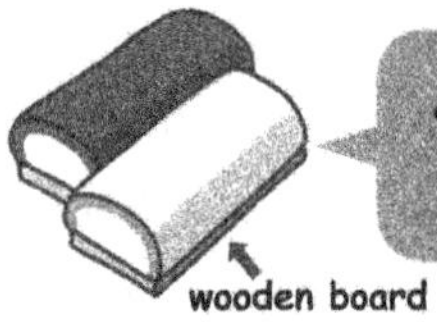

・*Kamaboko* on a wooden board became popular in the Edo period.

・This is a picture of a new kind of *kamaboko*. It is like crab meat. Some companies started making it about 50 years ago.

2　Let's Make *Kamaboko* at Home!

Step 1

Get fresh fish

→

Step 2

Make fish paste and Add salt

→

Step 3

Steam the paste for about 20 minutes

→

Step 4

Cool it in ice water

(注)　party　宴会　　Edo period　江戸時代　　paste　すり身　　steam ～　～を蒸す
　　cool ～　～を冷やす　　ice water　氷水

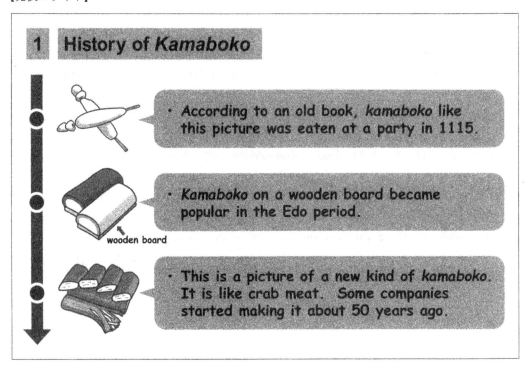

4　次は，Satsuki が英語の授業で発表する際に用いた【グラフ】(graph) と【原稿】である。これらを読んで，次のページの(1)～(3)に答えなさい。

【グラフ】

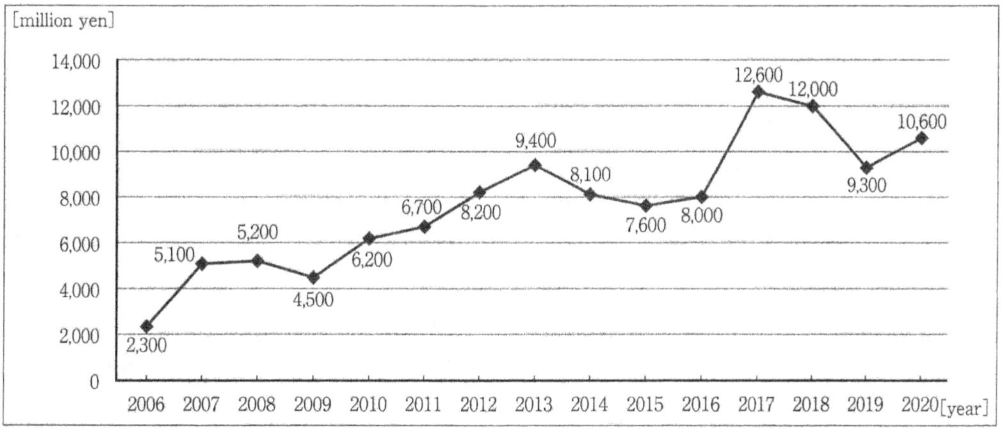

（財務省資料により作成）

【原稿】

Today, I'd like to tell you about bonsai. Do you know it's popular around the world now? The word "bonsai" is in English dictionaries. I was surprised to learn about that.

Look at the graph. You can see the export value of bonsai including garden trees from 2006 to 2020. In 2006, the export value was 2,300 million yen. Then, according to the graph, the export value ___(A)___. What happened then? I think one reason is a big international bonsai event held in Japan in 2017.

From the graph, we can see Japanese bonsai is becoming more popular in the world. However, now, foreign people don't just enjoy ___(B)___ bonsai. They also enjoy their new original bonsai. Some people make bonsai by using tropical trees! We can say that they are creating a new bonsai culture from the traditional one. In the future, not only traditional bonsai but also new original bonsai will be loved by more people all over the world.

(注) bonsai　盆栽　　dictionaries　辞書　　export value　輸出額
including ～　～を含めた　　garden trees　庭木
international　国際的な　　tropical　熱帯の

(1) 【原稿】の文脈に合うように，下線部(A)に入る最も適切なものを，次の1～4から選び，記号で答えなさい。

1 became 4,500 million yen in 2009
2 stopped increasing in 2016
3 increased greatly especially from 2016 to 2017
4 became more than 12,000 million yen in 2017 again

(2) 下線部(B)に入る最も適切なものを，次の1～4から選び，記号で答えなさい。

1 another original　　2 their unique
3 other new　　4 traditional Japanese

(3) Satsukiの発表全体のテーマとして，最も適切なものを，次の1～4から選び，記号で答えなさい。

1 It is interesting that we can find the word “bonsai” in foreign dictionaries.
2 Bonsai is developed around the world and will become more popular.
3 Keeping traditional Japanese culture is difficult but it’s important.
4 Japan should sell traditional bonsai to the foreign countries more.

[5] 次の英文を読んで，あとの(1)～(3)に答えなさい。

Last summer, Masaru did a homestay in London, the U.K. He stayed with a family with a boy called David. Both Masaru and David were train fans, so they soon became good friends. [ア]

One day, David’s mother came home with a happy face. “Look, boys.” She had something in her hand. David and Masaru soon understood that they were train tickets. [イ] David asked, “Can we travel by train?” She answered, “Yes! Let’s go to York by train this weekend!” David continued, “York has a railway museum. You bought me a book about the museum last year. I’ve wanted to go there for a long time!” The mother said, “Of course, we can visit the museum!” The two boys became very excited and said, “Thank you! We can’t wait!”

On Saturday, they took a train from London to York. On the train, the boys enjoyed seeing cities, mountains and rivers through the windows. Two hours later, they finally got to York and went into the museum just beside the station. The museum was very large, and they were surprised to know that there were about three hundred trains there. Many of them were very old, and they learned many things about the British railway. Surprisingly, they found a Japanese *Shinkansen*, too. They walked around the museum for almost two

hours. ウ

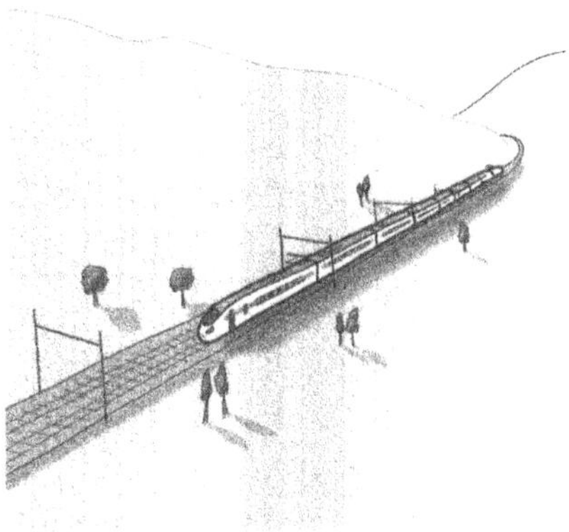

At three, they returned to the station to go home. Then, David suddenly became very excited and said, "Wow, look at that red train!" Masaru asked him, "What's that?" David answered, "It's a train made by a Japanese company. The company designed it with Japanese technology, and it can run very fast. It's so cool!" He continued, "We are very lucky because we can't see it often. We should take it now!" His mother and Masaru agreed, and they got on the train. エ Masaru learned a lot more about the train from David. Masaru spoke to himself, "The Japanese railway was built 150 years ago with the help of British technology, and now Japanese technology is used to develop the British railway." The strong bond between Japan and the U.K. made him happy.

After his homestay in the U.K., he started to study harder. Now he has a dream of becoming an engineer. He wants to work for a project of the British railway in the future. Japan is now designing a new train that can run the fastest in Europe for the U.K.

(注) homestay　ホームステイ　　York　ヨーク（イギリスの都市名）　　railway　鉄道
British　イギリスの　　design ～　～を設計する　　technology　技術
got on ～　～に乗り込んだ　　bond　絆（きずな）　　Europe　ヨーロッパ

(1) 次の英文が入る最も適切な箇所を，本文中の ア ～ エ から選び，記号で答えなさい。
However, the boys didn't feel tired because it was like a dream for them.

(2) 次の(a)～(c)の質問に対する答えとして，本文の内容に合う最も適切なものを，それぞれ1～4から1つずつ選び，記号で答えなさい。

(a) What did David's mother do to make David and Masaru happy?
1 She bought them train tickets to York.
2 She gave them movie tickets for train fans.
3 She bought them a book with pictures of trains.
4 She gave them a book about a railway museum.

(b) Which was true about the museum Masaru, David and his mother visited?
1 It took only an hour from London to the museum by train.
2 About three hundred British new trains were seen there.
3 It was the best place to learn about the history of London.
4 During the stay in the museum, they saw a Japanese train.

(c) Why did Masaru feel happy when he was on the train from York to London?

1 Because so many Japanese *Shinkansen* were running in the U.K.

2 Because he liked the train which ran the fastest in Europe.

3 Because he learned that Japan worked together with the U.K.

4 Because the train he took was one of the oldest British trains.

(3) 次の(a), (b)は，本文の内容についての【質問】と，それに対する【答え】である。(a)の下線部には２語の，(b)の下線部には３語の適切な英語を書き，【答え】を完成させなさい。

(a) 【質問】 What was a special point about the train that Masaru took from York to London?

【答え】 The train was __________ a company with Japanese technology.

(b) 【質問】 Why does Masaru study harder now?

【答え】 To ______________ in the future.

6 次は，高校生の*Ayako*と，シンガポールの高校生*Judy*が，オンラインで交流しているときの対話の一部である。あなたが*Ayako*ならば，*Judy*に何を伝えるか。対話文を読んで，□に*Judy*に伝えることを書きなさい。ただし，下の【注意】に従って書くこと。

Ayako: When will you come to Japan, Judy?

Judy: I'm going to start studying in Japan next September. Oh, I only have five months to improve my Japanese!

Ayako: How long have you been studying Japanese?

Judy: For three years. I love reading Japanese, but speaking Japanese is still difficult for me. I want to speak Japanese better. What should I do? Give me your advice.

Ayako: OK.

□

Judy: That's a great idea! I'll try it. Thank you, Ayako.

(注) advice 助言

【注意】

① 対話の流れに合うように，20語以上30語以内の英語で書くこと。文の数はいくつでもよい。符号（ . , ? ! など）は，語数に含めないものとする。

② 内容のまとまりを意識して，具体的に書くこと。

③ 解答は，解答用紙の【記入例】に従って書くこと。

＜理科＞　時間　50分　満点　50点

1　おもりを糸でつるし，**図1**のように，位置Aからおもりを静かにはなすと，おもりは位置Bを通過する。おもりが再び位置Aまで戻ってきたときに，**図2**のように糸を切ると，おもりは自由落下し，水平面からの高さが，位置Bと同じ位置Cを通過する。摩擦や空気の抵抗はないものとして，次の(1)，(2)に答えなさい。

図1

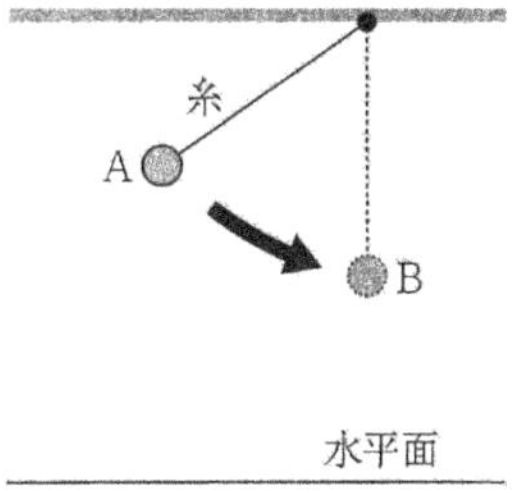

図2

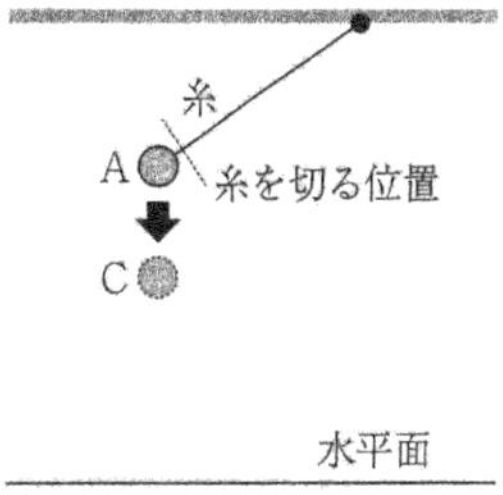

(1)　**図2**でおもりが自由落下するのは，おもりが地球の中心に向かって引かれているからである。このように，地球上の物体が地球の中心に向かって引かれる力を何というか。書きなさい。

(2)　**図1**でおもりが位置Bを通過するときの速さと，**図2**でおもりが位置Cを通過するときの速さは等しくなる。速さが等しくなる理由を，「減少」という語を用いて述べなさい。

2　陸上で生活する哺乳類には，カンジキウサギのように植物を食べ物とする草食動物や，オオヤマネコのように他の動物を食べ物とする肉食動物がいる。あとの(1)，(2)に答えなさい。

(1)　次の文章が，草食動物の体のつくりを説明したものとなるように，（　）の中のa～eの語句について，正しい組み合わせを，下の1～6から1つ選び，記号で答えなさい。

> 草食動物の（　a門歯や臼歯　　b門歯や犬歯　　c臼歯や犬歯　）は，草を切ったり，細かくすりつぶしたりすることに役立っている。また，草食動物の消化管は，体長が同程度の肉食動物の消化管に比べて（　d長く　　e短く　），草を消化することに適している。

1　aとd　　2　aとe　　3　bとd　　4　bとe　　5　cとd　　6　cとe

(2)　**図1**は，ある地域における，食物連鎖でつながっているオオヤマネコとカンジキウサギについて，1919年から1931年までの2年ごとの個体数を示したものであり，○は，1919年の個体数を，●は，1921年から1931年までのいずれかの個体数を表している。

○と●を，古い年から順に矢印でつなぐと，オオヤマネコがカンジキウサギを主に食べ，カンジキウサギがオオヤマネコに主に食べられるという関係によって，個体数が変化していることが読み取れる。

図1

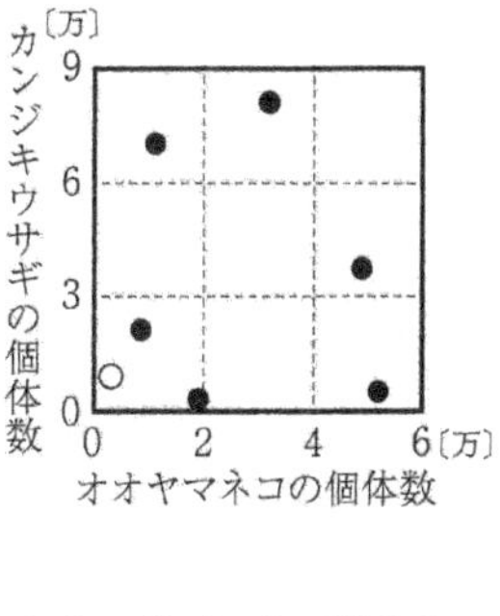

○と●を，古い年から順に矢印でつないだ図として，最も適切なものを，次のページの1～4から選び，記号で答えなさい。

なお，この地域では，1919年から1931年までの間，人間の活動や自然災害などによって生物の数量的な関係が大きくくずれることはなかった。

1
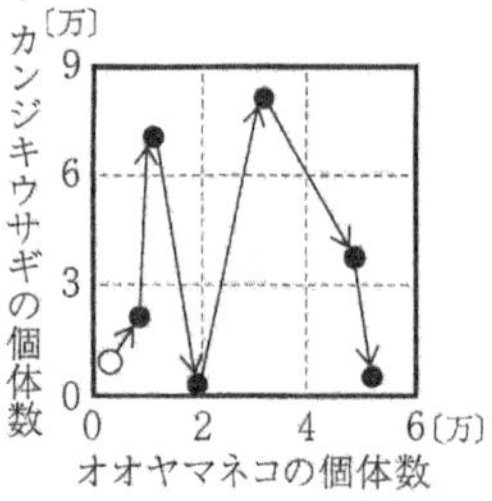

2
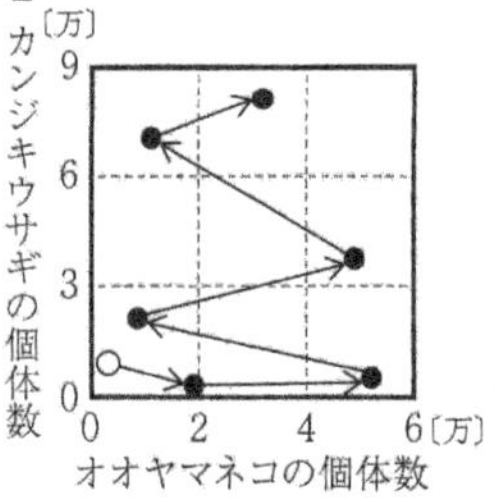

3
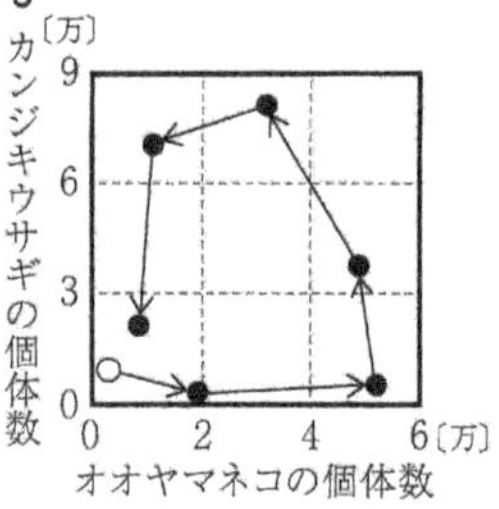

4
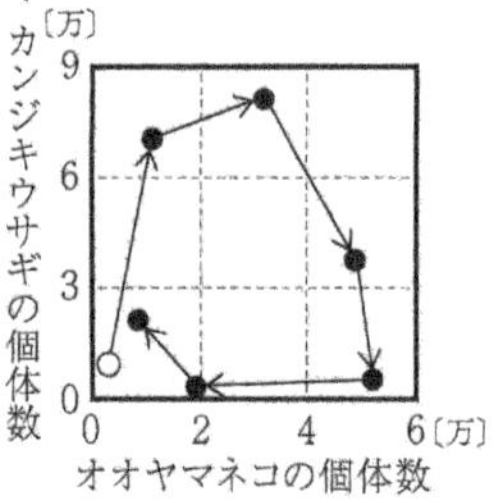

3 ある白色の粉末1.0gを乾いた試験管に入れ，ゴム栓，ガラス管，ゴム管，三角フラスコ，BTB溶液を入れた水を用いて，**図1**のような装置を組み立てた。白色の粉末の入った試験管をガスバーナーで加熱したところ，次のような［結果］になった。下の(1)，(2)に答えなさい。

図1

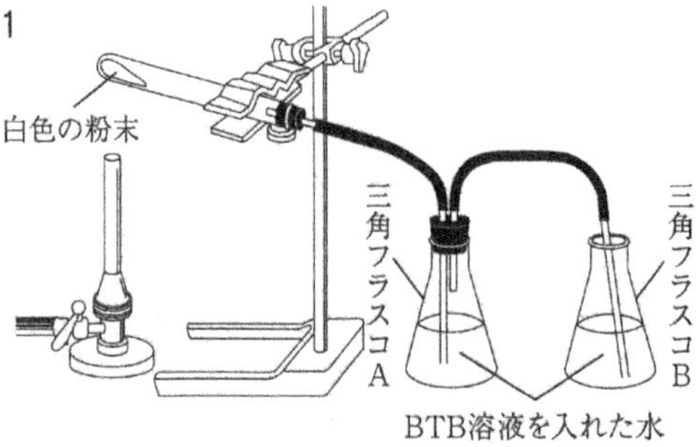

［結果］

① 加熱を始めると気体が発生し，三角フラスコA内の液体の色は青色に変化したが，三角フラスコB内の液体の色は変化しなかった。また，試験管の口付近に透明の液体がたまり始めた。

② ①の後も加熱を続けると，気体が発生し続け，三角フラスコA内の液体の色は青色のままで，三角フラスコB内の液体の色が黄色に変化した。

③ ②の後もさらに加熱を続けると，試験管内の白色の粉末はすべてなくなった。

(1) 下線部の液体は，青色の塩化コバルト紙を赤色に変化させることがわかった。試験管の口付近にたまった透明の液体は何か。化学式で書きなさい。

(2) 次の文が，［結果］からわかることを説明したものとなるように，（ ）の中のa～dの語句について，正しい組み合わせを，下の**1**～**4**から1つ選び，記号で答えなさい。

加熱したことにより，水に少し溶けて（ a酸性 bアルカリ性 ）を示す気体と，水に非常によく溶けて（ c酸性 dアルカリ性 ）を示す気体が発生した。

1 aとc **2** aとd **3** bとc **4** bとd

4　図1のA，B，Cは，6時間ごとの天気図であり，■は，山口県内のある地点を示している。下の(1)，(2)に答えなさい。

図1
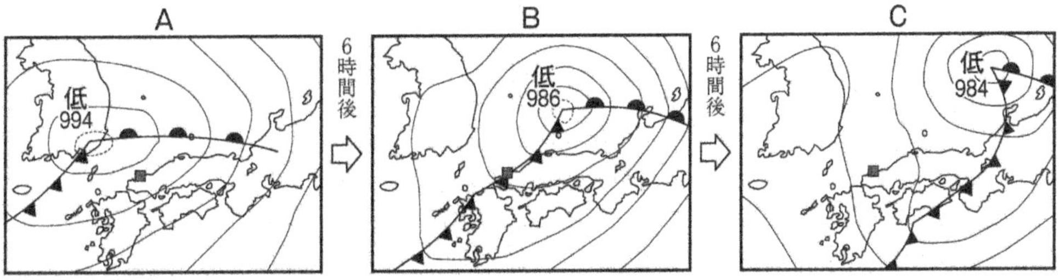

(1)　図1のように，温帯低気圧が西から東へ移動することが多いのは，上空を西よりの風がふいているからである。このように，中緯度帯に一年中ふく西よりの風を何というか。書きなさい。

(2)　表1は，地点■の1時間ごとの気象データをまとめたものであり，天気図がBになるときの時刻における気象データが含まれている。

天気図がBになるときの時刻として最も適切なものを，次の1～4から選び，記号で答えなさい。

表1

時刻〔時〕	気温〔℃〕	気圧〔hPa〕	風向
13	19.0	1000.9	南南東
14	19.2	998.4	南東
15	19.4	996.5	南南東
16	19.1	996.8	南
17	18.8	994.9	南南東
18	19.0	994.6	南南東
19	19.4	994.2	南南東
20	19.5	993.9	南
21	15.3	995.8	北西
22	14.6	997.8	北西
23	14.0	998.5	北北西
24	13.8	999.0	北北西

1　17時　　2　19時　　3　21時　　4　23時

5　KさんとLさんは，だ液に含まれるアミラーゼや胃液に含まれるペプシンのはたらきを確認するため，片栗粉を溶かしたデンプン溶液と，うすく切ったニワトリの肉（主成分はタンパク質）を用いて，次の実験を行った。あとの(1)～(3)に答えなさい。

［実験1］

①　アミラーゼとペプシンをそれぞれ蒸留水に溶かした水溶液を用意し，どちらの水溶液も中性であることを確認した。

②　試験管A，Bに，①のアミラーゼの水溶液4mLを入れ，試験管C，Dに，①のペプシンの水溶液4mLを入れた。

③　試験管A，Cに少量のデンプン溶液を，試験管B，Dに少量のニワトリの肉を入れた。

④　試験管A～Dを，約38℃の湯の中で15分間放置した。

⑤　試験管A，Cにヨウ素液を加え，試験管内の液の色の変化を観察した。

⑥　試験管B，Dに入れたニワトリの肉のようすを観察した。

⑦ 実験の結果を表1にまとめた。

表1

	試験管A	試験管B	試験管C	試験管D
②で入れた水溶液	アミラーゼの水溶液	アミラーゼの水溶液	ペプシンの水溶液	ペプシンの水溶液
③で入れたもの	デンプン溶液	ニワトリの肉	デンプン溶液	ニワトリの肉
⑤または⑥の結果	変化がみられなかった。	変化がみられなかった。	青紫色に変化した。	変化がみられなかった。

［実験1］を終えたKさんとLさんは，タンパク質を分解するはずのペプシンが，ニワトリの肉を分解しなかったことに疑問をもった。そこで，T先生のアドバイスを受け，消化酵素を溶かす液体を蒸留水からうすい塩酸に変えて，次の［実験2］を行った。

［実験2］

① アミラーゼとペプシンをそれぞれうすい塩酸に溶かした溶液を用意し，どちらの溶液も酸性であることを確認した。

② 試験管E，Fに，①のアミラーゼをうすい塩酸に溶かした溶液4mLを入れ，試験管G，Hに，①のペプシンをうすい塩酸に溶かした溶液4mLを入れた。

③ 試験管E，Gに少量のデンプン溶液を，試験管F，Hに少量のニワトリの肉を入れた。

④ 試験管E～Hを，約38℃の湯の中で15分間放置した。

⑤ 試験管E，Gにヨウ素液を加え，試験管内の液の色の変化を観察した。

⑥ 試験管F，Hに入れたニワトリの肉のようすを観察した。

⑦ 実験の結果を表2にまとめた。

表2

	試験管E	試験管F	試験管G	試験管H
②で入れた溶液	アミラーゼをうすい塩酸に溶かした溶液	アミラーゼをうすい塩酸に溶かした溶液	ペプシンをうすい塩酸に溶かした溶液	ペプシンをうすい塩酸に溶かした溶液
③で入れたもの	デンプン溶液	ニワトリの肉	デンプン溶液	ニワトリの肉
⑤または⑥の結果	青紫色に変化した。	変化がみられなかった。	青紫色に変化した。	ニワトリの肉が小さくなった。

(1) 表1の試験管Aの結果から，ヨウ素液によって，デンプンが分解されて別の物質に変化したことを確認することができる。デンプンがアミラーゼによって分解されると，ブドウ糖が数個つながったものになる。ブドウ糖が数個つながったものを確認する薬品として適切なものを，次の1～4から1つ選び，記号で答えなさい。

1 フェノールフタレイン液　　2 ベネジクト液

3 酢酸カーミン液　　4 石灰水

(2) 実験を終えたKさんとLさんは，T先生と次の会話をした。KさんとLさんの発言が，実験の結果をもとにしたものとなるように，［あ］，［い］，［う］に入る試験管の記号として正しいものを，それぞれA～Hから１つずつ選び，記号で答えなさい。

なお，実験で使用した蒸留水や塩酸は，デンプンやニワトリの肉を分解しないことがわかっている。

T先生：　**表１**と**表２**から，どのようなことがわかりましたか。

Kさん：　試験管［あ］と試験管Hの比較から，酸性の液体に溶かすことで，ペプシンがはたらくことがわかりました。［実験２］で消化酵素をうすい塩酸に溶かしたのは，ペプシンがはたらく胃の中の環境に近い条件にするためだったのですね。

T先生：　そのとおりです。消化酵素がはたらく場所は体内であるため，消化酵素のはたらきを確認するには，体内の環境に近い条件を設定することが大切です。

Lさん：　なるほど。試験管［い］と試験管［う］の比較から，だ液に含まれるアミラーゼについても同じことがいえますね。

(3) 次の文章が，ヒトの体内でデンプンやタンパク質が分解・吸収される過程や，吸収された栄養分の利用について説明したものとなるように，［え］，［お］，［か］に入る適切な語を書きなさい。

デンプンは，アミラーゼや小腸の壁にある消化酵素のはたらきで，最終的にブドウ糖に分解される。また，タンパク質は，ペプシンやトリプシン，小腸の壁にある消化酵素のはたらきで，最終的に［え］に分解される。ブドウ糖や［え］は，小腸の壁にある柔毛内部の［お］に入り，肝臓を通って全身に運ばれる。

肝臓に運ばれたブドウ糖の一部は，［か］という物質に変えられて貯蔵される。また，体の各部に運ばれた［え］は，体をつくるタンパク質の材料に用いられる。

6　KさんとLさんは，教科書で紹介されている陰極線に関する２つの実験を，それぞれまとめ，発表した。次は，KさんとLさんが発表で使用したスライドである。次のページの(1)～(3)に答えなさい。

［Kさんのスライド］

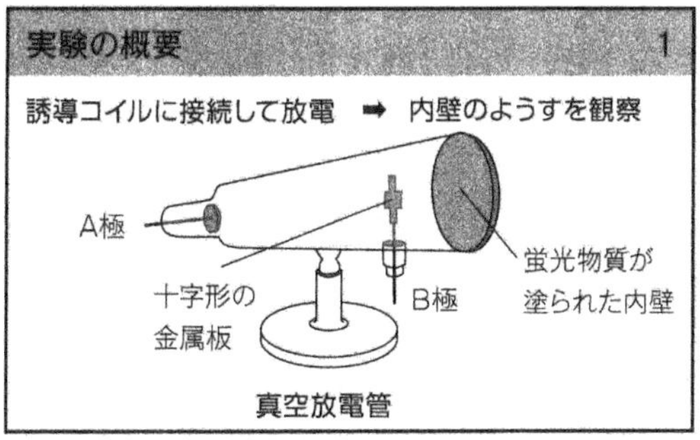

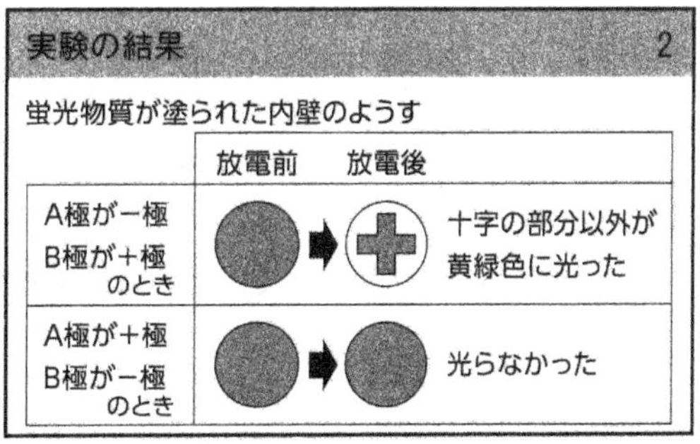

[Lさんのスライド]

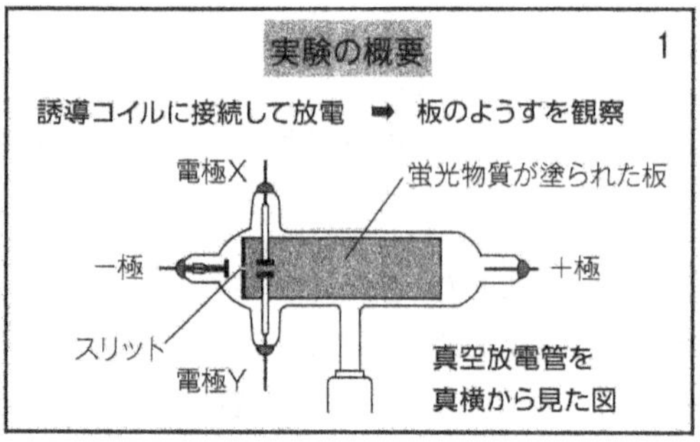

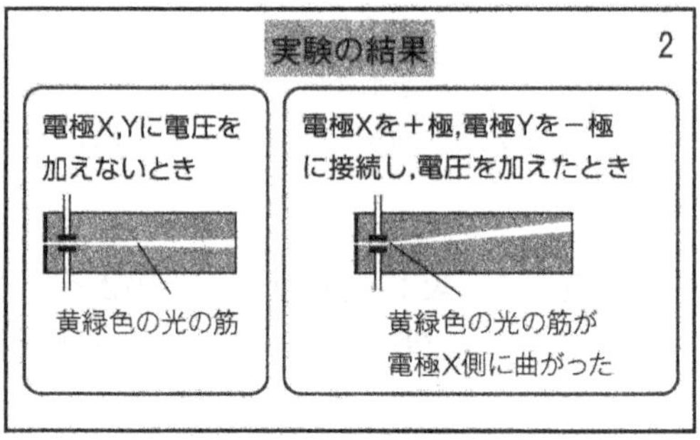

(1) 実験で用いられる誘導コイルは，電磁誘導を利用した装置である。電磁誘導とはどのような現象か。「電圧」という語を用いて述べなさい。

(2) 2人の発表を聞いたT先生は，陰極線の性質について，次の説明をした。下のア，イに答えなさい。

> 2人がまとめたどちらの実験からも，陰極線が直進することや，蛍光物質を光らせることがわかりますね。
>
> 他にも，Kさんがまとめた実験において，A極が－極，B極が＋極のときのみ内壁が光ったことから，陰極線が［あ］という性質をもつことや，金属板にさえぎられることがわかります。また，Lさんがまとめた実験からは，電極Xと電極Yの間に電圧を加えたときに<u>黄緑色の光の筋が曲がった</u>ことから，陰極線が－の電気をもつこともわかりますね。

ア ［あ］に入る適切な語句を書きなさい。

イ 下線部について，黄緑色の光の筋が曲がったしくみと同じしくみによって起こる現象として最も適切なものを，次の1～4から選び，記号で答えなさい。

1 息をふき入れた風船がふくらんだ。

2 プラスチック板を布でこすると紙がくっついた。

3 磁石を近づけると方位磁針の針が動いた。

4 虫めがねのレンズに入った光が曲がった。

(3) 現在では，陰極線は小さな粒子の流れであることがわかっている。この小さな粒子は何か。書きなさい。

7 Sさんは，2022年6月に，日本のある地点で惑星を観察した。次のページの(1)～(3)に答えなさい。

[観察]

① 見晴らしのよい場所で，方位磁針を使って東西南北を確認した。

② 観察する方位を定め，水星，金星，天王星，火星，木星，土星を観察し，それらの位置を地上の景色とともにスケッチをした。

図1

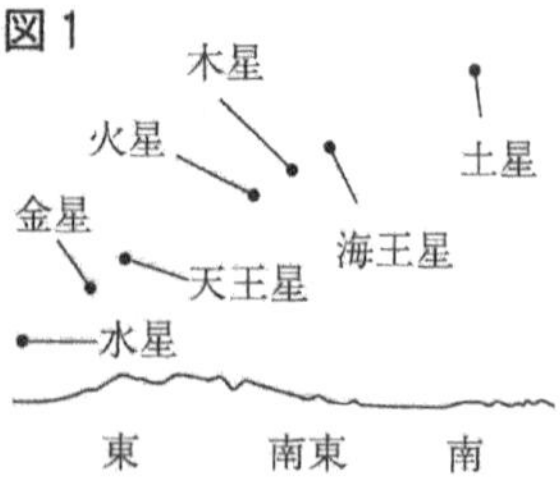

③　海王星については，天体シミュレーションソフトを用いて位置を確認し，前のページの図１のようにスケッチにかき入れた。

(1)　惑星が自ら光を出していないのに光って見える理由を述べなさい。

(2)　観察した惑星が，ほぼ一直線に並んでいると気づいたＳさんは，図２のように図１（前のページ）のスケッチに直線をかき入れた。次の文が，惑星がほぼ一直線に並んで見える理由を説明したものとなるように，[あ] に入る適切な語句を，下の１～４から１つ選び，記号で答えなさい。

図２

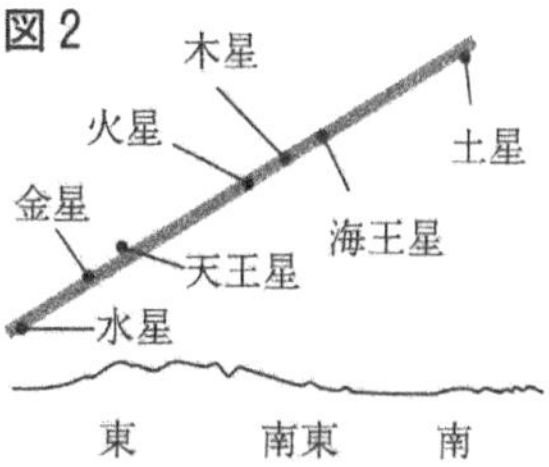

水星，金星，天王星，火星，木星，海王星，土星，地球のそれぞれの [あ] がほぼ同じだから。

１　自転する速さ　　２　自転軸の向き　　３　公転周期　　４　公転する面

(3)　図１について，次のア，イに答えなさい。

ア　惑星が図１のように観察された時刻として，最も適切なものを，次の１～４から選び，記号で答えなさい。

１　午前０時　　２　午前５時　　３　午後７時　　４　午後10時

イ　地球の北極側から見たとき，この日の惑星の配置を表した模式図として，最も適切なものを，次の１～４から選び，記号で答えなさい。

ただし，●は太陽の位置，●は太陽系の８つの惑星のうち，木星型惑星の位置を示しており，●を通る円はそれぞれの惑星の公転軌道を示している。

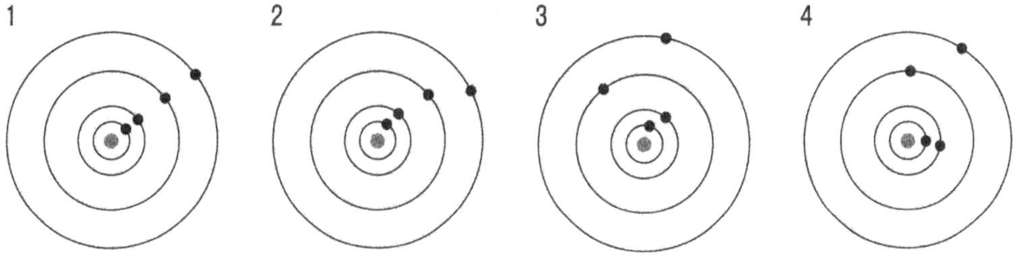

8　塩酸に溶ける金属と溶けない金属があることに疑問をもったＳさんは，Ｔ先生と次の会話をし，実験を行った。あとの(1)～(3)に答えなさい。

Ｓさん：　亜鉛と銅では，なぜ，亜鉛は塩酸に溶け，銅は塩酸に溶けないのでしょうか。

Ｔ先生：　すばらしい問いですね。亜鉛が塩酸に溶けるとき，亜鉛Znは [あ] の反応により亜鉛イオンZn^{2+}に変化しています。一方，亜鉛の表面では，塩酸の電離によって生じている水素イオンH^+が，$2H^+ + 2e^- \rightarrow H_2$の反応により水素$H_2$に変化しています。

Ｓさん：　亜鉛は，原子の状態からイオンに変化し，水素は，イオンの状態から分子に変化していますね。亜鉛が水素よりもイオンになりやすいということでしょうか。

T先生：　よくわかりましたね。逆に，銅が塩酸に溶けないということは，銅が水素よりもイオンになりにくいということなのです。

Sさん：　亜鉛が水素よりイオンになりやすく，銅が水素よりイオンになりにくいということは，亜鉛が銅よりもイオンになりやすいということですね。

T先生：　そのとおりです。ただ，複数の金属について，水溶液中でのイオンへのなりやすさを比較したいのであれば，別の方法でも調べることができます。亜鉛と銅だけでなく，他の金属も含めて実験してみましょう。

[実験]

①　４種類の金属板（鉄板，銅板，亜鉛板，マグネシウム板）と，４種類の５％水溶液（硫酸鉄水溶液，硫酸銅水溶液，硫酸亜鉛水溶液，硫酸マグネシウム水溶液）を用意した。

②　**図１**のように，マイクロプレートの縦の列に同じ種類の金属板を入れ，マイクロプレートの横の列に同じ種類の水溶液を入れた。

③　それぞれの金属板が水溶液に溶けるかを観察した。

④　金属板が溶けたことを「○」，溶けなかったことを「×」として，実験の結果を**表１**にまとめた。

図１

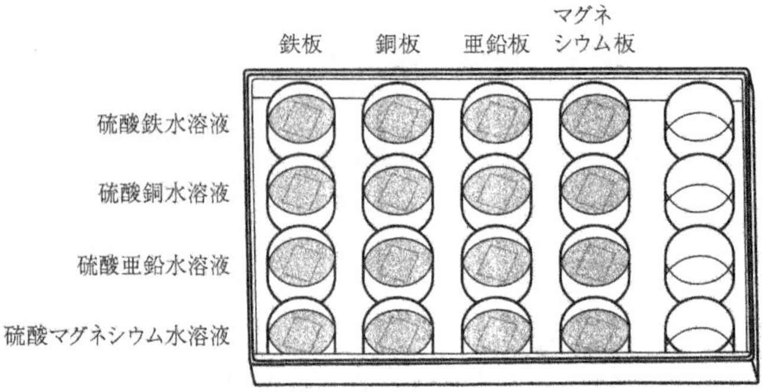

表１

	鉄板	銅板	亜鉛板	マグネシウム板
硫酸鉄水溶液	×	×	○	○
硫酸銅水溶液	○	×	○	○
硫酸亜鉛水溶液	×	×	×	○
硫酸マグネシウム水溶液	×	×	×	×

(1)　[あ] に入る，亜鉛Znが亜鉛イオンZn^{2+}になる変化を，e^-を含む化学反応式で書きなさい。

(2)　マイクロプレートを用いた実験のように，少量の薬品と小さな器具を用いて行う実験のことを，マイクロスケール実験という。マイクロスケール実験の長所として適切なものを，あとの１～４から２つ選び，記号で答えなさい。

１　薬品の使用量を減らせるため，費用を安くすることができる。

２　目的の物質を，より効率よく多く得ることができる。

3　実験結果の誤差を小さくすることができる。

4　実験後に出る廃液の量を少なくすることができる。

(3)　水溶液中での金属や水素のイオンへのなりやすさについて，次のア，イに答えなさい。

ア　表1をもとに，鉄，銅，マグネシウムを，イオンになりやすいものから順に並べたものとして，適切なものを，次の1～6から1つ選び，記号で答えなさい。

1　鉄，銅，マグネシウム　　2　鉄，マグネシウム，銅

3　銅，鉄，マグネシウム　　4　銅，マグネシウム，鉄

5　マグネシウム，鉄，銅　　6　マグネシウム，銅，鉄

イ　Sさんは，T先生との会話と実験の結果をもとに，鉄，銅，亜鉛，マグネシウム，水素を，イオンになりやすいものから順に並べようとしたが，実験が不足しており，順番がわからない部分があった。次の文章が，追加で行うべき実験について述べたものとなるように，[い]，[う]，[え]に入る適切な語を書きなさい。

鉄，銅，亜鉛，マグネシウム，水素のうち，「[い]と[う]のどちらがイオンになりやすいか」がわかっていない。そのため，「[い]と[え]が反応するかどうか」を調べると，鉄，銅，亜鉛，マグネシウム，水素を，イオンになりやすいものから順に並べることができる。

9　Kさんは，みそ汁を作っているときに，なべの底に沈んでいた豆腐が，煮込むことによって浮いてきたことに疑問をもち，Lさんと次の会話をし，実験を行った。あとの(1)～(3)に答えなさい。ただし，100 gの物体の重さを1Nとする。

Kさん：　豆腐は水に沈むと思っていたけれど，煮込んだら浮いてきて，火を消したあとも浮いたままだったんだ。水の対流が原因ではなさそうだけれど，なぜだろう。

Lさん：　水に浮いてきたということは，煮込む前と後で浮力が変化したのではないかな。

Kさん：　そうだね。浮力の変化の原因には，質量の変化や体積の変化が考えられるよね。

Lさん：　2種類の粘土を使って，これらのことを調べてみようよ。

［実験1］

① 　2種類の粘土A，Bを，それぞれ100mLはかりとった後，図1のように糸を取り付けて形を整えた。

② 　1Lメスシリンダーに500mLの水を入れた。

③ 　①の粘土Aをばねばかりにつるし，空気中でのばねばかりの値を記録した。

④ 　粘土Aを②のメスシリンダーの水の中にすべて入れ，ばねばかりの値とメスシリンダーの目盛りの値を記録した。

⑤ 　粘土Aを粘土Bに変え，②～④を行った。

⑥ 　実験の結果を表1にまとめた。

図1

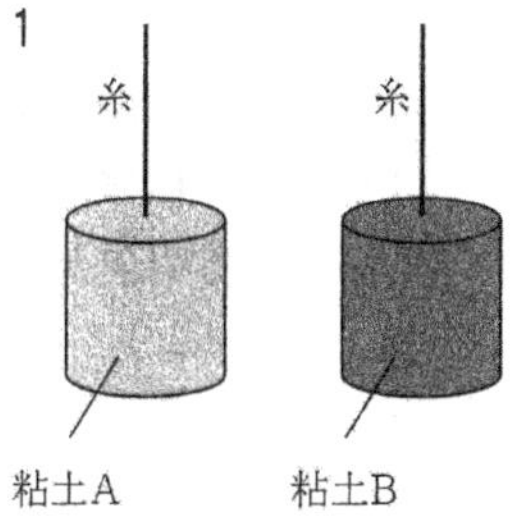

表1

	空気中		水の中	
	ばねばかりの値	メスシリンダーの目盛りの値	ばねばかりの値	メスシリンダーの目盛りの値
粘土A	1.6 N	500 mL	0.6 N	600 mL
粘土B	2.0 N	500 mL	1.0 N	600 mL

［実験2］

① 2種類の粘土A，Bを，それぞれ160 g はかりとった後，**図2**のように糸を取り付けて形を整えた。

② 1Lメスシリンダーに500mLの水を入れた。

③ ①の粘土Aをばねばかりにつるし，空気中でのばねばかりの値を記録した。

④ 粘土Aを②のメスシリンダーの水の中にすべて入れ，ばねばかりの値とメスシリンダーの目盛りの値を記録した。

⑤ 粘土Aを粘土Bに変え，②～④を行った。

⑥ 実験の結果を**表2**にまとめた。

図2

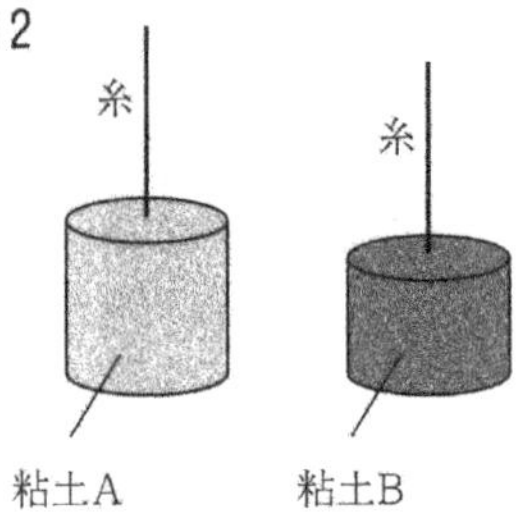

表2

	空気中		水の中	
	ばねばかりの値	メスシリンダーの目盛りの値	ばねばかりの値	メスシリンダーの目盛りの値
粘土A	1.6 N	500 mL	0.6 N	600 mL
粘土B	1.6 N	500 mL	0.8 N	580 mL

(1) 豆腐の原材料であるダイズは，子葉が2枚の植物である。被子植物のうち，ダイズのように，子葉が2枚の植物のなかまを何というか。書きなさい。

(2) **図3**は，豆腐の種類の1つである木綿豆腐をつくる主な工程を表した模式図である。あとのア，イに答えなさい。

ア 豆乳に凝固剤を加えると，豆乳が固まる。凝固剤の1つである硫酸カルシウム $CaSO_4$ に含まれる，カルシウムイオンと硫酸イオンの数の比として適切なものを，次の**1**～**5**から1つ選び，記号で答えなさい。

1 4：1　**2** 2：1
3 1：1　**4** 1：2
5 1：4

図3

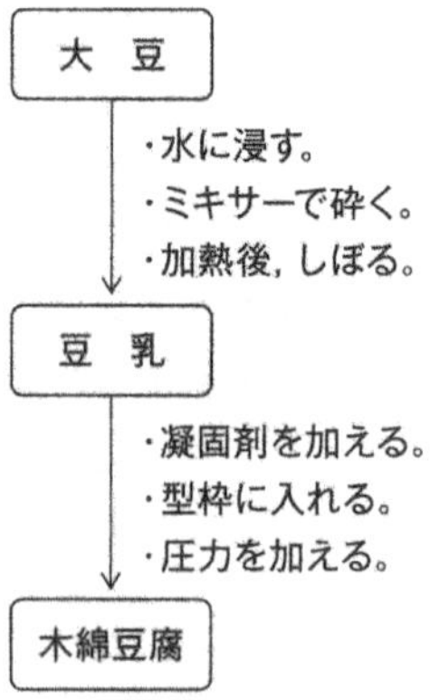

イ　木綿豆腐は，凝固剤で固まった豆乳をくずして型枠に入れ，**図4**のように，上から圧力を加えて型枠の穴から水を抜いてつくる。

図4において，型枠のふたは１辺10cmの正方形，型枠のふたとおもりは合わせて200ｇとするとき，木綿豆腐の上面に加わる圧力は何Paか。求めなさい。

図4

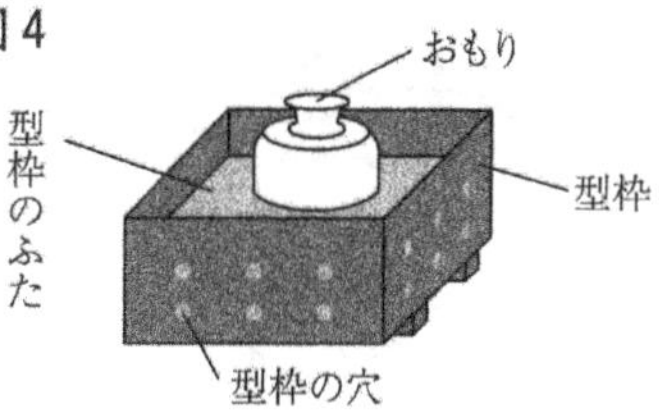

(3)　ＫさんとＬさんは，実験後，Ｔ先生と次の会話をした。下のア，イに答えなさい。

Ｌさん：　Ｔ先生，実験の結果は，前のページの**表1**，**表2**のようになりました。このことから，浮力は，水の中に入れた物体の体積と関係があることがわかりました。

Ｔ先生：　結論をどのように導きましたか。

Ｌさん：　**表1**から，［実験１］では [あ] ということがわかりました。また，**表2**から，［実験２］では [い] ということがわかりました。

　これらのことから，浮力の大きさは，質量ではなく，体積と関係があると考えました。

Ｔ先生：　よく考えましたね。アルキメデスの原理によると，「物体にはたらく浮力の大きさは，その物体が押しのけた液体の重さに等しい。」とされています。

　つまり，「物体の重さ」と「その物体と同じ体積の水の重さ」を比較して，「物体の重さ」の方が小さいと，物体は水に浮くことになります。

Ｋさん：　そうなのですね。これらの実験の結果をふまえると，なべの底に沈んでいた豆腐が浮いてきたのは，煮込むことによって，豆腐の [う] ので，「豆腐の重さ」より「豆腐が押しのけた水の重さ」が大きくなったからというわけですね。

Ｔ先生：　そのとおりです。実験の結果をもとに正しく考察できましたね。

ア　Ｌさんの発言が，それぞれの実験の結果と合うように，[あ]，[い] に入る適切な語句を，次の**1**～**3**からそれぞれ１つずつ選び，記号で答えなさい。ただし，同じ記号を選んでもよい。

1　粘土Ａにはたらく浮力の大きさは，粘土Ｂにはたらく浮力の大きさより大きい

2　粘土Ａにはたらく浮力の大きさは，粘土Ｂにはたらく浮力の大きさより小さい

3　粘土Ａにはたらく浮力の大きさと，粘土Ｂにはたらく浮力の大きさは等しい

イ　Ｋさんの発言が，実験の結果をもとにした考察となるように，[う] に入る適切な語句を書きなさい。

＜社会＞　時間　50分　満点　50点

1　図Ⅰをみて，あとの(1)~(7)に答えなさい。

図Ⅰ

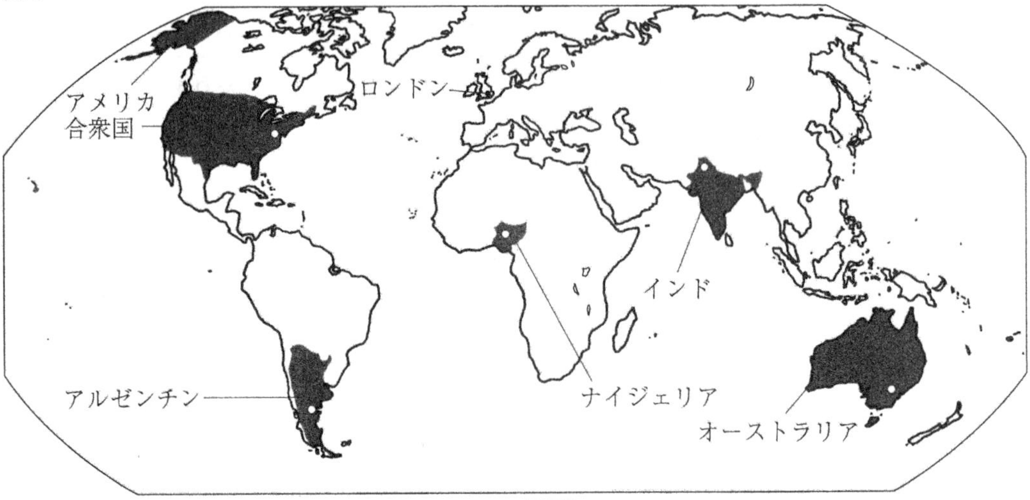

（注）図Ⅰ中の○は■で示されたそれぞれの国の首都の位置を表している。

(1)　図Ⅰ中のロンドンを通る，経度0度の経線を何というか。答えなさい。

(2)　図Ⅰ中の■で示した5か国について述べた文として正しいものを，次の1～4から一つ選び，記号で答えなさい。

1　5か国のうち，南半球に位置する国は二つである。

2　5か国のうち，ユーラシア大陸に位置する国は二つである。

3　5か国のうち，首都の経度が西経で表示される国は三つである。

4　5か国のうち，最も早く1月1日を迎える国はアメリカ合衆国である。

(3)　アルゼンチンの首都周辺には，図Ⅱにみられるような草原が広がり，小麦の栽培や牧畜が行われている。この草原を何というか。答えなさい。

図Ⅱ

(4)　表Ⅰは，図Ⅰ中の■で示した5か国に関するデータをまとめたものである。ナイジェリアにあてはまるものを，表Ⅰ中の1～5から一つ選び，記号で答えなさい。

表Ⅰ　（2020年）

国名	人口（千人）	1人あたりのGNI（ドル）	輸出総額（百万ドル）	輸出額1位の品目と，その額が総額に占める割合（%）
1	208,327	1,946	34,900	原油　(75.4)
2	1,396,387	1,910	275,489	機械類　(11.8)
3	25,670	54,251	245,046	鉄鉱石　(32.7)
4	335,942	64,310	1,430,254	機械類　(24.6)
5	45,036	8,138	54,884	植物性油かす　(13.8)

（世界国勢図会2022/23により作成）

(5)　次の文は，インドに関するものである。文中の（あ）に入る，適切な語を答えなさい。

> インドで最も多くの人々が信仰している（　あ　）教は，インドの社会や人々の暮らしに大きな影響を与えている。図Ⅲは，（　あ　）教を信仰する人々が，沐浴という儀式を行っているようすである。

図Ⅲ

(6)　アメリカ合衆国は，世界有数の農業国である。表Ⅱは，とうもろこしと小麦の生産量と輸出量について，世界全体に占める国別の割合をまとめたものである。表Ⅱ中の（い），（う）にはとうもろこしと小麦のいずれかが，【X】，【Y】には生産量と輸出量のいずれかがあてはまる。（い）と【X】にあてはまるものの組み合わせとして正しいものを，下の１～４から一つ選び，記号で答えなさい。

表Ⅱ　　(2020年)

（　い　）		（　う　）	
【　X　】の国別の割合	【　Y　】の国別の割合	【　X　】の国別の割合	【　Y　】の国別の割合
アメリカ合衆国　26.9%	アメリカ合衆国　31.0%	ロシア　18.8%	中国　17.6%
アルゼンチン　19.1%	中国　22.4%	アメリカ合衆国　13.2%	インド　14.1%
ブラジル　17.9%	ブラジル　8.9%	カナダ　13.2%	ロシア　11.3%
その他　36.1%	その他　37.7%	その他　54.8%	その他　57.0%

（世界国勢図会2022/23により作成）

1　い－小麦　X－生産量　　2　い－とうもろこし　X－生産量

3　い－小麦　X－輸出量　　4　い－とうもろこし　X－輸出量

(7)　オーストラリアについて，図Ⅳは1966年と2021年のオーストラリアに暮らす移民の出身州の傾向を示したものである。図Ⅳから読み取れることを，「白豪主義」という語を用いて説明しなさい。

図Ⅳ

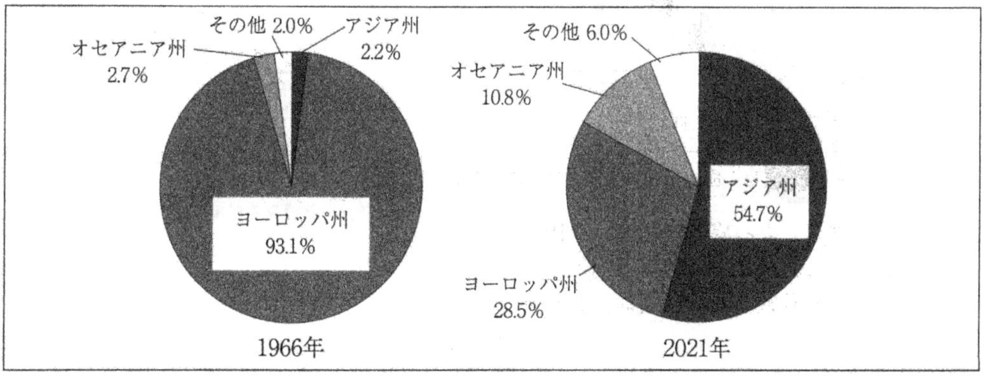

（注）グラフは，各年のオーストラリアに暮らす移民の出身地について，多い方から順に20の国と地域を抽出して作成している。

（オーストラリア政府統計により作成）

2 次の(1)~(5)に答えなさい。

(1) 日本列島の近海には，海岸線に沿うように，深さおよそ200mまでの平たんな海底がみられる。このような海底を何というか。答えなさい。

(2) 表Ⅰは，東京向けのじゃがいもとキャベツの出荷量上位五つの都道府県について，全国に占める各都道府県の割合をまとめたものである。表Ⅰを用いて，東京向けのキャベツの出荷量上位5県のうち，関東地方の県が全国に占める割合を，【例】にならって，解答用紙のグラフにかきなさい。ただし，数値は小数第1位を四捨五入して取り扱うこと。

表Ⅰ (2021年)

じゃがいも		キャベツ	
都道府県名	割合	都道府県名	割合
北海道	56.2%	群馬県	25.9%
鹿児島県	16.2%	愛知県	23.7%
長崎県	15.9%	千葉県	21.4%
静岡県	3.7%	神奈川県	11.1%
茨城県	3.4%	茨城県	8.0%

(東京都中央卸売市場資料により作成)

【例】 東京向けのじゃがいもの出荷量上位5道県のうち，九州地方の県が全国に占める割合（%）

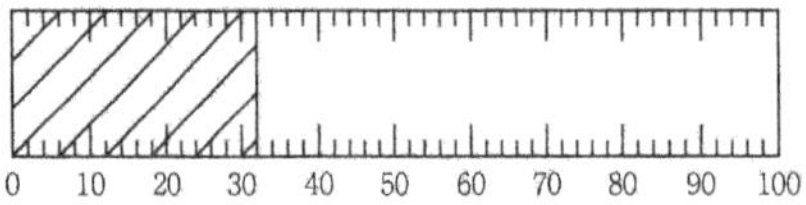

東京向けのキャベツの出荷量上位5県のうち，関東地方の県が全国に占める割合（%）

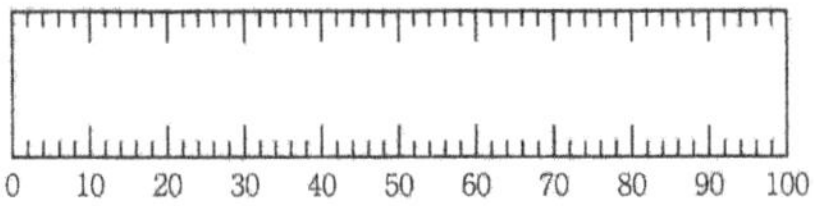

(3) 図Ⅰのあ，いは，情報通信業の売上高（2018年）と電子部品・デバイス・電子回路の製造品出荷額等（2019年）のいずれかについて，全国1位から15位までの都道府県を示したものである。あ，いから情報通信業の売上高（2018年）を示す図を選び，さらに，下のA～Cの指標のうち，上位を占める都道府県が情報通信業の売上高（2018年）と同じような傾向を示すものを選んだ場合，二つの組み合わせとして正しいものを，あとの1～6から一つ選び，記号で答えなさい。

図Ⅰ　あ　い

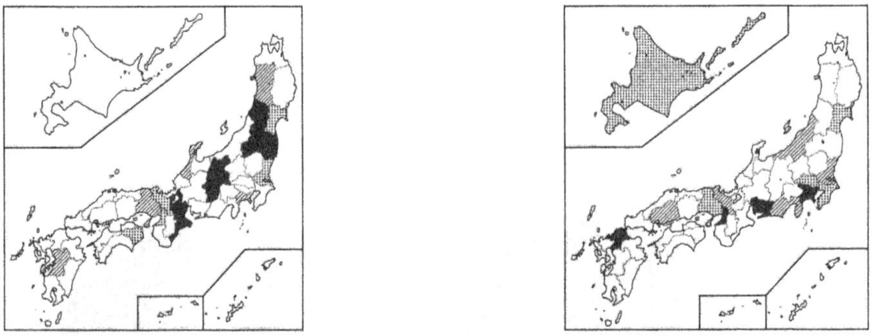

（注）■は1位～5位，▨は6位～10位，▧は11位～15位を表す。

（データでみる県勢2022年版により作成）

A 鉄道による旅客輸送量（2019年）
B 一人あたり医療費（2018年）
C 水力発電による発電量（2020年）

	1	2	3	4	5	6
情報通信業の売上高	あ	あ	あ	い	い	い
同じような傾向を示す指標	A	B	C	A	B	C

(4) 図Ⅱは，日本のおもな港の貿易額を示したものであり，図Ⅱ中の（う），（え）には，東京国際空港と成田国際空港のいずれかが，D，Eには輸入額と輸出額のいずれかがあてはまる。(う)とEにあてはまるものの組み合わせとして正しいものを，次の1～4から一つ選び，記号で答えなさい。

1　う－東京国際空港　　E－輸入額
2　う－東京国際空港　　E－輸出額
3　う－成田国際空港　　E－輸入額
4　う－成田国際空港　　E－輸出額

図Ⅱ

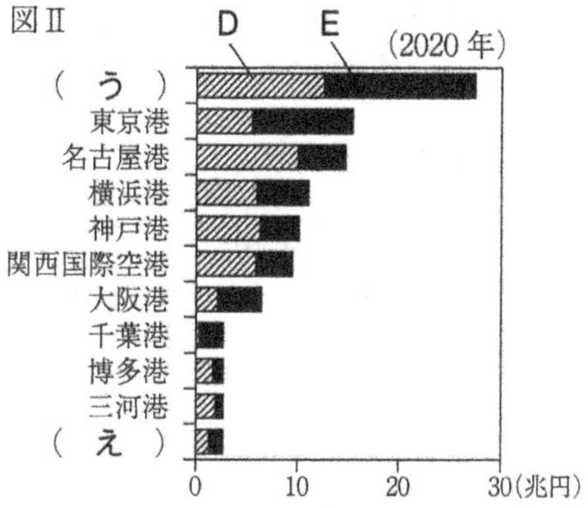

(財務省資料により作成)

(5) 社会科の授業で都市について学習したGさんは，人口が集中する大都市での人々の暮らしに興味をもち，調べ学習を行った。これについて，次のア，イに答えなさい。

ア　Gさんは，郊外と都心部との間で移動する人が多いことを，データを示しながら発表した。次は，Gさんが使用した発表原稿の一部である。文中の［お］にあてはまるデータとして最も適切なものを，下の1～4から選び，記号で答えなさい。

> 大都市では，郊外と都心部との間で通勤・通学などにより移動する人が多くいます。郊外と都心部の［お］を調べると，郊外では通勤・通学などで流入する人よりも流出する人のほうが多く，都心部ではその逆の傾向を示すことがわかります。

1　人口密度　　　　　　2　昼間人口と夜間人口のちがい
3　産業別人口の割合　　4　65歳以上人口の割合

イ　Gさんは，東京都内を歩いているときに，図Ⅲのように地下鉄駅の入り口が階段を数段上った後に下る構造になっているものを見つけた。そこで，隅田川下流域周辺の地形図（2万5000分の1）を用いて資料Ⅰを作成し，地理院地図を用いて資料Ⅱを作成して，図Ⅲのよ

図Ⅲ

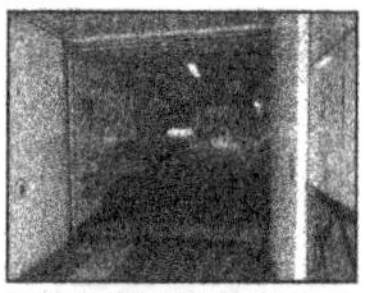
「門前仲町駅」の入り口

「木場駅」の入り口

「東陽町駅」の入り口

資料Ⅰ　地下鉄「門前仲町駅」から「東陽町駅」までGさんが歩いた経路

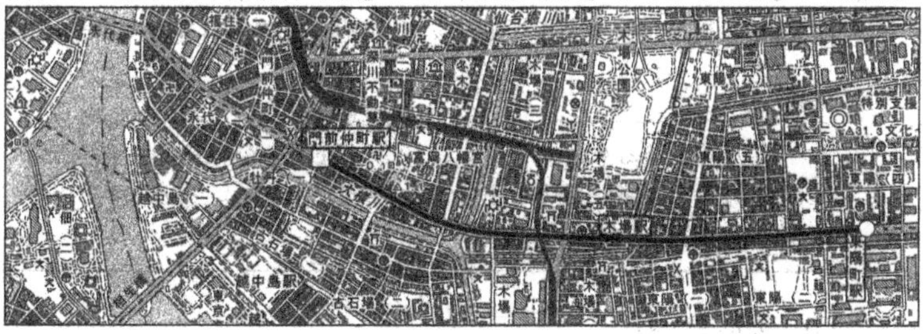

資料Ⅱ　資料Ⅰの経路に沿った断面

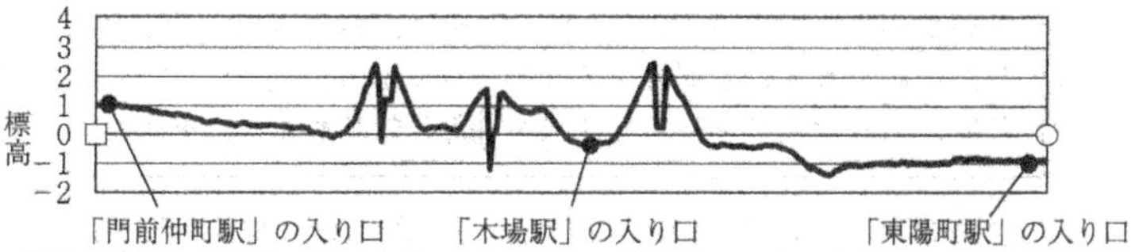

(注) 資料Ⅱ中の□と○は，資料Ⅰ中の□と○に対応する。高さは強調して表現してある。
(地理院地図により作成)

うな構造になっている理由を考察した。(前のページ) 資料Ⅰ，資料Ⅱを参考にして，図Ⅲのような構造になっている理由を説明しなさい。

(資料Ⅰは編集の都合により縮小してあります。)

3　Hさんは，茶の歴史について調べ，次の発表原稿A～Dを作成した。これについて，あとの(1)～(4)に答えなさい。

発表原稿A

　①最澄は，中国にわたり仏教の新しい教えを日本に伝えるとともに，中国から茶の種子を持ち帰り，比叡山のふもとで茶の栽培をはじめました。

発表原稿B

　栄西は，②12世紀後半，中国から茶を飲む習慣を日本に伝えました。また，③鎌倉幕府３代将軍の源実朝が病気のときには，茶を献上しました。

発表原稿C

　茶の湯が④大名や大商人たちの交流の場として流行しました。豊臣秀吉に仕えた［　　　　］は，質素なわび茶の作法を完成させました。

発表原稿D

　イギリスで茶が流行すると，中国から多くの茶が輸入されました。やがて，⑤両国の間に貿易上の問題が発生し，アヘン戦争が起こりました。

(1)　発表原稿Aについて，下線部①の人物がひらいた宗派として正しいものを，次の１～４から一つ選び，記号で答えなさい。

１　真言宗　　２　浄土真宗　　３　時宗　　４　天台宗

(2)　発表原稿Bについて，次のア，イに答えなさい。

ア　下線部②について，12世紀後半の日本と中国との関係に関するできごととして最も適切なものを，次の１～４から選び，記号で答えなさい。

１　足利義満は，中国から与えられた証明書を貿易船に持たせ，勘合貿易を行った。
２　菅原道真は，中国で不安定な政治が続いたため，使者の派遣の停止を訴えた。
３　平清盛は，中国との貿易の利益に目をつけ，兵庫の港を整備した。
４　小野妹子は，中国の進んだ制度や文化を取り入れるために，中国に派遣された。

イ　下線部③に関連して，資料Ⅰは鎌倉幕府の執権であった北条泰時が制定した御成敗式目の一部である。Hさんは，資料Ⅰを参考にして，御成敗式目の特徴についてまとめた。Hさんのまとめが正しいものとなるように，(**あ**) にあてはまる語と，［**い**］にあてはまる語句の組み合わせとして正しいものを，次のページの１～４から一つ選び，記号で答えなさい。

資料Ⅰ

　有力者を知るものは得をし，そうでないものは損をするという不公平な裁判は問注所そのものが信頼を失ってしまうので禁止する。それぞれの言い分は裁判中に述べること。

Hさんのまとめ

　鎌倉幕府の権力の拡大とともに，地頭の勢力もしだいに強まり，荘園領主との間で争いが起こった。特に，(　**あ**　) 後は，西日本にも東日本の武士が地頭として進出したため，現地の支配権をめぐって争いが拡大した。こうした状況に対応するため，幕府は御成敗式目を制定し，**い** 裁定を下すように努めた。

1　**あ**－承久の乱　**い**－公平な　　2　**あ**－承久の乱　**い**－卸家人に有利な

3　**あ**－壬申の乱　**い**－公平な　　4　**あ**－壬申の乱　**い**－御家人に有利な

(3)　前のページの発表原稿Cについて，次のア，イに答えなさい。

ア　下線部④に関連して，戦国大名の中には，領国を治めるために独自の法を制定する者もいた。このような法を何というか。答えなさい。

イ　［　　］にあてはまる人物は誰か。答えなさい。

(4)　前のページの発表原稿Dについて，次のア，イに答えなさい。

ア　下線部⑤に関連して，Hさんは，資料Ⅱ，資料Ⅲを用いてアヘン戦争が起こった原因について考察した。下のHさんの考察が正しいものとなるように，**う** に適切な内容をおぎない，文を完成させなさい。

資料Ⅱ　イギリス・中国・インドの三角貿易（19世紀）

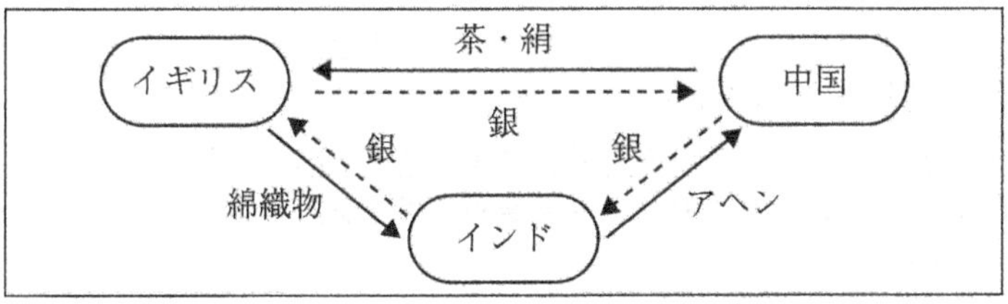

資料Ⅲ　広州における中国のアヘン密輸入額と中国からの銀流出額

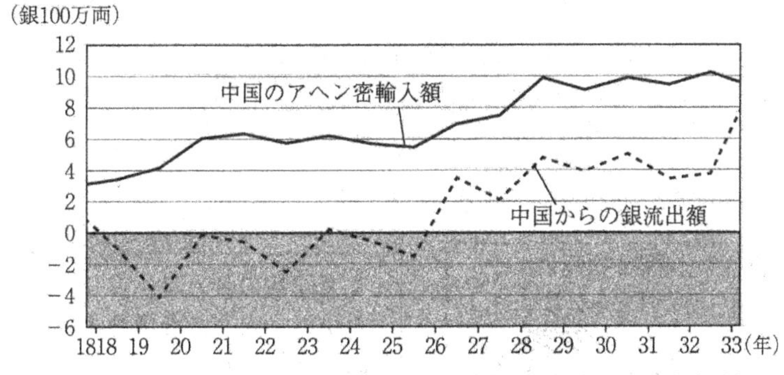

（注）銀流出額が－の場合は，中国への流入額を示す。

（岩波講座世界歴史 21により作成）

Hさんの考察

三角貿易により，**う** 。そのため，中国がアヘンをきびしく取りしまると，イギリスが中国を攻撃し，アヘン戦争が起こった。

イ　Hさんは，アヘン戦争が日本に与えた影響について調べ，次のようにまとめた。次のページのHさんのまとめが正しいものとなるように，（**え**）にあてはまる法令の名称を答えなさい。

Hさんのまとめ

> アヘン戦争で中国が敗れたことを知った江戸幕府は，日本に接近してくる外国船に対する方針を定めた（　え　）を継続すると，外国との紛争をまねくおそれがあると判断し，この方針を転換した。

4 次は，Yさんが作成した山口県の産業に関するレポートである。これについて，あとの(1)～(5)に答えなさい。

〈幕末〉
- ①開国後，西洋の進んだ技術や文化を学ぶために，長州藩の若い藩士が留学した。

〈明治時代〉
- 繊維業の育成振興がはかられ，技術を学ぶために，②山口県の若者が官営模範工場に派遣された。
- 工業化の進展により石炭鉱業がさかんになった。
  →③無煙炭の炭鉱会社が設立され，1904年には海軍省によって買いあげられた。

〈大正時代・昭和初期〉
- ④第一次世界大戦の影響を受けて大戦景気をむかえ　山口県の産業も繁栄した。
- 工業地帯の形成が本格化し，セメント産業や化学工業，石炭鉱業などが発展した。

〈第二次世界大戦後〉
- 戦後，工場の誘致が行われ工業化が進んだ。
- ⑤世界的なエネルギー革命の影響を受けて，山口県でも，産業構造の転換がはかられた。

(1) 下線部①について，Yさんは，ペリー艦隊が日本に開国を要求した理由について，資料Ⅰ，資料Ⅱを用いて考察した。次のページのYさんの考察の［あ］，［い］にあてはまる語句の組み合わせとして最も適切なものを，あとの1～4から選び，記号で答えなさい。

資料Ⅰ　アメリカから日本へ向かう航路の比較

［新航路］…太平洋を横断する航路が実現すれば，蒸気船で，18日間で日本へ到着する。

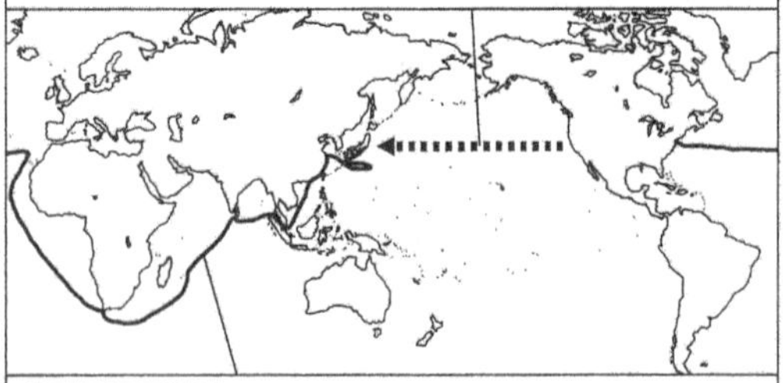

［ペリーの航路］…2週間以上かけて大西洋をわたり，その後，約7か月かけて日本へ到着した。

資料Ⅱ　Yさんがまとめた，1851年のアメリカ国務長官の主張

- 大統領の考えは，カリフォルニアから中国へ太平洋を横断する蒸気船の航路を早期に確立することである。
- その航路をアジア貿易に関心のあるわが国の商人たちに提供するための計画を進めなければならない。
- この計画を進めるためには，わが国の蒸気船が往復の航海で必要とする石炭を，日本の国民から購入できる許可を得ることが望ましい。

Ｙさんの考察

> アメリカが日本へ開国を迫ったのは，日本開国後に，［あ］ことを望み，日本をその航路の中継地や［い］にしたいと考えたからではないか。

1　あ－キリスト教を広め，アジアの香辛料を直接手に入れる　い－燃料用石炭の補給地
2　あ－キリスト教を広め，アジアの香辛料を直接手に入れる　い－燃料用石炭の輸出先
3　あ－ヨーロッパ諸国よりも有利にアジア貿易を行う　い－燃料用石炭の補給地
4　あ－ヨーロッパ諸国よりも有利にアジア貿易を行う　い－燃料用石炭の輸出先

(2)　下線部②について，図Ⅰは山口県の若者も派遣された官営模範工場で，1872年に群馬県に設立されたものである。この官営模範工場を何というか。答えなさい。

図Ⅰ

(3)　下線部③について，Ｙさんは，この炭鉱会社が海軍省によって買いあげられた背景に日露戦争の影響があることを知り，日露戦争が国内外に与えた影響について調べ，メモを作成した。（う）にあてはまる人物と，（え）にあてはまる条約の名前をそれぞれ答えなさい。

メモ

> 日露戦争の勝利は，のちに三民主義を発表し，中華民国を建国した（　う　）などに影響を与えた。一方，国内では，（　え　）で賠償金を得られなかったことから国民の不満が爆発し，日比谷焼き打ち事件などの暴動が起こった。

(4)　下線部④に関連して，次のア，イに答えなさい。

ア　次の１～３は，第一次世界大戦以降のできごとである。１～３のできごとを，年代の古い順に並べ，記号で答えなさい。

1　アジア・太平洋地域の国際体制について話し合うため，ワシントン会議が開かれた。
2　ドイツで，ファシズムをかかげる政党が民衆の支持を得て，初めて第一党となった。
3　世界恐慌のきっかけとなる株価の大暴落が，アメリカで起こった。

イ　大戦景気中の1917年に，山口県の生産物の総額は大幅な伸びを示したが，そうした好況下においても労働争議は発生した。そのことに疑問をもったＹさんは，表Ⅰ，表Ⅱを見つけた。表Ⅰ，表Ⅱを参考にして，好況下の山口県で労働争議が発生した理由を説明しなさい。

表Ⅰ　山口県の品目別物価上昇率（1917年）

品目	米	牛肉	野菜	塩
前年比上昇率	47%	77%	57%	35%

（山口県史により作成）

表Ⅱ　山口県のある地域における工場労働者の賃金上昇率（1917年）

	工場労働者の賃金
前年比上昇率	7%

（山口県史により作成）

(5) 下線部⑤に関連して，日本では，おもに高度経済成長期に石炭から石油へのエネルギー源の転換が進んだ。高度経済成長期の日本で起こったできごととして正しいものを，次の１～４から一つ選び，記号で答えなさい。

１ 日本初の女性国会議員の誕生　　２ サンフランシスコ平和条約の締結

３ 環境庁の設置　　４ 55年体制の崩壊

5 次は，Ｋさんが日本政府のおもな役割について調べたことをまとめたノートの一部である。これについて，あとの(1)~(7)に答えなさい。

Ｋさんのノートの一部

《日本政府のおもな役割》

政治的な役割	経済的な役割	国際社会における役割
・国民を尊重し，①人権保障の実現をめざす。 ・三権（立法，行政，②司法）のうち，行政を担当する。	・③景気の安定をはかる。 ・市場経済の公正さを保つ。（例：④労働者の保護など） ・⑤社会保障制度を整備する。	・⑥国際社会の課題の解決をめざし，⑦国際連合などの国際機関と協力して活動する。

(1) 下線部①に関連して，次のア，イに答えなさい。

ア 図Ⅰで表される，人権保障の実現のために欠かせないしくみを，「人の支配」に対して何というか。答えなさい。

イ 日本国憲法で保障されている社会権に含まれる権利を，次の１～４から一つ選び，記号で答えなさい。

１ 請願権　　２ 裁判を受ける権利

３ 財産権　　４ 勤労の権利

図Ⅰ

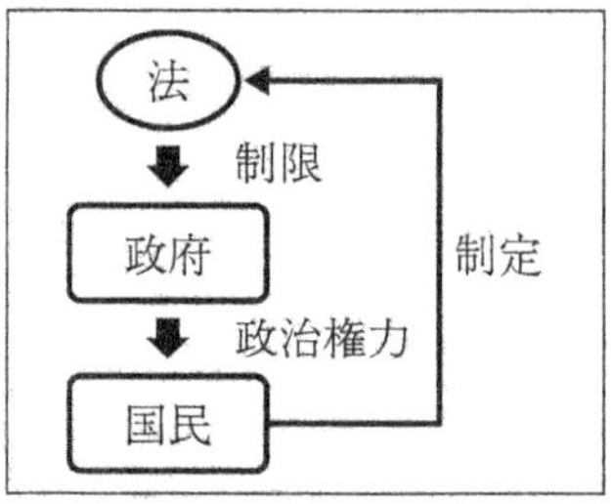

(2) 下線部②に関連して，次のＸ，Ｙは，裁判員制度のしくみに関して述べたものである。Ｘ，Ｙについて，その正誤の組み合わせとして正しいものを，下の１～４から一つ選び，記号で答えなさい。

Ｘ 制度の対象となるのは，重大な犯罪についての刑事裁判の第一審である。

Ｙ 有罪の場合，どのような刑罰を科すかという判断に，裁判員は加わらない。

１ Ｘ－正 Ｙ－正　　２ Ｘ－正 Ｙ－誤

３ Ｘ－誤 Ｙ－正　　４ Ｘ－誤 Ｙ－誤

(3) 下線部③に関連して，政府は日本銀行と協調して景気の安定をはかっている。次の文は，不景気のときに日本銀行が行う金融政策について説明したものである。文中の［あ］に適切な内容をおぎない，説明文を完成させなさい。

> 景気が悪くなると，日本銀行は，一般の金融機関から［あ］ことによって，世の中に出回るお金の量を増やそうとする。

(4)　下線部④に関連して，右の文は，労働基準法第32条の一部である。文中の（い），（う）にあてはまる数字をそれぞれ答えなさい。

> 第32条①　使用者は，労働者に，休憩時間を除き１週間について（　い　）時間を超えて，労働させてはならない。
> ②　使用者は，１週間の各日については，労働者に，休憩時間を除き１日について（　う　）時間を超えて，労働させてはならない。

(5)　下線部⑤に関連して，Ｋさんは，社会保障制度について詳しく調べるために，関係する本を書店で購入した。これについて，次のア，イに答えなさい。

ア　図Ⅱは，書店でのＫさんの行動を順に示したものである。図Ⅱにおいて，本の売買契約が成立したのはどの段階か。図Ⅱ中の１～４から一つ選び，記号で答えなさい。

図Ⅱ

1. Ｋさんは，購入しようと思う本を，棚から手に取った。 ▶
2. Ｋさんは，店員に本を購入することを伝え，店員も合意した。 ▶
3. Ｋさんは，本の代金を店員に支払った。 ▶
4. Ｋさんは，購入した本を店員から受け取った。

イ　Ｋさんは，購入した本に掲載されていた図Ⅲ，図Ⅳをみながら，Ｌさんと下のような会話をした。会話文の内容が，図Ⅲ，図Ⅳから読み取れる内容をふまえたものとなるように，［え］，［お］に適切な語句をそれぞれおぎない，文を完成させなさい。

図Ⅲ　日本の国民負担率の推移

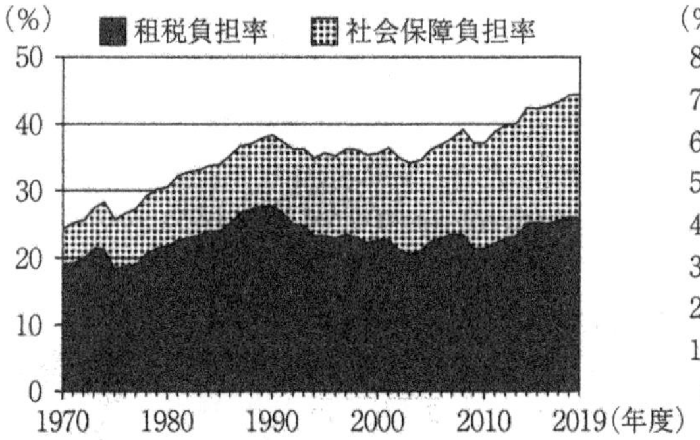

図Ⅳ　国民負担率の国際比較（2019年）

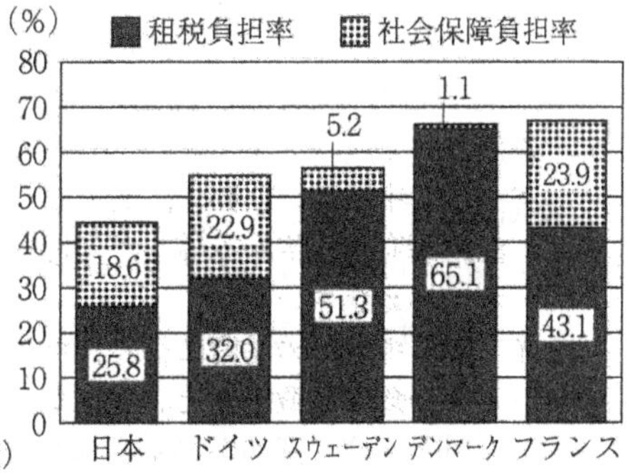

（注）国民負担率は，租税負担率と社会保障負担率を合計したもの。
（財務省資料により作成）

> Ｋさん：　2019年度の日本の国民負担率は，1970年度に比べると［　え　］ことがわかるね。
> Ｌさん：　そうだね。国民負担率の内訳をみると，スウェーデンやデンマークは他の国に比べて，［　お　］ことがわかるよ。

(6)　下線部⑥に関連して，発展途上国などにおいて，所得の低い人々が事業を始める際，金融機関が少額のお金を貸し出すしくみを何というか。答えなさい。

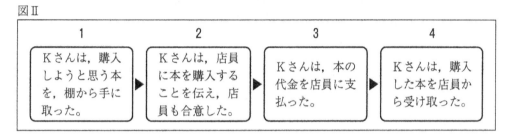

⑺ 下線部⑦に関連して，安全保障理事会において，ある重要な決議案への投票結果が表Ⅰのようになった場合，賛成多数でも決議案が否決される。それはなぜか。簡潔に述べなさい。

表Ⅰ

賛成	常任理事国　4か国 非常任理事国　9か国
反対	常任理事国　1か国 非常任理事国　1か国

6 次は，防災についてのSさんと先生との会話である。これを読んで，あとの⑴～⑷に答えなさい。

> Sさん： 今日は，①江戸時代に起こった災害について学習しましたが，災害への備えとして，どのようなことを心がける必要があるのでしょうか。
>
> 先　生： 災害時には，国や地方自治体による（ **あ** ）にたよるだけでなく，自分で自分の身を守る（ **い** ）や，住民同士で助け合う（ **う** ）が重要です。また，ふだんから身近な地域で起こりやすい災害を知っておくことも必要です。山口県では，県や市町のウェブサイトで，②災害による被害の可能性や 災害発生時の避難場所などを示した地図を公開していますよ。
>
> Sさん： ③インターネットを活用して 防災情報を発信しているのですね。

⑴ 文中の（**あ**）～（**う**）に入る語の組み合わせとして正しいものを，次の1～6から一つ選び，記号で答えなさい。

1 **あ**－共助 **い**－自助 **う**－公助　　2 **あ**－共助 **い**－公助 **う**－自助
3 **あ**－自助 **い**－共助 **う**－公助　　4 **あ**－自助 **い**－公助 **う**－共助
5 **あ**－公助 **い**－共助 **う**－自助　　6 **あ**－公助 **い**－自助 **う**－共助

⑵ 下線部①について，1783年の浅間山の噴火などを原因として，「天明のききん」が起こった。図Ⅰは，この頃の百姓一揆と打ちこわしの発生件数を示している。このことに関連して，次のア，イに答えなさい。

ア 図Ⅰ中のXの期間に，老中として江戸幕府の政治を主導した人物は誰か。答えなさい。

イ 図Ⅰ中のYの期間に行われた寛政の改革では，各地に図Ⅱのような倉が設置された。次の文が，その目的を説明したものとなるように，図Ⅰから読み取れる内容をふまえ，**え**，**お** に適切な語句をそれぞれおぎない，文を完成させなさい。

図Ⅰ

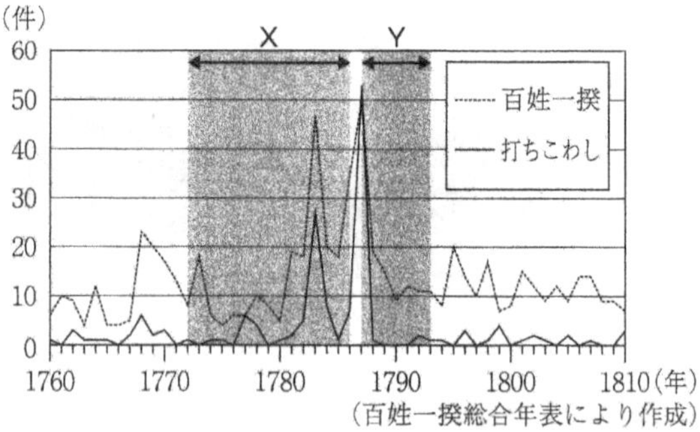

（百姓一揆総合年表により作成）

図Ⅱ

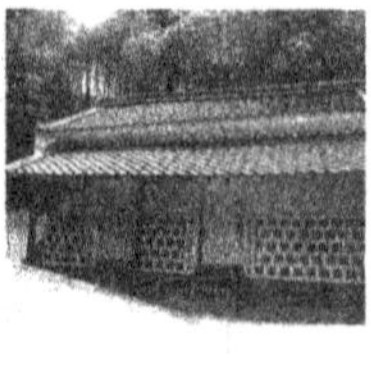

> 1780年代には，「天明のききん」の発生により，［ **え** ］。そのため，寛政の改革では，各地に倉を設置し，［ **お** ］ことできききんに備えた。

(3)　下線部②について，各自治体が作成している，このような地図を何というか。答えなさい。

(4)　下線部③に関連して，次のア，イに答えなさい。

ア　家電製品や自動車など，さまざまなものがインターネットでつながることを何というか。次の１～４から一つ選び，記号で答えなさい。

１　AI　　２　IoT　　３　SNS　　４　VR

イ　すべての年代に防災情報が行き届くようにするために，自治体などが情報を発信する際に，どのようなことに注意する必要があるか。図Ⅲから読み取れることをふまえて，説明しなさい。

図Ⅲ　年代別インターネット利用率（2021年）

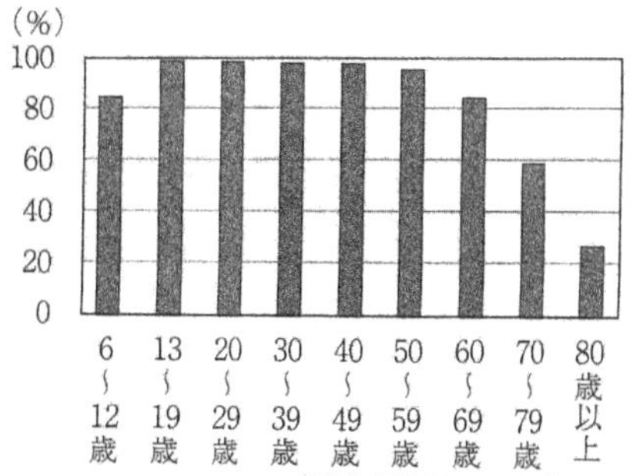

（総務省資料により作成）

案A

みんなの力を合わせよう！

案B

一人ひとりが輝こう！

注意

○ 氏名は書かずに、1行目から本文を書くこと。
○ 原稿用紙の使い方に従って、8行以上12行以内で書くこと。
○ 段落は、内容にふさわしく適切に設けること。
○ 読み返して、いくらか付け加えたり削ったりしてもよい。

(一) **【発表原稿の一部】**の〰〰部の効果について説明したものとして最も適切なものを、次の1～4から選び、記号で答えなさい。

1 聞き手に考えさせることで発表内容に関心を持たせる効果。
2 一般的だとされる行動が誤りであることを検証する効果。
3 聞き手が発表内容を理解しているかどうかを確認する効果。
4 聞き手の視点を変えて調査方法への興味を持たせる効果。

(二) Aさんのグループでは、発表原稿の内容の確認を行った。その際、Bさんが**【発表原稿の一部】**の——部について次のような**【指摘】**を行い、推敲を行うこととした。あとの**【推敲文】**の□に入る適切な内容を、二十五字以内で答えなさい。

【指摘】

「納得できます」とありますが、その根拠が示されていないために、話を聞いている人の中には、なぜそのように言うのか、分からない人もいるのではないでしょうか。

【推敲文】

この結果については、**データ3**をみると、□ことが分かるので、納得できます。

(三) **【発表原稿の一部】**の□に入る適切な内容を、「信頼度」という言葉を用いて答えなさい。

五

次の(一)～(三)に答えなさい。

(一) 次の1～5について、——部の漢字は読み仮名を書き、片仮名は漢字に改めなさい。

1 彼が研究チームを率いるリーダーだ。
2 あの神社の境内には大きな木がある。
3 テッキョウまで川沿いを散歩する。
4 地図をシュクショウして印刷する。
5 ケワしい山道を登って頂上をめざす。

(二) 次の1～4の四字熟語について、═部の片仮名を漢字に改めたとき、他と異なる漢字になるものを一つ選び、記号で答えなさい。

1 タイ器晩成　2 タイ願成就
3 タイ義名分　4 タイ然自若

(三) 次の和歌を読んで、あとのア、イに答えなさい。

こずゑには吹くとも見えで《見えないで》桜花かほるぞ風のしるしなりける《風が吹いている証拠なのだなあ》

源《みなもとの》　俊頼《としより》

（「金葉和歌集《きんようわかしゅう》」から）

ア 「こずゑ」を現代仮名遣いで書き直しなさい。

イ 「風のしるしなりける」とあるが、何が「風のしるし」なのか。現代語で答えなさい。

六

ある中学校で、体育祭のスローガンを決めることになった。スローガンの候補は、次の**案A**と**案B**である。あなたは、どちらのスローガンがよいと考えるか。あなたの考えを、次の二つの条件とあとの注意に従って書きなさい。

条件
① **案A**、**案B**のどちらか一つを選ぶこと。
② ①で選んだものについて、よいと考えた理由を書くこと。

【資料】

メディアの利用の仕方について考えよう

令和3年度「情報通信メディアの利用時間と情報行動に関する調査」（総務省）から作成

データ1　「いち早く世の中のできごとや動きを知る」ときに利用するメディア

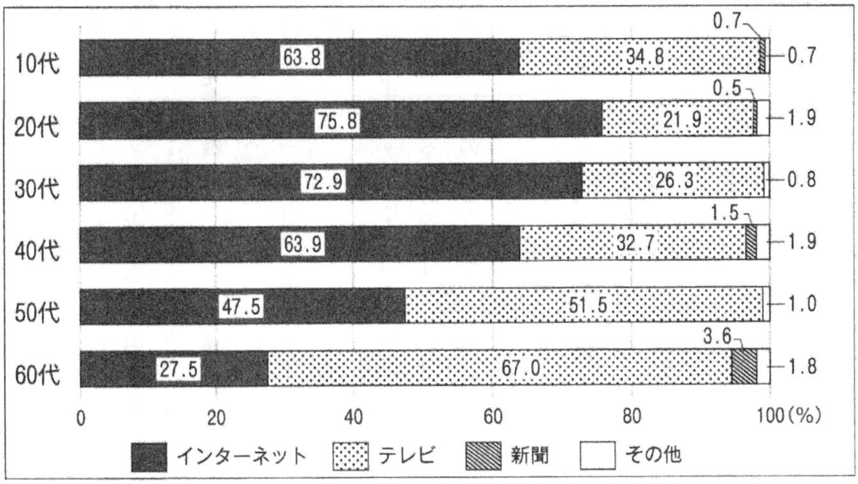

データ2　「世の中のできごとや動きについて信頼できる情報を得る」ときに利用するメディア

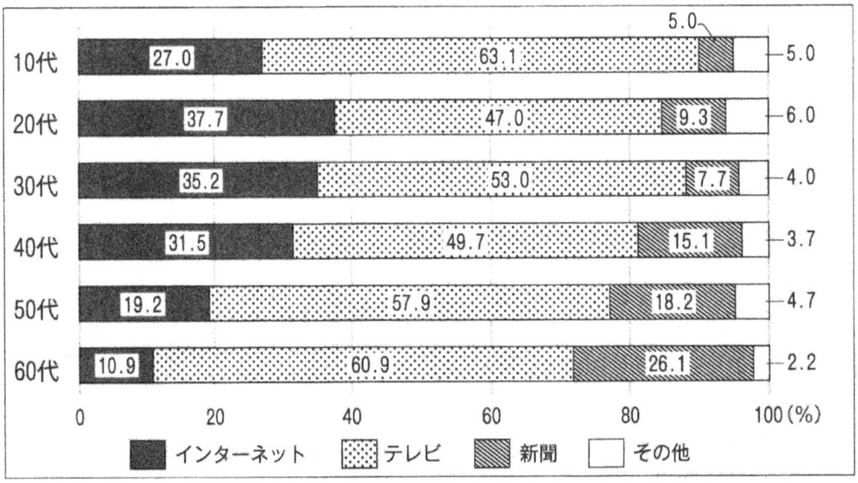

データ3　各メディアの信頼度※　　（数字は%）

	インターネット	テレビ	新聞
10代	31.2	70.2	66.0
20代	25.6	46.0	49.3
30代	25.5	55.9	51.4
40代	30.9	55.2	60.8
50代	31.6	66.3	69.4
60代	24.3	69.9	77.2

※　各メディアの信頼度
それぞれのメディアについて「どの程度信頼できる情報があると考えているか」という質問に対し、「全部信頼できる」、「大部分信頼できる」と回答した割合のこと。

㈢　次の会話は、右の漢文を学習した際の、AさんとBさんのやりとりである。［Ⅰ］、［Ⅱ］に入る適切な内容を答えなさい。なお、［Ⅰ］には十字以内の現代語で答え、［Ⅱ］には書き下し文中から十五字以内で書き抜いて答えなさい。

Aさん　「論者」は、「性」は「善」、「情」は「悪」と言っています。「性」と「情」は全く別のものだと考えているようですね。

Bさん　そうですね。それに対し、筆者は「論者」の考えを批判した上で、「性」は「喜怒哀楽好悪欲」が心の中にある状態、「情」は「喜怒哀楽好悪欲」が［Ⅰ］状態だと説明しています。

Aさん　そのことについてですが、筆者が「性」と「情」を区別して説明しているので、私は、筆者も「論者」と同様に、「性」と「情」を別のものとして考えているような気がしました。それなのに、「性情は一なり」と述べているのは、どうしてでしょうか。

Bさん　たしかに、筆者は「性」と「情」を区別して説明をしていますね。しかし、「［Ⅱ］」と述べているので、「性」と「情」を切り離すことができない一体のものとして捉えていることが分かります。「性情は一なり」という言葉は、そのことを強調しているものだと考えられます。

四　次は、「メディアの利用の仕方」をテーマとして調べ学習を行ったAさんのグループが、発表をする際に用いる**【資料】**（次のページ）と**【発表原稿の一部】**である。よく読んで、あとの㈠～㈢に答えなさい。

【発表原稿の一部】

みなさんは世の中のできごとや動きを知りたいと思ったとき、どのようにして情報を得ていますか。そのときに、信頼できる情報を得るためにどのようなことを心がけていますか。私たちはメディアの利用の仕方について、信頼度に注目して調べてみました。

データ1からは、いち早く世の中のできごとや動きを知るとき、四十代以下の世代では、インターネットを利用する割合が過半数に達していることが分かります。しかし、**データ2**を見ると、世の中のできごとや動きについて信頼できる情報を得るときには、すべての世代でインターネットを利用する割合が低くなっています。この結果については、**データ3**を見ると納得できます。インターネットは出所が定かではない情報も混在しており、そのことが信頼度に影響していると、私たちは考えています。

データ2と**データ3**との比較からは、他にも気になることがあります。それは、各メディアに対する信頼度と実際に利用する割合との関係です。**データ2**を見ると、信頼できる情報を得るときにテレビを利用する割合は、すべての世代で、インターネットを利用する割合よりも高くなっているのに対し、新聞を利用する割合は、六十代を除き、インターネットを利用する割合よりも低くなっています。つまり、［　　］ことが分かります。このことから、私たちは、信頼できる情報を得るために適切にメディアを利用できているのか、振り返る必要があるのではないかと考えました。

(二) 「私なりに」は、どの言葉を修飾しているか。最も適切なものを、次の1～4から選び、記号で答えなさい。

1 含んでいる　2 意味合いを
3 含んだ表現を　4 考えてみました

(三) 「噛み砕いて」のここでの意味として最も適切なものを、次の1～4から選び、記号で答えなさい。

1 分かりやすくして　2 何度も考察して
3 細かく分析して　4 関係を踏まえて

(四) 「まもる・つくる・つなげる」とあるが、それぞれの言葉について、筆者はどのような説明の仕方をしているか。最も適切なものを、次の1～4から選び、記号で答えなさい。

1 「まもる」と「つくる」は、その対象を有形のものに限定して実践事例を中心に説明し、「つなげる」は、その対象を無形のものに限定して抽象的なイメージを中心に説明している。
2 「まもる」と「つくる」は、それぞれ具体的な事例を二つの観点で整理して説明し、「つなげる」は、定義を明確にした上で、今後の課題を二つの観点で整理して説明している。
3 「まもる」と「つくる」は、それぞれ二通りの漢字表記をもとに内容を説明し、「つなげる」は、熟語を一つ加えることにより、その内容に広がりをもたせながら説明している。
4 「まもる」と「つくる」は、今後の社会に必要なことを個人的な見解に基づいて説明し、「つなげる」は、社会集団の形成過程について、歴史的な見解に基づいて説明している。

(五) 次の文が、筆者がサステイナビリティの和訳を「まもる・つくる・つなげる」とした理由をまとめたものとなるよう、[Ⅰ]には文章中から二十字以上二十五字以内の表現を書き抜いて答え、[Ⅱ]には適切な内容を四十字以内で答えなさい。

サステイナビリティの和訳を「まもる・つくる・つなげる」としたのは、この和訳が、[Ⅰ]を着実に踏まえた表現である上に、[Ⅱ]ことが期待できるためである。

三

次の漢文の書き下し文を読んで、あとの(一)～(三)に答えなさい。

性情《せいじやう》は一《いつ》なり。世に論者《弁論家》有りて曰《いは》く、「性は善にして、情は悪なり。」と。是《こ》れ徒《た》だ《これはただ》に性情の名を識《し》るのみにして、性情の実《実質》を知らざるなり。喜怒哀楽好悪欲《きどあいらくかうをよく》の、未《いま》だ外に発せずして、心に存するは性なり。喜怒哀楽好悪欲の、外に発して行《行動》ひに見《あらは》るるは情なり。性は情の本《もと》《本体》、情は性の用《働きである》なり。故に吾《われ》曰く、「性情は一なり。」と。

(「唐宋八大家文読本《とうそうはちたいかぶんとくほん》」から)

(一) 「世に論者有りて曰く」は、「世有論者曰」を書き下し文に改めたものである。書き下し文を参考にして「世ニ 有リテ 論 者 曰ク」に返り点を補いなさい。

(二) 「名を識るのみにして」のここでの内容として最も適切なものを、次の1～4から選び、記号で答えなさい。

1 名声を知っているだけで　2 うわべを分かっているだけで
3 評判を聞いているだけで　4 呼び名を示しているだけで

二　次の文章は、サステイナビリティの和訳について述べたものである。これを読んで、あとの(一)～(五)に答えなさい。

和訳を考える際には、まずは訳そうとしている概念の意味するところや細かなニュアンスを、誰にとってもわかりやすい言葉で説明できる必要があります。サステイナビリティがもともと含んでいる意味合いを取りこぼさないようにしながら日本語で説明するとしたら、どのような表現があるでしょうか。私なりに、サステイナビリティと持続可能な開発の概念が含んでいる「ある物や事を下から支え続けながら、次世代に手渡していく」という意味合いを含んだ表現を考えてみました。a色々な表現を検討しながらも、本章を書いている今日のところまでいちばん納得感があるのが、次の表現です。

サステイナビリティとは、今日まで私たちの社会のなかで大事にされてきたことをまもりながら、これから新しく私たちの社会のなかでb大切にされてほしいことをcきちんと大切にできるような仕組みをつくり、さらにそのような考え方を次世代につなげる、という考え方のこと。

サステイナビリティをこのようにとらえ直し、再定義した上で、ではその新しい和訳を考えてみると、それは「まもる・つくる・つなげる」がよいのではないかと考えています。

ここでの「まもる」は、「守る」であり「護る」です。これまで私たちの社会のなかで大切にされてきた物事や価値観を守り保全しながら、外から害を受けないようにかばい保護することです。これには自然環境や遺産など有形のものも、それぞれの地域の風土に根ざした※民俗芸能や信仰、※伝統知のdような無形のものも含まれます。

「つくる」は、「作る」であり「創る」です。物理的なものや仕組みを作ることであり、アイデアや価値を創ることです。これには、低炭素社会への転換を図るために必要な環境技術の開発や、我々の社会に生まれる全ての子どもたちが毎日栄養のある食事を取ることができ、質のe高い教育を受けることができるようにするための仕組みというようなものも含まれます。

そして「つなげる」は、「繋《つな》げる」であり「継承（継いで承る）」です。人々がつながって「私たち」という共同的な主語を持つことであり、世代を超えたつながりを意味します。ここでのつなげるは、これまで私たちが社会としてまもってきたこと、これからの世の中をよりf良くするために新しくつくったことを、将来世代へと手渡していくことです。

こうしてサステイナビリティを「まもる・つくる・つなげる」こととらえると、いずれもが日常会話のなかでも頻繁に使う動詞ですから、より社会に広く浸透しやすくなるでしょう。また、これまで「持続可能な開発」と言われてきたものについても「まもり、つくり、次世代につなげる開発」と表現してみてもよさそうです。表現としてやや長いのがネックかもしれませんが、その場合には、「持続可能性とは、まもり、つくり、つなげることだよ」というように、難しい言葉をその意味を噛《か》み砕いて子どもに教えるときのように、持続可能性の副題として使ってみるとよいと思います。

（工藤尚悟《くどうしょうご》「私たちのサステイナビリティ——まもり、つくり、次世代につなげる」から）

（注）※民俗芸能＝民間の習慣や信仰などに根ざして伝承されてきた芸能。
※伝統知＝地域において受け継がれてきた伝統的な知識や知恵。

(一)　「細かな」と同じ品詞であるものを、文章中の═══部a～fから二つ選び、記号で答えなさい。

「それなら、ぼくにも可能性はありますか？」
「あるかもしれません。もしあなたの志が一時的なものでなく本物であれば、可能性は十分にあります」
「そうですか！　あの、師匠が宮大工になったきっかけはどういうものだったんですか？　もしかして、代々※法隆寺の宮大工さんのお家《うち》なんですか？」
師匠は少し間をおいて、ほほえみながら首をふった。
「実は、わたしは関東の出身です。高校生のときに、修学旅行先の奈良の法隆寺を見て一目ぼれし、それからしつこく弟子入りを申しこみましたがことわられ、高校卒業後は他の宮大工のもとで修業してから、再度法隆寺の宮大工の※棟梁《とうりょう》に頼みこんで、弟子入りさせていただいたんですよ」
ああ、この師匠もそうだったのか！
「それじゃ、あの、師匠もたったの数時間で人生を決めちゃったんですね？」
うっかり本音が出てしまった。
師匠はクスクス笑ってうなずいた。
「そうですね。人生にはそういうこともあるわけです。天命、といいますか」
それから圭人と師匠は、三十分ぐらいしゃべった。歩は圭人のとなりで、ただだまって聞いていた。

（佐藤《さとう》まどか「スネークダンス」から）

（注）※宮大工＝神社・仏閣に携わる大工。　※クリエイティビティ＝創造性。
※法隆寺＝奈良にある木造建築の寺。　※棟梁＝大工を束ねる親方。

(一) 「度」を楷書《かいしょ》で書いたときの総画数は何画か。数字で答えなさい。

(二) 「**写真**」と同じ構成（組み立て）の熟語を、次の1～4から一つ選び、記号で答えなさい。

1　花束　　2　保温　　3　救助　　4　日没

(三) 「見せ」の終止形を答えなさい。

(四) 文章中の □ に入る表現として最も適切なものを、次の1～4から選び、記号で答えなさい。

1　もやもやと　　2　しげしげと
3　こそこそと　　4　すらすらと

(五) 「それなら、ぼくにも可能性はありますか？」とあるが、なぜ「圭人」はそのような質問をしたのか。次の文がその説明となるよう、□ に入る適切な内容を、「スケッチ」という言葉を用いて五十字以内で答えなさい。

「師匠」の講演を聞いて、宮大工になりたいと思った「圭人」は、□ ことに気づき、自分にも宮大工になるために必要なものが備わっているのではないかと感じ、「師匠」にそれを確かめたいと考えたから。

(六) 「人生にはそういうこともあるわけです」とあるが、「そういうこと」の指す内容は何か。二十字以内で答えなさい。

(七) 右の文章中に見られる表現の特徴として最も適切なものを、次の1～4から選び、記号で答えなさい。

1　「圭人」と「師匠」の会話を中心に場面を描写することで、対立する二人の緊張感が表現されている。
2　「師匠」や「圭人」が回想した内容を詳しく描写することで、場面の情景が重なり合って表現されている。
3　会話以外の部分で「圭人」の内面を描写することで、「圭人」の心情の変化が生き生きと表現されている。
4　「師匠」の笑っている様子を繰り返し描写することで、「師匠」の宮大工としての威厳が表現されている。

〈国語〉

時間　五〇分　満点　五〇点

一　イタリアのローマで生まれ育った「圭人《けいと》」は、古い町並みに魅力を感じ、それをスケッチすることを日常としていた。東京に移り住んでからもスケッチを続けていた「圭人」は、ある日、友人の「歩《あゆむ》」に誘われて※宮大工の「師匠《ししょう》」の講演会に参加した。次の文章は、講演後に「師匠」に話しかけた「圭人」が、自分のスケッチを見てもらっている場面である。よく読んで、あとの(一)～(七)に答えなさい。

「きみは、ローマに住んでいたのですね？」

びっくりした。

「え、どうしてわかるんですか？　写真を見て描いたとか、旅行で行ったとかじゃなくて、どうして住んでいたとわかるんですか？」

ふふっと、師匠がほほえんだ。

「なんというか、きみのスケッチには、執念のようなものがあるからね。いい意味でね」

「え、そうですか？」

「旅先でさらっとスケッチしたり、ネットで拾った写真を見て描いたりしても、こんな風には描けないでしょう。また、自らの※クリエイティビティを出そうと思って描こうとしても、こうはならないでしょう。これらのスケッチには、描く対象に対するあなたの多大なる敬意が表れている。それは、見ればわかりますよ」

返事ができなかった。

伝わっている。ぼくがなぜスケッチしていたか、この人には、ぼくの想いが伝わっているんだ。

師匠がページをめくっていき、歩の家の一角のスケッチを見ている。圭人は、今にも泣きだしそうなのを、やっとこらえている。

師匠は大きくうなずいてから、スケッチブックを閉じて、返してくれた。

「ありがとう。いいものを見せてもらいました」

圭人は深々と頭を下げた。

「師匠、あの……」

「なんでしょう」

「ぼくは今日、とても感動して……もしかすると、ぼくのやりたいものはこういうことだったんじゃないかって思ったんです」

「と、言いますと？」

「あの、宮大工になって、歴史的建造物を守っていくということです」

□そんな言葉が口から出て、自分でもびっくりした。

「おい、そんなにいきなりか？」と、歩がひそひそ声でささやいた。

師匠はしばらくだまって、圭人を見つめていた。

「わたしの講演を聴いて、急に宮大工になりたいと思ったのですか？」

「はい。そういうのって、いけないのでしょうか」

師匠はクスッと笑った。

「きみは中学生？　高校生？」

「中学二年生です」

「そうですか。まだお若いですね。たったの一時間半で将来を決めるのは、性急かもしれません」

「……はい。でも、あの、宮大工になるには、なにか特別な才能が必要でしょうか？」

「うーん。情熱と執念、そして敬意でしょうか」

MEMO

大切なことはメモしておこうネ！

2023年度

解　答　と　解　説

《2023年度の配点は解答用紙集に掲載してあります。》

<数学解答>

1　(1)　-2　(2)　$\frac{1}{6}$　(3)　$32x-28$　(4)　3　(5)　$1+4\sqrt{6}$

2　(1)　$x=0$，4　(2)　31度　(3)　ア　-8　イ　0　(4)　70回

3　(1)　$20a+51b<180$　(2)　式 $\begin{cases} x+y=200 \\ 0.3x+0.7y=80 \end{cases}$

カカオ含有率30％のチョコレートの重さ　150g

カカオ含有率70％のチョコレートの重さ　50g

4　(1)　エ　(2)　解説参照

5　(1)　ウ　(2)　解説参照

6　(1)　93　(2)　解説参照

7　(1)　右図　(2)　解説参照

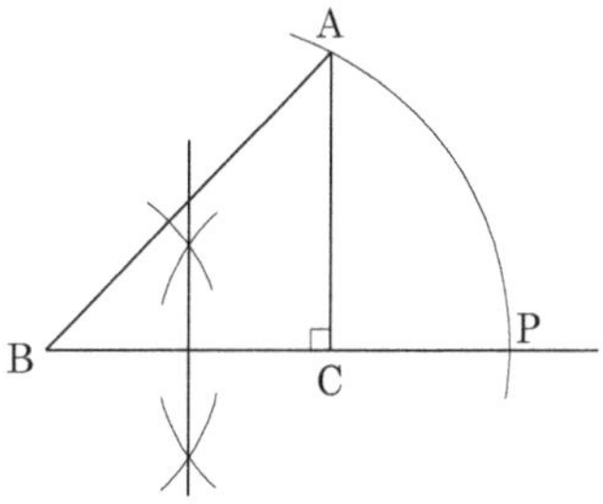

8　(1)　ア　(2)　$y=\frac{1}{2}x+\frac{11}{2}$

9　(1)　$\frac{120}{a}$(分)　(2)　$\frac{4}{3}\sqrt{5}$ m

<数学解説>

1　(数・式の計算，式の展開)

(1)　**(−)÷(＋)→(−)**となるので，$(-8)\div4=-(8\div4)=-2$

(2)　$\frac{5}{2}+\left(-\frac{7}{3}\right)=\frac{15}{6}+\left(-\frac{14}{6}\right)=\frac{1}{6}$

(3)　$4(8x-7)=4\times8x+4\times(-7)=32x-28$

(4)　$3a+b$に$a=-2$，$b=9$を代入すると，$3\times(-2)+9=-6+9=3$

(5)　**乗法公式$(x+a)(x+b)=x^2+(a+b)x+ab$**より，$(\sqrt{6}-1)(\sqrt{6}+5)=(\sqrt{6})^2+(-1+5)\times\sqrt{6}-1\times5=6+4\sqrt{6}-5=1+4\sqrt{6}$

2　(二次方程式，円，変域，資料の散らばり・代表値)

(1)　$(x-2)^2-4=0$　$(x-2)^2=4$　$x-2=\pm2$　$x=\pm2+2$　$x=0$，4

(2)　右図1のように，円周上の点をA，B，C，Dと置く。点Cを含まない$\overset{\frown}{AB}$に対する円周角の定理より，∠ACB＝∠ADB＝62°となる。三角形の内角の和は180°なので，$\angle x=180°-(87°+62°)=31°$

図1

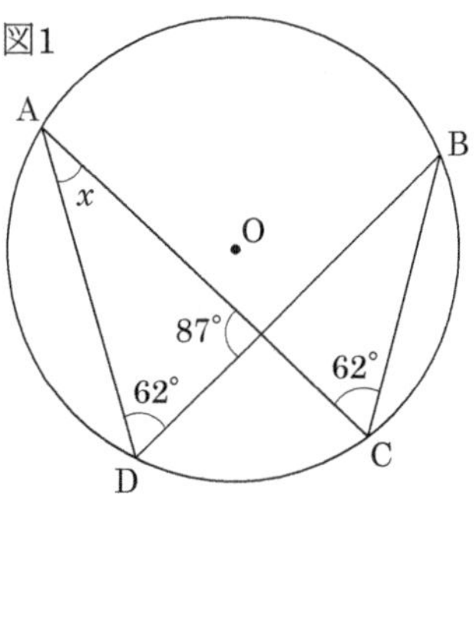

図2

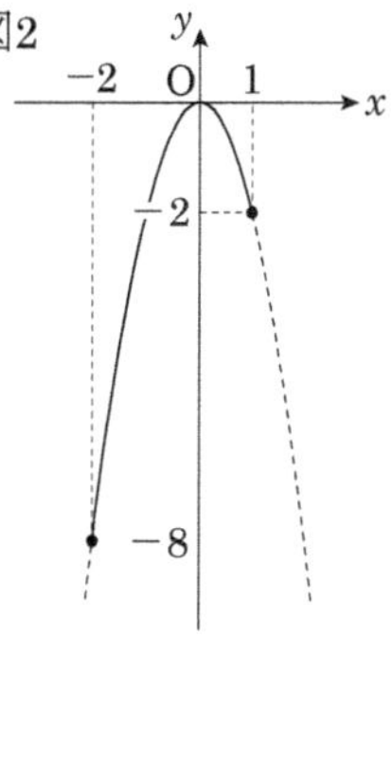

(3)　$y=-2x^2$について，xの変域が$-2\leqq x\leqq1$のときのグラフは右図2になる。$x=-2$のときyの値は最小となり，$y=-2\times(-2)^2=-8$，$x=0$のときyの値は最大と

なり，$y=-2\times0^2=0$になる。よって，yの変域は$-8\leqq y\leqq 0$となる。

(4)　**度数分布表**から**最頻値**を求める場合には，最も度数の多い階級の階級値を求めればよい。最も度数の多い階級は60回以上80回未満の階級であるため，階級値は$\frac{60+80}{2}=70$となり，1日の閲覧数の最頻値は70(回)となる。

3　(不等式，方程式の応用)

(1)　1個あたりのエネルギーが20kcalのスナック菓子a個のエネルギーは，$20(\mathrm{kcal})\times a$(個)$=20a(\mathrm{kcal})$…①　1個あたりのエネルギーが51kcalのチョコレート菓子b個のエネルギーは，$51(\mathrm{kcal})\times b$(個)$=51b(\mathrm{kcal})$…②　①と②のエネルギーの総量が180kcalよりも小さいから，この数量の関係は$20a+51b<180$である。

(2)　カカオ含有率30％のチョコレートxgと，カカオ含有率70％のチョコレートygを混ぜて200gのチョコレートをつくるので，$x+y=200$…①　カカオ含有率30％のチョコレートのカカオの重さは$x\times0.3=0.3x$(g)，カカオ含有率70％のチョコレートのカカオの重さは$y\times0.7=0.7y$(g)，カカオ含有率40％のチョコレートのカカオの重さは$200\times0.4=80$(g)となるので，$0.3x+0.7y=80$…②　①×3－②×10より，$-4y=-200$　$y=50$…③　③を①に代入して，$x+50=200$　$x=150$。よって，カカオ含有率30％のチョコレートの重さは150g，カカオ含有率70％のチョコレートの重さは50gとなる。

4　(平面図形の面積，相似な図形の体積比)

(1)　Aのおうぎ形の面積は$\pi\times6^2\times\frac{60^\circ}{360^\circ}=\pi\times36\times\frac{1}{6}=6\pi\fallingdotseq18.84(\mathrm{cm}^2)$，Bのおうぎ形の面積は$\pi\times6^2\times\frac{6}{2\times\pi\times6}=18(\mathrm{cm}^2)$，Cの正三角形の面積は$6\times3\sqrt{3}\times\frac{1}{2}=9\sqrt{3}\fallingdotseq15.57(\mathrm{cm}^2)$となるので，Aの面積よりもBの面積の方が小さく，Aの面積よりもCの面積の方が小さい。

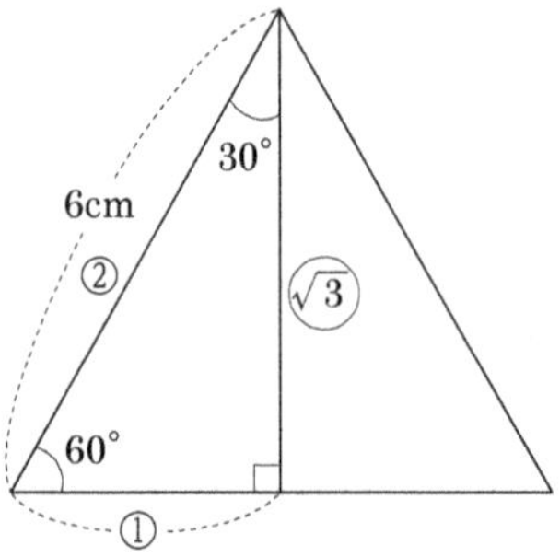

(補足説明1)　Cの正三角形の高さは右図のように，30°，60°，90°の直角三角形を作り考える。**30°，60°，90°の直角三角形の3辺の比は1：2：$\sqrt{3}$**であるため，正三角形の高さは$6\times\frac{\sqrt{3}}{2}=3\sqrt{3}$(cm)となる。

(補足説明2)　解説は$\pi\fallingdotseq3.14$，$\sqrt{3}\fallingdotseq1.73$として計算した場合の値である。

(2)　(例)Mサイズのカステラ1個とLサイズのカステラ1個の相似比は3：5である。よって，体積比は$3^3:5^3=27:125$である。Mサイズのカステラ4個とLサイズのカステラ1個の体積比は108：125である。同じ金額で買えるカステラの体積が大きいのはLサイズのカステラ1個の方だから，Lサイズのカステラを1個買う方が割安である。

5　(資料の散らばり・代表値，確率)

(1)　ア　令和2年と令和3年の1週間の総運動時間の最小値は30分だが，令和4年の1週間の総運動時間の最小値は10分であるので，正しくない。

イ　**四分位数**とは，全てのデータを小さい順に並べて4つに等しく分けたときの3つの区切りの値を表し，小さい方から**第1四分位数，第2四分位数，第3四分位数**という。第2四分位数は中央値のことである。**四分位範囲**は，第3四分位数から第1四分位数を引いた値で求められる。令和2年の四分位範囲は$210-100=110$(分)，令和3年の四分位範囲は$180-60=120$(分)，令和4年の四分位範囲は150－60＝90(分)となるため，正しくない。

ウ　すべての年で中央値が100分を超えている。よって，1週間の総運動時間が100分以上の人は25人以上いるといえる。

エ　令和4年の第3四分位数は150分で，令和2年の第3四分位数は210分である。全体の度数の合計数が同じであるとき，第3四分位数から最大値までの度数の合計も同じになるため，正しくない。

樹形図1

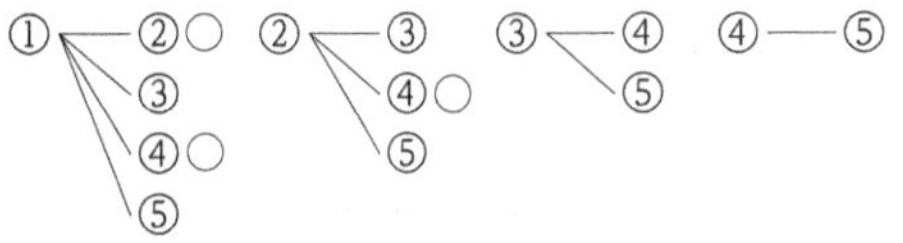

樹形図2

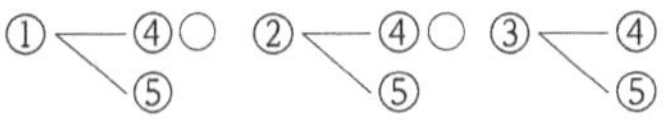

(2)　(説明)　(例)選び方Aのとき，くじの引き方を表すと樹形図1のようになり，全部で10通りある。このうち，2種目とも球技の種目が選ばれるのは，○印のついた3通りである。よって，この場合の確率は$\frac{3}{10}$である。一方，選び方Bのとき，くじの引き方を表すと樹形図2のようになり，全部で6通りある。このうち，球技の種目が選ばれるのは，○印のついた2通りである。よって，この場合の確率は$\frac{2}{6}=\frac{1}{3}$である。2つの確率を比べると，$\frac{3}{10}<\frac{1}{3}$だから，確率は選び方Bの方が高い。

6　(数の性質)

(1)　2けたの自然数の十の位の数をa，一の位の数をbと置くと，その数は$10a+b$と表される。また，十の位の数と一の位の数を入れかえた数は$10b+a$と表され，これらをひくと，$10a+b-(10b+a)=9a-9b$となる。$9a-9b=54$，$a-b=6$を満たすa，bの組み合わせは$(a,\ b)=(9,\ 3)$，$(8,\ 2)$，$(7,\ 1)$となるので，このなかで最大の自然数は93となる。

(2)　(例)$(2n+4)(2n+6)-2n(2n+2)=4n^2+20n+24-4n^2-4n=16n+24=8(2n+3)$　nは自然数だから，$2n+3$も自然数である。よって，$8(2n+3)$は8の倍数である。

7　(作図，三角形の合同の性質を利用した図形の証明)

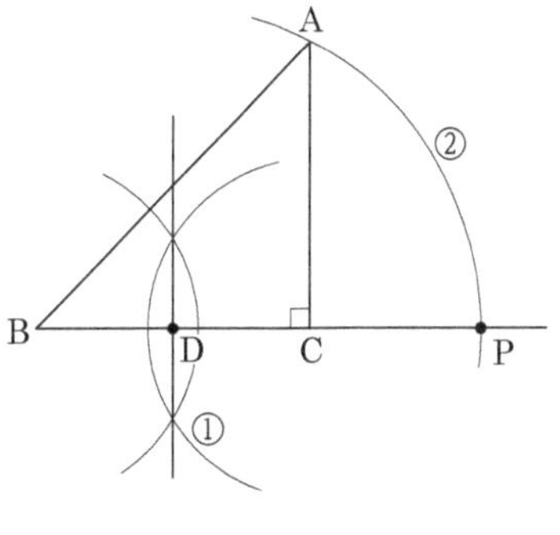

(1)　(着眼点)斜辺が$\sqrt{5}$の直角三角形をつくる。(長さが1，2，$\sqrt{5}$の直角三角形)　(作図手順)　①　点B，Cを中心とした円を描き，その交点を通る直線(辺BCの**垂直二等分線**)を引く。　②　①で引いた直線と辺BCの交点をDとし，点Dを中心に半径DAの円をかき，円と半直線BCの交点をPとする。

(2)　(証明)　(例)△ACFと△BCDで，仮定から，AC＝BC…①　∠ACF＝∠BCD＝90°…②　△AEDは直角三角形だから，∠CAF＋∠ADB＝90°…③　△BCDは直角三角形だから，∠CBD＋∠ADB＝90°…④　③，④から∠CAF＝∠CBD…⑤　①，②，⑤から，1辺とその両端の角がそれぞれ等しいので，△ACF≡△BCD　合同な図形の対応する辺の長さは等しいので，AF＝BD

8　(図形と関数・グラフの融合問題)

(1)　切片が等しいため，2直線はy軸で交わる。また，一次関数の傾きが負の数のとき，値が小さくなればなるほど，y軸に近づくため直線mをかき加えた図はアである。

(2)　点Aは$y=x^2$上にあるため，そのy座標は$y=(-3)^2=9$　A$(-3,\ 9)$となる。同様にして，点Bも$y=x^2$上にあるため，そのy座標$y=1^2=1$　B$(1,\ 1)$となる。点A，Bの中点をMとすると，

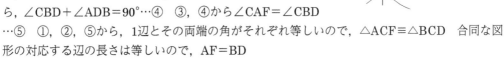

$M\left(\frac{-3+1}{2}, \frac{9+1}{2}\right)=(-1, 5)$となり，点Mを通り傾き$\frac{1}{2}$の直線の式を$y=\frac{1}{2}x+b$とする。直線$y=\frac{1}{2}x+b$に$x=-1$, $y=5$を代入すると，$5=\frac{1}{2}\times(-1)+b$　$b=5+\frac{1}{2}$　$b=\frac{11}{2}$　よって，$y=\frac{1}{2}x+\frac{11}{2}$となる。（追加説明1）$(x_1, y_1)$と$(x_2, y_2)$の**中点**の座標の求め方は$\left(\frac{x_1+x_2}{2}, \frac{y_1+y_2}{2}\right)$。
（追加説明2）長方形のような**点対称**な図形は，**点対称の中心**（今回の場合点M）を通る直線によって二つの合同な図形に分けられる。そのため，長方形を2等分する直線は，長方形の対角線の交点を通る。

9　**（文字式の利用，比例の利用）**

(1)　自宅から公園までの距離は，毎時4kmの速さで30分（0.5時間）かかっているので，$4\times0.5=2$(km)。よって，毎時$a$kmの速さで自宅から公園までかかる時間は$2\div a=\frac{2}{a}$（時間）$=\frac{2}{a}\times60=\frac{120}{a}$（分）。

(2)　△ABCにおいて，**三平方の定理**を用いると，$AB^2+BC^2=CA^2$　$10^2+20^2=CA^2$　$CA^2=500$　$CA>0$より，$CA=10\sqrt{5}$(m)となる。よって，$MA=MB=MC=\frac{CA}{2}=\frac{10\sqrt{5}}{2}=5\sqrt{5}$(m)。また，△ACD＝四角形ABCD－△ABC$=\frac{800}{3}-\frac{1}{2}\times10\times20=\frac{800}{3}-100=\frac{500}{3}$($m^2$)，△ACDにおいて，底辺をCAとすると，高さはMDとなるため，$\frac{500}{3}=\frac{1}{2}\times CA\times MD$　$\frac{500}{3}=\frac{1}{2}\times10\sqrt{5}\times MD$　$MD=\frac{20\sqrt{5}}{3}$となる。$MD>MA$, $MD>MB$, $MD>MC$より，街灯が照らすことのできる地面の範囲は，円Oを中心とした半径MDの円にすればよいとわかる。円の半径と街灯の高さは比例しているため，MD：10＝（求めたい街灯の高さ）：2　（求めたい街灯の高さ）$=MD\times\frac{2}{10}=\frac{20\sqrt{5}}{3}\times\frac{1}{5}=\frac{4}{3}\sqrt{5}$となる。
（追加説明）△ABCは直角三角形であるから，円周角の定理の逆により，点A，B，Cは点Mを中心とした円の円周上にある。よって，$MA=MB=MC$が成り立つ。

＜英語解答＞

1　テスト1　No. 1　3　No. 2　2　No. 3　2　No. 4　1　テスト2　No. 1　2　No. 2　4　No. 3　3　No. 4　4　テスト3　(A)　map　(B)　Show　(C)　topic　(D)　(例)like a music festival better

2　(1)　(A)　1　(C)　3　(D)　2　(2)　were

3　(1)　shapes　(2)　1　(3)　3，5

4　(1)　3　(2)　4　(3)　2

5　(1)　ウ　(2)　(a)　1　(b)　4　(c)　3　(3)　(a)　made by　(b)　become an engineer

6　You should watch Japanese movies. You can learn various Japanese words used in our daily lives. If you practice using these words with your friends, you can speak Japanese better.

＜英語解説＞

1　(リスニング)

放送台本の和訳は，56ページに掲載。

2　(対話文読解：語句補充・前置詞・連語・名詞，語形変化・仮定法)

(全訳)　リー先生：こんにちは，ケンジ。私たちの学校へようこそ！　あなたは今朝，空港(A)に着いたのですよね？　お元気ですか？

ケンジ　：元気です。でもここは本当に暑いですね。

リー先生：ああ，あなたが意味していることは分かります。日本は今，冬ですよね？

ケンジ　：はい。僕は先週，友達とスキーを楽しみました。

リー先生：本当ですか？　私はスキーが大好きです。私が今，日本に(B)いたらなあ。

ケンジ　：(C)ところで，ここに来る途中，たくさんの独特な通りの名前を見かけました。

リー先生：ああ，それらはマオリの人たちが話す(D)言葉からきています。マオリの人たちは，私たちの国に先住しているのです。私たちは，彼らの文化を尊重しています。

ケンジ　：なるほど。僕は今，ニュージーランドのことをもっと知りたいです！

(1)　(A)　**arrive at ～「～に到着する」**　(C)　**by the way「ところで」**　(D)　**language「言葉，言語」**

(2)　(B)　**<I wish I were ～>「私が～だったらなあ」**。仮定法の文。**実現する可能性が低い，または可能性がないことについて，「～だったらなあ」と言う場合**に用いる。

3　(対話文読解：語句補充・記述・名詞，資料を用いた問題，内容真偽)

(全訳)　ユキ：私のプレゼンテーションでは，私のお気に入りの食べ物である，*かまぼこ*を紹介する予定なの。その歴史とレシピに関する2枚のスライドを作ったけど，私にはもう1枚必要なの。

アン：1枚目のスライドには，3枚の絵が見えるわね。それらは全部*かまぼこ*かしら？　形が同じではないわね。この1枚は，木の板の上に乗っていて，別の1枚は，かにの身みたいね。

ユキ：それらは違って見えるけど，それらは全部*かまぼこ*なの。実は，今は日本全国にいろんな種類のご当地*かまぼこ*があるのよ。私は以前，有名なご当地*かまぼこ*を食べたことがあるわ。それは笹の葉のようだったわ。

アン：本当に？　それは興味深いわね。それなら，プレゼンテーションでご当地*かまぼこ*を紹介するのはどう？

ユキ：あら，それはいいアイデアね！　私はもう1枚スライドを作って，いくつかの例を紹介してみるわ。

【発表スライド】

1　*かまぼこ*の歴史

- 古い本によれば，この絵のよう*かまぼこ*は，1115年に宴会で食べられました。
- 木の板の上に乗っている*かまぼこ*は，江戸時代に人気になりました。
- これは新しい種類の*かまぼこ*の絵です。それは，かにの身のように見えます。いくつかの会社が，約50年前にそれを作り始めました。

2　家で*かまぼこ*を作りましょう！

ステップ1	ステップ2	ステップ3	ステップ4
新鮮な魚を入手	魚をすり身にして，塩を加えます	約20分間すり身を蒸します	それを氷水で冷やします

(1) 1枚目の発表スライドの3枚の*かまぼこ*の絵を参照。それぞれ **shape**「形」が同じではないことが分かる。ただし，**空所の直後の be 動詞が are なので，複数形の shapes にする。**

(2) アンの最後の発言から，ユキはご当地*かまぼこ*についてのスライドを作ると分かる。よって，1「色々なご当地*かまぼこ*」が適切。2「*かまぼこ*と私達の健康」3「*かまぼこ*会社の歴史」4「*かまぼこ*の作り方」

(3) 1 「1115年の宴会では，かにの身のような*かまぼこ*が食べられた」(×) 1枚目の発表スライドの1つ目の絵と英文を参照。 2 「*かまぼこ*は1165年に外国から来たと古い本に書かれている」(×) 発表スライドに記載なし。 3 「約50年前に，新しい種類の*かまぼこ*が発明された」(○) 1枚目の発表スライドの3つ目の英文を参照。 4 「木の板の上に乗っている*かまぼこ*は，日本の子供達の間で人気がある」(×) 1枚目の発表スライドの2つ目の絵と英文を参照。木の板の上に乗っている*かまぼこ*は，江戸時代に人気になったと書かれているが，日本の子供達の間で人気があるとは書かれていない。 5 「人々は，家で*かまぼこ*を作るときの2番目のステップで，塩が必要である」(○) 2枚目の発表スライドのステップ2を参照。 6 「人々が家で*かまぼこ*を作るとき，20分だけ必要である」(×) 2枚目の発表スライドを参照。ステップ3で20分必要だが，*かまぼこ*を作るためには，ステップ1，2，4にも時間を割く必要がある。

4 (長文読解：グラフを用いた問題，語句補充・選択，主題選択)

(全訳) 【原稿】

今日，私は盆栽についてみなさんにお話したいと思います。それが今，世界中で人気があることをみなさんは知っていますか？ 英語の辞書に「bonsai」という単語があるのです。私はそれを知って驚きました。

グラフを見てください。2006年から2020年までの庭木を含めた盆栽の輸出額を見ることができます。2006年に，輸出額は23億円でした。それから，グラフによると，輸出額は(A)特に2016年から2017年にかけて大きく増加しました。そのとき何が起きたのでしょうか？ 私は，2017年に日本で開催された大きな国際盆栽イベントが理由の1つだと思います。

グラフから，日本の盆栽が世界でより人気になっていることが分かります。しかし，現在，海外の人々は(B)伝統的な日本の盆栽を楽しむだけではありません。彼らは，彼らの新しい独創的な盆栽も楽しんでいます。熱帯の木を使って盆栽を作る人もいるのです！ 彼らは，伝統的な盆栽文化から新しい盆栽文化を創造していると言えるでしょう。将来，伝統的な盆栽だけでなく，新しい独創的な盆栽も，世界中のより多くの人に愛されるようになるでしょう。

(1) 上記，全訳を参照。 1 「2009年に45億円になりました」後の内容と合わない。 2 「2016年に増加が止まりました」グラフと合わない。 4 「2017年に再び120億円超えになりました」輸出額が120億円を超えたのは2017年が初めてなので，「再び」の部分がグラフと合わない。

(2) 上記，全訳を参照。 1 「別の独創的な」 2 「彼らの独特な」 3 「他の新しい」

(3) 1 「外国の辞書に『盆栽』という単語を発見できることがおもしろい」(×) 2 「盆栽は世界中で発展しており，もっと人気になるだろう」(○) 3 「伝統的な日本文化を守ることは難しいが，それは大切なことである」(×) 4 「日本は伝統的な盆栽をもっと外国に売るべきだ」(×)

5 （長文読解・物語文：文の挿入，英問英答・選択・記述）

（全訳）　この前の夏，マサルはイギリスのロンドンでホームステイをした。彼はデイビッドと呼ばれる少年のいる家族のもとに滞在した。マサルもデイビッドも電車のファンだったので，彼らはすぐにいい友達になった。

ある日，デイビッドの母親が嬉しそうな顔で帰ってきた。「見て，君たち。」彼女は手に何か持っていた。デイビッドとマサルは，それらが電車の切符であることをすぐに理解した。デイビッドは，「僕達は電車で旅ができるの？」と尋ねた。彼女は，「そうよ！　今週末に電車でヨークに行きましょう！」と答えた。デイビッドは，「ヨークには鉄道博物館があるんだ。去年，その博物館についての本を僕に買ってくれたよね。僕は長い間ずっとそこに行きたかったんだ！」と続けた。母親は，「もちろん，私達は博物館に行けるわよ！」と言った。2人の男の子はとても興奮して，「ありがとう！　僕達は待ちきれないよ！」と言った。

土曜日に，彼らはロンドンからヨークまでの電車に乗った。電車の中で，少年達は窓からの街や山，川を見て楽しんだ。2時間後，彼らはついにヨークに着き，駅のすぐそばの博物館に入った。その博物館はとても大きく，彼らはそこに約300台の電車があることを知って驚いた。それらの多くはとても古く，彼らはイギリスの鉄道に関する多くのことを学んだ。驚いたことに，彼らは日本の*新幹線*も見つけた。彼らは2時間近く博物館を歩き回った。ウ　しかし，それは彼らにとって夢のようだったので，少年達は疲れを感じなかった。

3時に，彼らは家に帰るために駅へ戻った。すると，デイビッドが急に興奮して，「わあ，あの赤い電車を見て！」と言った。マサルは彼に，「あれは何？」と尋ねた。デイビッドは，「それは日本の会社によって作られた電車だよ。その会社が日本の技術で設計して，それはすごく速く走ることができるよ。それはとてもかっこいいな！」と答えた。彼は，「僕達はそれを頻繁に見ることができないから，僕達はとても運がいいよ。僕達は今，それに乗るべきだよ！」と続けた。彼の母親とマサルも賛成して，彼らはその電車に乗り込んだ。マサルはデイビッドから，その電車に関してもっといろいろと教わった。マサルは，「日本の鉄道は150年前にイギリスの技術の手助けで築かれ，今は日本の技術がイギリスの鉄道を発展させるために使われているんだ」と独り言を言った。日本とイギリスの間の強い絆が彼を嬉しくさせた。

イギリスでの彼のホームステイの後，彼はより熱心に勉強し始めた。彼は今，エンジニアになるという夢を持っている。彼は将来，イギリスの鉄道のプロジェクトのために働きたいと思っている。日本は今，イギリスのために，ヨーロッパで一番速く走ることができる新しい電車を設計している。

(1)　上記全訳を参照。

(2)　(a)　質問：「デイビッドとマサルを喜ばせるために，デイビッドの母親は何をしたか？」　1「彼女は彼らにヨークまでの電車の切符を買ってあげた」第2段落を参照。　(b)　質問：「マサルとデイビッドと彼の母親が訪れた博物館について，どれが正しかったですか？」　4「その博物館に滞在している間に，彼らは日本の電車を見た」第3段落6文目を参照。　(c)　質問：「ヨークからロンドンへの電車に乗っていたとき，マサルはなぜうれしく感じたのか？」　3「日本がイギリスと一緒に作業していることを知ったから」第4段落最後から2文目までを参照。

(3)　(a)　質問：「マサルが乗ったヨークからロンドンまでの電車に関しての特別な点は何だったか？」 The train was made by a company with Japanese technology. 「その電車は，日本の技術を持った会社によって作られた」第4段落4文目を参照。**受け身の文<be 動詞＋動詞の過去分詞形＋ by 〜>「〜によって…される[された]」**を使う。　(b)　質問：「なぜマサルは今，より熱心に勉強しているのか？」 To become an engineer in the future. 「将来，エンジニアになるため」最終段落1文目と2文目を参照。

6 （条件英作文）

（全訳）アヤコ：ジュディ，あなたはいつ日本に来るつもりなの？

ジュディ：今度の9月から日本での勉強を始める予定よ。あっ，日本語を上達させるには5か月しかないわ！

アヤコ　：あなたはどのくらい日本語を勉強しているの？

ジュディ：3年間よ。私は日本語を読むのは大好きだけど，日本語を話すのは私にはまだ難しいわ。私はもっと上手く日本語を話したいわ。私は何をするべきかしら？　私に助言をちょうだい。

アヤコ　：いいわよ。（解答例訳）あなたは日本語の映画を見るべきね。私達の日常生活で使われるさまざまな日本の言葉を学ぶことができるわ。もしあなたが友達とこれらの言葉を使う練習をすれば，あなたはもっと上手に日本語を話すことができるわよ。

ジュディ：それはすばらしい考えね！　それをやってみるわ。ありがとう，アヤコ。

前後のジュディの発言内容と合うように書くこと。また，【注意】に書かれている条件にも注意する。

2023年度英語　放送を聞いて答える問題

〔放送台本〕

ただ今から，英語の学力検査を行います。はじめに，放送によるリスニングテストを行います。聞きながらメモをとっても構いません。それでは，テスト1から始めます。テスト1の問題を読みなさい。

対話はNo.1からNo.4まで4つあり，それぞれの対話の後に問いが続きます。なお，対話と問いは2回ずつくり返します。では，始めます。

No.1 *A:* Let's go to the zoo tomorrow. I want to see rabbits.
B: Sounds good. But it will rain tomorrow. How about this weekend? The weather will be good.
A: This weekend? OK. Let's go on Sunday.
Question: When are they going to visit the zoo?

No.2 *A:* Alex, can you go to the supermarket and buy some tomatoes now?
B: OK, Mom. I've just finished my homework. How many tomatoes do you need?
A: I need two for making pizza. Oh, I also need an onion! Please get one.
Question: What does Mom want Alex to do now?

No.3 *A:* How is your brother, Yuko? I hear he lives in Tokyo.
B: Oh, that's my sister, Mr. Smith. My brother left our home last April and lives in Sapporo now.
A: Really? I lived in Sapporo when I was young. I want to visit there again.

Question: Who is the person living in Sapporo now?

No. 4 *A:* Mike, let's have lunch at this restaurant. It's new and popular.

B: Sounds great, Lucy. But no one is in the restaurant. Is it open now?

A: Oh, look! The restaurant will open at 5: 00 p.m. today! Let's find another one.

Question: Why do Mike and Lucy decide to find another restaurant?

〔英文の訳〕

No. 1 A：明日動物園に行こう。私はウサギを見たいな。

B：いいね。でも明日は雨が降りそうだよ。今週末はどうかな？　天気がよくなるよ。

A：今週末？　いいよ。日曜日に行こう。

質問：彼らはいつ動物園を訪れる予定ですか？

答え：3　今度の日曜日。

No. 2 A：アレックス，今，スーパーマーケットに行ってトマトを何個か買ってきてくれない？

B：いいよ，ママ。僕はちょうど宿題を終えたところなんだ。何個のトマトが必要なの？

A：私はピザを作るために2個(のトマトが)必要なの。あら，私は玉ねぎも必要だわ！　1個買ってきてちょうだい。

質問：お母さんは今から何をアレックスにしてほしがっていますか？

答え：2　2個のトマトと1個の玉ねぎを買うこと。

No. 3 A：ユウコ，あなたの兄[弟]さんはどうですか？　彼は東京に住んでいるそうですね。

B：あら，それは私の姉[妹]ですよ，スミス先生。私の兄[弟]は，この前の4月に家を出て，今は札幌に住んでいます。

A：本当ですか？　私は若いときに札幌に住んでいました。私はまたそこを訪れたいです。

質問：現在，札幌に住んでいる人は誰ですか？

答え：2　ユウコの兄[弟]。

No. 4 A：マイク，このレストランで昼食を食べましょう。それは新しくて人気なのよ。

B：よさそうだね，ルーシー。でもレストランの中に誰もいないよ。それは今開いているの？

A：あら，見て！　このレストランは今日，午後5時に開くみたいね！　他を探しましょう。

質問：マイクとルーシーは，なぜ他のレストランを探すことにしたのですか？

答え：1　なぜなら，そのレストランが開いていないからです。

〔放送台本〕

次に，テスト2に移ります。テスト2の問題を読みなさい。対話はNo.1からNo.4まで4つあり，それぞれ2回くり返します。では，始めます。

No. 1 *A:* Lisa, it's time to go to school!

B: I'm looking for my notebook, father. I think I put it on my desk last night, but I can't find it.

A: You only have five minutes. Can I help you?

No. 2 *A:* Kenta, what will you try this year?

B: I'll study English hard, Ms. Green. My dream is to go to New York to study drama someday.

A: Oh, I remember that your dream is to be an actor!

No.3 *A:* Kaori, you look happy in this picture! Everyone's smiling. Are they your friends?

B: Yes. One boy in this picture, Satoshi, will leave Japan to study in Italy next week, so we took a picture together.

A: I see. Which one is Satoshi in the picture?

No. 4 *A:* When we go to see the baseball game tomorrow, we should go to the stadium by bike.

B: Why? We can take a bus. The stop is just in front of the stadium, right?

A: Yes. But, actually, we need a lot of time because the streets around the stadium are always full of cars.

〔英文の訳〕

No. 1 A：リサ，学校へ行く時間だぞ！

B：私はノートを探しているの，お父さん。昨晩，私の机の上に置いたと思うのだけれど，それが見つからないのよ。

A：あと5分しかないぞ。手伝おうか？

答え：2　ありがとう，お願い。

No. 2 A：ケンタ，あなたは今年は何に挑戦するつもりですか？

B：僕は英語を一生懸命に勉強するつもりです，グリーン先生。僕の夢は，劇を勉強するために，いつかニューヨークへ行くことです。

A：あっ，あなたの夢が役者になることなのを思い出したわ。

答え：4　はい，僕はいつか世界中で人気になりたいです。

No. 3 A：カオリ，あなたはこの写真の中でうれしそうに見えるね！　みんながほほえんでいるよ。彼らは君の友達？

B：そうよ。写真の中の1人の男の子のサトシは，イタリアで勉強するために，来週に日本を去るから，私達は一緒に写真を撮ったのよ。

A：そうなんだね。その写真の中でどれがサトシなの？

答え：3　彼は私の側で黄色のＴシャツを着ている男の子よ。

No. 4 A：私達が明日，野球の試合を観に行くとき，私達は自転車で球場まで行くべきです。

B：なぜですか？　私達はバスに乗ることができます。バス停はちょうど球場の前ですよね？

A：はい。でも，実は，球場の周りの通りがいつも車でいっぱいなので，私達には多くの時間が必要です。

答え：4　なるほど。あなたの考えは私のものよりもよりよく聞こえます。

〔放送台本〕

次に，テスト3に移ります。テスト3の問題と，問題の下にある【ワークシート】を読みなさい。今から，ShotaとMizukiの対話を2回くり返します。では，始めます。

Shota: Do you have any idea, Mizuki?

Mizuki: Yes. I think we can make an English map of our town and give it to the foreign students. On the map, we can show them our favorite places, such as shops and restaurants. I want to put some photos on it, too.

Shota: Good. English information will be very helpful for them.

Mizuki: Yes. Also, I believe the map can be a good topic when we talk with the students. Now, tell me your idea, Shota.

Shota: OK. I think we and the foreign students should have time to know each other first. So, my idea is to have a festival at school. I have two ideas. The first one is a music festival. We can enjoy our brass band's performance and singing songs together. The second one is a sports festival. We can play sports such as volleyball and badminton. We can communicate through sports.

Mizuki: Each festival has good points. I believe we can enjoy the festivals together.

Shota: Thank you. But if you choose one, which festival do you like better?

以上で，リスニングテストを終わります。次の問題に移ってください。

〔英文の訳〕

ショウタ：ミズキ，何かアイデアはある？

ミズキ　：うん。私たちは自分たちの町の英語の地図を作って，それを外国の生徒達にあげることができると思うの。その地図上で，私たちは，お店やレストランのような，自分たちのお気に入りの場所を示すことができるわ。私はそれに写真も載せたいの。

ショウタ：いいね。英語の情報は，彼らにとってとても役に立つだろうからね。

ミズキ　：うん。それに，私達が生徒達と話すときに，その地図はいい話題の1つになりうると私は信じているわ。それじゃあ，私にあなたのアイデアを教えてよ，ショウタ。

ショウタ：いいよ。僕達と外国の生徒達は，最初にお互いを知るための時間を持つべきだと思うんだ。だから，僕のアイデアは学校でお祭りをすることだよ。僕には2つのアイデアがあるんだ。1つ目は音楽祭だね。僕達はブラスバンドの演奏を楽しみ，一緒に歌を歌うことを楽しむことができるよ。2つ目はスポーツ祭だ。僕達はバレーボールやバトミントンのようなスポーツをすることができる。僕達はスポーツを通じてコミュニケーションが取れる。

ミズキ　：それぞれのお祭りによい点があるわね。私達は一緒にお祭りを楽しむことができると私は信じているわ。

ショウタ：ありがとう。でも，もし君が1つを選ぶなら，どちらのお祭りが好き？

［【ワークシート】の全訳］

お話しましょう！

もし何人かの外国の生徒達が私達の学校に来たら，私達は彼らのために何ができるか？

〈私のアイデア〉

★英語の(A)地図を作る

① 彼らに私達のお気に入りの場所(B)を見せる

→ お店

レストラン…

② 何枚かの写真をそれに載せる

→私達が彼らと話すときに，それはいい(C)話題の1つになりうる。

【ショウタの最後の質問に対する答え】

私は(D)(例)音楽祭の方が好きです。

＜理科解答＞

1　(1)　重力　(2)　おもりの位置エネルギーの減少する量が，位置Aから位置Bまで移動するときと，位置Aから位置Cまで移動するときで等しいから。

2　(1)　1　(2)　4　3　(1)　H_2O　(2)　2　4　(1)　偏西風　(2)　3

5　(1)　2　(2)　あ　D　い　A　う　E　(3)　え　アミノ酸　お　毛細血管
か　グリコーゲン

6　(1)　コイル内部の磁界が変化することで，コイルに電圧が生じる現象。
(2)　ア　－極から出る　イ　2　(3)　電子

7　(1)　恒星からの光を反射しているから。　(2)　4　(3)　ア　2　イ　3

8　(1)　$Zn \rightarrow Zn^{2+} + 2e^-$　(2)　1，4　(3)　ア　5　イ　い　鉄　う　水素
え　塩酸

9　(1)　双子葉類　(2)　ア　3　イ　200Pa　(3)　ア　あ　3　い　1
イ　体積が大きくなった

＜理科解説＞

1　(力のはたらき，運動とエネルギー)

(1)　重力は，地球上のすべての物体にはたらいている。

(2)　位置エネルギーの大きさは，物体の高さによって決まる。図1と図2では，位置Aどうしの高さが等しく，BとCの高さもそれぞれ等しいので，位置B，Cでの**位置エネルギー**は等しい。よって，位置AからB，Cへ移動したときに増加した**運動エネルギー**も等しいことになる。ゆえに速さが等しくなる。

2　(動物の体のつくり，生物のつながり)

(1)　草食動物の門歯は草をかみ切るため，臼歯は草をすりつぶすために都合が良いつくりとなっている。植物は消化しにくいため，草食動物の消化管は，肉食動物よりも通常長い。

(2)　カンジキウサギとオオヤマネコは，数の増減を繰り返しながら，最終的には最初の個体数のつり合いとほぼ等しい位置まで戻る。よって3か4となる。このうち，カンジキウサギが増加するとオオヤマネコが増加し，カンジキウサギが減少するとオオヤマネコが減少しているものを選ぶと4となる。

3　(化学変化，気体の性質)

(1)　塩化コバルト紙は，水によって青色から赤色(桃色)に変化する。

(2)　この実験では少なくとも2種類の気体が発生したことが確認できる。1つ目の気体は，三角フラスコAのBTB溶液に溶けた気体で，水に溶けやすく水溶液がアルカリ性を示すもとになる気体であることがわかる。2つ目の気体は，水に少し溶けるため，三角フラスコAではわからなかったが，三角フラスコBのBTB溶液にとけ，酸性を示す気体である。

4　(気象)

(1)　地球の中緯度帯の上空を常に西から東へふいている風を，**偏西風**という。

(2)　**寒冷前線**が通過したときの時刻になるので，表1より気温が急に下がり，風向が南寄りから

北寄りに変化した時刻を読み取る。

5 (消化，吸収)

(1)　ベネジクト液は，ブドウ糖や，ブドウ糖がいくつかつながったものをふくむ水溶液に加えて加熱すると，赤褐色の沈殿を生じる。

(2)　ペプシンと肉が入っており，水溶液の性質だけが異なる試験管DとHを比べることで，ペプシンが酸性ではたらく消化酵素であることを確認できる。また，試験管Aではだ液ははたらいているが，試験管Eではだ液ははたらいていない。つまり，体内と同じ環境にすることで消化液のはたらきがよくなることを確かめることができる。

(3)　最終的に，デンプンはブドウ糖に，タンパク質はアミノ酸に分解されてから，小腸の柔毛内の毛細血管に吸収されて肝臓に運ばれる。肝臓では，一時的な栄養分の貯蔵やつくりかえを行う。

6 (真空放電)

(1)　コイルの内部の磁界を変化させると，コイルに電圧が生じる現象を，電磁誘導という。

(2)　ア　**電子は－極から＋極へ向かって進む**ので，B極に－極，A極に＋極をつないでしまうと，電子が蛍光物質が塗られた内壁と逆向きに進むので，内壁は光らない。　イ　－の電気を帯びた電子が＋の電気に引き寄せられる原理によるものなので，静電気による2を選ぶ。

(3)　陰極線は，－の電気を帯びた電子の流れである。

7 (天体)

(1)　太陽系の惑星が光って見えるのは，太陽(恒星)の光を反射しているためである。

(2)　太陽系の惑星は，太陽を中心としてほぼ同じ平面上を異なる軌道で公転している。

(3)　ア　**金星が東の空に見えているので，観察した時刻は明け方**である。　イ　太陽系の中では，地球は太陽に非常に近い位置を公転しているので，太陽(の極めて近くにある地球)から見て，東から天王星，木星，海王星，土星の順に並んでいるものを選ぶ。

8 (イオン)

(1)　亜鉛原子は，電子を2個失うことで亜鉛イオンになる。

(2)　マイクロスケール実験を行うことで，実験に必要な資源を少なく抑えることができる。実験で生じた廃液は，害が出ないように処理をして廃棄する必要があるため，廃棄物処理の観点から見ても，環境によいといえる。

(3)　ア　金属板が溶けたことを表す○が多いほど，イオンになりやすいといえる。よって，イオンへのなりやすさは，**マグネシウム＞亜鉛＞鉄＞銅**となる。　イ　4つの金属のイオンへのなりやすさは，マグネシウム＞亜鉛＞鉄＞銅のようになる。また会話文より，亜鉛と水素では，亜鉛のほうがイオンになりやすいことがわかる。ただし，水素が鉄よりもイオンになりやすいかどうかがわからない。よって，鉄を塩酸に加えたとき，水素が発生するかどうかを調べる実験が必要である。

9 (総合問題)

(1)　被子植物は，子葉の数，葉脈や根，茎の維管束のようすなどによって，双子葉類と単子葉類に分けることができる。

(2)　ア　$CaSO_4 \rightarrow Ca^{2+} + SO_4{}^{2-}$のように電離する。よって，電離によって生じる陽イオンと陰イオンの数の比は1：1である。　イ　200gのおもりにはたらく重力は2Nであることから，2〔N〕÷(0.1×0.1)〔m²〕＝200〔Pa〕

(3)　ア　**浮力〔N〕＝空気中でのばねばかりの値〔N〕－水中でのばねばかりの値〔N〕**で求められる。実験1からは，粘土Aにはたらく浮力は，1.6－0.6＝1.0〔N〕，粘土Bにはたらく浮力は，2.0－1.0＝1.0〔N〕で等しいことがわかる。実験2からは，粘土Aにはたらく浮力が1.6－0.6＝1.0〔N〕，粘土Bが1.6－0.8＝0.8〔N〕であり，粘土Aにはたらく浮力のほうが大きいことがわかる。　イ　水中にある体積が大きくなるほど浮力は大きくなる。よって，煮込んだ豆腐の体積が大きくなると，浮力も大きくなるといえる。

＜社会解答＞

1　(1)　本初子午線　(2)　1　(3)　パンパ　(4)　1　(5)　ヒンドゥー　(6)　4
(7)　白豪主義が実施されていた1966年は，ヨーロッパ州からの移民の割合が大きかったが，白豪主義が廃止された後の2021年は，アジア州などからの移民の割合が大きくなっている。

2　(1)　大陸棚　(2)　右図

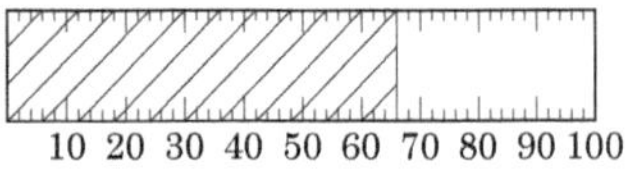

(3)　4　(4)　3　(5)　ア　2
イ　この区間は標高が低く，大雨や洪水が発生した際に，水が地下鉄駅内に流れ込むのを防ぐため。

3　(1)　4　(2)　ア　3　イ　1　(3)　ア　分国法　イ　千利休
(4)　ア　中国のアヘン密輸入額が増加し，中国からの銀流出額が増加した
イ　異国船打払令

4　(1)　3　(2)　富岡製糸場　(3)　う　孫文　え　ポーツマス条約
(4)　ア　1→3→2　イ　物価の上昇に賃金の上昇が追いついていないため。　(5)　3

5　(1)　ア　法の支配　イ　4　(2)　2　(3)　国債を買い取る　(4)　い　40
う　8　(5)　ア　2　イ　え　増えている　お　租税負担率が高い　(6)　マイクロクレジット　(7)　常任理事国が1か国でも反対すると可決できないため。

6　(1)　6　(2)　ア　田沼意次　イ　え　百姓一揆や打ちこわしが増加した
お　米をたくわえさせる　(3)　ハザードマップ　(4)　ア　2　イ　インターネットの利用率が低い高齢者などにも，十分に情報が行き届くように注意する必要がある。

＜社会解説＞

1　(地理的分野－世界の地形・産業・人口などに関する問題)

(1)　**イギリス**の**ロンドン郊外**にあった**旧グリニッジ天文台**を通り，**北極と南極を結ぶ線**である。

(2)　**アルゼンチンとオーストラリアが南半球**に位置していることから判断すればよい。ユーラシア大陸に位置するのはインドだけであることから，2は誤りである。首都が西経に位置するのはアメリカ合衆国とアルゼンチンだけであることから，3は誤りである。**東経180度＝西経180度の日付変更線**に最も近いのはオーストラリアであることから，4は誤りである。

(3)　アルゼンチン中部・ウルグアイ全域からブラジル最南部の**ラプラタ川流域に広がる草原地帯**

のことである。

(4)　ナイジェリアがアフリカ大陸最大の産油国であることから判断すればよい。2はインド，3はオーストラリア，4はアメリカ合衆国，5はアルゼンチンである。

(5)　古代インドのアーリア人の生活規範・価値観・信仰の総称であるバラモン教から聖典やカースト制度を引き継いで，土着の神々や崇拝様式を吸収しながら形成されてきた多神教である。

(6)　小麦の生産量1位の国は中国であることから，うが小麦であることが分かる。とうもろこしの生産量上位は，アメリカ合衆国・アルゼンチン・ブラジルであることから，いがとうもろこしでXが生産量であることが分かる。これらを併せて判断すればよい。

(7)　1901年から1973年まで，オーストラリアで実施されていた白人優先主義とそれに基づく非白人への排除政策が白豪主義であることに注目すると，政策が行われている時期と廃止後では，移民の中心がヨーロッパ州からアジア州に変わったことが読み取れるはずである。その流れを説明すればよい。

2　(地理的分野－日本の地形・産業・貿易・地形図の読み取りなどに関する問題)

(1)　日本近海では東シナ海に広がる好漁場であり，様々な海底資源の埋蔵が確認されている場所である。

(2)　東京向けのキャベツ出荷量上位5位までの都道府県の内，関東地方に位置するのは，群馬県・千葉県・神奈川県・茨城県であることから，25.9(%)＋21.4(%)＋11.1(%)＋8.0(%)＝66.4(%)をグラフに描けばよい。

(3)　長野県の諏訪湖周辺は電子部品・デバイス・電子回路の製造が盛んな地域であることに注目すると，あが該当するので，いが情報通信業の売上高を示していることが分かる。また，いで印がついている都道府県には新幹線が通っている共通点があることから，鉄道による旅客輸送量が多いことが分かる。これらを併せて判断すればよい。

(4)　貿易額1位の港は成田国際空港である。また，東京港は輸入額が輸出額より多い港である。これらを併せて判断すればよい。

(5)　ア　通勤・通学で人が移動する点に注目すると，昼間人口と夜間人口がふさわしい内容であると判断できる。　イ　資料Ⅱから読み取れる標高の低さに注目し，大雨や洪水時に，水が地下鉄駅内に流れ込むことと併せて説明すればよい。

3　(歴史的分野－茶の歴史を切り口にした問題)

(1)　唐から帰国した最澄が806年に開いた宗派である。1は空海，2は親鸞，3は一遍が開いたものである。

(2)　ア　平清盛が1162年から大輪田泊の修築工事を始めたことから判断すればよい。1は1404年から始まった日明貿易，2は894年の遣唐使停止，4は607年の遣隋使派遣のことである。　イ　鎌倉時代の出来事とあることから，あは1221年の承久の乱であることが分かる。1232年に鎌倉幕府3代執権北条泰時が制定した御成敗式目は，公平な裁判の基準を定めた最初の武家法である。これらを併せて判断すればよい。壬申の乱は，672年に起きた天智天皇の息子である大友皇子と，弟である大海人皇子による跡継ぎ争いのことである。

(3)　ア　戦国大名が支配地内の裁判の公平性を保ち，家臣や領民を統制するためにまとめたものである。　イ　わび茶を完成させ，茶聖と称されている人物である。

(4)　ア　資料Ⅲから，中国のアヘン密輸入額が増加することに伴って，中国から銀が流出していることが読み取れる点に注目して説明すればよい。　イ　1825年に江戸幕府が定めた，日本沿

岸に接近した外国船は発見次第砲撃するように命じたものである。

4　**(歴史的分野－山口県の産業を切り口にした問題)**

(1)　資料Ⅰ・Ⅱから，日本への新航路ができればアメリカがアジア貿易で有利になると考えていることと，貿易船の航行に必要な石炭の補給地を必要としていることが読み取れるはずである。

(2)　**フランスの技術を導入**して建設された，**日本で最初の官営工場**である。

(3)　中国の国民党の基本綱領に採用され中華民国憲法にその趣旨が示されている，**民族主義・民権主義・民生主義**の重要性を主張した**三民主義**を発表し，中国革命の父と称される人物である。え　**アメリカ合衆国大統領セオドア・ルーズベルトの仲立ち**により，**日本の全権小村寿太郎**と**ロシアの全権ウィッテ**との間で調印された条約である。

(4)　ア　1は1921年，2は1932年，3は1929年のことである。　イ　表Ⅰ・Ⅱを比較すると，工場労働者の賃金上昇率が物価の上昇率に遠く及ばないことが分かるはずである。

(5)　**日本の高度経済成長期が1954年12月から1973年11月まで**であることから判断すればよい。1は1946年，2は1951年，3は1971年，4は1993年のことである。

5　**(公民的分野－日本政府の役割を切り口にした問題)**

(1)　ア　専横的な国家権力の支配を排除して，権力を法で拘束するという考え方である。　イ　社会を生きていく上で**人間が人間らしく生きるための権利**のことである。選択肢の4は**日本国憲法第27条の規定**である。1は国や地方公共団体に対して苦情や要請などを申し立てる権利，2は請求権，3は自由権の内容である。

(2)　**裁判員裁判は，くじで選ばれた裁判員6名と裁判官3名が，重大な犯罪に関する刑事裁判の第一審を対象に行われる**ものである。この裁判では，**有罪・無罪の判断及び有罪の場合は量刑も決定**することとなっている。なお決定方法は，**少なくとも1名以上の裁判官を含む多数決**となっている。

(3)　市中に流通するお金の量を増やすために日本銀行が買い取るものを考えればよい。

(4)　1日8時間，1週間40時間ということは，5日間働けば労働基準法の規定を満たすことになることから，週休二日の根拠となる規定である。

(5)　ア　**民法97条の規定**により，**売主の承諾が買主に到達したときに売買契約が成立**したことになることから判断すればよい。　イ　え　図Ⅲから，日本の国民負担率は1970年度の25％程度から，2019年度の45％程度に変化していることから判断すればよい。　お　図Ⅳから，租税負担率はスウェーデンが51.3％，デンマークが65.1％であることから判断すればよい。

(6)　バングラデシュのグラミン銀行が起源と言われ，極少額の返済，グループに対して貸し付け返済を怠るとグループ全体が連帯責任を負う制度，定期的返済などの特色を持つしくみである。

(7)　**国際連合安全保障理事会の常任理事国**である，**アメリカ合衆国・イギリス・フランス・ロシア・中華人民共和国の五大国が拒否権を持っている**ことに注目して説明すればよい。

6　**(総合問題－防災を切り口にした問題)**

(1)　国・地方公共団体が公の存在であること，住民同士はその地域で共に生活していることから判断すればよい。

(2)　ア　商人の財力に注目し，**運上金・冥加金などを徴収**することによって幕府財政を改善しようとしたが，最終的には行き過ぎた拝金主義となり，**賄賂政治と批判**されて失脚することとなった人物である。　イ　え　図Ⅰから，1780年代以降に百姓一揆や打ちこわしが増加していることが読み取れる。 お　図Ⅱが倉であることから，ききんに備えて何を蓄えたかを考えればよい。
(3)　自然災害が発生したときの被害を予測して，被災想定地域や被害の範囲，避難場所や避難経路などを記載した地図である。
(4)　ア　もののインターネットと呼ばれるInternet of Thingsの略称である。1は人工知能，3は人と人との交流を手助けするしくみであるSocial Networking Serviceの略称，4は仮想現実のことである。　2　イ　図Ⅲから，高齢者のインターネット利用率の低下が読み取れる点に注目して説明すればよい。

＜国語解答＞

一　(一)　9　　(二)　2　　(三)　見せる　　(四)　4　　(五)　(例)宮大工に必要な情熱，執念，敬意のうちの執念と敬意を，「師匠」が自分のスケッチから感じ取っていた
(六)　(例)たった数時間で人生を決めてしまうこと。　　(七)　3

二　(一)　a，b　　(二)　4　　(三)　1　　(四)　3　　(五)　Ⅰ　サステイナビリティがもともと含んでいる意味合い　　Ⅱ　(例)日常会話のなかでよく使う動詞を用いて表現することで，社会に広く浸透しやすくなる

三　(一)　書ニ有リテ二緝者一曰ク　　(二)　2　　(三)　Ⅰ　(例)行動に現れている　　Ⅱ　性は情の本，情は性の用なり

四　(一)　1　　(二)　(例)インターネットの信頼度が他のメディアに比べて低い
(三)　(例)信頼度が高いメディアと認識していても，必ずしも利用する割合が高いわけではない

五　(一)　1　ひき　　2　けいだい　　3　鉄橋　　4　縮小　　5　険　　(二)　4
(三)　ア　こずえ　　イ　(例)桜の花の香りがすること。

六　(例)　私は，体育祭で大切なのは力を合わせることだと思うので，案Aがよいと考えます。
　体育祭では，入場行進，応援合戦，各学年で行う団体競技など，全員で動きを合わせたり，チームとして協力したりしなければならない場面が数多くあります。リーダーや運動が得意な人だけががんばってもうまくいきません。また，当日だけでなく，準備や練習のときにもみんなで意見を出し合ったり，協力して作業をしたりすることで，体育祭がより充実したものになると思います。だから，私は案Aがよいと考えます。

＜国語解説＞

一　(小説—情景・心情，内容吟味，文脈把握，指示語の問題，脱文・脱語補充，熟語，筆順・画数・部首，品詞・用法，表現技法・形式)
(一)　総画数は，9画。
(二)　「写真」は，下の語が上の語の目的語になる組み合わせ。　1　「花束」は上の語が下の語の修飾語の組み合わせ。　2　「保温」は下の語が上の語の目的語になる組み合わせ。　3　「救助」は似た意味の語の組み合わせ。　4　「日没」は主語・述語の関係の組み合わせ。
(三)　終止形は基本形と同じ。動詞の言い切りはウ段。「見せる」はサ行下一段活用動詞。
(四)　初めは言いよどんでいた主人が，自分のやりたいことを詳しくなめらかに話す様子を表現する語を入れる。

(五)　師匠は，圭人のスケッチを見て，執念と敬意が表れていると言ってくれた。**宮大工になるために必要な才能として挙げられた「情熱と執念，そして敬意」の三つのうち，執念と敬意の二つを師匠は自分のスケッチから感じ取ってくれた**ので，可能性があるかも知れないと考え，師匠に確かめたかったのだ。

(六)　指示語が**指し示す内容は傍線部の前**にある。圭人の言葉から「たったの数時間で人生を決め」たことだと読み取る。

(七)　本文は**会話が多い**が，「泣き出しそうなのを，やっとこらえている」「びっくりした」「うっかり本音が出て」など，合間に見られる圭人の心の描写により，**圭人の心情の動きがよく分かる文章**だ。1は「対立する二人」という点，2は「回想した内容」という点，4は「宮大工としての威厳が表現」されているとした点が不適切である。

二　(論説文―大意・要旨，内容吟味，文脈把握，脱文・脱語補充，語句の意味，文と文節，品詞・用法)

(一)　傍線部「細かな」は，**自立語で物事の様子・状態を説明している語だ。活用があり，言い切りが「～だ」になる**ので，形容動詞である。　a 「色々な」と，b 「大切に」も，自立語で物事の状態の説明をする語であり，言い切りが「～だ」なので形容動詞。　c 「きちんと」は自立語で活用がなく，動詞「つくり」を修飾する連用修飾語だから副詞。　d 「ような」は付属語で活用がある助動詞。基本形は「ようだ」。　e 「高い」と，f 「良く」は，自立語で物事の状態の説明をする語である。活用があり，「～い」で言い切るので形容詞。

(二)　**どう考えたか**というと，「私なりに」考えたのである。したがって，「考える」を修飾している。

(三)　噛み砕けば細かくなるわけだから，**小さく易しく分かりやすくする**という意味合いになる。

(四)　「まもる」は「守る」「護る」，「つくる」は「作る」「創る」と表記して言葉の意味を説明している。また「つなげる」は「繫げる」「継承」と表記して世代を超えたつながりをも示している。ここから3が正解。1は「対象を有形のものに限定して」とした点，2は「具体的な事例」や「今後の課題」を挙げたとする点，4は「個人的な見解」「歴史的な見解」に基づいたとする点が不適切である。

(五)　サステイナビリティの和訳を考える際，文章の冒頭で筆者は「サステイナビリティがもともと含んでいる意味合いを取りこぼさないようにしながら日本語で説明するとしたら，どのような表現があるでしょうか。」と述べている。ここから［Ⅰ］に入れる，**和訳の際に着実に踏まえるべきことは「サステイナビリティがもともと含んでいる意味合い」だ**ということがわかる。さらに，「サステイナビリティを『まもる・つくる・つなげる』こととととらえると，いずれもが日常会話のなかでも頻繁に使う動詞ですから，より社会に広く浸透しやすくなるでしょう」とあるので，［Ⅱ］に入れる，**期待できることは，日常会話で頻繁に使う動詞を使って表現しているので，より社会に広く浸透しやすくなることだ**とまとめられよう。

三　(漢文―大意・要旨，文脈把握，脱文・脱語補充，漢文の口語訳，表現技法・形式)

【現代語訳】　生まれつきの性質と感情は同一である。世の中に弁論家がいて言うことに「生まれつきの性質は善だが，感情は悪である。」と。これはただ性と情の名称を知っているだけで，性と情の実質を知らないのだ。喜怒哀楽好悪欲がまだ表に出ないで，心の中に存在しているのは性である。喜怒哀楽好悪欲が表に出て行動に見受けられるのは情である。性は感情の本体であり，感情は性の働きである。だから，私は言う，「性情は同一である」と。

(一)　読む順は，世→論→者→有→日。「有」は「論」「者」の**二字返って読むので，一・二点**を用いる。

(二)「名を識るのみにして」は，**性情の実(実質)を知らないこと**でもあるから，うわべを分っているだけという状態である。

(三)　Ⅰ「喜怒哀楽好悪欲の，外に発して行ひに見るるは情なり」とあるので，**行動に現れている状態**だ。　Ⅱ　Bさんの最後の発言に「「性情は一なり」という言葉は，そのことを強調しているものだと考えられます。」とある。書き下し文の「**故に**我日く、「性情は一なり。」と。」あるので，「故に」の直前を書き抜く。

四 (会話・議論・発表—内容吟味，脱文・脱語補充)

(一)　質問することで，聞き手は**質問に対する答えを考えるようになる**。その考える行為は，これから展開される話題にも波及されていく。

(二)　**インターネットを利用する割合が低い根拠**を答える。各メディアの信頼度を調べたデータ3からは，**他のメディアと比較してインターネットの信頼度が全ての世代で低いこと**がわかり，これがインターネット利用の割合が低い根拠となる。

(三)　**各メディアに対する信頼度と実際に利用する割合との関係**に気になることがあるとする文脈のまとめ部分である。新聞への信頼度が高くても，新聞よりインターネットを利用しているという調査結果からわかるのは，**信頼度が高いメディアであったとしても，利用の割合が高いというわけではない**ということだ。ここをまとめて解答とする。

五 (漢字の読み書き，熟語，仮名遣い，表現技法・その他)

(一)　1「率」の訓読みは「ひき・いる」，音読みは「リツ」「ソツ」。　2　神社の構内。　3「鉄」は，かねへん＋「失」。「矢」ではない。　4「縮」の訓読みは「ちぢ・む」，音読みは「シュク」。　5「険」と「検」の混同に注意する。

(二)　1「大器晩成」は，すぐれた器量の人は往々にして遅れて大成するということ。　2「大願成就」は，大きな願いがかなうこと。　3「大義名分」は，他に対して後ろめたさを感じないで，何かをやってのけるだけの恥ずかしくない理由。　4「泰然自若」は，落ち着いて物事に動じず，いつもと変わらないこと。

(三)　ア　現代仮名遣いにすると，「ゐ」は「イ」，「ゑ」は「エ」，「を」は「オ」になる。
イ　**「ぞ」を付けて強調している内容**こそが，「風のしるしなりける」の主部である。したがって「風のしるし」であるのは，「桜花かほる」ことだ。これを訳して答えればよい。

六 (作文)

二つのスローガンの違いをふまえ，どちらがよいかを考えよう。Aは協力・協調性を重視しているし，Bは個々の活躍に重きを置いている。**体育祭を成功させるために必要なこと，もしくはあなたが大切にしたいポイントは何かをまず明確にする**とよい。そうすれば，どちらがふさわしいスローガンかを決めることができる。スローガンが決まったら，なぜそれがよいと考えたのかを，根拠を示して説明していこう。**段落構成は二段落**がよいだろう。第一段落で，どちらのスローガンを選んだのか明確に示す。そして第二段落では，その理由を説明するという構成がいい。

MEMO

大切なことはメモしておこうネ！

山口県公立高等学校

2022年度

★★★★★★★★★★★★★★★★★★★★★★★★

入　試　問　題

2022
年
度

●くわしい解説……51ページ

＜数学＞　時間　50分　　満点　50点

1　次の⑴～⑸に答えなさい。

⑴　$8-(-5)$ を計算しなさい。

⑵　$\frac{2}{5}\div\left(-\frac{1}{10}\right)$ を計算しなさい。

⑶　$(-4a)^2\times 3b$ を計算しなさい。

⑷　$(6x+y)-(9x+7y)$ を計算しなさい。

⑸　$(a+3)(a-3)$ を計算しなさい。

2　次の⑴～⑷に答えなさい。

⑴　直方体の形をした水そうがあり，水そうの底から 7 cmの高さまで水が入っている。この水そうに，毎分 3 cmずつ水面が上がるように水を入れる。水を入れ始めてから x 分後の水そうの底から水面までの高さを y cmとしたとき，水そうが満水になるまでの x と y の関係について，y を x の式で表しなさい。ただし，x の変域はかかなくてよい。

⑵　右の表は，山口県の19市町別の人口密度（1 km^2 あたりの人数）を度数分布表にまとめたものである。

19市町の中央値が含まれている階級を，次の**ア**～**エ**から 1 つ選び，記号で答えなさい。

ア　100人以上200人未満
イ　200人以上300人未満
ウ　300人以上400人未満
エ　400人以上500人未満

1 km^2 あたりの人数（人）			度数（市町）
以上		未満	
0	～	100	5
100	～	200	3
200	～	300	3
300	～	400	2
400	～	500	1
500	～	600	4
600	～	700	1
計			19

（令和３年人口移動統計調査などにより作成）

⑶　次の条件①と条件②の両方を満たす数を答えなさい。

条件①　4 より大きく 5 より小さい無理数である
条件②　2 乗すると18より小さい整数となる

⑷　次のページの図のような平行四辺形ABCDで，辺CD上にあり，頂点C，Dと重ならない点を

E，線分ACと線分BEの交点をFとする。

このとき，△ABCと面積が等しい三角形を，次の**ア**～**エ**から１つ選び，記号で答えなさい。

ア　△ACE　　**イ**　△BCE

ウ　△ABE　　**エ**　△BCF

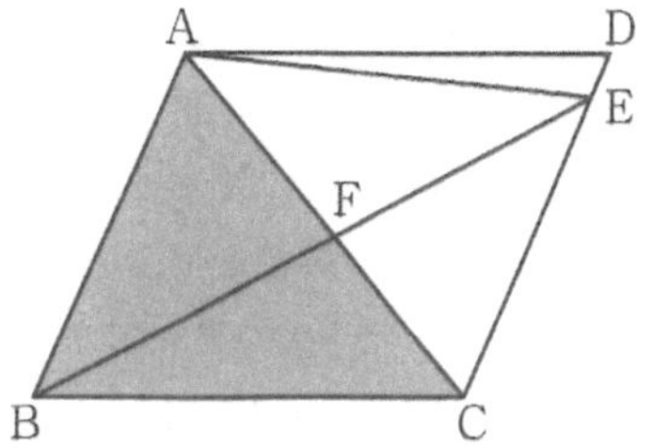

3　SさんとTさんは，インターネットを利用する機会が増えたので，データ量や通信量に興味をもった。

次の⑴，⑵に答えなさい。

⑴　Sさんのタブレット端末には，１枚３MB（メガバイト）の静止画が a 枚，１本80MBの動画が b 本保存されており，それらのデータ量の合計は500MBよりも小さかった。この数量の関係を不等式で表しなさい。なお，MBとは，情報の量を表す単位である。

⑵　SさんとTさんはそれぞれ，アプリケーションソフトウェア（以下，「アプリ」という。）PとQを使用したときの，インターネットの通信量を調べた。下の表はその結果である。アプリP，Qはどちらも，使用時間と通信量が比例することがわかっている。

	アプリPの使用時間	アプリQの使用時間	アプリPとアプリQの通信量の合計
Sさんの結果	20分	10分	198 MB
Tさんの結果	5分	30分	66 MB

このとき，アプリPの１分間あたりの通信量を x MB，アプリQの１分間あたりの通信量を y MBとして連立方程式をつくり，アプリP，Qの１分間あたりの通信量をそれぞれ求めなさい。なお，MBとは，情報の量を表す単位である。

4　空間図形について，あとの⑴，⑵に答えなさい。

⑴　**図１**のような直径ABが６㎝の半円がある。線分ABを軸としてこの半円を１回転してできる立体の体積を求めなさい。ただし，円周率は π とする。

図１

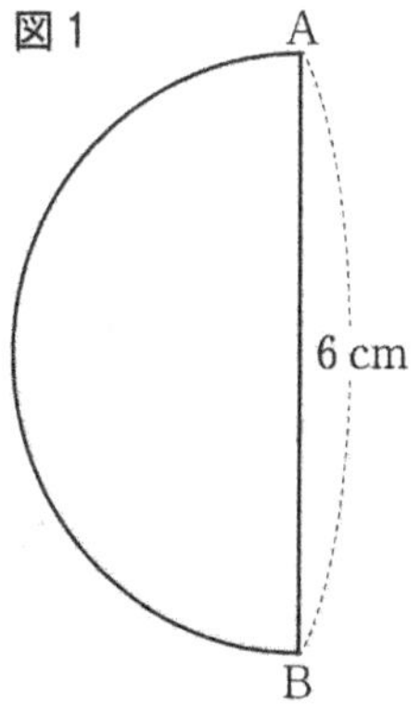

(2) **図2**は1辺の長さが1mである立方体である。この立方体を，ある3つの頂点を通る平面で切り取ると，立体Xと立体Yができる。**図3**は立体Xの投影図である。

立体Xの体積をV，立体Yの体積をV′としたとき，体積の比V：V′を，次の**ア**～**エ**から1つ選び，記号で答えなさい。

ア　V：V′＝1：1

イ　V：V′＝3：1

ウ　V：V′＝5：1

エ　V：V′＝7：1

図2

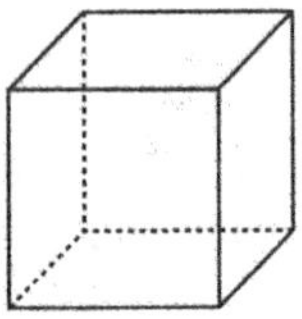

図3

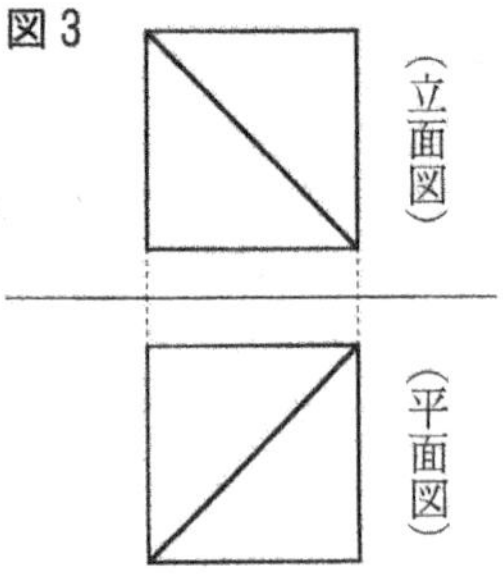

5　AさんとBさんは花壇に花の苗を植える計画を立てた。

次の(1)，(2)に答えなさい。

(1) 買ってきた花の苗を5人で植えると，1人あたり70個植えることになる。

買ってきた花の苗を a 人で植えると，1人あたり何個植えることになるか。a を使った式で表しなさい。

(2) AさんとBさんは，買ってきた花の苗の一部を使って**図1**のように，花の苗を三角形の辺上に同じ数ずつ植えることにした。例えば，花の苗を三角形の辺上に4個ずつ植えると，**図2**のようになる。ただし，●は花の苗を表す。

図1

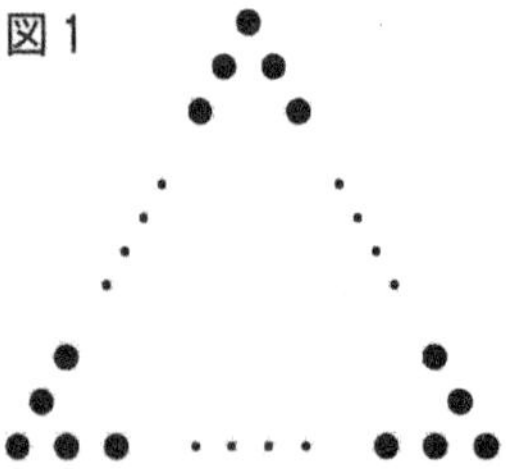

図2

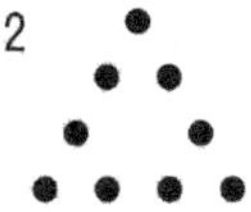

Aさんは，三角形の辺上に n 個ずつ植えるときの，苗の合計を次のように考えた。

Aさんの考え

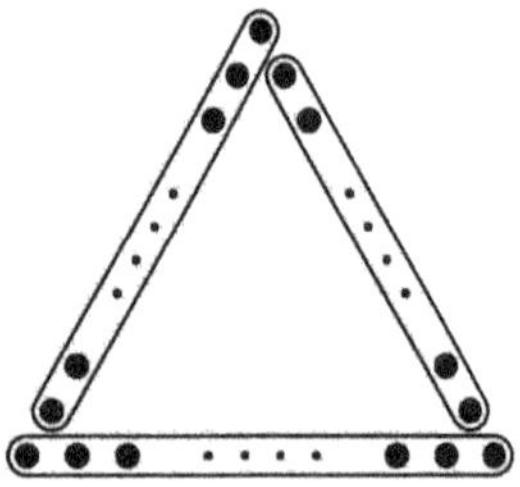

左の図のように，三角形の底辺にある n 個の苗をすべて数えると，左の辺は $(n-1)$ 個数えることになる。さらに右の辺は $(n-2)$ 個数えることになるから，苗の合計は，

$n+(n-1)+(n-2)$（個）

一方で，Bさんは別の考え方で，｛3 $(n-2)+3$｝個と考えた。

Bさんの考え方について，**Aさんの考え**のかき方にならって，解答用紙の●を囲んだうえで説明しなさい。

6　大小2個のさいころについて，次の**操作**を行うとき，次の(1)，(2)に答えなさい。ただし，この大小2個のさいころは，どの目が出ることも同様に確からしいものとする。

操作

大小2個のさいころを同時に1回投げて，出た目の数の和を記録する。

(1)　下の表は，**操作**を10回くり返したときの記録Aと50回くり返したときの記録Bを整理したものである。また，**説明**は，表をもとに記録Aと記録Bの散らばりの度合いについてまとめたものである。

目の数の和	2	3	4	5	6	7	8	9	10	11	12
10回くり返したときの記録A	0	0	1	1	3	1	1	2	0	1	0
50回くり返したときの記録B	3	4	6	6	6	8	4	4	7	1	1

説明

記録Aの四分位範囲は［ア］，記録Bの四分位範囲は5である。記録Aと記録Bの四分位範囲を比較すると，記録［イ］の方が散らばりの度合いが大きい。

説明が正しいものとなるように，［ア］には，あてはまる数を求め，［イ］には，A，Bのうち適切な記号を答えなさい。

(2)　**操作**を多数回くり返していくと，目の数の和が6，7，8になる回数が他よりも多くなっていくことがわかっている。

大小2個のさいころを同時に1回投げたとき，目の数の和が6以上8以下になる確率を求めなさい。ただし，答えを求めるまでの過程もかきなさい。

7　関数 $y=ax^2$ について，次の(1)，(2)に答えなさい。

(1)　関数 $y=x^2$ について，x の値が1から2まで増加したときの変化の割合は3である。x の値が -3 から -1 まで増加したときの変化の割合を求めなさい。

(2)　次のページの図のように，関数 $y=x^2$ のグラフ上に x 座標が2となる点Aをとる。また，$a>0$ である関数 $y=ax^2$ のグラフ上に x 座標が -3 となる点Bをとる。

△OABの面積が8となるとき，a の値を求めなさい。

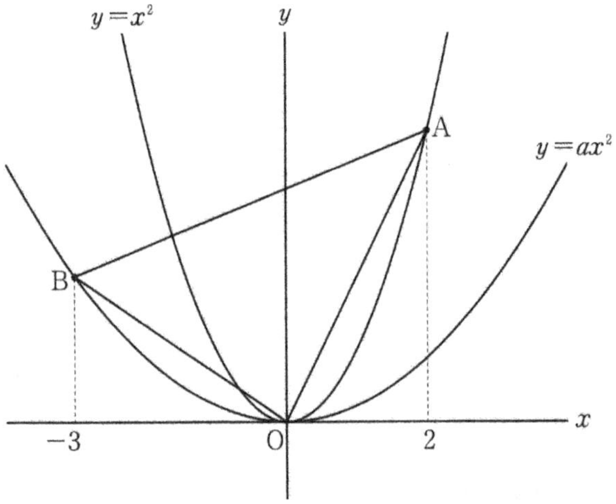

8 三角形に関連して，次の(1)，(2)に答えなさい。

(1) 図１のように，∠ABC＝70°，∠ACB＝30°である△ABCがある。辺AC上に点D，辺BC上に点Ｅをとり，∠BDE＝55°，∠BED＝90°であるような直角三角形BEDをつくりたい。このとき，点Ｅを定規とコンパスを使って作図しなさい。ただし，作図に用いた線は消さないこと。

図１

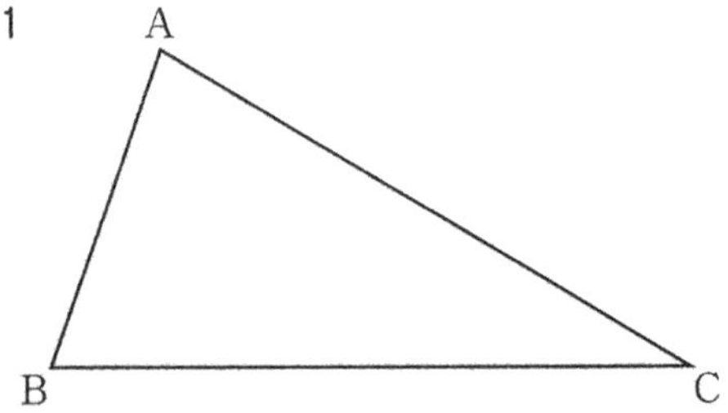

(2) 図２のような△ABCがあり，∠ABCの二等分線と辺ACの交点をＰとする。また，線分BPの延長上にあり，CP＝CQとなる点Qをとる。

このとき，BA：BC＝AP：CPであることを証明しなさい。

図２

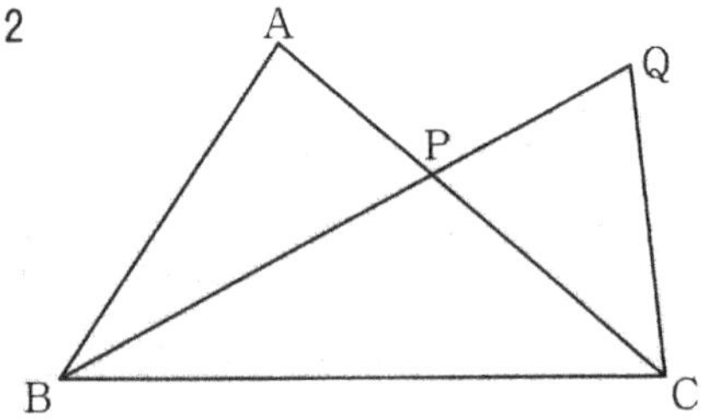

9 ある中学校では，体育祭の準備を行っている。
次の(1)～(3)に答えなさい。

(1) Ｓさんは，倉庫にある玉入れ用の玉の中に，使える玉が何個あるか確認することにした。そこで，無作為に抽出した20個の玉を調べると，そのうち15個が使える玉であった。

玉が全部で413個あることが分かっているとき，使える玉はおよそ何個と推定されるか。小数第１位を四捨五入した概数で答えなさい。

(2) Ｔさんのクラスでは，ダンスの隊形について話し合っている。ダンスは運動場に用意された縦18m，横22mの長方形の形をした区域の中で踊ることになっている。

図1は，Tさんが考えた隊形を示しており，長方形の対角線の交点を中心とした半径7mの円Oと，4つの同じ大きさの円A，B，C，Dを表したものである。円A，B，C，Dは，円Oより小さく，長方形のとなり合う2辺と円Oに接している。

円A，B，C，Dの半径をx mとしたとき，xの値を求めなさい。

図1

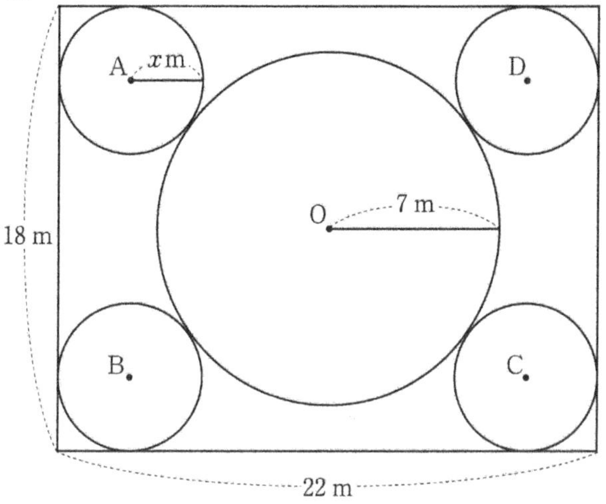

⑶　Uさんは，運動場に200m走のトラック（走路）をつくることになった。そこで，陸上競技用のトラックのつくり方について調べ，以下のようにつくることにした。

トラックのつくり方

① 半径がr mの2つの半円と，縦の長さが$2r$ m，横の長さがb mの長方形を組み合わせる。

② ①の図形の外側に，幅が1mの4つのレーンをつくり，内側から第1レーン，第2レーン，第3レーン，第4レーンとする。

③ 各レーンのゴール位置は同じライン上とし，トラックを走る距離を各レーンすべて200mにする。そのため，第1レーンのスタート位置に対し，第2レーン，第3レーン，第4レーンのスタート位置をそれぞれ前方にずらす。

次のページの**図2**は**トラックのつくり方**をもとにつくったイメージ図である。第1レーン，第4レーンのスタート位置の最も内側の点を，それぞれA，Bとする。①の2つの半円のうち，ゴール位置のある方の半円の中心を点Cとする。

実際にトラックをつくるために，Uさんは**図2**を使ってクラスメイトに下のように説明した。

この説明が正しいものとなるように，［ア］，［イ］にあてはまる数を求めなさい。また，［ア］については，答えを求めるまでの過程もかきなさい。ただし，円周率はπとする。

各レーンで走る距離は，各レーンの内側にある線の長さを測るものとする。

第4レーンのスタート位置は，第1レーンのスタート位置より［ア］mだけ前方にずらす必要がある。$r=21$としてつくると，∠ACBの大きさは［イ］度となる。

図2

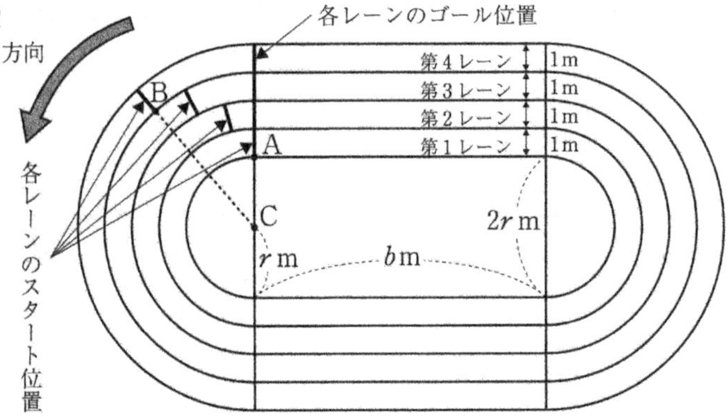
走る方向
各レーンのゴール位置
第4レーン
第3レーン
第2レーン
第1レーン
1m
1m
1m
1m
B
A
C
$2r$ m
r m
b m
各レーンのスタート位置

＜英語＞

時間　50分　　満点　50点

1　放送によるリスニングテスト

テスト１　４つの対話を聞いて，対話の内容に関するそれぞれの問いの答えとして最も適切なものを，１～４から１つずつ選び，記号で答えなさい。

No.1　1　Two hot dogs.　2　Two hot dogs and an apple juice.
　3　Three hot dogs.　4　Three hot dogs and an apple juice.

No.2　1　In a gym.　2　In a plane.
　3　In a library.　4　In a supermarket.

No.3　1　Because he needs to get to school by nine.
　2　Because he'll have a game tomorrow.
　3　Because he needs to practice soccer.
　4　Because he'll play a video game.

No.4　1　To clean the students' desks.
　2　To take a desk to her classroom.
　3　To clean the windows right now.
　4　To take a box to the English room.

テスト２　４つの対話を聞いて，それぞれの対話に続く受け答えとして最も適切なものを，１～４から１つずつ選び，記号で答えなさい。

No.1　1　Yes, you should make *sushi*.
　2　Yes, you can walk to the restaurant.
　3　No, you should not eat it.
　4　No, you can't make it at home.

No.2　1　Oh, thank you for your help.
　2　Now, I have a high fever.
　3　OK.　Show me your computer.
　4　Great.　It was too easy for you.

No.3　1　Sorry.　I must do my homework.
　2　No. I watched it last month.
　3　I see.　You can join us.
　4　Sure.　I've seen it twice.

No.4　1　You can give her the same flowers.
　2　She doesn't like flowers, right?
　3　How about a cup with a picture of flowers?
　4　I am looking for flowers for my grandmother.

テスト３　あなたは，３日間の「イングリッシュ・デイ」（英語に親しむイベント）に参加している。

今から，そのイベント初日における先生の話を聞いて，その内容に合うように，【ワークシート】の下線部(A)，(B)，(C)に，それぞれ話の中で用いられた英語１語を書きなさい。
また，下線部(D)には，先生の質問に対するあなたの返答を，４語以上の英語で書きなさい。

【ワークシート】

English Day

● Activities

Day 1	English ___(A)___ activity and presentation
Day 2	Going to a ___(B)___
Day 3	Making our ___(C)___ short movie in English

● Q&A

No. 1　I __________(D)__________.

2　次は，*Taro* と留学生の *Ann* との対話の一部である。これを読んで，あとの(1)，(2)に答えなさい。

Ann: How do you usually spend New Year's Day?

Taro: Well, I go to my grandmother's house with my family ___(A)___ we have special food such as *ozoni*. Have you ever (B)(eat) *ozoni*?

Ann: No. What's that?

Taro: It's a Japanese traditional soup dish for New Year's Day. We ___(C)___ it *ozoni*.

Ann: A special dish for New Year's Day? That sounds interesting.

Taro: On New Year's Day this year, my aunt came to see us with her son. He was too little to eat *ozoni* well, so I helped him. I like to ___(D)___ little children. We enjoyed *ozoni* together.

（注） spend ～　～を過ごす

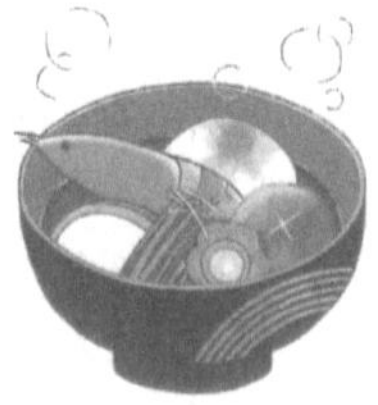

⑴ 下線部(A), (C), (D)に入る最も適切なものを，それぞれ1～4から選び，記号で答えなさい。

(A)	1 that	2 while	3 which	4 and
(C)	1 give	2 call	3 try	4 show
(D)	1 come from	2 arrive at	3 take care of	4 be famous for

⑵ 下線部(B)の（　）の中の語を，適切な形にして書きなさい。

3 次は，アメリカに留学中の*Nami*と，友人の*Chris*との対話の一部である。対話文と次のページの【ウェブサイト】を読んで，下の⑴～⑶に答えなさい。

Chris: Nami, what are you looking at?

Nami: This is a website about a photo book. I'll make a photo book with the pictures I took in this city.

Chris: That's a good idea. What kind of photo book will you make?

Nami: Well, I think I'll order a medium photo book.

Chris: How about a cover?

Nami: I know soft covers of all sizes are <u>(c　　　)</u> than hard covers. But I'll choose a hard cover photo book. And I'll make it gloss-finished.

Chris: Sounds good. I'm sure it'll be nice.

（注） photo book(s)　フォトブック（写真を各ページに印刷し製本したもの）　order ～　～を注文する
cover(s)　表紙　hard　硬い，厚手の　gloss-finished　つや出し加工の

⑴ 【ウェブサイト】の内容に合うように，対話文中の下線部に入る適切な英語1語を書きなさい。ただし，（　）内に与えられた文字で書き始めなさい。

⑵ 対話と【ウェブサイト】の内容によると，*Nami*が購入しようとしているフォトブックの値段はいくらになるか。次の1～4から1つ選び，記号で答えなさい。

1 20 dollars
2 30 dollars
3 35 dollars
4 40 dollars

⑶ 【ウェブサイト】から読み取れる内容と一致するものを，次の1～6から2つ選び，記号で答えなさい。

1 People can order a photo book through the Internet.
2 Sending pictures is the first step to make a photo book.
3 There are four different sizes of photo books.
4 All the photo books people can order have thirty pages.
5 The shop needs a week to finish making a photo book.
6 People can receive a photo book at the shop.

【ウェブサイト】

Green City Photo Book Shop

Search

Order a Photo Book from This Website!

You have only 3 steps.

Easy!

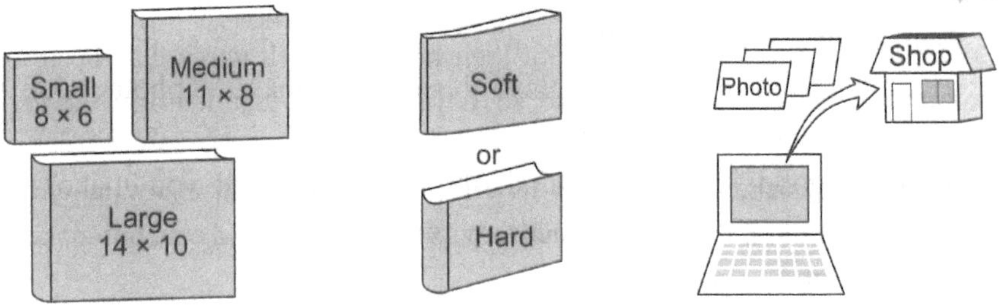

Step 1	Step 2	Step 3
Choose a size.	Choose a cover.	Send your photos online.

The Type of Photo Books

Size	Soft Cover (20 pages)	Hard Cover (20 pages)
Small (8 × 6 inches)	$ 10	$ 25
Medium (11 × 8 inches)	$ 15	$ 30
Large (14 × 10 inches)	$ 18	$ 40

Option		
	Gloss-finished	+ $5

● We need **3 days** to print and make a photo book. When it's ready, we will send it to you. If you come to our shop, you can get it more quickly.

Create Your Photo Book Now!

(注) online　オンラインで　　inch(es)　インチ（長さの単位，1インチはおよそ2.5センチメートル）
option　オプション（追加メニュー）

4 次の英文を読んで，あとの(1)～(3)に答えなさい。

Masato and Tom are junior high school students. They have been friends for

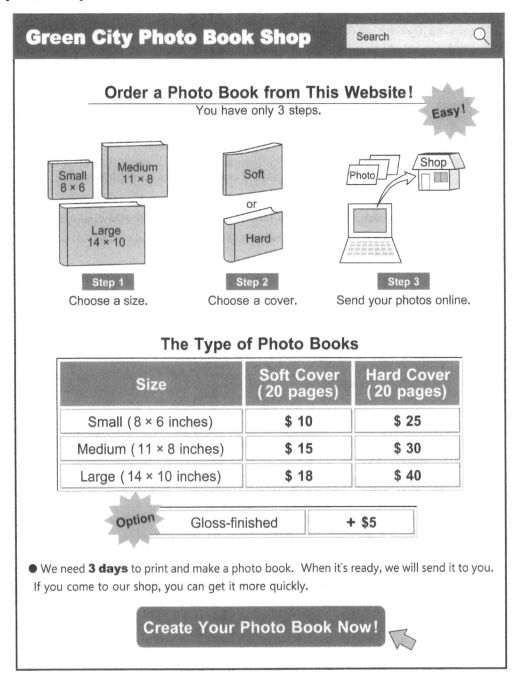

a year and Tom has learned how to speak Japanese well during his stay in Japan.

Tom is interested in Japanese culture, especially *manga*. Masato also likes it and they often enjoy talking about the stories. Tom is also interested in *kendo*. He often practices it with Masato. They have had a great time together. But Tom is going to leave Japan and go back to London this July.

On Saturday in June, Masato and Tom went to school to practice *kendo*. After they finished practicing *kendo*, they talked about their homework. It was still difficult for Tom to do homework for Japanese classes alone, so they often did it together and Masato helped Tom. The homework for the weekend was to make *tanka*. They learned about *tanka* in a Japanese class. Tom said, "I don't know how to make *tanka* well. Show me your *tanka* first, please!" Masato said, "[ア] I wish I could show you a good one, but making *tanka* is also not easy for me."

Then, Ms. Oka, the teacher of *kendo*, came to them and said, "[イ] Are you talking about *tanka*?" Masato remembered that Ms. Oka loved making *tanka*. Masato sometimes saw her good *tanka* in the school newspaper. Masato said, "Yes. We're trying to make *tanka*, but we have no idea. Could you tell us how to make it? It's our homework!" Ms. Oka smiled and said, "OK. [ウ] You can make *tanka* freely." "Freely? But *tanka* has a rule about rhythm," Masato said. She said, "Of course it has some rules. [エ] But I think the most important thing is to make *tanka* freely with the words born from your heart. Talk with your heart. Then, you can make good *tanka*."

Masato repeated Ms. Oka's words in his heart and remembered the days with Tom. He thought, "We have enjoyed many things. Saying good-bye to Tom will be sad. But we have to grow in each place for our future. It may be hard but I believe we can." Masato decided to make *tanka* about this feeling and send it to Tom. He thought it would be a good present.

When Masato and Tom left school, Masato looked up at the sky. It was so blue. They stopped and looked at it for a while together. Then, Masato started making his first *tanka* for Tom.

（注） rhythm　リズム（ここでは短歌の５－７－５－７－７のリズムのこと）　heart　心
good-bye　さようなら　present　贈り物　for a while　しばらくの間

(1) 次の英文が入る最も適切な箇所を，本文中の [ア] ～ [エ] から選び，記号で答えなさい。
Making *tanka* is not so difficult.

(2) 次の(a)～(d)の質問に対する答えとして，本文の内容に合う最も適切なものを，それぞれ１～４から選び，記号で答えなさい。

(a) What do Masato and Tom usually enjoy together?
1 Creating a story about *kendo*.
2 Studying English.

3　Talking about *manga*.

4　Listening to *tanka*.

(b)　Why did Masato and Tom often do homework for Japanese classes together?

1　Because Tom needed Masato's help to do it.

2　Because Masato was interested in teaching.

3　Because Tom liked Japanese classes very much.

4　Because making *tanka* was easy for Masato.

(c)　How did Masato know that Ms. Oka made good *tanka*?

1　By buying Ms. Oka's book.

2　By learning about it in a Japanese class.

3　By talking with Tom.

4　By reading the school newspaper.

(d)　What did Masato decide to make *tanka* about?

1　About a good present from Masato to Tom.

2　About the memories with Tom and their future.

3　About the beautiful blue sky in July.

4　About Ms. Oka's words to Masato.

(3)　次は，本文の内容についての【質問】である。この【質問】に対する適切な答えとなるように，【答え】の下線部に適切な英語４語を書きなさい。

【質問】

According to Ms. Oka, what should Masato do to make good *tanka*?

【答え】

He should ________________ and make *tanka* freely.

5　次は，Saori が英語の授業で発表する際に用いた【グラフ】(graph) と【原稿】である。これらを読んで，あとの(1)～(3)に答えなさい。

【グラフ】

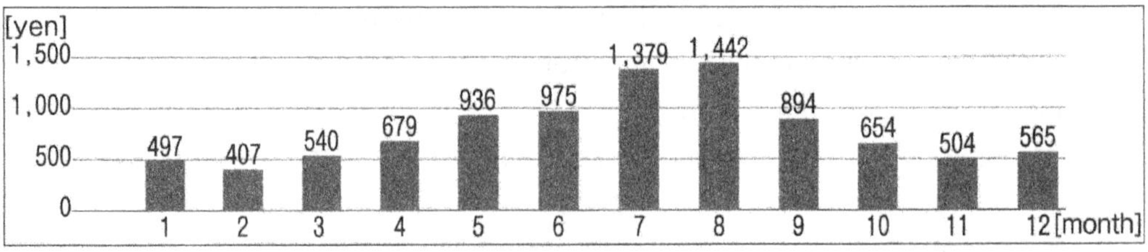

※ 2017 年～2019 年の平均値である。

【原稿】

Do you often eat ice cream?　The graph shows how much money a family used for ice cream in a month on average in Japan.　According to the graph, ____(A)____ .

It's hot in summer especially in these months, so I'm sure many people like to eat cold food. Then, the spending on ice cream decreases from August to November.

However, the spending increases in December and decreases again in January. That's interesting. That means ___(B)___ is not the only reason to eat ice cream. Then, why do people buy ice cream in cold December? I'll look for more information and find out the reason.

(注) show(s) ～　～を示す　on average　平均して　spending(on ～)　(～についての) 支出
decrease(s)　減る　find out ～　～を見つけ出す

(1) 【原稿】の文脈に合うように，下線部(A)に入る最も適切なものを，次の１～４から選び，記号で答えなさい。

1　ice cream sold in June is as popular as ice cream sold in October
2　a family used more than one thousand yen for ice cream in July and August
3　more than eight hundred kinds of ice cream are sold in summer
4　in May, a family used about nine hundred yen for ice cream

(2) 下線部(B)に入る最も適切なものを，次の１～４から選び，記号で答えなさい。

1　hot weather　　2　variety of ice cream
3　cold season　　4　changes in life

(3) Saoriの発表全体のテーマとして，最も適切なものを，次の１～４から選び，記号で答えなさい。

1　The easy way to make delicious ice cream at home
2　The important information to save money
3　The funny reason to buy ice cream in cold winter
4　The interesting change of the spending on ice cream

6　次は，*Kenta* とALTの *Smith* 先生との授業中の対話の一部である。あなたが *Kenta* ならば，来日したばかりの *Smith* 先生に何を伝えるか。対話文を読んで，[　　] に *Smith* 先生に伝えることを書きなさい。ただし，下の【注意】に従って書くこと。

Ms. Smith: It's very hot in Japan now, but I know Japan has other seasons, too. Can anyone tell me about the seasons in Japan?

Kenta: Yes. I'll tell you about the next season. It's autumn. It's a good season for going out.

Ms. Smith: OK. What can I enjoy when I go out in autumn?

Kenta: [　　　　　　　　　　　　　　　　]

Ms. Smith: Thank you. I'm looking forward to going out in autumn in Japan!

(注) autumn　秋　go(ing) out　外出する　look(ing) forward to ～　～を楽しみにする

【注意】
① 対話の流れに合うように，20語以上30語以内の英語で書くこと。文の数はいくつでもよい。符号（.，？！など）は，語数に含めないものとする。
② 内容的なまとまりを意識して，具体的に書くこと。
③ 解答は，解答用紙の【記入例】に従って書くこと。

＜理科＞

時間　50分　　満点　50点

1　図１の１～５のカードは，原子またはイオンの構造を模式的に表したものである。下の⑴，⑵に答えなさい。ただし，電子を●，陽子を◎，中性子を○とする。

図１

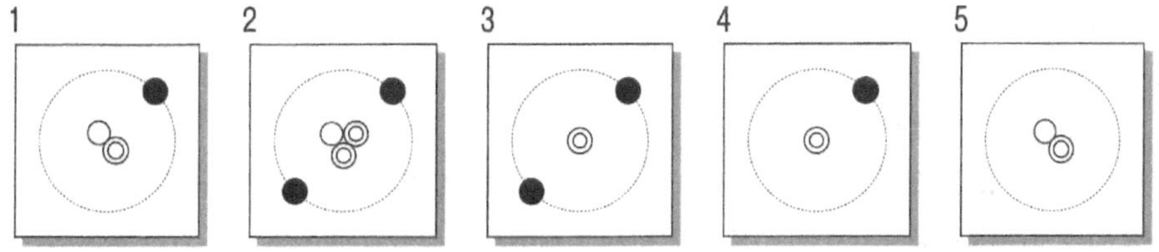

⑴　イオンを表しているものを，図１の１～５からすべて選び，記号で答えなさい。

⑵　図１の１で表したものと同位体の関係にあるものを，図１の２～５から１つ選び，記号で答えなさい。

2　カーリングでは，氷の上で目標に向けて，図１のようにストーンを滑らせる。ストーンは，選手が手をはなした後も長い距離を進み続けるが，徐々に減速して止まったり，別のストーンに接触して速さや向きを変えたりする。次の⑴，⑵に答えなさい。

図１

⑴　氷の上を動いているストーンが徐々に減速するのは，動いている向きと反対の向きの力がストーンの底面にはたらくからである。このように，物体どうしがふれ合う面ではたらき，物体の動きを止める向きにはたらく力を何というか。書きなさい。

⑵　図２は，静止しているストーンＢと，ストーンＢに向かって動いているストーンＡの位置を真上から見たものであり，⇧は，ストーンＡの動いている向きを表している。

また，図３は，ストーンＢにストーンＡが接触したときの位置を真上から見たものであり，⟶は，２つのストーンが接触したときに，ストーンＢがストーンＡから受けた力を表している。

２つのストーンが接触したとき，ストーンＡがストーンＢから受けた力を，図３に矢印でかきなさい。なお，作用点を「•」で示すこと。

図２

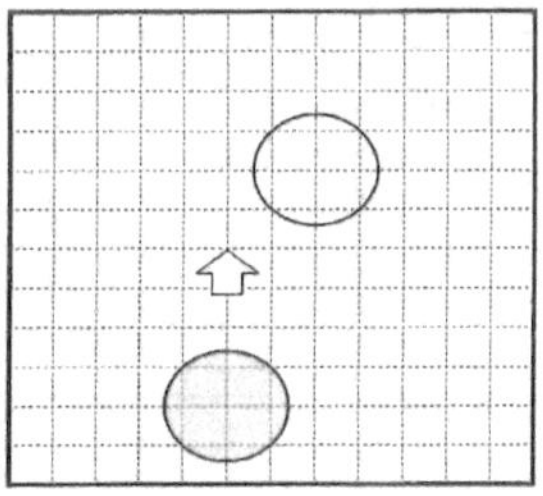

図３

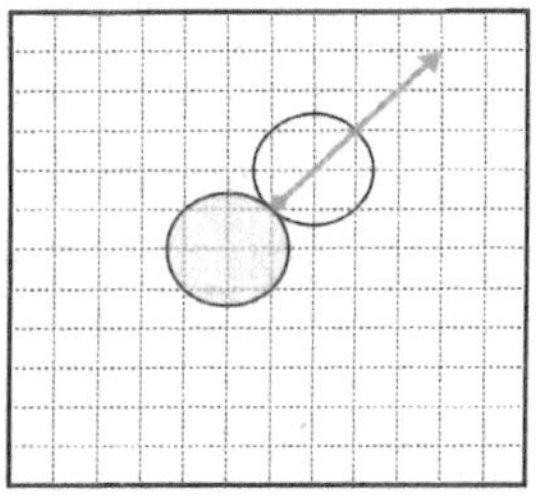

（○はストーンＡを，○はストーンＢを表している。）

3　Kさんは，正月飾りにウラジロやイネといった植物が使われていることに興味をもち，植物の体のつくりにおける共通点や相違点を調べ，図1のように分類した。次の⑴，⑵に答えなさい。

図1

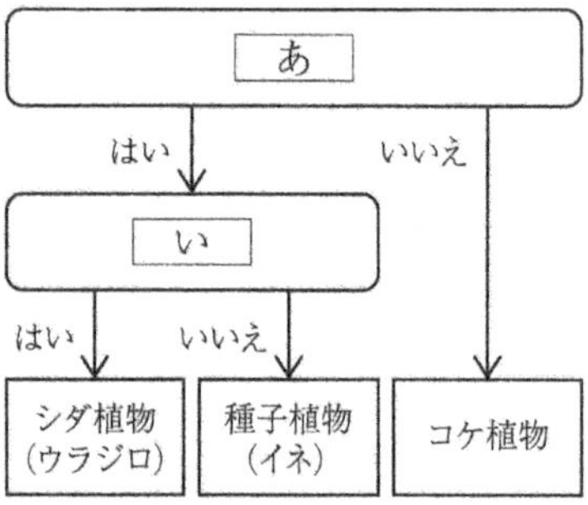

⑴　あ，い にあてはまる文を，次の1～4からそれぞれ1つずつ選び，記号で答えなさい。

1　種子をつくる。
2　胞子をつくる。
3　維管束がある。
4　子房の中に胚珠がある。

⑵　Kさんは，種子植物であるイネについてさらに調べを進め，イネが単子葉類に分類されることを知った。次の文が，イネの体のつくりを説明したものとなるように，(　)の中のa～dの語句について，正しい組み合わせを，下の1～4から1つ選び，記号で答えなさい。

葉脈が（a　網状脈　　b　平行脈）で，（c　主根と側根からなる根　　d　ひげ根）をもつ。

1　aとc　　2　aとd　　3　bとc　　4　bとd

4　ある中学校では，図1のような緊急地震速報を受信したという想定で避難訓練を実施した。次の⑴，⑵に答えなさい。

図1

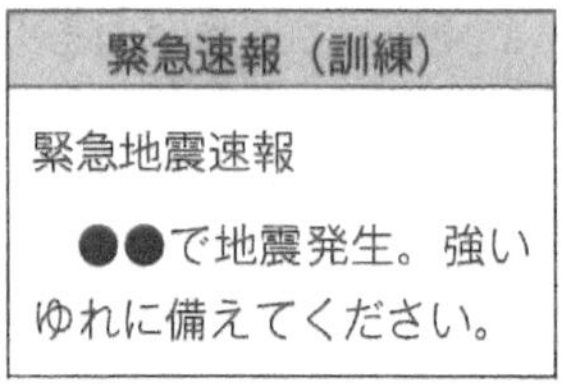

⑴　地震の規模の大小を表す値を何というか。書きなさい。

⑵　次の文が，緊急地震速報について説明したものとなるように，(　)の中のa～dの語句について，正しい組み合わせを，下の1～4から1つ選び，記号で答えなさい。

地震発生後，地震計で感知した（a　P波　　b　S波）を直ちに解析することで，各地の（c　初期微動　　d　主要動）の到達時刻やゆれの大きさなどを予測し，伝えるしくみである。

1　aとc　　2　aとd　　3　bとc　　4　bとd

5　Lさんは，図1のような，長さの異なる水筒に飲み物を入れるとき，水筒によって，音の高さの変化のしかたが異なることに気づいた。この音の高さの変化について調べるため，太さが同じ試験管を用いて，Mさんと次の実験を行った。あとの⑴～⑶に答えなさい。ただし，実験における息の吹きかけ方は同じとする。

図1

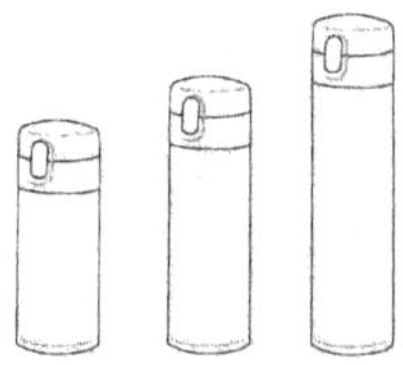

［実験］

①　図2（次のページ）のような太さが同じで，長さが14cmの試験管A，16cmの試験管B，

18㎝の試験管Cを用意した。

② ①の試験管Aに，底から水面までの高さが２㎝になるように水を入れた。

③ **図３**のように，②の試験管の上端に息を吹きかけ，発生した音を，タブレット端末のアプリケーションで解析し，音の振動数を求めた。

④ ②の試験管に水をさらに加え，底から水面までの高さを，４㎝，６㎝，８㎝，10㎝に変えて，③の操作を行った。

⑤ 試験管Aを，試験管B，試験管Cに変えて，②～④の操作を行った。

⑥ 実験の結果を**表１**にまとめた。

図２

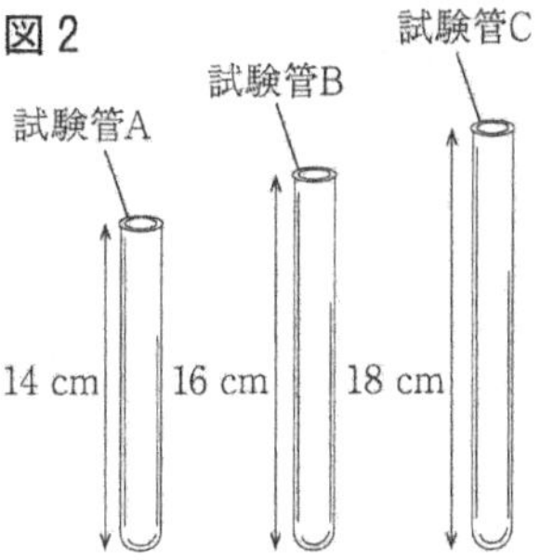

図３

表１

底から水面までの高さ〔cm〕	2	4	6	8	10
試験管Aの音の振動数〔Hz〕	708	850	1063	1417	2125
試験管Bの音の振動数〔Hz〕	607	708	850	1063	1417
試験管Cの音の振動数〔Hz〕	531	607	708	850	1063

(1) 実験において，音をタブレット端末に伝えたものは何か。書きなさい。

(2) **図４**は，531Hzのおんさを鳴らした後にオシロスコープの画面に表示された波形の１つである。また，次の**１**～**４**の中には，1063Hzのおんさを鳴らした後にオシロスコープの画面に表示された波形が２つある。

図４をもとにして，1063Hzのおんさを鳴らした後にオシロスコープの画面に表示された波形を，次の**１**～**４**から２つ選び，記号で答えなさい。ただし，オシロスコープが示す１目盛りの大きさはすべて等しいものとする。

図４

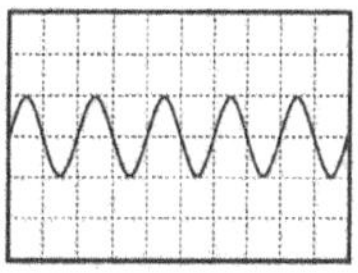

１

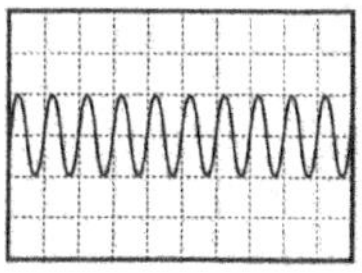

２

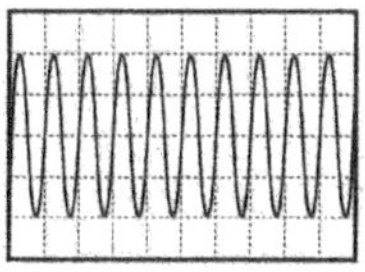

３

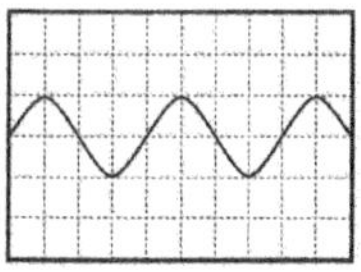

４

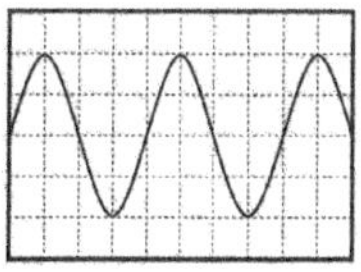

(3) ＬさんとＭさんは，次のページの［　　］のような会話をした。ＬさんとＭさんの発言が，実験の結果をもとにしたものとなるように，次のページのア，イに答えなさい。

Ｌさん：　表１から，音の振動数は，［あ］の長さによって決まることがわかるね。

Ｍさん：　水筒に飲み物を入れるとき，音の高さの変化のしかたが異なるというＬさんの気づきも，表１をもとに科学的に説明できそうだね。

Ｌさん：　太さが同じで長さの異なる水筒に飲み物を入れるとき，入れ始めの音の高さは，長い水筒ほど［い］ということだよね。

Ｍさん：　他にも，表１からは，太さが同じで長さの異なる水筒に同じ量の飲み物を入れるとすると，［う］水筒ほど，入れ始めから入れ終わりまでの音の振動数が大きく変化することもわかるよ。

ア　［あ］に入る適切な語句を，「試験管」という語を用いて答えなさい。

イ　［い］，［う］に入る語句について，正しい組み合わせを，次の１～４から１つ選び，記号で答えなさい。

	い	う
1	低い	短い
2	低い	長い
3	高い	短い
4	高い	長い

6　学校で飼育しているヒメダカを用いて，次の観察を行った。あとの(1)～(4)に答えなさい。

［観察］

①　図１のように，水を入れたチャック付きのポリエチレン袋にヒメダカを入れ，チャックを閉めた。

②　①のヒメダカの尾びれの血管を，顕微鏡で観察し，タブレット端末で動画を撮影した。

③　撮影した動画をもとに，図２のように，スケッチをかき，気づきをまとめた。

図１

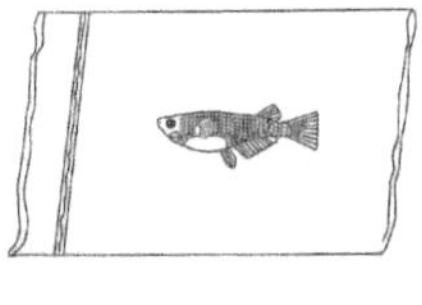

図２

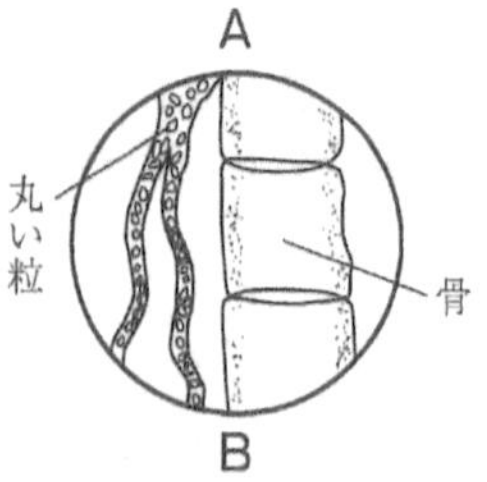

<気づき>

・　骨に沿って血管が見られた。骨は，血管より太かった。

・　血管内に，たくさんの(ア)丸い粒が見えた。(イ)丸い粒は，Ｂ側からＡ側に流れていた。

・　(ウ)血管がＡ側からＢ側へ枝分かれしていた。枝分かれした血管は，元の血管より細くなっていた。

(1)　飼育を続けていると，ヒメダカが産卵し子が卵からかえるようすを確認することができた。このように，親が卵を産んで，卵から子がかえるふやし方を何というか。書きなさい。

(2)　図２の下線(ア)は赤血球であり，体のすみずみに酸素を運ぶはたらきがある。次のページのア，イに答えなさい。

ア　血液は，赤血球などの固形成分と液体成分からなる。血液中の液体成分を何というか。書きなさい。

イ　赤血球が酸素を体のすみずみに運ぶことができるのは，赤血球にふくまれるヘモグロビンがどのような性質をもっているからか。簡潔に述べなさい。

⑶　**図2**のスケッチにおいて，ヒメダカの頭部は，**A**，**B**のどちらの方向にあるか。書きなさい。また，そのように判断した根拠となる<**気づき**>を，**図2**の下線(イ)，(ウ)から１つ選び，記号で答えなさい。

⑷　**図3**は，ヒトの心臓のつくりと血液の流れを模式的に表しており，➔ は，心臓に出入りする血液が流れる方向を示している。

ヒメダカが，ヒトと同じセキツイ動物であることをふまえ，**図3**を参考にして，ヒメダカの血液の流れを表した模式図として正しいものを，次の１～４から１つ選び，記号で答えなさい。

図3

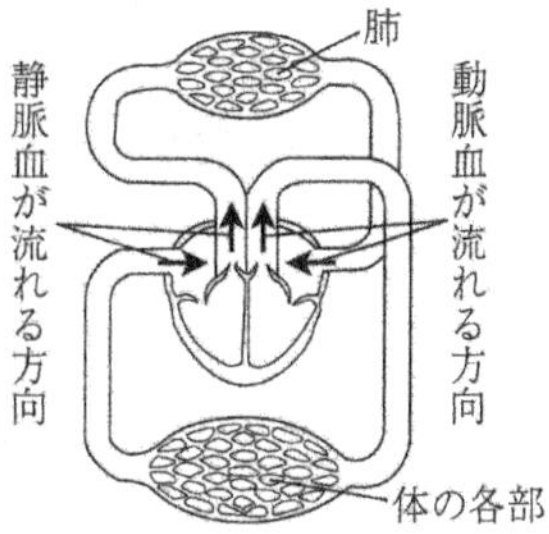

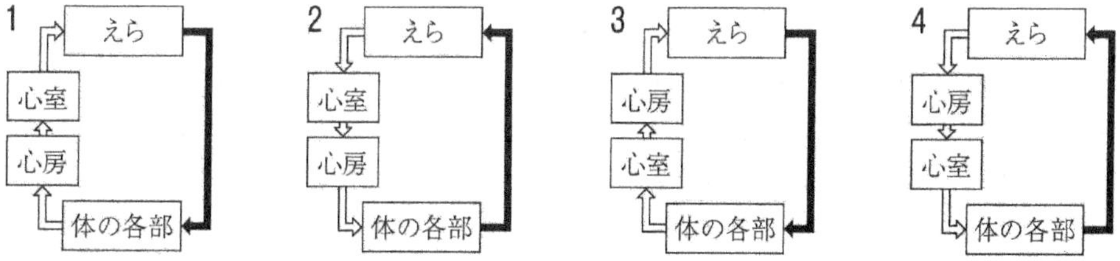

〔⇨ は静脈血の流れを，➡ は動脈血の流れを示している。〕

7　ペットボトルを利用して，次の実験を行った。あとの⑴～⑶に答えなさい。

［実験］

①　炭酸飲料用のペットボトルに水を少量入れた。

②　①のペットボトルに，線香の煙を少量入れた。

③　②のペットボトルを氷水で冷やすと，白いくもりが発生した。

④　③のペットボトルを氷水から取り出し，**図1**のように，ポンプ付きのふたをして閉めた。

⑤　ポンプを20回押して空気を入れると，白いくもりが消えた。

⑥　栓を外してペットボトル内の空気を勢いよく出すと，再び白いくもりが発生した。

図1

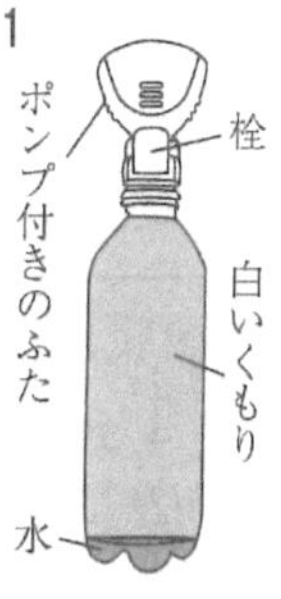

⑴　各地の天気は，降水を伴わない場合，空全体を雲が占める割合で決められている。くもりの天気記号として正しいものを，次の１～４から１つ選び，記号で答えなさい。

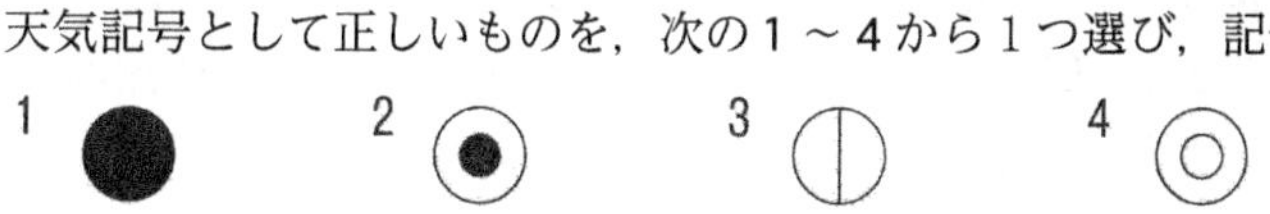

⑵［実験］の②において，ペットボトルに線香の煙を入れたのは，白いくもりが発生しやすくす

るためである。線香の煙を入れることで白いくもりが発生しやすくなるのはなぜか。その理由を簡潔に述べなさい。

(3) 自然界では，空気が上昇気流によって運ばれることで雲が発生する。また，[実験] の③の白いくもり，[実験] の⑥の白いくもりのいずれかは，自然界における雲と同じしくみで発生したものである。次のア，イに答えなさい。

ア 次の文が，自然界で上昇気流が生じる原因について述べたものとなるように，(　) の中のa～dの語句について，正しい組み合わせを，下の1～4から1つ選び，記号で答えなさい。

> 寒気と暖気がぶつかり（a　暖気が寒気を　　b　寒気が暖気を）おし上げたり，地表の一部が強く（c　熱せられ　　d　冷やされ）たりすることで生じる。

1　aとc　　2　aとd　　3　bとc　　4　bとd

イ 次の文章が，実験の考察となるように，[あ]，[い] に入る適切な語を書きなさい。また，[う] に入る適切なものを，[実験] の③，⑥から1つ選び，③，⑥の記号で答えなさい。

> 自然界では，上空に行くほど大気の [あ] が下がる。上昇気流によって空気が上空に運ばれると，[あ] が下がり，[い] が下がることで雲が発生する。
> [実験] の③と⑥の白いくもりのうち，[実験] の [う] の白いくもりは，ペットボトル内の空気の [あ] が下がり，[い] が下がることで発生した。もう一方の白いくもりは，ペットボトル内の空気の [い] のみが下がることで発生した。
> このことから，自然界における雲と同じしくみで発生したものは，[実験] の [う] の白いくもりである。

8 水溶液によって電流の流れやすさが異なることを学んだSさんは，次の [仮説1] を立て，[実験1] を行った。あとの(1)～(3)に答えなさい。

> [仮説1]
> 電流が流れる水溶液どうしを混ぜると，混ぜる前の水溶液と比べて電流がもっと流れるようになる。

> [実験1]
> ① 2％の塩酸と2％の水酸化ナトリウム水溶液を用意した。
> ② ①の塩酸を4mLずつ4個のビーカーにはかりとり，それぞれ液A_1～液A_4とした。
> ③ ①の水酸化ナトリウム水溶液を4mLずつ4個のビーカーにはかりとり，それぞれ液B_1～液B_4とした。
> ④ **図1**（次のページ）のように2つの液を混ぜ，8mLの液C～液Eをつくった。
> ⑤ **図2**（次のページ）のように，ビーカーに入った液A_1に，十分に洗浄した炭素電極を入れ，電源装置，電流計を直列につないだ。
> ⑥ 電源装置のスイッチを入れ，3Vの電圧を加えた。

⑦　10秒後に電流計の値〔mA〕を読みとり，電源装置のスイッチを切った。
⑧　⑤の液A_1を，液B_1，液C，液D，液Eに変えて，⑤～⑦の操作を行った。
⑨　実験の結果を，表1にまとめた。

図1

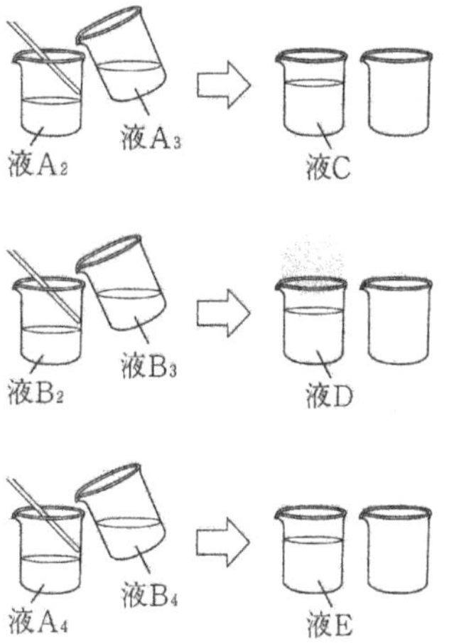

図2

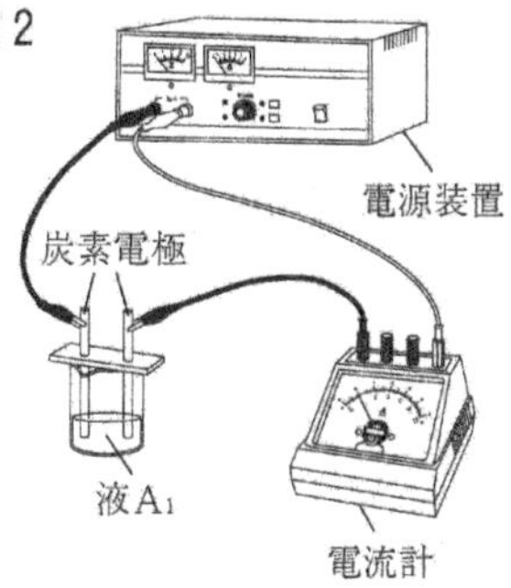

表1

	液A_1	液B_1	液C	液D	液E
液の体積〔mL〕	4	4	8	8	8
電流計の値〔mA〕	22	12	22	12	5

(1)　水に溶けると水溶液に電流が流れる物質を何というか。書きなさい。

(2)　［実験1］の⑥では，液A_1で塩化水素HClの電気分解が起こった。塩化水素の電気分解を，化学反応式で書きなさい。

(3)　［実験1］を終えたSさんは，T先生と，次の □ のような会話をした。下のア，イに答えなさい。

> Sさん：　混合後の液の電流計の値が，混合前の液の電流計の値よりも大きくなることはありませんでした。
>
> T先生：　同じ液どうしを混ぜた場合も，異なる液どうしを混ぜた場合も，［仮説1］が誤っていることがわかったのですね。
> 実験の結果をもとに，さらに調べてみたいことはありますか。
>
> Sさん：　はい。表1のように，液Eの電流計の値が，液A_1や液B_1の電流計の値と比べて小さくなったことに興味があります。いつも小さくなるのでしょうか。
>
> T先生：　それでは，新しい仮説を立てて，実験を行ってみましょう。

ア　下線部のように，液Eの電流計の値が小さくなったのは，液中のイオンの量が減少したことが関係している。液中のイオンの量が減少したのはなぜか。その理由を簡潔に述べなさい。

イ　Sさんは，この会話の後，T先生のアドバイスをもとに，次のページの［仮説2］を立て，［仮説2］を適切に検証することができるよう次のページの［実験2］を計画した。［あ］に入る語句として最も適切なものを，次の1～4から選び，記号で答えなさい。

1　混合後の液の体積　　2　混合前の塩酸の体積　　3　混ぜる順序　　4　混ぜる割合

［仮説２］

２％の塩酸と２％の水酸化ナトリウム水溶液の混合において，「 あ 」と「混合後の液の電流の流れにくさ」には関係がある。

［実験２］

① ２％の塩酸と２％の水酸化ナトリウム水溶液を，**表２**のように混ぜた液Ｆ～液Ｊをつくる。

表２

	液Ｆ	液Ｇ	液Ｈ	液Ｉ	液Ｊ
２％の塩酸の体積〔mL〕	2	3	4	5	6
２％の水酸化ナトリウム水溶液の体積〔mL〕	6	5	4	3	2

② ［実験１］の**図２**のように，ビーカーに入れた液Ｆに，十分に洗浄した炭素電極を入れ，電源装置，電流計を直列につなぐ。

③ 電源装置のスイッチを入れ，３Ｖの電圧を加える。

④ 10秒後に電流計の値〔mA〕を読みとり，電源装置のスイッチを切る。

⑤ ②の液Ｆを，液Ｇ～液Ｊに変えて，②～④の操作を行う。

⑥ 実験の結果をまとめる。

9 Ｙさんは，素材となる金属の違いによって調理器具の特徴が異なることを知り，Ｚさんと次の［　］のような会話をし，実験を行った。あとの⑴～⑸に答えなさい。

Ｙさん： プロの料理人は，使う食材や調理方法によって，銅やアルミニウム，鉄など，素材の違うフライパンを使い分けているらしいよ。

Ｚさん： そういえば，理科の実験でカルメ焼きをつくったとき，銅のお玉を使っていたけれど，銅の性質が関係しているのかもしれないね。

Ｙさん： 金属には，熱が伝わりやすい性質や，温まりやすく冷めやすい性質があると学習したけれど，それらの性質は，金属の種類によって異なるのかな。

Ｚさん： おもしろそうだね。実験で確かめてみようよ。

［実験１］

① **図１**のように，縦20㎝，横20㎝，厚さ0.5㎜の銅板に油性ペンで対角線を引き，頂点Ａから４㎝，８㎝，12㎝の対角線上に，点Ｂ，点Ｃ，点Ｄをとった。

図１

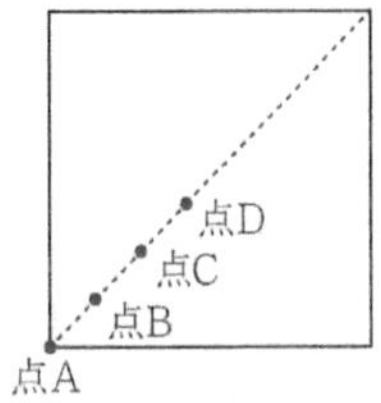

② ①の銅板の表面全体に，ろうを薄くぬった。

③ **図２**（次のページ）のように，②の銅板をスタンドに固定し，銅板の点Ａの部分をガスバーナーで加熱した。

④ 加熱すると同時にストップウォッチのスタートボタンを押

した。

⑤　点B，点C，点D上のろうがとけた時間を測定し記録した。

⑥　銅板の加熱を止め，室温になるまで放置した。

⑦　②～⑥を２回繰り返した。

⑧　①の銅板を，アルミニウム板，鉄板に変えて，①～⑦の操作を行った。

⑤　記録した時間を平均したものを，**表１**にまとめた。

図２

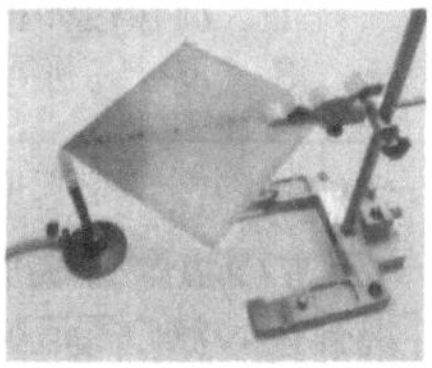

［実験２］

①　ビーカーに水を入れ，ガスバーナーで加熱し，水を沸とうさせた。

②　①の水に，一辺が２㎝の立方体の銅を入れ，１分間放置した。

③　②の銅をすばやく取り出し，室温の水30ｇの中に入れた。

④　③の水の温度を，デジタル温度計を用いて測定し，記録した。

⑤　②の銅を，アルミニウム，鉄に変えて，②～④の操作を行った。

⑥　記録した時間と水の温度を，**図３**にまとめた。

表１

	銅	アルミニウム	鉄
点B〔秒〕	5	6	13
点C〔秒〕	28	33	88
点D〔秒〕	62	87	415

図３

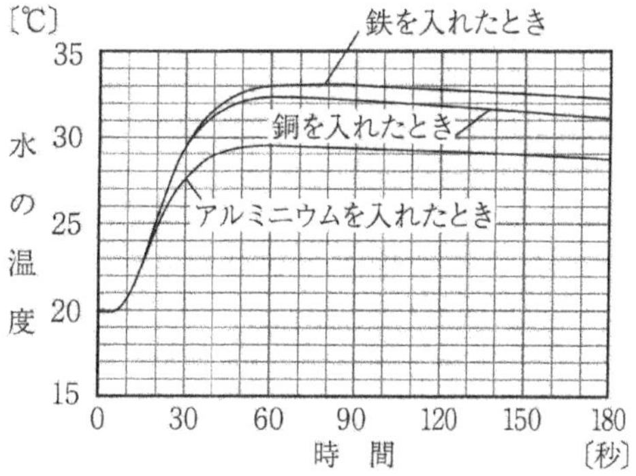

⑴　調理する際，手を近づけることで，フライパンが温まっていることを確認することができる。これは，熱が赤外線などの光として放出されているからである。このように，物体の熱が光として放出される現象を何というか。書きなさい。

⑵　下線部に関連して，金属より冷めにくい性質をもつ岩石は，調理器具の素材に用いられることがある。火成岩のうち，花こう岩などのように，マグマが地下でゆっくり冷えて固まった岩石を何というか。書きなさい。

⑶　**図４**は，［実験１］において，ある金属板を加熱したときのようすである。

　次の文が，**表１**をもとに**図４**を説明したものとなるように，（　）の中のａ～ｅの語句について，正しい組み合わせを，次のページの**１**～**６**から１つ選び，記号で答えなさい。

図４

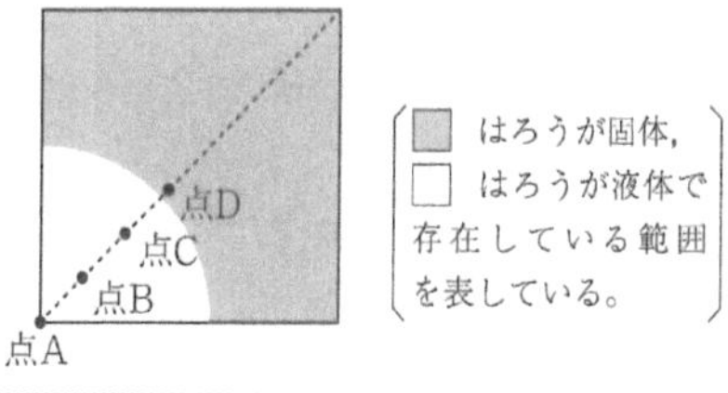

図４は，加熱し始めてから（ａ　20秒後　　ｂ　80秒後）の（ｃ　銅　　ｄ　アルミニウム　　ｅ　鉄）板のようすである。

1　aとc　2　aとd　3　aとe　4　bとc　5　bとd　6　bとe

(4)［実験２］において，水の温度が最高温度に達した後も測定を続けたのは，水から空気への熱の移動による，１秒間あたりの温度変化を見積もるためであり，見積もった値を用いて，空気への熱の移動を考慮した最高温度を推定することができる。

次の文が，最高温度に達した後の１秒間あたりの温度変化の求め方について説明したものとなるように，［あ］に入る適切な語句を，［X］に入る適切な数値を，それぞれ書きなさい。

> 図３から，最高混度に達した後の水の温度の下がり方が一定なので，例えば，アルミニウムを入れたときの，60秒と180秒の［あ］を［X］で割ると，１秒間あたりの温度変化を見積もることができる。

(5) YさんとZさんは，次の［　］のような会話をした。YさんとZさんの発言が，実験の結果と合うように，［い］，［う］に入る適切な語句を，下の１～４から１つ選び，それぞれ記号で書きなさい。

> Zさん：実験前にYさんが考えていたとおり，金属の性質は，金属の種類によって異なっているといえるね。
>
> Yさん：そうだね。［実験１］の結果から，同じ面積で同じ厚さの３種類の金属のうち，銅は，［い］ことがわかったよ。
>
> Zさん：［実験２］の結果からは，同じ体積で同じ温度の３種類の金属のうち，鉄は，［う］こともわかったね。
>
> Yさん：それぞれの金属の性質を知っていると，料理するとき役に立ちそうだね。

1　金属全体に熱が最も伝わりにくい
2　金属全体に熱が最も伝わりやすい
3　金属全体の温度が最も冷めにくい
4　金属全体の温度が最も冷めやすい

＜社会＞　時間　50分　満点　50点

1　Ｋさんは，中部地方の自然環境と生活・文化について興味をもち，調べ学習を行った。図Ⅰは，Ｋさんが使用した地図である。これについて，あとの(1)～(6)に答えなさい。

図Ⅰ

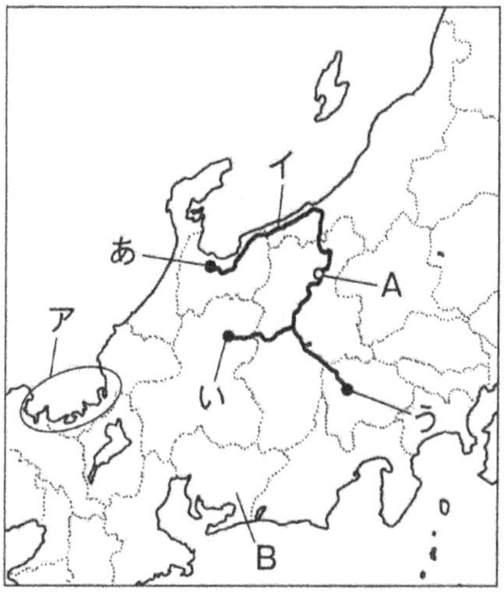

(1)　図Ⅰ中の**ア**には，もともと山地の谷であった部分に海水が入り込んでできた，小さな岬と湾が連続する入り組んだ海岸がみられる。このような海岸を何というか。答えなさい。

(2)　中部地方の太平洋側では，温室やビニールハウスを用いて野菜や花などを栽培する農業がさかんである。このような農業を何というか。答えなさい。

(3)　Ｋさんは，中部地方と関東地方の工業の違いに着目し，図Ⅱを用いて工業のようすを比較した。図Ⅱ中の**a**～**c**は，中京工業地帯，北関東工業地域，京葉工業地域のそれぞれについて，製造品出荷額等の品目別の割合を示したものである。**a**～**c**が示す工業地帯または工業地域の名称の組み合わせとして正しいものを，下の**1**～**6**から一つ選び，記号で答えなさい。

図Ⅱ

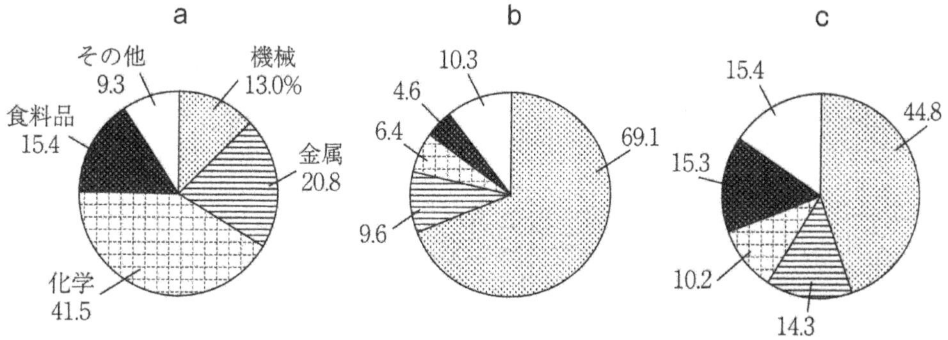

（注）データは2018年のものである。
（日本国勢図会2021/22により作成）

1　a－中京工業地帯　b－北関東工業地域　c－京葉工業地域
2　a－中京工業地帯　b－京葉工業地域　c－北関東工業地域
3　a－北関東工業地域　b－中京工業地帯　c－京葉工業地域
4　a－北関東工業地域　b－京葉工業地域　c－中京工業地帯
5　a－京葉工業地域　b－中京工業地帯　c－北関東工業地域
6　a－京葉工業地域　b－北関東工業地域　c－中京工業地帯

(4) 図Ⅰ中のイは，図Ⅰ中のAの都市とあ～うの三つの都市を結ぶ経路の例を示したものである。右の表Ⅰは，Kさんがそれぞれの経路について，インターネットで調べた自動車での最短の所要時間と総走行距離を示したものであり，下の図Ⅲは，それぞれの経路の高低差を示したものである。Aからいまでの経路について示したものを，表Ⅰ中のX～Zおよび図Ⅲ中のd～fからそれぞれ一つ選び，記号で答えなさい。

表Ⅰ

	所要時間	総走行距離
X	131分	153.0km
Y	217分	147.3km
Z	177分	213.9km

(注) 各都市の市役所を基準として算出している。

図Ⅲ

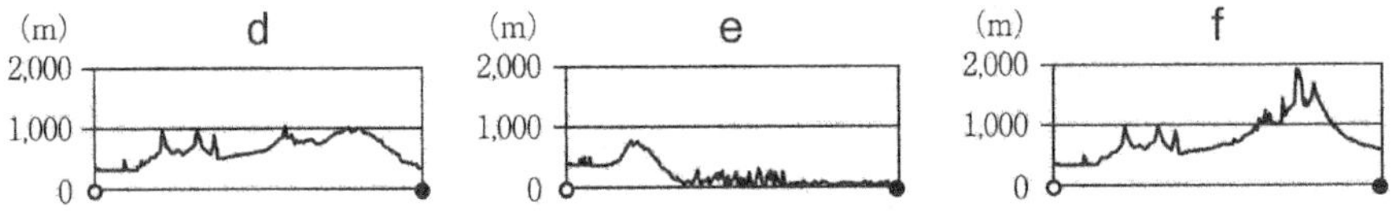

(注) 図Ⅲ中の○と●は，図Ⅰ中の○と●と対応する。また，d～fそれぞれの○と●の間の実際の距離はすべて異なる。高さは強調して表現してある。

(地理院地図により作成)

(5) 高度経済成長期に人口分布の変化が起こったことを学習したKさんは，中部地方をB県とB県以外の八つの県に分け，それぞれについて人口の社会増減数の推移を調べ，図Ⅳ，図Ⅴを作成した。

図Ⅳ，図Ⅴを参考にして，日本における高度経済成長期の人の移動の特徴を説明しなさい。

図Ⅳ B県の社会増減数の推移

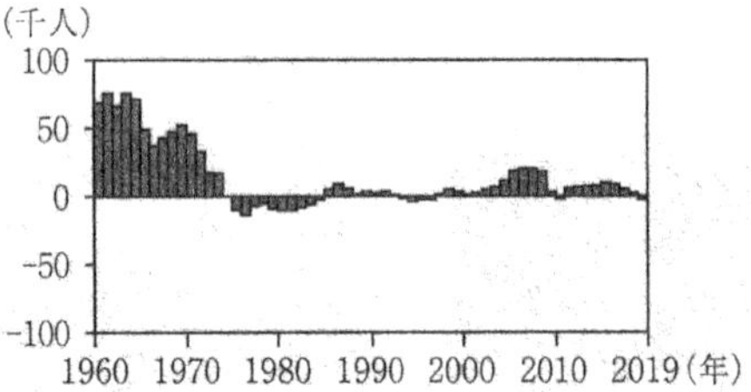

図Ⅴ B県以外の八つの県における社会増減数の推移

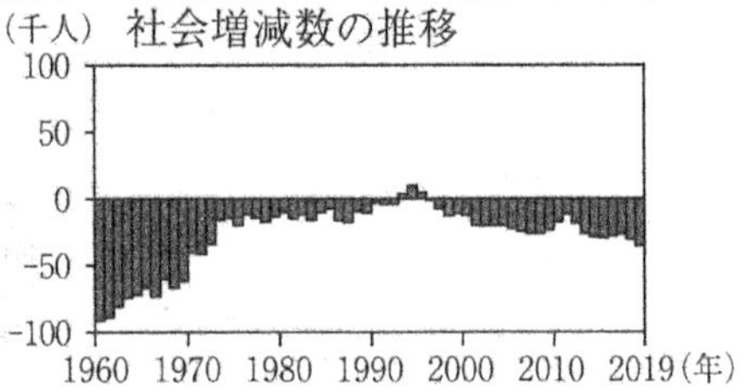

(注) 社会増減数は「転入数－転出数」を表す。

(RESAS（地域経済分析システム）- 人口増減 - により作成)

(6) 図Ⅵは，静岡県牧之原市の地形図（2万5千分の1）の一部である。図Ⅵの範囲から読み取れることとして最も適切なものを，あとの1～4から選び，記号で答えなさい。

図Ⅵ

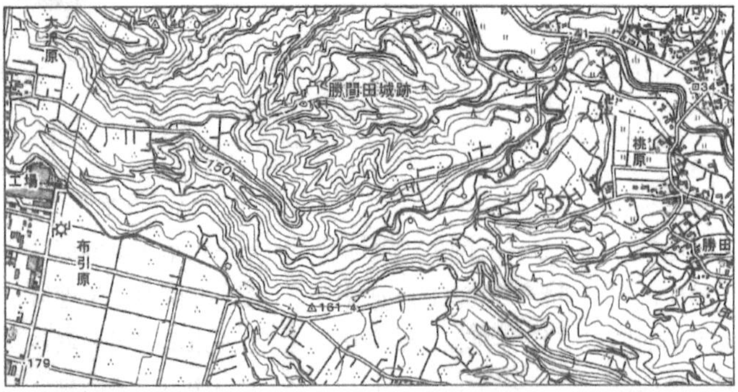

1 「勝間田城跡」から見下ろすと，「布引原」付近の茶畑がよくみえる。

2 「勝間田城跡」周辺の森林は，針葉樹林よりも広葉樹林が多くみられる。

3　二つの三角点の地図上の直線距離は約4㎝なので，実際の距離は約2㎞である。

4　「桃原」の西側には，谷に位置する果樹園がいくつかみられる。

2　Aさんのクラスでは，生徒が興味のある国を一つずつ選び，それぞれ調べることにした。次の図Ⅰ中の①～⑳は，生徒が選んだ国の位置を示している。これについて，あとの⑴～⑷に答えなさい。

図Ⅰ

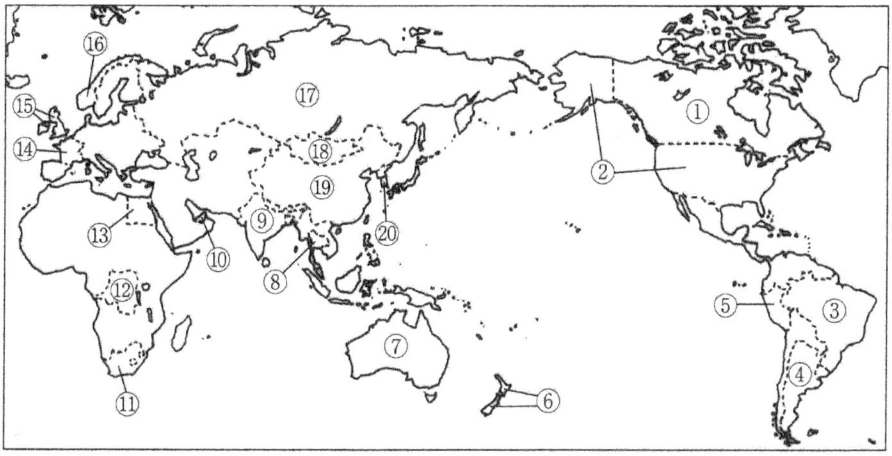

⑴　図Ⅰ中の①～⑳の国について述べた文として正しいものを，次の1～4から一つ選び，記号で答えなさい。

1　北半球に位置する国より，南半球に位置する国の方が多い。

2　世界を六つの州に分けた場合，アフリカ州に属する国が最も多い。

3　世界で最も人口が多い国と世界で最も面積が大きい国が含まれている。

4　領土内を，本初子午線が通っている国は含まれていない。

⑵　下の二つの写真は，Aさんが調べている国に関するものである。Aさんが調べている国を，図Ⅰ中の⑤，⑧，⑬，⑭から一つ選び，記号で答えなさい。

この国にある世界遺産

この国で伝統的に放牧されている家畜

⑶　Bさんは，図Ⅰ中の②の国が，世界有数の農産物の輸出国であることを，資料Ⅰともう一つの資料を組み合わせて説明しようとしている。Bさんが使用する資料として最も適切なものを，次のページの1～4から選び，記号で答えなさい。

資料Ⅰ　世界の穀物類の生産量に占める⑲，②，⑨の国の割合（2017年）

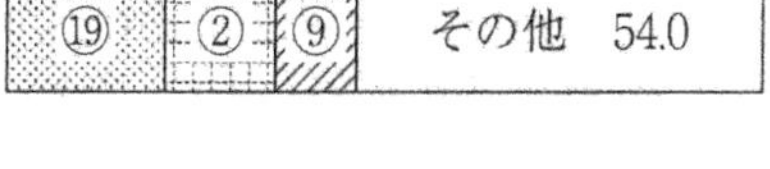

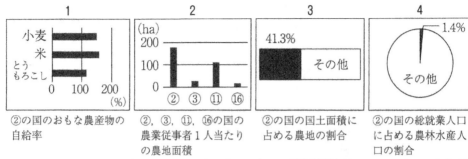

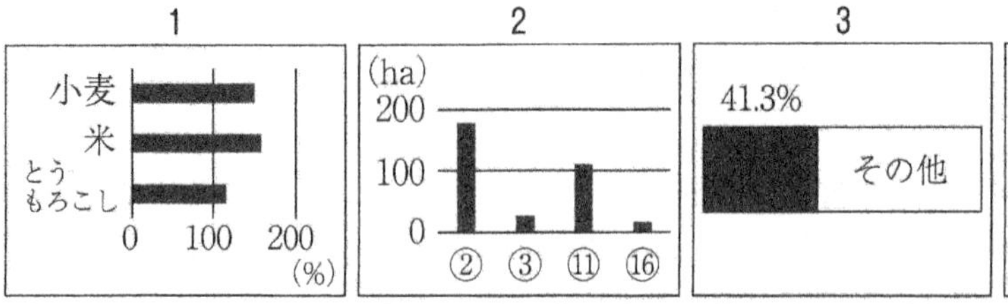

1　②の国のおもな農産物の自給率
2　②，③，⑪，⑯の国の農業従事者１人当たりの農地面積
3　②の国の国土面積に占める農地の割合
4　②の国の総就業人口に占める農林水産人口の割合

（注）データは2017年のものである。（世界国勢図会2020/21などにより作成）

(4)　Ｃさんは，図Ⅰ中の⑩の国に興味をもち調べた。次は，Ｃさんが作成したレポートの一部である。これについて，下のア～エに答えなさい。

1　調査のテーマ

アラブ首長国連邦の経済は，どのように発展してきたのか。

2　仮説（テーマに対する予想）

サウジアラビアなどと同じように，石油を輸出して得た利益をもとに，経済が発展してきたのではないか。

3　調査方法

教科書や地図帳，インターネットを利用して，産業や貿易の特徴，ⓐアラブ首長国連邦の人々の生活や文化，ⓑ世界の石油産業の状況について調べる。

アラブ首長国連邦にある世界で最も高いビル

4　調査結果と考察

アラブ首長国連邦は，原油を輸出して得た利益をもとに，経済発展をとげてきた。しかし，表Ⅰから分かるように，石油などの資源は，［　あ　］ため，表Ⅱから分かるように，近年は，ⓒ原油の輸出のみに頼る経済からの脱却を進めている。

表Ⅰ　エネルギー資源の採掘が可能な年数（2017年）

資　源	年　数
石油	50年
天然ガス	53年
石炭	134年

表Ⅱ　アラブ首長国連邦の輸出品上位４品目が輸出総額に占める割合（%）

1990年		2017年	
原油	74.7	機械類	21.1
機械類	3.3	原油	12.4
繊維品	2.6	石油製品	9.5
アルミニウム	1.9	貴金属装身具	7.4

（データブック オブ・ザ・ワールド2021年版などにより作成）

ア　下線部ⓐについて，アラブ首長国連邦をはじめとする西アジアの国々で，最も多くの人々に信仰されている宗教は何か。答えなさい。

イ　下線部ⓑについて，表Ⅲ（次のページ）は西アジアのおもな産油国の原油産出量を示しており，図Ⅱ（次のページ）は，各国の値の100万の位を四捨五入した上で，主題図にまとめたものである。アラブ首長国連邦に該当する部分を，他の国の例にならって作成しなさい。

表Ⅲ　（2019年）

国　名	原油産出量（万ｋＬ）
サウジアラビア	56,898
イラク	27,271
アラブ首長国連邦	18,095

（世界国勢図会2020/21により作成）

図Ⅱ

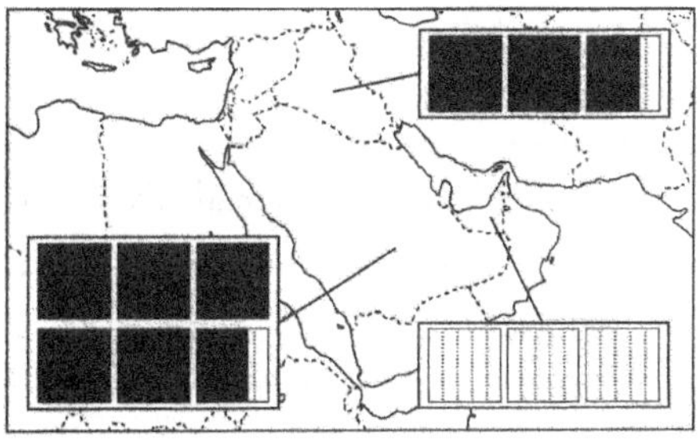

ウ　レポート中の あ に適切な語句をおぎない，文を完成させなさい。

エ　下線部ⓒのように，特定の資源や作物の輸出によって成り立つ経済を何というか。答えなさい。

3　Ｈさんは，江戸時代までの道の歴史と人々との関わりを調べ，発表の準備のために次のスライドＡ～Ｄを作成した。これについて，あとの⑴～⑸に答えなさい。

スライドＡ

戦国大名は，物資の輸送，敵からの防御，家臣との連絡などのため，道づくりに力を入れた。

①織田信長

スライドＢ

②五街道をはじめ全国各地の道が整備され，③参勤交代や旅行などに利用された。

五街道の起点 日本橋

スライドＣ

源頼朝が鎌倉幕府を開いたあと，幕府によって新たな道の整備が進められた。

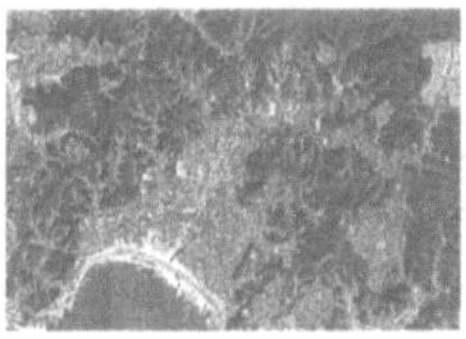

現在の鎌倉の写真

スライドＤ

④平城京の中央に幅約70メートルの道が南北にしかれ，碁盤目状に土地が区画された。

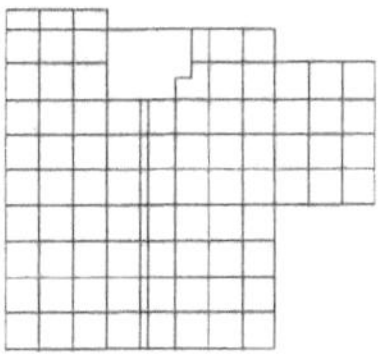

平城京の区画割

⑴　スライドＡに関連して，下線部①が行った政策について述べた文として正しいものを，次の１～４から一つ選び，記号で答えなさい。

１　欧米の文化を取り入れ，道路沿いにガス灯やれんが造りの建物を建設した。

２　各地の特産物や布を納める調・庸を，人々が自分で都まで運ぶことを定めた。

３　米などを運ぶため，西廻り航路や東廻り航路などの海上交通網を整備した。

４　流通のさまたげになっていた各地の関所を廃止し，交通の便をはかった。

⑵　スライドＢに関連して，あとのア，イに答えなさい。

ア　次の文は，下線部②に関連する書物についてＨさんが説明したものである。文中の（あ）にあてはまる人物は誰か。答えなさい。

（　あ　）が書いた『東海道中膝栗毛』は，人々の旅行への興味をかきたてた。

イ　Hさんは，下線部③について調べ，発表原稿と図Ⅰにまとめた。発表原稿を参考にして，（い）にあてはまる都市名を答えなさい。

発表原稿

> 参勤交代とは，武家諸法度で定められた制度で，これによって将軍と大名の主従関係が明確になりました。
> また，図Ⅰから分かるように，長州藩は，藩内だけでなく，（　い　）でも多くの経費を使っており，参勤交代が経済的な負担になっていたと考えられます。

図Ⅰ　長州藩の経費のうち銀で支出されたものの内訳（1754年）

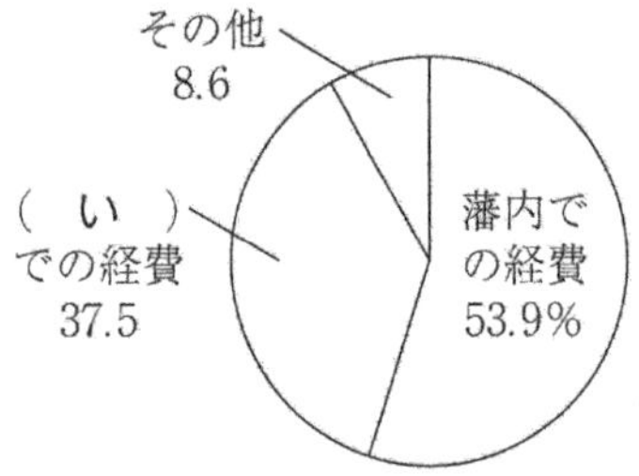

（萩市史第一巻などにより作成）

⑶　スライドCに関連して，次のア，イに答えなさい。

ア　Hさんは，スライドCについて詳しく説明するため，資料Ⅰを作成した。スライドCを参考にして，資料Ⅰ中の［う］にあてはまる語句と（え）にあてはまる語の組み合わせとして正しいものを，次の１～４から一つ選び，記号で答えなさい。

資料Ⅰ

> 源頼朝が幕府を開いた鎌倉は，［　う　］であった。また，鎌倉に入るまでの道には，右の写真のような（　え　）が設けられた。

1　う－広大な盆地に位置し，陸上交通の要　　　え－切通し
2　う－広大な盆地に位置し，陸上交通の要　　　え－水城
3　う－三方を山に囲まれ，南は海に面している地　　え－切通し
4　う－三方を山に囲まれ，南は海に面している地　　え－水城

イ　Hさんは，スライドCと同時期の世界の歴史について調べる中で，十字軍の遠征路に興味をもち，図Ⅱを作成した。次のX，Yは，図Ⅱおよび十字軍に関して述べたものである。X，Yについて，その正誤の組み合わせとして正しいものを，次のページの１～４から一つ選び，記号で答えなさい。

図Ⅱ　1202年に出発した十字軍の遠征路

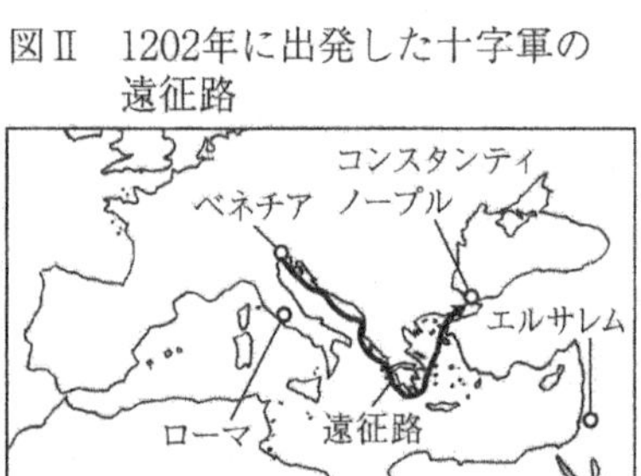

（注）➡は，遠征路の出発地から到着地までの道のりを示している。

X　十字軍の遠征の影響により，東西の人やものの交流がさかんになった。
Y　この遠征で，十字軍の当初の目的である，聖地の奪回に成功した。

1　X－正　Y－正
2　X－正　Y－誤
3　X－誤　Y－正
4　X－誤　Y－誤

(4)　スライドDに関連して，下線部④が当時の中国の都にならってつくられたことに着目したHさんは，同時期の日本と他国とのつながりについて調べ，図Ⅲ，資料Ⅱを作成した。
資料Ⅱ中のペルシャ産のガラス細工は，日本にどのようにしてもたらされたのか。図Ⅲ，資料Ⅱを参考にして説明しなさい。

図Ⅲ

資料Ⅱ

下の宝物は，日本に伝えられ，東大寺の正倉院におさめられている，西アジアのペルシャ産のガラス細工である。
この時期に，日本は大陸の進んだ文化や制度を取り入れようと，遣唐使を派遣した。遣唐使は，菅原道真の意見で中止が決定されるまで，十数回にわたり派遣された。

(5)　スライドA～Dを，内容の年代が古い順に並べ，記号で答えなさい。

4　SさんとYさんは，社会科の授業で学習したことについて，それぞれ興味があることを，美術館や文書館などのウェブサイトで調べた。次はその一部である。これについて，あとの(1)～(6)に答えなさい。

Sさんのレポート：美術館の絵からみえる世界の歴史

ボッティチェリ作「春」

この絵は，ギリシャ神話の花の女神や美の三女神などが描かれ，春の喜びを表している。①古代ギリシャ・ローマの文化をもとにした芸術の特徴がよく表れている。

ダヴィド作「ナポレオンの戴冠式」

この絵は，ナポレオンが国民投票を経て皇帝になったときのようすを描いている。ナポレオンはヨーロッパの大半を支配した。その結果，②自由と平等など，この国で起きた革命の成果が広まった。

Yさんのレポート：山口県文書館の資料からわかる日本の歴史

資料Ⅰ

資料Ⅰは，鹿児島県令から山口県令へ送られた電報である。政府軍が③鹿児島の城山を攻撃し，西郷隆盛その他を打ち取ったり降伏させたりしたという内容が書かれている。

資料Ⅱ

資料Ⅱは，山口県の養蚕の歴史をまとめた『山口県之蚕糸業』という冊子である。山口県には，明治時代末期から大正時代にかけて，岩国，萩などに④製糸工場があった。

資料Ⅲ

資料Ⅲは，陸軍参謀次長に，名古屋の状況を伝えた書簡である。暴動の原因はすべて米価の高騰であること，シベリア出兵に動員する兵士のための食料調達が，一層の米不足を招いていることなど，⑤この年に起きた暴動のようすが書かれている。

資料Ⅳ

資料Ⅳは，⑥1970年に大阪で日本万国博覧会が開催されたときに配布された広告である。「万国博がやってくる」「規模も内容もケタはずれ」といったキャッチフレーズや，明るいデザインに，当時の雰囲気がよく表れている。

(1) 下線部①について，このような芸術作品を生んだ，14世紀頃から西ヨーロッパ各地に広がった芸術，学問などの新しい風潮を何というか。答えなさい。

(2) 下線部②に関連して，次のア，イに答えなさい。

ア この革命で，自由と平等，人民主権，言論の自由，私有財産の不可侵などを唱えて発表されたものを，次の1～4から一つ選び，記号で答えなさい。

1 権利の章典　　2 人権宣言

3 独立宣言　　4 大西洋憲章

イ 自由と平等の精神は，日本にも明治時代に欧米の近代化の背景となる思想として紹介された。明治時代に欧米のようすや思想を日本に紹介した人物のうち，『学問のすゝめ』の中で「天は人の上に人をつくらず」という言葉を残した人物は誰か。答えなさい。

(3) 下線部③について，この戦いが起こった時期を，右の年表の1～4から一つ選び，記号で答えなさい。

年	できごと	
1868	戊辰戦争の開始	
		1
1871	廃藩置県	
		2
1873	徴兵令	
		3
1876	帯刀の禁止	
		4
1881	自由党の結成	

⑷　下線部④に関連して，Ｙさんは，生糸が日本の主要な輸出品であったことに興味をもち，図Ⅰ，図Ⅱを用いて，明治時代初期と大正時代初期の日本の貿易のようすを比較したところ，生糸以外の品目にも大きな変化がみられることに気づいた。図Ⅱにおいて，図Ⅰよりも綿花の輸入が大幅に増加している理由を，図Ⅱの輸出品目に着目し，解答欄の書き出しに続けて説明しなさい。

図Ⅰ　明治時代初期の日本の貿易（1868年）

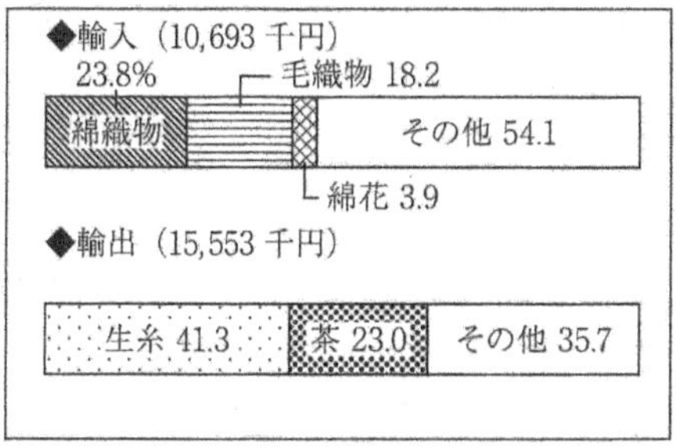

図Ⅱ　大正時代初期の日本の貿易（1915年）

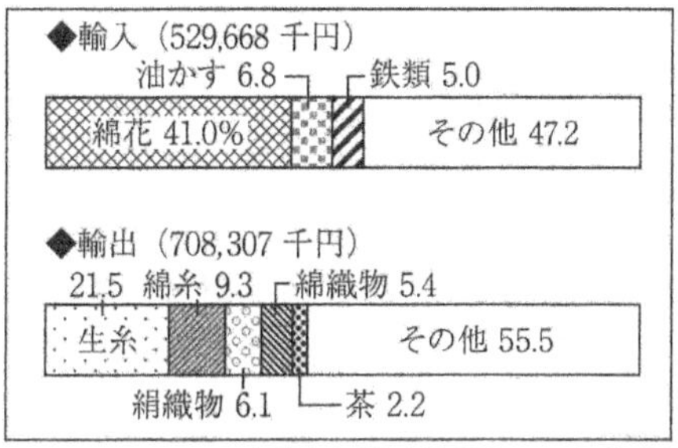

（明治大正国勢総覧により作成）

⑸　下線部⑤に関連して，この年に起こったできごとを，次の１～４から一つ選び，記号で答えなさい。

1　立憲政友会の原敬が首相となり，本格的な政党内閣が組織された。

2　藩閥政治を批判する護憲運動により，桂太郎内閣が退陣した。

3　10年後に国会を開くことを約束する，国会開設の勅諭が出された。

4　第１回衆議院議員選挙が行われ，自由民権派の政党の議員が多数をしめた。

⑹　下線部⑥に関連して，次の１～４は，第二次世界大戦後から日本万国博覧会の開催までの日本の経済に関するできごとである。１～４を年代の古い順に並べ，記号で答えなさい。

1　池田勇人内閣によって，国民所得倍増計画が発表された。

2　ＧＨＱの指示で，日本の産業や経済を支配してきた財閥の解体が始まった。

3　国民総生産が，資本主義国の中でアメリカに次ぐ第２位となった。

4　朝鮮戦争の軍需物資の生産を引き受け，特需景気が起こった。

5　次は，生徒と先生の会話の一部である。これを読んで，あとの⑴～⑺に答えなさい。

生徒：　今年の４月から，成年年齢が引き下げられるそうですね。どのような経緯で，成年年齢が20歳から18歳へと引き下げられることになったのですか。

先生：　日本における成年年齢は，明治９年以来，20歳とされていました。ところが近年，①公職選挙法の選挙権年齢や，②日本国憲法の改正手続きにおける国民投票の投票権年齢が満18歳以上と定められるなど，18歳，19歳の若者にも国政上の重要な事項の判断に参加してもらうための政策が進められてきました。こうした流れをふまえて，市民生活に関する基本法である民法においても，18歳以上の人を成年として取り扱うのが適当ではないかという議論がされるようになりました。また，③国際社会においても，成年年齢を18歳とするのが主流です。このようなことから，④国会での審議を経て，成年年齢が18歳に引き下げられることになりました。

生徒：　成年年齢に達すると，市民生活を送るうえで，未成年のときと比べてどのような違いがあるのですか。

先生：　例えば，保護者の同意を得なくても，⑤自動車など高額な商品を購入することができます。ただ，現在でも，成年年齢を迎えた直後の若者が，⑥消費者トラブルにあう事例が多くみられるので注意が必要です。

生徒：　成年年齢を迎えると大人の仲間入りだから，個人の判断でさまざまなことができるということですね。以前，授業で学んだ「権利・⑦義務・責任」についての内容を思い出しました。

(1)　下線部①について，次のア，イに答えなさい。

ア　日本の選挙の原則のうち，財産や性別などに関係なく，満18歳以上のすべての国民に選挙権を保障する原則を，次の１～４から一つ選び，記号で答えなさい。

１　直接選挙　　２　平等選挙　　３　秘密選挙　　４　普通選挙

イ　表Ⅰは，公職選挙法が改正され，選挙権年齢が満18歳以上に引き下げられてから行われた国政選挙の実施年月について示したものである。表Ⅰ中の（あ）にあてはまる年を答えなさい。また，そのように判断した理由を，日本国憲法の規定にもとづいて，簡潔に述べなさい。

表Ⅰ

実施年月	国政選挙
2016年７月	第24回参議院議員通常選挙
2017年10月	第48回衆議院議員総選挙
（　あ　）年７月	第25回参議院議員通常選挙
2021年10月	第49回衆議院議員総選挙

(注) 再選挙，増員選挙，補欠選挙は含まない。

(2)　下線部②について，日本国憲法を改正するためにはどのような手続きが必要か。「各議院」と「過半数」という二つの語を用いて説明しなさい。

(3)　下線部③に関連して，次のア，イに答えなさい。

ア　国際社会では，さまざまな地域で国際協力の体制がみられる。図Ⅰ中の　　　で示された国と地域からなる政府間協力の枠組みを，次のページの１～４から一つ選び，記号で答えなさい。

図Ⅰ

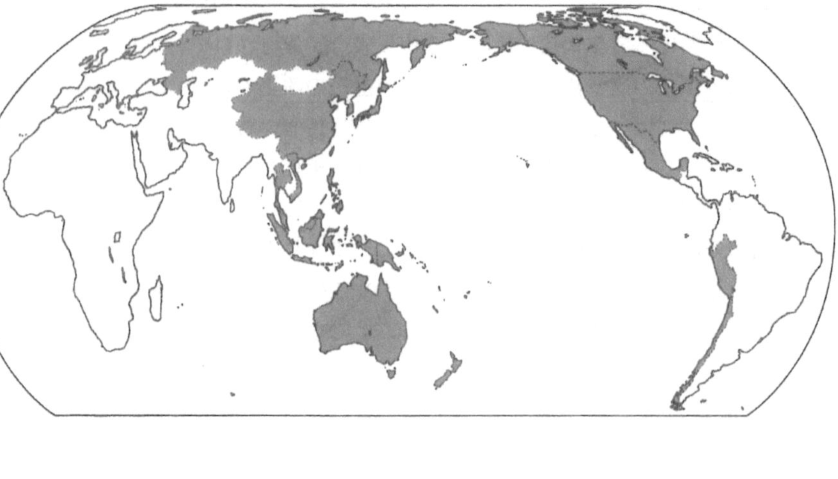

1　APEC　　2　AU　　3　ASEAN　　4　EU

イ　国際社会における課題として，南南問題がある。南南問題とは，どのような問題か。「格差」という語を用いて，簡潔に説明しなさい。

⑷　下線部④について，表Ⅱは，日本の国会の種類について，大まかにまとめたものである。表Ⅱ中の（ a ）～（ c ）にあてはまる語の組み合わせとして正しいものを，下の1～6から一つ選び，記号で答えなさい。

表Ⅱ

（ a ）	会期は150日間で，毎年1回，1月に召集される。
（ b ）	内閣または，いずれかの議院の総議員の4分の1以上の要求があった場合に召集される。
（ c ）	衆議院解散後の総選挙の日から30日以内に召集される。

1　a－臨時会　　b－常会　　c－特別会
2　a－臨時会　　b－特別会　　c－常会
3　a－常会　　b－臨時会　　c－特別会
4　a－常会　　b－特別会　　c－臨時会
5　a－特別会　　b－臨時会　　c－常会
6　a－特別会　　b－常会　　c－臨時会

⑸　下線部⑤に関連して，図Ⅱは，ものやサービスが自由に売買される市場における自動車の需要量，供給量，価格の関係を示したものであり，図Ⅱ中のxとyは，需要曲線または供給曲線である。技術の進歩によって自動車の生産効率が上がった場合，一般的にxまたはyのどちらがどのように移動するか。移動のようすを示したものとして最も適切なものを，次の1～4から選び，記号で答えなさい。

図Ⅱ

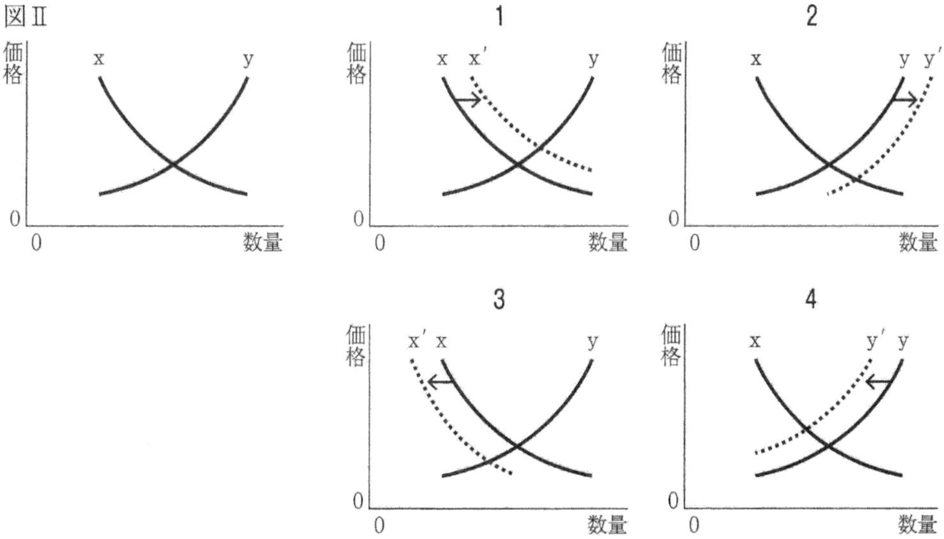

（注）x′はxの移動後の，y′はyの移動後の曲線をそれぞれ示している。

⑹　下線部⑥に関連して，消費者を保護する制度として，日本で1994年に制定された，欠陥商品により消費者が被害を受けた際に，その損害賠償を企業に義務づけた法律を何というか。答え

なさい。

(7) 下線部⑦に関連して，国民の義務の一つに納税の義務がある。国民はさざまな税金を負担する一方で，納めた税金は社会保障などに支出される。表Ⅲは，日本の社会保障制度について，大まかにまとめたものである。表Ⅲ中の（い）にあてはまる語を答えなさい。

表Ⅲ

種　類	内　容
社会保険	医療保険，介護保険，雇用保険，年金保険など
社会福祉	高齢者福祉，児童福祉，障がい者福祉，母子福祉など
（　い　）	感染症予防，公害対策，下水道整備，廃棄物処理など
公的扶助	生活保護（生活，住宅，教育，医療などの扶助）など

6 Nさんのクラスでは，地球規模の課題の中から関心のあるテーマを一つ選んで，レポートを作成することにした。次は，Nさんが作成したレポートの一部である。これについて，あとの(1)～(6)に答えなさい。

地球温暖化についてのレポート

【地球温暖化とは】

・ 地球温暖化とは，大気中に二酸化炭素などの温室効果ガスが増えることで，地球の気温が高くなっていく現象である。

・ 地球温暖化の進行は，干ばつ，洪水，①海面の上昇などを引き起こし，自然環境や私たちの生活に大きな影響を及ぼすため，②地球環境問題の一つとして世界各国で対策が進められている。

【地球温暖化への対策】

・ 日本をはじめとする世界各国で，温室効果ガスの増加をおさえるための取り組みとして，③再生可能エネルギーを利用した発電の普及が進められている。

太陽光を利用した発電施設

【国際社会における取り組み】

1992年：国連環境開発会議（地球サミット）

当時の④国際連合加盟国のほぼすべてに相当する172か国が参加して，気候変動枠組条約が調印された。

1997年：気候変動枠組条約第３回締約国会議（ＣＯＰ３）

二酸化炭素などの温室効果ガスの排出量について，1990年を基準年として削減目標を定める⑤京都議定書が採択された。

2015年：気候変動枠組条約第21回締約国会議（ＣＯＰ21）

温室効果ガス排出量の削減目標について，京都議定書にかわる新たな枠組みとして，⑥産業革命前からの気温上昇を２℃未満におさえることなどを定めた協定が採択された。

⑴　下線部①に関連して，今から約１万年前に地球が温かくなって海面が上昇し，現在の日本列島の姿ができあがった。このころの日本列島で暮らす人々のようすを述べた文として最も適切なものを，次の１～４から選び，記号で答えなさい。

1　たて穴住居に住み，狩猟や採集，漁を中心に生活した。
2　太陽の動きをもとに，１年を365日とする太陽暦を発明した。
3　王や豪族の墓として，各地に前方後円墳などの古墳をつくった。
4　稲作をさかんにおこない，収穫した米を高床倉庫にたくわえた。

⑵　下線部②に関連して，環境問題に関する日本の法律について，次の１～３を，制定された年の古い順に並べ，記号で答えなさい。

1　環境基本法
2　公害対策基本法
3　循環型社会形成推進基本法

⑶　下線部③について，Ｎさんは，ある再生可能エネルギーの普及を進めているブラジルの取り組みについて興味をもち，図Ⅰ～Ⅲを作成した。図Ⅰ，図Ⅱ中の（あ）にあてはまる再生可能エネルギーは何か。図Ⅲを参考にして，答えなさい。

図Ⅰ　ブラジルの発電量の内訳
(2019年)

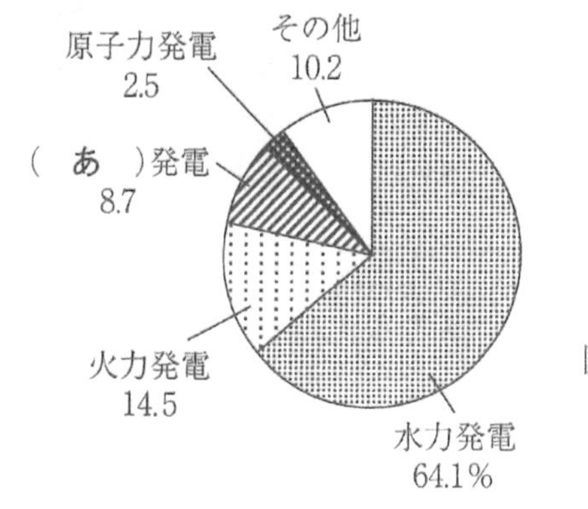

（アメリカ合衆国エネルギー省資料により作成）

図Ⅱ　ブラジルの(　あ　)による発電量の推移

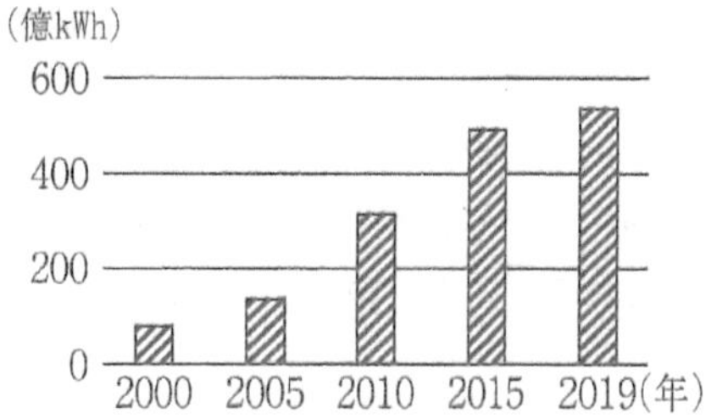

（アメリカ合衆国エネルギー省資料により作成）

図Ⅲ　ブラジルのさとうきびの生産量と砂糖の生産量の推移

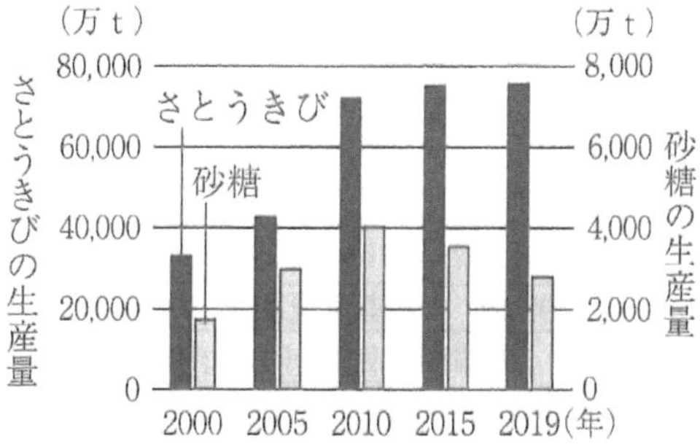

（国際連合食糧農業機関資料により作成）

⑷　下線部④について，図Ⅳは1985年から1995年までの国際連合の加盟国総数の推移を示したものである。図Ⅳ中のＸの期間において加盟国総数が大幅に増加している理由について，Ｎさんは，社会科の授業で学習した図Ⅴのできごとを参考にして考察した。次のページのＮさんの考察が正しいものとなるように，（い）に適切な語を，［う］に適切な語句をそれぞれおぎない，文を完成させなさい。

（図Ⅳ，図Ⅴは次のページにあります。）

図Ⅳ　国際連合の加盟国総数の推移

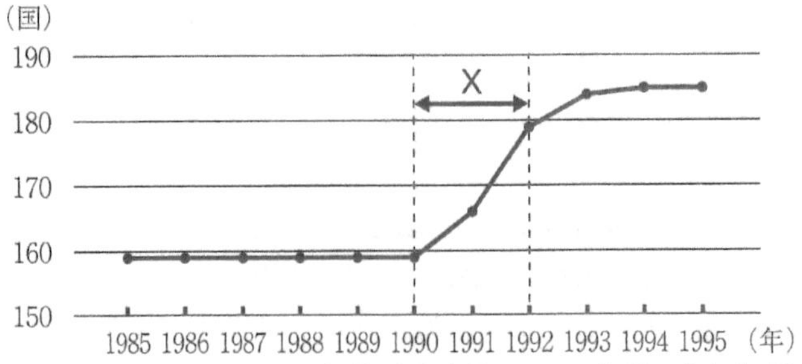

(国際連合広報センター資料により作成)

図Ⅴ

ベルリンの壁の崩壊
(1989年)

Nさんの考察

> 図Ⅴのできごとを踏まえると，図Ⅳ中のXの期間に国際連合の加盟国総数が大幅に増加しているおもな理由は，1989年に（　い　）が終結し，Xの期間に［　う　］ことによって，多くの国々が独立を果たして国際連合に加盟したからではないか。

(5)　下線部⑤に関連して，図Ⅵから，2018年の世界全体の二酸化炭素排出量は，京都議定書の基準年と比較して増加したことが読み取れる。図Ⅶ，表Ⅰ，表Ⅱから読み取れることを関連付けながら，2018年の世界全体の二酸化炭素排出量が増加した理由として考えられることを，説明しなさい。

図Ⅵ　世界全体の二酸化炭素排出量

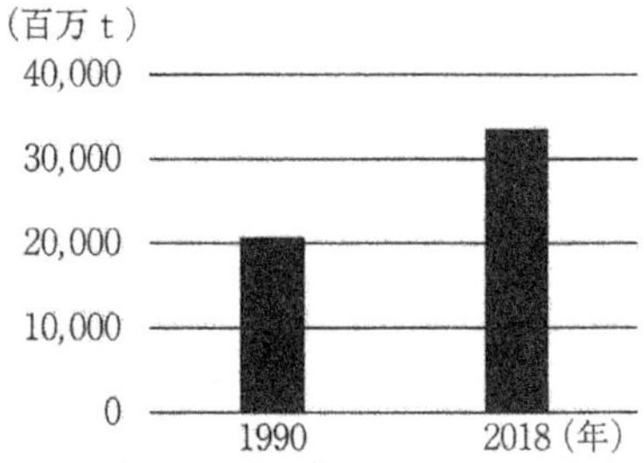

(世界国勢図会2021/22により作成)

図Ⅶ　おもな京都議定書締約国の人口1人当たりのGDP

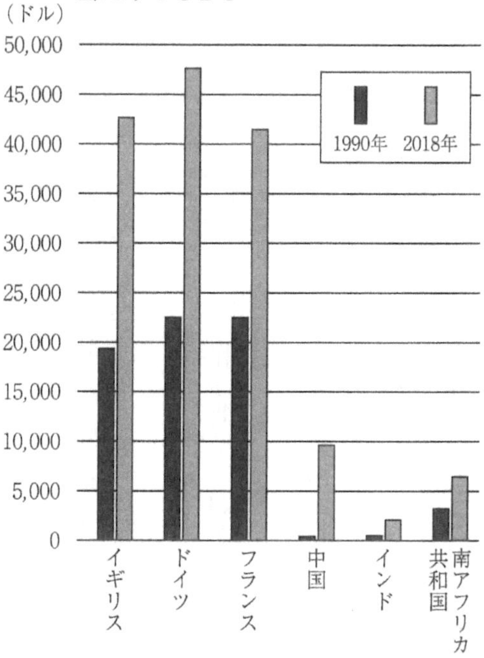

(世界国勢図会2021/22などにより作成)

表Ⅰ　おもな京都議定書締約国の1990年を基準年とした二酸化炭素排出量の増減率(2018年)

国名	増減率(%)
イギリス	−35.9
ドイツ	−26.0
フランス	−12.4
中国	+356.1
インド	+335.5
南アフリカ共和国	+75.4

(世界国勢図会2021/22により作成)

表Ⅱ　おもな京都議定書締約国の1990年を基準年とした温室効果ガス排出量の削減目標値(%)

国名	2008年から2012年まで	2013年から2020年まで
イギリス	−8	−20
ドイツ	−8	−20
フランス	−8	−20
中国	目標値なし	
インド	目標値なし	
南アフリカ共和国	目標値なし	

⑹　下線部⑥の協定の名称は何か。答えなさい。

(三) 次の漢文と書き下し文、現代語訳を読んで、あとのア、イに答えなさい。

漢文	故ニ曰ク、「巧詐ハ不ト如カ拙誠ニ。」 （「韓非子《かんぴし》」から）
書き下し文	故《ゆゑ》に曰《いは》く、「巧詐《かうさ》は拙誠《せつせい》に如《し》かず。」と。
現代語訳	だから、「巧みに表面をとりつくろうようなやり方は、つたなくても心のこもったやり方には及ばない」と言われている。

ア　書き下し文を参考にして、「巧詐ハ不ト如カ拙誠ニ。」に返り点を補いなさい。

イ　この漢文の内容を踏まえると、日常生活で心がけるとよいことはどのようなことか。最も適切なものを、次の1～4から選び、記号で答えなさい。

1　計画を最優先して物事を進めること。
2　不器用でも実直に行動すること。
3　言葉でうまく人を得意にさせること。
4　変化に柔軟に対応していくこと。

六　次に示す二人の先人の言葉を読んで、あなたの考えをあとの注意に従って書きなさい。なお、作文は二段落構成とし、一段落目には二つの言葉から感じ取ったことをまとめて書き、二段落目には「あなたの未来」についての考えを書きなさい。

・あなたが今まく種はやがて、あなたの未来となって現れる。
（夏目漱石《なつめそうせき》）

・未来とは、あなたが予知しようとするものではなく、自分で可能にするものだ。
（サン＝テグジュペリ）

注意

○ 氏名は書かずに、1行目から本文を書くこと。
○ 原稿用紙の使い方に従って、8行以上12行以内で書くこと。
○ 読み返して、いくらか付け加えたり削ったりしてもよい。

注目したのは、「言い方」の中にある［Ｉ］の表現のように、尊敬語と謙譲語の使い分けができていないことです。この二つの使い分けを、よく理解していきたいと思いました。
［データ２］からは、「十六～十九歳」と「二十代」の認識には共通点と相違点があるということが分かります。隣接する年齢層ではあるものの、調査対象の全年齢層の中で比較すると、相違点として［Ⅱ］ということが挙げられ、そのことがこのグラフから読み取れる大きな特徴となっています。なぜこのような結果になったのか、大変興味があります。
　そして、《基本調査》の⑧の「語句や慣用句・ことわざの使い方」にも注目しました。この項目については、乱れを感じている人の割合はそれほど高くありません。しかし、［データ３］を見ると、慣用句「浮足立つ」については、本来とは異なる意味で認識している人の方が多くなっていました。ここから考えると、《基本調査》においてこの項目の数値がそれほど高くない原因は、人々が慣用句を本来とは異なる意味で認識していることに気づいていないためである、ということが分かります。言葉の意味が時代とともに変化することは自然なことではありますが、本来の意味を理解することも大切だと思いました。

(一)　**【発表原稿の一部】**の［Ｉ］に入る内容として最も適切なものを、次の１～６から選び、記号で答えなさい。
１　アとイ　　２　アとオ　　３　イとエ
４　ウとオ　　５　ウとエ　　６　エとオ

(二)　**【発表原稿の一部】**の［Ⅱ］に入る適切な内容を、文脈に即して答えなさい。

(三)　Ａさんのグループでは、発表原稿の内容の確認を行った。その際、Ｂさんが**【発表原稿の一部】**の～～～部の内容について次のような指摘を行い、グループでもう一度調べ直すことにした。［　］に入る適切な内容を「全体の傾向」という言葉を用いて二十五字以内で答えなさい。

> 確かに、慣用句を異なる意味で認識して本来の意味に気づいていない人が多いことは、この項目の数値が低いことの原因の一つであるようにも思いますが、［　］ことは、適切ではないと思います。慣用句の捉え方に関する事例をもっと調べてみませんか。

五　次の(一)～(三)に答えなさい。

(一)　次の１～５について、――部の漢字は読み仮名を書き、片仮名は漢字に改めなさい。
１　海の方から快い潮風が吹いてきた。
２　お金の出納を記録する。
３　父のキョウリは鹿児島県だ。
４　時間になればスミやかに移動しなさい。
５　涼しい場所に野菜をチョゾウする。

(二)　次のＡ、Ｂの文中の［　］に共通して入る四字熟語を答えなさい。ただし、漢数字の「千」を含むものとする。
Ａ　グローバル化に対する人々の意識は［　］であるため、議論が必要だ。
Ｂ　器の形は、それを作る職人によって［　］であり、それぞれに味わいがある。

イ ［　　］に入る表現として最も適切なものを、古文中の══部a～dから選び、記号で答えなさい。

四 次は、「国語に対する認識」をテーマとして調べ学習を行ったAさんのグループが、発表をする際に用いる【資料】と【発表原稿の一部】である。よく読んで、あとの㈠～㈢に答えなさい。

【資料】

国語に対する認識 ～令和元年度「国語に関する世論調査」(文化庁)より～

《基本調査》国語で乱れを感じているところ（複数回答可）

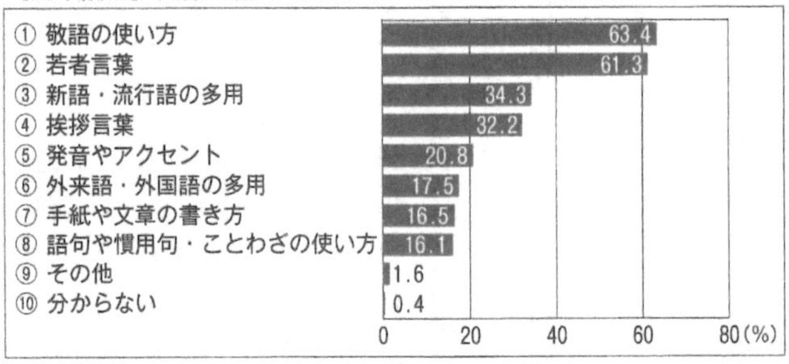

データ1 （①について）気になる表現 （数字は%）

	言い方 ※下線部が気になる表現	気になる	気にならない	その他
ア	規則でそうなってございます。	81.5	15.8	2.7
イ	こちらで待たれてください。	81.3	17.2	1.5
ウ	お歩きやすい靴を御用意ください。	78.0	20.0	2.0
エ	お客様が参られています。	77.4	20.7	1.9
オ	昼食はもう頂かれましたか。	67.5	29.8	2.7

データ2 （①、②について）乱れていると答えた人の割合（年齢層別）

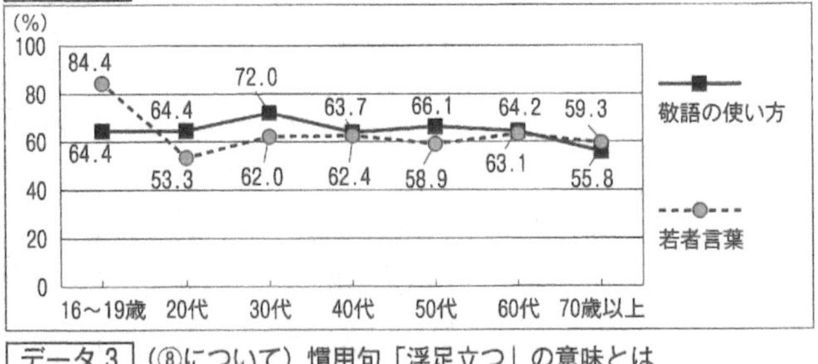

データ3 （⑧について）慣用句「浮足立つ」の意味とは

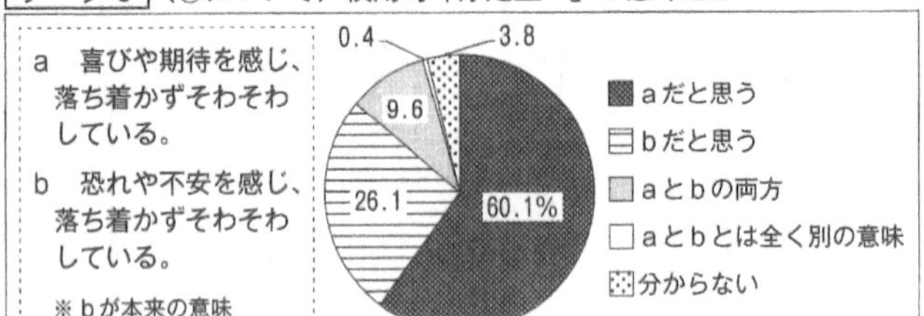

【発表原稿の一部】

私たちは、国語に対する認識について調べてみました。まず、《基本調査》の結果からは、①の「敬語の使い方」と②の「若者言葉」に乱れを感じている人の割合がともに六割を超えていることが分かります。そのうち「敬語の使い方」については、データ1に気になる表現を挙げています。この中で私たちが

れば、供のものにいひつけて、「まけよ」といはせて a 行過《ゆきすぎ》しを、魚うるをのこよびとどめて、「関取のまけるといふはいむ《さける》べき事なり」といひければ、谷風立《たち》かへり「買へ買へ」といひて b かはせたるもをかしかりき。これは谷風のまくる《まける》にあらず、魚うるをのこの方をまけさする事なれば、さのみ《それほど》忌《い》むべきことには c あらざるを、「かへかへ」といひしは d ちとせきこみし《少しあせって早とちりをした》と見えたり。是《これ》は予《私》が若かりし時まのあたり見たる事なりき。

（「仮名世説《かなせせつ》」から）

（注）※関取＝すもうにおける上位の力士のこと。
※谷風梶之助＝江戸時代に活躍した力士。
※日本橋本船町＝近世の江戸の地名。

㈠　「かはん」を現代仮名遣いで書き直しなさい。

㈡　「魚うるをのこよびとどめて」の解釈として最も適切なものを、次の1～4から選び、記号で答えなさい。

1　魚を売っている男が、谷風に声をかけて
2　魚を売っている男が、谷風に魚を売って
3　魚を売っている男に、谷風が声をかけて
4　魚を売っている男に、谷風が魚を売って

㈢　次の会話は、右の古文を学習した際の、AさんとBさんのやりとりである。よく読んで、あとのア、イに答えなさい。

Aさん　このお話の中で、力士として勝負にこだわる谷風は、「まける」という言葉に対して敏感に反応し、早とちりをしてしまいましたね。

Bさん　そうですね。「これは谷風のまくるにあらず、魚うるをのこの方をまけさする事なれば」とあるように、ここで「まける」のは谷風ではなく、魚を売っている男の方ですよね。「まける」という動作の主体が変わっています。

Aさん　そのとおりです。そのように考えると、魚を売っている男は、結果的に「まける」という言葉がもつ二つの意味をうまく使ったと言えますね。

Bさん　ところで、このお話が収められている「仮名世説」は、筆者が聞いたうわさ話や実際に経験したことを書きとめたものであるようです。このお話は、筆者が目にしたことについて感想を述べる形式になっています。

Aさん　すると、「□」までが、筆者が見た内容ですね。この後から、筆者の感想や説明が始まっています。短い話ですが、構成がまとまっていますね。

ア　「魚を売っている男は、結果的に「まける」という言葉がもつ二つの意味をうまく使った」とあるが、それは「魚を売っている男」が、「まける」という言葉をどのような意味で使ったということか。「まける」という言葉がもつ二つの意味を明らかにしながら説明しなさい。

9 また、自分がこれまでに出会った人のこと、あるいは、ニュース番組や書籍を通じて知った人たちのことを思い出してみましょう。多様な人がいるはずです。異なった人生を歩んでいればいるほど、異なった考え方をするでしょう。異なった考えの人と対話することが、深く考えるきっかけになります。異なった人の意見が貴重であることに気がつけば、異なった人に興味や関心をもてるようになります。

(河野哲也《こうのてつや》「問う方法・考える方法 「探究型の学習」のために」から。一部省略がある)

(注) ※先ほどの＝この文章以前の箇所で、筆者は「地方創生」について触れている。

(一) 「身につけて」とあるが、「つけ」と同じ活用形であるものを、文章中の＝＝部a～dから一つ選び、記号で答えなさい。

(二) 「意見」の「見」と同じ意味で用いられている「見」を含む熟語を、次の1～4から一つ選び、記号で答えなさい。

1 見聞　2 会見　3 発見　4 見解

(三) 「勝手に思い込んでいた」とあるが、それはどのような思い込みか。次の文がその説明となるよう、□に入る適切な内容を、文章中から三十字以内で抜き出し、初めと終わりの五字で答えなさい。

町おこしとは□ことという思い込み。

(四) 「自分が立っている足元を見直してみる」とあるが、この比喩表現と同じ内容を述べているものとして最も適切なものを、次の1～4から選び、記号で答えなさい。

1 自明だとされている通説について、自分なりにその内容を新たに分析すること。
2 ある問題を解決しようとするとき、科学的なデータを根拠として検討すること。
3 他者との対話をすすめるにあたって、それぞれの社会的な立場を考慮すること。
4 芸術作品を創作する際に、習得した表現技法を組み合わせながら制作すること。

(五) 「その他者は、できれば自分と違えば違うほどいいでしょう」とあるが、筆者がこのように述べているのはなぜか。文章の内容に即して、八十字以内で説明しなさい。

(六) 前のページの文章における段落と段落の関係について説明したものとして最も適切なものを、次の1～4から選び、記号で答えなさい。

1 1段落の説明とは反する内容を2段落で主張し、3段落では異なる話題を挙げて問題提起をしている。
2 1段落で定義した内容を4段落で再定義し、9段落では具体的な方策を挙げてさらに論を進めている。
3 5段落では3段落で否定した内容を再度否定し、8段落ではその具体例を挙げて主張の根拠としている。
4 5段落では4段落で述べた主張と対立する意見を示し、6段落ではさらに具体的な課題を挙げている。

三 次の古文を読んで、あとの(一)～(三)に答えなさい。

※関取《せきとり》※谷風梶之助《たにかぜかぢのすけ》、小角力《こずまう》を供につれ《弟子を供として連れて》※日本橋本船《ほんふな》町を通りける時、鰹《かつを》をかはんとしけるに価《あたひ》いと高かりけ

4 嫌悪　5 羞恥　6 嫉妬

㈥ 前のページの文章中にみられる表現の特徴として最も適切なものを、次の1～4から選び、記号で答えなさい。

1 絵の内容を色彩感覚豊かに記述することで、描かれた人物と周囲との関係を具体的に読者に伝えている。

2 特定の登場人物の視点から説明することで、その場面の切迫した状況を冷静に詳しく読者に伝えている。

3 端的な言葉で複数の会話を叙述することで、生き生きとした人物像を臨場感をもって読者に伝えている。

4 擬人法を用いながら情景を描写することで、幻想的な雰囲気の中で絵の価値について読者に伝えている。

二

次の文章を読んで、あとの㈠～㈥に答えなさい。なお、1～9は、それぞれの段落を示す番号である。

1 「深く考える」とは、どういうことでしょうか。それは、自分が普段から、知らず知らずのうちに身につけてしまっている考え方や、「当たり前」と一方的に思い込んでいる自分の常識を、あらためて検討してみるということです。

2 たとえば、※先ほどの「地方創生」というテーマで a いえば、「町おこしと言うときに、何を〝おこす〟のか」という問いが出てきました。町おこしというと、町が賑《にぎ》やかになり、お店にはたくさん人が来て、経済的に潤う光景を頭に浮かべないでしょうか。それが町おこしの目的だと頭から信じて、勝手に思い込んでいたのです。

3 しかしそもそも、私たちは自分の町をどうしたいのでしょうか。私たちにとって「住みやすい町」とはどういう町でしょうか。その町で、私たちは、どのような生活や人生を送ろうとしているのでしょうか。自分たちの思い込みを排除して、はじめから考え直そうとしているときに、テーマを深く b 考えられるようになっているのです。

4 当然視されていること、常識と思われていること、昔から信じ込まれていること、これらをもう一度掘り起こして、考え直してみることが「深く考える」ことの意味です。それは自分が立っている足元を見直してみる態度だといえるでしょう。そうして考え直してみた結果、「もとのままでもよい」という結論が c 出るときもありますし、「部分的に改善していくほうがよい」という結論が出るときもありますし、「大きく d 変えたほうがよい」「全面的に新しいものにしたほうがよい」という結論が出るときもあるでしょう。

5 科学の発見も、芸術の新しい表現も、斬新なイベントも、創造的なことはすべて、当然とされていることを一旦疑ってみる態度から生まれてくるのです。そしてこうした態度は、科学や芸術の分野だけではなく、日常生活にも当てはめてみるべきなのです。

6 しかしながら、自分の思い込みや古い常識に、自分だけで気がつくことはなかなか難しいものです。自分の周りの人たちも一緒に信じてしまっている思い込みならなおさらです。

7 それに気がつかせてくれるのが、自分とは異なる他者との対話です。その他者は、できれば自分と違えば違うほどいいでしょう。

8 生徒同士で対話する場合では、年齢はほとんど同じで、社会的立場はまさしく学校の生徒です。その意味で、かなり似た部分の多い他者なのですが、それでもあなたの友人は、あなたには話していない意外なことを考え、普段は見せない意外な側面を持っているものです。

「そりゃあ、ルイくんの絵は、上手だから……みんなで一緒に見たいなあって思うけど……」

「まゆちゃんの絵も、みんなが一緒に見たいなあって思ってるよ」

実弥子がそう言ったとき、ルイがその言葉にかぶせるように「見せてよ」と言った。

まゆちゃんは、少し照れたような表情を浮かべて、ルイにちらりと視線を送ってからD背筋を伸ばした。

「わかった。モデルのルイくんが見たいって言うなら、見せないわけにはいかないよね」

（東直子《ひがしなおこ》「階段にパレット」から）

（注）　※希一＝実弥子の夫。

㈠　次の1～4の行書のうち、点画の省略がみられるものはどれか。一つ選び、記号で答えなさい。

1　描　　2　作　　3　情　　4　視

㈡　文章中の＝＝部a、bの文節と文節の関係は、次の1～4のどれにあたるか。一つ選び、記号で答えなさい。

1　主語・述語の関係　　2　修飾・被修飾の関係

3　並立（対等）の関係　　4　補助の関係

㈢　次の文の□には「慎重」の対義語が入る。その対義語を二字の熟語で答えなさい。

よく考えて、□に判断しないように気をつけよう。

㈣　「実弥子ははっとする」とあるが、「実弥子」はどのようなことに気づいたのか。次の文がそれを説明したものとなるよう、□に入る適切な内容を、「ルイ」の絵に関する。記述を踏まえて五十字以内で答えなさい。

「ルイ」の絵に関する「まゆ」のつぶやきから、絵は□ということに気づいた。

㈤　次は、文章中の〰〰部A～Dにみられる「まゆ」の様子の変化について【ノート】にまとめたものである。【ノート】が文章の内容に即したものとなるよう、Ⅰ、Ⅱに入る語として最も適切なものを、あとの1～6からそれぞれ選び、記号で答えなさい。また、Ⅲに入る適切な内容を、文章中から六字で書き抜きなさい。

【ノート】

○　まゆの様子	○　変化のきっかけとなった言葉の内容（発言した人物）
A　自分の絵を隠すように覆いかぶさった ―― Ⅰ	
←	・まゆより年下の三年生である（ルイ）
B　数度まばたきをした ―― 不安	
←	・Ⅲが新しく生まれる（実弥子）
C　長い睫毛を伏せてしばらく考えた ―― 思案	
←	・絵は描いた人だけのものではない（実弥子）
D　背筋を伸ばした ―― Ⅱ	
	・まゆの描いた絵を見たい（実弥子とルイ）

1　失望　　2　自慢　　3　鼓舞

＜国語＞

時間　五〇分　満点　五〇点

一　次の文章は、「実弥子《みやこ》」の絵画教室に通っている小学生の「ルイ」、「まゆ」、「ゆず」たちがお互いを描き、その絵を見せ合っている場面である。「実弥子」は、「なんのために絵を描くのか」と以前尋ねられ、うまく答えることができなかったことを気にしていた。よく読んで、あとの(一)～(六)に答えなさい。

ルイが描いたまゆちゃんは、今にも絵の中から飛び出してきそうだった。a細密にb描かれた鉛筆の下書きの上に、慎重に絵の具が塗り重ねられていた。筆先を使って髪の毛や眉や睫《まつげ》が一本一本描かれ、瞳には淡い光がともっていた。まゆちゃんの顔によく似ていると同時に、その心の奥にある芯の強さを感じさせる。頬や指先、膝がしらには淡い桃色がかすかな青を滲《にじ》ませながら置かれていた。生き生きと血の通う、エネルギーの充《み》ちた子どもの身体なのだということを、実物以上に伝えているようだった。

「ルイくん、すばらしいね……」

実弥子は、ルイの絵のすばらしさを伝えるための言葉を探そうとしてうまく見つからず、口ごもった。

「わあ、すごい……。これが私……？」

「まゆちゃんに、にてる」

ゆずちゃんが、感心して言った。

「なんだろう、これ……。こんなふうに描いてもらうと、自分が今、ちゃんと生きてここにいるんだって、気がついた気がする……」

まゆちゃんがつぶやいた。実弥子ははっとする。

ルイが、まゆちゃんをモデルに絵を描いた。ただそれだけの、シンプルなこと。でも、描かれた絵の中には、今まで見えていなかったその人が見えてくる。言葉では言えない、不思議な存在感を放つ姿が。

ルイと※希一《きいち》、それぞれの母親がふと口にした「なんのために絵を描くのか」という問いの答えが、もしかするとこうした絵の中にあるのではないかと、実弥子は思った。

「ねえ、ルイくんって、何年生？」まゆちゃんが訊《き》いた。

「三年」

「うわあ、私より二コも下なんだあ。やだなあ、こっちは、見せるのはずかしすぎる」

まゆちゃんがA自分の絵を隠すように。覆いかぶさった。

「まゆちゃん、絵はね、描き上がったときに、描いた人を離れるんだよ」

実弥子がやさしく言った。

「え？　離れる……？　どういうことですか？」

まゆちゃんが、絵の上に手をのせたまま顔を上げた。

「でき上がった絵は、ひとつの作品だから、でき上がった瞬間に、作者の手から離れて、まわりに自分を見てもらいたいな、という意志が生まれるのよ。それは作品自体の心。描いた人の心とは別に、新しく生まれるの」

「……ほんとに？」

まゆちゃんの眉が少し下がり、不安そうにB数度まばたきをした。

「そうよ。たとえば、今ルイくんの描いたこの絵は、ルイくんだけのものだって思う？　ルイくんだけが見て、満足すれば、それでいいと思う？」

実弥子の質問に、まゆちゃんはC長い睫毛を伏せてしばらく考えた。

MEMO

大切なことはメモしておこうネ！

2022年度

解 答 と 解 説

《2022年度の配点は解答用紙集に掲載してあります。》

<数学解答>

1　(1)　13　(2)　-4　(3)　$48a^2b$　(4)　$-3x-6y$　(5)　a^2-9

2　(1)　$y=3x+7$　(2)　イ　(3)　$\sqrt{17}$　(4)　ウ

3　(1)　$3a+80b<500$　(2)　式$\begin{cases}20x+10y=198\\5x+30y=66\end{cases}$，アプリP　9.6MB　アプリQ　0.6MB

4　(1)　$36\pi \mathrm{cm}^3$　(2)　ウ

5　(1)　$\frac{350}{a}$(個)　(2)　解説参照

6　(1)　ア　3，イ　B

(2)　$\frac{4}{9}$(求める過程は解説参照)

7　(1)　-4　(2)　$a=\frac{2}{9}$

8　(1)　右図　(2)　解説参照

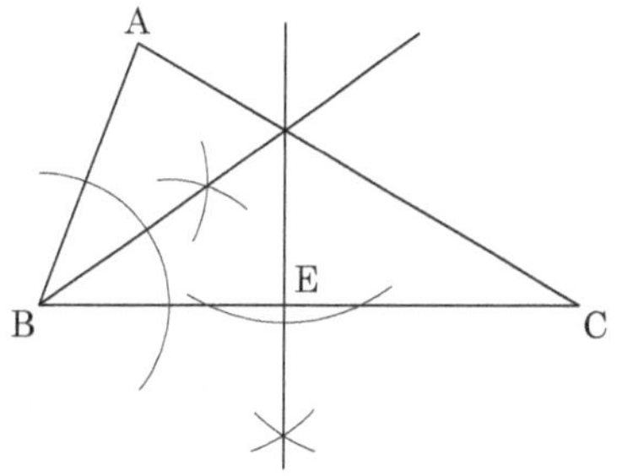

9　(1)　およそ310個　(2)　$x=3$

(3)　ア　6π m(求める過程は解説参照)　イ　45度

<数学解説>

1 (数・式の計算，式の展開)

(1)　正の数・負の数をひくには，符号を変えた数をたせばよい。$8-(-5)=8+(+5)=8+5=13$

(2)　異符号の2数の商の符号は負で，絶対値は2数の絶対値の商だから，$\frac{2}{5}\div\left(-\frac{1}{10}\right)=-\left(\frac{2}{5}\div\frac{1}{10}\right)$ $=-\left(\frac{2}{5}\times\frac{10}{1}\right)=-4$

(3)　$(-4a)^2=(-4a)\times(-4a)=16a^2$だから，$(-4a)^2\times3b=16a^2\times3b=48a^2b$

(4)　$(6x+y)-(9x+7y)=6x+y-9x-7y=6x-9x+y-7y=-3x-6y$

(5)　**乗法公式$(a+b)(a-b)=a^2-b^2$**より，$(a+3)(a-3)=a^2-3^2=a^2-9$

2 (一次関数，資料の散らばり・代表値，平方根，平行線と面積)

(1)　毎分3cmずつ水面が上がるように水を入れるとき，水を入れ始めてからx分間で上がった水面の高さは，$3\times x=3x$(cm)　最初に，水そうの底から7cmの高さまで水が入っていたから，水を入れ始めてからx分後の水そうの底から水面までの高さ$y$cmは，$y=3x+7$と表される。

(2)　**中央値**は資料の値を大きさの順に並べたときの中央の値。市町の数は19市町で奇数だから，人口密度の小さい方から10番目の市町が含まれている**階級**が，中央値の含まれている階級。200人未満には$(5+3=)$8市町が含まれていて，300人未満には$(8+3=)$11市町が含まれているから，人口密度の小さい方から10番目の市町が含まれている階級，すなわち，中央値の含まれている階級は，200人以上300人未満の階級。

(3)　4より大きく5より小さい無理数を$\sqrt{x}$とすると，$4<\sqrt{x}<5$より，$\sqrt{16}<\sqrt{x}<\sqrt{25}$だから，$\sqrt{17}$，$\sqrt{18}$，$\sqrt{19}$，$\sqrt{20}$，$\sqrt{21}$，$\sqrt{22}$，$\sqrt{23}$，$\sqrt{24}$の8個が考えられる。このうち，2乗すると18より小さい整数となるのは，$(\sqrt{17})^2=17$，$(\sqrt{18})^2=18$より，$\sqrt{17}$である。

(4)　ア　**平行四辺形は対角線によって面積が2等分される**から，$\triangle ABC=\triangle ACD=\triangle ACE+\triangle ADE$　よって，△ACEの面積は△ADEの分だけ，△ABCの面積より小さい。　イ　AB//DCで，**平行線と面積の関係**より，$\triangle BCE=\triangle ACE$だから，アと同様にして，△BCEの面積は△ABCの面積より小さい。　ウ　AB//DCで，平行線と面積の関係より，$\triangle ABE=\triangle ABC$　エ　**高さが等しい三角形の面積比は，底辺の長さの比に等しい**から，CF＜ACより$\triangle BCF<\triangle ABC$となる。

3　(不等式，方程式の応用)

(1)　1枚3MBの静止画a枚のデータ量は，$3\times a=3a$(MB)…①　1本80MBの動画b本のデータ量は，$80\times b=80b$(MB)…②　①と②のデータ量の合計が500MBよりも小さかったから，この数量の関係は$3a+80b<500$である。

(2)　Sさんの結果から，$20x+10y=198$　両辺を2で割って，$10x+5y=99$…①　Tさんの結果から，$5x+30y=66$…②　②×2－①より，$60y-5y=132-99$　$55y=33$　$y=0.6$　これを①に代入して，$10x+5\times0.6=99$　$x=9.6$　よって，1分間あたりの通信量は，アプリPが9.6MB，アプリQが0.6MBである。

4　(回転体の体積，切断と体積比)

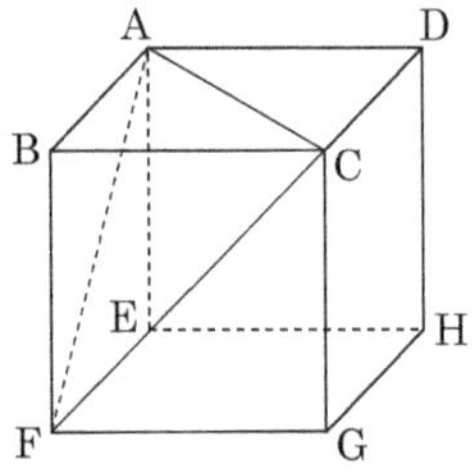

(1)　できる立体は，半径が3cmの球である。**半径rの球の体積は$\frac{4}{3}\pi r^3$**だから，求める体積は$\frac{4}{3}\pi\times3^3=36\pi$ (cm^3)

(2)　立体Xと立体Yは，右図のように，立方体ABCD－EFGHを3つの頂点A，C，Fを通る平面で切り取ったものであり，立体Yは底面が△ABC，高さがBFの三角錐である。これより，$V'=\frac{1}{3}\times\triangle ABC\times BF=\frac{1}{3}\times\left(\frac{1}{2}\times AB\times BC\right)\times BF=\frac{1}{3}\times\left(\frac{1}{2}\times1\times1\right)\times1=\frac{1}{6}$(m^3)

$V=$(立方体ABCD－EFGHの体積)$-V'=1^3-\frac{1}{6}=\frac{5}{6}$(m^3)　$V:V'=\frac{5}{6}:\frac{1}{6}=5:1$

5　(規則性)

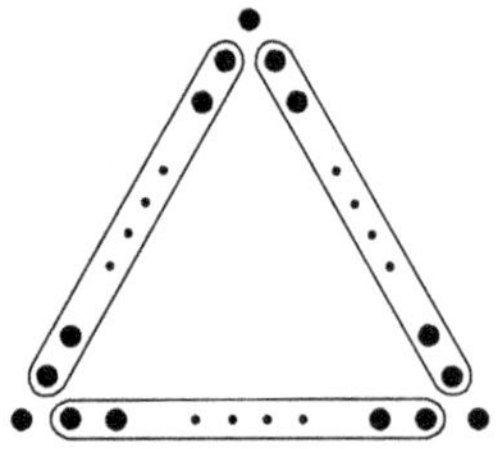

(1)　買ってきた花の苗の個数は，5人で植えると1人あたり70個植えることになるから，$70\times5=350$(個)　この花の苗を，a人で植えると，1人あたり植える個数は，$350\div a=\frac{350}{a}$(個)

(2)　(説明)　(例)右の図のように，三角形の各辺上に植えてある苗のうち，両端を除くと$(n-2)$個ずつ数えることになるから，苗は$3(n-2)$個となる。また，除いた苗は3個あるから，苗の合計は，$3(n-2)+3$(個)

6　(資料の散らばり・代表値，確率)

(1)　**四分位数**とは，全てのデータを小さい順に並べて4つに等しく分けたときの3つの区切りの値を表し，小さい方から**第1四分位数**，**第2四分位数**，**第3四分位数**という。第2四分位数は中央値のことである。**四分位範囲**は，第3四分位数から第1四分位数を引いた値で求められる。記録Aの第1四分位数は目の数の和の小さい方から3番目の6，第3四分位数は目の数の和の大きい方から3番目の9だから，四分位範囲は9－6＝3…ア **四分位範囲はデータの散らばりの度合いを表す指標として用いられる**。記録Aと記録Bの四分位範囲を比較すると，記録B…イの方が大きく，散らばりの度合いが大きい。

(2) （求める過程）（例）2個のさいころの目の出方は全部で36通りある。このうち，目の数の和が6以上8以下になる場合は，(1, 5)，(2, 4)，(3, 3)，(4, 2)，(5, 1)，(1, 6)，(2, 5)，(3, 4)，(4, 3)，(5, 2)，(6, 1)，(2, 6)，(3, 5)，(4, 4)，(5, 3)，(6, 2)の16通りある。したがって，求める確率は，$\frac{16}{36}=\frac{4}{9}$

7 （図形と関数・グラフ）

(1) $y=x^2$について，$x=-3$のとき$y=(-3)^2=9$，$x=-1$のとき$y=(-1)^2=1$ よって，xの値が-3から-1まで増加したときの**変化の割合**は$\frac{1-9}{-1-(-3)}=\frac{-8}{2}=-4$である。

(2) 点Aは$y=x^2$上にあるから，そのy座標は$y=2^2=4$ よって，A(2, 4) また，点Bは$y=ax^2$上にあるから，そのy座標は$y=a\times(-3)^2=9a$ よって，B$(-3, 9a)$ 2点A，Bからx軸へそれぞれ垂線AC，BDを引く。△OAB＝台形ABDC－△AOC－△BOD$=\frac{1}{2}\times(\mathrm{AC}+\mathrm{BD})\times\mathrm{CD}-\frac{1}{2}\times\mathrm{OC}\times\mathrm{AC}-\frac{1}{2}\times\mathrm{OD}\times\mathrm{BD}=\frac{1}{2}\times(4+9a)\times\{2-(-3)\}-\frac{1}{2}\times4\times2-\frac{1}{2}\times9a\times3=\frac{5}{2}(4+9a)-4-\frac{27}{2}a=9a+6$ これが8に等しくなるとき，$9a+6=8$より，$a=\frac{2}{9}$

8 （作図，図形の証明）

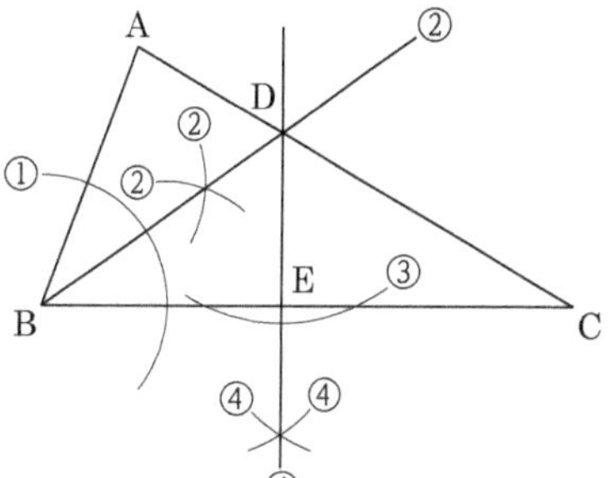

(1) （着眼点） △BEDについて，∠DBE＝180－∠BDE－∠BED＝180－55－90＝35(°)より，∠DBE$=\frac{1}{2}$∠ABCだから，点Dは∠ABCの二等分線上にある。また，点Eは，点Dから辺BCに引いた垂線との交点である。
（作図手順） 次の①～④の手順で作図する。 ① 点Bを中心とした円を描き，辺AB，BC上に交点をつくる。 ② ①でつくったそれぞれの交点を中心として，交わるように半径の等しい円を描き，その交点と点Bを通る直線(∠ABCの二等分線)を引き，辺ACとの交点をDとする。 ③ 点Dを中心とした円を描き，辺BC上に交点をつくる。 ④ ③でつくったそれぞれの交点を中心として，交わるように半径の等しい円を描き，その交点と点Dを通る直線(点Dから辺BCに引いた垂線)を引き，辺BCとの交点をEとする。(ただし，解答用紙には点Dの表記は不要である。)

(2) （証明）（例）△BAPと△BCQで，線分BQは∠ABCの二等分線だから，∠ABP＝∠CBQ…① **対頂角は等しい**ので，∠APB＝∠QPC…② 仮定から，△CPQはCP＝CQの二等辺三角形だから，∠QPC＝∠PQC…③ ②，③から，∠APB＝∠PQC よって，∠APB＝∠CQB…④ ①，④から，2組の角がそれぞれ等しいので，△BAP∽△BCQ **相似な図形の対応する辺の比は等しい**ので，BA：BC＝AP：CQ CP＝CQだから，BA：BC＝AP：CP

9 （標本調査，円の半径，線分の長さ，角度）

(1) 標本における使える玉の比率は，$\frac{15}{20}=\frac{3}{4}$ よって，**母集団**における使える玉の比率も$\frac{3}{4}$と推測すると，倉庫にある玉入れ用の玉413個の中に，使える玉は，$413\times\frac{3}{4}=309.75$より，およそ

310個と推定される。

(2)　線分AOを引く。線分AOの長さは大小2つの円の半径の和だから，$AO=x+7$(m)　点Aを通り長方形の縦の辺に平行な直線と，点Oを通り長方形の横の辺に平行な直線との交点をHとして，直角三角形AOHを考える。図形の対称性を考慮すると，AH＝{(長方形の縦の辺の長さ)−(小さい円の半径)×2}÷2＝$\{18-x\times 2\}\div 2=9-x$(m)　OH＝{(長方形の横の辺の長さ)−(小さい円の半径)×2}÷2＝$\{22-x\times 2\}\div 2=11-x$(m)　△AOHに**三平方の定理**を用いると，$AH^2+OH^2=AO^2$より，$(9-x)^2+(11-x)^2=(x+7)^2$　整理して，$x^2-54x+153=0$　$(x-3)(x-51)=0$　ここで，$0<x<7$であるから$x=3$

(3)　ア　(求める過程)　(例)第1レーンの1周の長さは，半径rmの円の周の長さと長さbmの線分の2本分の長さの和だから，$(2\pi r+2b)$mである。また，第4レーンの1周の長さは，半径$(r+3)$mの円の周の長さと長さbmの線分の2本分の長さの和だから，$\{2\pi(r+3)+2b\}$mである。よって，求める長さは，$\{2\pi(r+3)+2b\}-(2\pi r+2b)=6\pi$(m)

イ　ゴール位置から第4レーンのスタート位置までの距離6πmは，半径$21+3=24$(m)の円の周の長さ$2\pi\times 24=48\pi$(m)の$\frac{6\pi}{48\pi}=\frac{1}{8}$である。これより，**中心角の大きさは弧の長さに比例する**から，$\angle ACB=360\times\frac{1}{8}=45$(°)

<英語解答>

1　テスト1　No. 1　1　No. 2　3　No. 3　2　No. 4　4　テスト2　No. 1　2　No. 2　3　No. 3　1　No. 4　3　テスト3　(A)　writing　(B)　river　(C)　original　(D)　want to visit Australia

2　(1)　(A)　4　(C)　2　(D)　3　(2)　eaten

3　(1)　cheaper　(2)　3　(3)　1, 6

4　(1)　ウ　(2)　(a)　3　(b)　1　(c)　4　(d)　2　(3)　talk with his heart

5　(1)　2　(2)　1　(3)　4

6　You can enjoy taking pictures on a mountain. In autumn, many trees on a mountain become colorful. Yellow and red trees are very beautiful, so you can take good pictures.

<英語解説>

1　(リスニング)

放送台本の和訳は，58ページに掲載。

2　(対話文読解：語句補充・接続詞・文の構造・連語，語形変化・現在完了)

(全訳)　アン　：あなたはふつう，新年をどのように過ごすの？

タロウ：ええと，僕は家族と祖母の家へ行って，(A)そして僕たちはお雑煮のような特別な食べ物を食べるんだ。きみは今までにお雑煮(B)を食べたことはある？

アン　：いいえ。それは何？

タロウ：それは元日のための日本の伝統的なスープ料理だよ。僕たちはそれをお雑煮(C)と呼ぶんだ。

アン　：元日のための特別な料理？　それは興味深く聞こえるわね。

タロウ：今年の元日には，僕のおばさんが彼女の息子さんと，僕たちに会いに来てくれたんだ。彼は小さくてお雑煮をうまく食べられなかったから，僕が彼を手助けしたよ。僕は小さな子ども(D)を世話することが好きなんだ。僕たちはいっしょにお雑煮を楽しんだよ。

(1)　(A)　全訳を参照。前後に文があるので，**文と文をつなぐ働きをする接続詞**が入ると判断する。and「そして」　(C)　**<call + A + B>「AをBと呼ぶ」**　(D)　**take care of ～「～の世話をする」**

(2)　(B)　**<Have you ever＋過去分詞～?>「あなたは今までに～したことがありますか？」**

3　(対話文読解：語句補充・記述・比較，資料を用いた問題，内容真偽)

(全訳)　クリス：ナミ，きみは何を見ているの？

ナミ　：これはフォトブックについてのウェブサイトよ。私がこの市で撮った写真でフォトブックを作るつもりなの。

クリス：それはいい考えだね。きみはどんな種類のフォトブックを作るつもりなの？

ナミ　：ええと，私は中サイズのフォトブックを注文すると思うわ。

クリス：表紙はどうなの？

ナミ　：すべてのサイズのやわらかい表紙は，硬い表紙よりも安いことはわかっているの。でも私は硬い表紙のフォトブックを選ぶつもりよ。そして私はそれをつや出し加工にするつもりよ。

クリス：いいね。きっとそれはすてきになるよ。

【ウェブサイト】

グリーン市フォトブック店　　検索

このウェブサイトからフォトブックを注文してください!

たったの3ステップです。

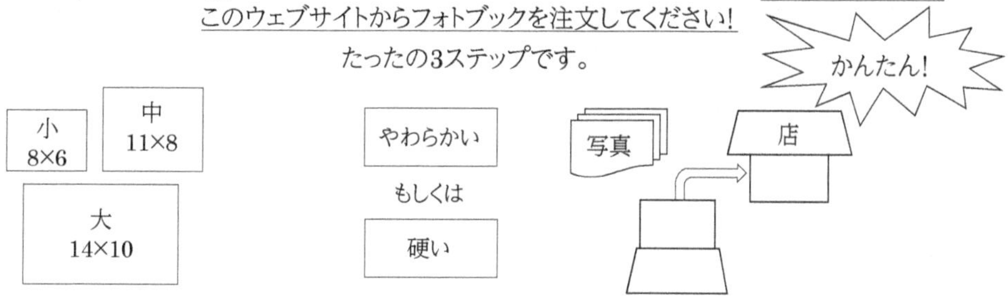

ステップ 1　サイズを選択してください。

ステップ 2　表紙を選択してください。

ステップ 3　オンラインで写真を送ってください。

フォトブックの種類

サイズ	やわらかい表紙(20ページ)	硬い表紙(20ページ)
小(8×6インチ)	10ドル	25ドル
中(11×8インチ)	15ドル	30ドル
大(14×10インチ)	18ドル	40ドル

オプション　つや出し加工 ＋ 5 ドル

●フォトブックの印刷と作成のために3日必要です。準備ができましたら，私たちがあなたにそれを送ります。もしあなたが私たちのお店に来られるなら，あなたはより早くそれを受け取ることができます。

あなたのフォトブックを今作る！

(1)　ウェブサイトの表示金額を参照。すべてのサイズのやわらかい表紙が，硬い表紙よりも金額が安いと分かる。空所の後にthanがあるので，cheap「安い」の比較級であるcheaperが適切。

(2)　ナミの2番目，3番目の発言と，ウェブサイトの表示金額を参照。

(3)　1「人々はインターネットを通じてフォトブックを注文することができる」(○)　ウェブサイトの前半に，「このウェブサイトからフォトブックを注文してください」と書かれている。

2「写真を送ることは，フォトブックを作るための最初のステップである」(×)　ウェブサイトの前半から，写真を送ることはステップ3だとわかる。　3「4つの異なるサイズのフォトブックがある」(×)　ウェブサイトの半ばから，フォトブックのサイズは，小・中・大の3種類だとわかる。　4「人々が注文できるすべてのフォトブックは30ページである」(×)　ウェブサイトの半ばから，フォトブックのページ数は20ページだとわかる。　5「そのお店は，フォトブックを作り終えるために1週間必要になる」(×)　ウェブサイトの後半の●で始まる文を参照。

6「人々は，お店でフォトブックを受け取ることができる」(○)　ウェブサイトの後半の●で始まる文を参照。

4　(長文読解・物語文：文の挿入，英問英答・選択・記述)

(全訳)　マサトとトムは中学生だ。彼らは1年間ずっと友達で，トムは日本での滞在中に日本語の上手な話し方を学んでいる。

トムは日本の文化，特に漫画に興味がある。マサトもそれが好きで，彼らはしばしばその話について話すことを楽しむ。トムは剣道にも興味がある。彼はマサトとしばしばそれを練習する。彼らはずっといっしょにすばらしい時間を過ごしている。でもトムがこの7月に日本を去ってロンドンに戻る予定なのだ。

6月の土曜日に，マサトとトムは剣道を練習するために学校へ行った。彼らが剣道の練習を終えた後，彼らは自分たちの宿題について話した。それはトムにとって，ひとりでするのはまだ難しい国語の宿題だったので，彼らはしばしばそれをいっしょにやり，マサトはトムを手伝った。その週末の宿題は短歌をつくることだった。彼らは国語の授業で短歌について学んだ。トムは，「僕は上手な短歌の作り方を知らないよ。最初にきみの短歌を僕に見せてよ！」と言った。マサトは，「僕がきみにいいものを見せてあげられたらいいけど，短歌をつくることは僕にとっても簡単じゃないよ」と言った。

そのとき，剣道の先生であるオカ先生が彼らのところへ来て，「あなたたちは短歌について話しているのですか？」と言った。マサトは，オカ先生が短歌をつくることが大好きだということを思い出した。マサトはときどき，学校新聞で彼女のいい短歌を見ていた。マサトは，「はい。僕たちは短歌をつくろうとしているのですが，全然わからないんです。僕たちにそれのつくり方を教えてくださいませんか？　それが僕たちの宿題なんです！」と言った。オカ先生はほほ笑んで，「いいですよ。ウ　短歌をつくることはそんなに難しくありませんよ。あなたたちは自由に短歌をつくることができます」と言った。「自由に？　でも短歌にはリズムに関する規則がありますよ」とマサトが言った。彼女は，「もちろんそれにはいくつかの規則があります。でも一番大切なことは，あなたたちの心から生まれた言葉で自由に短歌をつくることだと私は思います。あなたたちの心と話してください。そうすれば，あなたたちはいい短歌をつくることができますよ」と言った。

マサトは彼の心の中でオカ先生の言葉を繰り返して，トムとの日々を思い出した。彼は，「僕たちはたくさんのことを楽しんだ。トムにさようならを言うことは悲しくなるだろう。でも僕たちは自分たちの将来のために，それぞれの場所で成長しなければならない。それは大変かもしれないけど，僕は僕たちならできると信じている」と思った。マサトはこの気持ちについての短歌をつくって，それをトムに送る決心をした。彼はそれがよい贈り物になるだろうと思った。

マサトとトムが学校を出たとき，マサトは空を見上げた。それはとても青かった。彼らは立ち止まり，しばらくの間いっしょにそれを見上げた。そのとき，マサトはトムのために最初の短歌をつくり始めた。

(1)　上記全訳を参照。

(2)　(a)　質問：「マサトとトムはふだん，何をいっしょに楽しんでいるか？」　3　「漫画について話すこと」第2段落2文目を参照。　(b)　質問：「マサトとトムはなぜ，国語の授業の宿題をしばしばいっしょにするのか？」　1　「なぜならトムがそれをするためにマサトの助けが必要だから」第3段落3文目を参照。　(c)　質問：「マサトはどのようにして，オカ先生がよい短歌をつくったことを知ったか？」　4　「学校新聞を読むことによって」第4段落3文目を参照。

(d)　質問：「マサトは何についての短歌をつくることを決心したか？」　2　「トムとの思い出と自分たちの将来について」第5段落1文目から，第5段落最後から2文目までを参照。

(3)　質問：「オカ先生によると，よい短歌をつくるためにマサトは何をするべきか？」

He should talk with his heart and make tanka freely. 「彼は自分の心と話して，短歌を自由につくるべきである」第4段落最後から2，3文目を参照。

5　(対話文読解：グラフを用いた問題，語句補充・選択，主題選択)

(【原稿】全訳)　あなたはよくアイスクリームを食べますか？　このグラフは，日本で一家族がひと月に平均して，どのくらいお金をアイスクリームに使ったかを示します。このグラフによると，(A)一家族が7月と8月には，アイスクリームに1,000円以上使いました。夏，特にこれらの月は暑いので，きっと多くの人が冷たい食べ物を食べることが好きなのだと思います。それから，アイスクリームについての支出は，8月から11月にかけて減ります。

しかし，支出は12月に増えて，1月に再び減ります。それは興味深いです。それは(B)暑い気候がアイスクリームを食べるための唯一の理由ではないということを意味します。それから，なぜ人々は寒い12月にアイスクリームを買うのでしょうか？　私はもっと情報を探して，理由を見つけ出します。

(1)　上記，全訳を参照。　1　「6月に売られるアイスクリームは，10月に売られるアイスクリームと同じくらい人気がある」　3　「夏には800種類以上のアイスクリームが売られている」

4　「5月には，一家族がアイスクリームに約900円使った」

(2)　上記，全訳を参照。　2　「アイスクリームの多様性」　3　「寒い季節」　4　「生活の変化」

(3)　1　「自宅でおいしいアイスクリームを作る簡単な方法」(×)　2　「お金を節約するための大切な情報」(×)　3　「寒い冬にアイスクリームを買うことのおもしろい理由」(×)　4　「アイスクリームについての支出の興味深い変化」(○)

6　(条件英作文)

(全訳)　スミス先生：日本は今，とても暑いですが，私は日本には他の季節もあることを知っています。だれか私に日本の季節について教えてくれませんか？

ケンタ　　：はい。僕があなたに次の季節について教えます。それは秋です。それは外出するのによい季節です。

スミス先生：わかりました。私が秋に外出したときに，私は何を楽しむことができますか？

ケンタ　　：(解答例訳)あなたは山での写真撮影を楽しむことができます。秋には，山の多くの木々が色鮮やかになります。黄色と赤色の木々がとても美しいので，あなたはよい写真を撮ることができます。

スミス先生：ありがとうございます。私は日本での秋に外出することを楽しみにしています。
前後のスミス先生の発言内容と合うように書くこと。また，【注意】に書かれている条件にも注意する。

2022年度英語　放送を聞いて答える問題

〔放送台本〕

ただ今から，英語の学力検査を行います。はじめに，放送によるリスニングテストを行います。聞きながらメモをとっても構いません。それでは，テスト1から始めます。テスト1の問題を読みなさい。

対話はNo. 1からNo. 4まで4つあり，それぞれの対話の後に問いが続きます。なお，対話と問いは2回ずつくり返します。では，始めます。

No.1　*A:* Hi, two hot dogs, please.
B: Sure. It'll be three dollars. Do you want something to drink?
A: No, thank you.
Question: What does the customer want?

No.2　*A:* Excuse me, how long can I keep these books?
B: For two weeks. You can borrow ten books here.
A: I see. Thank you.
Question: Where are they talking?

No.3　*A:* Mom, I'll get up at six tomorrow.
B: Why will you get up early, John? Do you have anything to do?
A: Usually, we start practicing table tennis at nine, but tomorrow, we'll have a game and I need to get to school by eight.
Question: Why will John get up early tomorrow?

No.4　*A:* I finished cleaning the desks, Mr. Brown. Should I clean the windows, too?
B: Thank you, Yuko. But before that, can you carry this box to the English room?
A: OK. I'll do it now.
Question: What does Mr. Brown ask Yuko to do?

〔英文の訳〕

No. 1　A：こんにちは，ホットドッグを2つください。
B：いいですよ。3ドルになります。何か飲み物はほしいですか？
A：いいえ，結構です。
質問：お客さんは何をほしがっていますか？
答え：1　2つのホットドッグ。

No. 2　A：すみません，私はこれらの本をどのくらい借りておくことができますか？
B：2週間です。ここでは10冊借りることができますよ。

A：わかりました。ありがとうございました。

質問：彼らはどこで話していますか？

答え：3　図書館内で。

No. 3　A：ママ，僕は明日6時に起きるよ。

B：どうして早く起きるつもりなの，ジョン？　何かするべきことがあるの？

A：ふだん，僕たちは9時に卓球の練習を始めるけど，明日は，僕たちは試合があって，僕は8時までに学校に到着する必要があるんだ。

質問：ジョンはどうして明日は早起きするつもりなのですか？

答え：2　なぜなら彼は明日，試合があるからです。

No. 4　A：机の掃除が終わりましたよ，ブラウン先生。私は窓も掃除すべきですか？

B：ありがとう，ユウコ。でもその前に，この箱をイングリッシュルームへ運んでくれるかな？

A：わかりました。今それをやります。

質問：ブラウン先生は，ユウコに何をするように頼んでいますか？

答え：4　箱をイングリッシュルームへ持って行くこと。

〔放送台本〕

次に，テスト2に移ります。テスト2の問題を読みなさい。対話はNo. 1からNo. 4まで4つあり，それぞれ2回くり返します。では，始めます。

No.1　*A:* Where can we eat delicious *sushi* in this city?

B: I know a very good restaurant.

A: Really? Is it near here?

No.2　*A:* Ichiro, can you help me now?

B: Sure. What's the matter?

A: My computer doesn't start today. What should I do?

No.3　*A:* Have you seen this movie?

B: No, I haven't. But my friends say it's interesting.

A: I'm going to see it with my brother this weekend. Why don't you come with us?

No.4　*A:* Excuse me, I'm looking for something good for my grandmother's birthday.

B: OK. Well, what is her favorite thing?

A: She likes flowers, and I gave her flowers last year. This year, I want to give her something different.

〔英文の訳〕

No. 1　A：この市内で，私たちはどこでおいしい寿司を食べることができますか？

B：私はとてもよいレストランを知っていますよ。

A：本当ですか？　それはここの近くですか？

答え：2　はい，あなたはそのレストランへ歩いて行けます。

No. 2　A：イチロウ，今私を助けてくれない？

B：もちろん。どうしたの？

A：私のコンピュータが今日は動かないのよ。私はどうするべきかしら？
答え：3　わかったよ。きみのコンピュータを僕に見せて。

No. 3 A：あなたはこの映画を見たことがありますか？
B：いいえ，ありません。でも私の友達がそれはおもしろいと言っていますよ。
A：私は今週末に，兄(弟)とそれを見る予定なんです。私たちといっしょに来ませんか？
答え：1　ごめんなさい。私は宿題をしなければなりません。

No. 4 A：すみません，私は祖母の誕生日に何かいいものを探しているのですが。
B：わかりました。ええと，彼女のお気に入りのものは何ですか？
A：彼女は花が好きで，私は去年彼女に花をあげました。今年，私は彼女に何か違うものをあげたいのです。
答え：3　花の絵柄のあるカップはいかがですか？

〔放送台本〕

次に，テスト3に移ります。テスト3の問題と，問題の下にある【ワークシート】を読みなさい。今から，先生の話を2回くり返します。では，始めます。

Good morning, everyone. Now, I'll tell you about what we're going to do during our English Day. Today, we'll have an English writing activity in the morning. In the afternoon, you'll have a presentation. Tomorrow, we'll go to a river. I'll show you how to catch big fish! On the last day, we'll make a short movie. You'll write your original story and make the movie in English. Let's have a good time together, and make your English better!

OK then, let's start the writing activity now. Enjoy writing and sharing your ideas in a group. First, I'll ask you some questions, so write your ideas on the paper. Question number one. What country do you want to visit? Write your answer now.

以上で，リスニングテストを終わります。

〔英文の訳〕

おはようございます，みなさん。今から，私がみなさんに，私たちがイングリッシュ・デイの間に何をする予定かについてお伝えします。今日，私たちは午前中に，英語を書く活動をします。午後は，みなさんが発表を行います。明日，私たちは川へ行きます。私がみなさんに大きな魚の捕まえ方をお見せしましょう！　最後の日は，私たちは短い映画を作ります。みなさんは独自のお話を書き，英語で映画を作ります。いっしょにいい時間を過ごして，みなさんの英語をよりよくしましょう！

はいそれでは，今から英語を書く活動を始めましょう。書くことと，グループ内でみなさんの考えを共有することを楽しんでください。最初に，私がみなさんにいくつかの質問をしますので，紙にみなさんの考えを書いてください。一つ目の質問。みなさんはどの国を訪問したいですか？　今から皆さんの回答を書いてください。

〔【ワークシート】の全訳〕

イングリッシュ・デイ

●活動

1日目	英語(A)<u>を書く</u>活動と発表
2日目	(B)<u>川</u>へ行くこと
3日目	私たちの(C)<u>独自の</u>短い映画を英語で作ること

●質問と回答

1番　私は(D)オーストラリアを訪れたいです。

<理科解答>

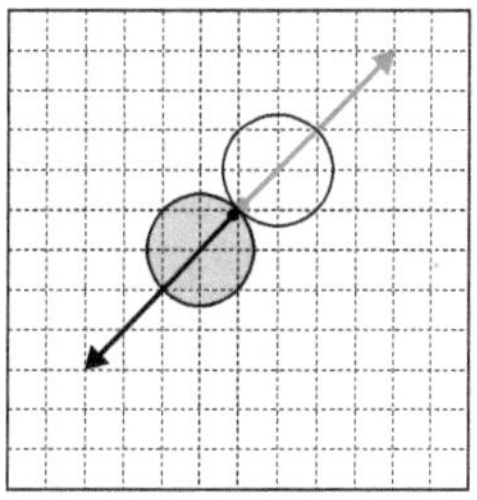

1 (1) 3, 5　(2) 4　2 (1) 摩擦力　(2) 右図

3 (1) あ 3　い 2　(2) 4

4 (1) マグニチュード　(2) 2

5 (1) 空気　(2) 1, 2

(3) ア　水面から試験管の上端まで　イ 1

6 (1) 卵生　(2) ア　血しょう　イ　酸素の多いところでは酸素と結びつき，酸素の少ないところでは酸素をはなす性質。

(3) 方向 A　根拠 (ウ)　(4) 1

7 (1) 4　(2) 線香の煙がしんの役割を果たすことで，ペットボトル内の水蒸気が水滴になりやすくなるから。　(3) ア 3　イ あ：圧力　い：温度　う：⑥

8 (1) 電解質　(2) $2HCl \rightarrow H_2 + Cl_2$

(3) ア　水素イオンと水酸化物イオンが反応し，水になったから。　イ 4

9 (1) 熱放射　(2) 深成岩　(3) 5　(4) あ　水の温度の差　X 120

(5) い 2　う 3

<理科解説>

1 (原子とイオン)

(1) 原子は陽子◎と電子●の数が等しい。イオンは◎と●の数が異なる。

(2) 同位体は，陽子◎と電子●の数は同じだが，中性子○の数が異なる原子どうしの関係をいう。

2 (力の規則性)

(1) 物体の動く向きと逆向きにはたらき，物体の動きを妨げるようにはたらく力を，摩擦力という。

(2) ストーンAがストーンBに力を加えたとき，ストーンAは同時にストーンBから一直線上にはたらき，逆向きで同じ大きさの力を受けている。この2力は，**作用・反作用**の関係にある。

3 (植物の分類)

(1) あ　シダ植物と種子植物で維管束があるのに対し，コケ植物には維管束がない。　い　シダ植物は胞子でふえるが，種子植物は種子でふえる。

(2) 単子葉類の植物は，葉脈が平行に通っており，根はひげ根からなる。

4 (地震)

(1) 地震の表し方には2通りあり，地面のゆれの程度を表す「**震度**」のほかに，地震の規模を表す「**マグニチュード**」がある。

(2) 震源付近にある地震計がP波とS波のうち，速さの速いP波の発生を感知すると，気象庁で各地の主要動の大きさやゆれの発生時刻などを予測し，地震の発生を事前に知らせるしくみを緊急地震速報という。

5 (音)

(1)　音源から出た音は，空気を通ってタブレット端末まで伝わる。

(2)　1063〔Hz〕÷531〔Hz〕=2.0…〔倍〕より，1063Hzを表す波形は，図4よりも波の数がおよそ2倍となっている。

(3)　ア　底から水面までの高さが2cmの場合に着目すると，試験管の底から水面までの長さが同じであっても，表1から試験管A～Cでは振動数がそれぞれ異なることがわかる。このとき，試験管A～Cで異なっているのは試験管の上端から水面までの長さである。よって，水面から試験管の上端までの長さと振動数を求め，表にまとめると，次のようになる。

底から水面までの高さ〔cm〕		2	4	6	8	10	振動数の差〔Hz〕(b)−(a)
試験管A(14cm)	水面から試験管の上端までの長さ〔cm〕	12	10	8	6	4	−
	振動数〔Hz〕	708(a)	850	1063	1417	2125(b)	1417
試験管B(16cm)	水面から試験管の上端までの長さ〔cm〕	14	12	10	8	6	−
	振動数〔Hz〕	607(a)	708	850	1063	1417(b)	810
試験管C(18cm)	水面から試験管の上端までの長さ〔cm〕	16	14	12	10	8	−
	振動数〔Hz〕	531(a)	607	708	850	1063(b)	532

この表の色のついた部分に着目すると，水面から試験管の上端までの長さが等しい場合，振動数も等しくなっていることがわかる。　イ　上の表より，試験管全体の長さが短くなるほど，最多の振動数(b)と最小の振動数(a)の差が大きくなっていることがわかる。

6 (動物の体のつくり)

(1)　卵を産んでなかまをふやす生物のふえ方を，卵生という。

(2)　ア　血液中の液体成分は血しょうで，養分や不要物を運搬するはたらきがある。　イ　ヘモグロビンは，酸素の多いところでは酸素と結びつき，酸素の少ないところでは酸素をはなす性質をもつ。この性質を利用することによって，全身の細胞に酸素を届けることができる。

(3)　体の末端に向かうにしたがって，血管の枝分かれが多くなる。よって，尾びれの先端はB側，頭部はA側となる。

(4)　魚類は，心房と心室が1つずつしかない。えらでとり入れた酸素を多くふくむ血液は，そのまま全身に送り届けられる。体内を循環した血液は心房から心室を通り，えらへ送られる。

7 (雲のでき方)

(1)　1は雨，2は霧，3は晴れである。

(2)　煙の粒子が，水蒸気が水滴に変化するときの核となる。

(3)　ア　上昇気流は，温かい空気の密度が小さくなるために上昇することで発生する。　イ　上空ほど大気の圧力が低いため，空気は上昇することによって膨張する。これによって温度が下がり，雲が発生する。「う」に当てはまるのは，白いくもりが発生した実験③と⑥のうち，**圧力と温度の両方が下がった⑥**となる。自然界で雲は，大気の圧力と温度がそれぞれ下がることで生じる。

8 (イオン)

(1) 物質のうち，水に溶けると電離するため，水溶液に電流が流れるようになる物質を，電解質という。

(2) **塩化水素→水素＋塩素**となる。化学反応式では，矢印の左右で原子の種類と数が等しくなるようにする。

(3) ア 液Eでは酸とアルカリを混合しているため，中和が起こり，イオンの数が減少している。
イ 液F～Jはすべて，全体の体積が8mLとなっている。また，それぞれの液で塩酸と水酸化ナトリウム水溶液の体積の割合がすべて変化しているので，2種類の薬品を混ぜる割合を変えて実験を行っている。

9 (総合問題)

(1) 物体の熱を赤外線などの光として放出することで熱が伝わることを，熱放射という。

(2) マグマが冷え固まってできた岩石をまとめて火成岩という。火成岩のうち，等粒状組織をもつ岩石を深成岩，斑状組織をもつ岩石を火山岩という。

(3) 熱が点Cを越え，点Dまで伝わるのは，銅ならば28～62秒，アルミニウムなら33～87秒，鉄ならば88～415秒の間である。よって，適切な組み合わせはアルミニウムにおける80秒後の結果と考えられる。

(4) 60秒から180秒までの120秒間で，アルミニウムを入れた水温は一定の割合で低下している。よって，温度変化は規則的になっているとみなせることから，この間に変化した水の温度を120秒で割ることで，1秒間あたりの水温の変化を求めることができる。

(5) 実験1では，金属のあたたまりやすさを調べており，銅は熱が最も速く伝わるため，ろうがとけ出すのが早い。実験2では，同じ温度の金属を水に入れたときの冷めやすさを調べており，鉄が他の金属よりも高温を保っていることから，冷めにくいことがわかる。

＜社会解答＞

1 (1) リアス海岸　(2) 施設園芸農業　(3) 5　(4) 表Ⅰ Y　図Ⅲ f
(5) 地方から大都市へ多くの人が移住した。　(6) 4

2 (1) 3　(2) ⑤　(3) 1　(4) ア イスラム教　イ 右図
ウ 採掘できる年数が限られている　エ モノカルチャー経済

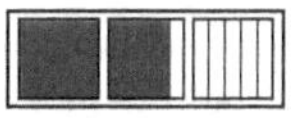

3 (1) 4　(2) ア 十返舎一九　イ 江戸　(3) ア 3　イ 2
(4) シルクロードを経て唐に集まり，遣唐使によって，唐から日本にもたらされた。
(5) D→C→A→B

4 (1) ルネサンス　(2) ア 2　イ 福沢諭吉　(3) 4　(4) (産業革命によって)綿糸や綿織物の大量生産が可能となり，輸出が増えたことで，原料の綿花を大量に必要としたから。　(5) 1　(6) 2→4→1→3

5 (1) ア 4　イ あ (2019年)年　(理由) 参議院では，3年ごとに議員の半数を改選するため。　(2)　各議院の総議員の3分の2以上の賛成で国会が発議し，国民投票で過半数の賛成が必要。　(3)　ア　1　イ　発展途上国の間で格差が広がっている問題。
(4)　3　(5)　2　(6)　製造物責任法　(7)　公衆衛生

6　(1)　1　(2)　2→1→3　(3)　バイオマス　(4)　い　冷戦　う　ソ連が解体した
(5)　温室効果ガス排出量の削減目標値が定められていない発展途上国において，二酸化炭素排出量が増加している。　(6)　パリ協定

＜社会解説＞

1　(地理的分野－中部地方に関する問題)

(1)　アが若狭湾であることから判断すれば良い。

(2)　ビニールハウスが施設であることから判断すれば良い。

(3)　aは**化学工業の割合が高い**ことから，**京葉工業地域**であることが分かる。Bは**機械工業の割合が高い**ことから**中京工業地帯**であることが分かる。これらを併せて判断すれば良い。

(4)　あは富山市，いは高山市，うは甲府市，Aは長野市である。富山は海沿いにあること，高山は高地にあること，長野から甲府には高速道路があること，これらを併せて判断すると，長野・富山間はZ・e，長野・高山間はY・f，長野・甲府間はX・dとなることが分かる。

(5)　B県は愛知県である。人口が増加している背景には，**中京工業地帯の中心都市**の一つである**豊田市**があり，**三大都市圏を構成する名古屋市**もあることが挙げられる。その他の県は人口が減少していることが分かる。これらを併せて説明すれば良い。

(6)　桃原の西側に**果樹園**(○)があることから判断すれば良い。勝間田城跡から見た布引原は尾根を越えた先にあたることから**茶畑**(∴)は見えないので，1は誤りである。勝間田城跡周辺にあるのは**針葉樹林**(Λ)であることから，2は誤りである。**縮尺25000分の1**とあることから，**地図上の1cmは実際は25000cm＝250m**となり，4cmは4×250＝1000mとなることから，3は誤りである。

2　(地理的分野－世界の国々に関する問題)

(1)　**世界で最も人口が多い国である中国**が⑲，**世界で最も面積が広い国であるロシア**が⑰に描かれていることから判断すれば良い。南半球に位置するのは③④⑤⑥⑦⑪⑫の7か国，残りの13か国は北半球に位置することから，1は誤りである。アフリカ州は3か国，アジア州は⑧⑨⑱⑲⑳の5か国であることから，2は誤りである。**本初子午線は**⑮の**イギリスを通過**していることから，4は誤りである。

(2)　**世界遺産がマチュピチュ**，家畜がラマであることから，**ペルー**を示す⑤であると判断できるはずである。

(3)　資料Ⅰで穀物の生産量が多いことが説明できる。輸出が多いことの背景には，自給率が高いことが挙げられるので，そのことを説明できる資料を選べば良い。

(4)　ア　西暦610年に創始者である**預言者ムハンマド**が啓示を受け，その後布教をしていった宗教である。神(アッラー)への信仰を絶対視し，**聖典はコーラン**である。　イ　100万の位を四捨五入すると，1億8000万kLとなることから判断すれば良い。　ウ　表Ⅰにそれぞれのエネルギー資源の採掘可能年数が示されていることに注目すれば良い。　エ　その国の産業構造が1つまたは2・3品目の輸出向けの農産物や鉱物資源の生産に特化している経済のことである。

3 (歴史的分野－江戸時代までの道の歴史と人々との関わりに関する問題)

(1) **室町時代の関所**では**通行料を徴収**していたので，人々の自由な交通の妨げになると考えた織田信長は，関所を廃止し，自由な交通の実現を目指した。1は明治時代，2は奈良・平安時代，3は江戸時代のことである。

(2) ア 江戸時代後期，化政文化を代表する戯作者である。 イ **参勤交代**は，**江戸と国元とを一年おきに在住する仕組み**であることから判断すれば良い。

(3) ア うは，鎌倉は，北に位置する六国見山(147.4m)の他，標高150m前後の山々に囲まれた地形であることから判断すれば良い。えは，**山や丘を切り開いて通した道**であることから判断すればよい。三方を山に囲まれた鎌倉に入るためには，化粧坂などの7つの切通しを通らなくてはならなかった。 イ 十字軍の遠征の結果，コショウなどの香辛料がヨーロッパに伝わるなどの影響があったことから，Xは正しい。1202年に始まった第4回十字軍はヴェネツィア商人を中心に編制され，1204年にコンスタンティノープルを占領し，ラテン帝国を建国したが，これは，聖地回復という十字軍の本来の目的からは大きく逸脱したものであったことから，Yは誤りである。これらを併せて判断すれば良い。

(4) 資料Ⅰから，中国と中東が交易路，すなわち**シルクロード**で結ばれていることが読み取れる。資料Ⅱから，日本から中国に**遣唐使**が派遣されていたことが読み取れる。これらを併せて説明すれば良い。

(5) Aは安土桃山時代，Bは江戸時代，Cは鎌倉時代，Dは奈良時代であることから判断すれば良い。

4 (歴史的分野－資料を切り口にした世界の歴史，日本の歴史に関する問題)

(1) 再生・復活を意味するフランス語で，古典古代の文化を復興しようとする文化運動の総称として用いられているものである。

(2) ア フランス革命の初期，**1789年に国民議会で採択された宣言**である。1は1689年にイギリスで出されたもの，3は1776年にアメリカで出されたもの，4は1941年にアメリカとイギリスの目標として出されたものである。 イ **慶應義塾大学の創立者**である。

(3) 鹿児島の城山を政府軍が攻撃したのは，最後の士族の反乱と呼ばれる**1877年の西南戦争**のことである。

(4) 輸出では綿糸・綿織物といった工業製品が増加していることが読み取れる。輸入では，原料である綿花が増加していることが読み取れる。これらを併せて説明すれば良い。

(5) 米騒動は1918年の出来事であることから判断すれば良い。**原敬内閣**は，米騒動の混乱の責任をとって総辞職した**寺内正毅内閣の後に組閣**された内閣である。2は1913年，3は1881年，4は1890年のことである。

(6) 1は1960年，2は1945年から47年，3は1968年，4は1950年から55年のことである。

5 (公民的分野－選挙・憲法改正・世界経済などに関する問題)

(1) ア 不当な差別のない状態で行われる選挙のことである。 イ **日本国憲法第46条**の規定に基づき，参議院議員通常選挙は3年ごとに実施されることから判断すれば良い。

(2) **日本国憲法第96条**の規定である。

(3) ア 太平洋に面した国々が加盟していることから，**アジア太平洋経済協力**であることが分かる。2はアフリカ連合，3は東南アジア諸国連合，4はヨーロッパ連合のことである。 イ 南半球に集中している発展途上国の間で，資源を産出する国とそうでない国との間に経済格差が生じていることに注目して説明すれば良い。

(4)　**日本国憲法第52・53・54条**の規定から判断すれば良い。なお，常会の会期は国会法の規定によるものである。

(5)　xが需要曲線，yが供給曲線である。自動車の生産効率が上がると，生産台数が増加することになるので，yが右に動き，価格は低下することが分かるはずである。

(6)　機械などの工業製品だけではなく，食料品も製造物の対象に含むことによって，より広い範囲での消費者保護実現を目指した法律である。

(7)　**日本国憲法第25条**の規定である。

6　**(総合問題－地球環境を切り口にした問題)**

(1)　**今から1万年以上前は旧石器時代**であることから判断すれば良い。**日本で太陽暦が採用されたのは明治時代**の1873年であることから，2は誤りである。**古墳が造られたのは3世紀半ばから6世紀半ばにかけての古墳時代**であることから，3は誤りである。**稲作が行われるようになったのは紀元前3世紀から紀元後4世紀にかけての弥生時代**であることから，4は誤りである。

(2)　1は1993年，2は1967年，3は2000年にそれぞれ公布されている。

(3)　資料Ⅲから，さとうきびの生産量が増えているにもかかわらず，砂糖の生産量が減少していることが読みとれる。したがって，この差額分が発電の燃料として使用されていることになる。これは，太陽エネルギーを使って，水と二酸化炭素から植物が作りだした再生可能な有機資源となることから判断すれば良い。

(4)　いは，**アメリカとソ連の間の，直接は戦火を交えない対立**のことである。うは，1922年に成立したソビエト社会主義共和国連邦が15の共和国で構成されおり，1991年の解体でそれぞれが独立国になったことに注目して説明すれば良い。

(5)　図Ⅵから，世界全体の二酸化炭素排出量が増加していることが読み取れる。表Ⅰ・Ⅱから，二酸化炭素排出量が増加している国は，削減目標を設定されていない国であることが読み取れる。そして，図Ⅶから，削減目標が設定されていない国は人口1人当たりのGDPが低い国であることが分かる。これらを併せて説明すれば良い。

(6)　**2015年にフランスのパリで採択**，2016年に発効された，気候変動抑制に関する多国籍間の国際的な協定である。

＜国語解答＞

一　(一)　4　　(二)　2　　(三)　軽率　　(四)　(例)描かれた人の心の奥やエネルギーに充ちた姿を実物以上に伝え，その人のもつ存在感を表すことができる。
(五)　Ⅰ　5　　Ⅱ　3　　Ⅲ　作品自体の心　　(六)　3

二　(一)　d　　(二)　4　　(三)　町が賑やか～済的に潤う　　(四)　1　　(五)　(例)対話の相手となる他者が自分と異なった考え方をしているほど，より一層思い込みや古い常識に気づくことができ，それらを排除して根本から深く考えることにつながるから。
(六)　2

三　(一)　かわん　　(二)　1　　(三)　ア　(例)「まける」という言葉を「値段を下げる」という意味ではなく，「勝負に負ける」という意味で使ったということ。　　イ　b

四　(一)　6　　(二)　(例)「若者言葉」に乱れを感じている割合は「十六～十九歳」が最も高いのに対し，「二十代」は最も低い　　(三)　(例)　一つの事例を見ただけで全体の傾向と

して断言する

五 (一)　1　こころよ　2　すいとう　3　郷里　4　速　5　貯蔵　(二)　千差万別
(三)　ア　巧詐ハ不ト㆑如カ㆓拙誠ニ㆒。　イ　2

六 (例)　二つの言葉から，私は今努力を重ねることが，未来の自分を創造するのだと感じ取りました。自分から進んで行動することが成長へとつながり，夢は実現するのだと思います。
　私は，将来地域を活性化する仕事に就きたいと考えています。その第一歩として，先日地域のお祭りのボランティアガイドとして，来場者にお祭りの由来や地域の魅力について紹介しました。これからも積極的に地域と関わり，多くの人との交流を通して自分を成長させ，私の思い描く理想の未来を実現可能なものにしていきたいと思います。

＜国語解説＞

一 (小説―情景・心情，内容吟味，文脈把握，脱文・脱誤補充，漢字の読み書き，熟語，筆順・画数・部首，品詞・用法，表現技法・形式)

(一)　しめすへんは，4画だが，行書だと3画になる。

(二)　「細密に」は**どのように「描かれた」かを説明する文節**だ。従って二つは修飾・被修飾の関係。

(三)　「慎重」の対義語は，軽はずみであるという内容の熟語になる。

(四)　傍線部のあとの段落に実弥子の心中が語られているので，ここから気づいたことが読み取れる。「描かれた絵の中には……存在感を放つ姿が。」から，絵は**言葉にできない不思議な存在感を表現する**と気づいたのだ。そのことにはルイが描いた絵が**心の奥にあるものやエネルギーに充ちた姿**を表現していると感じたから気づけた。五十字の字数指定があるので，この二つの要素を含めてまとめるとちょうどよいだろう。

(五)　[Ⅰ]の前で「見せるのはずかしすぎる」と言っていることから「羞恥」が入る。[Ⅱ]は絵を見せることを恥ずかしがっていたが見せる決心をした際の気持ちだ。見せようと決心し背筋を伸ばすのは**気合いを入れた証拠**である。**自分を励ましている**のだから「鼓舞」が適切。[Ⅲ]は**まゆが数度まばたきをした際の美弥子の言葉から抜き出す**。新しく生まれるものを6字で探すと「作品自体の心」だ。

(六)　本文には子ども達と実弥子との**さまざまな会話が織り込まれており**，**臨場感**が出ている。1「絵の内容を色彩感覚豊かに記述」していない。2「特定の登場人物の視点から説明」されていない。4「擬人法を用い」ていない。

二 (論説文―大意・要旨，内容吟味，文脈把握，段落・文章構成，脱文・脱語補充，熟語，品詞・用法)

(一)　傍線部「つけ」は**「て」に接続するので連用形**。　a「いえ」は**「ば」に接続するので仮定形**。　b「考え」は**可能の助動詞「られる」に接続するので未然形**，　c「出る」は**名詞「とき」に接続するので連体形**，　d「変え」は**「た」に接続するので連用形**。

(二)　「意見」の「見」には**考えの意味**が含まれる。したがって「見解」(あるものごとについての見方や考え方)。

(三)　勝手な思い込みは，**「町おこし」といわれてまず頭に浮かぶものと同じもの**だ。したがって「町おこしというと，町が賑やかになり，お店にはたくさんの人が来て，経済的に潤う光景を頭に浮かべないでしょうか。」という部分から抜き出せる。

(四)　「自分が立っている足元を見直してみる」ということは，**あたりまえだと思っていること**(自

明のこと)を，改めて考え直したり見直したりするということだ。2のように科学的なデータを根拠とするのではなく，3のように社会的な立場を考慮するものでもなく，4のように新たな作品を作り出すことを前提に行われることでもない。

（五）「深く考える」きっかけは，[9]段落にあるように「異なった考えの人と対話すること」だ。なぜなら，そうした人と対話することで[6]段落「自分の思い込みや古い常識」に気づくことができる。したがって，**対話の相手が自分と違えば違うほど，自分の思い込みや古い常識に気づいて，それらにとらわれず，ものごとの根本を深く考えることにつながる**のである。

（六）[1]で定義した「深く考える」ということを[2]・[3]で具体例を挙げた後に，[4]で再度「深く考える」ことの意味を示して定義し直している。さらに，まとめの[9]段落では「深く考える」ための方策を示して論じている。

三 (古文―大意・要旨，文脈把握，古文の口語訳，仮名遣い)

【現代語訳】　関取の谷風梶之助は，弟子をお供として連れて日本橋本船町を通りかかったとき，鰹を買おうとしたが，値段が高かったので，供のものに言いつけて「(値段を)まけろ」と言わせて通り過ぎようとしたところ，魚売りの男が谷風に声をかけて「関取が負けるというのは避けるべきことだ」と言ったので，谷風は戻ってきて「買え買え」といって魚を買わせたのもおもしろいことだ。これは谷風が負けるというのではなく，魚売りの男に値段をまけさせることであるから，それほど避けることでもないものを，「買え買え」と谷風が言ったのは，少し焦って早とちりをしたのだと思われる。これは私が若いころに見たことである。

（一）語中・語尾の「は・ひ・ふ・へ・ほ」は，現代仮名遣いで「ワ・イ・ウ・エ・オ」にする。

（二）「関取のまけるといふはいむべき事なり」という言葉は**魚うるをのこが谷風に向けて発した**ものであり，魚**の売買が生じる前**のことである。この二点をおさえて，選択肢を選ぶ。

（三）ア　「まける」には，**「値段を下げる」という意味と「勝負に負ける」という二つの意味**を持たせている。魚売りの男は，値段を下げられては困るので，関取なら「まける(負ける)」のは忌み嫌う言葉でしょうといって「まけない(値段を下げない)」で魚を売りつけることに成功したのだ。　イ　「をかしかりき」というのが，筆者が昔見た出来事への端的な感想だ。ここから筆者の感想などが始まると考えてよい。従ってその直前までが見た内容である。

四 (会話・議論・発表―脱文・脱語補充，作文)

（一）尊敬語を用いるべきなのに謙譲語になっている表現を見つける。　エ　「来る」のは**お客様の行為なので尊敬語「いらっしゃる」**にする。「参る」は謙譲語。　オ　「食べる」のは**相手の行為なので尊敬語「召し上がる」**にする。「いただく」は謙譲語。

（二）二つの年代の大きな相違点を調べる。若者言葉について乱れていると回答した割合が「16～19歳」は**最も高く**，「20代」は**最も低い**ということがグラフからわかる。

（三）Bさんは「事例をもっと調べてみませんか」と提案していることをおさえる。「浮き足立つ」の**事例一つだけを見て全体の傾向だとしてしまうのは適切ではない**と考えたので，もっと調べようという指摘を行ったのだ。

五 (漢字の読み書き，熟語，表現技法・その他，漢文)

（一）1　気持ちよく感じられる。　2　支出と収入。お金の出し入れ。　3　生まれ育った土地。　4　物事を手早くするようす。　5　「貯」の11画目以降は「丁」。「寸」にしない。

（二）多種多様である，という意味の「千」を含む四字熟語にするので「千差万別」となる。

(三) ア 読む順は，巧→詐→拙→誠→如(しか)→不(ず)となる。「如」を読んでから「不」の一字に戻るのでレ点，拙誠の二字を読んでから「如」に戻るので一・二点を用いる。 イ 「つたなくても心のこもったやり方」とは，不器用だが実直であるということだ。

六 (作文)

二つの言葉から読み取れることは，今行う努力によって，未来になりたい自分が形作られていくということである。このことを一段落にまとめる。そして次段落に，自分が考える将来の「なりたい自分」を設定し，そのために今できることは何かという考えをまとめていくとよいだろう。実際に取り組んでいることを具体例としてあげてもわりやすい。今と未来のつながりを意識して書いていこう。

MEMO

大切なことはメモしておこうネ！

山口県公立高等学校

2021年度

★★★★★★★★★★★★★★★★★★★★★★★★

入　試　問　題

2021年度

●くわしい解説……47ページ

2021年 山口県公立高校入試　出題範囲縮小内容

令和２年５月13日付け２文科初第241号「中学校等の臨時休業の実施等を踏まえた令和３年度高等学校入学者選抜等における配慮事項について（通知）」を踏まえ，以下通りの配慮があった。

○変更点１
　学力検査全ての教科に選択問題を設定

○変更点２
　学校指定教科検査の中止

※ただし，令和３年度限りの特例措置とする。

【全体のイメージ】

令和２年度

＜各学校のオプション＞

学力検査（必須）　＋　面接　小論文　実技検査　学校指定教科検査（国・数・英）

令和３年度

学力検査（必須）選択問題の設定　＋　面接　小論文　実技検査　中止

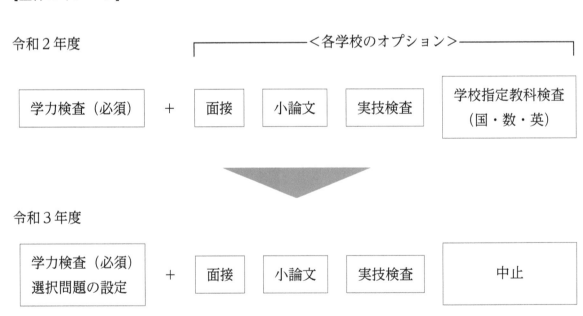

＜数学＞

時間　50分　　満点　50点

【注意】 4 から 7 は選択問題で，この中から３題を選んで解答しなさい。解答した選択問題の番号（4～7のいずれか）を，解答用紙の問題番号欄に記入しなさい。

1 ～ 3 は，共通問題です。すべての問題に解答しなさい。

1　次の(1)～(5)に答えなさい。

(1)　$-7+9$ を計算しなさい。

(2)　$\frac{15}{2}\times\left(-\frac{4}{5}\right)$ を計算しなさい。

(3)　$10a-(6a+8)$ を計算しなさい。

(4)　$27ab^2\div 9ab$ を計算しなさい。

(5)　$3(2x-y)+4(x+3y)$ を計算しなさい。

2　次の(1)～(4)に答えなさい。

(1)　次の □ にあてはまる不等号を答えなさい。

> 小数第１位を四捨五入すると40になる数を x とする。
> このとき，x のとりうる値の範囲は，$39.5 \leqq x$ □ 40.5 である。

(2)　２つの整数 m，n について，計算の結果がいつも整数になるとは限らないものを，次のア～エから１つ選び，記号で答えなさい。

ア　$m+n$　　イ　$m-n$　　ウ　$m\times n$　　エ　$m\div n$

(3)　y は x に反比例し，$x=3$ のとき $y=2$ である。y を x の式で表しなさい。

(4)　底面が１辺６cmの正方形で，体積が96cm³である四角すいの高さを求めなさい。

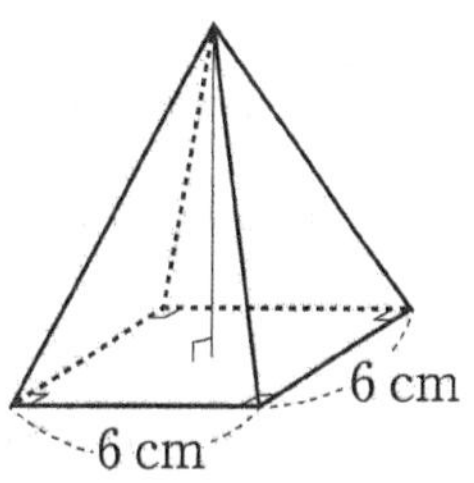

3 **表1**，**表2**は，それぞれA中学校の3年生全員25人とB中学校の3年生全員75人が行った長座体前屈の記録を度数分布表にまとめたものである。

表1　A中学校

階級（cm）	度数（人）
以上　　未満	
20 ～ 30	1
30 ～ 40	5
40 ～ 50	9
50 ～ 60	6
60 ～ 70	4
計	25

表2　B中学校

階級（cm）	度数（人）
以上　　未満	
20 ～ 25	2
25 ～ 30	3
30 ～ 35	6
35 ～ 40	8
40 ～ 45	10
45 ～ 50	15
50 ～ 55	12
55 ～ 60	10
60 ～ 65	7
65 ～ 70	2
計	75

次の(1)，(2)に答えなさい。

(1)　**表1**をもとに，A中学校の3年生全員の記録の最頻値を，階級値で答えなさい。

(2)　A中学校とB中学校の3年生全員の記録を比較するために，階級の幅をA中学校の10cmにそろえ，**表3**のように度数分布表を整理した。

記録が60cm以上70cm未満の生徒の割合は，どちらの中学校の方が大きいか。60cm以上70cm未満の階級の相対度数の値を明らかにして説明しなさい。

表3

階級（cm）	度数（人）	
	A中学校	B中学校
以上　　未満		
20 ～ 30	1	5
30 ～ 40	5	14
40 ～ 50	9	25
50 ～ 60	6	□
60 ～ 70	4	□
計	25	75

4 ～ 7 は，選択問題です。

4 **≪選択問題≫**

確率について，次の(1)～(3)に答えなさい。

(1)　あたる確率が$\frac{2}{7}$であるくじを1回引くとき，あたらない確率を求めなさい。

(2)　1枚の硬貨があり，その硬貨を投げたとき，表が出る確率と裏が出る確率はいずれも$\frac{1}{2}$である。

この硬貨を多数回くり返し投げて，表が出る回数を a 回，裏が出る回数を b 回とするとき，次の**ア**～**エ**の説明のうち，正しいものを2つ選び，記号で答えなさい。

ア　投げる回数を増やしていくと，$\frac{a}{b}$ の値は $\frac{1}{2}$ に近づいていく。

イ　投げる回数を増やしていくと，$\frac{a}{a+b}$ の値は $\frac{1}{2}$ に近づいていく。

ウ　投げる回数が何回でも，a の値が投げる回数と等しくなる確率は0ではない。

エ　投げる回数が偶数回のとき，b の値は必ず投げる回数の半分になる。

⑶　右の図のような，数字1，2，3，4，5が1つずつ書かれた5枚のカードが入った袋がある。

袋の中のカードをよく混ぜ，同時に3枚取り出すとき，取り出した3枚のカードに書かれた数の和が3の倍数となる確率を求めなさい。

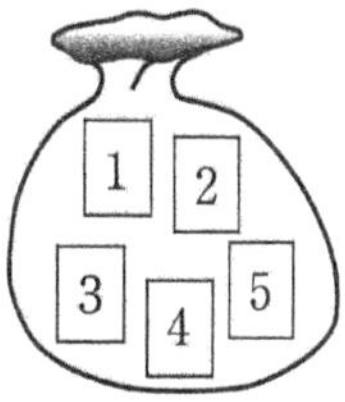

5 ≪選択問題≫

平方根や二次方程式について，次の⑴～⑶に答えなさい。

⑴　14の平方根のうち，正の数であるものを答えなさい。

⑵　次の □ にあてはまる数を求めなさい。

二次方程式 $x^2-2x+a=0$ の解の1つが $1+\sqrt{5}$ であるとき，$a=$ □ である。

⑶　差が1である大小2つの正の数がある。これらの積が3であるとき，2つの数のうち，大きい方を求めなさい。

6 ≪選択問題≫

関数 $y=ax^2$ について，次の⑴～⑶に答えなさい。

⑴　次の □ にあてはまる数を答えなさい。

関数 $y=5x^2$ のグラフと，x 軸について対称なグラフとなる関数は $y=$ □ x^2 である。

⑵　関数 $y=-\frac{3}{4}x^2$ について，次の**ア**～**エ**の説明のうち，正しいものを2つ選び，記号で答えなさい。

ア　変化の割合は一定ではない。

イ　x の値がどのように変化しても，y の値が増加することはない。

ウ　x がどのような値でも，y の値は負の数である。

エ　グラフの開き方は，関数 $y=-x^2$ のグラフより大きい。

(3)　右の図のように，２つの放物線①，②があり，放物線①は関数 $y=-\frac{1}{2}x^2$ のグラフである。また，放物線①上にある点Aの x 座標は４であり，直線AOと放物線②の交点Bの x 座標は -3 である。

このとき，放物線②をグラフとする関数の式を求めなさい。

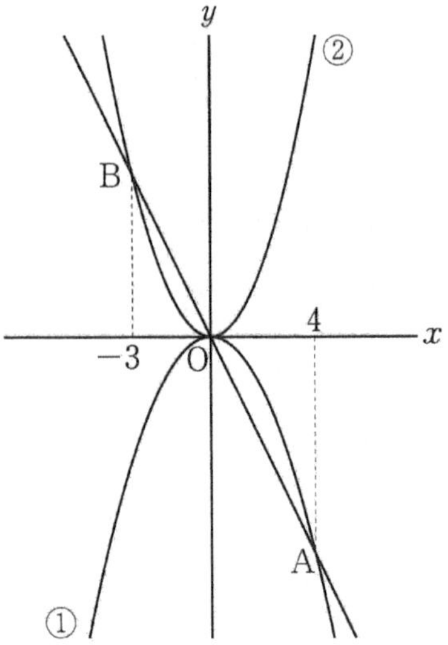

7 ≪選択問題≫

図１のような，点Oを中心とする半径４の円Oと，**図２**のような，点O′を中心とする半径２の円O′がある。

図１

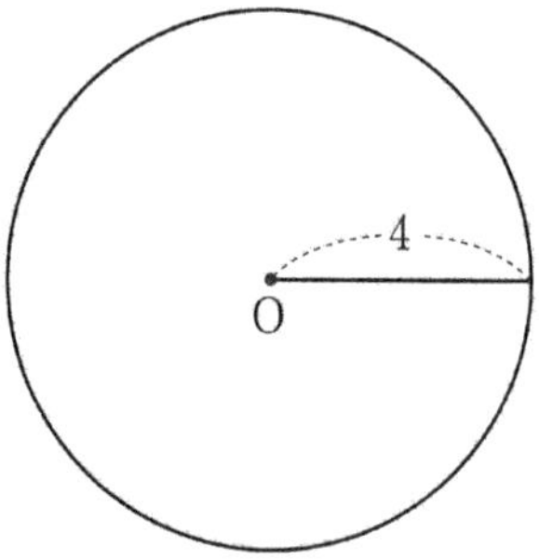

図２

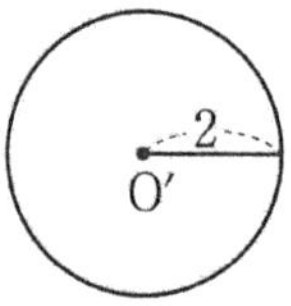

次の(1)～(3)に答えなさい。

(1)　次の □ にあてはまる数を求めなさい。

円Oと円O′の面積比は，□：１である。

(2)　**図３**において，２点O′，Aは円Oの周上にあり，２点B，Cは直線OO′と円O′の交点である。

線分OA上に，AC∥DBとなるような点Dをとったとき，線分ADの長さを求めなさい。

図３

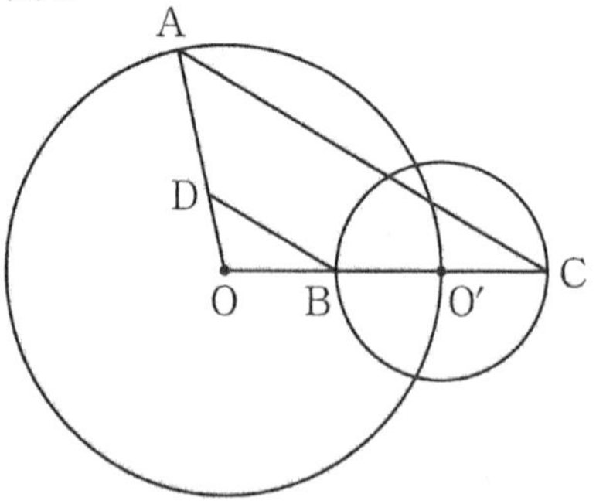

(3) **図4**において，点Oと点O′は同じ位置にあり，3点E，F，Gは円Oの周上にある。また，2点H，Iは，それぞれ線分OF，OGと円O′の交点であり，点Jは弧HI上にある。

∠GEF＝55°であるとき，∠HJIの大きさを求めなさい。

図4

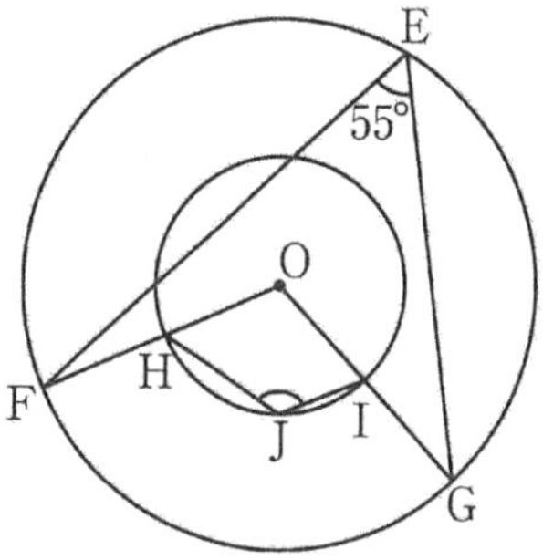

※点O′は点Oと重なっている。

8 ～ 10 は，共通問題です。すべての問題に解答しなさい。

8 一次関数について，次の(1)，(2)に答えなさい。

(1) 下の表は，y が x の一次関数であり，変化の割合が－3であるときの x と y の値の関係を表したものである。表中の □ にあてはまる数を求めなさい。

x	…	2	…	5	…
y	…	8	…	□	…

(2) 下の図のように，2つの一次関数 $y=-x+a$，$y=2x+b$ のグラフがあり，x 軸との交点をそれぞれP，Qとし，y 軸との交点をそれぞれR，Sとする。

次の**説明**は，PQ＝12，RS＝9のときの，a と b の値を求める方法の1つを示したものである。

説明中の □ にあてはまる，a と b の関係を表す等式を求めなさい。また，a，b の値をそれぞれ求めなさい。

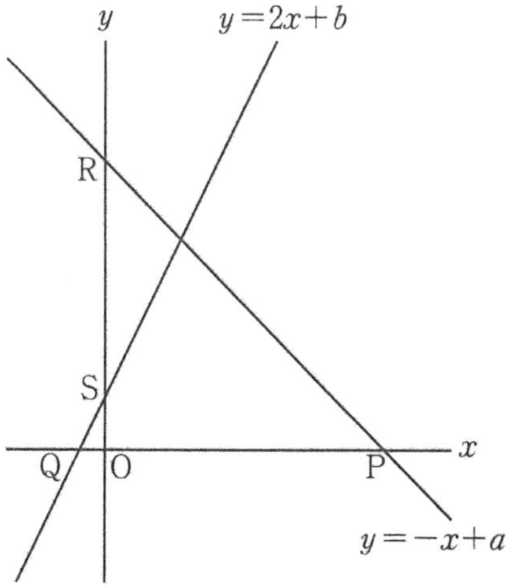

説明

PQ＝12より，

□ ……①

RS＝9より，

$a-b=9$ ……②

①，②を連立方程式として解くと，a，b の値を求めることができる。

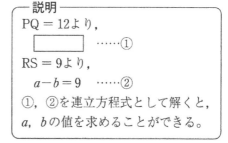

9 図形の回転移動について，次の(1)，(2)に答えなさい。

(1) **図1**において，点Pを頂点にもつ四角形を，点Oを回転の中心として，点Pが点Qの位置に移るように回転移動させる。

点Oが直線ℓ上にあるとき，点Oを定規とコンパスを使って作図しなさい。ただし，作図に用いた線は消さないこと。

図1

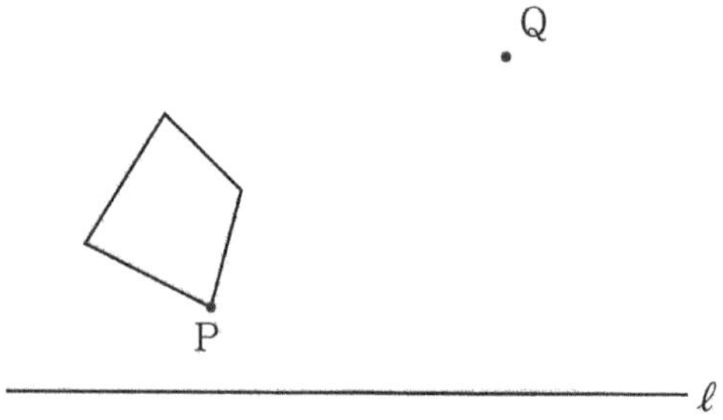

(2) **図2**において，△DBEは△ABCを，点Bを回転の中心として，DE//ABとなるように回転移動したものである。

線分ACと線分BDの交点をF，線分ACの延長と線分DEの交点をGとするとき，△FDA≡△FGBであることを証明しなさい。

図2

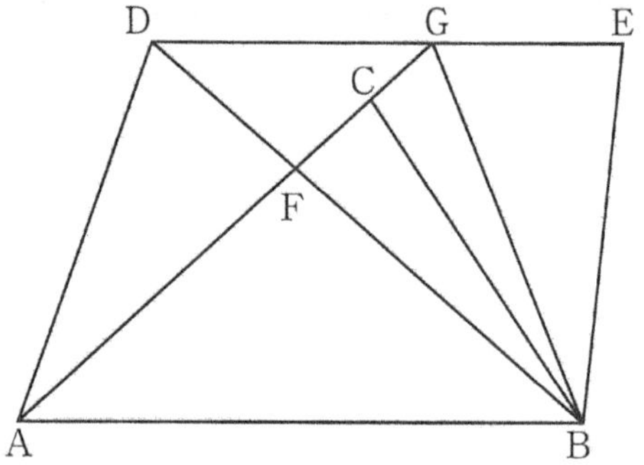

10 Yさんのクラスでは文化祭で，集めた空き缶を並べて大きな長方形の絵にする空き缶アートをつくることになった。

Yさんは，空き缶アートの大きさや，並べる空き缶の個数を確認するため，**図1**のように，空き缶を底面が直径6.6cmの円で高さが12.2cmの円柱として考えることにした。また，2個の空き缶を縦に並べると，**図2**のように0.3cm重なった部分ができた。

この空き缶を**図3**のように並べて空き缶アートにし，正面から見たものを長方形ABCDと表す。

図1

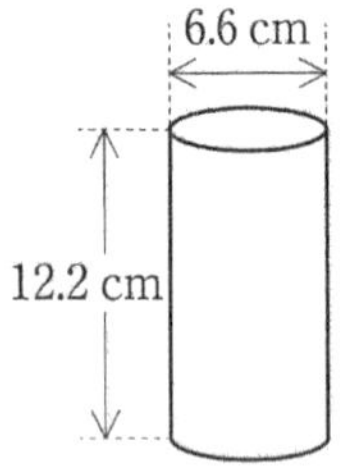

図2

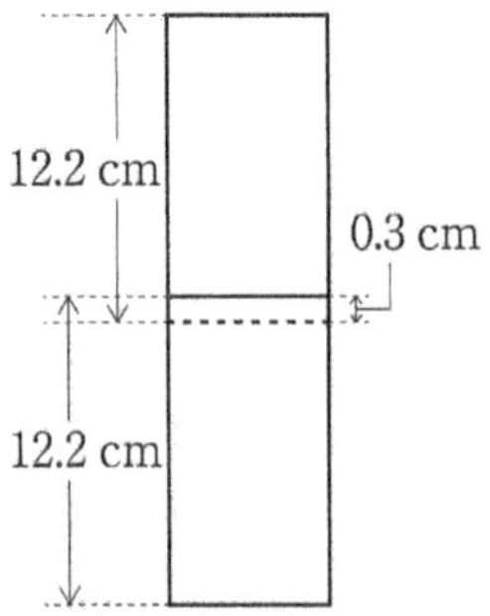

図3

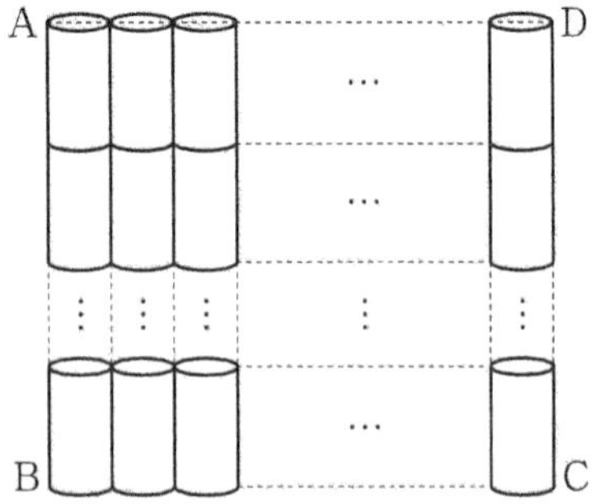

例えば，次のページの**図4**のように，縦に3個，横に8個の空き缶を並べると，並べる空き缶の個数の合計は24個であり，長方形ABCDの縦の長さABは36.0cm，横の長さADは52.8cmとなる。

次の(1)～(3)に答えなさい。

図４

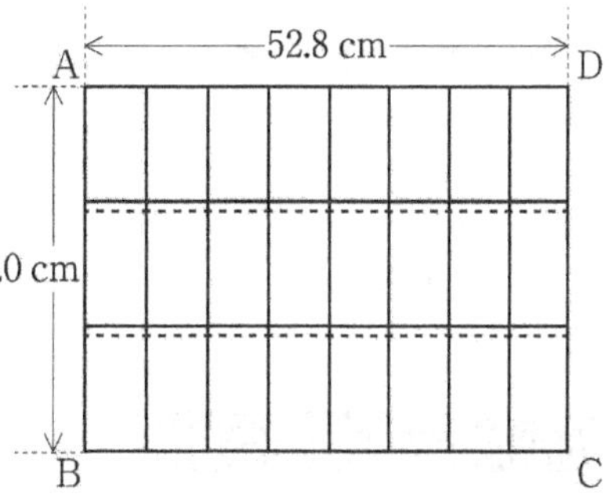

(1)　縦に20個の空き缶を並べるとき，横に並べる空き缶の個数に比例しないものを，次の**ア**～**エ**から１つ選び，記号で答えなさい。

ア　並べる空き缶の個数の合計

イ　長方形ABCDの横の長さ

ウ　長方形ABCDの４辺の長さの合計

エ　長方形ABCDの面積

(2)　横に105個の空き缶を並べ，横の長さADが，縦の長さABより300㎝長い空き缶アートをつくる。

このとき，縦に並べる空き缶の個数を x 個として一次方程式をつくり，縦に並べる空き缶の個数を求めなさい。ただし，答えを求めるまでの過程も書きなさい。

(3)　Ｙさんは，余った空き缶と，文字を書いた長方形の用紙を使い，案内板をつくることにした。

図５のように，長方形の用紙PQRSを，３個の空き缶が互いに接するように並べて縦に重ねたものに巻きつける。線分PQが空き缶の底面に垂直になるように巻きつけると，用紙の左右の端が2.0㎝重なった。**図６**は，巻きつける様子を真上から見たものである。

このとき，**図５**の長方形の用紙PQRSの横の長さPSを求めなさい。ただし，円周率は π とする。

図５

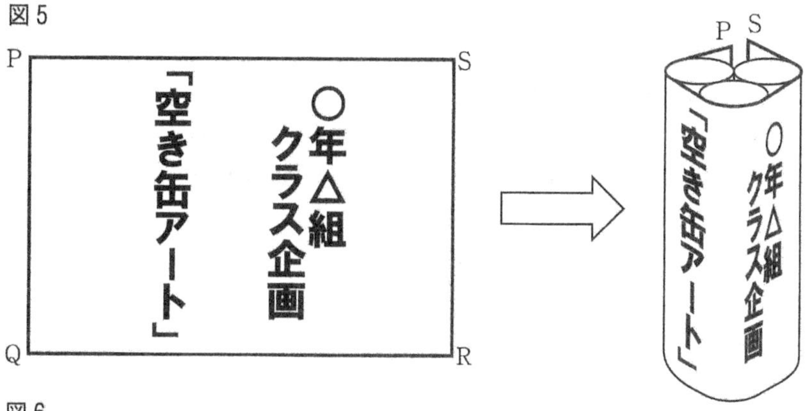

図６

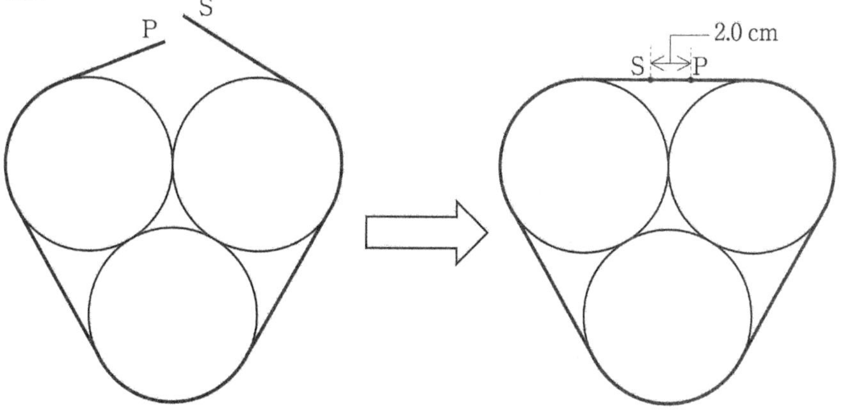

＜英語＞

時間 50分 満点 50点

【注意】 2 から 5 は選択問題で，この中から３題を選んで解答しなさい。解答した選択問題の番号（２～５のいずれか）を，解答用紙の問題番号欄に記入しなさい。

1 は，共通問題です。

1 放送によるリスニングテスト

テスト１ ４つの対話を聞いて，対話の内容に関するそれぞれの問いの答えとして最も適切なものを，１～４から１つずつ選び，記号で答えなさい。

No.1
1 Science.
2 Music.
3 English.
4 Math.

No.2
1 Her dog.
2 Her uncle's dog.
3 Her teacher's dog.
4 Her grandfather's dog.

No.3
1 Two days.
2 Three days.
3 Four days.
4 Five days.

No.4
1 January 1.
2 January 2.
3 December 1.
4 December 2.

テスト２ ４つの対話を聞いて，それぞれの対話に続く受け答えとして最も適切なものを，１～４から１つずつ選び，記号で答えなさい。

No.1
1 Nice to meet you, too.
2 Thank you very much.
3 Good morning, Kazuo.
4 You're welcome.

No.2
1 Then do you have another color?
2 No. Do you want a large one?
3 That's really good for you and me.
4 Yes. I like shopping very much.

No.3
1 Really? You have a lot of homework.
2 All right. I think I can finish it soon.
3 Sorry. I am eating dinner with my brother now.
4 OK. You want to go to that restaurant with me.

No.4
1 Yes, I did so at the station.
2 No, I'm fine, thank you.
3 Well, you can take a bus there.
4 Then, the train was late again.

テスト３ 中学生の Ken は，高校で英語の体験授業に参加している。次のページの【メモ】は，Ken が ALT の Wilson 先生の話を聞きながら，授業のはじめに書いたものである。

今から，そのときの Wilson 先生の話を聞いて，その内容に合うように，下線部(A)，(B)，(C)

にはそれぞれ話の中で用いられた英語１語を，下線部(D)には場面にふさわしい４語以上の英語を書きなさい。

【メモ】

About today's class

1. We should not be ＿(A)＿ of speaking English.

2. We should talk with students from ＿(B)＿ junior high schools.
We can make new ＿(C)＿.

After the class

We will ＿＿(D)＿＿. It's about the events at this school.

2 ～ 5 は，選択問題です。

2 ≪選択問題≫

次は，*Shin* とオーストラリアから来た留学生の *Beth* との対話の一部である。２人は，紙幣（banknote）について話をしている。これを読んで，下の(1)～(3)に答えなさい。

Beth: Shin, this is a banknote of Australia. It's made of special plastic.
Shin: Special plastic?
Beth: Yes. It's (A)(strong) than paper, so people can use it for a long time.
Shin: That's great.
Beth: I think that (B)(people / the banknotes / in / use) Japan are also special.
Shin: What do you ＿(C)＿ ?
Beth: They have wonderful pictures. For example, the picture of Mt. Fuji on the banknote is so beautiful.
Shin: Wow, it's interesting to learn about the banknotes ＿(D)＿ in each country.

(1) 下線部(A)の（　）の中の語を，適切な形にして，英語１語で書きなさい。
(2) 下線部(B)の（　）の中の語句を，本文の内容に合うように並べかえて書きなさい。
(3) 下線部(C)，(D)に入る最も適切なものを，それぞれ１～４から選び，記号で答えなさい。

(C)　1 support　2 mean　3 cover　4 produce
(D)　1 use　2 uses　3 using　4 used

3 ≪選択問題≫

次は，小学校で職場体験をした留学生の *Emily* と，受け入れ先の小学校の担当者である岡先生（*Mr. Oka*）との対話の一部である。２人は，その日の体験について話をしている。これを読んで，下の(1)～(3)に答えなさい。

Mr. Oka: Emily, you worked very hard today.

Emily: Thank you. I'm tired because I have (A)(be) busy since this morning.

Mr. Oka: In the English class, you found (B)(couldn't / who / a boy / speak) English well and you helped him.

Emily: Yes, it was hard ____(C)____ him to talk in English. But he began to enjoy talking in English after I helped him. I was glad because he looked happy.

Mr. Oka: Good. Did you have a good time today?

Emily: Yes! I think I did my ____(D)____!

(1)　下線部(A)の（　）の中の語を，適切な形にして，英語１語で書きなさい。

(2)　下線部(B)の（　）の中の語句を，本文の内容に合うように並べかえて書きなさい。

(3)　下線部(C)，(D)に入る最も適切なものを，それぞれ１～４から選び，記号で答えなさい。

(C)　1　in　　2　by　　3　under　　4　for

(D)　1　best　　2　problem　　3　health　　4　nothing

4 ≪選択問題≫

次は，*Naoko* と留学生の *Sindy* との対話の一部である。２人は，古い町並みを散策しながら話をしている。これを読んで，下の(1)～(3)に答えなさい。

Naoko: Sindy, look at that. It's the (A)(old) house in this city.

Sindy: I can feel its history. Do you know (B)(built ／ it ／ when ／ was)?

Naoko: About two hundred years ago.

Sindy: Wow! Is there anyone ____(C)____ in the house now?

Naoko: No, but Mr. Yamada once lived there.

Sindy: Who is Mr. Yamada?

Naoko: He was born in this city, and later, he was known ____(D)____ a great doctor. He saved many people.

Sindy: I see. I want to know more about him.

(1)　下線部(A)の（　）の中の語を，適切な形にして，英語１語で書きなさい。

(2)　下線部(B)の（　）の中の語を，本文の内容に合うように並べかえて書きなさい。

(3)　下線部(C)，(D)に入る最も適切なものを，それぞれ１～４から選び，記号で答えなさい。

(C)　1　live　　2　lives　　3　living　　4　to live

(D)　1　as　　2　at　　3　from　　4　on

5 ≪選択問題≫

次は，*Tetsu* と留学生の *Paul* との対話の一部である。２人は，*Paul* の歓迎会の後に話をしている。これを読んで，下の(1)～(3)に答えなさい。

Paul: Thank you for (A)(play) the guitar for me, Tetsu. That was great. How (B)(you / long / practiced / have) it?

Tetsu: For ten years. My mother is a guitar teacher.

Paul: You're lucky! I want to play the guitar well like you. Could you teach me ＿(C)＿ to play it?

Tetsu: Sure. Let's practice together! You can come to my house this Saturday. I'll also ＿(D)＿ my mother to join us.

Paul: That's nice! Thank you.

(1) 下線部(A)の（　）の中の語を，適切な形にして，英語 1 語で書きなさい。

(2) 下線部(B)の（　）の中の語を，本文の内容に合うように並べかえて書きなさい。

(3) 下線部(C)，(D)に入る最も適切なものを，それぞれ 1 ～ 4 から選び，記号で答えなさい。

(C)	1 what	2 able	3 want	4 how
(D)	1 listen	2 ask	3 have	4 speak

6 ～ 8 は，共通問題です。すべての問題に解答しなさい。

6 *Yui* は，アメリカから来た留学生の *Tom* と，いちご狩り（strawberry picking）についての外国人向けの【広告チラシ】（15ページ）を見ながら話をしている。次は，そのときの *Yui* と *Tom* の対話の一部である。英文と【広告チラシ】を読んで，あとの(1)～(4)に答えなさい。

Yui: Hi, Tom. You wanted to know some places to visit with your family from America, right? I found a good place.

Tom: Really? Where is it? Tell me about it.

Yui: Sure. Look at this. This is about strawberry picking at a farm in this city.

Tom: Interesting! I'm sure we all will enjoy it very much. But is it expensive?

Yui: I don't think so. ＿＿(A)＿＿ in your family?

Tom: There are four people, my father, my mother, my sister, and me.

Yui: How old is your sister? The fee is (B)(d　　　) between an adult and a child.

Tom: Oh, I see. She's nine years old, so she can enjoy it at the child's fee. Well, the fee is also (B)(d　　　) depending on the month, right?

Yui: Yes, it is. When will they come?

Tom: They will arrive on March 29 and stay here for a week.

Yui: I see. Then you should wait for a few days for a better fee.

Tom: (C)That's right. I'll do that.

Yui: I hope you can enjoy the day!

（注） farm 農園　fee 料金　adult 大人　at the child's fee 子ども料金で
depending on ～ ～によって

【広告チラシ】

Strawberry Picking

at ＊＊＊＊ Strawberry Farm

You can pick and eat strawberries for one hour.

We open our farm from 10 a.m. to 5 p.m. between Tuesday and Sunday.

Fee

	December - March	April - May
Adult	1,600 yen	1,300 yen
Child (5-12 years old)	1,300 yen	1,000 yen

We also have

a pack of strawberries	400 yen
a strawberry ice cream	250 yen
experience of making strawberry juice	800 yen
experience of making strawberry jam	1,500 yen

Please make a reservation before you visit our farm.

You need to call : 083-＊＊＊-＊＊＊＊
or send us an e-mail : ＊＊＊＊＊＊＊＊＊@＊＊＊＊.jp

★ If you make a reservation by e-mail, we will give you a ticket for a strawberry ice cream!

（注） strawberry（strawberries） いちご　pick ～ ～を摘《つ》む　yen 円（通貨の単位）
pack(s) パック　jam ジャム　make a reservation 予約する　ticket チケット

(1) 下線部(A)に，場面にふさわしい5語以上の英語を書きなさい。

(2) 【広告チラシ】の内容に合うように，下線部(B)に共通して入る適切な英語1語を書きなさい。ただし，( ) 内に与えられた文字で書き始めなさい。

(3) 下線部(C)の That が表す内容として最も適切なものを，次の1～4から選び，記号で答えなさい。

1 Tom's family should visit the farm in April.
2 Tom's family should leave Japan on March 29.
3 Tom's family should wait for Tom until March 29.
4 Tom's family should arrive in America before April.

(4) 【広告チラシ】から読み取れる内容と一致するものを，次の1～6から2つ選び，記号で答えなさい。

1 You cannot eat strawberries while you are picking them.
2 You can try strawberry picking for eight hours every day.
3 You can enjoy making jam by using strawberries.
4 If you have one thousand yen, you can buy three packs of strawberries.
5 The farm tells people to visit it after they make a reservation.
6 If you call the farm, you can get a pack of strawberries.

7 中学生の Misato は，Misato の家にホームステイをしている留学生の Nancy とともに，祖母の Yasuko の家を訪れた。次の英文は，そのときのことについて書かれたものである。この英文を読んで，あとの(1)～(3)に答えなさい。

One day in summer, Misato visited her grandmother's house with Nancy. Misato said, "Speaking of summer, I like wearing a *yukata*. [ア] Do you know about *yukatas*?" Nancy said, "Yes. *Yukatas* are traditional Japanese summer clothes, right? I've worn a *kimono* before, but I've never worn a *yukata*. I want to wear a *yukata* some day." Misato said, "Now I have a good idea!"

Then Misato's grandmother, Yasuko, brought tea for them. Misato said to her, "Nancy wants to wear a *yukata*. Can you help her? I'll wear a *yukata*, too. And we will enjoy fireworks together. [イ]" Yasuko said, "That's a good idea. Is this your first time to wear a *yukata*, Nancy?" Nancy said, "Yes. I've wanted to wear a *yukata* for a long time."

After they had tea, Yasuko showed them some *yukatas*. There were various colors and patterns, so Nancy was surprised. She said, "I like the red flowers on this *yukata*. It's so cute. [ウ]" Misato said, "Why don't you wear it? It's my *yukata* now, but my mother also wore it when she was young. My grandmother made it." Nancy said, "Wow! You've kept it for many years."

Yasuko helped Nancy when she wore the *yukata*. Nancy looked happy. Yasuko said, "I'm glad you wear this *yukata*. I think a *yukata* is more than just clothes, because people can pass it to the next generation. When they wear it, they can feel the tradition." Nancy said, "I agree. I think I can understand it. [エ] I'm glad I had a chance like this." Yasuko and Misato smiled.

That evening, they all wore *yukatas* and enjoyed small fireworks in the garden. Yasuko said, "I hope this will be a good memory for you." Nancy said, "I learned a lot from you today. It's nice to give something to the next generation. I want to look for it in my country." Misato and Nancy looked at Yasuko and they all smiled. Yasuko looked happy.

(注) speaking of ～ ～と言えば　some day いつか　fireworks 花火　various 様々な
patterns 模様　more than ～ ～を超えた　pass(ed) ～ to… ～を…に伝える
generation 世代　tradition 伝統

(1) 次の英文が入る最も適切な箇所を，本文中の [ア] ～ [エ] から選び，記号で答えなさい。
I think it will be a good experience for her.

(2) 次の(a)，(b)の質問に対する答えとして，本文の内容に合う最も適切なものを，それぞれ１～４から選び，記号で答えなさい。

(a) How did Nancy feel when Yasuko showed her some *yukatas*?
1 She was sad because they were too small to wear.
2 She was happy because wearing them was easier than wearing *kimonos*.
3 She was surprised to see various colors and patterns.
4 She was excited to know that Yasuko made them for her.

(b) Why did Yasuko think a *yukata* was not just clothes?
1 Because Nancy wanted it when she was young.
2 Because people could feel the tradition by wearing it.
3 Because she could give it to Nancy as a present.
4 Because it took a lot of time to make an original *yukata*.

(3) 次の英文は，ホームステイを終えて帰国したNancyが，Misatoにあてて書いた手紙の一部である。本文の内容に合うように，次の下線部①～③に入る適切な英語を，１語ずつ書きなさい。ただし，(　) 内に与えられた文字で書き始めなさい。

I was happy to have a ①(c_____) to wear a *yukata*. It was my first time! You and your mother wore the ②(s_____) *yukata* before, right? I think it's nice to pass something to the next generation.
When I got home, my mother cooked tomato soup for me. It was passed to her from my grandmother! If I have a child in the ③(f_____), I'll cook the soup for my child like my mother.

8 Natsumi のクラスでは，英語の授業で，クラスメートに勧めたい場所について英語で発表することになった。次は，Natsumi が発表のために作った日本語の【メモ】と，【メモ】にもとづいて書いた英語の【原稿】である。これらを読んで，下の(1)，(2)に答えなさい。

【メモ】

> **勧めたい場所**　…　市立美術館
>
> **ポイント**
> - 美術館の日本庭園は来館者に人気がある。
>   → 売店近くのソファーに座ると，窓越しに見える庭園がとても美しい。
> - 毎週末の午後に，小さなコンサートが開かれる。
>   → 音楽を聞いて，素敵な時間を過ごせる。

【原稿】

> Hello, everyone. I recommend the city art museum.
>
> I like its Japanese garden. It's ＿(A)＿ among visitors. You can see it through the ＿(B)＿ when you sit on a sofa near the museum shop. It's very beautiful.
>
> You can also enjoy a small concert in the afternoon. It's held every ＿(C)＿. You'll have a good time by listening to music.
>
> I want you to enjoy the pictures, the garden, and music there some day. (D)<u>If you have any questions, please ask me.</u> Thank you.

（注） recommend ～　～を勧める　　visitors　来館者　　some day　いつか

(1) 【メモ】の内容に合うように，【原稿】の下線部(A)～(C)に入る適切な英語を，1語ずつ書きなさい。

(2) 下線部(D)を受けて，あなたが英語で質問をするとしたら，どのような質問をするか。あなたの考える質問を，6語以上の英語で書きなさい。

＜理科＞

時間 50分 満点 50点

【注意】 1 から 4 は選択問題で，この中から３題を選んで解答しなさい。解答した選択問題の番号（1～4のいずれか）を，解答用紙の問題番号欄に記入しなさい。

1 ～ 4 は，選択問題です。

1 ≪選択問題≫

図１のように，うすい塩酸を入れたビーカーに亜鉛板と銅板を入れ，モーターにつながった導線Ａを亜鉛板に，導線Ｂを銅板に接続したところ，プロペラが矢印の方向に回転した。次の⑴～⑶に答えなさい。

図１

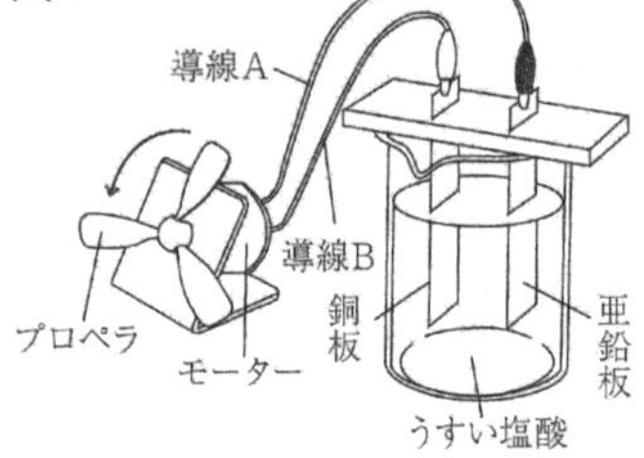

⑴ 図１では，物質がもっている化学エネルギーを，電気エネルギーに変えてプロペラを回転させている。このように，化学エネルギーを，電気エネルギーに変換する装置を何というか。書きなさい。

⑵ 図１のうすい塩酸と亜鉛板，銅板の代わりに，さまざまな水溶液と金属板を用いて，プロペラが回転するかを調べた。プロペラが回転する水溶液と金属板の組み合わせとして適切なものを，次の１～４から１つ選び，記号で答えなさい。

	水溶液	導線Ａに接続した金属板	導線Ｂに接続した金属板
1	うすい水酸化ナトリウム水溶液	アルミニウム板	銅板
2	うすい水酸化ナトリウム水溶液	亜鉛板	亜鉛板
3	エタノール水溶液	アルミニウム板	銅板
4	エタノール水溶液	亜鉛板	亜鉛板

⑶ 導線Ａを銅板に，導線Ｂを亜鉛板につなぎ変えると，プロペラが回転した。導線をつなぎ変えた後のプロペラが回転するようすは，つなぎ変える前のプロペラが回転するようすと比較して，どのようになるか。最も適切なものを，次の１～４から選び，記号で答えなさい。

1 回転の向きは変わらず速さが大きくなる。
2 回転の向きは変わらず速さが小さくなる。
3 回転の速さは変わらず向きが反対になる。
4 回転の向きも速さも変わらない。

2 ≪選択問題≫

次のページの図１は，地球が太陽のまわりを公転するようすを，公転面に垂直な方向から見た模式図であり，Ａ～Ｄは北半球における春分，夏至，秋分，冬至のいずれかの地球の位置を示している。あとの⑴～⑶に答えなさい。

⑴　太陽とそのまわりを公転する天体を，まとめて何というか。書きなさい。

⑵　冬至の地球の位置を示すものとして適切なものを，**図1**の**A**～**D**から１つ選び，記号で答えなさい。

⑶　地軸は，公転面に垂直な方向から約23.4°傾いている。地球の位置が**図1**の**C**のとき，地軸が公転面に垂直であるとすると，地軸が傾いているときと比較して，日本では，どのような変化が起こるか。適切なものを，次の**1**～**4**から１つ選び，記号で答えなさい。

1　昼間の長さが長くなる。
2　太陽の南中高度が低くなる。
3　日の入りの時刻が遅くなる。
4　日の出の時刻が早くなる。

図1

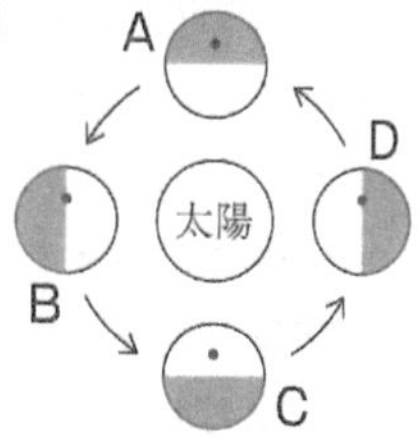

（■は，太陽の光があたっていない部分を示している。・は，北極の位置を示している。）

3　≪選択問題≫

エナメル線を数回巻いたコイルをつくり，**図1**のような装置を組んだ。コイルに一定の大きさの電圧をかけると，端子Aから端子Bの向きに電流が流れ，コイルが連続して回転した。

図2は，**図1**のコイルを，端子A側から見た模式図であり，コイルに，端子Aから端子Bの向きに電流が流れると，矢印の向きに力がはたらくことを示している。次の⑴～⑶に答えなさい。

図1

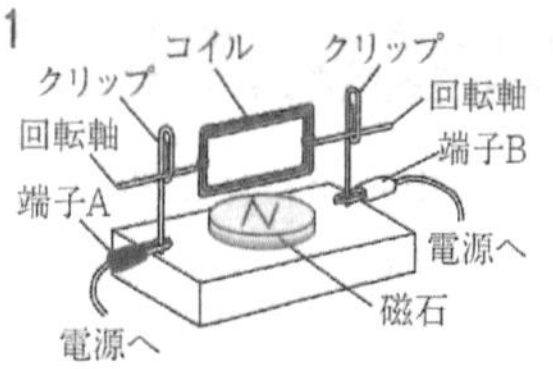

（コイルを連続して回転させるため，回転軸になる部分の一方は，エナメルを全部はがし，もう一方は，半分だけはがしている。）

図2

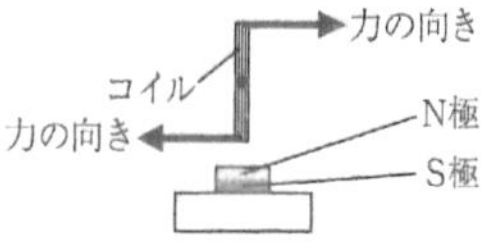

〔端子A側から見た模式図〕

⑴　流れる向きが一定で変わらない電流を何というか。書きなさい。

⑵　電流の向きを，端子Bから端子Aの向きに変えると，コイルにはたらく力の向きはどのようになるか。適切なものを，次の**1**～**4**から１つ選び，記号で答えなさい。

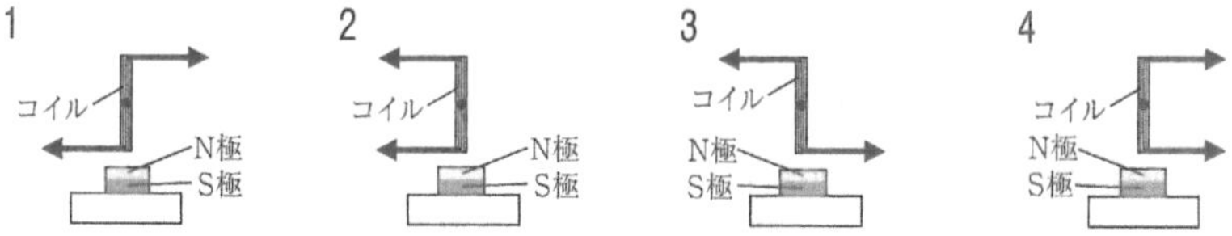

〔端子A側から見た模式図〕

⑶　**図1**のコイルにはたらく力を大きくする操作として，適切なものを，次の**1**～**4**から１つ選び，記号で答えなさい。ただし，コイルにかかる電圧は変わらないものとする。

1　電気抵抗の大きいエナメル線でつくったコイルに変える。
2　コイルのエナメル線の巻数を少なくする。
3　磁石を裏返してＳ極を上に向ける。
4　磁石をより磁力の大きい磁石に変える。

4 ≪選択問題≫

染色体を観察するため，ソラマメの根の先端部分を切りとり，スライドガラスにのせて，プレパラートをつくった。次の(1)～(3)に答えなさい。

(1) 染色体に含まれている，遺伝子の本体は何という物質か。書きなさい。

(2) プレパラートをつくるとき，細胞を１つ１つ離れやすくするために用いる薬品として，最も適切なものを，次の１～４から選び，記号で答えなさい。

１ うすい食塩水　２ うすい塩酸　３ ベネジクト液　４ 酢酸オルセイン液

(3) 次の文が，染色体の特徴を説明したものとなるように，（ ）の中のａ～ｄの語句について，正しい組み合わせを，下の１～４から１つ選び，記号で答えなさい。

> １つの細胞の中にある染色体の数は，（ａ 生物の種類によって決まっている　ｂ どの生物でも同じである）。また，染色体の形や位置は，細胞分裂の過程で，（ｃ 変化する　ｄ 変化しない）

１ ａとｃ　２ ａとｄ　３ ｂとｃ　４ ｂとｄ

5 ～ 9 は，共通問題です。すべての問題に解答しなさい。

5 虫めがねによる像のでき方について調べるために，次の実験を行った。あとの(1)～(4)に答えなさい。

［実験］

① 図１のように，Ｌの文字を切り抜いた黒い画用紙を用意した。

② 図２のように，スタンドの上に光源を設置し，光源の上に①の画用紙を置いた。また，ものさしの０の目盛りを画用紙の位置とし，虫めがねの位置を，０の目盛りの位置から30.0cmになるように固定した。

③ 半透明の紙でつくったスクリーンに，はっきりとした像ができるようにスクリーンの位置を調節し，その位置を記録した。

④ ②の虫めがねの位置を，25.0cm，20.0cm，15.0cm，10.0cm，5.0cmにかえて，③の操作を行った。

⑤ 記録したそれぞれのスクリーンの位置を，表１にまとめた。

図１

図２

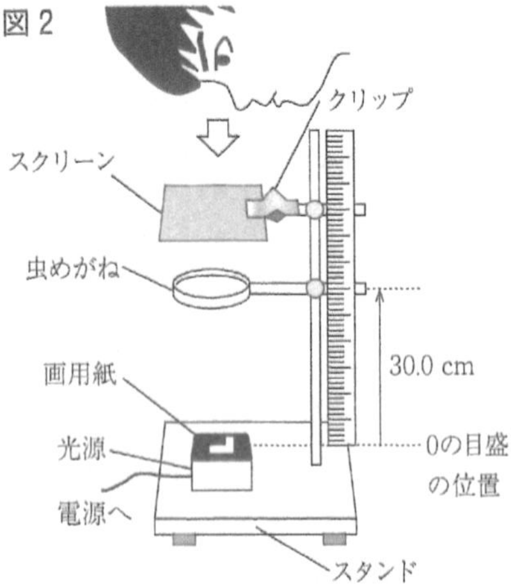

表１

虫めがねの位置〔cm〕	30.0	25.0	20.0	15.0	10.0	5.0
スクリーンの位置〔cm〕	40.9	36.8	33.3	32.1	50.0	－

※「－」は，はっきりとした像ができなかったことを示している。

⑴　虫めがねを通った光のように，光が異なる物質の境界へ進むとき，境界の面で光が屈折する。光の屈折が原因で起こる現象として，最も適切なものを，次の１～４から選び，記号で答えなさい。

１　風のない日に，湖の水面に周りの景色がうつる。

２　底にコインを置いたカップにそっと水を注ぐと，水を注ぐ前には一部しか見えていなかったコインの全体が見える。

３　平面の鏡の前に立つと，鏡に自分の姿がうつる。

４　光が線香のけむりにあたると，光がいろいろな方向に散らばり，光の道すじが見える。

⑵　虫めがねの位置が，０の目盛りの位置から15.0cmのとき，**図２**の矢印⇩の方向から観察すると，スクリーンにどのような向きの像ができるか。適切なものを，次の１～４から１つ選び，記号で答えなさい。

１　２　３　４

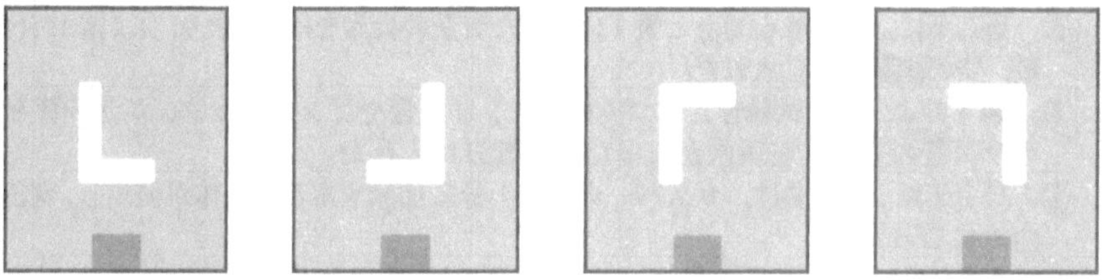

〔■は，スクリーンをクリップではさんでいる位置を示している。〕

⑶　［実験］で調べた中で，スクリーンにてきた像が一番大きかったのは，虫めがねの位置が何cmのときか。次の１～５から１つ選び，記号で答えなさい。

１　30.0cm　　２　25.0cm　　３　20.0cm　　４　15.0cm　　５　10.0cm

⑷　［実験］の④において，虫めがねの位置が5.0cmのとき，スクリーンにはっきりとした像ができなかった理由を，虫めがねとスクリーンとの間の光の道すじに着目し，「焦点距離」という語を用いて述べなさい。

6　Ｋさんのクラスでは，酸化銅と炭素の反応について調べるため，１班から５班に分かれて，次の実験を行った。あとの⑴～⑶に答えなさい。

［実験］

①　空の試験管Ａの質量をはかった。

②　班ごとに，酸化銅6.00ｇと**表１**に示した質量の炭素をはかりとり，よく混ぜ合わせた後，空の試験管Ａに入れた。

③　**図１**のように，試験管Ａにゴム栓をし，ゴム管やピンチコック，ガラス管をつけ，ガラス管の先を，石灰水が入った試験管Ｂに入れた。

④　ピンチコックを開け，ガスバーナーで十分に加熱すると，気体が発生し，石灰水が白くにごった。

図１

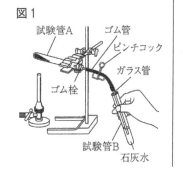

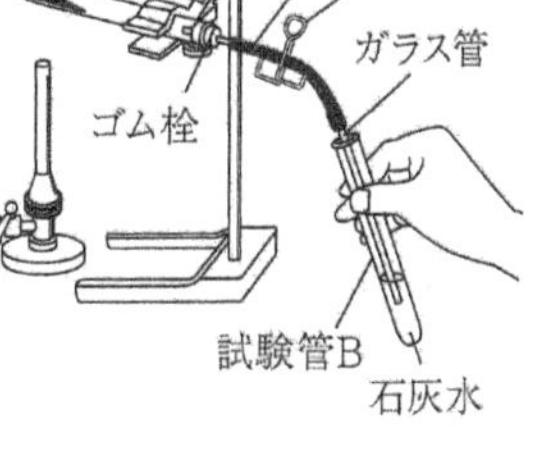

⑤　気体が発生しなくなった後，試験管Ａ内の物質のようすを観察した。

⑥　石灰水が入った試験管Ｂからガラス管を取り出し，加熱を止め，ピンチコックを閉めた。

⑦　試験管Ａ内の物質が冷めたことを確認し，ゴム栓をはずして，物質の入った試験管Ａの質量をはかった。

⑧　「①ではかった質量」と「⑦ではかった質量」の差から，加熱後の試験管Ａ内の物質の質量を計算で求めた。

⑨　各班の実験結果を，**表１**にまとめた。

表１

	1班	2班	3班	4班	5班
用いた炭素の質量〔g〕	0.15	0.30	0.45	0.60	0.75
①ではかった質量〔g〕	22.21	22.56	22.52	22.33	22.85
⑦ではかった質量〔g〕	27.81	27.76	27.32	27.28	27.95
⑧で求めた質量〔g〕	5.60	5.20	4.80	4.95	5.10
⑤で観察した物質のようす	赤色物質と黒色物質		赤色物質	赤色物質と黒色物質	

(1)　［実験］の④では，酸化銅から酸素をうばう化学変化が起きた。このように，酸化物から酸素をうばう化学変化を何というか。書きなさい。

(2)　［実験］の⑥において，加熱後にピンチコックを閉めなければならないのはなぜか。その理由を簡潔に述べなさい。

(3)　ＫさんとＬさんは，実験の結果をもとに考察し，「炭素の質量」と「炭素が酸化銅からうばった酸素の質量」の比について，次の［　　］のような会話をした。あとのア，イに答えなさい。

Ｋさん：「炭素の質量」と「炭素が酸化銅からうばった酸素の質量」の比を計算してみたら３：８になったけれど，Ｌさんの考えを教えてくれないかな。

Ｌさん：私は，3班で用いた炭素の質量と，用いた炭素が酸化銅からうばった酸素の質量を比べて，３：８を導いたよ。
用いた炭素が酸化銅からうばった酸素の質量は，酸化銅の質量から，３班の［　　］を引くと，求めることができたよ。Ｋさんは，どう考えたの。

Ｋさん：私は，２班と３班の実験結果に注目して計算したよ。

Ｌさん：２班では，酸化銅がまだ残っていると思うけれど，どうやって計算したのかな。

Ｋさん：３班の実験と比べることで，２班の実験では，酸化銅をすべて反応させるために，あと0.15ｇの炭素が必要だったことがわかるよ。

Ｌさん：なるほど。２班と３班の実験後の質量の差を考えると，計算ができそうだね。

Ｋさん：はい。２班と３班の実験後の試験管Ａ内の物質の質量の差である0.40ｇは，0.15ｇの炭素がうばうことができる酸素の質量になると思うよ。

Ｌさん：　確かにそうだね。２つの班の実験結果を比較するという，Ｋさんの考え方はおもしろいね。２班と３班の組み合わせ以外でも，質量の比を計算できる班の組み合わせはあるのかな。

ア　[　　]にあてはまる語句を，次の１～４から１つ選び，記号で答えなさい。

1　空の試験管Ａの質量

2　加熱後の物質の入った試験管Ａの質量

3　加熱前の試験管Ａ内の物質の質量

4　加熱後の試験管Ａ内の物質の質量

イ　下線部について，実験結果から，「炭素の質量」と「炭素が酸化銅からうばった酸素の質量」の比が３：８であることを計算できる班の組み合わせとして，適切なものを，次の１～４から１つ選び，記号で答えなさい。ただし，計算に用いる数値は，**表１**の実験結果のみとする。

1　１班と２班　　2　１班と５班　　3　２班と４班　　4　４班と５班

7　Ｍさんは，山口県の各地で見られる岩石について調べてまとめた。あとの(1)～(4)に答えなさい。

山　口　県　の　岩　石

【目的】

山口県の各地で見られる岩石の種類や，その岩石ができた時代を調べる。

【調べた方法】

現地で岩石を観察し(ア)スケッチした。観察した岩石について，博物館の資料やインターネットなどを利用して調べた。

【調べた岩石とその内容】

① 下関市（地点**Ａ**）で観察した岩石

中生代の泥岩であった。この岩石に(イ)シジミの化石が含まれていたことから，湖などで地層ができたと考えられる。

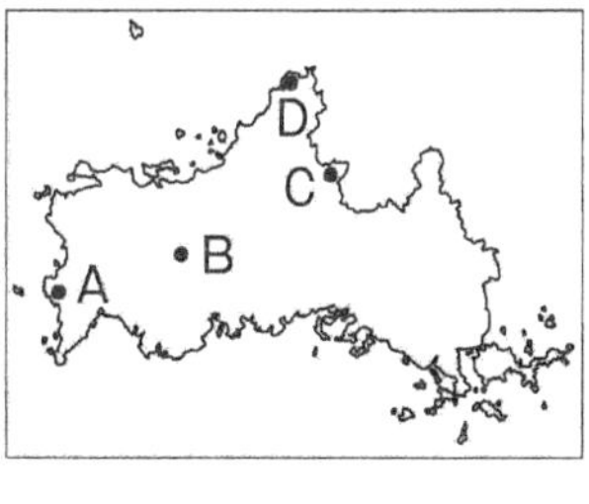

② 美祢市（地点**Ｂ**）で観察した岩石

古生代の石灰岩であった。この岩石に(ウ)サンゴの化石が含まれていたことから，あたたかくて浅い海で地層ができたと考えられる。

③ 山口市（地点**Ｃ**）で観察した岩石

新生代の安山岩であった。この地域では，(エ)マグマが冷えて固まったドーム状の形の火山が多く見られる。

④ 萩市（地点**Ｄ**）で観察した岩石

新生代のれき岩であった。この地域では，(オ)れき岩，砂岩，泥岩などが分布していることがわかった。

(1) 下線(ア)について，スケッチのしかたとして，最も適切なものを，次の１～４から選び，記号で答えなさい。

１　観察しにくいところは推測してかく。　　２　細い線で輪かくをはっきりと表す。

３　濃く表すために線を二重にかく。　　　　４　立体感を出すために影をつける。

(2) 下線(イ)，(ウ)のような化石が地層に含まれていると，地層ができた当時の環境を推定することができる。このように，地層ができた当時の環境を推定することができる化石を何というか。書きなさい。

(3) 火山にはいろいろな形がある。傾斜がゆるやかな形の火山があるのに対し，下線(エ)になる理由を，「マグマのねばりけ」という語を用いて，簡潔に述べなさい。

(4) 下線(オ)は，れき，砂，泥が海底や湖底に堆積し，長い間にすき間がつまって固まったものである。

図１は，川から運ばれてきた，れき，砂，泥が，海底で堆積したようすを表した模式図である。

川から運ばれてきた，れきや砂が，河口の近くで堆積しやすいのはなぜか。その理由を，泥との違いに着目して，簡潔に述べなさい。

図１

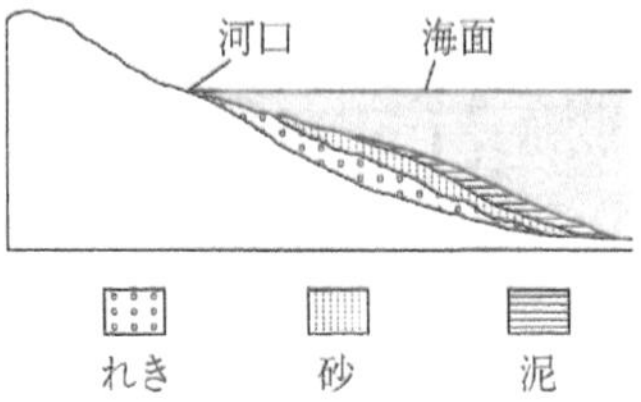

8　Ｎさんは，校庭に咲く白い花の植物の観察を，継続的に行った。次は，観察記録の一部である。あとの(1)～(4)に答えなさい。

８月25日（火）16：15　　晴れ　気温 32.8 ℃

花の中央には１本のめしべ，めしべのまわりには，６本のおしべが見られた。おしべの先端には(ア)小さな袋があった。

葉は細長い形で，葉脈は平行脈であることから，この植物は，被子植物の中の(イ)単子葉類に分類されると考えられる。

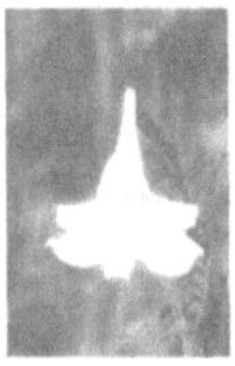

９月21日（月）16：10　　晴れ　気温 24.5 ℃

がく，花弁，おしべが枯れて，植物の先端のめしべが太く成長していた。

太く成長した植物の先端の色は緑色だった。

11月26日（木）16：10　　曇り　気温 16.3 ℃

さらに太く成長した植物の先端は茶色になり，乾燥して裂け，中には小さな粒がたくさん入っていた。

入っていた小さな粒は，種子であると考えられる。

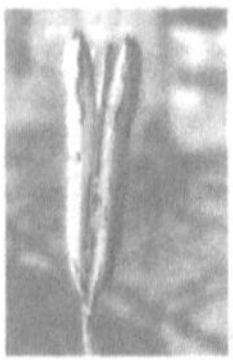

> 12月22日（火）16：20　晴れ　気温 9.8 ℃
>
> 植物を土から掘り起こして，根の観察を行ったところ，多数の細い根があった。根を持ち帰って，その根の先端を双眼実体顕微鏡で観察すると，(ウ)さらに細い毛のようなものが生えていた。

(1) 下線(ア)の中には，花粉が入っている。この小さな袋を何というか。書きなさい。

(2) 下線(イ)について，茎を輪切りにしたときの断面における維管束の並び方は，双子葉類の維管束の並び方と比較して，どのような特徴があるか。述べなさい。

(3) 図１は，被子植物の花の模式図である。図１で，受精した後，種子になる部分はどこか。該当する部分をぬりつぶし，その名称を書きなさい。

(4) 下線(ウ)があることにより，土の中の水や水に溶けた養分を効率よく吸収することができるのはなぜか。その理由を簡潔に述べなさい。

図１

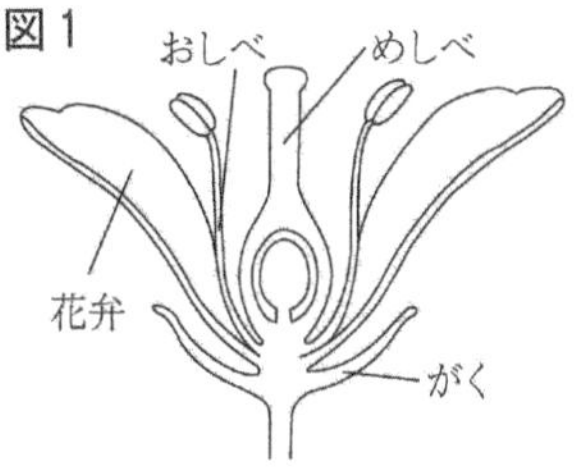

9　Yさんは，調理実習で行った，本みりんを加熱してエタノールを蒸発させる「煮切り」に興味をもち，次の実験を行った。あとの(1)～(3)に答えなさい。

［目的］

本みりんを蒸留して取り出された液体の「密度」を測定することで，エタノールが取り出されるようすを調べる。

［実験］

① 2 cm^3の位置に，油性ペンでしるしをつけた試験管を６本用意した。

② 本みりん30cm^3をはかり，枝付きフラスコに入れた。

③ ガスバーナーの炎を調節し，図１のように，本みりんを加熱した。

④ 液体が，試験管に２cm^3たまったら，素早く次の試験管に交換した。

⑤ ④の操作を繰り返した。

⑥ 液体が，６本目の試験管に２cm^3たまったところで，ガスバーナーの火を消した。

⑦ 図２のように，メスシリンダーを電子てんびんにのせ，電子てんびんの表示を０にした。

⑧ ⑦のメスシリンダーに，それぞれの試験管に取り出された液体を入れ，質量と体積を測定した。

⑨ ⑧で測定した液体の質量と体積から，それぞれ

図１

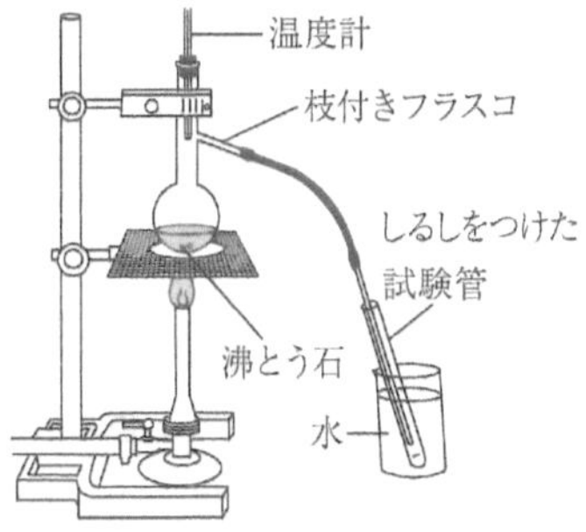

図２

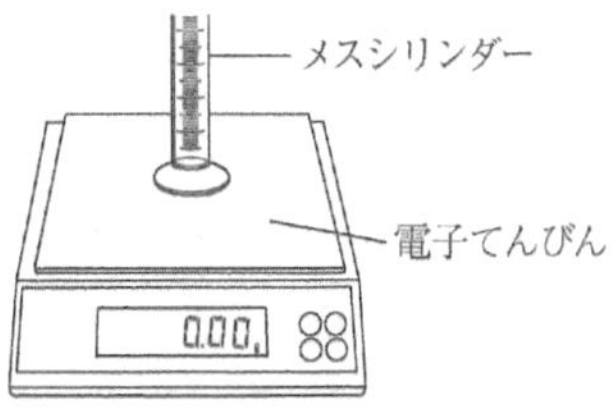

の試験管に取り出された液体の密度を小数第２位まで求めた。

⑩　⑧で測定した液体の質量と体積および⑨で求めた密度を，**表１**にまとめた。

表１

	１本目	２本目	３本目	４本目	５本目	６本目
質量〔g〕	1.68	1.74	1.78	1.92	1.99	2.02
体積〔cm^3〕	2.02	2.05	1.98	2.01	2.03	2.02
密度〔g/cm^3〕	0.83	0.85	0.90	0.96	0.98	1.00

⑴　本みりんの特有の甘みは，原料に含まれるデンプンなどが分解されることでつくられている。デンプンを分解する消化酵素を何というか。書きなさい。

⑵　Ｙさんは，本みりんの「煮切り」を，電子レンジで行う方法があることも知った。消費電力が1200Wの電子レンジで60秒間加熱する場合，消費する電力量は何Whか。求めなさい。

⑶　**図３**は，25℃における，エタノール水溶液の質量パーセント濃度と密度との関係を表したものである。Ｙさんは，**表１**と**図３**をもとに考察した。

図３

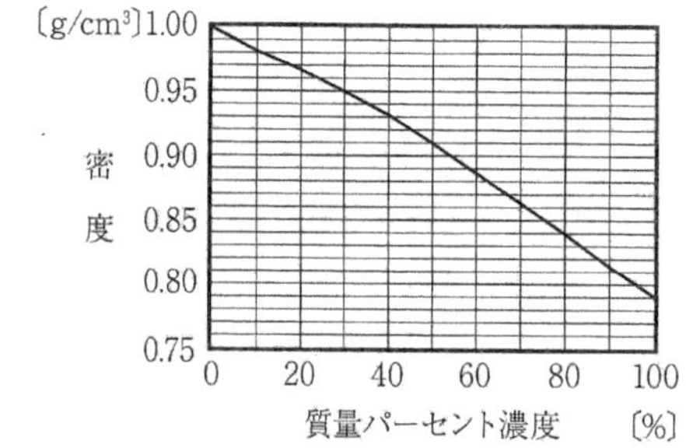

次のア，イに答えなさい。ただし，本みりんに含まれる物質は，水とエタノールのみとし，水とエタノールの密度は，それぞれ1.00 g/cm^3，0.79 g/cm^3とする。

ア　次の文が，**表１**と**図３**をもとにした考察となるように，(　)の中のａ～ｄの語句について，正しい組み合わせを，下の**１**～**４**から選び，記号で答えなさい。

> １本目に取り出された液体の密度が，0.79 g/cm^3より大きいことから，１本目に取り出された液体は，(ａ　純粋なエタノール　　ｂ　水とエタノールの混合物) であると考えられる。また，取り出された液体の密度が，本数を重ねるごとに，徐々に大きくなることから，含まれるエタノールの質量パーセント濃度は，徐々に（ｃ　大きく　ｄ　小さく）なることがわかる。

１　ａとｃ　　**２**　ａとｄ

３　ｂとｃ　　**４**　ｂとｄ

イ　実験を終えたＹさんは，Ｔ先生と，次のページの［　　］のような会話をした。Ｙさんの発言が，実験の結果と合うように，［あ］，［い］に入る適切な数字を書きなさい。

Yさん：　本みりんからエタノールが取り出されるようすや，取り出された液体の密度と質量パーセント濃度との関係を調べることができました。

T先生：　エタノール水溶液の質量パーセント濃度は，火を近づけたときのようすからも調べることができますよ。

例えば，今の実験室の室温で，取り出された液体に火を近づけたとき，液体が燃えたら，含まれているエタノールが50%以上であるといえます。

Yさん：　わかりました。では，50%以上であると考えられる，［ あ ］本目から［ い ］本目が燃えることを確かめてみます。

＜社会＞　時間　50分　満点　50点

【注意】 1 から 4 は選択問題で，この中から３題を選んで解答しなさい。解答した選択問題の番号（１～４のいずれか）を，解答用紙の問題番号欄に記入しなさい。

1 ～ 4 は，選択問題です。

1 ≪選択問題≫

次の⑴～⑶に答えなさい。

⑴　次の文は，高度経済成長期にみられたできごとについて説明したものである。文中の（ア）に適切な語をおぎない，文を完成させなさい。

> 経済が発展した一方で，企業の生産活動による大気汚染や水質汚濁などの（　ア　）が発生した。なかでも，イタイイタイ病，水俣病，四日市ぜんそく，新潟水俣病の患者らが起こした裁判は，四大（　ア　）裁判と呼ばれた。

⑵　次の文は，情報化の進展について説明したものである。文中の（イ）にあてはまる語として最も適切なものを，下の１～４から選び，記号で答えなさい。

> コンピューターやインターネットなどの情報通信技術（ICT）の発達によって，情報化が進んだ。このような社会で生活していくためには，情報を正しく活用する能力である「情報（　イ　）」を身につけることが大切である。

１　リデュース　　２　リテラシー
３　アセスメント　　４　マニフェスト

⑶　第二次世界大戦後に起こったできごととして正しいものを，次の１～４から一つ選び，記号で答えなさい。

１　ワイマール憲法がつくられた。
２　ポーツマス条約が結ばれた。
３　辛亥革命が起こった。
４　アジア・アフリカ会議が開かれた。

2 ≪選択問題≫

次の⑴～⑶に答えなさい。

⑴　ヨーロッパ連合（EU）が導入している共通の通貨は，多くの加盟国で自国の通貨にかえて使用されている。この共通の通貨を何というか。答えなさい。

⑵　国際連合において，子どもの権利条約にもとづき，子どもがすこやかに育つ環境を確保するために活動する機関を何というか。次の１～４から一つ選び，記号で答えなさい。

１　UNHCR　　２　UNICEF　　３　WHO　　４　WTO

⑶　図Ⅰは，2019年における，政府開発援助(ODA)の総額に占めるおもな国の割合を示したものであり，図Ⅰ中のA～Dは，アメリカ合衆国，イギリス，ドイツ，日本のいずれかである。Aにあてはまる国を，次の1～4から一つ選び，記号で答えなさい。

1　アメリカ合衆国　　2　イギリス
3　ドイツ　　4　日本

図Ⅰ

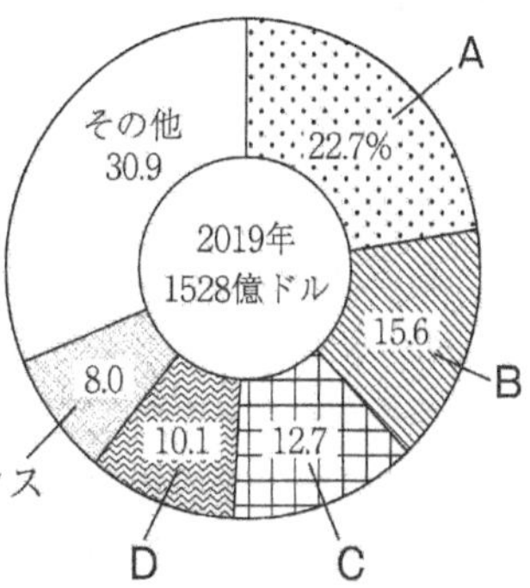

（世界国勢図会2020/21により作成）

3　≪選択問題≫

次の⑴～⑶に答えなさい。

⑴　政党政治において，政権を担当する政党または政党の連合のことを，野党に対して何というか。答えなさい。

⑵　日本国憲法には，さまざまな人権が規定されている。しかし，社会の変化にともなって，日本国憲法に直接的には規定されていない権利が主張されるようになった。このような権利として最も適切なものを，次の1～4から選び，記号で答えなさい。

1　裁判を受ける権利　　2　団体行動権　　3　知る権利　　4　財産権

⑶　図Ⅰは，日本の三審制のもとで行われる，裁判の流れの一例を示したものである。図Ⅰ中の(a)～(c)にあてはまる語の組み合わせとして適切なものを，下の1～4から一つ選び，記号で答えなさい。

図Ⅰ

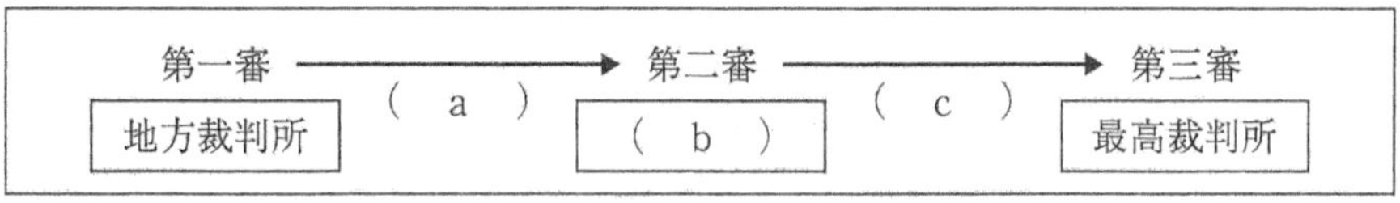

1　a－上告　b－家庭裁判所　c－控訴　　2　a－控訴　b－家庭裁判所　c－上告
3　a－上告　b－高等裁判所　c－控訴　　4　a－控訴　b－高等裁判所　c－上告

4　≪選択問題≫

次の⑴～⑶に答えなさい。

⑴　図Ⅰは，経済の流れを大まかに示したものである。図Ⅰ中のアには，家族や個人として経済活動を営む単位を表す語が入る。その語は何か。答えなさい。

図Ⅰ

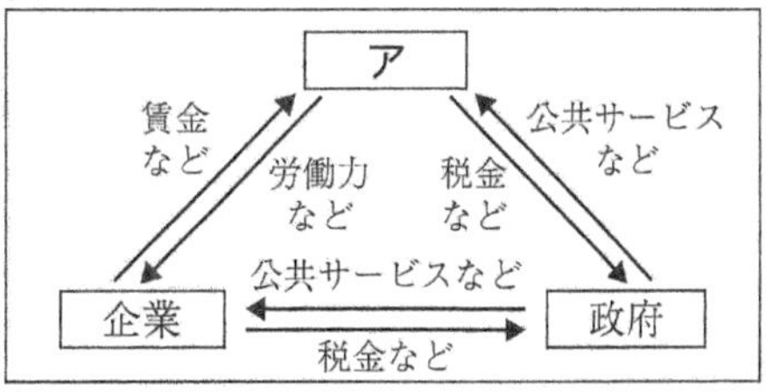

⑵　日本の税金のうち，直接税にあたるものを，次の1～4から一つ選び，記号で答えなさい。

1　消費税　　2　関税
3　ゴルフ場利用税　　4　所得税

(3) 図ⅡのＡ～Ｃのグラフは，日本の製造業における売上高，企業数，従業者総数のいずれかについて，中小企業と大企業の割合を示したものである。Ａ～Ｃにあたるグラフの組み合わせとして正しいものを，次の１～４から一つ選び，記号で答えなさい。

図Ⅱ

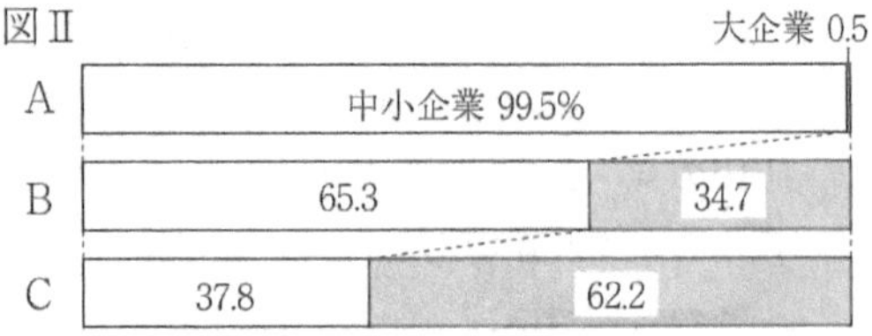

（注）売上高は2015年，企業数，従業者総数は2016年のものである。
（中小企業白書2020年版により作成）

1　Ａ－従業者総数　Ｂ－企業数　Ｃ－売上高
2　Ａ－従業者総数　Ｂ－売上高　Ｃ－企業数
3　Ａ－企業数　Ｂ－従業者総数　Ｃ－売上高
4　Ａ－企業数　Ｂ－売上高　Ｃ－従業者総数

5 ～ 8 は，共通問題です。すべての問題に解答しなさい。

5 社会科の授業でヨーロッパについて学習したＴさんは，イギリスに興味をもち，調べた。図Ⅰは，Ｔさんが使用した地図である。これについて，あとの(1)～(7)に答えなさい。

図Ⅰ

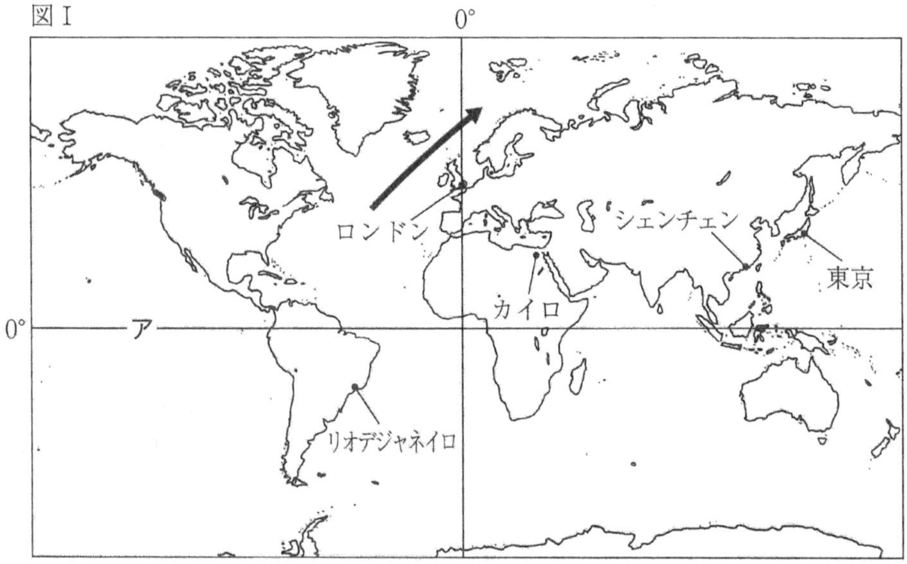

(1) 図Ⅰ中のアで示す緯度０度の線を何というか。答えなさい。

(2) 図Ⅰ中に ⟶ で大まかに示した海流の名前と種類の組み合わせとして正しいものを，次の１～４から一つ選び，記号で答えなさい。

1　北大西洋海流－寒流　2　北大西洋海流－暖流
3　リマン海流－寒流　4　リマン海流－暖流

(3) 次のページの１～４のグラフは，それぞれ図Ⅰ中のリオデジャネイロ，ロンドン，カイロ，東京のいずれかの都市の雨温図である。このうち，ロンドンの雨温図にあてはまるものを一つ選び，記号で答えなさい。

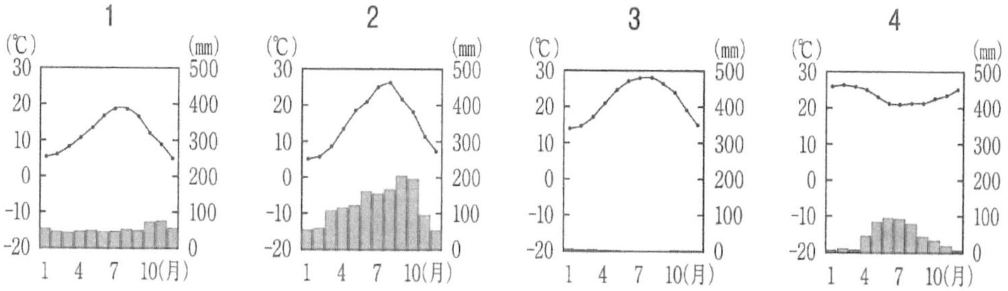

（理科年表令和２年度版により作成）

⑷　図Ⅰ中のリオデジャネイロの標準時の基準となる経線の経度は，西経45度である。リオデジャネイロと東京との時差は何時間か。答えなさい。ただし，サマータイム（夏の一定期間に，時刻を１時間早めること）は考えないものとする。

⑸　図Ⅰ中のシェンチェンは，イギリスの植民地であったホンコンに隣接する都市であり，1979年に中国で最初の経済特区が設けられた。中国がシェンチェンなどに経済特区を設けた理由を，「外国企業」という語を用いて説明しなさい。

⑹　図Ⅱは，ロンドンを中心とし，中心からの距離と方位が正しい地図である。この地図上で，ロンドンから東の方角に地球上を一周するとして，1番目と２番目に通過する大陸の組み合わせとして正しいものを，次の１～４から一つ選び，記号で答えなさい。

	１番目	２番目
1	アフリカ大陸	南極大陸
2	アフリカ大陸	オーストラリア大陸
3	ユーラシア大陸	南極大陸
4	ユーラシア大陸	オーストラリア大陸

図Ⅱ

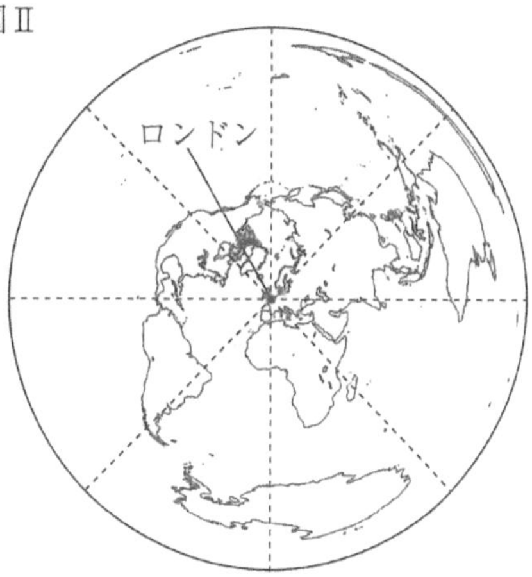

（注）------は，８方位を示している。

⑺　Ｔさんは，図Ⅰ中のリオデジャネイロ，ロンドン，カイロ，シェンチェンの４つの都市の2010年から2030年までの人口と人口予測について調べ，次のページの表Ⅰを作成した。図Ⅲは，表Ⅰをもとに，４つの都市の2010年の値を100として，2020年と2030年の値をあらわしたグラフである。ロンドンの未完成の部分について，記入されているものにならって作成し，図Ⅲを完成させなさい。

表Ⅰ

都市＼年	2010年（十万人）	2020年（十万人）	2030年（十万人）
リオデジャネイロ	124	135	144
ロンドン	80	93	102
カイロ	169	209	255
シェンチェン	102	124	145

（注）2010年は推計人口で，2020年と2030年は将来推計人口である。

（世界国勢図会2020/21により作成）

図Ⅲ

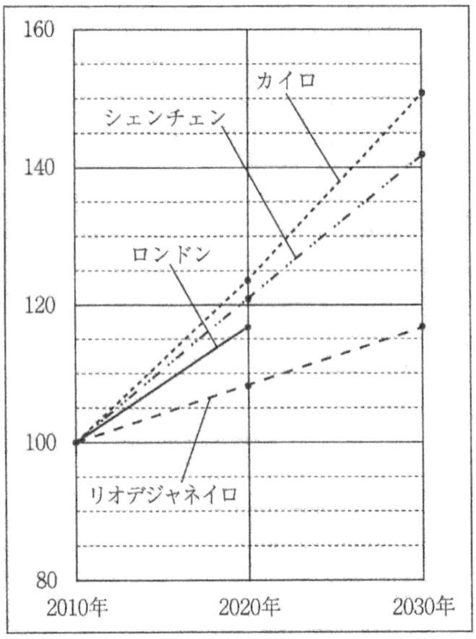

6　Hさんは，16世紀までの日本と外国とのかかわりについて調べ，まとめることにした。次は，その一部である。これについて，あとの(1)～(6)に答えなさい。

～中国とのかかわり～

7～9世紀

日本から遣唐使が派遣され，①唐の制度や文化が取り入れられました。

12世紀

平清盛は，②宋との貿易に力を入れ，瀬戸内海の航路や港を整備しました。

復元された遣唐使船

13世紀

元から二度にわたって元軍が襲来しました。③幕府軍は元軍との戦いに苦戦しながらも，これを退けました。

～ヨーロッパとのかかわり～

13世紀

マルコ・ポーロが，日本を「黄金の国ジパング」としてヨーロッパに紹介しました。

16世紀

- ○　④ポルトガル人やスペイン人が日本を訪れ，⑤南蛮貿易がはじまりました。
- ○　イエズス会の宣教師フランシスコ・ザビエルが，⑥キリスト教の布教をはじめました。

日本に来た南蛮船と南蛮人

⑴　下線部①について，次のア，イに答えなさい。

ア　710年，唐の都長安にならって奈良盆地につくられた都を何というか。答えなさい。

イ　Hさんは，唐の制度にならって定められた班田収授法と，それにもとづく税制についてまとめた。次は，その一部である。（ａ），（ｂ）に入る，適切な語を答えなさい。

> ・　班田収授法とは，６歳以上のすべての人々に（　ａ　）と呼ばれる土地が与えられた制度である。
> ・　この制度により，（　ａ　）を与えられた人々は，稲の収穫量の約３％を税として納めた。この税は（　ｂ　）と呼ばれた。

⑵　下線部②に関連して，表Ⅰは，宋から帰国した僧が開いた禅宗について示したものである。表Ⅰ中の（ｃ），（ｄ）にあてはよる人物の組み合わせとして正しいものを，次の１～４から一つ選び，記号で答えなさい。

１　ｃ－栄西　ｄ－親鸞《しんらん》
２　ｃ－栄西　ｄ－道元
３　ｃ－法然　ｄ－親鸞
４　ｃ－法然　ｄ－道元

表Ⅰ

日本で開いた教え	臨済宗	曹洞宗
開いた僧	（　ｃ　）	（　ｄ　）

⑶　下線部③について，資料Ⅰは，元軍と戦う幕府軍の武士が描かれた絵である。この戦いで幕府軍が元軍に苦戦した理由の一つを，資料Ⅰを参考に，それまで日本の武士の戦いではみられなかった武器に着目して，簡潔に説明しなさい。

資料Ⅰ

⑷　下線部④に関連して，図Ⅰは，15世紀末に，インドに到達したバスコ・ダ・ガマの航路を示した地図である。バスコ・ダ・ガマが，海路でインドをめざすことになったのはなぜか。当時のヨーロッパの人々が求めた品物と，陸路の貿易をにぎっていた勢力にふれて，説明しなさい。

図Ⅰ

⑸　下線部⑤について，南蛮貿易で，日本から最も多く輸出された品物として適切なものを，次の１～４から一つ選び，記号で答えなさい。

１　銀　　２　生糸　　３　米　　４　砂糖

(6) 下線部⑥に関連して，豊臣秀吉が，キリスト教の布教を禁止するために行った政策について述べた文として最も適切なものを，次の１～４から選び，記号で答えなさい。

1 平戸のオランダ商館を長崎の出島に移して，外国との交流を制限した。
2 日本人が海外へ渡ることや，海外に渡っていた日本人の帰国を禁止した。
3 長崎がイエズス会に寄進されたことを知り，キリスト教宣教師を国外に追放した。
4 キリスト教徒を発見するため，キリストの像などを踏ませる絵踏を行った。

7 Ｎさんは，山口県と同規模の人口の県があることを知り，山口県とそれらの県の特色について調べた。図Ⅰ中の　　は，山口県とそれらの県を示したものである。これについて，あとの(1)～(7)に答えなさい。

図Ⅰ

(1) 図Ⅰ中のアは，近畿地方に住む多くの人に水を供給する湖である。アの湖を何というか。答えなさい。

(2) 図Ⅰ中のイの線を西端とした，日本列島の地形を東西に分けている帯状の地域を何というか。答えなさい。

(3) 九州地方の一部や中国・四国地方の一部では，野菜などの生長を早めて出荷時期をずらす工夫をした栽培方法がよくみられる。このような栽培方法を何というか。答えなさい。

(4) 日本を７地方に区分したとき，近畿地方の範囲を示した地図として正しいものを，次のページの１～４から一つ選び，記号で答えなさい。

1

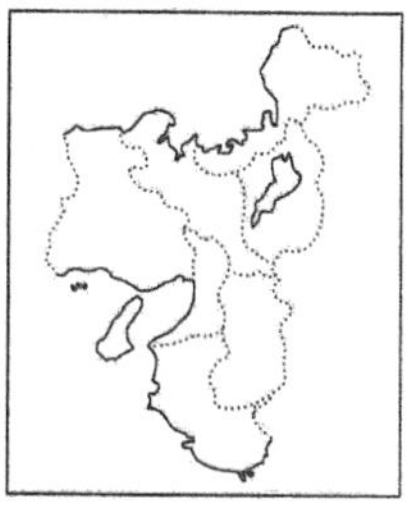

2

3

4

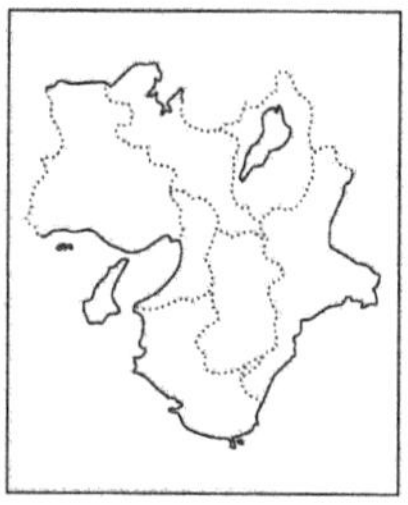

（注）……は，府境と県境を示している。

⑸　愛媛県などの瀬戸内地域が年間を通して降水量が少ない理由を，図Ⅱを参考にして，簡潔に説明しなさい。

図Ⅱ

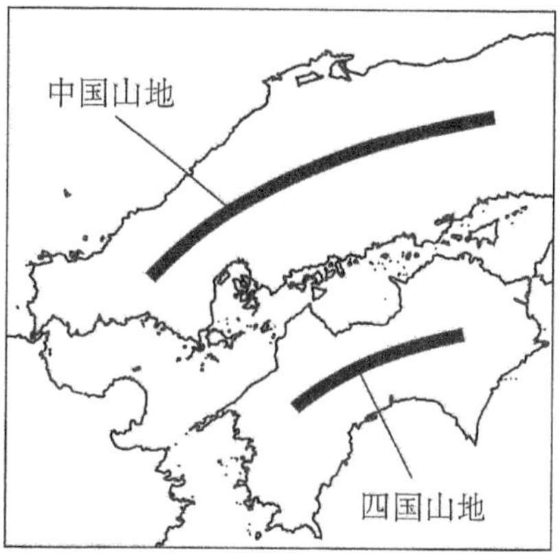

⑹　表Ⅰは，図Ⅰ中の　　で示した４つの県に関するデータをまとめたものである。山口県にあてはまるものを，表Ⅰ中の１～４から一つ選び，記号で答えなさい。

表Ⅰ　（漁業生産量は2019年，それ以外は2017年）

県	農業産出額（億円）	おもな産出物		製造品出荷額（億円）	おもな製造品		漁業生産量（t）	海岸線距離（km）
		米	果実		化学	鉄鋼		
1	676	236	48	61,307	18,752	6,319	23,759	1,504
2	1,259	164	537	42,008	3,125	1,185	138,404	1,704
3	1,632	131	156	18,478	126	365	274,405	4,171
4	647	362	8	78,229	10,624	1,125	377	－

（データでみる県勢2020年版などにより作成）

⑺　Ｎさんは，長崎県の稲佐山山頂付近からの景色が観光資源となっていることに興味をもち，次のページの図Ⅲを用いて，稲佐山山頂付近の三角点と，長崎ロープウェイの「淵神社駅」付近の標高の差を調べた。図Ⅲ中の稲佐山山頂付近の三角点とＡ地点の標高の差として最も近いものを，次のページの１～４から選び，記号で答えなさい。

1　100m
2　200m
3　300m
4　400m

図Ⅲ

（国土地理院25,000分の１地形図による）

8　2021年が，山口県が設置されて150周年であることを知ったＲさんとＳさんは，江戸時代以降の山口県の歴史について調べ学習を行い，レポートを作成した。次は，その一部である。これについて，あとの(1)～(7)に答えなさい。

> **山口県の歴史**
>
> 江戸時代
>
> ①幕藩体制のもとで，毛利氏一族が治めていた。
>
> 19世紀になると，江戸幕府では②天保の改革が行われる一方，長州藩では財政改革が行われた。
>
> 改革に成功した長州藩などにより，江戸幕府は倒された。
>
> 明治時代
>
> 成立した③新政府は近代化を進め，1871年に廃藩置県を行い，山口県が設置された。
>
> 廃藩置県後，長州藩出身の木戸孝允と［ア］は，④岩倉使節団の一員として欧米を視察し，国力を充実させることが必要であると感じた。
>
> 帰国後，［ア］は初代の内閣総理大臣となり，大日本帝国憲法の制定に力をつくした。
>
> 憲法の発布後，1890年に行われた第１回⑤衆議院議員総選挙では，山口県から７人が当選した。
>
> 
>
> ［ア］の写真

(1)　下線部①について，Ｒさんは，江戸幕府による大名の区別について，次の資料Ⅰにまとめた。資料Ⅰ中の［a］～［c］にあてはまる語の組み合わせとして正しいものを，次のページの１～４

資料Ⅰ

> **大名の区別**
> ・［a］（徳川氏の親戚）
> ・［b］（関ヶ原の戦い以前から徳川氏に従った）
> ・［c］（関ヶ原の戦い以後に徳川氏に従った）

から一つ選び，記号で答えなさい。

1　a－親藩　b－外様　c－譜代

2　a－親藩　b－譜代　c－外様

3　a－譜代　b－外様　c－親藩

4　a－譜代　b－親藩　c－外様

⑵　下線部②で行われた政策について述べた文として正しいものを，次の１～４から一つ選び，記号で答えなさい。

1　株仲間をつくることを奨励し，干拓工事や，蝦夷地の調査を行った。

2　裁判の基準となる公事方御定書を定め，庶民の意見を聞く目安箱を設置した。

3　株仲間を解散させ，江戸に出ている農民を故郷の村に帰らせる政策を行った。

4　儒学を奨励し，極端な動物愛護を定めた生類憐みの令を出した。

⑶　下線部③に関連して，新政府は近代化を進めるなかで，１週間を７日，１年を365日とする暦を採用した。この暦を何というか。答えなさい。

⑷　レポート中 ア にあてはまる人物は誰か。答えなさい。

⑸　下線部④に関連して，次のア，イに答えなさい。

ア　岩倉使節団が視察した国のうち，プロイセンの首相ビスマルクのもとで統一された国を，次の１～４から一つ選び，記号で答えなさい。

1　イギリス　　2　イタリア　　3　フランス　　4　ドイツ

イ　岩倉使節団が欧米に派遣されたおもな目的を，新政府の外交課題に着目して，簡潔に説明しなさい。

⑹　下線部⑤に関連して，図Ⅰは，衆議院議員総選挙における日本の有権者数の推移を示したものである。図Ⅰを参考に，選挙権の納税額による制限が廃止された時期を読み取り，その時期の日本の社会のようすを表した文として最も適切なものを，次の１～４から選び，記号で答えなさい。

図Ⅰ

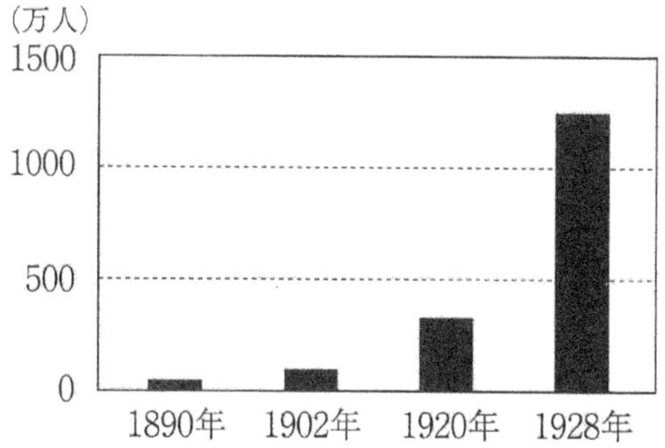

(日本の長期統計系列により作成)

1　文化の大衆化が進み，ラジオ放送がはじまった。

2　官営の八幡製鉄所が建設されるなど，重工業化がはじまった。

3　学制が公布され，全国各地に小学校がつくられた。

4　政府が米や砂糖などを，配給制や切符制にした。

(7)　Sさんは，廃藩置県以降の都道府県の数について，黒板を使ってRさんに説明した。黒板に書かれた内容を参考に，Sさんの説明の［イ］に適切な語句をおぎない，文を完成させなさい。

黒板に書かれた内容

1871年 7月	3府302県
1871年12月	3府72県
1879年	3府36県
1888年	3府43県
1943年	1都2府43県
1946年	1都1道2府42県
1972年	1都1道2府43県

（数字でみる日本の100年により作成）

Sさんの説明

1972年に県の数が43になった理由は，アメリカ合衆国から日本に［　イ　］からです。

(一) □ に入る内容として最も適切なものを次の1～4から選び、記号で答えなさい。

1　好きな作家がいること
2　周囲からの働きかけ
3　読者の自発的な行動
4　時間が十分にあること

(二) Bさんの最後の発言を踏まえて、「読書の楽しさ」について、自身の経験を踏まえながら、次の注意に従って文章を書きなさい。

注意
○ 氏名は書かずに、1行目から本文を書くこと。
○ 原稿用紙の使い方に従って、8行以上12行以内で書くこと。
○ 段落は、内容にふさわしく適切に設けること。
○ 読み返して、いくらか付け加えたり削ったりしてもよい。

七 は、共通問題です。

【資料】

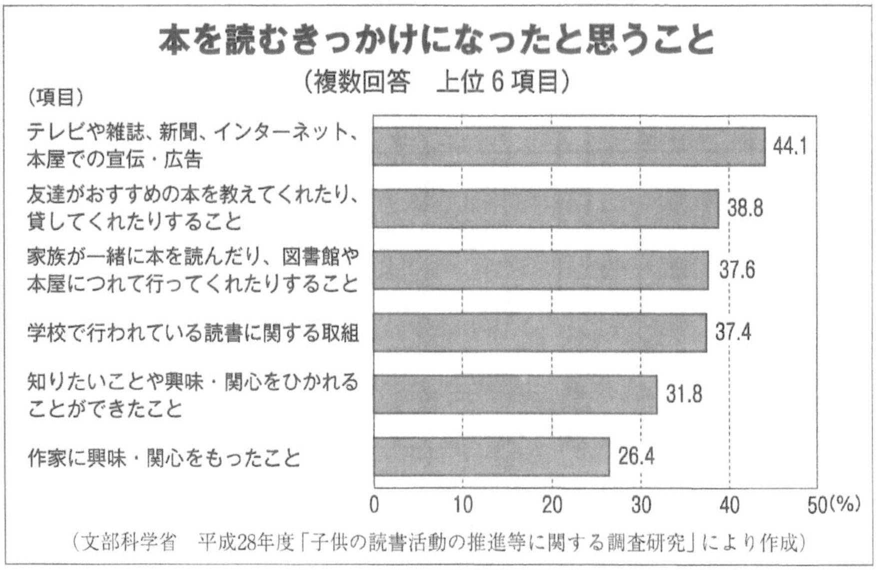

（文部科学省　平成28年度「子供の読書活動の推進等に関する調査研究」により作成）

七 ある中学校の図書委員会では、読書活動の活性化のために「図書だより」で特集を組むこととした。次の会話は、その内容について話し合いを行ったときのものである。よく読んで、あとの㈠、㈡に答えなさい。

司会者 「図書だより」の特集の内容について考えるために、インターネットで参考になるものを調べていると、この【資料】を見つけました。これは、中学生にとって何が本を読むきっかけになっているかを調べたものです。

Aさん 普段本を読まない人には、読書のきっかけが必要ですから、この【資料】は役に立ちそうです。

Bさん 私もそう思います。これを見ると、きっかけとして一番高い割合になっている項目は、テレビなどのメディア上や本屋での宣伝や広告ですね。

Cさん そうですね。また、上から二番目、三番目、四番目の項目を見てみると、共通しているのは□であるといえますね。このことを踏まえて、読書のきっかけになるような特集を考えてみませんか。

Aさん それなら、「私のおすすめ」という特集を組んで、本を読むことが好きな生徒が、お気に入りの本を紹介するのはどうでしょう。【資料】からも、友達からの本の紹介が、きっかけとして効果的であることが分かります。

司会者 なるほど。では、次の特集テーマは「私のおすすめ」として、生徒による本の紹介文を掲載しましょう。この特集をきっかけに、読書活動を活性化させたいですね。

Bさん そうですね。より多くの人に読書の楽しさを感じてもらえるといいですね。

3　不《ず》レ能《ハ》レ決《スルコト》　　4　不《ず》能《ハ》レ決《スルコト》

㈡　「乃ち周に如く」とあるが、田を取り合っていた虞と芮の国の領主が周の国を訪れた理由として最も適切なものを、次の1～4から選び、記号で答えなさい。

1　田の所有について西伯の考えを聞くため。
2　田を西伯に差し出したいと申し出るため。
3　田の問題の解決に困る西伯を助けるため。
4　田を周のものとした西伯に反論するため。

㈢　「倶に其の田を譲りて取らず」とあるが、虞と芮の領主がそのようにしたのはなぜか。次の文がそれを説明したものとなるよう、□に入る適切な内容を、十五字以内の現代語で答えなさい。

周の人々が□姿を見て、国の領主である自分たちの行動を反省したから。

六　《選択問題》

次の文章は、ある中学校の生徒が公民館の職員に宛《あ》てて書いた、お礼状の下書きの一部である。よく読んで、あとの㈠～㈢に答えなさい。

拝啓　日差しもすっかり和らぎ、1野原の草花にも秋を感じる2季節となりましたが、いかがお過ごしでしょうか。

さて、3先日はお忙しいところ私たちのインタビューを受けていただき、ありがとうございました。4資料を用いて地域の歴史を分かりやすく教えてくださり、たいへん勉強になりました。

その中で特に心に残ったのが、特産品についての説明です。特産品には、地域の風土に合わせた、先人の知恵と技が生かされていることが分かり、感動しました。昔のことを見つめ直すことで、今まで知らなかった考え方や知識を得ることができました。

□

よろしければ、今度、私たちがまとめたレポートを持って公民館に行きますので見てください。どうぞよろしくお願いします。

㈠　文章中の～～～部1～4のうち、和語に該当するものを一つ選び、記号で答えなさい。

㈡　□に、直前の一文の内容を含む四字熟語を用いて表現するとき、最も適切なものを、次の1～4から選び、記号で答えなさい。

1　いつも未来をしっかり見つめ、自分の目標に向かって「日進月歩」の精神で成長していきたいと思います。
2　「一喜一憂」せずに取り組んだ先人のように、何事にも平常心を保って取り組んでいきたいと思います。
3　状況に応じて適切な行動をとることができるように、「臨機応変」な対応を心がけていきたいと思います。
4　「温故知新」という言葉があるように、これからも歴史から学ぶ姿勢を大切にしていきたいと思います。

㈢　「行きますので見て」について、ここで用いられているすべての動詞を、それぞれ適切な尊敬語または謙譲語に改めて、次の文の□に入るよう、五字以上十五字以内で答えなさい。

よろしければ、今度、私たちがまとめたレポートを持って公民館に□ください。

4　覚えた内容が不十分なままだと、それを他人に教えることはできるはずがない。

㈢　右の古文の中で芸の上達のために大切なことは何であると筆者は述べているか。「継続」という言葉を用いて、十五字以内の現代語で説明しなさい。

四　《選択問題》

次の古文は、故郷である都を離れ、二か月余り鎌倉に滞在している筆者が、渡り鳥を眺めて和歌を詠《よ》んだ場面である。よく読んで、あとの㈠～㈢に答えなさい。

聞《きき》なれし虫の音《ね》も漸《やうやう》よはり果て《次第に消え果てていき》、松吹《ふく》峰の嵐のみぞ《松を吹き下ろす山頂からの強い風だけが》いとどはげしくなりまされる《ますますはげしくなっていく》。懐土の心《故郷を恋しく思う心》に催されて、つくづくと都の方をながめやる折しも《そのとき》、一行《ひとつら》の《一列に連なる》※雁《かり》がね雲にきえ行《ゆく》も哀《あはれ》なり。

帰るべき春をたのむの雁がねも《春には再び故郷に帰ることを頼みにして田の面の雁がねも》※啼《なき》てや旅の空に出《いで》でにし《出たのであろうか》

（「東関紀行《とうかんきこう》」から）

（注）　※雁がね＝雁。渡り鳥の一種。　※啼＝「鳴」と同じ。

㈠　「たのむ」には、「頼む」と、「田の面《も》」のなまった「たのむ」の両方の意味が含まれている。このような和歌の修辞法（表現技法）を何というか。次の1～4から一つ選び、記号で答えなさい。

1　序詞　2　枕詞　3　掛詞　4　係り結び

㈡　「聞なれし虫の音も漸よはり果て、松吹峰の嵐のみぞいとどはげしくなりまされる」とあるが、この部分で表現されていることとして最も適切なものを、次の1～4から選び、記号で答えなさい。

1　風が強まる春の始まり　2　草木が生い茂る初夏
3　虫の音が響く秋の盛り　4　寒くて厳しい冬の到来

㈢　「雁がね」に筆者は自分のどのような心情を重ねているか。次の文がそれを説明したものとなるよう、□に入る適切な内容を、十五字以内の現代語で答えなさい。

雁がねと同じように自分も故郷から遠い地にいるため、□としみじみ感じている

五　《選択問題》

次の漢文の書き下し文は、周の国の「西伯《せいはく》」と呼ばれていた人物が、虞《ぐ》や芮《ぜい》など、まわりの国々をまとめていたときの話である。「西伯」は人望があり、公平な判断ができる人物と言われていた。よく読んで、あとの㈠～㈢に答えなさい。

西伯徳を修め《いつくしみ深い政治を行い》、※諸侯之《これ》に帰《き》す《西伯に従っていた》。虞・芮田を争ひ決すること《田を取り合って解決することが》能《あた》はず《できなかった》。乃《すなは》ち《そこで》周に如《ゆ》く。界に入りて《周の国に入って》耕す者を見るに、皆畔《あぜ》を《あぜ道を》遜《ゆづ》り《譲り》、民の俗皆長に譲る《人々はみな年長者を敬っていた》。二人※慙《は》ぢ、相《互いに》謂《い》ひて曰く、「吾が争ふ所は、周人《周の人》の恥づる所なり」と。乃ち西伯を見ずして還《かへ》り、倶《とも》に其《そ》の田を譲りて《譲り合って》取らず。

（「十八史略《じゅうはっしりゃく》」から）

（注）　※諸侯＝各国の領主。　※慙＝「恥」と同じ。

㈠　「決すること能はず」は「不能決」を書き下し文に改めたものである。書き下し文を参考にして「不《ず》能ハ㆑決スルコト」に返り点を補うとき、正しいものを次の1～4から一つ選び、記号で答えなさい。

1　不《ず》㆑能ハ㆓決スルコト㆒　2　不《ず》㆔能ハ㆓決スルコト㆒

五字以内で答えなさい。

絵画は［　　　　］ものであるから。

㈣「文字が成立する場」とあるが、それはどのような場合か。五十字以内で説明しなさい。

㈤ X 段落が文章中で果たしている役割の説明として最も適切なものを、次の１～４から選び、記号で答えなさい。

１　これまで述べてきた「文字」について内容を整理する事柄を示し、「絵画」との差異を改めて明確にしている。

２　これまで述べてきた「文字」について異なる視点からの説明を補足し、「絵画」との共通点を強調している。

３　これまで述べてきた「文字」と「絵画」の両方の性質をあわせもつ記号を示し、これまでの論を否定している。

４　これまで述べてきた「文字」と「絵画」について新たな具体例を挙げて対比し、問題提起を繰り返している。

㈥「具体的な事物の特徴をうまくつかんだ文字」について、文章の内容を踏まえた「象形文字」の例として正しいものを、次の１～４から一つ選び、記号で答えなさい。

１　「中」という字は、あるものを一線で貫く様子を記号化して示すことで抽象的な「なか」という意味を表す。

２　「湖」という字は、「水」を表す「氵」と「コ」という音を表す「胡」から成り「みずうみ」という意味を表す。

３　「雨」という字は、雲から水滴が降ってきている様子を模式的に描いて示すことで「あめ」という意味を表す。

４　「計」という字は、「いう」を表す「言」と数の「十」を組み合わせることで「かぞえる」という意味を表す。

四～六は、選択問題です。

三 ≪選択問題≫

次の古文は、日本の伝統芸能である「狂言」を学ぶときの心構えを説いたものである。よく読んで、あとの㈠～㈢に答えなさい。

昔人いふ。器用なる者は頼みて《(自分の器用さを)あてにして》必ず油断あり。不器用なる者は我身をかへりみ《気にかけ》、遅れじと嗜《たしな》むゆへ《遅れまいと励むので》追ひ越す。※学文もかくの如《ごと》く《このようである》と言へり。器用なる者は早合点《はやがてん》して《覚えたつもりになり》根を深く問はず、なほざりなり《いい加減である》。覚えねば問はぬに同じ。心に入《いり》よく覚えたる事も忘るるは常の習ひ、いかに賢く器用なりと覚えぬことは《どれほど賢く器用だとしても覚えていないことはうまく》なるまじ《いくはずがない》。不器用なる者の、退屈なく精を出《いだ》したるは※藝《げい》になづまず《行きなやまず》、後によくなる《少しずつ上達する》と言へり。

（「わらんべ草《ぐさ》」から）

（注）※学文＝学問。　※藝＝修練によって身についた技能。「芸」と同じ。

㈠「かへりみ」を現代仮名遣いで書き直しなさい。

㈡「覚えねば問はぬに同じ」の解釈として最も適切なものを、次の１～４から選び、記号で答えなさい。

１　物事を中途半端に覚えていると、信頼を失って質問をしてくる者がいなくなる。

２　物事をしっかりと覚えていないと、学んだことを深く追究することができない。

３　覚えたことはよく忘れてしまうので、たびたび疑問が生じることは仕方がない。

二 次の文章を読んで、あとの㈠～㈥に答えなさい。

文字の起源は絵画であると一般に信じられている。そしてその理解はおおむね正しい。山があれば、それを表す文字として人々は山の絵を描き、水が流れるさまを描いたものを、川を表す文字とした。

文字の萌芽《ほうが》期の段階では、世界の文字は非常によく似た形のものだった。しかし絵画はそのままでは文字になりえない。絵画として描かれる事物は、原則的に世界中でただそれ一つしか存在しない。だからこそ肖像画というジャンルが成立するのであり、ごく普通の絵画でも、たとえば渓流を泳ぐ魚の絵は、水槽に1カわれている金魚や、マーケットに売られている鯛《たい》を描いたものではないし、カゴに盛られたリンゴは画家の目の前（あるいは2ノウリ）にあるリンゴであって、果物屋の店頭に3ナラでいるそれではない。

それに対して文字では、指し示す実体に対する普遍性が要求される。「魚」という漢字は、正月の膳を飾った鯛というような特定の魚ではなく、世界中のあらゆる魚類を指し示すことができなければならない。□文字とは絵画として描かれる※フォルムに普遍性をあたえたものと定義できるだろう。

実際の例をあげる。ある人がこれから山登りに出かけるとする。その人が登ろうとする山は、富士山のように左右均等になだらかに広がった山かもしれないし、※槍ヶ岳《やりがたけ》のように頂上が鋭く尖《とが》っている山かもしれない。標高三千メートルを超える高い山かもしれないし、たかだか五百メートルくらいの、山よりむしろ丘と呼ぶべきものかもしれない。だからその人が登ろうとする山を絵に描くなら、富士山と槍ヶ岳とでは、あるいは高山と丘程度の低い山とでは描き方がちがって当然である。

しかしそれが山である限りは、地表から4隆起した土塊であることは確実で、そのことは山をかたどったフォルムで表現することができる。だから「山」というフォルムを見れば、だれでも山という事物を思い浮かべることが可能となる。そしてこの場合、「山」が示しているのは富士山などの特定の山ではなく、どの山でもかまわない。ここに文字が成立する場がある。

X 目に見える実体のある事物を表す文字を作ろうとして、事物のもっとも端的な特徴を抽出し、具体的かつ「絵画的」に描いたものを象形文字という。ただしこれはあくまで「絵画的」に描いたものであって、絵画そのものではない。なぜならばそこに呈示されるフォルムは、指し示す実体に対しての普遍性をもつものでなければならないからである。そして普遍性をあたえられるがゆえに、その描写は必ずしも写実的である必要はない。「山」という漢字で表される山の峰が、必ずしも三つあるとは限らない。

このように具体的な事物の特徴をうまくつかんだ文字を特に多く含んでいるのが、漢字である。

（阿辻哲次《あつじてつじ》「日本人のための漢字入門」から。一部省略がある）

（注）※フォルム＝形。形状。 ※槍ヶ岳＝長野県と岐阜県の境界にある山。

㈠ 文章中の～～部1～4について、片仮名は漢字に改め、漢字は読み仮名を書きなさい。

1 カわれ 2 ノウリ 3 ナラんで 4 隆起

㈡ □に入る語として最も適切なものを、次の1～4から選び、記号で答えなさい。

1 なぜなら 2 しかし 3 まして 4 つまり

㈢ 「絵画はそのままでは文字になりえない」とあるが、それは「絵画」がどのようなものであるからだと、筆者は述べているか。次の文がそれを説明したものとなるよう、□に入る適切な内容を、二十

「今日も暑くなりそうだな」
とうさんが、フキと油揚げのみそ汁をすすりながら、つぶやいた。
朝の食卓は、いつもと変わらない。
カッコウの声が聞こえる。
引っ越してから、朝、テレビを見なくなった。
山から届く音を聞きながら食べる朝ごはん。
つぐみも、早起きしていつもよりおなかがすいたのか、箸の動きが忙しい。
「あのさ、やっぱり、山梨の高校に行くことにした」
ぼくはとうさんとかあさんにむかっていった。
この青い空の下で、家族と生きていく。
開け放した扉のむこうで、アサガオの花が小さくゆれた。

（森島《もりしま》いずみ「ずっと見つめていた」から）

（注）※ピコ＝犬の名前。

㈠ 次は、「放」という漢字を楷書《かいしょ》体で書いたものである。黒ぬりのところは何画めになるか。数字で答えなさい。

㈡ 文章中の〰〰部1、2について、漢字は読み仮名を書き、片仮名は漢字に改めなさい。

1　鎮座　2　スジ

㈢ 「動か」と同じ活用形であるものを、次の1～4から一つ選び、記号で答えなさい。

1　参考として君の意見を聞きたい。
2　明日はサッカーの練習に行こう。
3　博物館には二十分間歩けば着く。
4　これから彼は友人に会うらしい。

㈣ 「ぼくは、そっと、つぐみの横に座りなおした」とあるが、それはなぜか。文章の内容に即して説明しなさい。

㈤ 「空は朱色と紫色のグラデーションに染まり、その色はしだいにあざやかに光をふくんでかがやきだす」とあるが、ここで表現されている色彩は、空以外のものを描いている部分でも表現を変えて用いられている。その空以外のものが描かれている部分を、文章中から六字で書き抜きなさい。

㈥ 「そのとき、気づいたんだ」とあるが、「ぼく」はどのようなことに気づいたのか。次の文がそれを説明したものとなるよう、［　］に入る適切な内容を、四十字以内で答えなさい。

アサガオと同じように、［　］ということ。

㈦ 「今日も暑くなりそうだな」以降の文章における表現の特徴について説明したものとして最も適切なものを、次の1～4から選び、記号で答えなさい。

1　動植物が擬音語や擬態語を用いて生き生きと表現され、それによって山里の自然の豊かさが強調されている。
2　対句表現や反復法が用いられることで文章にリズム感が生まれ、朝の活気ある忙しい様子が伝わってくる。
3　体言止めや簡潔な表現を用いて日常が描かれ、その中でふいに語られる主人公の決意が印象づけられている。
4　それまでの主人公の視点の語りから客観的な語りに変わることで、朝食の場面への転換が表現されている。

〈国語〉

時間 五〇分 満点 五〇点

【注意】 三 から 六 は選択問題で、この中から3題を選んで解答しなさい。解答した選択問題の番号（三～六のいずれか）を、解答用紙の問題番号欄に記入しなさい。

一、二は、共通問題です。すべての問題に解答しなさい。

一 主人公の「越《えつ》」は、両親と妹（「つぐみ」）の四人で、「つぐみ」の療養のために東京から山梨の山里へ移住した。一家は最初、その地になじめず、中学生の「越」も東京の高校に進学しようかと悩んでいた。しかし、次第に人々との交流が始まり、「つぐみ」の健康も回復に向かっていた。次の文章は、夏の夜明け前、「越」が「つぐみ」に話しかける場面である。よく読んで、あとの(一)～(七)に答えなさい。

「何やってんだ？」

つぶやいて、ガラス戸越しによく見ると、つぐみの前にアサガオの鉢がある。ぼくはガラス戸を静かに引いて、外に出た。つぐみは濡《ぬ》れ縁《えん》にじっと座ったまま動かなかった。※ピコが少しシッポをふったけど、つぐみを気づかうように、すぐに伏せをした。

「おい。何してんだ」

ぼくが、小声でつぐみの耳元にささやきかけると、つぐみはぼくのほうをむかず、アサガオのつぼみをただじっと見つめている。

「アサガオが、咲くの。どんなふうに咲くのか、見てるんだよ」

ぼくは黙りこんだ。つぐみは、息もころしているみたいに、微動だにせず、アサガオのつぼみを見つめている。

ぼくはそのつぐみの横顔を、じっと見つめた。それは、ぼくにとっては長い長い時間だったけど、本当の時間にすれば、たったの三十秒ぐらいかもしれなかった。

そしてそれからもじっと動かずに、つぐみはひたすらアサガオのつぼみを見つめつづけた。

ぼくは、そっと、つぐみの横に座りなおした。

盆地のむこう側に1鎮座する大きな黒い富士山の頂の左側が、きらりと光り、その光がゆっくりと時間をかけて少しずつふくらんだ。

やがて、光はいくつもの2スジに分かれ、山肌を這《は》いながら人間たちの住む町へと下りていった。空は朱色と紫色のグラデーションに染まり、その色はしだいにあざやかに光をふくんでかがやきだす。

「寒くない？」と聞いた。

つぐみは、かすかに首を横にふった。目は何分も、きっと何十分も、アサガオのつぼみにむけられたまま。

飽きないのかな。ぼくは考えた。こんなに長いこと、小さなひとつの花のつぼみを見つめつづけるなんて、ぼくにはきっとできない。

そのとき、気づいたんだ。

つぐみの中で、時間はこんなふうに流れていたんだ、って。

ぼくの、弱くて小さかった妹は、しっかりと自分の時間の流れを持って生きてきたのか。

アサガオは咲いた。一時間以上かけて、人間の目ではとうていわからない速度で、ゆっくりと、そしてしっかりと咲いた。

朝焼け色の花だった。

2021年度

解　答　と　解　説

《2021年度の配点は解答用紙集に掲載してあります。》

＜数学解答＞

※4～7は選択問題

1　(1)　2　(2)　−6　(3)　$4a-8$　(4)　$3b$　(5)　$10x+9y$

2　(1)　＜　(2)　エ　(3)　$y=\frac{6}{x}$　(4)　8cm

3　(1)　45cm　(2)　解説参照

4　(1)　$\frac{5}{7}$　(2)　イ，ウ　(3)　$\frac{2}{5}$

5　(1)　$\sqrt{14}$　(2)　−4　(3)　$\frac{1+\sqrt{13}}{2}$

6　(1)　−5　(2)　ア，エ　(3)　$y=\frac{2}{3}x^2$

7　(1)　4　(2)　$\frac{8}{3}$　(3)　125°

8　(1)　−1　(2)　(式)$a+\frac{b}{2}=12$，$a=11$，$b=2$

9　(1)　右図　(2)　解説参照

10　(1)　ウ　(2)　33個(解は解説参照)

(3)　$6.6\pi+21.8$cm

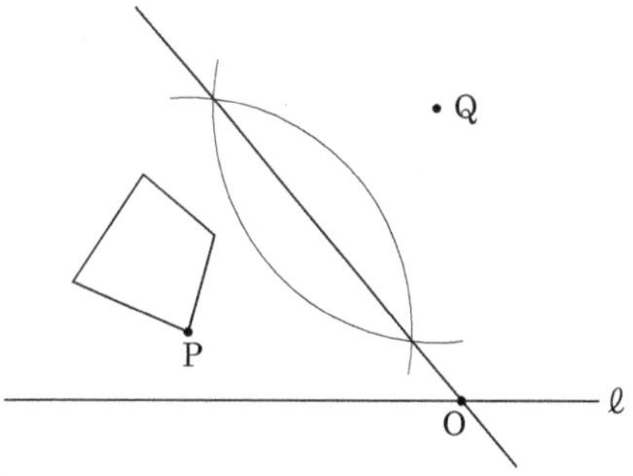

＜数学解説＞

1　(数・式の計算)

(1)　異符号の2数の和の符号は絶対値の大きい方の符号で，絶対値は2数の絶対値の大きい方から小さい方をひいた差だから，$-7+9=(-7)+(+9)=+(9-7)=2$

(2)　異符号の2数の積の符号は負で，絶対値は2数の絶対値の積だから，$\frac{15}{2}\times\left(-\frac{4}{5}\right)=-\left(\frac{15}{2}\times\frac{4}{5}\right)=-6$

(3)　$10a-(6a+8)=10a-6a-8=(10-6)a-8=4a-8$

(4)　$27ab^2\div 9ab=\frac{27ab^2}{9ab}=\frac{27\times a\times b\times b}{9\times a\times b}=3b$

(5)　分配法則を使って，$3(2x-y)=3\times 2x+3\times(-y)=6x-3y$，$4(x+3y)=4\times x+4\times 3y=4x+12y$だから，$3(2x-y)+4(x+3y)=(6x-3y)+(4x+12y)=6x-3y+4x+12y=6x+4x-3y+12y=10x+9y$

2　(不等式，数の性質，比例関数，四角すいの高さ)

(1)　小数第1位を四捨五入すると40になる数をxとすると，xで40より小さい数は39.5以上の数であり，40より大きい数は40.5未満の数だから，xのとりうる値の範囲を不等号を使って表すと，$39.5\leqq x<40.5$である。

(2)　2つの整数m，nについて，$m+n$，$m-n$，$m\times n$の計算結果はいつも整数になるが，$m\div n$は，例えば，$6\div3=2$のように，mがnの倍数のときの計算結果は整数になるが，例えば，$4\div3=\frac{4}{3}$のように，mがnの倍数ではないときの計算結果は整数にならない。

(3)　**yはxに反比例する**から，xとyの関係は$y=\frac{a}{x}$と表せる。$x=3$のとき$y=2$だから，$2=\frac{a}{3}$　$a=2\times3=6$　xとyの関係は，$y=\frac{6}{x}$と表せる。

(4)　四角すいの高さを$h$cmとすると，(四角すいの体積)＝$\frac{1}{3}$×底面積×高さより，$96=\frac{1}{3}\times6\times6\times h=12h$　$h=\frac{96}{12}=8$　四角すいの高さは，8cmである。

3　(資料の散らばり・代表値)

(1)　**度数分布表**の中で**度数**の最も多い**階級**の**階級値**が**最頻値**だから，度数が9人で最も多い40cm以上50cm未満の階級の階級値$\frac{40+50}{2}=45$(cm)が最頻値

(2)　(説明)　(例)60cm以上70cm未満の階級について，**相対度数**はA中学校が0.16，B中学校が0.12だから，生徒の割合はA中学校の方が大きい。　(補足説明)　問題の表3を完成させると右の表のようになる。これより，60cm以上70cm未満の階級について，相対度数はA中学校が$\frac{4}{25}=0.16$，B中学校が$\frac{9}{75}=0.12$である。

階級(cm)	度数(人)	
	A中学校	B中学校
以上　未満		
20 ～ 30	1	5
30 ～ 40	5	14
40 ～ 50	9	25
50 ～ 60	6	22
60 ～ 70	4	9
計	25	75

4　(確率)

(1)　一般に，ことがらAについて，**(Aの起こる確率)＋(Aの起こらない確率)＝1**　が成り立つ。したがって，くじを1回引くとき，(あたる確率)＋(あたらない確率)＝1より，(あたらない確率)＝1－(あたる確率)＝$1-\frac{2}{7}=\frac{5}{7}$である。

(2)　1枚の硬貨を投げたとき，表が出る確率と裏が出る確率がいずれも$\frac{1}{2}$であるということは，この硬貨を多数回くり返し投げて，表が出る回数をa回，裏が出る回数をb回とするとき，$a=\frac{a+b}{2}$，$b=\frac{a+b}{2}$に近づくという意味をもっている。よって，投げる回数を増やしていくと，$\frac{a}{b}$の値は$\frac{a}{b}=a\div b=\frac{a+b}{2}\div\frac{a+b}{2}=1$に近づいていく。アの説明は正しくない。また，投げる回数を増やしていくと，$\frac{a}{a+b}$の値は$\frac{a}{a+b}=a\div(a+b)=\frac{a+b}{2}\times\frac{1}{a+b}=\frac{1}{2}$に近づいていく。イの説明は正しい。確率は「**あることがらの起こることが期待される程度を表す数**」だから，投げる回数が何回でも，すべて表が出る場合も考えられ，aの値が投げる回数と等しくなる確率は0ではない。ウの説明は正しい。また，投げる回数が偶数回のとき，bの値は必ず投げる回数の半分になるとはいえない。エの説明は正しくない。

(3)　袋の中から同時に3枚のカードを取り出すときの，すべての取り出し方の場合の数と，袋の中に残る2枚のカードを選ぶ，すべての選び方の場合の数は等しい。袋の中に残る2枚のカードの選び方は，(1，2)，(1，3)，(1，4)，(1，5)，(2，3)，(2，4)，(2，5)，(3，4)，(3，5)，(4，5)の10通り。5枚のカードに書かれた数の和は，1＋2＋3＋4＋5＝15より，3の倍数であり，**3の倍数の数から3の倍数の数を引いた差は3の倍数**だから，取り出した3枚のカードに書かれた数の和が3の倍数となるのは，残った2枚のカードに書かれた数の和が3の倍数となるときで，〰〰を付けた4通り。よって，求める確率は，$\frac{4}{10}=\frac{2}{5}$　(補足説明)　3の倍数の数から3の倍数の数を引い

た差は3の倍数となることの証明　m, nを整数とすると，3の倍数である2つの数はそれぞれ，$3m$, $3n$と表される。これより，3の倍数の数から3の倍数の数を引いた差は，$3m-3n=3(m-n)$と表され，$m-n$は整数であるから，$3(m-n)$は3の倍数である。よって，3の倍数の数から3の倍数の数を引いた差は3の倍数となる。

5 (平方根，二次方程式)

(1) **正の数aの平方根のうち，正の方を$\sqrt{a}$，負の方を$-\sqrt{a}$と表す**から，14の平方根のうち，正の数であるものは$\sqrt{14}$である。

(2) xについての二次方程式$x^2-2x+a=0$…①　の解の1つが$1+\sqrt{5}$だから，①に$x=1+\sqrt{5}$を代入して，$(1+\sqrt{5})^2-2\times(1+\sqrt{5})+a=0$　$\{1^2+2\times1\times\sqrt{5}+(\sqrt{5})^2\}-(2+2\sqrt{5})+a=0$　$6+2\sqrt{5}-2-2\sqrt{5}+a=0$　$a=-4$

(3) 差が1である大小2つの正の数のうち，小さい方の数をxとすると，大きい方の数は$x+1$と表される。これらの2つの正の数の積が3であるとき，$x(x+1)=3$　$x^2+x-3=0$　**解の公式**より，$x=\dfrac{-1\pm\sqrt{1^2-4\times1\times(-3)}}{2\times1}=\dfrac{-1\pm\sqrt{1+12}}{2}=\dfrac{-1\pm\sqrt{13}}{2}$　xは正の数だから，$x=\dfrac{-1+\sqrt{13}}{2}$

よって，大きい方の数は，$\dfrac{-1+\sqrt{13}}{2}+1=\dfrac{1+\sqrt{13}}{2}$

6 (関数$y=ax^2$，関数とグラフ)

(1) **関数$y=ax^2$で，aの絶対値が等しく，符号が反対である2つのグラフは，x軸について対称となる**から，関数$y=5x^2$のグラフと，x軸について対称なグラフとなる関数は$y=-5x^2$である。

(2) $y=-\dfrac{3}{4}x^2$について，$x=2$のとき$y=-\dfrac{3}{4}\times2^2=-3$，$x=4$のとき$y=-\dfrac{3}{4}\times4^2=-12$，$x=6$のとき$y=-\dfrac{3}{4}\times6^2=-27$だから，$x$の値が2から4まで増加するときの**変化の割合**は$\dfrac{-12-(-3)}{4-2}=-\dfrac{9}{2}$，$x$の値が4から6まで増加するときの変化の割合は$\dfrac{-27-(-12)}{6-4}=-\dfrac{15}{2}$で，変化の割合は一定ではない。アの説明は正しい。$y=-\dfrac{3}{4}x^2$について，$x<0$の範囲では，$x$の値が増加するとき$y$の値は増加し，$x>0$の範囲では，$x$の値が増加するとき$y$の値は減少する。イの説明は正しくない。$y=-\dfrac{3}{4}x^2$について，$x=0$のとき$y=-\dfrac{3}{4}\times0^2=0$である。ウの説明は正しくない。**関数$y=ax^2$について，$a$の値の絶対値が大きいほど，グラフの開き方は小さい。**$\dfrac{3}{4}<1$であるから，関数$y=-\dfrac{3}{4}x^2$より，関数$y=-x^2$の方が，グラフの開き方は小さい。エの説明は正しい。

(3) 点Aは$y=-\dfrac{1}{2}x^2$上にあるから，そのy座標は$y=-\dfrac{1}{2}\times4^2=-8$　よって，A$(4, -8)$　直線AOの傾き$=\dfrac{-8-0}{4-0}=-2$　よって，直線AOの式は，$y=-2x$　点Bは直線AO上にあるから，そのy座標は，$y=-2\times(-3)=6$　よって，B$(-3, 6)$　放物線②をグラフとする関数の式を$y=ax^2$とすると，$y=ax^2$は点Bを通るから，$6=a\times(-3)^2=9a$　$a=\dfrac{2}{3}$　よって，放物線②をグラフとする関数の式は，$y=\dfrac{2}{3}x^2$

7 (相似な図形，面積比，線分の長さ，角度)

(1) **大きさの異なる円はすべて相似な関係にある**から，円O∽円O'であり，**相似比**は，(円Oの半径)：(円O'の半径)＝4：2＝2：1　**相似な図形では，面積比は相似比の2乗に等しい**から，円Oと円O'の面積比は，$2^2:1^2=4:1$である。

(2) AC//DBより，**平行線と線分の比についての定理**を用いると，OA：AD＝OC：BC　AD＝

$\frac{OA\times BC}{OC}=\frac{OA\times 2O'C}{OO'+O'C}=\frac{OA\times 2O'C}{OA+O'C}=\frac{4\times 2\times 2}{4+2}=\frac{8}{3}$

(3)　$\overset{\frown}{FG}$に対する**中心角と円周角の関係**から，$\angle GOF=2\angle GEF=2\times 55°=110°$　点Jを含まない方の$\overset{\frown}{HI}$に対する中心角と円周角の関係から，$\angle HJI=\frac{1}{2}\angle HOI=\frac{1}{2}(360°-\angle GOF)=\frac{1}{2}(360°-110°)=125°$

8 (一次関数)

(1)　表中の□にあてはまる数をxとすると，この一次関数のグラフの傾きは，$\frac{x-8}{5-2}=\frac{x-8}{3}$　**一次関数では，変化の割合は一定で，グラフの傾きに等しい**から，$\frac{x-8}{3}=-3$　$x-8=-9$　$x=-1$

(2)　x軸上の点は，そのy座標の値が0だから，点Pのx座標は，$y=-x+a$に$y=0$を代入して，$0=-x+a$　$x=a$　よって，$P(a,\ 0)$　同様にして，点Qのx座標は，$y=2x+b$に$y=0$を代入して，$0=2x+b$　$x=-\frac{b}{2}$　よって，$Q\left(-\frac{b}{2},\ 0\right)$　$y=-x+a$の切片はaだから，$R(0,\ a)$　同様にして，$y=2x+b$の切片はbだから，$S(0,\ b)$　$PQ=$(点Pのx座標)$-$(点Qのx座標)$=a-\left(-\frac{b}{2}\right)=a+\frac{b}{2}$　これが12に等しいから，$a+\frac{b}{2}=12$…①　$RS=$(点Rのy座標)$-$(点Sのy座標)$=a-b$　これが9に等しいから，$a-b=9$…②　①の両辺を2倍して，$2a+b=24$…③　②+③より，$3a=33$　$a=11$　これを，②に代入して，$11-b=9$　$b=2$

9 (作図，合同の証明)

(1)　(着眼点)　**回転移動では，対応する点は，回転の中心からの距離が等しいからPO=QO。2点P，Qからの距離が等しい点は，線分PQの垂直二等分線上にある**から，点Oは線分PQの垂直二等分線と直線ℓとの交点である。　(作図手順)　次の①～②の手順で作図する。　①　点P，Qをそれぞれ中心として，交わるように半径の等しい円を描く。　②　①でつくった交点を通る直線(線分PQの垂直二等分線)を引き，直線ℓとの交点をOとする。

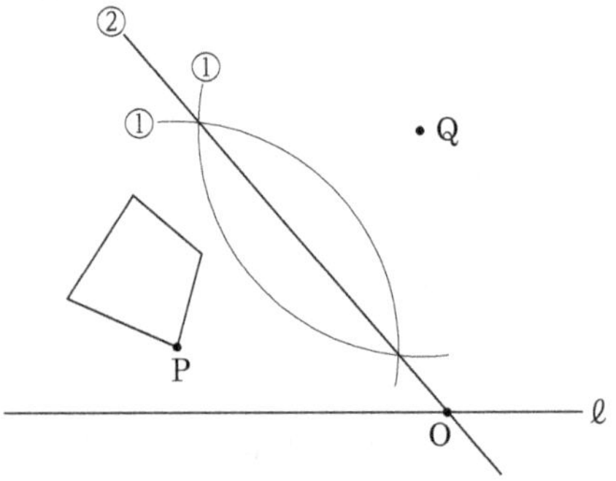

(2)　(証明)　(例)△FDAと△FGBで，**対頂角は等しい**ので，∠AFD=∠BFG…①　△DBEは△ABCを回転移動したものなので，∠CAB=∠EDB　よって，∠FAB=∠FDG…②　DE//ABより，**錯角**は等しいので，∠FAB=∠FGD…③　∠FBA=∠FDG…④　②，③より，∠FDG=∠FGD　よって，△FGDは二等辺三角形だから，FD=FG…⑤　②，④より，∠FAB=∠FBA　よって，△FABは二等辺三角形だから，FA=FB…⑥　①，⑤，⑥より，2組の辺とその間の角がそれぞれ等しいので，△FDA≡△FGB

10 (比例関数，方程式の応用，線分の長さ)

(1)　横に並べる空き缶の個数をx個とする。並べる空き缶の個数の合計をy個とするとき，$y=20\times x=20x$だから，**yはxに比例する。**長方形ABCDの横の長さを$y$cmとするとき，$y=6.6\times x=6.6x$だから，yはxに比例する。長方形ABCDの4辺の長さの合計を$y$cmとするとき，$y=\{12.2\times 20-0.3\times(20-1)+6.6\times x\}\times 2=13.2x+476.6$だから，**$y$は$x$の一次関数である。**長方形ABCDの面積を$y$cm^{2}とするとき，$y=\{12.2\times 20-0.3\times(20-1)\}\times(6.6\times x)=1572.78x$だから，$y$は$x$に比例する。

(2) (解) (例)横の長さADが，縦の長さABより300cm長いので，AB＝6.6×105－300＝393…① また，縦の長さABを，xを用いて表すと，AB＝12.2×x－0.3×(x－1)…② ①，②より，12.2×x－0.3×(x－1)＝393　11.9x＝392.7　x＝33　したがって，縦に並べる空き缶の個数は33個である。

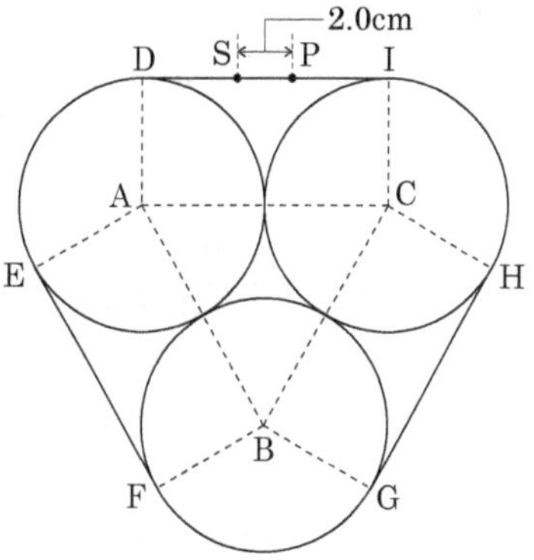

(3) 右図で，点A，B，Cは空き缶の底面の中心を表す。点D，E，F，G，H，Iは巻きつけた長方形の用紙と空き缶の側面との接点を表す。これより，△ABCはAB＝BC＝CA＝6.6cmの正三角形である。**接線と接点を通る半径は垂直に交わる**ことから，四角形DACI，四角形FBAE，四角形HCBGは合同な長方形である。また，おうぎ形ADE，おうぎ形BFG，おうぎ形CHIは半径が3.3cm，中心角が120°の合同なおうぎ形である。以上より，長方形の用紙PQRSの横の長さPSはPS＝EF＋GH＋ID＋$\overset{\frown}{DE}$＋$\overset{\frown}{FG}$＋$\overset{\frown}{HI}$＋2.0＝AB×3＋$\overset{\frown}{DE}$×3＋2.0＝6.6×3＋2π×3.3×$\frac{120^\circ}{360^\circ}$×3＋2.0＝6.6$\pi$＋21.8(cm)

＜英語解答＞

※2～5は選択問題

1　テスト1　No. 1　4　No. 2　2　No. 3　3　No. 4　1　テスト2　No. 1　2　No. 2　1　No. 3　2　No. 4　3　テスト3　(A)　afraid　(B)　other　(C)　friends　(D)　watch a short video

2　(1)　(A)　stronger　(2)　(B)　the banknotes people use in　(3)　(C)　2　(D)　4

3　(1)　(A)　been　(2)　(B)　a boy who couldn't speak　(3)　(C)　4　(D)　1

4　(1)　(A)　oldest　(2)　(B)　when it was built　(3)　(C)　3　(D)　1

5　(1)　(A)　playing　(2)　(B)　long have you practiced　(3)　(C)　4　(D)　2

6　(1)　(A)　How many people are there　(2)　(B)　different　(3)　(C)　1　(4)　3，5

7　(1)　イ　(2)　(a)　3　(b)　2　(3)　①　chance　②　same　③　future

8　(1)　(A)　popular　(B)　window　(C)　weekend　(2)　(D)　Can we walk in the garden

＜英語解説＞

1　(リスニング)

放送台本の和訳は，55ページに掲載。

2　(対話文読解：語形変化・比較，語句の並べ換え・関係代名詞の省略，連語，分詞の形容詞用法)

(全訳)　ベス：シン，これはオーストラリアの紙幣よ。特殊なプラスチックでできているの。

シン：特殊なプラスチック？
ベス：ええ。紙よりも(A)丈夫なので，長期間使用できるのよ。
シン：すごいね。
ベス：日本(B)で人々が使用する紙幣も特殊だと思うな。
シン：どういう(C)意味？
ベス：素晴らしい絵が入っているよね。例えば，紙幣に富士山の絵はとても美しいわ。
シン：わあ，それぞれの国で(D)使用される紙幣について学ぶことはおもしろいね。

(1)　(A)　strong（丈夫な）という形容詞の比較級，stronger。**直後のthan（〜よりも）がヒント。**

(2)　(B)　＜I think that＋主語the banknotes＋動詞are…＞「私は紙幣は…だと思う」が，この文の骨組みとなる部分。　＜the banknotes ← people use in Japan＞「紙幣←日本で人々が使う」のまとまりが，接続詞thatの後ろの主語の働き。**目的格の関係代名詞that［which］が省略された文。**

(3)　(C)　**What do you mean?「どういう意味ですか？」**　定型表現として覚えよう。
(D)　＜the banknotes ← used in each country＞「紙幣←それぞれの国で使われる」**過去分詞(used)の形容詞的用法。**

3　（対話文読解：語形変化・現在完了，語句の並べ換え・関係代名詞，語句補充・前置詞，連語）

（全訳）　岡先生　：エミリー，今日は一生懸命働きましたね。
エミリー：ありがとうございます。今朝から(A)ずっと忙しかったので疲れました。
岡先生　：英語の授業で，君は英語が(B)あまり話せない男の子を見つけて，助けてあげていましたね。
エミリー：はい，彼(C)にとって英語で話すことは難しかったです。でも，私が手伝ってあげた後は，英語で話すことを楽しみだしました。彼が楽しそうだったのでうれしかったです。
岡先生　：よかった。今日は楽しく過ごしましたか？
エミリー：はい！　(D)ベストを尽くせたと思います！

(1)　(A)　since（〜以来）を目印として，**現在完了＜have＋過去分詞been＞**の形にする。

(2)　(B)　＜a boy ← who couldn't speak…＞「男の子 ← …を話すことができなかった」**主格の関係代名詞who。＜先行詞＋who＋助動詞［動詞］＞の語順。**

(3)　(C)　**＜形式主語It is 〜 for（人）to 動詞の原形…＞「（人）にとって…することは〜だ」**
(D)　**連語＜do one's best＞「ベストを尽くす」**

4　（対話文読解：語形変化・最上級，語句の並べ換え・間接疑問文，語句補充・不定詞，受け身）

（全訳）　ナオコ　　：シンディー，あれを見て。この町で(A)一番古い家だよ。
シンディー：歴史を感じるわね。(B)それはいつ建てられたのか分かる？
ナオコ　　：およそ200年前よ。
シンディー：わあ！　今，あの家には(C)だれかが住んでいるの？
ナオコ　　：いいえ。でもかつて，山田さんがそこに住んでいたわ。
シンディー：山田さんというのはだれなの？
ナオコ　　：彼はこの町で生まれて，その後，立派な医者(D)として知られたのよ。たくさんの人の命を救ったの。
シンディー：なるほど。その人についてもっと知りたいな。

(1)　(A)　形容詞old（古い）の最上級。直前のthe，後ろのin（〜の中で）がヒント。

(2) (B) **間接疑問文。＜Do you know / 疑問詞when＋主語it＋be動詞was＋過去分詞built?＞「あなたは知っていますか / それがいつ建てられたかを」という語順。** 疑問詞の後ろは＜主語＋動詞の語順＞になることに注意。動詞部分は，**＜be動詞＋過去分詞＞「〜される[された]」という形の受け身形。**

(3) (C) **分詞の形容詞的用法。＜anyone ← living in the house now＞「だれか←今その家に住んでいる」という語順。** 現在分詞living(住んでいる)が直前の名詞anyone(だれか)を修飾。 (D) **＜be known as 〜＞「〜として知られている」**という意味の，受け身形の連語表現。

5 (対話文読解：語形変化・動名詞，語句の並べ換え・現在完了形，語句補充・不定詞)

(全訳) ポール：私のためにギターを(A)弾いてくれてありがとう，テツ。素晴らしかったよ。(B)どのくらいの期間練習をしてきたの？

テツ　：10年間だよ。母がギターの先生なんだ。

ポール：君はラッキーだね！　君のように私もギターを弾きたいな。ギターの(C)弾き方を私に教えてくれることは可能かな？

テツ　：いいよ。一緒に練習しよう！　今週の土曜日に我が家においでよ。母にも私たちに加わるよう(D)頼んでみるよ。

ポール：それはいいね！　ありがとう。

(1) (A) **＜Thank you for＋〜ing＞「〜してくれてありがとう」。前置詞(for)の後ろは動名詞(〜ing)**

(2) (B) ＜How long have you＋過去分詞…＞「あなたはどれくらいのあいだ〜してきたのか？」。**疑問詞how long(どれくらい)を用いた現在完了形＜have＋過去分詞＞，継続用法「(ずっと)〜している」。**

(3) (C) **＜teach＋(人)＋how to＋動詞の原形…＞「(人)に…する方法を教える」**
(D) **＜ask＋(人)to＋動詞の原形…＞「(人)に…するようにたのむ」**

6 (対話文読解：語句補充・記述，語句の解釈・指示語，図・表などを用いた問題)

(全訳) ユイ：こんにちは，トム。あなたはアメリカから来る家族と訪れるといい場所を知りたがっていたわよね？　良い場所を見つけたわ。

トム：ほんとう？　それはどこ？　そのことについて教えて。

ユイ：いいわよ。これを見て。この町の農園のいちご狩りについてよ。

トム：おもしろそうだね！　私たちみんなでとても楽しめると思うな。でも値段は高いの？

ユイ：私はそうは思わないわ。あなたの家族は(A)何人いるの？

トム：4人だよ。父，母，妹，そして私だよ。

ユイ：あなたの妹さんは何歳？　料金は，大人と子どもでは(B)違うのよ。

トム：あ，そうなんだ。彼女は9歳だから，子ども料金で楽しめるよね。そうか，料金は月によっても(B)違うんだよね？

ユイ：そうよ。彼らはいつ来られるの？

トム：3月29日に着いて，1週間ここに滞在する予定だよ。

ユイ：なるほど。じゃあ，もっと料金が安くするのに，2，3日待つといいわよ。

トム：(C)その通りだね。そうするよ。

ユイ：当日，楽しんでね！

【広告チラシ】
＊＊＊＊いちご農園での
いちご狩り

1時間いちご狩りをして，食べることができます。
火曜日から日曜日，午前10時から午後5時まで営業しております。
料金

	12月－3月	4月－5月
大人	1,600円	1,300円
子ども(5－12歳)	1,300円	1,000円

下記もご利用ください

いちご1パック	400円
ストロベリーアイスクリーム	250円
ストロベリーアイスクリーム作り体験	800円
ストロベリージャム作り体験	1,500円

事前に予約を入れてください。
080－***-****へ電話をするか，*********@****.jpへメールをお送りください。
★メールでご予約された場合，ストロベリーアイスクリームと交換できるチケットを差し上げます！

(1)　(A)　直後のトムの返答につながる質問文を考える。**＜How many＋名詞の複数形people＋疑問文の語順are there …？＞**「…何人いますか？」
(2)　(B)　形容詞 different「違った」
(3)　(C)　1「トムの家族は4月に農園を訪れたほうがいい」 下線部は，直前のユイの発言を指す。【広告チラシ】の料金欄を参照。4月は3月よりも料金が安くなる。
(4)　1　いちご狩りをしているあいだ，いちごを食べることはできない。(×)　2　毎日8時間，いちご狩りをやってみることができる。(×)　3　いちごを使ってジャム作りを楽しめる。(○)　上記【広告チラシ】の訳を参照。　4　1,000円あれば，3パックのいちごを買える。(×)
5　農園は，予約をしてから訪れるように言っている。(○)　上記【広告チラシ】の訳を参照。
6　農園に電話をするなら，1パックのいちごがもらえる。(×)

7　(長文読解・物語文：文の挿入，英問英答，メモ・手紙・要約文などを用いた問題)

(全訳)　夏のある日，ミサトは祖母の家をナンシーと訪れた。ミサトは，「夏と言えば，私は浴衣を着るのが好き。浴衣について知ってる？」と言った。ナンシーは，「うん。浴衣は日本の伝統的な衣服でしょ？　私は以前，着物を着たことがあるけど，浴衣を着たことはないわ。いつか浴衣を着てみたい」と言った。ミサトは，「そうだ，いい考えがある！」と言った。

そのとき，ミサトの祖母であるヤスコが，彼女たちにお茶を持ってきた。ミサトは彼女に，「ナンシーは浴衣を着たいと思っているの。手伝ってもらえる？　私も浴衣を着るつもり。そして一緒に花火を楽しむ予定なの。イ　それは彼女にとっていい経験になると思うわ」と言った。ヤスコは,「それはいい考えね。ナンシー，あなたは浴衣を着るのは初めてなの？」と言った。ナンシーは，「はい。私は長い間，浴衣を着たいと思ってきました」と言った。

お茶を飲んだ後，ヤスコは彼女たちにいくつかの浴衣を見せた。様々な色や模様があったので，ナンシーは驚いた。彼女は，「この浴衣の赤い花が気に入ったわ。とってもかわいい」と言った。ミサトは，「それを着てみたらどう？　今は私の浴衣だけど，母が若いころに着ていたものでもあるのよ。祖母がそれを作ったの」と言った。ナンシーは,「わあ！　長い間それを保管してきたのね」と言った。

ヤスコはナンシーがその浴衣を着るのを手伝った。ナンシーはうれしそうだった。ヤスコは,「あなたがこの浴衣を着てくれて私はうれしいわ。浴衣はただの衣服ではないと私は思うの。それを次の世代に伝えることができるから。それを着ると，人はその伝統を感じることができるわ。」と言った。ナンシーは，「同感です。私もそれが理解できると思います。このような機会を持てたことがうれしいです」と言った。ヤスコとミサトは微笑んだ。

その晩，彼女たちはみんなで浴衣を着て，庭で小さな花火大会を楽しんだ。ヤスコは，「あなたにとってこれがいい思い出になってくれればと思っているわ」と言った。ナンシーは，「私は今日，あなたから多くのことを学びました。次の世代に何かを渡すというのは素敵ですね。私は自分の国でそれを探してみたいと思います」と言った。ミサトとナンシーはヤスコを見て，そしてみんなでにっこりと笑った。ヤスコはうれしそうな表情をしていた。

(1)　上記全訳を参照。

(2)　(a)　質問：「ナンシーは，ヤスコが自分に浴衣を見せたくれた時どう感じたか？」　3　彼女は，様々な色や模様を見て驚いた。第3段落2文目を参照。　(b)　質問：「なぜヤスコは，浴衣はただの衣服ではないと思ったのか」　2　なぜならそれを着ることによって，人は伝統を感じることができるから。第4段落4，5文目を参照。

(3)　(手紙全訳)　浴衣を着る①機会があってうれしかったわ。初めてだった！　あなたとあなたのお母さんが以前，②同じ浴衣を着たのよね？　何かを次の世代に伝えるというのは素敵なことだと思うわ。

私が家に帰って来たら，母が私にトマトスープを作ってくれたの。それは祖母から母へと伝えられたものよ！　③将来私に子どもができたら，母のように自分の子どもにそのスープを作ってあげるつもりよ。

①～③　上記，手紙全訳を参照。

8　**(条件英作文)**

(【原稿】全訳)　こんにちは，みなさん。市立美術館を私はお勧めします。

私はそこにある日本庭園がお気に入りです。そこは来館者に(A)人気があります。売店近くのソファに座ると，(B)窓越しにそれが見えます。とても美しいです。

午後には，小さなコンサートを楽しむこともできます。毎(C)週末に，それは開かれます。音楽を聞いて，素敵な時間が過ごせます。

私は皆さんに，そこにある絵画，庭園，そして音楽をいつか楽しんでほしいです。(D)もし質問があれば，私に尋ねてください。ありがとうございました。

(1)　(A)～(C)　本文の【メモ】，および上記の，【原稿】全訳を参照。

(2)　(D)　(解答例訳)　「私たちは庭園のなかを歩くことができますか？」

2021年度英語　放送を聞いて答える問題

〔放送台本〕

ただ今から，英語の学力検査を行います。問題用紙の中に挟んである解答用紙を取り出しなさい。はじめに，放送によるリスニングテストを行います。聞きながらメモをとっても構いません。

それでは，テスト1から始めます。テスト1の問題を読みなさい。

対話はNo. 1からNo. 4まで4つあり，それぞれの対話のあとに問いが続きます。なお，対話と問いは2回ずつくり返します。それでは，問題に入ります。

No. 1 *A:* Alex, what's your favorite subject?
B: I like math very much. How about you, Sakura?
A: I like music. Singing songs is fun.
Question: What is Alex's favorite subject?

No. 2 *A:* Hi, Haruka. You are walking a cute dog.
B: Thanks, Pat. But this dog is not mine. My uncle lives near my house, and sometimes I walk his dog.
A: Oh, I see.
Question: Whose dog is Haruka walking?

No. 3 *A:* Shota, you're a good tennis player! Do you often practice tennis?
B: Yes! I practice it on Monday, Tuesday, Thursday and Saturday every week.
A: Wow, you practice it well.
Question: How many days does Shota practice tennis every week?

No. 4 *A:* When is your birthday, Yumi?
B: It's December 2. Could you tell me your birthday, Mr. Smith?
A: Well, my birthday is the first day of the year! So I can eat a birthday cake on New Year's Day!
Question: When is Mr. Smith's birthday?

〔英文の訳〕

No. 1 A：アレックス，あなたの好きな科目は何？
B：数学が大好き。君はどう，サクラ？
A：私は音楽が好き。歌を歌うのは楽しいわ。
質問：アレックスの好きな科目は何ですか？
答え：4　数学です。

No. 2 A：やあ，ハルカ。かわいい犬を散歩させているんだね。
B：ありがとう，パット。でもこの犬は私のじゃないの。おじが私の家の近くに住んでいて，彼の犬を時々散歩させているの。
A：ああ，そうなんだ。
質問：ハルカはだれの犬を散歩させていますか？
答え：2　彼女のおじさんの犬です。

No. 3 A：ショウタ，あなたはテニスが上手ね！　よく練習するの？
B：うん！　毎週，月，火，木，土に練習するよ。
A：わあ，よく練習しているんだね。
質問：毎週何日ショウタはテニスを練習していますか？
答え：3　4日です。

No. 4 A：誕生日はいつ，ユミ？
B：12月2日です。あなたの誕生日はいつですか，スミス先生。

A：えーと，1年の最初の日だよ！　だからお正月にバースデーケーキを食べられるんだ。
質問：スミス先生の誕生日はいつですか？
答え：1　1月1日です。

〔放送台本〕
次に，テスト2に移ります。テスト2の問題を読みなさい。今から，対話を2回ずつくり返します。では，始めます。

No. 1 *A:* Kazuo, look at this chocolate cake. I made it yesterday.
B: Oh, it looks nice. Can I try it?
A: Yes. Here you are.

No. 2 *A:* May I help you? Are you looking for a bag?
B: Yes, I like this bag, but do you have a brown one?
A: Sorry. We don't have that color right now.

No. 3 *A:* John, dinner is ready.
B: Can you wait for a few minutes, Mom? I want to finish my homework.
A: No problem. Please do it first. Then you can enjoy your dinner.

No. 4 *A:* Excuse me. I'd like to go to the library. Can I go there by train?
B: Well, you can go there by train. But you have to walk for about 20 minutes from the station.
A: Oh, really? Are there any good ways to get there?

〔英文の訳〕
No. 1 A：カズオ，このチョコレートケーキを見て。私が昨日作ったの。
B：わあ，おいしそうだね。食べてもいい？
A：ええ。どうぞ。
答え：2　どうもありがとう。

No. 2 A：いらっしゃいませ。バッグをお探しですか？
B：はい，このバッグが気にったのですが，茶色はありますか？
A：すみません。ただ今，その色のはありません。
答え：1　では，別の色はありますか？

No. 3 A：ジョン，夕食ができたわよ。
B：少し待ってもらえる，ママ？　宿題を終わらせたいんだ。
A：いいわよ。終えてしまって。それから夕食を楽しんで。
答え：2　分かった。すぐに終わると思う。

No. 4 A：すみません。図書館に行きたいのですが。電車でそこへ行けますか？
B：えーと，電車で行けますよ。でも，駅から20分歩かなくてはいけません。
A：え，本当ですか？　そこへ行く良い方法がありますか？
答え：3　えーと，そこでバスに乗れます。

〔放送台本〕
次に，テスト3に移ります。テスト3の問題と，問題の下にある【メモ】を読みなさい。今から，

Wilson先生の話を2回くり返します。では，始めます。

Hi, everyone. Welcome to our high school. I'm Mike Wilson. Today, you'll join our English class. Now, I'll tell you two important things for the class.

First, don't be afraid of speaking English. You don't have to speak perfect English. The most important thing is to enjoy the communication. Second, try to talk with a lot of students. Today, students around you come from other junior high schools. I know it's not easy to talk to them. But it's a good chance to make new friends.

After the class, I'll show you a short video. It's about the events like the school festival at this school. I hope you'll be interested in them. Now let's start the class!

以上で，リスニングテストを終わります。

〔英文の訳〕

こんにちは，みなさん。私たちの高校へようこそ。私はマイク・ウィルソンです。今日，あなたたちはこの英語の授業に参加します。今から，授業で大事な2つのことを話します。

1つ目に，英語を話すのを恐れないでください。パーフェクトな英語を話す必要はありません。一番大切なのはコミュニケーションを楽しむことです。2つ目に，多くの生徒と話すようにしてください。今日，あなたのまわりの生徒は他の中学校から来ています。彼らと話すのが簡単ではないことはわかります。でも，新しい友人を作るいいチャンスです。

授業の後，皆さんにショートビデオを見せます。この学校の学校祭に似たイベントに関してのものです。興味を持ってくれればと思います。では，授業を始めましょう！

〔メモの英文訳〕

今日の授業について

1　私たちは英語を話すことを(A)恐れるべきではない。

2　私たちは(B)他の中学校から来た生徒と話すべき。新しい(C)友人を作れる。

授業後

私たちは(D)ショートビデオを見る予定。それはこの学校のイベントについて。

＜理科解答＞

※1～4は選択問題

1　(1)　化学電池　(2)　1　(3)　3

2　(1)　太陽系　(2)　A　(3)　2

3　(1)　直流　(2)　3　(3)　4

4　(1)　DNA　(2)　2　(3)　1

5　(1)　2　(2)　4　(3)　5　(4)　画用紙と虫めがねの距離が焦点距離より近いため，虫めがねを通った光は広がり，実像ができないから。

6　(1)　還元　(2)　試験管A内に空気中の酸素が入るのを防ぐため。
(3)　ア　4　イ　1

7　(1)　2　(2)　示相化石　(3)　傾斜がゆるやかな形の火山ができるマグマと比べて，

マグマのねばりけが大きいから。　(4)　れきや砂は，泥よりも粒が大きいため，早く沈むから。

8　(1)　やく　(2)　双子葉類は輪のように並んでいるが，単子葉類は茎全体に散らばっている。

(3)　(該当する部分)　右図　(名称)　胚珠

(4)　根の表面積が大きくなるから。

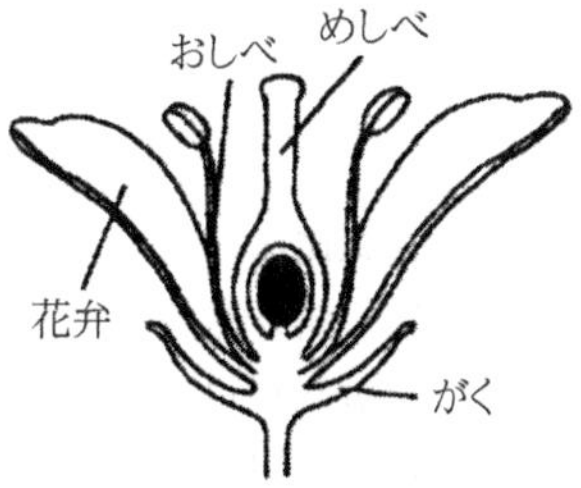

9　(1)　アミラーゼ　(2)　20〔Wh〕

(3)　ア　4　イ　あ：1　い：3

＜理科解説＞

1　(化学電池)

(1)　電池は，化学エネルギーを電気エネルギーに変換する道具である。

(2)　**電解質の水溶液と，異なる種類の金属2枚**を用いると，化学電池となる。

(3)　水溶液の濃度が変わっていないため，プロペラが回転する速さは変わらない。この電池では，**銅板が＋極，亜鉛板が－極**になっているため，銅板と亜鉛板をつなぎかえると，プロペラの回転する向きは反対になる。

2　(天体)

(1)　太陽と，そのまわりを回転している天体を，まとめて太陽系という。

(2)　冬至のとき，北極は太陽から最も遠くなる。

(3)　地軸が公転面に対して垂直になると，昼と夜の長さや日の入り・日の出の時刻が一年中同じになり，南中高度も春分・秋分のときと一年中同じになる。

3　(磁界)

(1)　電流には，直流のように向きや大きさが常に同じ電流や，交流のように向きや大きさがたえず変化する電流がある。

(2)　電流の向きを変えると，電流が磁界によって受ける力の向きも逆になる。

(3)　コイルを流れる電流の大きさが大きくなったり，コイルの巻き数をふやしたり，より強い磁石を用いたりすることで，電流が磁界から受ける力は大きくなる。

4　(遺伝)

(1)　遺伝子の本体はデオキシリボ核酸で．略号がDNAである。

(2)　あたためたうすい塩酸につけることで，細胞どうしの結合を切りやすくする。

(3)　染色体の数は，生物の種類によって決まっている。また，染色体の状態は，細胞分裂の時期によって変化する。

5　(凸レンズ)

(1)　水中の物体から出て水面に入射した光は，水面で屈折して観察者まで届く。

(2)　スクリーンにうつる実像は，凸レンズによって，実物と**上下左右が逆向き**になる。スクリーンを裏側から観察していることに気をつける。

(3)　実像をできるだけ大きくするためには，物体から凸レンズまでの距離をできるだけ小さくすればよい。

(4) 物体が焦点上，または，物体が焦点距離よりも内側にあるとき，実像ができない。これらのとき，凸レンズを通った物体の光は交わることはないため実像ができない。

6 (化学変化)

(1) 酸化物から酸素をとり去る化学変化を，**還元**という。

(2) 試験管には，還元された高温の銅が入っているため，加熱後の試験管に空気が入ると銅が再び酸化してしまう恐れがある。

(3) ア (炭素が酸化銅からうばった酸素の質量)＝(酸化銅の質量)－(加熱後の試験管A内の物質の質量)で求められる。 イ 1班から3班の結果は，炭素の増加の質量が0.15gで，これに対して質量の減少が0.40gずつとなり，同じ割合になっている。

7 (地層と岩石)

(1) スケッチするときは，細く削った鉛筆を使い，重ね書きなどをせずに輪郭をはっきりとかく。

(2) 地層が堆積した当時の環境を推定するための手掛かりとなる化石を，**示相化石**という。

(3) マグマのねばりけが強いと，溶岩が流れにくくなるため，ドーム状の形の火山となる。

(4) 粒の大きさが大きいものから順に，**れき＞砂＞泥**となっており，粒の大きさが大きいものほど河口付近に堆積する。

8 (植物)

(1) おしべの先端のやくで花粉がつくられる。

(2) 被子植物のうち，単子葉類と双子葉類は，それぞれ茎の維管束の状態が異なっている。

(3) 胚珠が種子になり，子房が果実になる。被子植物では，子房の中に胚珠がある。

(4) 根の表面に根毛があることによって，土と接する面積が増大し，水を吸収する効率がよくなる。

9 (総合問題)

(1) アミラーゼは，デンプンを麦芽糖などに分解する。

(2) **電力量〔Wh〕＝電力〔W〕×時間〔h〕**より，1200〔W〕×$\frac{1}{60}$〔h〕＝20〔Wh〕

(3) ア 密度が0.79g/cm^{3}であれば，その液体は質量パーセント濃度が100％のエタノールといえるが，実験では0.79g/cm^{3}よりも大きいので，水をふくんでいるといえる。

イ 質量パーセント濃度が50％となるときの密度は，図3より，0.91g/cm^{3}である。密度は，水をふくむ割合が大きくなるほど0.91g/cm^{3}より大きくなり，エタノールをふくむ割合が大きくなるほど0.91g/cm^{3}よりも小さくなる。よって，液体の密度が0.91g/cm^{3}より小さい液体を選ぶ。

＜社会解答＞

※1～4は選択問題

1 (1) 公害 (2) 2 (3) 4

2 (1) ユーロ (2) 2 (3) 1

3 (1) 与党 (2) 3 (3) 4

4 (1) 家計 (2) 4 (3) 3

5　(1)　赤道　(2)　2　(3)　1　(4)　12時間
(5)　外国企業を受け入れて，資本や技術を導入するため。　(6)　4　(7)　右図

6　(1)　ア　平城京　イ　a　口分田　b　租
(2)　2　(3)　元軍が，武器に火薬を使ったから。
(4)　香辛料の貿易を，イスラム商人やイタリア商人がにぎっていたから。　(5)　1　(6)　3

7　(1)　琵琶湖　(2)　フォッサマグナ　(3)　促成栽培　(4)　4　(5)　湿った季節風が，中国山地や四国山地にさえぎられるため。
(6)　1　(7)　3

8　(1)　2　(2)　3　(3)　太陽暦　(4)　伊藤博文
(5)　ア　4　イ　不平等条約を改正すること。
(6)　1　(7)　沖縄が返還された

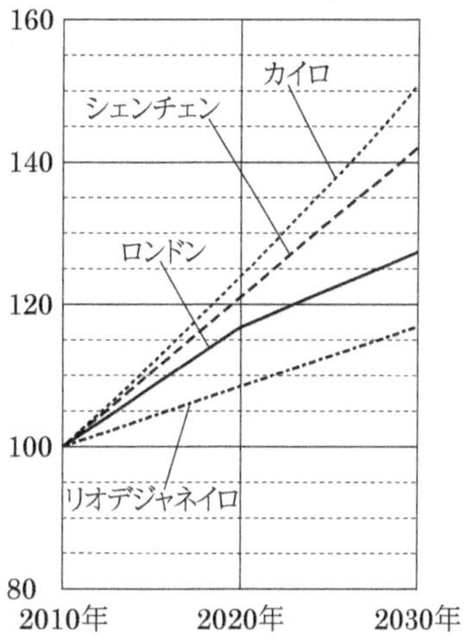

＜社会解説＞

1　(歴史的分野－高度経済成長期・情報化・世界のできごとに関する問題)

(1)　企業の活動により環境が破壊され，引き起こされた社会的災害のことである。

(2)　**リテラシーとは識字能力**のことである。情報と組み合わせることで，情報を自己の目的に適合するように使える能力のことを表すようになったものである。

(3)　**第二次世界大戦は1945年に終戦**となったことから判断すれば良い。1は1919年，2は1905年，3は1911年，4は1955年のことである。

2　(公民的分野－EU・国際連合・ODAに関する問題)

(1)　**1999年に導入**された通貨で，現在EU加盟の27か国中19か国で導入されている。

(2)　**国連児童基金(UNICEF)**は，1946年に設立された，国際連合総会の補助機関である。本部はニューヨークに置かれている。1は国連難民高等弁務官事務所，3は世界保健機関，4は世界貿易機関のことである。

(3)　二国間援助を中心に進めているアメリカ合衆国が世界最大のODA実施国である。Bはドイツ，Cはイギリス，Dは日本である。

3　(公民的分野－政党・人権・裁判に関する問題)

(1)　政権を構成し行政を担当する政党のことである。政権を担当するには議会の過半数を占めることが必要であるが，単独で実現できない場合は複数の政党との連立によることもある。

(2)　1は**日本国憲法第32条**，2は**日本国憲法第28条**，4は**日本国憲法第29条**に規定されていることから判断すれば良い。

(3)　第一審から第二審の上級裁判所に不服を申し立てることが控訴であり，第二審から第三審の上級裁判所に不服を申し立てることが上告であること，地方裁判所の上級裁判所にあたるのは高等裁判所であることから判断すれば良い。

4　(公民的分野－経済・税金・企業の状況に関する問題)

(1)　一家の生活を維持する経済のことである。

(2)　**税金を負担する者と納税する者が同じ税金を直接税，異なる税金を間接税**ということから判断すれば良い。間接税は価格に転嫁されていることにも注目する必要がある。

(3)　従業員数が300人以上の企業が大企業，299人以下が中小企業であること，大企業の工場数は少ないが，一人当たり生産額が大きいことを併せて判断すれば良い。

5　**(地理的分野－世界地理に関する問題)**

(1)　自転する天体の重心を通り，天体の自転軸に垂直な平面が天体表面を切断する線のことである。赤道より北が北半球，南が南半球と呼ばれる。

(2)　**イギリスの西側の海は大西洋**であること，**赤道方面からの海流は暖流**であること，これらを併せて判断すれば良い。リマン海流は日本海を南下する寒流である。

(3)　ロンドンの気候帯は温帯であり，年間を通して一定の降水量があることから判断できる。2は東京，3はカイロ，4はリオデジャネイロの雨温図である。

(4)　**日本標準時子午線は，東経135度**である。したがって，**西経45度との経度の差は，135＋45＝180度**となる。**地球は24時間で自転**していることから，**360÷24＝15度となり，経度15度が時差1時間**にあたることとなる。したがって，**2地点間の時差は180÷15＝12時間**となる。

(5)　経済発展のために，外国企業の受け入れに関して，法的に特別な地位を与えられている地域が経済特区であることを説明すれば良い。

(6)　**ロンドンの緯度・経度は，北緯51度・経度0度**である。**その地点から真東に向かう**ということは，**太平洋上にある南緯51度・経度180度線地点に向かう**ことになる。したがって，ユーラシア大陸とオーストラリア大陸を通過することが分かるはずである。**アフリカ大陸はロンドンの南に位置しており，南極地域は南緯60度以南**であることから通過していないことが分かる。

(7)　2010年を100としたときのそれぞれの数値は，2020年は93÷80×100＝116.25，2030年は102÷80×100＝127.5となることが分かる。これを基に作図すれば良い。

6　**(歴史的分野－16世紀までの日本と外国との関わりに関する問題)**

(1)　ア　**元明天皇**の時代に遷都した都である。　イ　a　律令制度において民衆に支給された農地で，**男子は2段，女子にはその3分の2である1段120歩**が与えられた。　b　**口分田1段につき2束2把の割合で課せられた税**で，国司の元に納められたものである。

(2)　**栄西は臨済宗，道元は曹洞宗，法然は浄土宗，親鸞は浄土真宗**の開祖である。

(3)　資料Ⅰの右に幕府軍，左に元軍が配置されている。両軍の間に，**火薬が爆発している「てつはう」と呼ばれる武器**が描かれていることに注目して説明すれば良い。

(4)　海路による貿易を進めたかった背景に，陸路であるシルクロードを利用して行われた胡椒に代表される香辛料の取引は，イスラム商人やイタリア商人が主体となっていたことが挙げられる点に注目して説明すれば良い。

(5)　南蛮貿易の輸出品は，銀・刀・漆器・海産物などで，輸入品は中国産の生糸・絹織物の他，鉄砲・火薬などが挙げられる。

(6)　**豊臣秀吉が1587年にバテレン追放令を出した**ことから判断すれば良い。1は1641年，2は1635年，4は1628年ごろから，江戸幕府が行ったものである。

7　**(地理的分野山口県・滋賀県・愛媛県・長崎県に関する問題)**

(1)　**滋賀県の面積の6分の1を占める，日本一面積の広い湖**である。

(2)　ドイツ人地質学者であるナウマンが発見した，**新潟県の糸魚川から静岡市にかけて**続く，**大地溝帯**と呼ばれる断層である。

(3)　冬でも暖かい気候を利用して，ビニールハウス内で夏野菜を冬に栽培して出荷する栽培方法である。時期外れに出荷することで，高値での取引が見込める利点がある。

(4)　近畿地方には，大阪府・京都府・兵庫県・滋賀県・奈良県・和歌山県・三重県の2府5県が含まれていることから判断すれば良い。

(5)　**瀬戸内地域は，中国山地・四国山地の間に位置**しており，雨を降らせる大きな要因である，夏の南東からの季節風や冬の北西からの**季節風がさえぎられている**ことが読み取れる。ここに注目して説明すれば良い。

(6)　**海岸線距離が示されていない**ことから，4は**内陸県である滋賀県**であると分かる。**海岸線距離が一番長い**ことから，3は**島の多い長崎県**であると分かる。農業産出額に占める**果実の額が多い**ことから，2は**みかんの栽培が盛んな愛媛県**であると分かる。以上のことから，残された1が山口県であると分かるはずである。

(7)　**縮尺25000分の1**とあることから，図Ⅲの**等高線は10mごとに描かれている**ことが分かる。したがって，A地点の標高は30m，三角点の標高は332mであることが読み取れるので，2地点の標高の差は300mだと分かるはずである。

8　(歴史的分野－山口県を切り口にした問題)

(1)　江戸幕府は，**徳川氏の親戚である親藩**と**関ヶ原の戦い以前からの家臣である譜代大名**を，江戸近郊及び主要地域に配置し，**関ヶ原の戦い以降の家臣である外様大名**は江戸から遠い地域に配置することで，江戸を守ろうとした。

(2)　1830年から始まった，**老中水野忠邦による改革**である。その政策にあった，**株仲間の解散**と**人返しの法**の内容を示しているのが3である。1は**老中田沼意次**によるもの，2は**8代将軍徳川吉宗**によるもの，4は**5代将軍徳川綱吉**によるものである。

(3)　諸外国と暦を合わせる必要性が大きくなったので，明治5年(1872年)12月2日までは月の満ち欠けに基づく太陰暦が用いられていたが，翌12月3日を明治6年(1873年)1月1日とする形で，地球が太陽の周りを回る周期に基づく太陽暦の導入が行われた。

(4)　**初代内閣総理大臣**とあることから，**伊藤博文**であることが分かるはずである。

(5)　1871年の普仏戦争の勝利を受けて，首相ビスマルクの指導の下に成立した，プロイセン国王をドイツ皇帝に戴く体制である。

(6)　**25歳以上の男子に選挙権を与える普通選挙法の成立が，1925年**であることから判断すれば良い。**ラジオ放送の開始は1925年，官営の八幡製鉄所の操業開始は1901年，学制公布は1872年，米などの主食の配給制開始は1941年**のことである。

(7)　太平洋戦争が終結した1945年の翌年にあたる1946年に減った1つの県が沖縄県であることに注目し，1972年5月15日に沖縄県は返還されたことを説明すれば良い。

＜国語解答＞

※三～六は選択問題

一　(一)　3　(二)　1　ちんざ　2　筋　(三)　2　(四)　(例)じゃまをしないように，アサガオの花を見ているつぐみに寄りそおうと考えたから。　(五)　朝焼け色の花

(六)　(例)つぐみもしっかりとした自分の時間の流れを持って，ゆっくりと着実に成長している　(七)　3

二　(一)　1　飼　2　脳裏　3　並　4　りゅうき　(二)　4　(三)　(例)原則的に世界中でただ一つしか存在しない事物を描く　(四)　(例)特定の事物をかたどったフォルムに，他の同種の事物を思い浮かべることができるような普遍性がある場合。　(五)　1　(六)　3

三　(一)　かえりみ　(二)　2　(三)　(例)油断せずに努力を継続すること。

四　(一)　3　(二)　4　(三)　(例)故郷が恋しくて早く帰りたい

五　(一)　3　(二)　1　(三)　(例)あぜ道を譲り，年長者を敬う

六　(一)　1　(二)　4　(三)　(例)うかがいますので御覧になって

七　(一)　2　(二)　(例)　読書の楽しさは，読む人それぞれが自由に想像できることだと思います。

授業で，友達と同じ本の一場面を絵に描いたことがありました。完成した絵を見せ合ったとき，同じ場面について描いたのに，登場人物や背景の描き方が全く違っていて驚きました。同じ本を読んでも，読む人によって思い描く世界がそれぞれに異なるということを実感しました。また，友達と語り合うことで，自分の世界も広がるように感じました。

これからも，読書を通して自由に想像することを楽しんでいきたいです。

<国語解説>

一　(小説―情景・心情，内容吟味，文脈把握，漢字の読み書き，筆順・画数・部首，品詞・用法，表現技法・形式)

(一)　総画数は8画である。

(二)　1　その場所にどっかりと座っているという意味。　2　「筋」は上の部分が「竹」。

(三)　傍線「動か」は，**「〜ない」に続くので未然形**。1は希望の助動詞「たい」に続く。**「たい」は連用形接続**の助動詞だ。2は「う」に続くので未然形。3は「ば」に続くので仮定形。4は推定の助動詞「らしい」に続く。**「らしい」は終止形接続**の助動詞だ。

(四)　つぐみは微動だにせずアサガオの花を見つめ続けている。その**あまりの真剣さに，ぼくは身体の弱い妹に，気遣いながら寄りそおう**と考えているのだ。

(五)　「朱色と紫色のグラデーション」は**朝焼けの描写**であることがヒントだ。咲いたアサガオを「朝焼けの色の花だった」と書いている。

(六)　気づいたことは傍線の後の「こんなふう」，つまり「**妹は，しっかりと自分の時間の流れを持って生きてきた**のか」ということだ。ぼくは，病弱な妹がアサガオの開花と同様に，**ゆっくりであるがしっかりと成長している**ことに気づいたのだ。

(七)　3のように，**「朝ごはん」という体言止め**があり，簡潔で短い文で朝の情景が書かれている。**短文の力強さによって，ぼくの決意がより印象深く伝わる効果**がある。1の擬音語・擬態語，2の対句・反復は用いられていない。4は「客観的な語り」とあるが，ぼくの目から見つめた朝食の場面が描かれているので不適切だ。

二　(論説文―大意・要旨，内容吟味，文脈把握，接続語の問題，脱文・脱語補充，漢字の読み書き)

(一)　1　「飼」の，しょくへんは8画目をしっかり止める。　2　意識に浮かぶ考えや記憶の一部分。　3　「並」の訓読みは「なら・ぶ」，音読みは「ヘイ」。　4　周囲に比べてその部分だけが

著しく高く盛り上がること。

(二)　□の前の内容をまとめとして説明する文が□の後に続くので「つまり」が適切だ。

(三)　文字は「指し示す実体に対する普遍性が要求される」ものだ。それなのに傍線部の直後にあるように**「絵画として描かれる事物は，原則的に世界中でただそれ一つしか存在しない」**から，**普遍性を求める文字に絵画は合わない**のだ。

(四)「山」の具体例を挙げて説明している部分を用いて、「山」を「ある事物」に置き換えてまとめよう。**ある事物をかたどったフォルムを見れば，だれでも同じ種の事物を思い浮かべることが可能になる場において文字が成立する**のだ。このとき，**表したフォルムに求められる性質は普遍性**である。このキーワードを必ず含めて指定字数でまとめる。

(五)「山」という象形文字の説明が述べられている段落だ。ここでは，象形文字は絵画ではないことを述べている。絵画的に描いたものであるなら山の峰は三つ必要だが，文字には普遍性が与えられるので写実的である必要はなく，山の峰は必ずしも三つあるとは限らないのだ。ここに示されているのは**普遍性のある「文字」とこの世に一つしか存在しない「絵画」との差異**である。

(六)　選択肢の中から，**事物の端的な特徴を抽出して具体的に描いた普遍性のある象形文字**を探す。3の「雨」は，雨の降る特徴的な様子を模して描いた象形文字である。

三　(古文—大意・要旨，文脈把握，仮名遣い)

【現代語訳】　昔の人は言った。器用な者は(自分の器用さを)あてにして必ず油断する。不器用な者はわが身を気にかけ遅れまいと励むので(器用な者を)追い越す。学問もこのようである。器用な者は覚えたつもりになり奥深くに追求せず，いい加減である。覚えなければ深く追求しないのと同じだ。こころに入ってよく覚えたことでも忘れてしまうのは当然のことで，どれほど賢く器用だとしても覚えていないことがうまくいくはずがない。不器用な者が，暇を惜しまず精を出している(努力を続ける)のは技能に行き悩むことはなく，少しずつ上達すると言った。

(一)　語中・語尾の「は・ひ・ふ・へ・ほ」は，現代仮名遣いで「ワ・イ・ウ・エ・オ」にする。

(二)「ね」・「ぬ」は打消しの助動詞「ぬ」である。これをふまえて現代語訳すれば解答が導ける。

(三)　芸の上達に**大切なのは，「退屈なく精を出したる」こと**(努力を続けること)だ。一方もっとも**危険なのは「油断」**である。これらを用いてまとめよう。

四　(古文—情景・心情，文脈把握，表現技法・形式)

【現代語訳】　聞きなれた虫の鳴き声も次第に消え果ていき，松を吹き下ろす山頂からの強い風だけがますますはげしくなっていく。故郷を恋しく思う心に誘われて，つくづくと都の方をながめていたそのとき，一列に連なる雁が雲に消えていくのもしみじみと趣がある。

春には再び故郷に帰ることを頼みにして田の面の雁がねも啼いて空へと旅立ったのであろうか

(一)　**一つの語に二つの同音異義の意味を含める技法を掛詞**という。

(二)「虫の音」が聞こえなくなるのは，**生命が枯れる「冬」の季節に入る**からだ。また強く激しい風は吹き下ろすという描写から**木枯らしのように冷たい風**だと読み取れる。最後の歌から春を待ちわびていることがわかり，今は冬の到来の時期である。

(三)　筆者は「帰るべき春をたのむ」と詠んでいるので，**故郷を恋しく思っていることと早く帰りたいということ**を含めて心情をまとめる。

五　(漢文—内容吟味，脱文・脱語補充，表現技法・形式)

【現代語訳】　西伯はいつくしみ深い政治を行い，各国の領主は西伯に従っていた。虞・芮は田を取り合って解決することができなかった。そこで周に行った。周の国に入って耕す者を見ていると，みんなあぜ道を譲り，人々はだれもが長者を敬っていた。二人は恥ずかしく思い，互いに言うことには，「我々が争っていることは，周の人にとっては恥ずかしいことだ。」と。そして西伯に会うことなく帰って，お互いにその田を譲り合って奪わなかった。

（一）「不」は「能」の後に，その「能」は「決」のあとに，それぞれ一字返って読む。したがっていずれにも**レ点**を用いる。

（二）西伯が治める周は争いがなかったので，争いの多い領主は**西伯に助言を求めよう**としたのだ。

（三）虞と芮の領主が周の国で見たのは，**「皆畔を遜り，民の俗皆長に譲る」という様子**だ。

六 （散文―熟語，ことわざ・慣用句，敬語・その他）

（一）訓読み＋訓読みの組み合わせ。

（二）□の前に「昔のことを見つめ直すことで，今まで知らなかった考え方や知識を得ることができました」とあるので，「温故知新」が適切だ。

（三）「行く」のは，自分たちの行為なので，へりくだり謙譲語を用いる。「伺う」「参る」などがよい。「見る」のは相手の行為なので，尊敬語を用いる。「御覧になる」「～られる」などがよい。

七 （会話・議論・発表―脱文・脱語補充，作文）

（一）二番目の項目の友達が薦めてくれた点，三番目の項目の家族が関わっている点，四番目の項目の学校の取り組みという点をふまえると，いずれも自分自身の自発的な行動というよりは**外部からの働きかけがあるということが共通点**として見出される。

（二）自分が考える「読書の楽しさ」について述べる作文だ。どんなときに「本を読むのは楽しい」と感じたか，自分の経験を例に挙げて説明しよう。序論・本論・結論の三段落を設けてもよいが，字数も多くないので二段落構成でも構わない。まず初めの段落で，「読書の楽しさは～である。」と明記する。そして，次段落ではそう考える根拠となった体験・経験を説明する。そして最後にまとめを書くという構成がよいだろう。

山口県公立高等学校

2020年度

★★★★★★★★★★★★★★★★★★★★★★★

入 試 問 題

2020
年
度

●くわしい解説……55ページ

＜数学＞　時間　50分　　満点　50点

1　次の⑴～⑸に答えなさい。

⑴　$3+(-5)$ を計算しなさい。

⑵　$6^2\div 8$ を計算しなさい。

⑶　$-2a+7-(1-5a)$ を計算しなさい。

⑷　$(9a-b)\times(-4a)$ を計算しなさい。

⑸　$x=-1$，$y=\frac{7}{2}$ のとき，x^3+2xy の値を求めなさい。

2　次の⑴～⑷に答えなさい。

⑴　y は x に比例し，$x=6$ のとき $y=-9$ である。y を x の式で表しなさい。

⑵　$\sqrt{45n}$ が整数になるような自然数 n のうち，最も小さい数を求めなさい。

⑶　家から公園までの800mの道のりを，毎分60mで a 分間歩いたとき，残りの道のりが b mであった。残りの道のり b を，a を使った式で表しなさい。

⑷　右の図のような長方形ABCDがある。辺CDを軸として，この長方形を１回転させてできる立体の体積を求めなさい。ただし，円周率は π とする。

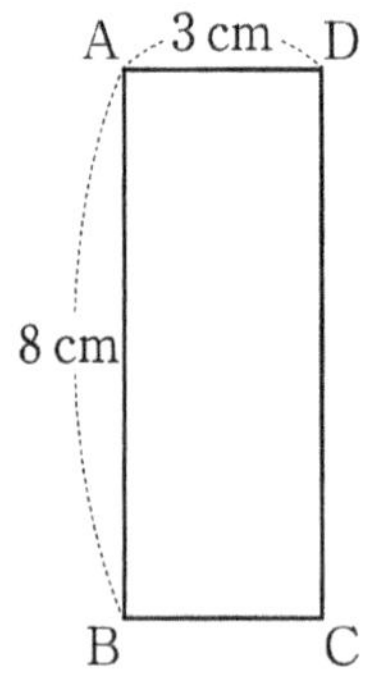

3　ある中学校の生徒30人を対象として，「インターネットを学習に利用する時間が平日１日あたりにどのくらいあるか」についてアンケート調査を行った。**表**は，その結果をまとめたものであり，**図**は**表**をもとに作成した度数分布多角形（度数折れ線）である。

（**表**，**図**は次のページにあります。）

次の⑴，⑵に答えなさい。

⑴　**表**や**図**から読み取れることとして正しいものを，次の**ア**～**エ**から１つ選び，記号で答えなさい。

ア　階級の幅は120分である。

イ　最頻値は10人である。

ウ　利用する時間が40分以上120分未満の生徒は全体の半数以下である。

エ　度数が２人以下の階級は４つである。

(2)　**表**や**図**をもとに，アンケート調査の対象となった生徒30人の利用する時間の平均値を，階級値を用いて求めなさい。

表

階級（分）	度数（人）
以上　　未満	
0 ～ 20	6
20 ～ 40	10
40 ～ 60	8
60 ～ 80	4
80 ～ 100	0
100 ～ 120	2
計	30

図

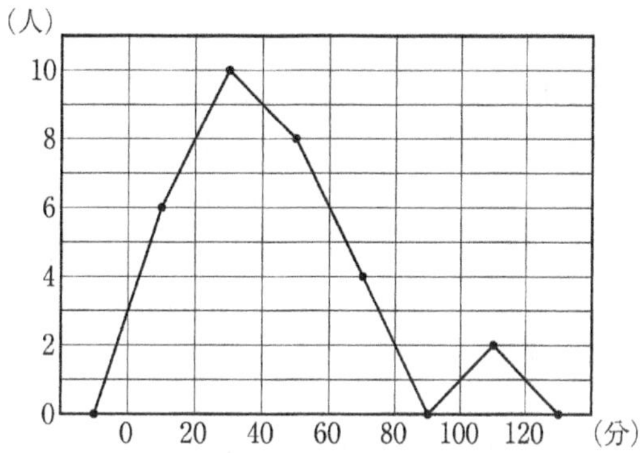

4　関数 $y=\frac{1}{4}x^2$ のグラフについて，次の(1)，(2)に答えなさい。

(1)　関数 $y=\frac{1}{4}x^2$ のグラフ上に，y 座標が５である点は２つある。この２つの点の座標をそれぞれ求めなさい。

(2)　右の図のように，関数 $y=\frac{1}{4}x^2$ のグラフと正方形ABCDがある。２点A，Dの y 座標はいずれも24であり，２点B，Cは x 軸上の点で，x 座標はそれぞれ－12，12である。

関数 $y=\frac{1}{4}x^2$ のグラフ上にある点のうち，正方形ABCDの内部および辺上にあり，x 座標，y 座標がともに整数である点の個数を求めなさい。

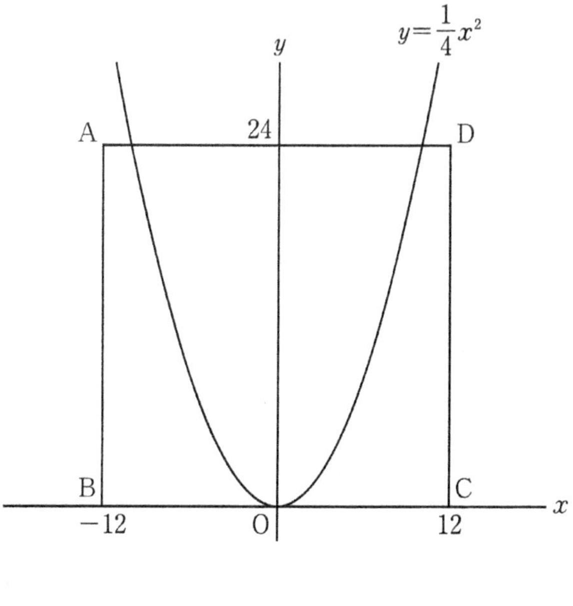

5 自然数a，b，c，m，nについて，２次式 x^2+mx+n が $(x+a)(x+b)$ または $(x+c)^2$ の形に因数分解できるかどうかは，m，nの値によって決まる。

例えば，次のように，因数分解できるときと因数分解できないときがある。

・$m=6$，$n=8$ のとき，２次式 x^2+6x+8 は $(x+a)(x+b)$ の形に因数分解できる。

・$m=6$，$n=9$ のとき，２次式 x^2+6x+9 は $(x+c)^2$ の形に因数分解できる。

・$m=6$，$n=10$ のとき，２次式 $x^2+6x+10$ はどちらの形にも因数分解できない。

次の⑴，⑵に答えなさい。

⑴ ２次式 x^2+mx+n が $(x+a)(x+b)$ の形に因数分解でき，$a=2$，$b=5$ であったとき，m，nの値を求めなさい。

⑵ 右の図のような，１から６までの目が出るさいころがある。

このさいころを２回投げ，１回目に出た目の数をm，２回目に出た目の数をnとするとき，２次式 x^2+mx+nが $(x+a)(x+b)$ または $(x+c)^2$ の形に因数分解できる確率を求めなさい。ただし，答えを求めるまでの過程もかきなさい。なお，このさいころは，どの目が出ることも同様に確からしいものとする。

6 右の図のように，円周上に４点A，B，C，Dがあり，∠ABC＝80°，∠ACD＝30° である。線分CD上にあり，∠CBP＝25° となる点Pを，定規とコンパスを使って作図しなさい。ただし，作図に用いた線は消さないこと。

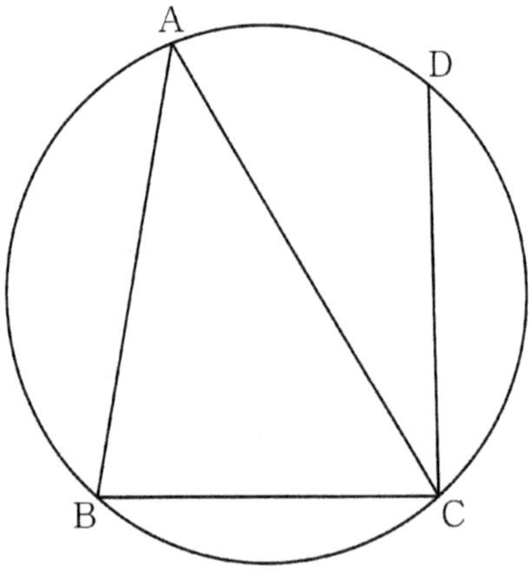

7 AさんとBさんは，ある遊園地のアトラクションに入場するため，開始時刻前にそれぞれ並んで待っている。このアトラクションを開始時刻前から待つ人は，図のように，６人ごとに折り返しながら並び，先頭の人から順に 1，2，3，…の番号が書かれた整理券を渡される。並んでいる人の位置を図のように行と列で表すと，例えば，整理券の番号が27の人は，５行目の３列目となる。

次の⑴，⑵に答えなさい。

⑴ Aさんの整理券の番号は75であった。Aさんは，

図

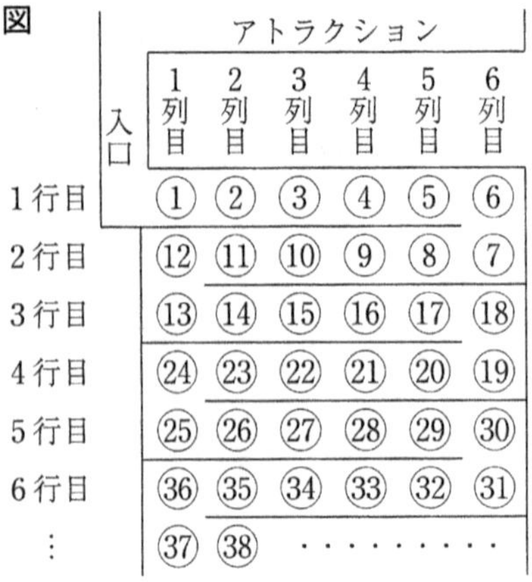

入口	アトラクション					
	1列目	2列目	3列目	4列目	5列目	6列目
1行目	①	②	③	④	⑤	⑥
2行目	⑫	⑪	⑩	⑨	⑧	⑦
3行目	⑬	⑭	⑮	⑯	⑰	⑱
4行目	㉔	㉓	㉒	㉑	⑳	⑲
5行目	㉕	㉖	㉗	㉘	㉙	㉚
6行目	㊱	㉟	㉞	㉝	㉜	㉛
⋮	㊲	㊳	・・・・・・・・			

何行目の何列目に並んでいるか。求めなさい。

⑵ 自然数 m，n を用いて偶数行目のある列を $2m$ 行目の n 列目と表すとき，$2m$ 行目の n 列目に並んでいる人の整理券の番号を m，n を使った式で表しなさい。

また，偶数行目の５列目に並んでいるＢさんの整理券の番号が，４の倍数であることを，この式を用いて説明しなさい。

8 右の図のように，正方形ABCDと正三角形BCEがあり，線分CEと線分BDの交点をＦ，線分BAの延長と線分CEの延長の交点をＧ，線分ADと線分CGの交点をＨとする。

このとき，次の**説明**により ∠AEG＝45° であることがわかる。

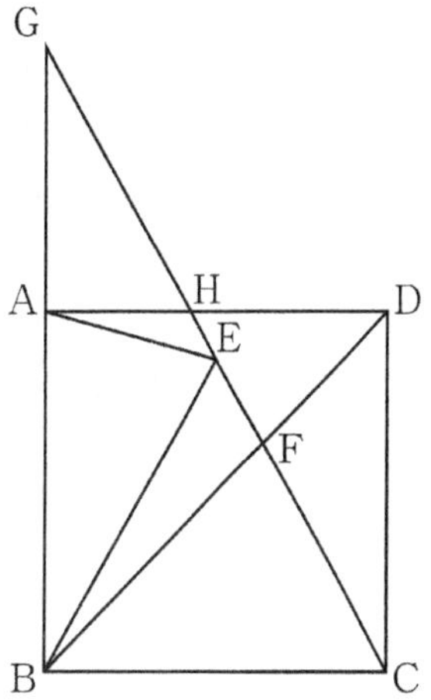

説明

正方形や正三角形の性質より，△BCGで，
∠CBG＝90°，∠BCG＝60° だから∠BGC＝30°である。また，△BAEは BA＝BE の二等辺三角形であり，∠ABE＝30° だから，∠BAE＝75°である。

△AEGにおいて，三角形の $\boxed{a}$ は，それととなり合わない２つの $\boxed{b}$ の和に等しいので，△AEGで，
30°＋∠AEG＝75° となる。よって，∠AEG＝45° である。

次の⑴～⑶に答えなさい。

⑴ **説明**の下線部が表す性質は，どんな三角形においても成り立つ。

$\boxed{a}$，$\boxed{b}$ にあてはまる語句の組み合わせとして正しいものを，次の**ア**～**エ**から１つ選び，記号で答えなさい。

ア $\boxed{a}$：内角　$\boxed{b}$：内角　　**イ** $\boxed{a}$：外角　$\boxed{b}$：外角
ウ $\boxed{a}$：内角　$\boxed{b}$：外角　　**エ** $\boxed{a}$：外角　$\boxed{b}$：内角

⑵ △AEG≡△FDC を証明しなさい。その際，**説明**の中にかかれていることを使ってよい。

⑶ BC＝２㎝ のとき，線分FHの長さを求めなさい。

9 今年開催される東京オリンピック・パラリンピックにＴ中学校出身の選手が出場することになり，その選手が出場する競技のテレビ中継を，中学校のある地域の人たちとＴ中学校の体育館を会場として観戦することになった。

そこで，Ｔ中学校では，オリンピック・パラリンピックについての調べ学習や，観戦のための準備をすることにした。

次の⑴，⑵に答えなさい。

⑴ Ａさんのクラスでは，調べ学習を行う時間に，オリンピック・パラリンピックのメダルにつ

いて考えることになった。

次の(ア)，(イ)に答えなさい。

(ア)　今回の東京オリンピック・パラリンピックの際に授与されるメダルについて調べたところ，不要となって回収された小型家電から金属を取り出して作られることがわかった。**表１**は，小型家電のうち，携帯電話とノートパソコンのそれぞれ１台あたりにふくまれる金と銀の平均の重さを示したものである。

表１

	金	銀
携帯電話	0.05 g	0.26 g
ノートパソコン	0.30 g	0.84 g

また，Ｔ市で回収された携帯電話とノートパソコンから，合計で金190ｇ，銀700ｇが取り出されたことがわかった。

このとき，Ｔ市で回収された携帯電話を x 台，ノートパソコンを y 台として連立方程式をつくり，携帯電話，ノートパソコンの台数をそれぞれ求めなさい。

(イ)　過去のオリンピックにおける日本のメダル獲得数を調べたところ，金メダルの獲得数が10個以上であった大会が６回あることがわかった。

表２は，その６回の大会①～⑥における金，銀，銅メダルの獲得数についてまとめたものである。

表２中の［ a ］，［ b ］にあてはまる数を求めなさい。

表２

	①	②	③	④	⑤	⑥	最大値	中央値	最小値
金メダル	12	16	10	［ a ］	13	11	16	12.5	10
銀メダル	8	9	8	5	8	7	9	8	5
銅メダル	21	12	14	［ b ］	8	7	21	10	7
合　計	41	37	32	29	29	25			

(2)　Ａさんのクラスでは，会場づくりについて考えることになった。

次の(ア)，(イ)に答えなさい。

(ア)　体育館に設置する大型スクリーンを白い布で作ることを考えた。

教室にある長方形のスクリーンを調べたところ，横と縦の長さの比が 16：9 で，横の長さが２ｍであった。

教室にある長方形のスクリーンと形が相似で，面積が８倍の大型スクリーンを作るとき，縦の長さは何ｍにすればよいか。求めなさい。

(イ)　体育館で観戦する人に応援用のうちわを配ることを考えた。うちわを販売しているＰ社，Ｑ社の２つの会社の販売価格を調べたところ，Ｐ社は購入枚数にかかわらず１枚あたり125円であり，Ｑ社は購入枚数に応じて価格が５種類設定されており，例えば，80枚購入すれば80枚すべてが200円で購入できる。図は，400枚以下の購入枚数と1枚あたりの価格の関係をグラフに表したものである。

3万円でできるだけ多くのうちわを購入することを考える。図をもとに，より多くのうちわを購入できるのはP社，Q社のどちらか答え，そのときに購入できるうちわの最大枚数を求めなさい。

図

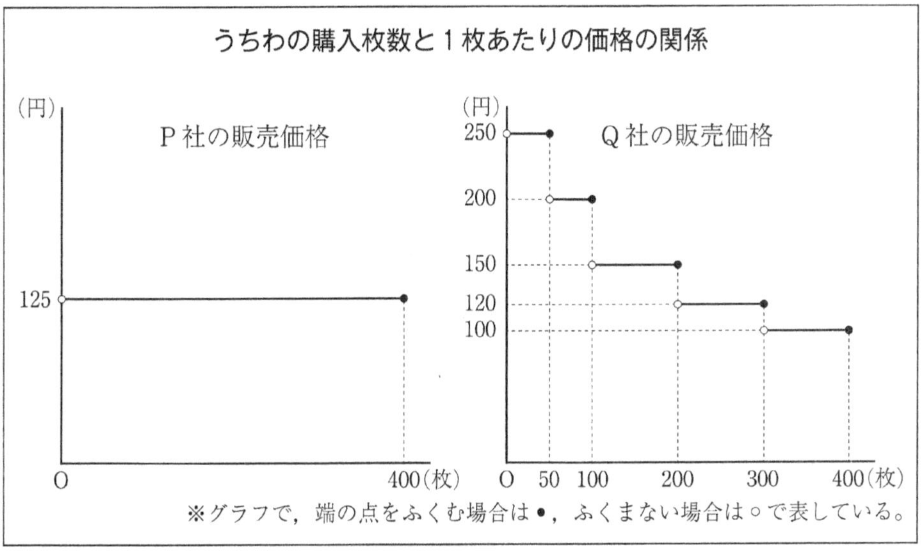

令 2 山口県

受検番号	

数学解答用紙

得 点	* 点

＊印の欄には何も記入しないこと。

1 ＊

(1)	(2)	(3)
(4)	(5)	

2 ＊

(1)	$y=$	(2)	
(3)	$b=$	(4)	cm^3

3 ＊

(1)		(2)	分

4 ＊

(1)	（　　，5），（　　，5）
(2)	個

5 ＊

(1)	$m=$	$n=$
(2)	解　　　答え	

6 ＊

作図

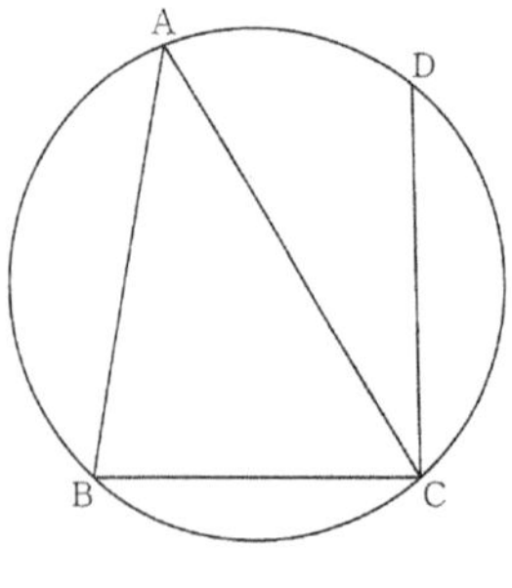

7 ＊

(1)	行目の　　列目
(2)	式 説明

8 ＊

(1)	
(2)	証明
(3)	cm

9 ＊

(1)	(ア)	式｛ 携帯電話　　台，ノートパソコン　　台
	(イ)	a　　b
(2)	(ア)	m
	(イ)	社，最大　　枚

※この解答用紙は167％に拡大していただきますと，実物大になります。

＜学校指定教科検査問題＞

時間，実施教科数に応じて，１教科15分，２教科40分，３教科65分，満点15点

1　校庭に「山口」の人文字をつくることになった。

図１のように，「山」の文字は，BC＝FE＝ a m，AD＝CE＝ $2a$ m とし，点Dは線分CEの中点で，線分BC，AD，FEはそれぞれ線分CEに垂直であり，「口」の文字は１辺の長さが b mの正方形である。

図１

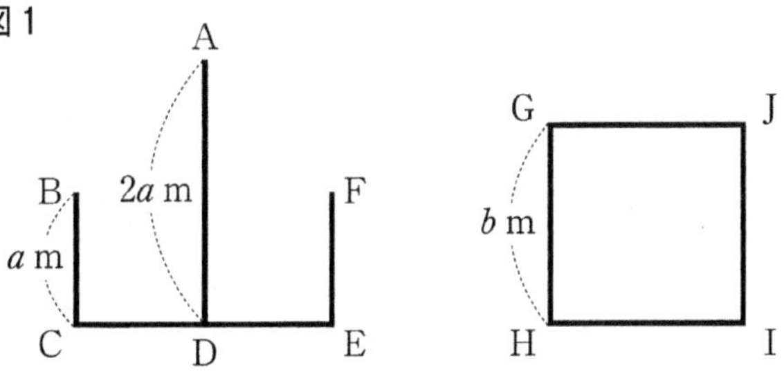

次の(1)，(2)に答えなさい。

(1)　長さ a，b を自然数とし，校庭にかいた文字の上に，次の**ルール**にしたがって生徒が立ち，人文字をつくる。

ルール

・点A～Ｊに１人ずつ立つ。

・点A～Ｊに立っている生徒から１ｍごとに１人ずつ立つ。

例えば，**図２**は $a=2$，$b=3$ として生徒が立つ位置を●で表したものであり，「山」と「口」の人文字をつくるのに必要な人数は，それぞれ13人と12人である。

図２

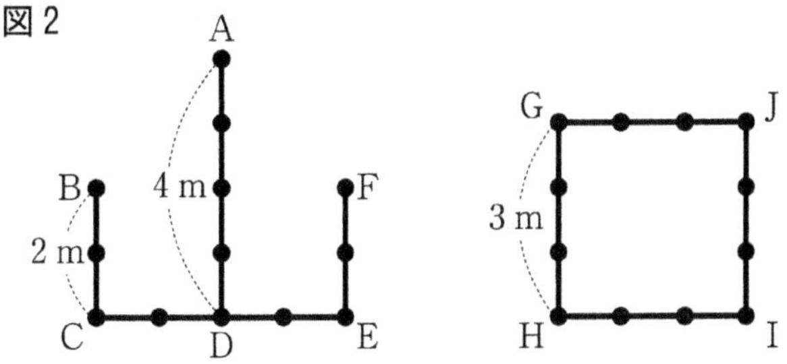

次の(ア)，(イ)に答えなさい。

(ア)　$a=3$ とするとき，「山」の人文字をつくるのに必要な人数を求めなさい。

(イ)　「山」と「口」の人文字をつくるのに必要な人数をそれぞれ a，b を使った式で表しなさい。

(2)　人文字をつくるために，校庭に円を２つかき，その円の中に１文字ずつ「山」と「口」をできるだけ大きくかくことにする。

次の(ア)，(イ)に答えなさい。

(ア)　「口」の文字を円の中にできるだけ大きくかくと，**図３**（次のページ）のように４点G，

H，I，Jが円の周上になる。円の半径をr mとするとき，rをbを使った式で表しなさい。また，rとbの関係を表したグラフとして，最も適切なものを次の**ア**～**エ**の中から選び，記号で答えなさい。

図3

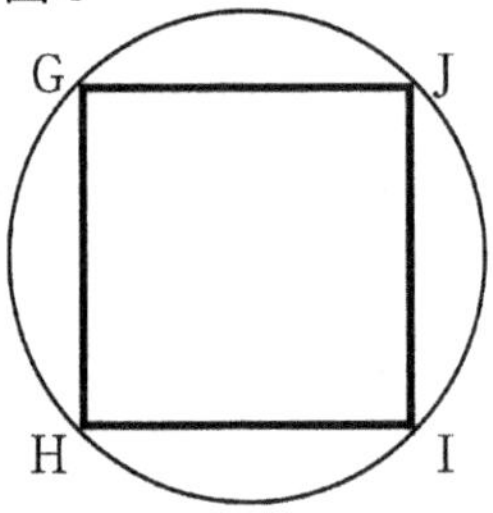

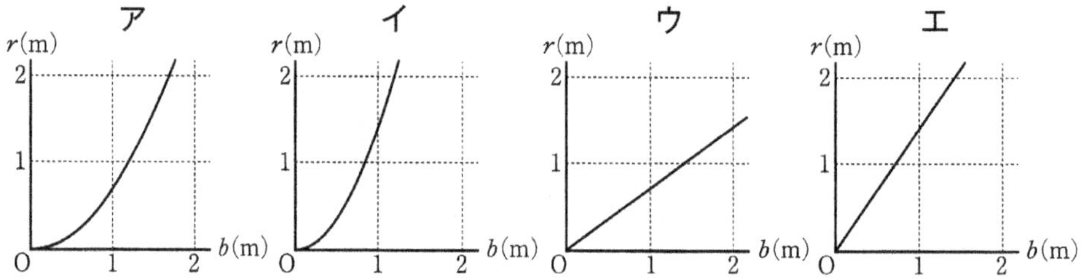

(イ) 「山」の文字を円の中にできるだけ大きくかくと，3点A，C，Eが円の周上になる。線分CEの長さを8 mとするとき，円の半径を求めなさい。

また，**図4**のように，円Oの周上に点Aをとったとき，点Cを定規とコンパスを用いて作図しなさい。ただし，作図に用いた線は消さないこと。

図4

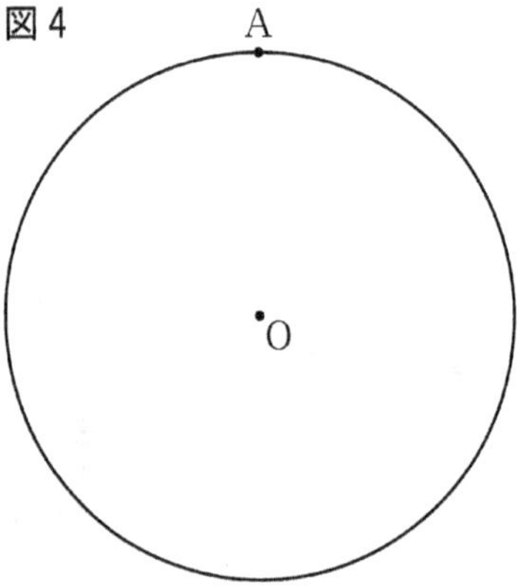

令　2　　山口県

受検番号	

学校指定教科検査（数学）解答用紙

得　点	点

1

(1)	(ア)	人
	(イ)	「山」の人文字をつくるのに必要な人数 （人）
		「口」の人文字をつくるのに必要な人数 （人）
(2)	(ア)	式 $r=$
		グラフ

(2)	(イ)	m
		作図 図4 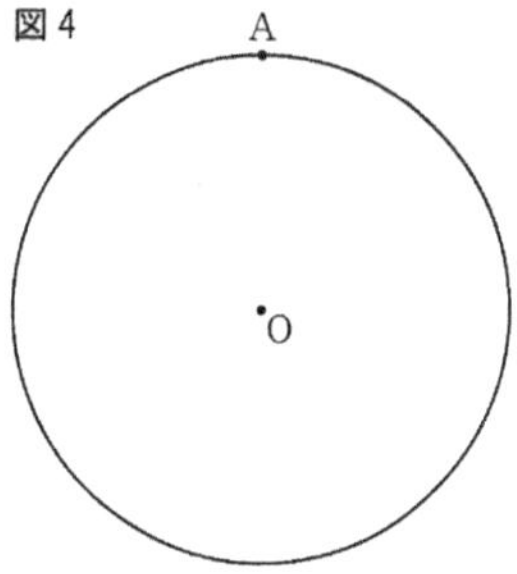

※この解答用紙は154％に拡大していただきますと，実物大になります。

＜英語＞

時間　50分　　満点　50点

1　放送によるリスニングテスト

テスト1　4つの対話を聞いて，対話の内容に関するそれぞれの問いの答えとして最も適切なものを，1～4から1つずつ選び，記号で答えなさい。

No.1
1 To the lake.
2 To the library.
3 To the zoo.
4 To the stadium.

No.2
1 Because she practiced hard with her friends.
2 Because she won the English speech contest.
3 Because Alex took part in the English speech contest.
4 Because Alex studied Japanese with his teacher.

No.3
1 To do his homework.
2 To play tennis with his friends.
3 To find a good restaurant.
4 To come home by six.

No.4
1 She took her umbrella to Ms. Kelly.
2 She borrowed an umbrella from Ms. Kelly.
3 She looked for a new umbrella for Ms. Kelly.
4 She went home without an umbrella.

テスト2　4つの対話を聞いて，それぞれの対話に続く受け答えとして最も適切なものを，1～4から1つずつ選び，記号で答えなさい。

No.1
1 Good. I'm glad she's at home.
2 OK. I'll call again later.
3 I see. Do you want to leave a message?
4 Hello, Natsuki. How are you?

No.2
1 Thanks. Please cut these carrots.
2 All right. I can't help you.
3 Sorry. I haven't washed the potatoes yet.
4 I don't think so. Please help me.

No.3
1 Four days a week.
2 Every Saturday.
3 Ten o'clock in the morning.
4 Only a few minutes.

No.4
1 Yes. You found my name on it.
2 No. I've never sent him a letter.
3 Sure. I'll do it now.
4 Of course. I finished my homework.

テスト3　図書委員をしているKenは，来月の図書だよりで，先生のお勧めの本について紹介することになった。次の【メモ】は，KenがWhite先生に，お勧めの本について質問したときに書いたものである。

今から，そのときの２人の対話を聞いて，その内容に合うように，下線部(A)には場面にふさわしい３語以上の英語を，下線部(B)，(C)，(D)にはそれぞれ対話の中で用いられた英語１語を書きなさい。

【メモ】

Ms. White's favorite book: *The Adventure of Tony*

- It was a present given ＿＿＿(A)＿＿＿ when she was in elementary school.
- It's about a young boy, Tony.
- Tony has a lot of ＿(B)＿ in his adventure.
- Tony's ＿(C)＿ finally comes true.
- ＿(D)＿ English is used.

2　次は，*Minami* と留学生の *Beth* との対話の一部である。２人は，和菓子（*wagashi*）の店で話をしている。これを読んで，下の(1)～(3)に答えなさい。

Beth:　I visited this *wagashi* shop for the first ＿(A)＿ .

Minami:　Really?　I (B)(buy) "*sakuramochi*" in this shop last week.　It was very good.

Beth:　Oh, there are many kinds of *wagashi* here!　Which one is "*sakuramochi*"?

Minami:　Look.　This is "*sakuramochi*".　Do you want to ＿(C)＿ it or choose another *wagashi*?　Which one do you want to eat?

Beth:　Oh, that's a very difficult question for me.　Each *wagashi* in this shop is so (D)(can't / beautiful / that / eat / I) it.

Minami:　Then, let's take some pictures ＿(E)＿ we eat *wagashi*.　Later, we can enjoy looking at the beautiful *wagashi* in the pictures.

Beth:　That's a good idea!

(1)　下線部(A)，(C)，(E)に入る最も適切なものを，それぞれ１～４から選び，記号で答えなさい。

(A)	1　house	2　food	3　flower	4　time
(C)	1　teach	2　find	3　try	4　build
(E)	1　before	2　but	3　of	4　with

(2)　下線部(B)の（　）の中の語を，適切な形にして書きなさい。

(3)　下線部(D)の（　）の中の語を，本文の内容に合うように並べかえなさい。

3 カナダに留学中の *Yuta* は，ホームステイ先の中学生 *Robin* と，校内に掲示された「クリーンアップ・デー（cleanup day)」の【ポスター】を見ながら話をしている。次は，そのときの *Yuta* と *Robin* の対話の一部である。英文と【ポスター】を読んで，あとの(1)～(5)に答えなさい。

Robin: Yuta, I'm going to join this event this weekend. People walk and pick up trash on the streets.

Yuta: That's great. There are three routes, right?

Robin: Yes. I'm going to clean the streets around Blue Beach. ___(A)___ with me?

Yuta: Of course, yes.

Robin: The event will (B)(s　　) at 9:00 a.m. We should go to City Park by 8:50.

Yuta: OK. Oh, will the city collect some items we don't need?

Robin: That's right. I'm going to take my magazines to City Park.

Yuta: I can help you if you have many magazines to carry.

Robin: Thanks. Oh, wait. You're studying English, so you can have some of the magazines if you want.

Yuta: Really? I can improve my English by reading them. I think (C) that is one of the ways to reduce waste.

Robin: You're right.

Yuta: Now I'm looking forward to the cleanup day very much. But I think I should clean my room first.

Robin: Wow, every day is cleanup day for you!

（注） cleanup 清掃　pick up trash ごみを拾う　route(s) ルート
Blue Beach ブルー・ビーチ　items 物品　improve ～ ～を上達させる
reduce waste ごみを減らす　look(ing) forward to ～ ～を楽しみにする

(1) 下線部(A)に，場面にふさわしい３語以上の英語を書きなさい。

(2) 【ポスター】の内容に合うように，下線部(B)に入る適切な英語１語を書きなさい。ただし，（ ）内に与えられた文字で書き始めなさい。

(3) 下線部(C)の that が指す内容として最も適切なものを，次の１～４から選び，記号で答えなさい。

1 cleaning the streets every year
2 carrying heavy things together
3 buying magazines to study English
4 reusing things that others don't need

(4) 次の質問に対する答えとして，本文と【ポスター】の内容に合う最も適切なものを，次の１～３から選び，記号で答えなさい。

Which route is Robin going to clean?

1 Route A.
2 Route B.
3 Route C.

(5) 【ポスター】から読み取れる内容と一致するものを，次の１～６から２つ選び，記号で答えなさい。

1 In the event, people clean the streets in the evening.
2 If it rains, the city will have the cleanup day in November.
3 People who clean Route B must come to South High School by 8:50.
4 People can't choose the route they'll clean in the event.
5 People don't have to bring gloves and plastic bags for the cleanup.
6 The city collects only books, magazines and newspapers.

【ポスター】

（注） gloves （作業用の）手袋　　cans 缶　　plastic bottles ペットボトル

4 次の英文を読んで，あとの(1)～(3)に答えなさい。

One day, Ichiro went to a library with his friends, Akira and Kota. They studied there for two hours in the morning and felt a little tired. Kota said, “I feel hungry. How about going to eat something?” Ichiro said, “Good idea! Let’s have lunch now.” [ア] It was almost noon. They decided to walk to an *okonomiyaki* restaurant near the library.

When Ichiro, Akira and Kota went into the restaurant, a lot of people were already there. It was lucky for the boys to find a table. Next to their table, there were two women. They were talking in a language the boys didn’t know. When the boys were waiting for their *okonomiyaki*, one of the women asked Ichiro’s group in English, “Hi, are you high school students?” [イ] The boys looked at each other. “We’re from Spain and studying at college near here,” she said and smiled. Ichiro expected someone to answer the question. After a little while, Akira answered, “Yes. We’re high school students.” Ichiro was surprised because Akira didn’t speak a lot at school. He respected Akira’s courage. The women were friendly and Akira continued to talk with them in English. He looked very happy. Gradually, Ichiro wanted to talk with them, too. [ウ] So, he asked them with courage, “Do you often eat *okonomiyaki*?” One of the women looked at him and said with a smile, “Yes. I often come to this restaurant. I especially like to put cheese on my *okonomiyaki*.” “I like cheese, too! It’s very good on *okonomiyaki*,” Ichiro said. After Ichiro, Kota also talked to the women. Then, the Japanese boys and the women from Spain enjoyed talking in English and eating good *okonomiyaki* together. Ichiro thought that the *okonomiyaki* tasted better than usual.

When the boys were walking along a river to go back to the library, they talked about their experience at the *okonomiyaki* restaurant. Their English was not so good. [エ] Ichiro said, “At first, we were afraid of speaking English. But with a little courage, we were able to enjoy talking with the women from Spain. That’s great, right?” Akira and Kota agreed with him. They were all excited because of their new experience at the restaurant. Then Ichiro continued, “I know it’s difficult for us to communicate with others, especially in foreign languages. But I think we can do it if we have some courage. I believe courage is the key to communication.” Akira and Kota understood Ichiro’s idea because they shared the same good time together. *Okonomiyaki* made them full and their courage filled their hearts with joy.

（注） next to ～ ～の隣に　college 大学　expected ～ to... ～が…することを期待した
courage 勇気　continued (to ～) (～し) 続けた　gradually 次第に
with a smile 笑顔で　tasted ～ ～な味がした　than usual いつもより
communicate with ～ ～とコミュニケーションを図る　believe ～ ～だと信じる

key to ～　～への鍵　　full　満腹の

filled their hearts with joy　彼らの心を喜びで満たした

(1)　次の英文が入る最も適切な箇所を，本文中の ア ～ エ から選び，記号で答えなさい。

But they were able to have a good time with the women from Spain.

(2)　次の(a)～(c)の質問に対する答えとして，本文の内容に合う最も適切なものを，それぞれ1～4から選び，記号で答えなさい。

(a)　What did the boys decide to do when they felt tired?

1　To study for two hours.

2　To visit an *okonomiyaki* restaurant.

3　To go to another library.

4　To watch TV at home.

(b)　Why did Ichiro try to talk to the women from Spain?

1　Because Akira enjoyed talking with the women.

2　Because he wanted to know about their country.

3　Because Kota stopped talking in English.

4　Because everyone there was quiet and didn't speak English.

(c)　According to Ichiro, what was necessary for communication?

（注）　according to ～　～によると

1　Courage to learn a foreign language.

2　Courage to walk along the river.

3　Courage to talk to others.

4　Courage to study abroad.

(3)　次の英文は，Ichiro が宿題で書いた作文の一部である。本文の内容に合うように，次の下線部①～③に入る適切な英語を，1語ずつ書きなさい。ただし，(　)内に与えられた文字で書き始めなさい。

I went to an *okonomiyaki* restaurant with my friends and we ①(m　　　) two women from Spain there. They talked to us in English. We were afraid of using English at first, but we enjoyed talking with them very much. The *okonomiyaki* tasted so good!

We were ②(e　　　) to have a new experience at the restaurant. It's difficult to understand each other, especially when we talk in foreign languages. But I believe we can do it if we have some courage. We learned something important by ③(s　　　) the same good time together.

5　Sayaのクラスでは，2学期からSayaのクラスに留学してくるBrianのために，英語の授業で，グループに分かれて学校紹介をすることになった。次は，Sayaのグループが作った日本語の【メモ】と，【メモ】にもとづいて書いた英語の【原稿】である。これらを読んで，下の(1)，(2)に答えなさい。

【メモ】

- 市内で最も歴史の長い中学校の一つである。
- 生徒数は約580名である。
- 大半の生徒が徒歩で通学するが，一部の生徒は自転車で通学する。
- 学校の前に大きな公園がある。

※　最後の部分で，学校のよい点を1つ紹介する。

【原稿】

Hi, Brian. We're going to tell you about our school.

It's one of the junior high schools which have the ＿＿(A)＿＿ history in our city. We have about five ＿＿(B)＿＿ and eighty students. Most of them walk to school, but some of them come to school by bike. There is a big park in ＿＿(C)＿＿ of our school.

Now, we want to tell you about one good point of our school.

＿＿＿＿＿＿＿＿(D)＿＿＿＿＿＿＿＿.

We hope you'll enioy your new school life with us!

(1)　【メモ】の内容に合うように，【原稿】の下線部(A)～(C)に適切な英語1語を書きなさい。

(2)　【原稿】の下線部(D)には，「学校のよい点」を紹介する英語が入る。「学校のよい点」を自由に想像し，4語以上の英語を書きなさい。

令 2 山口県

受検番号	

英語解答用紙

得 点	* 点

＊印の欄には何も記入しないこと。

1 *

	No. 1	No. 2	No. 3	No. 4
テスト1				

	No. 1	No. 2	No. 3	No. 4
テスト2				

テスト3	(A)	It was a present given ________ when she was in elementary school.				
	(B)		(C)		(D)	

2 *

(1)	(A)		(C)		(E)	
(2)	(B)					
(3)	(D)	Each *wagashi* in this shop is so ________ it.				

3 *

(1)	(A)	________ with me?
(2)	(B)	
(3)	(C)	
(4)		
(5)		

4 *

(1)						
(2)	(a)		(b)		(c)	
(3)	①		②		③	

5 *

(1)	(A)		(B)		(C)	
(2)	(D)	________.				

※この解答用紙は154％に拡大していただきますと，実物大になります。

＜学校指定教科検査問題＞

時間，実施教科数に応じて，１教科15分，２教科40分，３教科65分，満点15分

1 *Madoka* は，家庭科の授業で調べた「ほうれん草（spinach）に含まれるビタミンC（vitamin C)」について，英語の授業で発表した。次は，*Madoka* が発表の際に用いた【グラフ】(graph) と【原稿】の一部である。これらを読んで，あとの(1)～(5)に答えなさい。

【グラフ】

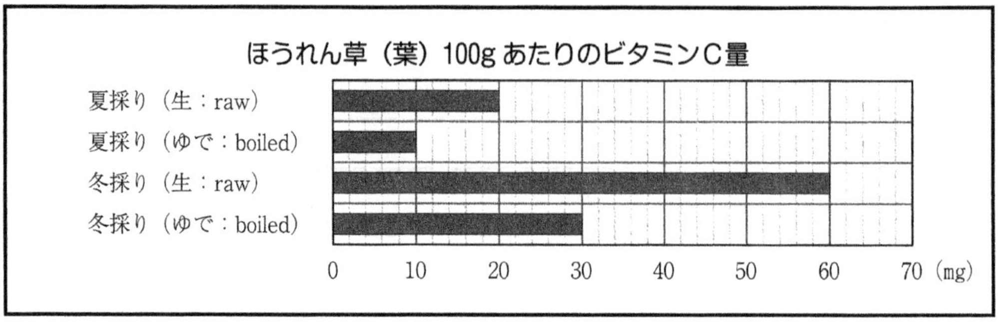

（日本食品標準成分表2015年版（七訂）により作成）

【原稿】

Vegetables have vitamins, and they're good for our health. I'll tell you some interesting information about the amount of vitamin C in vegetables.

Let's take spinach as an example. Look at this graph. I found two interesting things.

First, winter spinach has more vitamin C than summer spinach. [(A)] Like spinach, it increases in their best seasons, too.

Second, raw spinach has more vitamin C than boiled spinach. 100g of raw winter spinach has 60mg of vitamin C. But when it's boiled, it (B)(l______) half of its vitamin C.

So if you want to take in a lot of vitamin C from spinach, it's best to eat raw winter spinach. But it's difficult for us to eat raw spinach. Compared with raw ___(C)___ spinach, boiled winter spinach has more vitamin C. So eating boiled winter spinach is a better choice for us.

Now, I know that eating vegetables in their best seasons is a good way to take in a lot of vitamins. When I cook, I want to use vegetables in their best seasons. This is my idea to stay healthy. Of course, there are some other ideas. (D)<u>What do you usually do to stay healthy other than eating something good for your health?</u>

（注） vegetables 野菜　information 情報　the amount of ～ ～の量
take ～ as an example ～を例に挙げる　more ～ than ... …よりも多くの～
half 半分　take in ～ ～を摂取する　compared with ～ ～と比較すると
choice 選択　stay healthy 健康を保つ　other than ～ ～の他に

(1)　次の１～３は，本文中の [(A)] に入る英文である。１～３を文脈に合うように最も適切な順に並べかえ，記号で答えなさい。

1　What do you think about the amount of vitamin C in other vegetables?

2　Because of this, the amount of its vitamin C increases in its best season, winter.

3　Of course, we can eat spinach in every season now, but it's originally a winter vegetable.

(2)　【グラフ】の内容に合うように，下線部(B)に入る適切な英語１語を書きなさい。ただし，(　) 内に与えられた文字で書き始めなさい。

(3)　【グラフ】の内容に合うように，下線部(C)に入る適切な英語１語を書きなさい。

(4)　*Madoka* の発表について，司会の *Mark* が，クラスメートに質問を求めた。次は，そのときの対話の一部である。下線部に，場面にふさわしい４語以上の英語を書きなさい。

Mark:　Thank you for the speech.　Now everyone, do you have any questions?

Student A:　Yes.　＿＿＿＿＿＿＿＿　the information?

Madoka:　I found it by using the Internet.

Student A:　All right.　Thank you.

(5)　下線部(D)の質問に，あなたならどのように答えるか。次の【条件】に従って文章を書きなさい。

【条件】

①　１文目は，次の書き出しに続けて，下線部に英語で書くこと。

I usually ＿＿＿＿＿＿＿＿＿＿＿＿＿＿＿＿＿＿＿＿.

②　１文目に続けて，その内容をより具体的に，20語以上30語以内の英語で書くこと。英語は２文以上になってもよい。符号（.,?! など）は，語数に含めないものとする。

③　文と文のつながりを意識して，内容的にまとまりのある文章とすること。

④　解答は，解答用紙の記入例に従って書くこと。

令　2　　山口県

受検番号	

学校指定教科検査（英語）解答用紙

得　点	点

1

(1)	(A)	→ →
(2)	(B)	
(3)	(C)	
(4)	________ the information?	
(5)	I usually ________.	20語 30語

（記入例）

Hi	, how	are	you	? I'm	
a	high	school	student	now	.

※この解答用紙は159％に拡大していただきますと，実物大になります。

＜理科＞　時間　50分　満点　50点

1　図１のように２本のプラスチックのストローＡ，Ｂをティッシュペーパーでよくこすり，図２のように，ストローＡを竹ぐしにかぶせ，ストローＢを近づけると，２本のストローはしりぞけ合った。
次の⑴，⑵に答えなさい。

図１

図２
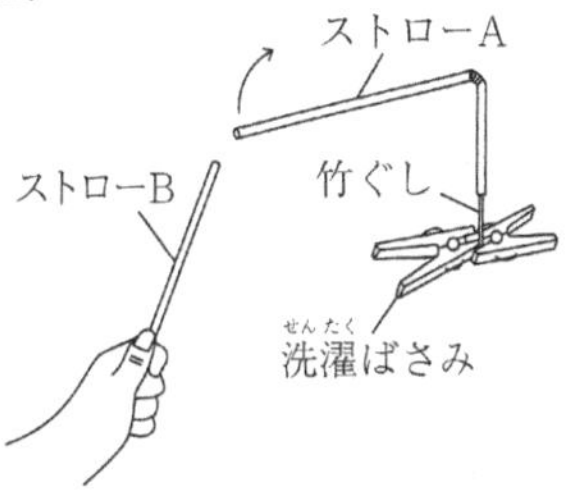

⑴　プラスチックと紙のように異なる種類の物質を，たがいにこすり合わせたときに発生する電気を何というか。書きなさい。

⑵　図３のように，竹ぐしにかぶせたストローＡに，ストローＡをこすったティッシュペーパーを近づけた。次の文が，このとき起きる現象を説明したものとなるように，（　）内のａ～ｄの語句について，正しい組み合わせを，下の１～４から１つ選び，記号で答えなさい。

図３
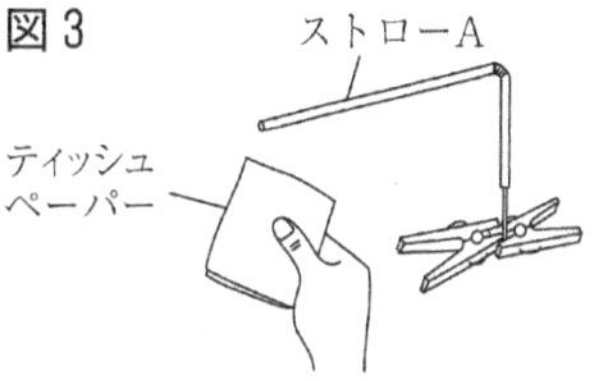

> 竹ぐしにかぶせたストローＡと，ストローＡをこすったティッシュペーパーは，（ａ　同じ種類　　ｂ　異なる種類）の電気を帯びているため，たがいに（ｃ　引き合う　　ｄ　しりぞけ合う）。

１　ａとｃ　　２　ａとｄ　　３　ｂとｃ　　４　ｂとｄ

2　60℃の水100ｇを入れた２つのビーカーに，それぞれ塩化ナトリウムとミョウバンを加えてとかし，飽和水溶液をつくり，図１のようにバットに入れた水の中で冷やした。
　このとき，ミョウバンは結晶として多くとり出すことができたのに対し，塩化ナトリウムはほとんどとり出すことができなかった。
　次の⑴，⑵に答えなさい。

⑴　水溶液における水のように，溶質をとかしている液体を何というか。書きなさい。

⑵　塩化ナトリウムが結晶としてほとんどとり出すことができなかったのはなぜか。図２をもとに，「温度」と「溶解度」という語を用いて，簡潔に述べなさい。

図１
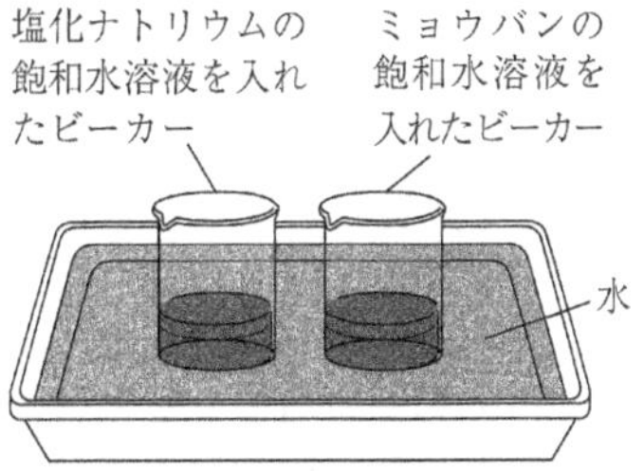

図２
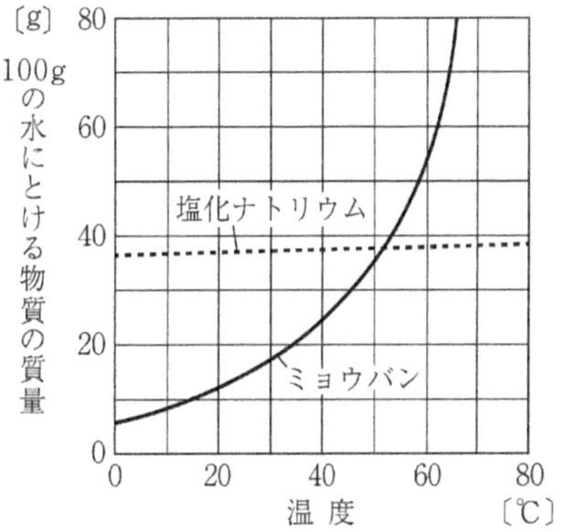

3 ジャガイモのいもを，水を入れた皿に置いておくと，図１のように芽が出て成長し，新しい個体となった。このように，植物や動物などにおいて，親の体の一部から新しい個体がつくられることを無性生殖という。次の⑴，⑵に答えなさい。

図１

⑴　さまざまな生物にみられる無性生殖のうち，ジャガイモなどの植物において，体の一部から新しい個体ができる無性生殖を何というか。書きなさい。

⑵　無性生殖において，親の体の一部からつくられた新しい個体に，親と全く同じ形質が現れるのはなぜか。理由を簡潔に述べなさい。

4 図１のように，氷を入れた大型試験管を用いて，金属製のコップの中に入れた水の温度を下げていき，コップの表面がくもり始める温度を測定した。次の⑴，⑵に答えなさい。

図１

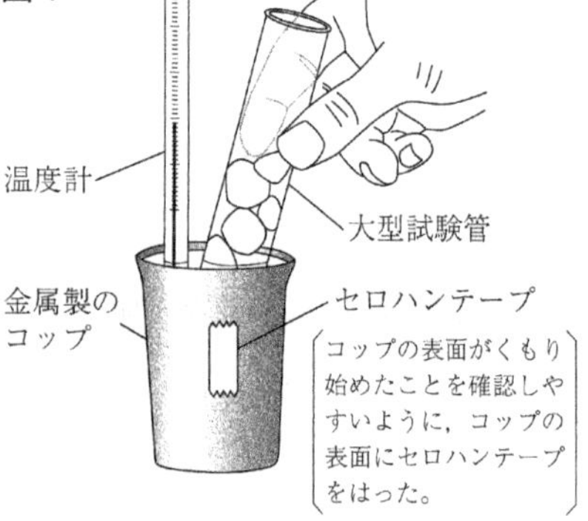

⑴　コップの表面がくもったのは，コップの表面にふれている空気が冷やされて，空気中の水蒸気の一部が水滴となったためである。このように，空気中の水蒸気が冷やされて水滴に変わり始めるときの温度を何というか。書きなさい。

⑵　図２は，ある年の４月15日から17日にかけての気温と湿度をまとめたものである。図２の期間において，図１のようにコップの表面がくもり始める温度を測定したとき，その温度が最も高くなるのはいつか。次の１～４から１つ選び，記号で答えなさい。

1　４月15日12時
2　４月16日16時
3　４月17日８時
4　４月17日16時

図２

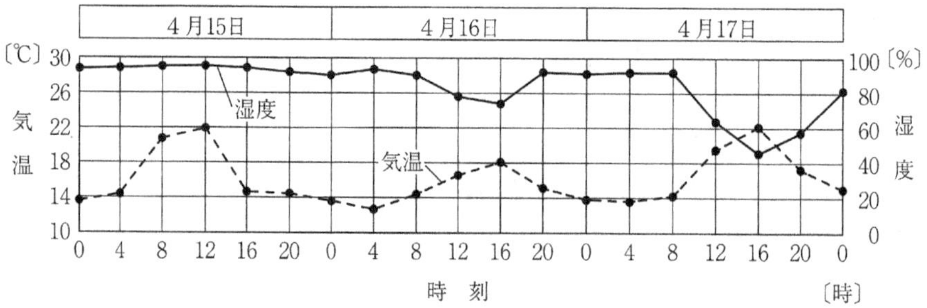

5　AさんとBさんは，刺激に対する反応について調べるために，次の実験を行った。下の(1)～(4)に答えなさい。

［実験］

① 30cmのものさしを用意した。

② **図1**のように，Aさんは，ものさしの上端を持ち，ものさしの0の目盛りをBさんの手の位置に合わせた。また，AさんとBさんはお互いに空いている手をつなぎ，Bさんは目を閉じた。

③ Aさんは，つないだ手を強くにぎると同時に，ものさしをはなした。Bさんは，つないだ手が強くにぎられたのを感じたら，すぐものさしをつかんだ。

④ **図2**のように，ものさしが落下した距離を測定した。

⑤ ②～④の操作をさらに4回繰り返した。**表1**はその結果である。

⑥ 5回測定した距離の平均値を求めた。

図1

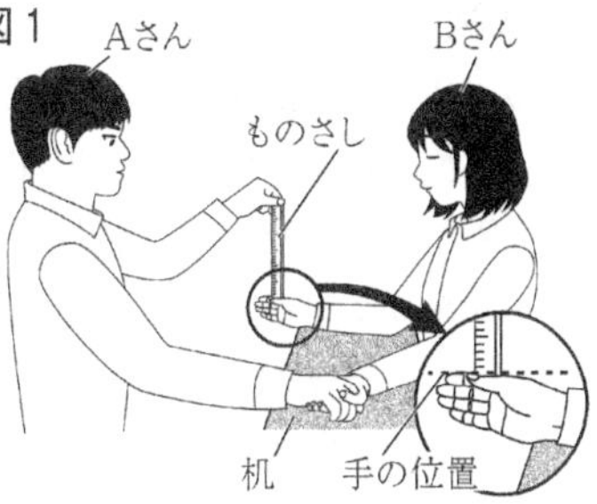

図2

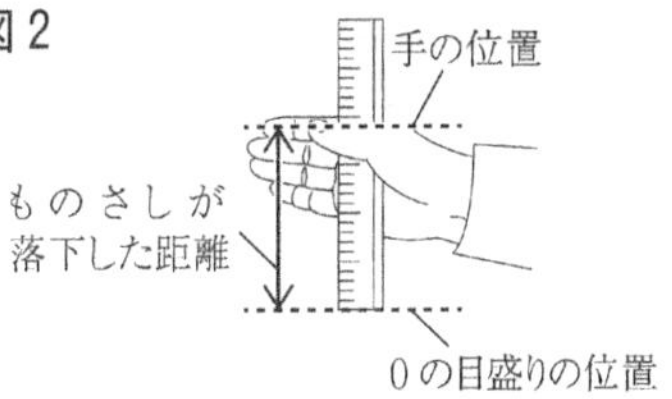

表1

	1回目	2回目	3回目	4回目	5回目
ものさしが落下した距離〔cm〕	19.0	20.8	18.5	20.0	19.2

(1) **図3**は，Bさんがつないだ手を強くにぎられてから，刺激が信号に変えられ，反対側の手でものさしをつかむまでの，信号が伝わる経路を示したものである。**図3**の［a］，［b］にあてはまる末しょう神経の名称をそれぞれ書きなさい。

図3

にぎられた手の皮ふ → ［a］ → 中枢神経 → ［b］ → 反対側の手の筋肉

(2) 実験においてより正しい値を求めるためには，［実験］の⑤，⑥のように繰り返し測定し，平均値を求める必要がある。その理由を簡潔に述べなさい。

(3) **図4**は，30cmのものさしが落下する時間と落下する距離の関係を示したものである。**図4**と，［実験］の⑥で求めた距離の平均値から，手を強くにぎられてから反対側の手でものさしをつかむまでの時間として最も適切なものを，次の1～4から選び，記号で答えなさい。

1　0.19秒　　**2**　0.20秒

3　0.21秒　　**4**　0.22秒

図4

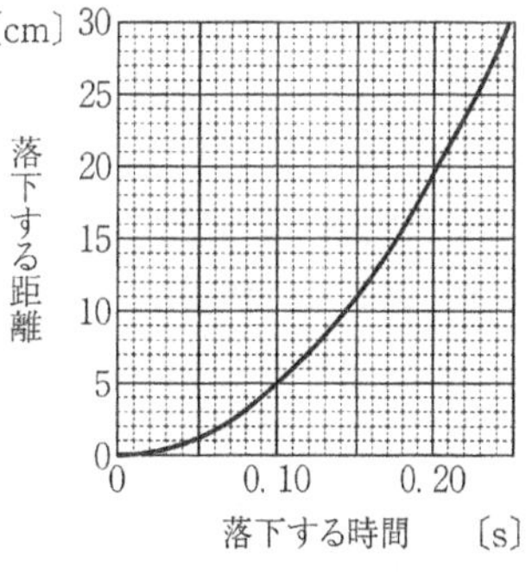

(4) 手で熱いものにふれたとき，熱いと感じる前に思わず手を引っこめる反応は，反射の一つであり，危険から体を守ることに役立っている。この反応が，［実験］の③の下線部のような意識して起こす反応に比べて，短い時間で起こるのはなぜか。「せきずい」という語を用いて，その理由を簡潔に述べなさい。

6 Yさんは，酸とアルカリの反応について調べるために，次の実験を行った。下の(1)～(4)に答えなさい。

［実験１］

① 2％の塩酸4 cm^3 を入れた試験管に，緑色のＢＴＢ溶液を数滴加えると，黄色に変化した。この試験管にマグネシウムリボンを入れると，図１のＡのように，気体が発生した。

② ①の試験管に，こまごめピペットで<u>2％の水酸化ナトリウム水溶液</u>を少しずつ加えていくと，図１のＢのように，しだいに気体の発生が弱くなった。

③ さらに水酸化ナトリウム水溶液を加えていくと，図１のＣ，Ｄのように，気体が発生しなくなり，水溶液の色が緑色に変化した後，青色になった。

図１

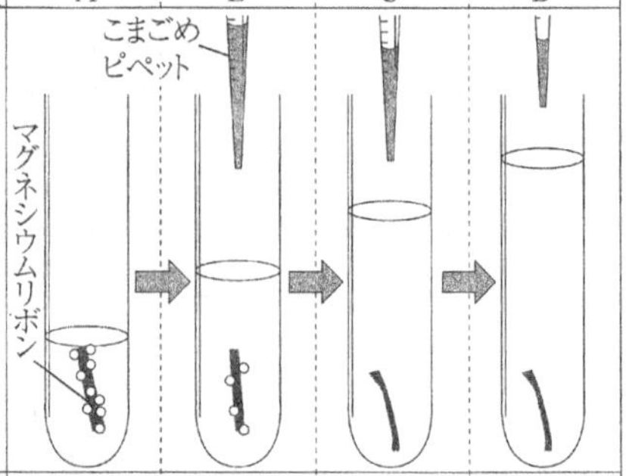

	A	B	C	D
試験管のようす				
水溶液の色	黄色	黄色	緑色	青色
気体発生のようす	さかんに発生した。	発生が弱くなった。	発生しなくなった。	

Yさんは，酸とアルカリの種類をかえて，［実験２］を行った。

［実験２］

① うすい硫酸をビーカーに入れた。

② ①のビーカーに，こまごめピペットでうすい水酸化バリウム水溶液を少しずつ加えた。

(1) ［実験１］の①で発生した気体の性質として最も適切なものを，次の１～４から選び，記号で答えなさい。

1 フェノールフタレイン溶液を赤色に変化させる。 2 特有の刺激臭がある。

3 ものを燃やすはたらきがある。 4 空気より密度が小さい。

(2) 水300 g に水酸化ナトリウムを加えて，［実験１］の②の下線部をつくった。このとき，加えた水酸化ナトリウムは何 g か。小数第２位を四捨五入し，小数第１位まで求めなさい。

(3) ［実験１］で起こった，塩酸と水酸化ナトリウム水溶液の反応を化学反応式で書きなさい。

(4) 図２は，［実験２］の②の操作をモデルで示したものである。図２のように，水素イオン H^+ が６個存在する硫酸に，水酸化物イオン OH^- が４個存在する水酸化バリウム水溶液を加えたとする。

このとき，反応後にビーカー内に残っている「バリウムイオン」と「硫酸イオン」の数はいくつになるか。次のア～キからそれぞれ１つずつ選び，記号で答えなさい。

ア 0個 イ 1個 ウ 2個 エ 3個

オ 4個 カ 5個 キ 6個

図２

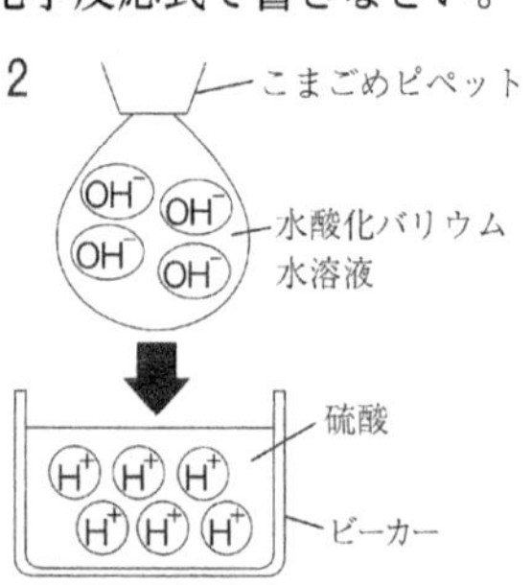

（水酸化バリウム水溶液に含まれているバリウムイオンと，硫酸に含まれている硫酸イオンは，示していない。）

7　小球の運動について調べるために，次の実験を行った。小球とレールの間の摩擦《まさつ》や空気の抵抗はないものとして，次のページの(1)～(4)に答えなさい。

［実験］

① 図1のように，目盛りをつけたレールを用いて，斜面と水平面がなめらかにつながった装置を作り，0の目盛りの位置をP_0点とした。

図1

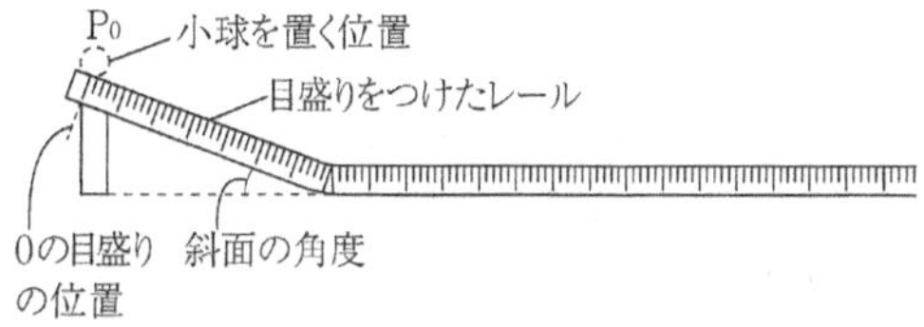

② 斜面の角度を20°にした。

③ 小球をP_0点に置いた。

④ 小球から静かに手をはなした。このときの小球の運動をビデオカメラで撮影した。

⑤ 図2のように，②の斜面の角度を30°，40°にかえて，②～④の操作を繰り返した。

図2

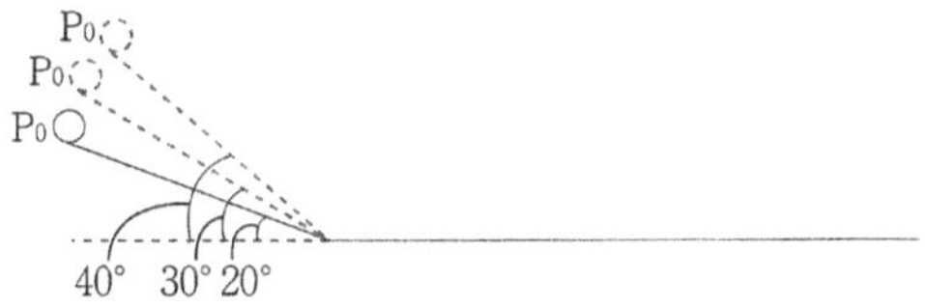

〔装置と小球を模式的に表している。〕

⑥ 表1は，小球を手からはなして0.1秒後，0.2秒後，0.3秒後，……，0.8秒後の小球の位置をそれぞれP_1，P_2，P_3，……，P_8とし，2点間の小球の移動距離をまとめたものである。
なお，図3は，斜面の角度を20°としたときの小球の位置を示したものである。

図3

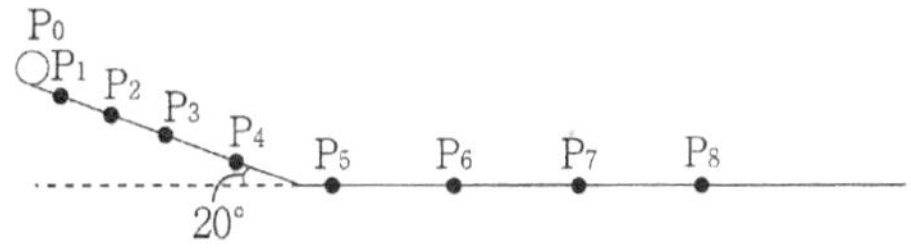

〔装置と小球を模式的に表している。〕

表1

斜面の角度	2点間の小球の移動距離〔cm〕							
	P_0P_1	P_1P_2	P_2P_3	P_3P_4	P_4P_5	P_5P_6	P_6P_7	P_7P_8
20°	1.7	5.0	8.4	11.7	14.8	15.3	15.3	15.3
30°	2.5	7.4	12.3	17.0	18.5	18.5	18.5	18.5
40°	3.1	9.4	15.7	20.6	21.0	21.0	21.0	21.0

⑦ 表1から，斜面を下る小球の速さは一定の割合で大きくなるが，斜面の角度を大きくすると，速さの変化の割合が大きくなることが確かめられた。

⑴　斜面の角度を20°としたときのP_2P_3間の平均の速さは，P_1P_2間の平均の速さの何倍か。表1から，小数第2位を四捨五入して，小数第1位まで求めなさい。

⑵　図4は，P_6の位置で水平面上を運動している小球にはたらく重力を矢印で表したものである。重力以外に小球にはたらく力を，図4に矢印でかきなさい。なお，作用点を「•」で示すこと。

図4

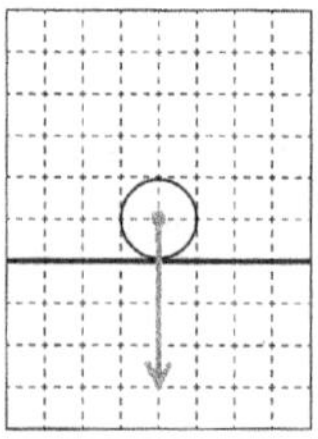

⑶　［実験］の⑦の下線部のようになるのはなぜか。理由を簡潔に述べなさい。

⑷　図1の装置を用いて，図5のように，斜面の角度を20°にし，小球を高さhの位置から静かにはなした。次に，斜面の角度を30°にかえ，小球を高さhの位置から静かにはなした。

このときの「小球の速さ」と小球をはなしてからの「経過時間」の関係を表すグラフとして，最も適切なものを，次の1～4から選び，記号で答えなさい。

図5

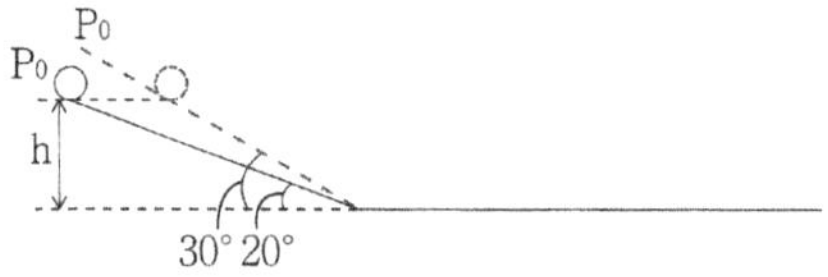

〔装置と小球を模式的に表している。〕

1

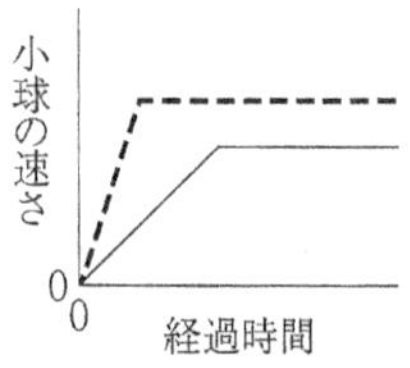

2

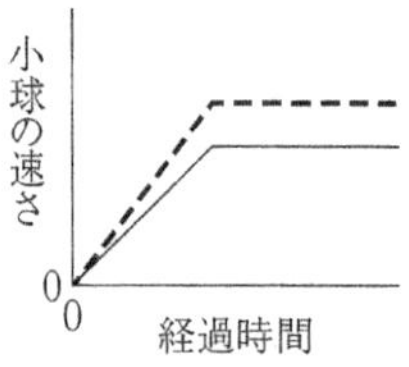

3

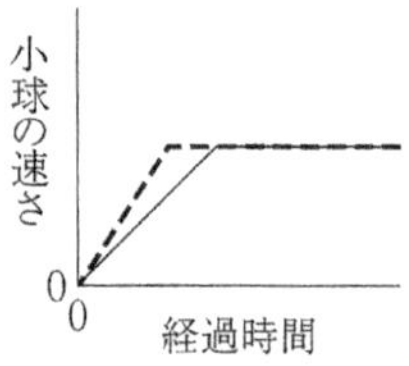

4

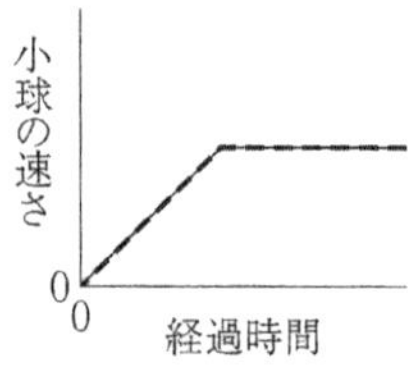

〔———は20°のときの小球の速さを，-----は30°のときの小球の速さを表している。〕

8　Yさんは，地層の重なりや広がりに興味をもち，次の観察と調査を行った。あとの⑴～⑷に答えなさい。

［観察］

①　砂，れき，火山灰の層がみられる地層を，(ア)ルーペで観察し，粒の大きさを調べた。

②　火山灰を採集し，ルーペで観察すると，(イ)多数の鉱物が含まれていた。

別のある地域の地層について，インターネットを用いて次の［調査］を行った。

［調査］

①　ある地域のあ地点，い地点，う地点，え地点の柱状図を収集し，次のページの図1のようにまとめた。

②　この地域の標高を調べ，次のページの図2のようにまとめた。

図１

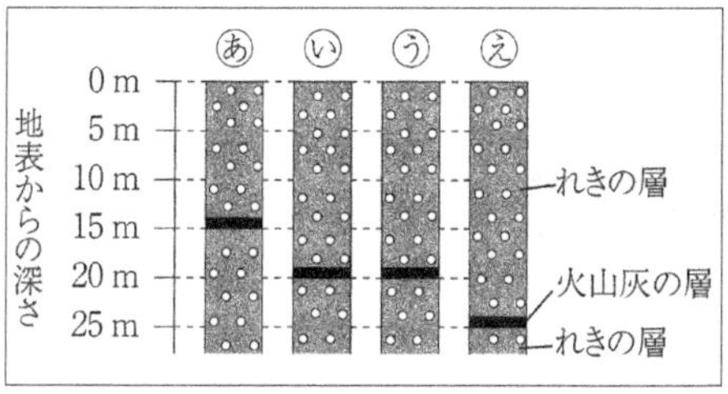

図２

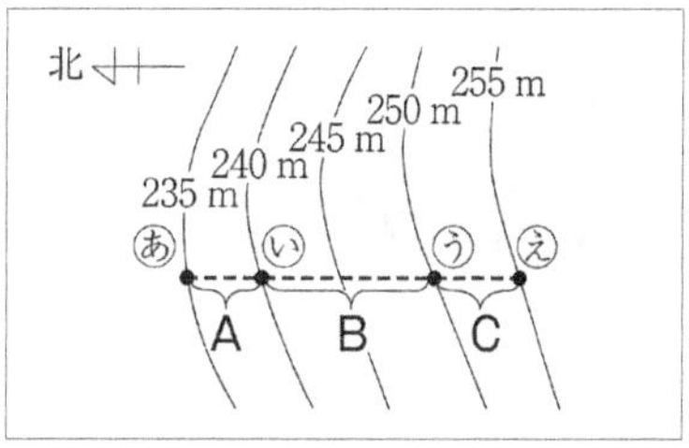

Ｙさんは，Ｔ先生と，図１，２を見ながら，次の［　　］のような会話をした。

Ｙさん：　この地域にも火山灰の層がみられますね。

Ｔ先生：　この火山灰の層は，現在の九州地方の火山が約7300年前に噴火したときにふき出した火山灰が堆積したものであることが分かっているそうです。

Ｙさん：　そうすると，火山灰の層の下にある，れきの層は，約7300年前以前に堆積したということですね。

Ｔ先生：　そのとおりです。火山灰の層は，(ウ)離れた地層を比較する手がかりになりますね。

Ｙさん：　はい。各地点の柱状図とこの地域の標高をもとに，火山灰の層を水平方向につなげてみたところ，(エ)火山灰の層がずれているところがあることもわかりました。

Ｔ先生：　よく気づきましたね。

(1)　下線(ア)について，地表に現れている地層を観察するときのルーペの使い方として，最も適切なものを，次の１～４から選び，記号で答えなさい。

１　ルーペは目に近づけて持ち，地層に自分が近づいたり離れたりしてピントを合わせる。

２　ルーペは目から離して持ち，地層に自分が近づいたり離れたりしてピントを合わせる。

３　自分の位置を固定し，ルーペを地層に近づけたり離したりしてピントを合わせる。

４　自分の位置を固定し，地層と自分の中間の位置にルーペを構えてピントを合わせる。

(2)　下線(イ)は，「有色の鉱物」と「無色・白色の鉱物」に分けられる。「無色・白色の鉱物」を，次の１～４から１つ選び，記号で答えなさい。

１　キ石　　２　チョウ石　　３　カクセン石　　４　カンラン石

(3)　火山灰の層が，下線(ウ)となるのはなぜか。簡潔に述べなさい。

(4)　下線(エ)のようになっている原因は，あ地点からえ地点の間に，図３の模式図のような断層が１か所あるからである。この断層による火山灰の層のずれは，図２のＡ～Ｃのいずれかの「区間」の下にある。その「区間」として最も適切なものを，図２のＡ～Ｃから選び，記号で答えなさい。ただし，この地域の火山灰の層は水平に堆積しているものとする。

図３

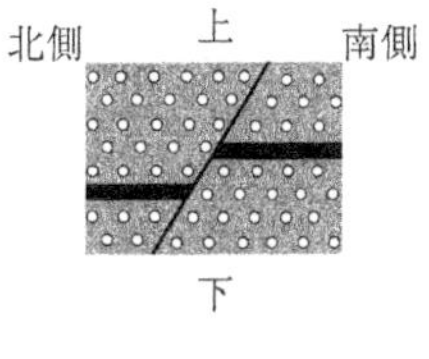

また，この断層ができるときに「地層にはたらいた力」を模式的に表した図として適切なも

のを，次の1，2から1つ選び，記号で答えなさい。

1

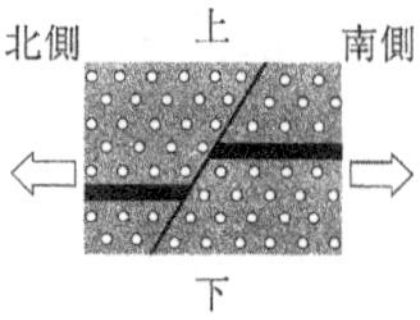

2

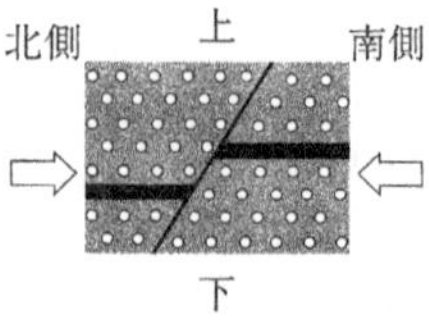

〔⇨ は地層にはたらいた力の向きを示している。〕

9 Aさんと B さんは，消化を促す胃腸薬《いちょうやく》にタンパク質を分解する消化酵素が含まれていることを知り，そのはたらきを調べようと考え，次の作業と実験を行った。あとの(1)～(4)に答えなさい。

胃腸薬と，(ア)タンパク質を主成分とする脱脂粉乳《だっしふんにゅう》（牛乳からつくられる加工食品）を用意し，胃腸薬のはたらきについて次の仮説を立て，下の作業と実験を行った。

<仮説Ⅰ>白くにごった脱脂粉乳溶液は，胃腸薬によって徐々に分解され透明になる。

[作業]

液の「透明の度合い」を測定するために，図1のような二重十字線をかいた標識板をつくり，図2のようにメスシリンダーの底に標識板をはりつけた「装置」をつくった。

この装置で透明の度合いを測定する手順を図3のようにまとめた。

図1

図2

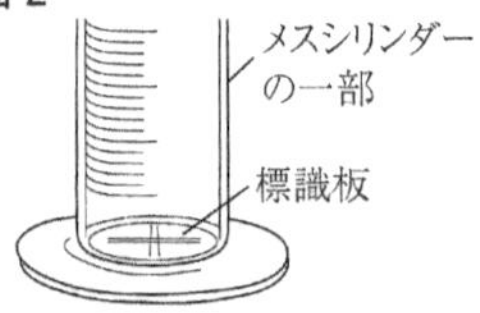

図3

<透明の度合いを測定する手順>

1 下の図のように，矢印⇨の方向から標識板を見ながら，装置に液を注ぐ。

2 二重十字線がはっきり見えなくなったところで注ぐのをやめる。

3 このときの液の深さをものさしではかって透明の度合いとする。

➡ 深いほど，透明の度合いが大きい。

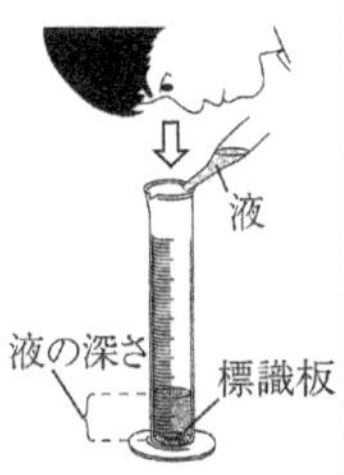

[実験1]

① 三角フラスコに水と胃腸薬を入れてよく混ぜ，「酵素液」とした。

② ビーカーに水90mLと脱脂粉乳0.5gを入れてよく混ぜ「脱脂粉乳溶液」とし，図4のように，①の三角フラスコと一緒に40℃の水を入れた水そうに入れた。

図4

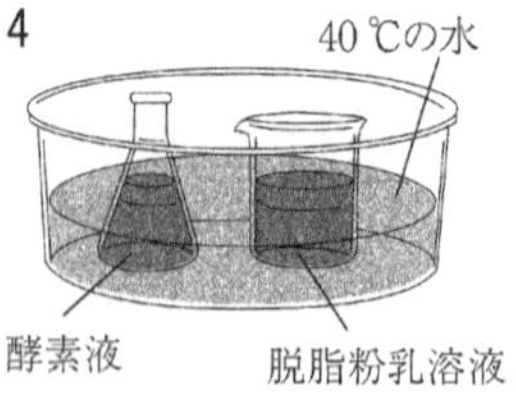

③ 酵素液10mLを②のビーカーに加え，よく混ぜると同時にストップウォッチのスタートボタンを押した。

④ 0分，1分，2分，……，10分経過したときに，ビーカーからとった液の透明の度合いを，[作業] でつくった装置を用いて測定した。

⑤ 結果を表1(次のページ)にまとめた。透明の度合いは，時間の経過とともに大きくなった。

表１

経過した時間〔分〕	0	1	2	3	4	5	6	7	8	9	10
透明の度合い〔mm〕	8	8	8	9	11	13	16	20	25	31	37

ＡさんとＢさんは，さらに，次の仮説を立て，下の実験を行った。

<仮説Ⅱ>　胃腸薬のはたらきの強さは，温度が高いほど大きくなる。

［実験２］

①　［実験１］の②の水そうの水温を50℃，60℃にかえて，［実験１］と同様の操作を行った。

②　結果を，［実験１］の結果と合わせて，図５のようにまとめた。

図５

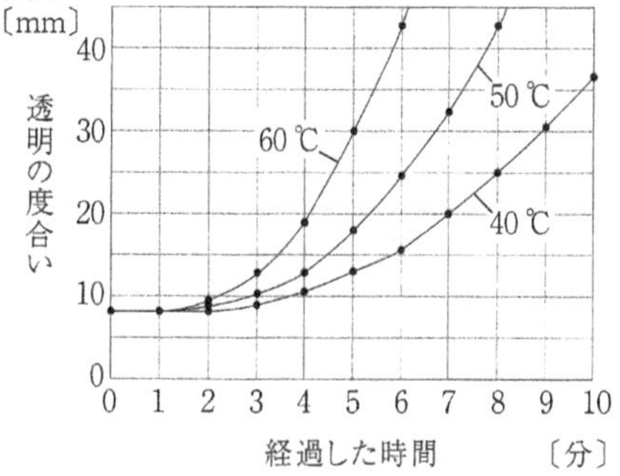

⑴　下線(ア)は有機物であり，砂糖やほかの有機物と同じように，燃やすとある気体を発生する。酸素が十分ある条件で有機物を燃やしたときに，水蒸気以外に共通して発生する気体を化学式で書きなさい。

⑵　脱脂粉乳溶液が白くにごって見えるのは，脱脂粉乳溶液にタンパク質の分子が多数集まってできた粒子が含まれており，この粒子に光が当たっていろいろな方向にはね返るためである。光がでこぼこした面に当たって，いろいろな方向にはね返ることを何というか。答えなさい。

⑶　<仮説Ⅰ>を正しく検証するためには，［実験１］の対照実験を行う必要がある。次の文が，その対照実験の計画を示したものとなるように，［あ］に入る物質と，［い］に入る適切な語句を書きなさい。

［実験１］の③においてビーカーに加える液を［　あ　］10mLにかえ，②～④の操作と同様の操作を行い，ビーカー内の液が［　　い　　］であることを確かめる。

⑷　ＡさんとＢさんは，図５をもとに，<仮説Ⅱ>が正しいと言えるかどうかについて，次の［　　］のような会話をした。Ｂさんの発言が，<仮説Ⅱ>が正しいと言える根拠を示したものとなるように，図５をもとにして，［　　］に入る適切な語句を書きなさい。

Ａさん：　胃腸薬のはたらきの強さは，透明の度合いが変化するのにかかる時間を比較することで判断することができるよね。

Ｂさん：　はい。例えば，透明の度合いが20㎜から30㎜になるまでの時間は，［　　　　］ね。

Ａさん：　そうだね。だから，仮説Ⅱは正しいと言えるね。

令 2 山口県

受検番号	

理科解答用紙

得 点	* 点

＊印の欄には何も記入しないこと。

1 ＊

(1)	
(2)	

2 ＊

(1)	
(2)	

3 ＊

(1)	
(2)	

4 ＊

(1)	
(2)	

5 ＊

(1)	a	
	b	
(2)		
(3)		
(4)		

6 ＊

(1)		
(2)	g	
(3)		
(4)	バリウムイオン	硫酸イオン

7 ＊

(1)	倍
(2)	図4 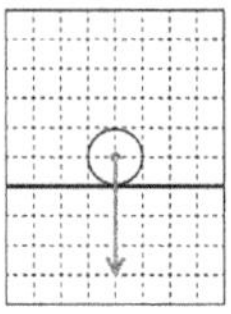
(3)	
(4)	

8 ＊

(1)		
(2)		
(3)		
(4)	区間	地層にはたらいた力

9 ＊

(1)		
(2)		
(3)	あ	
	い	
(4)		

※この解答用紙は167％に拡大していただきますと，実物大になります。

＜社会＞

時間　50分　　満点　50点

1　次の(1)～(3)に答えなさい。

(1)　資料Ⅰは，弥生時代に使用された青銅器である。この青銅器を何というか。次の１～４から一つ選び，記号で答えなさい。

１　銅鐸
２　銅鏡
３　銅剣
４　銅矛

資料Ⅰ

(2)　資料Ⅱは，16世紀のドイツで宗教改革を始めた人物の肖像画である。この人物は誰か。次の１～４から一つ選び，記号で答えなさい。

１　ワシントン
２　バスコ・ダ・ガマ
３　ルター
４　ナポレオン

資料Ⅱ

(3)　1853年，アメリカ合衆国のペリーが浦賀に来航し，江戸幕府に日本の開国を要求した結果，1854年，幕府はアメリカ合衆国と条約を結び，開国した。この条約を何というか。答えなさい。

2　次の(1)～(3)に答えなさい。

(1)　次の文は，日本国憲法第25条の一部である。この条文で保障されている権利を何というか。下の１～４から一つ選び，記号で答えなさい。

> 第25条①　すべて国民は，健康で文化的な最低限度の生活を営む権利を有する。

１　団結権　　　　　　２　勤労の権利
３　教育を受ける権利　４　生存権

(2)　次の表Ⅰは，物価の変動について，大まかにまとめたものである。表Ⅰ中の（　）に入る，適切な語を答えなさい。

表Ⅰ

（　　　　）	好況（好景気）のときに，物価が上がり続ける現象のこと。
デフレーション	不況（不景気）のときに，物価が下がり続ける現象のこと。

(3)　国際連合において，拒否権をもつ５か国の常任理事国と，10か国の非常任理事国とで構成される機関を何というか。次の１～４から一つ選び，記号で答えなさい。

１　総会　　　　　　２　安全保障理事会
３　経済社会理事会　４　国際司法裁判所

3　次の(1)～(3)に答えなさい。

(1)　資料Ⅰは，川が山間部から平野や盆地に出たところに土砂がたまってできた地形の写真である。このような地形を何というか。答えなさい。

資料Ⅰ

(2)　図1は，日本周辺の海流を ➡ で大まかに示したものである。図Ⅰ中のA～Dの海流のうち，寒流の組み合わせとして最も適切なものを，次の1～4から選び，記号で答えなさい。

1　A・B
2　B・C
3　A・D
4　C・D

図Ⅰ

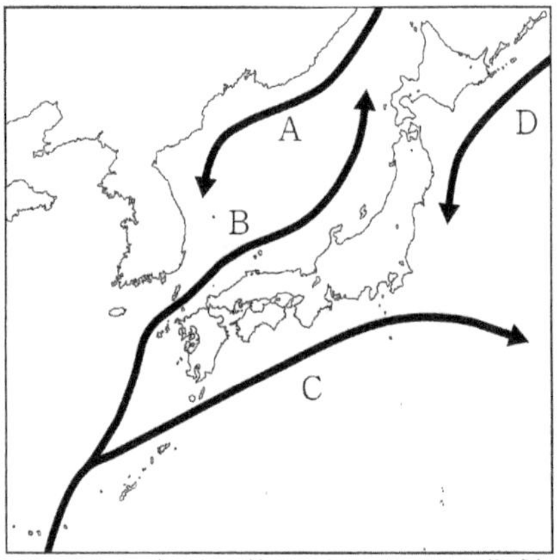

（日本国勢地図帳などにより作成）

(3)　次の説明文にあてはまる国を，下の1～4から一つ選び，記号で答えなさい。

> この国では，1970年代末から2015年まで，「一人っ子政策」とよばれる人口の増加を抑えるための政策が進められた。
> また，経済を発展させるために，1979年以降，沿岸部のシェンチェンなどに外国企業を受け入れる経済特区が設けられた。

1　アメリカ合衆国　　2　中国　　3　タイ　　4　ガーナ

4　Hさんのクラスは，文化祭での展示に向け，税の歴史について調べた。次のページの配置図は，展示の配置と内容を大まかに示したものである。これについて，あとの(1)～(8)に答えなさい。

(1)　下線部①について，701年に，唐の制度にならってつくられた律令を何というか。答えなさい。

(2)　下線部②について，室町幕府が税を課した，お金の貸し付けなどを行っていた金融業者を何というか。次の1～4から二つ選び，記号で答えなさい。

1　土倉　　2　飛脚　　3　惣　　4　酒屋

配置図

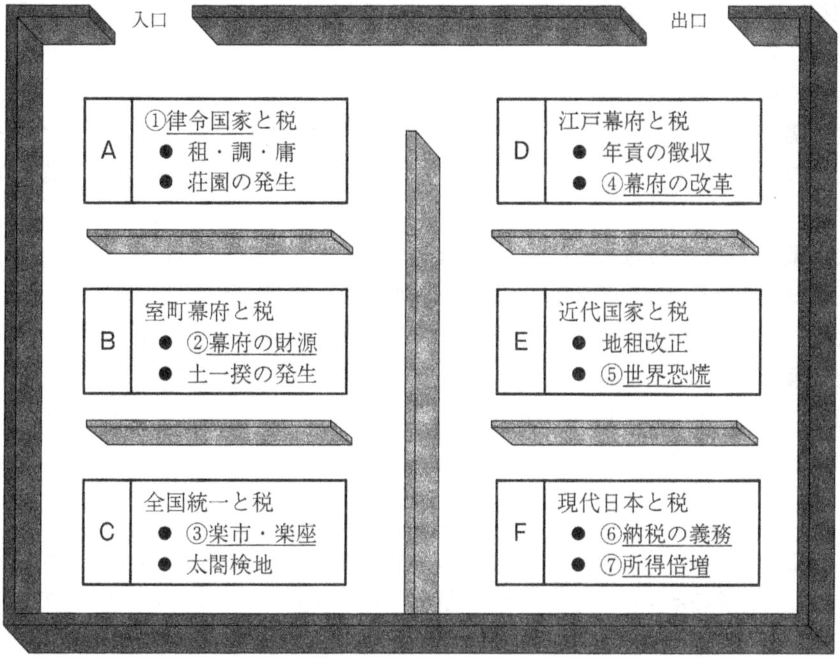

⑶　下線部③について，織田信長によって楽市令が出されたのは何世紀か。答えなさい。

⑷　下線部④に関連して，江戸幕府の老中であった田沼意次が，幕府の財政を立て直すため，貿易や開発に力を入れたことのほかに，商工業者に対して行った政策の内容を，「税」という語を用いて説明しなさい。

⑸　下線部⑤に対処するため，イギリスなどが実施した，本国と植民地との間で経済圏をつくり，高い税をかけて外国の商品をしめ出す政策を何というか。答えなさい。

⑹　下線部⑥に関連して，次の資料Ⅰは，Hさんが作成した展示資料の一部である。また，a，bの文は，所得税と消費税のいずれかの特徴を述べたものである。資料Ⅰのグラフ中の［ア］，［イ］と，a，bの文のうち，消費税を示しているものの組み合わせとして正しいものを，次のページの１～４から一つ選び，記号で答えなさい。

資料Ⅰ

【所得税と消費税の税収額の推移】

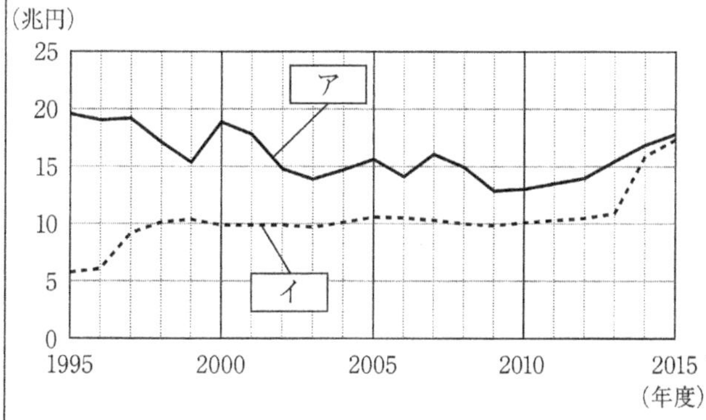

（財務省資料により作成）

○　2008年の世界金融危機の際には，日本経済も大きな影響を受け，戦後最大のマイナス成長となった。

○　消費税は，所得税に比べて景気の変動を受けにくい。

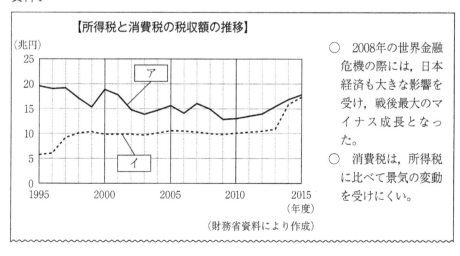

a　所得に関係なく税率が一定で，低所得者ほど所得にしめる税負担の割合が高い。

b　税の支払い能力に応じた税負担を求めるため，累進課税が適用されている。

1　アーa　　2　アーb

3　イーa　　4　イーb

(7)　下線部⑦に関連して，次の1～3は，池田勇人内閣が所得倍増をスローガンにかかげた1960年以降の日本のできごとである。1～3のできごとを，年代の古い順に並べ，記号で答えなさい。

1　中東での戦争の影響を受けて，石油危機が起こり，高度経済成長が終わった。

2　投資によって株価と地価が異常に高くなるバブル経済が崩壊した。

3　各地で起こっていた公害問題に対応するため，公害対策基本法が制定された。

(8)　Nさんは，展示資料について説明するための原稿を作成した。次の資料Ⅱは，その一部である。資料Ⅱは，配置図中のA～Fのどの展示について説明したものか。最も適切なものを，A～Fから選び，記号で答えなさい。

資料Ⅱ

> 人々に対して，収穫の約3％の稲や，絹などの特産物，布などの税を納めることが義務づけられました。そのほかに，労役《ろうえき》や兵役《へいえき》も課せられており，これらも人々にとって重い負担でした。

5　Kさんのクラスでは，公民の学習のまとめとして，模擬選挙を行うことにした。最初に各班で模擬政党を結成し，公約を一つずつ考えた。次は，各党が考えた公約である。これについて，あとの(1)～(5)に答えなさい。

> **ア党**：医療制度を充実させ，安心して健康に暮らせる社会をめざします。

> **イ党**：地方自治へのさらなる住民参加を呼びかけ，地域活性化を推進します。

> **ウ党**：企業間の健全な競争をうながし，経済の発展に努めます。

> **エ党**：国際社会と協力しながら，持続可能な社会の形成に努めます。

> **オ党**：食料の安定供給のため，食料自給率を向上させます。

(1)　**ア党**の公約に関連して，自己決定の観点から，医師は治療方法などについて患者に十分な説明を行うべきだと考えられている。このような考え方を何というか。次の1～4から一つ選び，記号で答えなさい。

1　メディアリテラシー

2　クーリング・オフ

3　フェアトレード

4　インフォームド・コンセント

⑵　**イ党**では，公約を考えるにあたって，各自が興味をもったことについて調べることにした。次は，**イ党**に所属するＫさんが作成したメモである。（**あ**）に適切な語をおぎない，文を完成させなさい。

＜メモ＞

○　**中学生も住民投票**

平成15年５月11日，長野県平谷《ひらや》村で，市町村合併の賛否を問う住民投票が実施された。この住民投票では，事前に制定された条例にもとづいて，中学生にも投票の資格が与えられ，実際に投票を行った。

○　**感想**

地方自治は「（　**あ**　）の学校」であると言われるが，平谷村の中学生にとって，この経験は地方自治について，そして，（　**あ**　）について考えるきっかけになったのではないかと思う。

⑶　**ウ党**の公約に関連して，企業の健全な競争をうながすために制定された独占禁止法の運用を担当する行政機関を何というか。答えなさい。

⑷　**エ党**の公約について，「持続可能な社会」とはどのような社会のことか。「現在の世代」と「将来の世代」という二つの語を用いて説明しなさい。

⑸　Ｋさんのクラスでは模擬選挙の前に，公開討論会を行うことにした。次は，**オ党**が公開討論会で使用するポスターと，原稿である。原稿中の **い** に適切な語句をおぎない，文を完成させなさい。

＜ポスター＞

日本の食料自給率の向上に向けて

【私たちが考えた具体的政策】

・　米の生産者と，製粉業者，パンや菓子といった商品のメーカー・小売業者が連携して，米粉の利用を促進する体制を確立する。

・　米の消費量を増やすため，お米・ごはん食の栄養・健康面でのよさなどをわかりやすく紹介するパンフレットを作成する。

【日本の食料自給率の現状】

資料Ⅰ　日本の食料自給率の推移（供給熱量ベース）

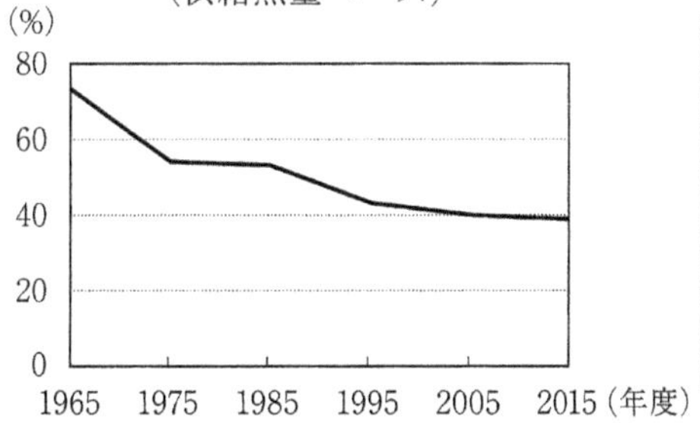

（農林水産省資料により作成）

資料Ⅱ　日本の品目別食料自給率の変化（供給熱量ベース）

品目	1965年度(%)	2015年度(%)
米	100	99
畜産物	47	17
油脂類	33	3
小麦	28	15
魚介類	110	62
野菜	100	76

（農林水産省資料により作成）

資料Ⅲ 国民１人・１日当たり供給熱量の変化

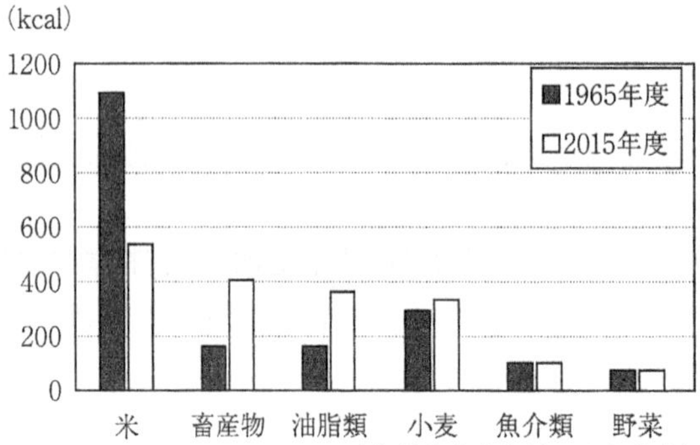

（農林水産省資料により作成）

（注）資料Ⅰ～Ⅲにおける供給熱量とは，国民に対して供給された食料の重量を熱量に換算して示したもの。

<原稿>

- 資料Ⅰから資料Ⅲをふまえて，私たちが考えた政策を発表します。
- 資料Ⅰから，日本の食料自給率は，1965年度から2015年度にかけて低下していることが読み取れます。
- 資料Ⅱと資料Ⅲから，［　い　］ことが食料自給率の低下の一因であると言えます。
- 以上のことから，食料自給率を向上させるためには，お米・ごはん食を奨励することが有効であると考えます。

6 昨年秋に，日本で開催されたラグビーワールドカップを見たＴさんは，南半球の国々に興味をもち，アルゼンチン，南アフリカ共和国，オーストラリアについて調べることにした。これについて，あとの(1)～(5)に答えなさい。

(1) 図Ⅰは，北回帰線より南を省略してかかれた地図である。図Ⅰ中の［　　］で囲んだ**あ**～**う**にあてはまる図を，次のページの**Ａ**～**Ｃ**からそれぞれ選び，記号で答えなさい。

図Ⅰ

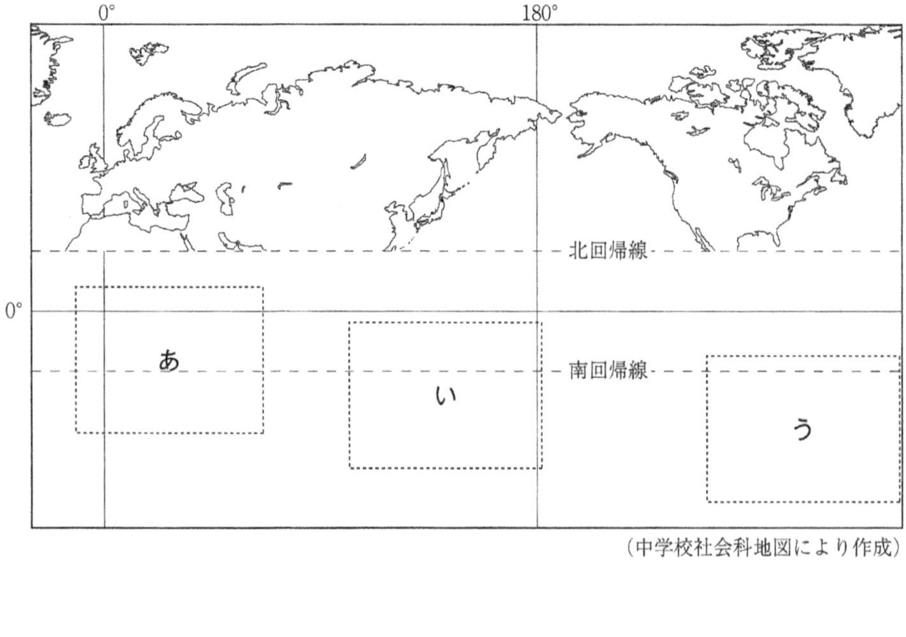

（中学校社会科地図により作成）

A

B

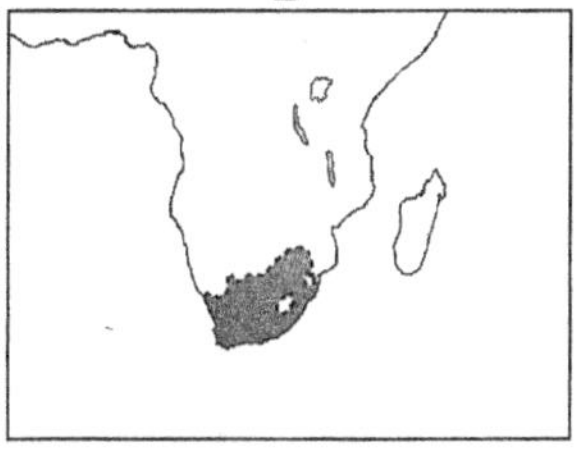

C

（注）A～Cの縮尺はすべて同じであるが，図Ⅰとの縮尺は異なる。

⑵　世界には，高くけわしい山脈や島々が連なる造山帯が二つある。このうち，アルゼンチンとチリの国境をなすアンデス山脈と，日本列島とが，ともに属する造山帯を何というか。答えなさい。

⑶　昨年のラグビーワールドカップで優勝した南アフリカ共和国は，異なる人種どうしの和解や協調を進めている。これは，1990年代にヨーロッパ系以外の人々を差別する政策が廃止されたためである。この廃止された政策を何というか。答えなさい。

⑷　Tさんは，オーストラリアについてレポートを作成するために，資料を集めた。資料Ⅰ，資料Ⅱは，その一部である。次のア～ウに答えなさい。

ア　オーストラリアは，世界を六つの州に区分した場合，何という州に属するか。答えなさい。

イ　資料Ⅰは，オーストラリアの1963年と2015年における輸出額の品目別の割合を示したものである。資料Ⅰ中のa，bにあてはまる品目を，次の1～4からそれぞれ選び，記号で答えなさい。

1　石炭　　2　石油　　3　羊毛　　4　コーヒー

資料Ⅰ　オーストラリアの輸出品の変化

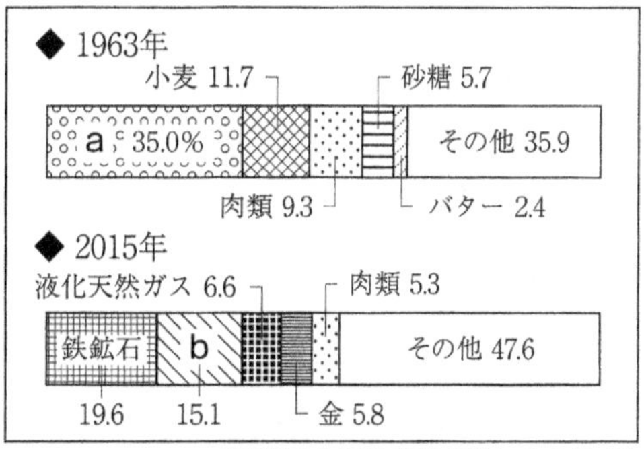

（国際連合貿易統計年鑑により作成）

ウ　Tさんは，2017年に日本に輸入された鉄鉱石の約6割がオーストラリア産であり，日本の製鉄はオーストラリアと関係が深いことを知った。

資料Ⅱは，現在の日本における主な製鉄所の所在地を示したものである。これらの製鉄所は，どのような場所に立地しているか。輸送手段に着目して説明しなさい。

資料Ⅱ　日本の主な製鉄所の所在地

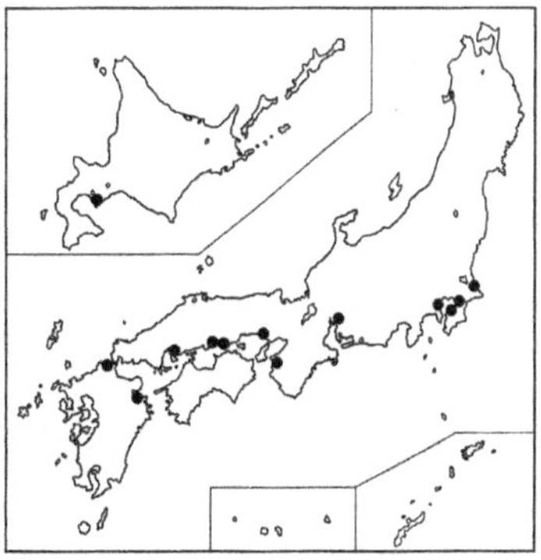

（日本の鉄鋼業2018年版により作成）

⑸　Tさんは，ラグビーワールドカップをきっかけに，ラグビーの競技人口にも興味をもち，表

Ⅰの資料をもとに図Ⅱのような統計地図を作成することにした。図Ⅱ中の未記入の二つの県について，記入されている都県の例にならって作業を行い，図を完成させなさい。

表Ⅰ

都県名	ラグビー競技人口(人)
茨城県	1,809
栃木県	676
群馬県	1,916
埼玉県	4,178
千葉県	3,125
東京都	13,153
神奈川県	7,098

（注）ラグビー競技人口は，日本ラグビーフットボール協会に登録されている人数である。

（日本ラグビーフットボール協会2018年度事業報告により作成）

図Ⅱ　関東地方のラグビー競技人口

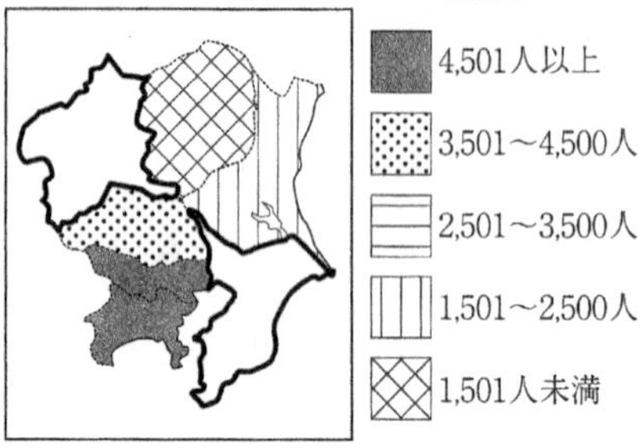

7　Sさんは，かつて日本の都が置かれていたことから古都と呼ばれている奈良・京都に興味をもち，調べ学習を行った。あとの(1)，(2)に答えなさい。

(1)　Sさんは，奈良・京都の文化遺産について調べ，まとめることにした。次は，その一部である。これについて，下のア～エに答えなさい。

◆　東大寺

・　奈良時代に聖武天皇が，仏教の教えを中心にして，国を守るために建てた。
・　源平の争乱で①平氏に焼かれたが，貴族や武士だけでなく民衆などの支援によって再建された。
・　南大門には，力強い動きを表す，②彫刻作品が置かれている。

◆　二条城

・　徳川家康により築城され，以後，江戸幕府の将軍が京都を訪れたときの宿泊所となった。
・　二の丸御殿は，③桃山文化を代表する建築物である。
・　1867年（慶応３年），15代将軍徳川慶喜が，④大政奉還を発表した場所である。

ア　下線部①に関連して，武士として初めて政治の実権をにぎった平清盛について述べた文として正しいものを，次の１～４から一つ選び，記号で答えなさい。

1　摂政になり，仏教や儒教の考え方を取り入れた十七条の憲法を定めた。

2　太政大臣になり，一族を朝廷の高い位につけ，各地の公領を支配した。

3　征夷大将軍になり，家来となった武士に守護や地頭の職を与えた。

4　執権になり，元軍の襲来では，博多湾に石の防壁を築き抵抗した。

イ　下線部②は，運慶らによって制作されたものである。南大門にある，この作品を何というか。答えなさい。

ウ　下線部③について，資料Ⅰは，桃山文化を代表する絵画である。この絵画をかいた人物は誰か。答えなさい。

資料Ⅰ

エ　下線部④とは，どのようなことか，「朝廷」という語を用いて，簡潔に述べなさい。

⑵　Sさんは，京都の文化遺産などの観光地を家族と一緒にめぐるコースを考えることにした。次は，Sさんが考えたコースである。これについて，次のページのア～カに答えなさい。

ホテル
↓（徒歩）
東寺：⑤空海にゆかりのある寺院
↓（徒歩）
西本願寺：豊臣秀吉が寄付した土地に建てられた寺院
↓（徒歩）
レストラン：昼食は，⑥京野菜を使った料理
↓（⑦京都市営バス：西本願寺前　⇒　二条城前）
⑧二条城：徳川慶喜が大政奉還を発表した城
↓（ＪＲ山陰本線：二条駅　⇒　嵯峨嵐山駅）
天龍寺：足利尊氏が，元との交易で資金を得て建てた寺院
↓（徒歩）
渡月橋：⑨嵐山周辺散策と写真撮影
↓（ＪＲ山陰本線：嵯峨嵐山駅　⇒　京都駅）
ホテル

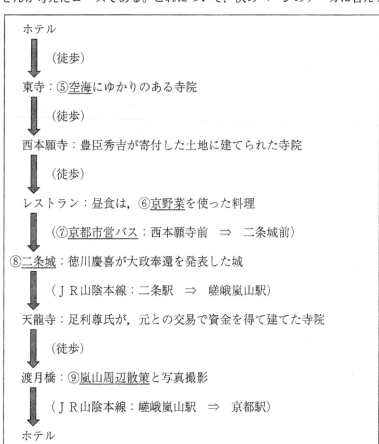

ア　下線部⑤が，９世紀の初めに唐から帰国した後，仏教の新しい宗派を広めた。この宗派を何というか。次の１～４から一つ選び，記号で答えなさい。

１　真言宗　　２　天台宗　　３　浄土宗　　４　日蓮宗

イ　下線部⑥について，Ｓさんは，賀茂なすや九条ねぎなどの京野菜が京都市の郊外や周辺地域で生産されていることを知った。東京や京都などの大都市から距離の近い地域に，野菜や生花などを生産する農業が多くみられる理由を説明しなさい。

ウ　下線部⑦を運営する京都市交通局のような国や地方公共団体などが経営する公企業に対して，個人企業や法人企業のような民間企業を何というか。答えなさい。

エ　下線部⑧について調べていたＳさんは，「入城料」をクレジットカードで支払えることを知った。クレジットカードで商品を購入する際の利点を，支払い方法にふれながら，「現金」という語を用いて説明しなさい。

オ　下線部⑨について，Ｓさんは，嵐山周辺を散策するルートを決めるため，図Ⅰを使用した。図Ⅰの範囲から読み取れることとして正しいものを，次の１～４から一つ選び，記号で答えなさい。

１　①の範囲には，茶畑が広がっている。

２　郵便局が最も近くにある駅は，有栖川駅である。

３　②の神社は，標高100ｍよりも低い位置にある。

４　天龍寺庭園は，渡月橋の北東の方向にある。

図Ⅰ

（国土地理院25,000分の１地形図による）

カ　表Ⅰは，国内の宿泊旅行のうち，近畿地方２府５県を目的地とした，旅行目的別の延べ旅行者数を示したもので，図Ⅱは，近畿地方２府５県における国宝（建造物）指定件数である。京都府にあてはまるものを，表Ⅰ，図Ⅱ中のＡ～Ｄから一つ選び，記号で答えなさい。なお，表Ⅰと図Ⅱ中のＡ～Ｄは，それぞれ同じ府県である。

（表Ⅰ，図Ⅱは次のページにあります。）

表Ⅰ　　(2017年)

府県名	観光・レクリエーション（千人）	出張・業務（千人）
A	7,975	4,075
B	7,647	1,240
兵庫県	7,542	2,187
三重県	5,983	1,072
C	3,332	266
D	2,087	230
滋賀県	1,804	766

（観光庁資料により作成）

図Ⅱ

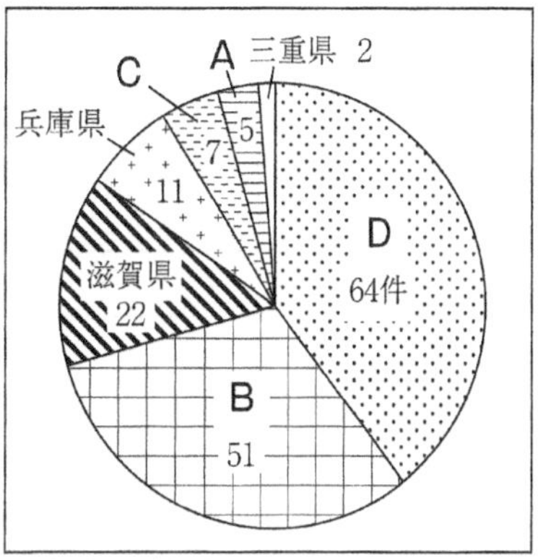

（注）指定件数は，2019年12月1日現在のものである。

（文化庁資料により作成）

令 2 山口県

受検番号	

社会解答用紙

得点	* 点

＊印の欄には何も記入しないこと。

1 *

(1)	
(2)	
(3)	

2 *

(1)	
(2)	
(3)	

3 *

(1)	
(2)	
(3)	

4 *

(1)		
(2)		
(3)	世紀	
(4)		
(5)		
(6)		
(7)	→ →	
(8)		

5 *

(1)	
(2)	
(3)	
(4)	
(5)	

6 *

(1)	あ		い		う	
(2)						
(3)						
(4)	ア	州				
	イ	a		b		
	ウ					
(5)	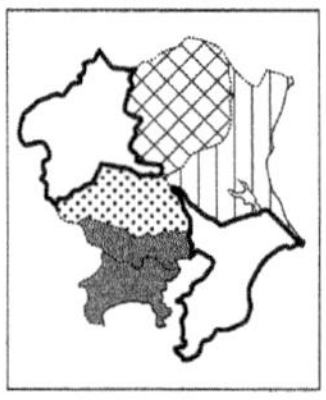					

7 *

(1)	ア	
	イ	
	ウ	
	エ	
(2)	ア	
	イ	
	ウ	
	エ	
	オ	
	カ	

※この解答用紙は167％に拡大していただきますと，実物大になります。

令二 山口県

受検番号	

学校指定教科検査（国語）解答用紙

得点	点

一

(一)		
(二)	実在する事物A	
	非実在の事物B	
(三)		
(四)	Ⅰ	
	Ⅱ	

※この解答用紙は143%に拡大していただきますと、実物大になります。

（鈴木宏子《すずきひろこ》「古今和歌集の創造力」から。一部省略がある）

（注）※レトリック＝言葉を美しく巧みに用いて効果的に表現する技法。
※花＝梅、桜などの春の花のこと。
※捨象＝抽象する際に、本質的でない種類の性質を捨て去ること。
※思惟＝思考。

(一) **文章二**の「相違」と同じ構成（組み立て）の熟語を、次の1～5から二つ選び、記号で答えなさい。

1 意思　2 急増　3 開幕　4 仮定　5 難易

(二) **文章一**に「実在する事物Aを非実在の事物Bと見なす」とあるが、**文章二**の「み吉野の山辺に咲ける桜花雪かとのみぞあやまたれける」の和歌において、「実在する事物A」と「非実在の事物B」に当てはまるものを、和歌の中からそれぞれ書き抜きなさい。なお、「実在する事物A」は二字、「非実在の事物B」は一字で書き抜くこと。

(三) **文章三**に「思いがけない本質が鮮やかに立ち現われてくる」とあるが、どういうことか。文章の内容に即して、七十字以内で説明しなさい。

(四) **文章一**から**文章三**までを読んだ**Aさん**と**Bさん**は、**文章二**にある「Ⅱ類〈自然と人事の見立て〉」について調べてみた。次の会話の［Ⅰ］、［Ⅱ］に入る適切な内容を、それぞれ十字以内で答えなさい。

Aさん　「Ⅱ類〈自然と人事の見立て〉」とありますが、ここでの「人事」とは「人が作ったもの」ということのようです。

Bさん　自然のものを人が作ったものに見立てる、ということですね。

Aさん　「古今和歌集」の和歌で確認してみましょう。この歌はどうでしょうか。

浅緑《あさみどり》糸よりかけて白露を玉にもぬける春の柳か
（春上・二七・僧正遍昭）
新芽をつけた緑の糸を垂らして、まるで玉を貫いたように白露をちりばめている、そんな春の柳である。

Bさん　この和歌の中では、自然の「白露」を、人事である「玉」、つまり宝玉に見立てていますね。共通点は「丸く輝く」ということでしょうか。また、新芽をつけた「柳」の細い枝を、「糸」に見立ててもいます。

Aさん　見立てが二つも入っているのですね。それぞれの見立てを関連付けて考えてみると、この和歌全体では、［Ⅰ］を、［Ⅱ］に見立てて詠《よ》んでいることになりますね。見立てることで、和歌のイメージは大きく広がっていきますね。

〈学校指定教科検査問題〉

時間　実施教科数に応じて、一教科十五分、二教科四〇分、三教科六五分

満点　一五点

一　次の**文章一**から**文章三**までを読んで、あとの㈠～㈣に答えなさい。なお、**文章一**から**文章三**までの出典はいずれも同じである。

文章一

和歌における見立ては、「視覚的な印象を中心とする知覚上の類似に基づいて、実在する事物Aを非実在の事物Bと見なす※レトリックである」と定義することができる。

文章二

「見立て」の歌は『古今集』の中に百首あまり見られるが、それらは性格の異なる二つのパターンに大別することができる。

Ⅰ類〈自然と自然の見立て〉

Ⅱ類〈自然と人事の見立て〉

同じ見立てではあるが、この二つにはさまざまな点で相違が認められる。

まず『古今集』に見られるⅠ類〈自然と自然の見立て〉には、次のようなものがある。

雪→※花　花→雪　花→波　波→花　雲→花　雪→月　空→海

菊→星　白菊→波　滝→雲　鶴→波……

Ⅰ類は、「雪・花・波・月・雲」などごく限られた範囲の、白い印象を喚起する景物を中心として行なわれている。王朝の歌人たちは「白」という色に特別な美を見いだしていたらしい。そして多くの場合「A→B」「B→A」の双方向の見立てが成り立つ、つまりAとBに互換性があるという特徴が見られる。Ⅰ類は、選び抜かれた「白く美しい物」のあいだで閉じている。

Ⅰ類の中で最も歌数が多いのは、雪から花、あるいは花から雪への〈雪と花の見立て〉である。

み吉野《よしの》の山辺に咲ける桜花雪かとのみぞあやまたれける（春上・六〇・紀友則）

吉野山の辺りに咲いている桜の花は、まるで雪かとばかり見誤られることだ。

文章三

ところで、見立てによって結びつけられるAとBは、本当に似ているのだろうか。たとえば〈桜と雪の見立て〉の場合。「桜」は春に地上で咲く植物であり、一方の「雪」は冬に空から降ってくる天象である。この二つは本来まったく異なるのではないか。本当は似ていない二つの物を、「白さ」という印象深いたった一つの類似性を取り出すことによって、半ば強引に結びつけてしまう、言い換えれば、それ以外の属性はすべて※捨象してしまう。このような潔《いさぎよ》いほどの取捨選択と誇張とが、「見立て」というレトリックの命である。

実のところ「桜」は「雪」よりも「梅」に似ているが、「桜」を「梅」に見立てたところで、あまり面白くない。本当は似ていない「桜」と「雪」を結びつけることから、二つに共通する「真っ白な美しさ」が、あらためて認識されるのである。「見立てる」ことによって、それまで何気なく見ていたものの中から、思いがけない本質が鮮やかに立ち現われてくる。見立てというレトリックには、和歌の場合のようにAとBとが固定していてもなお、発見的※思惟《しい》と驚きが伴っている。

令二 山口県

受検番号

国語解答用紙

＊印の欄には何も記入しないこと。

得点 ＊ 点

一 ＊
(一) 画
(二)
(三)
(四)
(五)
(六)
(七)

二 ＊
(一) 1 2 なく
(二)
(三)
(四)
(五)
(六)
(七) Ⅰ Ⅱ

三 ＊
(一)
(二)
(三)

四 ＊
(一) 聖 人 終 身 言フモ 治ヲ
(二)
(三) Ⅰ Ⅱ

五 ＊
1 て 2 3 び 4 5

六 ＊
(一)
(二) 1 2 3 4 5 6 7 8 9 10 11 12

※この解答用紙は１６７％に拡大していただきますと、実物大になります。

ね。また、表を見ると、事業系廃棄物由来と家庭系廃棄物由来の二つに分かれることや、それらの主な内容についても分かりますね。

司会者　こうしてみると、由来ごとに解決すべき課題がありそうですね。では、食品ロスを減らすためには、どのような対策が必要だと思いますか。

Bさん　中学生にも実行可能なものを考えて、みんなで取り組んでいくとよいと思います。それから、食品ロスの内容のうち、どれかに絞って考えると、効果的な対策が見つかるのではないでしょうか。

Cさん　なるほど。それでは、対策として「□をなくす」というのはどうでしょう。これなら私たちにも取り組めて、両方の由来からの食品ロスを減らすことにもつながります。

Aさん　いいですね。では、そのことを対策として示して、この問題への関心を高めるポスターを作成しましょう。

司会者　食品ロスに限らず、社会をよりよくするためには、私たち一人ひとりの普段の心がけが大切ですね。

【資料】

食品ロスについて

○　食品ロスとは
- 本来食べることができるのに捨てられる食品

○　食品ロスの発生量について
- 年間643万トン
- １日当たりにすると大型(10トン)トラック1,760台分

○　食品ロスの発生状況について

	主な内容
※事業系廃棄物由来（年間352万トン）	※規格外品　返品　売れ残り　食べ残し
※家庭系廃棄物由来（年間291万トン）	食べ残し　※過剰除去　※直接廃棄

（注）
※　事業系廃棄物由来
　食品産業から発生する食品廃棄物に由来。
※　家庭系廃棄物由来
　家庭から発生する食品廃棄物に由来。
※　規格外品
　製造過程での印字ミス（賞味期限、消費期限など）や型くずれ等により販売できなくなった食品のこと。
※　過剰除去
　野菜や果物の皮を厚くむきすぎたり、取り除きすぎたりしたもの。
※　直接廃棄
　冷蔵庫に入れたままで消費期限切れになるなど、調理されず、何も手がつけられずに廃棄される食品。

（消費者庁資料などにより作成）

(一)　□に入る語句として最も適切なものを、示された【資料】の中から書き抜きなさい。

(二)　**司会者**の最後の発言を踏まえて、あなたが「社会をよりよくするために心がけていきたいこと」について、自分の体験に触れながら、次の注意に従って文章を書きなさい。

注意
○　氏名は書かずに、１行目から本文を書くこと。
○　原稿用紙の使い方に従って、８行以上12行以内で書くこと。
○　段落は、内容にふさわしく適切に設けること。
○　読み返して、いくらか付け加えたり削ったりしてもよい。

之《これ》を善くせしむる《うまく歌わせるもの》※者は、其の詩に非ざるなり。※鸚鵡《あうむ》能く言へども《言葉を発することができるが、》、言に長ぜしむべからず《言葉を上達させることはできない》。是《こ》れ何となれば則《すなは》ち其の言ふ所を得れども《人の発する言葉を身につけられるが》、其の言ふ所以を得ざればなり《得られないからである》。故《ゆゑ》に迹《あと》に循《したが》ふ者《先人の足跡をなぞる者》は、能く迹を生ずる者《自分の足跡を残せる人物》に非ざるなり。

（『淮南子《えなんじ》』から）

（注）※聖人＝高い学識や人徳をもつ、理想的な人。
※者＝「物」と同じ。もの。
※鸚鵡＝鳥の名前。人の言葉をまねる。

(一)　「聖人終身治を言ふも」は、「聖人終身言治」を書き下し文に改めたものである。書き下し文を参考にして、「聖 人 終 身 言フモ 治ヲ」に返り点を補いなさい。

(二)　「詩」とあるが、「聖人」の例において、この「詩」に対応する語は何か。書き下し文の中から書き抜きなさい。

(三)　次の会話は、「迹に循ふ者は、能く迹を生ずる者に非ざるなり」の解釈に関する、AさんとBさんのやりとりである。[Ⅰ]、[Ⅱ]に入る適切な内容を答えなさい。なお、[Ⅰ]には五字以内の現代語で答え、[Ⅱ]には最も適切なものを、あとの1～4から選び、記号で答えなさい。

Aさん　「鸚鵡」の例では、鸚鵡は人の言葉の[Ⅰ]ことはできるが、言葉を上達させることはできないということが、書かれていました。

Bさん　そうですね。この鸚鵡の例と対応させて考えてみると、「迹に循ふ者」の例は、ただ単に先人の考えをそのまま受け入れたり、先人の行動をそのまま行ったりするだけで、後世に名前を残すことはできないということになりますね。

Aさん　つまり、後世に自分の名前を残せるような人物は、物事を行うときの[Ⅱ]をもっているということでしょうね。

1　根本となるもの　　2　表面に現れているもの
3　規則に沿うもの　　4　形式を重視したもの

五

次の1～5について、――部の漢字は読み仮名を書き、片仮名は漢字に改めなさい。

1　あの山を隔てた向こう側に海がある。
2　作家が辛苦の末に大作を完成させた。
3　休日に、友人とアソびに出かける。
4　吹奏楽部の演奏会にショウタイされた。
5　調理室をいつもセイケツに保つ。

六

ある中学校では、食品ロスについて調べ学習をしている。次の会話は、クラスで食品ロスについて話し合いを行ったときのものである。よく読んで、あとの(一)、(二)に答えなさい。

司会者　それでは、みなさんがまとめた【資料】をもとに、食品ロスの対策について話し合いましょう。

Aさん　一日当たりの食品ロス発生量は、膨大《ぼうだい》な量になっています

(四)「相手の心をとらえるもの」とあるが、筆者はこれをどのようなものであると述べているか。最も適切なものを、次の1〜4から選び、記号で答えなさい。

1　与えられたテーマに沿うもの
2　聞き手にとって興味のあるもの
3　話し手にとって切実なもの
4　誰にでもわかる一般的なもの

(五)「この発想」とはどのような発想か。説明しなさい。

(六)「インターネットの存在は、日々の生活や仕事の中で不可欠なものです」とあるが、なぜ「不可欠」と言えるのか。文章の内容に即して説明しなさい。

(七)「自分あっての情報」とはどういうことか。次の文がそれを説明したものとなるよう、[Ⅰ]には文章中から二十五字以内の表現を書き抜いて答え、[Ⅱ]には適切な内容を「自分の固有の立場」という言葉を用いて、四十字以内で答えなさい。

現代社会は、多くの情報であふれているが、情報の質や[Ⅰ]はさまざまであるため、[Ⅱ]ことで、情報を活用することができるということ。

三

次の古文を読んで、あとの(一)〜(三)に答えなさい。

※吾《われ》にしたがひて物まなばむともがらも《学問をしようという諸君も》、わが後に、又よきかむがへのいできたらむ《考えが出たとき》には、かならず《決して》わが説になづみそ《こだわるな》。わがあしきゆゑをいひて、よき考へをひろめよ。すべておのが《私が》人をしふるは、※道をあきらかにせむ《しよう》となれば、かにもかく《ともかく》にも《も》、道をあきらかにせむぞ、吾を用ふるには有《あり》ける《大切にすることであるよ》。道を思はで《考えずに》、いたづらに《むだに》われをたふとまん《尊重すること》は、わが心にあらざるぞかし。

（「玉勝間《たまかつま》」から）

（注）※吾＝私。ここでは、筆者。　※道＝真理。

(一)「をしふる」を現代仮名遣いで書き直しなさい。

(二)「わがあしきゆゑをいひて、よき考へをひろめよ」の解釈として最も適切なものを、次の1〜4から選び、記号で答えなさい。

1　師である私の説をしっかりと理解することで、あなたの考えを深めていきなさい。
2　師である私の説のよさを伝えていくと同時に、あなたの考えも伝えていきなさい。
3　師である私の説を無理に理解しようとせず、あくまでもあなたの考えにこだわりなさい。
4　師である私の説がよくない理由を示し、あなたがよいとする考えを伝えていきなさい。

(三)「わが心にあらざる」とは、「私の本意ではない」という意味であるが、ここでの「私の本意」とは何か。そのことについて述べた部分を、古文中から十字以内で書き抜きなさい。

四

次の漢文の書き下し文を読んで、あとの(一)〜(三)に答えなさい。

※聖人終身治を言ふも、用ひる所は其の言に非《あら》ざるなり《聖人は生涯国の治め方について発言するが、（人を動かすために）用いるのは、言葉ではないのである》。言ふ所以《ゆゑん》を用ひるなり《発言のもととなる心を用いるのである》。歌ふ者は詩有り。然《しか》れども人をして《人に歌を》

相手の心をとらえるものがあることになります。

　ですから、対話では、「何が言いたいのか」ということが常に大切であるわけです。

　「何が言いたいのかがbわからない」対話は、テーマが明らかでないのと同様、「何を話しているのかわからない」ということになりますね。その「テーマ」について「何が言いたいのか」がはっきりと相手に見えなければなりません。

　ところが、その「言いたいこと」がなかなか見出せないあなたには、どのような課題があるのでしょうか。

　「言いたいこと」を見出すために、あなたは、おそらくまず「情報の収集を」と考えていませんか。情報がなければ、構想がc立てられない、だから、まず情報を、というのがあなたの立場かもしれません。

　しかし、この発想をまず疑ってみてください。

　情報といえば、まずテレビでしょうか。それから、もちろんのこと、インターネットの存在は、日々の生活や仕事の中で不可欠なものです。インターネットの普及は、情報の概念を大きく変えたといっても過言ではないでしょう。インターネットの力によって、世界中のさまざまな情報が瞬時にして地球上のあらゆるところまで伝わるようになりました。その他、ラジオ、新聞、1ザッシ等を含めた、各種のメディアの力による情報収集の方法を、わたしたちは無視するわけにはいきません。しかも、こうしたメディアが、あなた自身の自覚・無自覚にかかわらず、いつの間にかわたしたちの仕事や生活のための情報源になっているということはもはや否定できない事実でしょう。

　しかし、よく考えてみてください。それらの情報の速さと量は、決して情報の質そのものを高めるわけではないのです。たとえば、インターネットが一般化するようになってから、世界のどこかでd起きた一つの事件について、地球上のすべての人々がほぼ同時に知ることが可能になりました。しかし、その情報の質は実にさまざまであり、決して同じではないのです。しかも、その情報をもとにしたそれぞれの人の立場・考え方は、これまた千差万別です。

　こう考えると、一つの現象をめぐり、さまざまな情報が蝶《ちょう》のようにあなたの周囲を飛び回っていることがわかるはずです。大切なことは、そうした諸情報をどのようにあなたが自分の目と耳で切り取り、それについて、どのように自分のことばで語ることができるか、ということではないでしょうか。

　もし、自分の固有の立場を持たなかったら、さまざまな情報を追い求めることによって、あなたの思考はいつの間にか停止を2余儀なくされるでしょう。※言説資料による、さまざまな情報に振り回されて右往左往する群衆の一人になってしまうということです。

　だからこそ、情報あっての自分であり、同時に、自分あっての情報なのです。

（細川英雄《ほそかわひでお》「対話をデザインする――伝わるとはどういうことか」から）

（注）※言説資料＝言葉で説明された資料。

(一) 文章中の～～部1、2について、片仮名は漢字に改め、漢字は読み仮名を書きなさい。

1　ザッシ　　2　余儀なく

(二) 文章中の＝＝部a～dのうち、上一段活用の動詞を一つ選び、記号で答えなさい。

a　し　　b　わから　　c　立て　　d　起き

(三) 「切り口」とあるが、ここでの「切り口」と同じ意味をもつ熟語として最も適切なものを、次の1～4から選び、記号で答えなさい。

1　目印　　2　観点　　3　技術　　4　方式

宙の切れっぱし。でもそこには、でっかい泥だんごが浮かんでいるのだ。そのせいだろうか。とんでもなく遠いはずなのに、なぜか、遠いと感じない。

駿馬はぶるっと身震いした。

(黒川裕子《くろかわゆうこ》「天《てん》を掃《は》け」から)

(注)　※アイピース＝望遠鏡で、目を付けてのぞきこむ部分。
※シーイング＝天体観測の際に、望遠鏡で見たときの星の像の見え具合。
※黄色くん＝駿馬が父親から譲り受けた天体望遠鏡の愛称。

(一)　「乾」を楷書《かいしょ》で書いたときの総画数は何画か。数字で答えなさい。

(二)　「視野」の「野」と同じ意味で用いられている「野」を含む熟語を、次の1～4から一つ選び、記号で答えなさい。

1　原野　2　野鳥　3　野望　4　分野

(三)　「見せていた」とあるが、この述語に対する主語を、文中から一文節で書き抜きなさい。

(四)　「穏やかな」と同じ品詞であるものを、次の1～4から一つ選び、記号で答えなさい。

1　校舎を照らした夕日はきれいだった。
2　この時期にしては小春日和で暖かかった。
3　君のような人は信頼されるだろうよ。
4　この本は面白くて時間が経つのを忘れる。

(五)　「それに似ている」とはどういうことか。次の文がその説明となるよう、[　] に入る適切な表現を、文章中から五字以内で書き抜きなさい。

月が[　　　]に似ているということ。

(六)　「すばるの声は心なしかはずんでいるような気がする」とあるが、このときの「すばる」の気持ちを、文章の内容に即して説明しなさい。

(七)　「駿馬はぶるっと身震いした」とあるが、このときの「駿馬」の心情を説明したものとして最も適切なものを、次の1～4から選び、記号で答えなさい。

1　遠く離れたモンゴルと日本が、空間を超えて一つの空でつながっていることを知り、一体感に浸っている。
2　月を眺めているうちに、時間を超えて幼稚園児の頃の記憶が鮮やかによみがえり、懐かしさを覚えている。
3　遥《はる》かかなたにある月を、空間を超えて間近にあるもののように感じ、かつてない感覚に心が高ぶっている。
4　時間を超えて存在している月を見て、有限である自分自身の存在のはかなさを実感し、途方に暮れている。

二

次の文章を読んで、あとの(一)～(七)に答えなさい。

「国際化」について対話することになった場合、一口に「国際化」といっても、その間口はたいへん広いし、その辺の資料を切り貼りして話すだけでいいならば、それほど悩むことはないでしょう。インターネットで検索すれば、それこそ数千、数万という記事が引き出せます。

問題は、「国際化」という切り口で、あなた自身に何が話せるか、なのです。

ということは、たとえ与えられたテーマだとaしても、その対話は、「自分でなければ話せないもの」でなければ意味がないことになります。だれにでも話せるような、新鮮味のないものは、あなたが話す必要はないはずです。

そのためには、たとえ話題そのものは一般的なものであっても、あなたにとってどれだけ切実であるか、というところが重要で、ここに

＜国語＞

時間 五〇分 満点 五〇点

一 「駿馬《しゅま》」は両親の仕事の関係で五歳のときにモンゴルへ移り住み、中学校入学時に帰国し、すおう町へ越してきた。中学二年生の夏、たった一人で小惑星の発見をめざす同級生「すばる」と出会う。次の文章は、「すばる」と一緒に、「駿馬」が生まれて初めて天体望遠鏡で月の観測を行っている場面である。よく読んで、あとの㈠〜㈦に答えなさい。

低いささやき声に引き寄せられるように、ふらふらと望遠鏡に近づいた。

しゃがんで、※アイピースをのぞきこむ。

——でけえ。

圧倒されてしばらく声も出ない。

なんてロックな眺めなんだろうか。でっかい岩のかたまりって感じ。視野いっぱいに、ちょっとくすんだ銀色の月がみっしりとつまっている。

まだモンゴルに行く前の幼稚園児だったころ、よく手のひらいっぱいの泥だんごをつくって、表面がツルツルになるまでムキになってこすった。一晩外に置いておくと、砂が白く乾いて、ところどころはがれて、昨日は見えなかったデコボコが見えてくる。それに似ている。

左横から光が当たって、球面の右三分の一ほどが欠けている、その不完全なすがた。きわが真っ黒にニジんでいるせいか、付近の凹凸《おうとつ》がより立体的に見える。泥っぽい水たまりみたいに見える大きな影が、左上から、ひとつ、ふたつ、みっつ。そこに、いくつもの線条がひっかき傷みたいに走っている。上部に浮きあがった無数のクレーターが、月の肌を、雨がふって乾いたあとの砂地のように見せていた。

「いま、あんたは月を上下逆さまに見ている。北東……向かって像の左端から、危機の海に、豊かの海、人類がはじめて着陸した静かの海、そして晴れの海。一番大きな影は、本州がすっぽり入る雨の海の、ちょうど半分。今度はクレーターだ。上から、クラビウス、マギヌス、ティコ……特に大きいのがデランドル」

すぐ近くで、穏やかなささやきが聞こえる。聞き逃してしまいそうなほど声が小さいのは、きっと、いま駿馬が見ているものを知っていて、それを邪魔したくないからだ。

この瞬間、手を伸ばして、あのデランドルというクレーターのふちに指先でふれたらどんな感じだろう——。

「何でゆらゆらゆれてんの?」

川底の石を見ているみたいに、月の像がゆれている。

「言っただろ。晴れてても上層に激しい気流があったりすると、星像がゆれて見える。これがさっき言ってた、※シーイングが悪いってことだ」

悪いと言いながら、すばるの声は心なしかはずんでいるような気がする。

「けっこういいだろ。望遠鏡って」

熱い興奮が腹の底からせりあがってきて、こめかみがずきっとした。

いま、この※黄色くんを通して、よくわからないほどすごいものを見ているのではないだろうか。それはただのすおう町の夜空ではなく、草原でいつも見上げていた落っこちてきそうな星空ともまたどこかちがう。同じなのに、ちがって見える。言葉にするなら、これは宇

2020年度

解　答　と　解　説

《2020年度の配点は解答用紙集に掲載してあります。》

＜数学解答＞

1　(1)　-2　(2)　$\frac{9}{2}$　(3)　$3a+6$　(4)　$-36a^2+4ab$　(5)　-8

2　(1)　$y=-\frac{3}{2}x$　(2)　5　(3)　$b=800-60a$

(4)　$72\pi\,\text{cm}^3$

3　(1)　ウ　(2)　42分

4　(1)　$(2\sqrt{5},\ 5)$，$(-2\sqrt{5},\ 5)$　(2)　9個

5　(1)　$m=7$，$n=10$　(2)　$\frac{7}{36}$(求める過程は解説参照)

6　右図

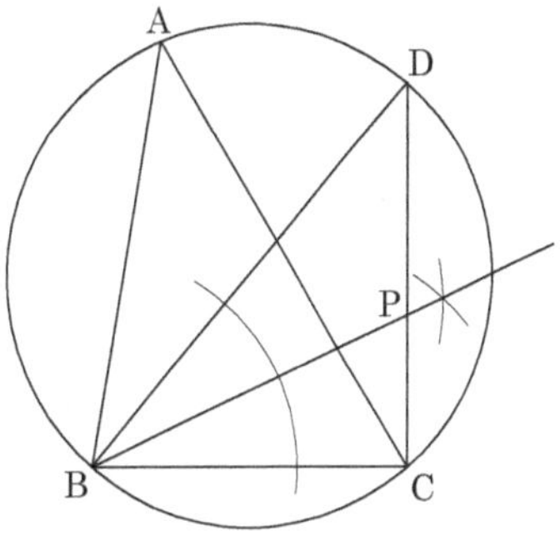

7　(1)　13行目の3列目　(2)　$12m-n+1$(説明は解説参照)

8　(1)　エ　(2)　解説参照　(3)　$\frac{6-2\sqrt{3}}{3}\text{cm}$

9　(1)　(ア)　(式)$\begin{cases} 0.05x+0.30y=190 \\ 0.26x+0.84y=700 \end{cases}$　(答え)$\begin{cases} \text{携帯電話 1400台} \\ \text{ノートパソコン 400台} \end{cases}$

(イ)　[a]　16　[b]　8　(2)　(ア)　$\frac{9\sqrt{2}}{4}\text{m}$　(イ)　Q社，最大250枚

＜数学解説＞

1　(数・式の計算，式の値)

(1)　異符号の2数の和の符号は絶対値の大きい方の符号で，絶対値は2数の絶対値の大きい方から小さい方をひいた差だから，$3+(-5)=(+3)+(-5)=-(5-3)=-2$

(2)　$6^2=6\times6=36$　だから，$6^2\div8=36\div8=\frac{36}{8}=\frac{9}{2}$

(3)　$-2a+7-(1-5a)=-2a+7-1+5a=-2a+5a+7-1=3a+6$

(4)　分配法則を使って，$(9a-b)\times(-4a)=9a\times(-4a)-b\times(-4a)=-36a^2+4ab$

(5)　$x=-1$，$y=\frac{7}{2}$のとき，$x^3+2xy=(-1)^3+2\times(-1)\times\frac{7}{2}=-1-7=-8$

2　(比例関数，平方根，文字を使った式，回転体の体積)

(1)　yはxに比例するから，xとyの関係は　$y=ax$　と表せる。$x=6$，$y=-9$を代入して，$-9=a\times6$　$a=-\frac{3}{2}$　よって，$y=-\frac{3}{2}x$

(2)　$\sqrt{45n}$が整数になるのは，$\sqrt{\ }$の中が(自然数)^{2}の形になればいい。$\sqrt{45n}=\sqrt{3^2\times5\times n}$より，このような自然数$n$は$5\times$(自然数)^{2}と表され，このうちで最も小さい数は$5\times1^2=5$

(3)　家から公園までの800mの道のりを，毎分60mでa分間歩いたときの歩いた道のりは，(道のり)＝(速さ)×(時間)より，毎分60m×a分間＝60amだから，残りの道のりbmは　$b=800-60a$

(4)　できる立体は底面の半径が3cm，高さが8cmの円柱だから，その体積は　底面積×高さ＝$\pi\times3^2\times8=72\pi\,\text{cm}^3$

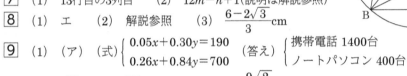

3 (資料の散らばり・代表値)

(1) **階級の幅**は20分－0分＝20分である。アは正しくない。**度数分布表**の中で**度数**の最も多い**階級**の**階級値**が**最頻値**だから，度数が10人で最も多い20分以上40分未満の階級の階級値$\frac{20+40}{2}=30$分が最頻値。イは正しくない。利用する時間が40分以上120分未満の生徒は$8+4+0+2=14$人で全体の人数30人の半数以下である。ウは正しい。度数が2人以下の階級は，80分以上100分未満の階級と，100分以上120分未満の階級の2つである。エは正しくない。

(2) **平均値＝$\frac{\{(\text{階級値})\times(\text{度数})\}\text{の合計}}{(\text{度数の合計})}$** より，アンケート調査の対象となった生徒30人の利用する時間の平均値を，階級値を用いて求めると (10分×6人＋30分×10人＋50分×8人＋70分×4人＋90分×0人＋110分×2人)÷30人＝1260分÷30人＝42分

4 (図形と関数・グラフ)

(1) 関数$y=\frac{1}{4}x^2$…① のグラフ上で，y座標が5である点のx座標は，①に$y=5$を代入して $5=\frac{1}{4}x^2$ $x^2=20$ $x=\pm\sqrt{20}=\pm2\sqrt{5}$ よって，①のグラフ上で，y座標が5である2つの点の座標は，$(2\sqrt{5},\ 5)$と$(-2\sqrt{5},\ 5)$である。

(2) ①のグラフ上で，y座標が24である点のうち，$x>0$である点のx座標は，①に$y=24$を代入して $24=\frac{1}{4}x^2$ $x^2=96$ $x=\sqrt{96}$ ここで，$\sqrt{81}<\sqrt{96}<\sqrt{100}$ より $9<\sqrt{96}<10$ だから，①のグラフ上にある点のうち，正方形ABCDの内部および辺上にあり，x座標が正の整数である点は$x=1$から9の9個。このうち，y座標も整数である点は，$y=\frac{1}{4}\times2^2=1$，$y=\frac{1}{4}\times4^2=4$，$y=\frac{1}{4}\times6^2=9$，$y=\frac{1}{4}\times8^2=16$ の4個。以上より，**放物線がy軸に関して線対称**であり，原点Oもx座標，y座標がともに整数である点であることを考慮すると，①のグラフ上にある点のうち，正方形ABCDの内部および辺上にあり，x座標，y座標がともに整数である点の個数は4個×2＋1個＝9個である。

5 (因数分解，確率)

(1) **乗法公式$(x+a)(x+b)=x^2+(a+b)x+ab$**より，$a=2$，$b=5$のとき，$(x+a)(x+b)=(x+2)(x+5)=x^2+(2+5)x+2\times5=x^2+7x+10$ だから，$m=7$，$n=10$

(2) (求める過程)(例)さいころを2回投げるときの目の出方は全部で36通りである。このうち，2次式x^2+mx+nが因数分解できる場合は，目の出方を$(m,\ n)$と表すと，次の7通りである。(2，1)，(3，2)，(4，3)，(4，4)，(5，4)，(5，6)，(6，5) したがって，求める確率は$\frac{7}{36}$

6 (作図)

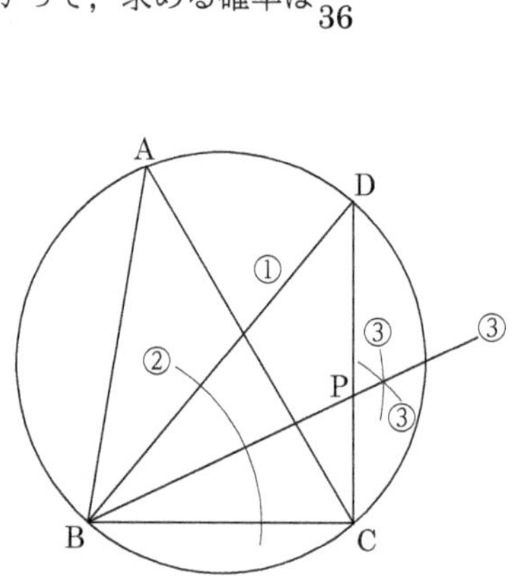

(着眼点) $\overset{\frown}{AD}$に対する**円周角**なので，∠ABD＝∠ACD＝30° よって，∠CBD＝∠ABC－∠ABD＝80°－30°＝50°だから，点Pは∠CBDの二等分線上にある。 (作図手順) 次の①～③の手順で作図する。 ① 線分BDを引く。 ② 点Bを中心とした円を描き，線分BC，BD上に交点を作る。 ③ ②で作ったそれぞれの交点を中心として，交わるように半径の等しい円を描き，その交点と点Bを通る直線(∠CBDの二等分線)を引き，線分CDとの交点をPとする。

7 (規則性)

(1)　偶数行目の1列目に並んでいる人の整理券の番号は，行数に6をかけた数だから，$75=12\times 6+3$より，Aさんは，$12+1=13$行目の3列目に並んでいる。

(2)　(説明)(例)Bさんの整理券の番号は，偶数行目の5列目だから，$12m-n+1=12m-5+1=4(3m-1)$となる。mは自然数だから，$3m-1$は整数であり，$4(3m-1)$は4の倍数である。したがって，Bさんの整理券の番号は，4の倍数となる。　(補足説明)$2m$行目の1列目に並んでいる人の整理券の番号は，行数に6をかけた数だから，$2m\times 6=12m$　$2m$行目のn列目に並んでいる人の整理券の番号は，1列目に並んでいる人の番号より$n-1$小さい数だから，$2m$行目のn列目に並んでいる人の整理券の番号は，$12m-(n-1)=12m-n+1$

8 (図形の証明，三平方の定理，線分の長さ)

(1)　三角形の3つの内角を$\angle a$，$\angle b$，$\angle c$とし，$\angle a$ととなり合う外角を$\angle d$とすると，三角形の3つの内角の和は180°であることから，$\angle a+\angle b+\angle c=180°$より，$\angle b+\angle c=180°-\angle a$…①　また，となり合う内角と外角の和は180°であることから，$\angle a+\angle d=180°$より，$\angle d=180°-\angle a$…②　①，②より，$\angle d=\angle b+\angle c$だから，どんな三角形においても，**三角形の外角は，それとととなり合わない2つの内角の和に等しい。**

(2)　(証明)(例)△AEGと△FDCで，説明より∠AEG＝45°，$\angle \mathrm{FDC}=90°\times\dfrac{1}{2}=45°$だから，∠AEG＝∠FDC…①　BG//CDより，錯角は等しいので，∠AGE＝∠FCD…②　∠ABE＝∠BGC＝30°より，△EBGは二等辺三角形だから，GE＝BE…③　正方形ABCDと正三角形BCEの辺の長さは等しいので，CD＝BE…④　③，④より，GE＝CD…⑤　①，②，⑤より，1辺とその両端の角がそれぞれ等しいので，△AEG≡△FDC

(3)　△BCGは**30°，60°，90°の直角三角形で，3辺の比は2：1：$\sqrt{3}$**だから，$\mathrm{GB}=\sqrt{3}\,\mathrm{BC}=2\sqrt{3}$ cm　GC＝2BC＝4cm　△AEG≡△FDCより，$\mathrm{CF}=\mathrm{GA}=\mathrm{GB}-\mathrm{AB}=(2\sqrt{3}-2)$cm　△AHGは30°，60°，90°の直角三角形で，3辺の比は2：1：$\sqrt{3}$だから，$\mathrm{GH}=\dfrac{2}{\sqrt{3}}\mathrm{GA}=\dfrac{2}{\sqrt{3}}(2\sqrt{3}-2)=\left(4-\dfrac{4\sqrt{3}}{3}\right)$cm　以上より，$\mathrm{FH}=\mathrm{GC}-\mathrm{GH}-\mathrm{CF}=4-\left(4-\dfrac{4\sqrt{3}}{3}\right)-(2\sqrt{3}-2)=\dfrac{6-2\sqrt{3}}{3}$cm

9 (方程式の応用，資料の散らばり・代表値，相似の利用，関数とグラフ)

(1)　(ア)　T市で回収された携帯電話をx台，ノートパソコンをy台としたとき，取り出された金の重さの合計の関係から，$0.05x+0.30y=190$…①　取り出された銀の重さの合計の関係から，$0.26x+0.84y=700$…②　①の両辺を20倍して，$x+6y=3800$…③　②の両辺を50倍して，$13x+42y=35000$…④　④－③×7より，$6x=8400$　$x=1400$　これを③に代入して，$1400+6y=3800$　$y=400$　以上より，T市で回収された携帯電話は1400台，ノートパソコンは400台である。

(イ)　大会④における金メダルと銅メダルの獲得数の関係から，$a+5+b=29$より，$a+b=24$…

(i)　6回の大会における金メダルの獲得数に関して，最大値が16，最小値が10であることから，$10\leqq a\leqq 16$であることがわかる。このうち，金メダルの獲得数の**中央値**が12.5となるのは，$a=13$，14，15，16のときである。そのそれぞれのaの値に対応するbの値は，$b=11$，10，9，8であるが，銅メダルの獲得数の中央値が10となるのは$b=8$のときだから，以上より，$a=16$，$b=8$と決まる。

(2)　(ア)　教室にある長方形のスクリーンの縦の長さは，横の長さの$\dfrac{9}{16}$だから，$2\mathrm{m}\times\dfrac{9}{16}=\dfrac{9}{8}\mathrm{m}$　**相似な図形では，面積比は相似比の2乗に等しい**から，教室にある長方形のスクリーンと大型スクリーンの面積比が1：8のとき，相似比は$\sqrt{1}:\sqrt{8}=1:2\sqrt{2}$　以上より，大型スクリーン

の縦の長さは $\frac{9}{8}\text{m}\times2\sqrt{2}=\frac{9\sqrt{2}}{4}\text{m}$ にすればよい。

（イ） 仮に，P社で3万円で購入できる最大のうちわの枚数は，30000円÷125円＝240枚　この枚数をQ社で購入した場合，1枚あたり120円になるから，代金の合計は120円×240枚＝28800円で，30000円未満である。Q社で3万円で購入できる最大のうちわの枚数は，30000円÷120円＝250枚　以上より，より多くのうちわを購入できるのはQ社であり，最大250枚購入できる。

＜数学解答＞（学校指定教科検査）

1 （1）（ア） 19人　（イ）「山」の人文字をつくるのに必要な人数　$6a+1$（人）　「口」の人文字をつくるのに必要な人数　$4b$（人）

（2）（ア） 式　$r=\frac{\sqrt{2}}{2}b$，グラフ　ウ

（イ） 5m，作図　右図

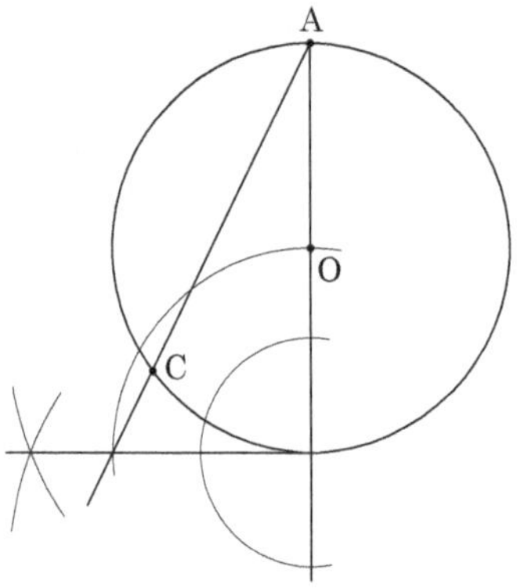

＜数学解説＞

1 （規則性，文字を使った式，三平方の定理，作図）

（1）（ア） $a=3$とするとき，BC＝FE＝a＝3m，AD＝CE＝$2a=2\times3=6$mだから，線分BC，FE上に立つ生徒の人数はそれぞれ $\frac{3\text{m}}{1\text{m}}+1=4$人，線分AD，CE上に立つ生徒の人数はそれぞれ $\frac{6\text{m}}{1\text{m}}+1=7$人　点C，D，Eで生徒が重複することを考慮すると，「山」の人文字をつくるのに必要な人数は　4人×2＋7人×2－3人＝19人

（イ） 前問(ア)と同様に考えると，線分BC，FE上に立つ生徒の人数はそれぞれ $\frac{a\text{m}}{1\text{m}}+1=(a+1)$人，線分AD，CE上に立つ生徒の人数はそれぞれ $\frac{2a\text{m}}{1\text{m}}+1=(2a+1)$人　点C，D，Eで生徒が重複することを考慮すると，「山」の人文字をつくるのに必要な人数は　$(a+1)\times2+(2a+1)\times2-3=(6a+1)$人　また，線分GH，HI，IJ，JG上に立つ生徒の人数はそれぞれ $\frac{b\text{m}}{1\text{m}}+1=(b+1)$人　点G，H，I，Jで生徒が重複することを考慮すると，「口」の人文字をつくるのに必要な人数は　$(b+1)\times4-4=4b$人

（2）（ア） **直径に対する円周角は90°**だから，∠HGJ＝90°より，線分HJは円の直径である。また，GH＝GJより，△HGJは**直角二等辺三角形で，3辺の比は1：1：$\sqrt{2}$** だから，$\text{HJ}=2r=\text{GH}\times\sqrt{2}=\sqrt{2}\,b$　よって，$r=\frac{\sqrt{2}}{2}b$…①　また，$\sqrt{2}<\sqrt{4}$　より　$\sqrt{2}<2$ だから，$\frac{\sqrt{2}}{2}<1$　rとbの関係を表した①のグラフは，原点を通り傾きが1より小さい直線だから，最も適切なグラフはウ

図1

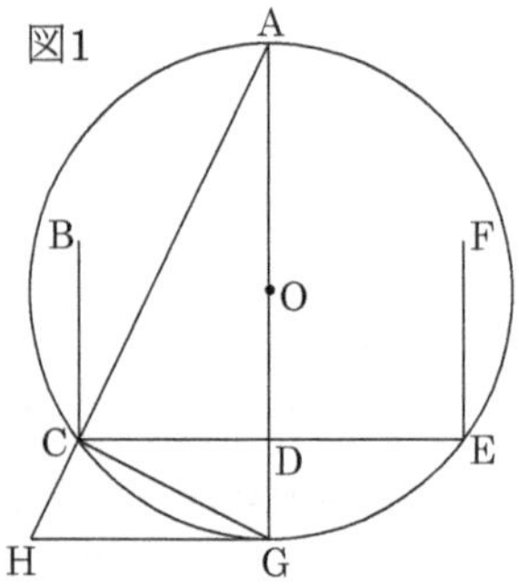

（イ） （円の半径）「山」の文字を円の中にできるだけ大きくかいた図を右図1に示す。問題の条件より，AD＝CE＝8m，CD＝4m

より，△ACDで三平方の定理を用いると，$AC=\sqrt{AD^2+CD^2}=\sqrt{8^2+4^2}=4\sqrt{5}$ m　△ACD∽△AGCより，AC：AG＝AD：AC　$AG=\frac{AC^2}{AD}=\frac{(4\sqrt{5})^2}{8}=10$m　以上より，円の半径は $\frac{AG}{2}=\frac{10}{2}=5$m　(作図の着眼点)　前ページ図1のように，点Gを通り直線ADに垂直な直線上にOG＝GHとなる点Hをとり，線分AHと円Oとの交点をCとすると，△AHG∽△ACDより，AD：CD＝AG：HG＝2：1であるから，点Cは問題の条件を満足する。(作図手順)　右図2のように，次の①～⑤の手順で作図する。　①　直線AOを引き，円Oとの交点をGとする。　②　点Gを中心とした円を描き，直線AO上に交点を作る。　③　②で作ったそれぞれの交点を中心として，交わるように半径の等しい円を描き，その交点と点Gを通る直線(点Gを通り直線AOに垂直な直線)を引く。　④　点Gを中心とした半径OGの円を描き，③で引いた直線との交点をHとする。　⑤　直線AHを引き，円Oとの交点をCとする。(ただし，解答用紙には点G，Hの表記は不要である。)

図2

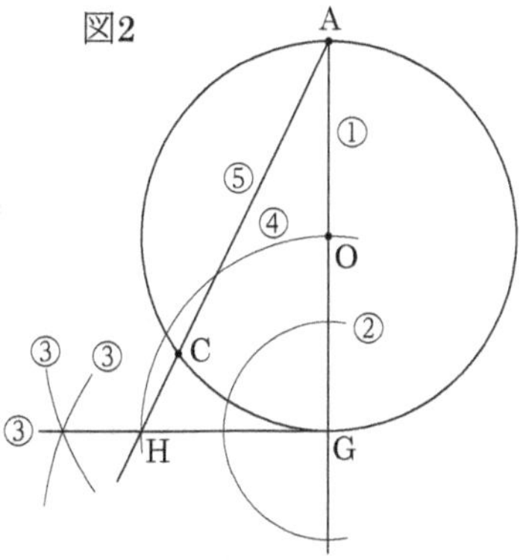

＜英語解答＞

1　テスト1　No.1　2　　No.2　2　　No.3　4　　No.4　2　　テスト2　No.1　2　　No.2　1　　No.3　4　　No.4　3　　テスト3　(A)　by her uncle　　(B)　problems　　(C)　dream　　(D)　Easy

2　(1)　(A)　4　　(C)　3　　(E)　1　　(2)　(B)　bought　　(3)　(D)　beautiful that I can't eat

3　(1)　(A)　Will you come　　(2)　(B)　start　　(3)　(C)　4　　(4)　3　　(5)　2，5

4　(1)　エ　　(2)　(a)　2　　(b)　1　　(c)　3　　(3)　①　met　　②　excited　　③　sharing

5　(1)　(A)　longest　　(B)　hundred　　(C)　front　　(2)　(D)　Our school festival is fun.

＜英語解説＞

1　(リスニング)

放送台本の和訳は，62ページに掲載。

2　(語形変化・適語選択・語句の並べ換え：連語，不規則動詞の過去形，接続詞，)

(全訳)

ベス　：私，(A)初めて和菓子のお店を訪れたわ。

ミナミ：本当？　私は先週，このお店で「桜餅」を(B)買ったわ。とってもおいしかった。

ベス　：わあ，ここにはたくさんの種類の和菓子があるわ！　どれが「桜餅」なの？

ミナミ：ほら。これが「桜餅」よ。あなたはそれを(C)試してみたい？　それとも別の和菓子を選びたい？　どれを食べたい？

ベス　：あー，それは私にとってとても難しい質問だな。このお店のそれぞれの和菓子はとても(D)美しいので食べられないわ。

ミナミ：じゃあ，和菓子を食べる(E)前に，写真を何枚か撮りましょう。あとで，和菓子の写真を見て楽しめるわ。

ベス　：それはいい考えね！

(1)　(A)　**<for the first time>「初めて」**　(C)　try「試す」　(E)　<接続詞before＋主語＋動詞…>「…する前に」

(2)　(B)　'last week'「先週」という語句があるので，'buy'「買う」の過去形，'bought'「買った」にする。

(3)　(D)　**<so～that＋主語＋動詞…>「とても～なので…である」**

3　**(対話文読解：語句補充・選択と記述，内容真偽，図・表などを用いた問題)**

ロビン：ユウタ，僕は今週末のこのイベントに参加するつもりだよ。人々が歩いて道のごみを拾うんだ。

ユウタ：それはいいことだね。3つのルートがあるんだよね？

ロビン：うん。僕は，Blue Beach周辺の通りを清掃するつもり。僕と一緒に(A)来ない？

ユウタ：もちろん参加するよ。

ロビン：イベントは9時に(B)始まる予定だよ。8時50分までにCity Parkに行かなければね。

ユウタ：わかった。あ，市は僕たちが必要としない物品を集めるの？

ロビン：そのとおり。僕はCity Parkに雑誌を持っていくつもりだよ。

ユウタ：運ぶ雑誌が多ければ手伝うよ。

ロビン：ありがとう。あ，待って。君は英語を学習中だから，その中の何冊か欲しければ持って行っていいよ。

ユウタ：本当？　それを読んで，ぼくの英語は上達するな。(C)それはごみを減らす一つの方法だと僕は思うな。

ロビン：そうだね。

ユウタ：清掃の日が今からとても楽しみになってきたよ。でも，僕は自分の部屋をまず掃除するべきだと思う。

ロビン：わあ，君にとっては毎日が清掃日だね！

【ポスター】

グリーン市清掃デー

～シティーパークに来てください～

2019年10月26日，土曜日　午前9:00～10:30

(雨天の場合，清掃デーは11月2日になります。)

道に落ちているごみを拾おう！

8:50までにシティーパークに来てください。お好きなどのルートでも清掃していただけます。
市は皆さんに手袋とビニール袋をお渡しします。

(清掃ルートの地図)

不要な物品を持ってきてください！

★持ってこれる物品

本／雑誌／新聞／缶／ペットボトル／衣類

(1) (A) <Will you come～>自分と一緒に来るように**相手を誘う表現。**

(2) (B) 【ポスター】上部の，開始時間を参照。'9:00 a.m. − 10:30 a.m.' とある。

(3) (C) 4 他の人が必要としないものを再利用すること。 直前のロビンの発言から判断する。上記全訳を参照。**このthatは接続詞ではなく，「それ」という意味の，指示代名詞。前の発言内容を指す。** (接続詞thatの場合は，後ろに<主語＋動詞>が続く。)

(4) 質問：ロビンはどの道を清掃するつもりですか？ ロビンの2番目の発言2文目を参照。

(5) 1 そのイベントでは，人々は夕方に通りを清掃する。(×)

2 もし雨が降ったなら，市は11月に清掃デーを開催する。(○) 【ポスター】上部のカッコ内の情報を参照。

3 ルートBを清掃する人は8時50分までに，South High Schoolに来なければいけない。(×)

4 人々はそのイベントで清掃するルートを選べない。(×)

5 人々は清掃のための手袋とビニール袋を持ってくる必要はない。(○) 【ポスター】の中の地図の上にある囲みの中の，英文3文目を参照。

6 市は本と雑誌，新聞だけを集める。(×)

4 **(長文読解・物語文：文の挿入，英問英答，メモ・手紙・要約文などを用いた問題)**

(全訳)

ある日，イチローは友人のアキラとコウタと一緒に図書館へ行った。彼らは午前中，そこで2時間勉強し少しの疲れを感じた。コウタが，「僕はお腹がすいたな。何か食べにいくのはどう？」と言った。イチローは,「いい考えだね！ 今からお昼を食べよう」と言った。もうすぐ正午であった。彼らは，図書館近くのお好み焼き屋に行くことに決めた。

イチロー，アキラ，そしてコウタがお好み焼き屋へ入ると，そこにはすでに大勢の人がいた。テーブルが1つ見つかったのはラッキーだった。彼らのテーブルのとなりには2人の女性がいた。彼女たちは，彼らが知らない言葉で話していた。三人が自分たちのお好み焼きを待っていると，女性の一人がイチローたちのグループに英語で尋ねてきた。「こんにちは，あなたたちは高校生ですか？」 少年たちはお互いを見合わせた。「私たちはスペインから来て，この近くの大学で勉強しています」と言って，微笑んだ。イチローは，誰かがその質問に答えることを期待した。少しして，アキラが，「はい。僕たちは高校生です」と答えた。アキラは学校ではあまり多くを語らないので，イチローは驚いた。彼はアキラの勇気に尊敬の念を持った。女性たちはフレンドリーで，アキラは彼女たちと英語で話し続けた。彼はとても楽しそうだった。次第に，イチローも彼らと話したくなった。それで，彼は勇気を出して彼らに尋ねた，「お好み焼きはよく食べるのですか？」 女性の一人が笑顔で言った，「はい，このお店によく来ます。私は特に，お好み焼きにチーズをのせるのが好きです」「僕もチーズが好きなんです！ お好み焼きにとっても合いますよね」とイチローは言った。イチローの後，コウタもまた，女性たちと話した。そして，この日本の少年たちとスペインから来た女性たちは，英語で話をしたり，おいしいお好み焼きを一緒に食べることを楽しんだ。お好み焼きはいつもよりおいしい味がする，とイチローは思った。

少年たちは図書館へ戻るために川沿いを歩いていた時，お好み焼き屋での自分たちの体験を話していた。彼らの英語はあまり上手ではなかった。エ しかし彼らは，スペインから来た女性たちと楽しい時間を過ごすことができた。イチローは，「最初，僕たちは英語を話すのを怖がっていたよね。でも少し勇気を出してスペインから来た女性たちと楽しんで話すことができた。それってすごいことだよね？」と言った。アキラとコウタは彼の言うことに同意した。彼らは皆，お好み焼き屋での新たな体験が理由で，とてもウキウキしていた。そしてイチローが続けた，「とりわけ外国語で他の人とコミュニケーションを図るのは僕たちにとって難しいことだよね。でも少しの勇気を出すことで，僕たちにはそれができるんだと思うな。勇気がコミュニケーションへの鍵だと僕は思うよ」 アキラとコウタはイチローの意見が理解できた。なぜなら彼らは一緒に楽しい時間を共有できたからだ。お好み焼きは彼らを満腹にさせ，彼らの示した勇気は彼らの心を喜びで満たした。

(1)　上記全訳を参照。**挿入する英文は，接続詞 'But ….' 「しかし…」 で始まっていることがヒント。**直前の内容は，この挿入文の内容と逆になっていると判断する。

(2)　(a) 「少年たちは疲れを感じたとき，何をすることに決めたか？」　2 「お好み焼屋に行くこと」 第1段落最終文を参照。　(b) 「なぜイチローは，スペインから来た女性たちと話そうとしたのか？」　1 「なぜならアキラがその女性たちと楽しく話していたから」 空所ウの直前の3文を参照。　(c) 「イチローによると，コミュニケーションに必要なのは何か？」　3 「ほかの人に話しかける勇気」 最終段落最後から3～5文目を参照。

(3)　(イチローの作文和訳)

僕は友人とお好み焼屋へ行き，そこでスペインから来た2人の女性に①会った。彼女たちは僕たちに英語で話しかけてきた。僕たちは最初，英語を使うのが怖かったが，彼女たちととても楽しく話せた。お好み焼きがとてもおいしかった！

お好み焼屋で新たな経験ができて僕たちはとても②ウキウキした。お互いに理解し合うということは難しいことだが，外国語で話すときはとりわけ難しい。しかし少しの勇気を持てば，それができるのだと僕は思う。一緒に楽しい時間を③共有することによって，僕たちは大切なことを学んだ。

①　meet(会う)の過去形　本文第2段落3文目をヒントに考える。　②　最終段落最後から6文目を参照。　③　最終段落最後から2文目を参照。**<by+～ing>「～することによって」**　前置詞(by)の後ろに来る動詞は，動名詞(～ing形)にする。

5　(条件英作文)

(【原稿】全訳)

こんにちは，ブライアン。私たちはあなたに私たちの学校についてお話しします。

私たちの市で(A)最も長い歴史を持つ中学校の一つです。学校には，五(B)百八十人の生徒がいます。生徒のほとんどは歩いて学校に来ますが，自転車で登校する生徒もいます。学校の(C)前には大きな公園があります。

今から，私たちの学校の良いところをあなたにお話ししたいと思います。(D)私たちの学校の文化祭は楽しいです。

あなたが私たちと一緒に新しい学校生活を楽しんでくれればと願っています！

(1)　(A)　形容詞 long(長い)を最上級，longest(最も長い)にする。　(C)　連語<in front of …>「…の前に」

2020年度英語　放送を聞いて答える問題

〔放送台本〕

ただ今から，英語の学力検査を行います。

はじめに，放送によるリスニングテストを行います。聞きながらメモをとっても構いません。

では，問題用紙の1ページから3ページにテスト1からテスト3までがあることを確かめなさい。また，解答用紙のそれぞれの解答欄を確かめなさい。

それでは，テスト1から始めます。テスト1の問題を読みなさい。

対話はNo. 1からNo. 4まで4つあり，それぞれの対話の後に問いが続きます。なお，対話と問いは2回ずつくり返します。それでは，問題に入ります。

No. 1 *A:* What did you do last Sunday, Ryota?
B: I went to the zoo with my family. How about you, Ms. Smith?
A: I went to the lake with my friends.
Question: Where did Ryota go last Sunday?

No. 2 *A:* Hi, what's up, Yumi? You look so happy.
B: Yes, Alex. I won the English speech contest yesterday. I practiced hard with my teacher.
A: Wow! That's great!
Question: Why does Yumi look so happy?

No. 3 *A:* John, what are you going to do this afternoon?
B: Oh, Mom. First, I'm going to do my homework. Then, I'll play tennis with my friends in the park.
A: All right. Please come home by six. We're going to eat dinner at a restaurant tonight.
Question: What does John's mother ask him to do?

No. 4 *A:* Good morning, Mary. Why do you have an umbrella? It's sunny today.
B: Good morning, Satoshi. I'll take it to Ms. Kelly. I borrowed it from her yesterday because I had no umbrella.
A: You were lucky! It rained a lot after school yesterday.
Question: What did Mary do yesterday?

〔英文の訳〕

No. 1 A：先週の日曜日に何をしたの，リョウタ？
B：家族と動物園に行きました。スミス先生はどうでしたか？
A：私は友人と湖へ行ったわ。
質問：リョウタは先週の日曜日にどこへ行きましたか？
答え：3　動物園へ。

No. 2 A：やあ，どうしたの，ユミ？　とてもうれしそうだね。
B：ええ，アレックス。昨日，英語のスピーチコンテストで優勝したの。先生と一緒に一生懸命に練習したの。
A：すごい！　すばらしい！
質問：なぜユミはとてもうれしそうなのですか？
答え：2　なぜなら彼女は英語のスピーチコンテストで優勝したから。

No. 3 A：ジョン，今日の午後は何をする予定？
B：あ，お母さん。まず，宿題をするつもりだよ。それから，公園で友だちとテニスをする予定。
A：了解。6時までに帰宅してね。今晩は，レストランで夕食を取る予定よ。
質問：ジョンの母親は彼に何をするよう頼みましたか？

答え：4　6時までに帰宅すること。

No. 4　A：おはよう，メアリー。どうして傘を持ってるの？　今日は晴れているよ。

B：おはよう，サトシ。　ケリー先生のところに持っていくの。昨日，傘を持っていなかったから，彼女から借りたの。

A：ラッキーだったね！　昨日は放課後，雨がすごかったよね。

質問：メアリーは昨日何をしましたか？

答え：2　彼女はケリー先生から傘を借りました。

〔放送台本〕

次に，テスト2に移ります。テスト2の問題を読みなさい。今から，対話を2回ずつくり返します。では，始めます。

No.1　*A:*　Hello.

B:　Hello, this is Mike. May I speak to Natsuki?

A:　I'm sorry, Mike. She isn't at home now.

No. 2　*A:*　Have you finished cooking?

B:　No. I've just washed the potatoes and carrots.

A:　OK. Can I help you?

No. 3　*A:*　It's so hot today. Let's have something to drink.

B:　Sure. I know a good shop. It's famous for fruit juice.

A:　Really? How long does it take to get there from here by bike?

No. 4　*A:*　Whose notebook is this? There's no name on it.

B:　Sorry, Mr. Jackson. It's mine.

A:　Oh, Maki. You should write your name on your notebook.

〔英文の訳〕

No. 1　A：もしもし。

B：もしもし，マイクです。ナツキと話せますか？

A：ごめんね，マイク。彼女は今出かけているの。

答え：2　わかりました。あとでまたかけなおします。

No. 2　A：もう料理は終わった？

B：いいえ。ジャガイモとニンジンを今洗ったところ。

A：そう。お手伝いしようか？

答え：1　ありがとう。このニンジンを切って。

No. 3　A：今日はとても暑いね。飲み物を買いましょう。

B：そうだね。いいお店を知ってるよ。そこはフルーツジュースで有名なんだ。

A：本当？　自転車でここからそこまでどれくらいかかるの？

答え：4　ほんの2，3分だよ。

No. 4　A：これはだれのノートですか？　名前を書いていませんね。

B：すみません，ジャクソン先生。私のです。

A：あ，マキ。自分のノートに名前を書いておいてね。

答え：3　はい。そうします。

〔放送台本〕

次に，テスト3に移ります。テスト3の問題と，問題の下にある【メモ】を読みなさい。今から，KenとWhite先生の対話を2回くり返します。では，始めます。

Ken: Ms. White, could you tell me about your favorite book?

Ms. White: Yes. The name of the book is *The Adventure of Tony*. It's a book for children.

Ken: When did you read it?

Ms. White: When I was an elementary school student, my uncle gave it to me as a present. It was popular among students then.

Ken: Please tell me more about the book.

Ms. White: Sure. Well, the story is about a young boy, Tony. In his adventure, a lot of problems are waiting for him. But he never stops his adventure and his dream finally comes true. You can read it quickly because it's written in easy English. I want Japanese students to read the book and enjoy the story in English.

Ken: I want to read it soon. Thank you very much, Ms. White.

Ms. White: You're welcome.

以上で，リスニングテストを終わります。

〔英文の訳〕

ケン：ホワイト先生，先生のお気に入りの本について教えていただけませんか？

ホワイト先生：はい。本の名前は「トニーの冒険」です。子供向けの本です。

ケン：いつそれを読んだのですか？

ホワイト先生：私が小学生のとき，叔父がプレゼントとしてそれを私にくれました。そのころ学生の間でその本は人気だったのです。

ケン：その本についてさらに教えてください。

ホワイト先生：いいですよ。それは，小さな男の子のトニーについての物語です。冒険のあいだ，彼にはたくさんの問題が待ち構えていましたが，彼は冒険をすることを決してやめず，彼の夢はついに実現します。簡単な英語で書かれていますから，皆さんそれをすぐに読めますよ。日本の学生の皆さんにその本を読んで英語で書かれた物語を楽しんでほしいと思います。

ケン：すぐに読んでみたいです。どうもありがとうございました，ホワイト先生。

ホワイト先生：どういたしまして。

〔メモの英文訳〕　ホワイト先生のお気に入りの本：トニーの冒険

・それは，彼女が小学生のとき(A)彼女のおじさんにもらったプレゼントだった。

・それは小さな男の子，トニーについての本。

・トニーは冒険のあいだ，たくさんの(B)問題にぶつかる。

・トニーの(C)夢はついに実現する。

・(D)簡単な英語が使われている。

＜英語解答＞（学校指定教科検査）

1 (1) (A) 3→2→1 (2) (B) loses (3) (C) summer (4) How did you find (5) I usually walk my dog in the morning. Every day, I get up at about six and walk my dog for twenty minutes. When I get home, I feel so good.

＜英語解説＞

1 （長文読解問題・スピーチ：文の並べかえ，表・グラフなどを用いた問題，条件英作文）

（全訳）【原稿】

野菜にはビタミンが入っていますが，それらは私たちの健康に良いものです。野菜に含まれるビタミンCの量に関しての興味深い情報をお話しします。

ほうれん草を例に挙げましょう。このグラフを見てください。2つの興味深いことが分かりました。

1つ目として，冬のほうれん草は，夏のほうれん草よりも多くのビタミンCが含まれています。(A)3 もちろん今は，ほうれん草をどの季節でも食べることができます。でも，もともとは冬の野菜でした。→ 2 この理由のため，ビタミンCの量は，旬の季節である冬に増加します。→ 1 他の野菜のビタミンCの量についてはどう思いますか？ ほうれん草のように，それらのビタミンCもその野菜の旬の時期に増加します。

2つ目として，生のほうれん草には，ゆでたほうれん草よりも多くのビタミンCが含まれています。生の冬採りほうれん草100グラムには，60ミリグラムのビタミンCが含まれています。でもゆでてしまうと，そのビタミンCの半分を(B)失います。

ですから，ほうれん草からたくさんのビタミンCを摂取したいと思うなら，生の冬採りほうれん草を食べるのがベストです。しかし，私たちにとって生のほうれん草を食べるのは難しいです。生の(C)夏のほうれん草と比較すると，ゆでた冬のほうれん草にはビタミンCが，より多く含まれています。ですから，ゆでた冬採りのほうれん草を食べるほうが私たちにとってより良い選択となります。

旬の時期にその野菜を食べるのがたくさんのビタミンを摂取するのによい方法なのだということが今では分かります。料理をするときには，旬の時期の野菜を使いたいと私は思います。これが健康を保つための私の考えです。もちろん他の考えもあります。(D)健康に良いものを食べることの他に，皆さんは健康を保つためにどんなことをたいてい行っていますか？

(1) (A) それぞれの選択肢の**接続詞**や**指示語に注意**し，文のつながりを自然なものとすることを意識しよう。ポイントとなるのは，選択肢2の**指示語，'this'（このこと）が何を指すか**をおさえること。3→2の順で，選択肢1は，空所直後の本文と自然につながる。**<because of A>**「Aが原因で」

(2) (B) 上記全訳と【グラフ】を参照。

(3) (C) 上記全訳と【グラフ】を参照。

(4) 生徒A：「はい。どうやってその情報を見つけたのですか？」
マドカ：「インターネットを使うことによってそれを見つけました」
<by+～ing>「～することによって」 ← 疑問詞how（どうやって）を使った質問をしたときに，よく使われる答え方。

(5) （解答和訳） 私はたいてい朝，犬を散歩させます。毎朝，6時ころに起きて，20分間犬を散歩させます。帰宅すると，気分がとてもいいです。

＜理科解答＞

1 (1) 静電気　(2) 3

2 (1) 溶媒　(2) 温度が変わっても，溶解度があまり変化しないから。

3 (1) 栄養生殖　(2) 子が親と全く同じ遺伝子を受けつぐから。

4 (1) 露点　(2) 1

5 (1) a 感覚神経　b 運動神経　(2) 測定値には誤差があるから。　(3) 2
(4) 手で受けとった刺激の信号がせきずいに伝えられると，せきずいから直接，手を引っこめるという信号が出されるから。

6 (1) 4　(2) 6.1〔g〕　(3) $HCl+NaOH \rightarrow NaCl+H_2O$
(4) (バリウムイオン) ア　(硫酸イオン) イ

7 (1) 1.7〔倍〕　(2) 右図　(3) 運動の向きにはたらく力が大きくなるから。　(4) 3

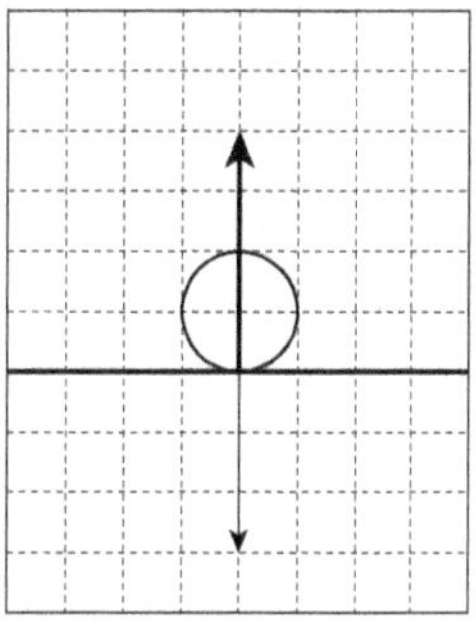

8 (1) 1　(2) 2　(3) 火山灰は広範囲に堆積するから。
(4) (区間) B　(地層にはたらいた力) 1

9 (1) CO_2　(2) 乱反射　(3) あ 水　い 白くにごったまま　(4) 温度が高いほど短い

＜理科解説＞

1 (静電気)

(1) 異なる種類の物質をたがいにこすり合わせたときに発生する電気を静電気という。

(2) 異なる種類の電気は引き合い，同じ種類の電気はしりぞけ合う。ストローAとティッシュペーパーは異なる種類の物質からできているので，こすり合わせると異なる種類の静電気を生じる。

2 (溶解度)

(1) 水にとけている物質を溶質，溶質をとかしている水を溶媒という。

(2) 塩化ナトリウムのように，温度が変化しても溶解度があまり変化しない物質は，水溶液の温度を下げても，とり出すことができる結晶の質量はわずかである。

3 (生殖)

(1) 植物などが行う，体の一部から新しい個体が生じる無性生殖を，特に，**栄養生殖**という。

(2) 親と子の遺伝子の組み合わせが全く同じになるため，形質も同一になる。

4 (湿度)

(1) 空気中の水蒸気が水滴に変わり始める温度を，露点という。

(2) 空気中に含まれる水蒸気量が最も多いとき，露点が最も高くなる。**気温と湿度がともに高くなるほど，空気中に含まれる水蒸気量が多い。**

5 (神経)

(1) 意識して行う反応であるため，刺激の信号は感覚神経を伝って脳に伝わり，脳で判断・命令を行う。脳で出された命令は，運動神経を伝って筋肉へ伝えられる。

(2)　通常，実験では，誤差を小さくするために，同じ測定を複数回行う。

(3)　表1から，ものさしが落下した距離の平均値は，(19.0＋20.8＋18.5＋20.0＋19.2)÷5＝19.5〔cm〕　図4で，19.5cmを縦軸にとり，落下する時間を読み取る。

(4)　通常の反応では刺激の信号が脳を経由し，脳で判断・命令するのに対し，反射では，刺激の信号は脳を経由せず，せきずいから直接命令が出される。

6 (気体の性質，イオン)

(1)　発生した気体は，水素である。水素はあらゆる物質の中で，最も密度が小さい。

(2)　300gの水が98％に相当するので，1％に相当するのは，300〔g〕÷98＝$\frac{300}{98}$〔g〕　水酸化ナトリウムは2％に相当するので，$\frac{300}{98}$〔g〕×2＝6.12…〔g〕

(3)　塩化水素＋水酸化ナトリウム→塩化ナトリウム＋水の化学変化が起こる。

(4)　硫酸が電離すると，$H_2SO_4 \rightarrow 2H^+ + SO_4{}^{2-}$より，$H^+$ 2個に対し，$SO_4{}^{2-}$が1個生じる。水酸化バリウムが電離すると，$Ba(OH)_2 \rightarrow Ba^{2+} + 2OH^-$より，$Ba^{2+}$ 1個に対し，OH^- 2個が生じる。よって，図2の水酸化バリウム水溶液の中には，**OH^-が4個，Ba^{2+}が2個**含まれている。また，ビーカー内の硫酸の中には，**H^+が6個，$SO_4{}^{2-}$が3個**含まれている。これらを混合すると，**$H^+ + OH^- \rightarrow H_2O$**で表される中和が起こるため，$OH^-$が4個と$H^+$が4個が水となり，$H^+$が2個残る。また，バリウムイオンと硫酸イオンは**$Ba^{2+} + SO_4{}^{2-} \rightarrow BaSO_4$**の反応が起こり白色沈殿となるため，$SO_4{}^{2-}$が1個残る。

7 (物体の運動，力のはたらき)

(1)　P_2P_3間の速さは，8.4〔cm〕÷0.1〔s〕＝84〔cm/s〕　P_1P_2間の速さは，5.0〔cm〕÷0.1〔s〕＝50〔cm/s〕よって，84÷50＝1.68→1.7〔倍〕

(2)　重力と大きさが等しく向きが反対で一直線上にはたらく**垂直抗力**となる。

(3)　斜面の傾きが大きくなると，重力の斜面に沿う力が大きくなる。この力が運動の向きにはたらくため，小球の速さの増加の割合が大きくなる。

(4)　20°のときと30°のときでは，運動を始める高さが等しいため，水平面に達したときの速さは等しい。ただし，30°の斜面のほうが，速さが増加する割合が大きいので，水平面に達するまでにかかる時間が短い。

8 (地層)

(1)　ルーペは目に近づけて持つ。動かすことができないものを観察するときは，自分が動いてピントを合わせる。

(2)　無色・白色の鉱物には，セキエイとチョウ石がある。

(3)　火山灰は，同時期に広範囲に堆積するため，地層について考察する上でのかぎ層となることが多い。

(4)　火山灰の層の下面の標高を求めると，(あ)は220m，(い)は220m，(う)は230m，(え)は230m。(あ)(い)と，(う)(え)では10mのずれがあるので，(い)と(う)の間に断層があると考えられる。

9 (総合問題)

(1)　**有機物**は炭素を含んでいるため，燃やすと炭素が酸化して二酸化炭素を生じる。

(2) あらゆるものの表面はでこぼこしているので，ここに光が当たってはね返り，乱反射が起こる。

(3) 「胃腸薬によって分解されて透明になる」ことを確かめるために，胃腸薬を入れず，かわりに水を入れて実験をする操作が必要である。白くにごったままであれば，胃腸薬が分解しているということがわかる。

(4) 透明の度合いが20mmから30mmになるまでの時間は，60℃で1分未満，50℃で約1分30秒，40℃で約2分であるため，温度が高くなるほど短くなっていると確認できる。

＜社会解答＞

1 (1) 1　(2) 3　(3) 日米和親条約

2 (1) 4　(2) インフレーション　(3) 2

3 (1) 扇状地　(2) 3　(3) 2

4 (1) 大宝律令　(2) 1，4　(3) 16(世紀)　(4) 株仲間をつくることを奨励し，税を納めさせること。　(5) ブロック経済　(6) 3　(7) 3→1→2　(8) A

5 (1) 4　(2) 民主主義　(3) 公正取引委員会　(4) 現在の世代と将来の世代がともに質の高い生活を送ることができる社会。　(5) 自給率の高い米の供給熱量が減少した

6 (1) あ B　い C　う A　(2) 環太平洋造山帯　(3) アパルトヘイト

(4) ア オセアニア(州)　イ a 3　b 1

ウ 原料の多くを海外から船で輸入しているため，臨海部に立地している。　(5) 右図の通り。

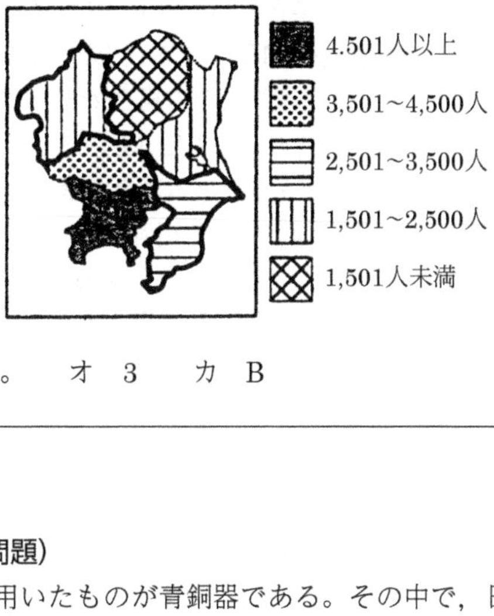

7 (1) ア 2　イ 金剛力士像　ウ 狩野永徳

エ 政権を幕府から朝廷に返上すること。

(2) ア 1　イ 農産物を新鮮なうちに，近くの大消費地に出荷することができるから。

ウ 私企業　エ カード会社が一時的に代金を立てかえるため，現金がなくても商品を購入できる。　オ 3　カ B

＜社会解説＞

1 (歴史的分野－日本の文化・世界史・外交史に関する問題)

(1) 弥生時代に伝わった金属器の内，神を祀るために用いたものが青銅器である。その中で，日本独自に発展したものが銅鐸で，音を出すために使用したと考えられている。

(2) 聖アウグスチノ修道会に属する，ドイツの神学者・聖職者である。1517年にヴィッテンベルクの教会に「95か条の論題」を提出したことがきっかけとなり，プロテスタントがカトリック教会から分離することとなった。

(3) この条約を受け，幕府は下田と函館を開港し，1639年から始まった日本の鎖国は終わることになった。

2 (公民的分野－基本的人権・経済・国際連合に関する問題)

(1) 社会権の中のひとつの権利である。1は日本国憲法第28条，2は日本国憲法第27条，3は日本

国憲法第26条の内容である。

(2)　表Ⅰにデフレーションとあることから，対義語を考えれば良い。インフレーションになると通貨の価値は下がることになる。

(3)　**国際連合の第一の目的である「国際の平和と安全の維持」**について責任を負う，国際連合の主要機関である。国際連合憲章第7章には，平和への脅威・破壊などに対し，武力行使を含む強制措置の発動を決定できるとされている。

3　(地理的分野－日本の地形・世界地理に関する問題)

(1)　水はけがよいので，以前は桑畑，現在は果樹園に利用されることが多い地形である。

(2)　Aは**リマン海流**，Bは**対馬海流**，Cは**日本海流(黒潮)**，Dは**千島海流(親潮)**であることから判断すれば良い。A・Dは寒流，B・Cは暖流である。

(3)　一人っ子政策とある点に注目すれば良い。これは，総人口を抑制するために中国で実施された政策であるが，高齢化の急速な進行などを背景として，2015年に廃止されている。

4　(歴史的分野－各時代の税・世界の経済に関する問題)

(1)　天武天皇の皇子である**刑部親王**と中臣鎌足の子である**藤原不比等**らがまとめた日本初の律令である。

(2)　土倉は，現在の質屋のように品物を質草として預かって金を貸した業者である。酒屋は，酒造りでもうけて大きな資本を得て，金貸しもするようになった業者である。2は江戸時代の郵便配達・宅配業者である。3は室町時代になって自治をするようになった農村のことである。

(3)　**織田信長は1577年に安土城下に楽市楽座令を出している**ことから判断すれば良い。

(4)　田沼意次は同業者の組合である株仲間の結成を勧め，引き換えに運上金・冥加金といった形で税を納めさせたことを説明すれば良い。

(5)　複数の国々または本国と植民地・従属国などが形成する経済圏のことである。ブロック内では特恵関税などにより相互の経済関係を強めるようにする一方で，対外的には障壁をつくって自由な経済交流を妨げようとする特色がある。

(6)　**1989年に税率3％で導入**された消費税は，1997年に5％，2014年に8％，2019年に10％と税率が上げられていることから，そのタイミングで税収が上昇しているグラフを選べば良い。また，消費税は所得に関係なく一定の税率で掛けられていることから，低所得者に対する負担が大きくなるという逆進性があることを併せて判断すれば良い。

(7)　1は1973年，2は1991年，3は1967年のことである。

(8)　**収穫の3％の稲を納める税は租**，**特産物を納める税は調**，**労役は庸**であることから，律令制度における税のしくみであることが分かることから判断すれば良い。

5　(公民的分野－選挙のしくみを切り口にした問題)

(1)　**患者の自己決定権を保障するためのしくみ**である。1はインターネットやテレビ・新聞などの**メディアからの情報を見極める能力**のこと，2は訪問販売などで契約をした人が，契約書を受け取ってから**一定期間内であれば申し込みを撤回して契約を解除できる制度**のこと，3は農産物などを公正な価格で取引し，企業・地主などから不当に搾取されている発展途上国の人々の経済的・社会的な自立を支援する仕組みで，**公平な貿易**と呼ばれるものである。

(2)　イギリスの政治学者，ジェームズ・ブライスの言葉である。

(3)　独占禁止法を運用するために，1947年に設置された内閣府の外局である。

(4) 2015年の国連総会で採択された国際社会共通の目標であるSDGsを達成し，目指す社会について説明すれば良い。

(5) 資料Ⅱにある品目の中で米の自給率が高いことが読み取れる。資料Ⅲから供給熱量の低下が一番大きいのが米であることが分かる。これらを併せて説明すれば良い。

6 (地理的分野－世界地理・貿易・日本の産業などに関する問題)

(1) **あ**は，ヨーロッパの南に位置することから，アフリカ大陸南部にあるBの南アフリカ共和国である。**い**は，日本の南に位置することから，Cのオーストラリアである。**う**は，北アメリカ大陸の南に位置することから，南アメリカ大陸の南部に位置するAのアルゼンチンとなる。

(2) 太平洋を取り巻くように位置する，火山の連なりである。

(3) 1991年6月まで続いた白人と有色人種とを差別する人種隔離政策である。

(4) ア **六大州**が，ユーラシア大陸の一部であるアジア大陸とその周辺を示す**アジア州**，ユーラシア大陸の一部であるヨーロッパ大陸とその周辺を示す**ヨーロッパ州**，アフリカ大陸とその周辺を示す**アフリカ州**，北アメリカ大陸とその周辺を示す**北アメリカ州**，南アメリカ大陸とその周辺を示す**南アメリカ州**，オーストラリア大陸とその周辺及び太平洋の島々を示す**オセアニア州**であることから判断すれば良い。　イ 石油は中東諸国が，コーヒーはブラジルが輸出の中心であり，オーストラリアの輸出品ではない。また，オーストラリアの現在の輸出の中心は鉄鉱石・石炭といった鉱産物資源である。これらを併せて判断すると，以前は羊毛が，現在は石炭が輸出品目の上位になることが分かるはずである。　ウ **オーストラリア産の鉄鉱石は船で運ばれてくる**ことに注目すれば良い。

(5) 空欄になっている2か所の内，北西に位置しているのが群馬県，南東に位置しているのが千葉県であることから判断すれば良い。

7 (総合問題－奈良・京都を切り口にした問題)

(1) ア **平清盛は1167年に太政大臣になっている**ことから判断すれば良い。1は聖徳太子，3は源頼朝，4は北条時宗である。　イ 鎌倉時代に作られた，高さ8mを超える**寄木造の仏像**である。　ウ 狩野派を代表する**安土桃山時代の絵師**で，織田信長・豊臣秀吉に仕えた人物である。資料Ⅰは代表作の**唐獅子図屏風**である。　エ 政権を朝廷に返上することである。これにより，およそ270年間続いた江戸幕府，およそ700年間続いた武士政権は終わることとなった。

(2) ア 唐に渡った**空海**が日本に伝えたのは真言宗である。2を伝えたのは平安時代の僧**最澄**，3の開祖は**法然**，4の開祖は**日蓮**である。　イ 大都市への輸送距離が短いことに注目して鮮度を保つことができる点を説明すれば良い。　ウ 民間資本で民間人が営利のために経営する企業のことである。　エ 契約者の信用(クレジット)により，商品代金の支払いを後払いにすることができる点に注目して説明すれば良い。　オ 図Ⅰは**縮尺25000分の1の地形図**であることから，**等高線は10mごと**に描かれていることが分かる。したがって，②は80mより低い地点にあることが読み取れるはずである。①の範囲に広がるのは竹林であることから，1は誤りである。嵐電嵯峨駅のすぐ近くに郵便局があることから，2は誤りである。天龍寺庭園は渡月橋の北西に位置していることから，4は誤りである。　カ 観光客の人数が多いこと，出張・業務の人数は近畿地方の中心である大阪ほどは多くないことに注目すれば良い。Aは大阪府，Cは和歌山県，Dは奈良県である。

＜国語解答＞

一 (一)　11　(二)　4　(三)　クレーターが　(四)　1　(五)　泥だんご
(六)　(例)望遠鏡の魅力を駿馬に伝えられて，うれしいと思う気持ち。　(七)　3

二 (一)　1　雑誌　2　よぎ　(二)　d　(三)　2　(四)　3　(五)　(例)言いたいことを見出すためには，まず情報を収集することが必要であるという発想。
(六)　(例)インターネットを利用して，生活や仕事のためのさまざまな情報を得ているから。
(七)　Ⅰ　(例)情報をもとにしたそれぞれの人の立場・考え方　Ⅱ　(例)自分の固有の立場で必要な情報を選択し，その内容を理解した上で自分のことばで語る

三 (一)　おしうる　(二)　4　(三)　(例)道をあきらかにせむ

四 (一)　聖人終身言レ治　(二)　言　(三)　Ⅰ　まねをする　Ⅱ　1

五 1　へだ　2　しんく　3　遊　4　招待　5　清潔

六 (一)　食べ残し　(二)　(例)私は，校門でのあいさつ運動を続けてきました。朝が早く，つらく感じることもありましたが，笑顔であいさつをすると，地域の方がはげましや感謝の言葉をかけてくださり，温かく幸せな気持ちになれました。
　この経験から，あいさつには人と人とをつなぐ力があると感じました。人はあいさつをきっかけにして，お互いを認め合い，心が通い合うようになると思います。これからも自分から進んであいさつをして，多くの人と関わり合い，みんなが温かい気持ちで暮らせる社会を築いていきたいです。

＜国語解説＞

一 **(小説－情景・心情，内容吟味，文脈把握，筆順・画数・部首，語句の意味，品詞・用法)**

(一)　総画数は11画である。「乙」は，一筆書きだ。

(二)　「野」には，①野原・いなか・郊外，②区分けした地域，③いやしい，④人知が開けないこと，④なれない・したがわない，といった意味がある。傍線**「視野」は見える範囲のこと**だから，②の意味となる。選択肢は以下の通り，1「原野」は①，2「野鳥」は①，3「野望」は④，4「分野」は②の意味で用いられている。

(三)　「見せている」という動作をしたのは，「クレーター」である。

(四)　傍線「穏やかな」は，「ささやき」という名詞(体言)を修飾しているので，連体詞か形容動詞の連体形である。**形容動詞の言い切りの形である「―だ」にして意味が通るなら形容動詞，意味が通らないなら活用しない品詞の連体詞**となる。

(五)　「それ」は，直前の「まだモンゴル……凸凹が見えてくる」で示されていた，幼稚園児の駿馬が作った泥だんごを指している。

(六)　「結構いいだろ。望遠鏡って」というすばるの言葉は，望遠鏡で見た者に見とれている駿馬が，祖の良さを認めてくれたことを感じ，**嬉しくて**その良さを共に味わえると思い，同意を求めたのだ。

(七)　駿馬は，月を「**とんでもなく遠いはずなのに，なぜか，遠いと感じない**」と感じている。

二 **(論説文－大意・要旨，内容吟味，文脈把握，脱文・脱語補充，漢字の読み書き，語句の意味，品詞・用法)**

(一)　1「雑誌」は「シ」を「紙」と書かないようにする。　2「余儀ない」は，やむを得ず・

他に取って変わる方法がないこと。

(二) 動詞の活用の種類の見分け方は，**未然形「—ない」の形**にする。そして，**活用語尾が「a段」なら五段活用，「i段」なら上一段活用，「e段」なら下一段活用**となる。a「し」は終止形が「する」で，サ行変格活用だ。b「わから」は終止形が「わかる」で，未然形にすると「わか**ら(ra)**‐ない」で五段活用。c「立て」は終止形が「立つ」で，未然形にすると「た**て(te)**‐ない」で下一段活用。d「起き」は終止形が「起きる」で，未然形にすると「お**き(ki)**‐ない」で上一段活用となる。

(三) 「切り口」は**分析・議論などにおける観点・手法**。

(四) 相手の心をとらえるポイントは，傍線直前の「あなたにとってどれだけ切実であるか，というところ」にある内容だ。

(五) 傍線「この発想」の前段落の内容をまとめればよい。**言いたいことを見出すため(もしくは情報がなければ構想が立てられないので)，まず情報を収集するべきだという考え方**のことだ。

(六) 傍線と同段落に「こうしたメディアが，あなた自身の自覚・無自覚にかかわらず，いつの間にか私たちの仕事や生活のための情報源になっている」とある。インターネットも「このメディア」に含まれることから，不可欠と考えられる理由は**私たちがインターネットを利用して仕事や生活のための情報を得ているから**となる。

(七) 「しかし、よく」で始まる段落に「その情報の質は実にさまざまであり，決して同じではないのです。しかも，その情報をもとにしたそれぞれの人の立場・考え方は，これまた千差万別です。」とあるので，[Ⅰ]には，**さまざまであるものとして「情報をもとにしたそれぞれの人の立場・考え方」**が抜き出せる。また[Ⅱ]には，情報を活用するための方法を補えばよい。情報を活用する際に大切なことは「そうした情報をどのようにあなたが自分の目と耳で切り取り，それについて，どのように自分のことばで語ることができるか」どうかとある。この内容をふまえると，**自分の固有の立場で多くの情報の中から自分に必要な情報を選び取り，それについて理解し，自分のことばで語ること**で，情報を活用できるということになろう。

三 (古文－大意・要旨，文脈把握，仮名遣い)

【現代語訳】 私に従って学問をしようという諸君も，私の後で，また他に考えが出たときは，決して私の説にこだわるな。私の説がよくない理由を示し，あなたがよいとする考えを伝えていきなさい。すべて私が人を教えるのは，真理を明らかにしようとするためだから，ともかくも，真理を明らかにしようとすることこそ，私を大切にすることであるよ。真理を考えずに，むだに私を尊重することは，私の願いではないのだよ。

(一) 語中・語尾の「は・ひ・ふ・へ・ほ」は，現代仮名遣いで「ワ・イ・ウ・エ・オ」にする。また，ワ行の「ゐ・ゑ・を」は「イ・エ・オ」にする。

(二) 「ゆゑ」は**理由**の意味である。傍線の直前に「かならずわが説にななづみそ。」と，**私の説にこだわらないようしなさいと言っていることをふまえる**と，正解を導けよう。

(三) 「私の本意」とは，**私が人に教えを説く目的に一致**する。すると，文中に「おのが人をゝしふるは，道をあきらかにせむとなれば」とあるので，ここを指定字数でぬきだせばよい。

四 (漢文－大意・要旨，脱文・脱語補充，その他)

【現代語訳】 聖人は生涯国の治め方について発言するが，(人を動かすために)用いるのは，言葉ではないのである。発言のもととなる心を用いるのである。歌う者には詩がある。しかし人に歌をうまく歌わせるものは，その詩ではないのだ。

鸚鵡は言葉を発することができるが，言葉を上達させることはできない。鸚鵡は何とかすれば人の発する言葉を身につけられるが，その言葉を言う理由を得られないからである。したがって，先人の足跡をなぞる者は，自分の足跡を残せる人物ではない。

(一)　「聖」→「人」→「終」→「身」→「治」→「言」の順番で読むことになる。「言」と「治」**が一字返っているので，レ点を使えばよい。**

(二)　歌うための道具として「詩」が挙げられている。聖人が国の治め方について説く際に用いるものとしては「言」がある。

(三)　Ⅰ　鸚鵡は人の「言葉を発することができる」と注釈もあるように，真似するのである。
Ⅱ　言葉は伝えたい内容・中心を伝えるための道具に過ぎない。**名前を残せるような人物は「言ふ所以」，訳で言うと「心」を持っている**ことになる。すなわち"言葉にする中心・おおもと"となる内容があるのだ。したがって「根本」が適切である。

五　(漢字の読み書き)

1　間に何かを置くこと。　2　生活・仕事上での苦しみ。　3　「遊」は「子」が「攵」にならないようにする。　4　「招」は，てへん。「待」は，ぎょうにんべん。　5　「潔」は，さんずいを上のほうにまとめて書かない。バランスよく均等にさんずいを書くこと。

六　(会話・議論・発表－内容吟味，作文)

(一)　「食品ロスの発生状況について」の中で，**私たちも取り組める内容は「食べ残し」**である。

(二)　作文には，「社会をよりよくするために心がけていきたいこと」を書く。自分の体験を具体例に挙げる必要もある。自分が社会に貢献できたと感じる取り組みを思い出そう。町の清掃活動，交通安全，他者への思いやりある行動，といった観点から導き出し，具体例は簡潔に一段落でまとめる。二段落目には，その取り組みから学んだことや感じたことをまとめる。**作文で大切なことは「私が考えたこと」**だ。社会をよりよくするためにすべきことは何か，何が求められているかといったテーマで自分の考えをまとめられるようにしよう。今後どうしていきたいかといった考察もあると力強い作文になるだろう。

＜国語解答＞(学校指定教科検査)

一　(一)　2　4　(完答)　(二)　(実在する事物A)　桜花　(非実在の事物B)　雪
(三)　(例)本当は似ていない二つの物を，たった一つの類似性を取り出し強引に結びつけることで，両者に共通する美しさがあらためて認識されるということ。　(四)　Ⅰ　露が降りている柳の枝　Ⅱ　宝玉を貫いている糸

＜国語解説＞

一　(論説文—大意・要旨，文脈把握，脱文・脱語補充，熟語)

(一)　「相違」は，上の語が下の語を修飾する関係の組み合わせだ。1「意思」は似た意味の組み合わせ，2「急増」は上の語が下の語を修飾する関係，3「開幕」は主述の関係，4「仮定」は上の語が下の語を修飾する関係，5「難易」は逆の意味の組み合わせとなっている。

(二)　「み吉野……」の和歌は，桜を見て詠んだ歌だ。桜を「雪かとのみぞあたまたれける」(見誤

られる)とあるので，実在するのは「桜」で非実在なのは「雪」である。

(三)　これは，**「本当は似ていない二つの物を，『白さ』という印象深いたった一つの類似性を取り出すことによって，半ば強引に結びつけてしまう」こと**で起こる現象だ。そして，結びつけることでどうなるかと言うと**「二つに共通する『真っ白な美しさ』が，あらためて認識される」という結果**になる。この前提と結果を指定字数でまとめればよい。

(四)　［ Ⅰ ］には，実在のものが入る。この歌は**「白露の降りた柳の枝」**を詠んでいる。次に［ Ⅱ ］には，見立て(たとえ)が入る。その柳の枝を**「宝玉を貫いている糸」**に見立てているのだ。

MEMO

大切なことはメモしておこうネ！

山口県公立高等学校

2019年度

★★★★★★★★★★★★★★★★★★★★★★

入　試　問　題

2019年度

●くわしい解説……59ページ

＜数学＞

時間　50分　　満点　50点

1 次の(1)～(5)に答えなさい。

(1) $4 \times (-3)$ を計算しなさい。

(2) $(-2)^2+1$ を計算しなさい。

(3) $2(a+5)+(7a-8)$ を計算しなさい。

(4) $\frac{8}{3}xy \div (-6x)$ を計算しなさい。

(5) $5\sqrt{5}+\sqrt{20}$ を計算しなさい。

2 次の(1)～(4)に答えなさい。

(1) $a^2+4a-45$ を因数分解しなさい。

(2) ある博物館の入館料は，おとな１人が x 円，子ども１人が y 円である。おとな２人と子ども３人の入館料の合計が4000円以下であるとき，この数量の関係を，不等式を使って表しなさい。

(3) 正十角形の１つの内角（右の図中の $\angle x$）の大きさを求めなさい。

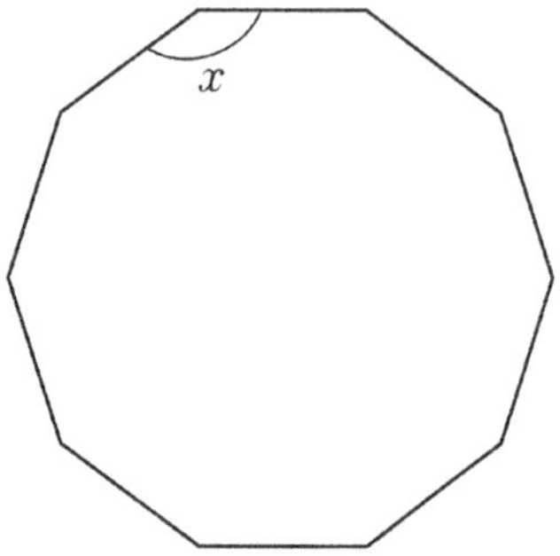

(4) 関数 $y=ax^2$ で，x の変域が $-1 \leqq x \leqq 2$ のとき，y の変域は $0 \leqq y \leqq 3$ である。a の値を求めなさい。

3 Ｓさんは，豆《とう》腐《ふ》と牛ひき肉を混ぜて豆腐ハンバーグを作ることにした。次のページの**表１**，**表２**は，Ｓさんが，豆腐40ｇあたりと牛ひき肉100ｇあたりの栄養成分を調べ，まとめたものである。

あとの(1)，(2)に答えなさい。

(1) **表１**をもとに，豆腐100ｇあたりの脂質の重さを求めなさい。

表１

豆腐の栄養成分
（40 g あたり）

エネルギー	24 kcal
たんぱく質	2.6 g
脂質	1.4 g
炭水化物	0.8 g

表２

牛ひき肉の栄養成分
（100 g あたり）

エネルギー	210 kcal
たんぱく質	19.2 g
脂質	15.2 g
炭水化物	0.5 g

⑵　**表１**，**表２**をもとに，豆腐と牛ひき肉を，重さの合計が120 g で，エネルギーの総和が150 kcalとなるように用意する。用意する豆腐の重さを x g，牛ひき肉の重さを y g として連立方程式をつくり，豆腐，牛ひき肉の重さをそれぞれ求めなさい。

4　**図１**のような，数字１，２，３，４，５が１つずつ書かれた５個の球が入った袋A，**図２**のような，数字１，２，３が１つずつ書かれた３個の球が入った袋Bがある。２つの袋A，Bのどちらか１つを選んで，次の**ルール**にしたがって得点を決める。

図１　袋A

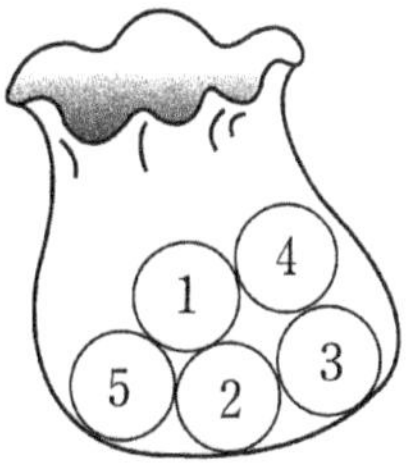

図２　袋B

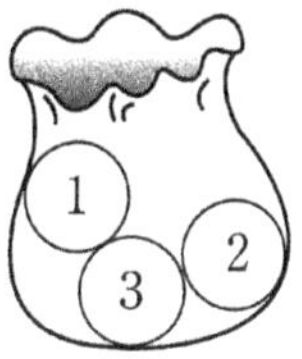

ルール

・袋Aを選んだ場合は，下に示した**操作**を１回行い，**操作**で確認した数を得点とする。
・袋Bを選んだ場合は，下に示した**操作**を２回行い，１回目の**操作**で確認した数と，２回目の**操作**で確認した数の和を得点とする。

操作

選んだ袋の中の球をよくかき混ぜて，１個の球を取り出し，取り出した球に書かれた数を確認し，取り出した球をもとの袋にもどす。

袋Aを選んだ場合と，袋Bを選んだ場合とでは，「得点が４点以上になる」ということがらは，どちらのほうが起こりやすいか，Tさんは，下のように説明した。

この説明が正しくなるように，［ア］，［イ］にあてはまる数をそれぞれ求めなさい。また，［ウ］にA，Bのどちらかを答えなさい。ただし，［イ］については，答えを求めるまでの過程もかきなさい。

得点が４点以上になる確率は，袋Aを選んだ場合が［ア］であり，袋Bを選んだ場合が［イ］である。

したがって，「得点が４点以上になる」ということがらは，袋［ウ］を選んだほうが起こりやすい。

5 　**図1**において，双曲線①は関数 $y=-\frac{12}{x}$ のグラフである。

次の(1)～(3)に答えなさい。

(1) 関数 $y=-\frac{12}{x}$ について，x の値を4倍にすると，y の値は何倍になるか。答えなさい。

図1

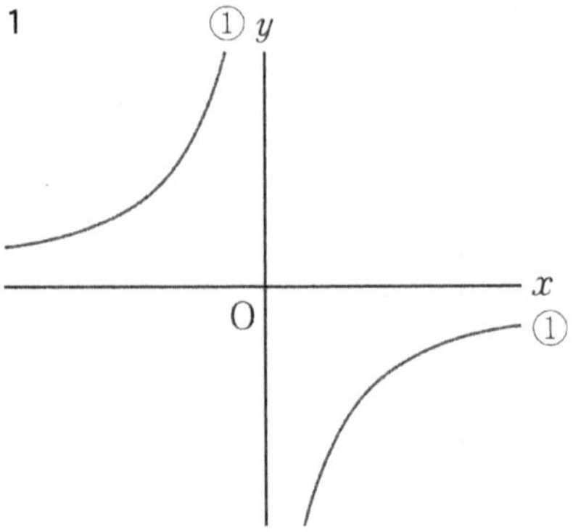

(2) **図2**のように，双曲線①上の点Aと y 軸上の点Bを通る直線②があり，2点A，Bの y 座標はそれぞれ2，－3である。

直線②の式を求めなさい。

図2

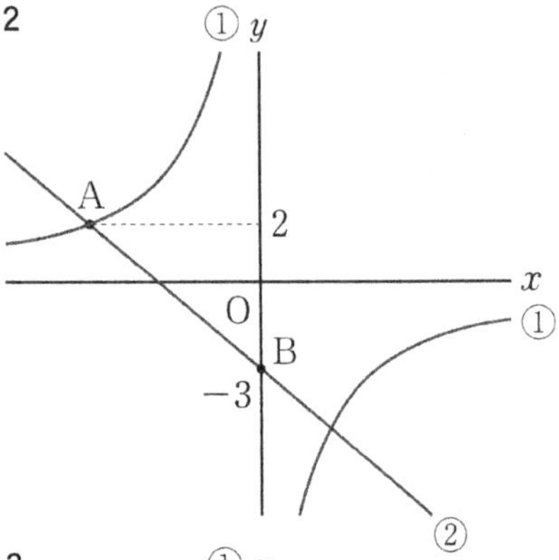

(3) **図3**のように，2点C，Eは双曲線①上にあり，点Cの座標は（－4，3）である。点Fの座標は（2，3）で，四角形CDEFが，長方形となるように点Dをとる。

また，直線③は関数 $y=\frac{1}{2}x-2$ のグラフであり，直線③と，2つの線分CD，EFの交点をそれぞれP，Qとする。

四角形CPQFの面積は，四角形EQPDの面積の何倍か。求めなさい。

図3

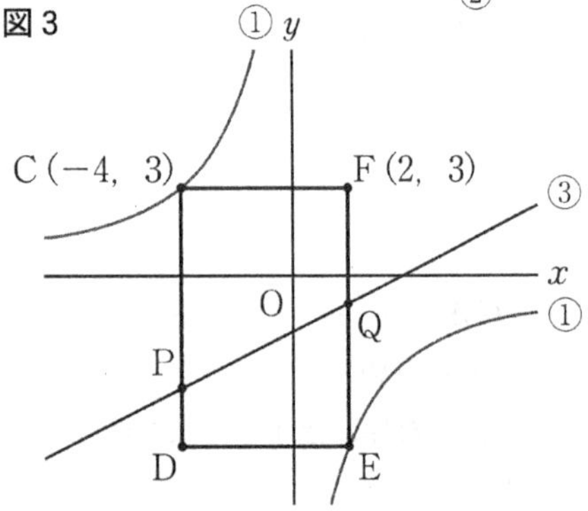

6 　**図1**のように，円形の紙を折ると，折り目の線分ができる。

図1

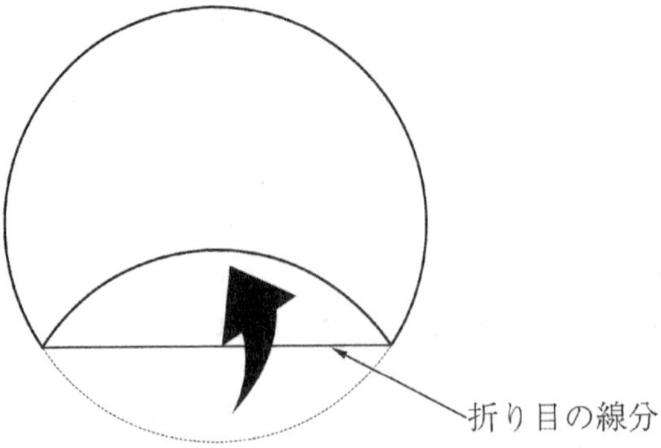

次の(1)，(2)に答えなさい。

(1)　**図２**のように，円形の紙の周上に点Ａがあり，内部に点Ｑがある。線分ＡＱと，点Ａと点Ｑが重なるように折ってできる折り目の線分の交点をＰとする。点Ｐを，定規とコンパスを使って作図しなさい。ただし，作図に用いた線は消さないこと。

図２

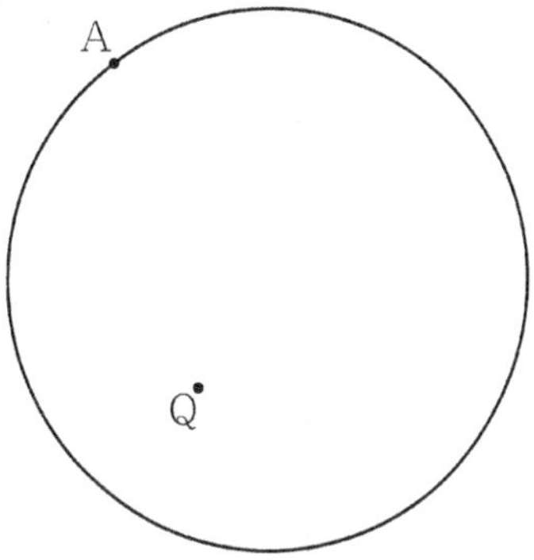

(2)　円形の紙の中心をＯ，半径を６㎝とする。**図３**は，円形の紙を，折り目の線分BCが中心Ｏを通るように折り，線分BCで切り取った半円形の紙を示したものである。この半円形の紙の線分OBと線分OCをぴったりとつけ，**図４**のような，円すいの形をした容器を作った。この容器の高さを求めなさい。

図３

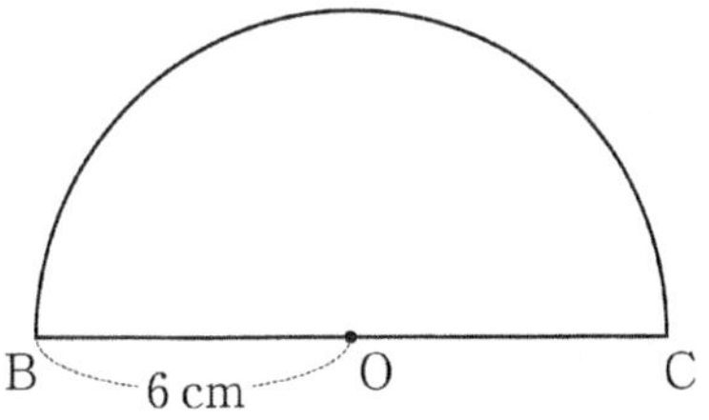

図４

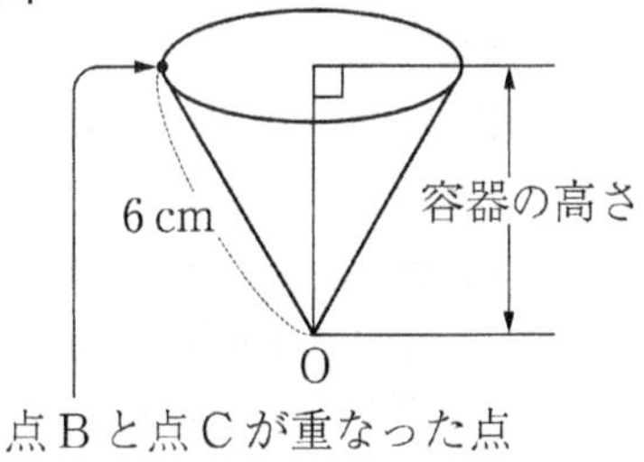

7　Ａ中学校とＢ中学校では，それぞれ３年生全員に，通学距離について調査を行った。

次の(1)，(2)に答えなさい。

(1)　Ｐさんは，徒歩でＡ中学校に登校している。**図１**は，ある日の，Ｐさんが自宅を出発してからＡ中学校に到着するまでについて，出発してから x 分間に進んだ道のりを y mとして，x，y の関係をグラフに表したものである。なお，この日，Ｐさんは，自宅からＣ地点まで一定の速さで歩き，Ｃ地点で一緒に登校する生徒をしばらく待った後，Ｃ地点からＡ中学校まで一定の速さで歩いた。

図１

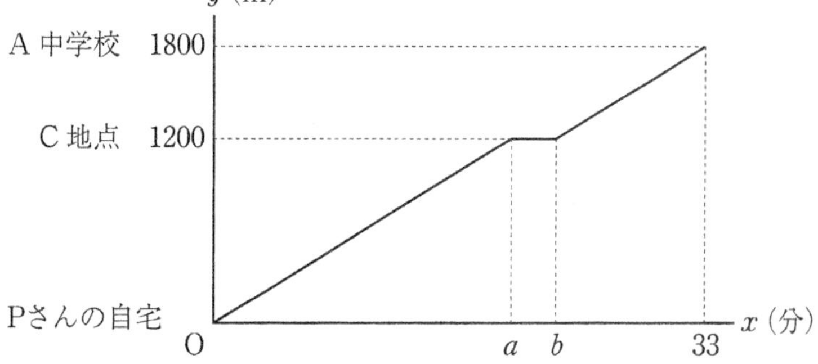

Pさんの自宅からC地点までと，C地点からA中学校までの，Pさんの歩く速さが等しく，Pさんが C地点で，一緒に登校する生徒を待っていた時間がちょうど3分であるとき，**図1**中の，a，b の値をそれぞれ求めなさい。

(2) A中学校の3年生全員150人と，B中学校の3年生全員60人について，通学距離の調査の結果を度数分布表に表すと，それぞれ**表1**，**表2**のようになった。

表1　A中学校

階級（m）	度数（人）
以上　　未満	
0 ～ 1000	45
1000 ～ 2000	39
2000 ～ 3000	34
3000 ～ 4000	21
4000 ～ 5000	8
5000 ～ 6000	3
計	150

表2　B中学校

階級（m）	度数（人）
以上　　未満	
0 ～ 1000	□
1000 ～ 2000	21
2000 ～ 3000	[c]
3000 ～ 4000	5
4000 ～ 5000	3
5000 ～ 6000	0
計	60

次の(ア)，(イ)に答えなさい。

(ア) **表1**と**表2**において，0m以上1000m未満の階級の相対度数が等しくなるとき，**表2**中の [c] にあてはまる数を求めなさい。

(イ) Pさんは，**表1**から，「通学距離か短い階級ほど生徒の人数が多い」という傾向と「6個の階級のうち，中央値は度数が2番目に大きい階級にふくまれる」ことを読み取った。また，Pさんは，A中学校の調査の結果をもとに，階級の幅を500mとしてヒストグラムをつくり，次のことがらを読み取った。

・**表1**から読み取った「通学距離が短い階級ほど生徒の人数が多い」という傾向とは異なる。
・12個の階級のうち，中央値は度数が最も大きい階級にふくまれる。

Pさんのつくったヒストグラムが，次の**ア**～**エ**の中に1つある。そのヒストグラムを選び，記号で答えなさい。

ア

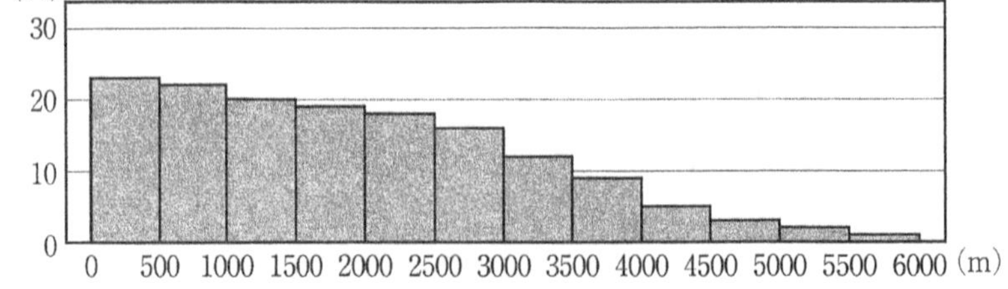

イ

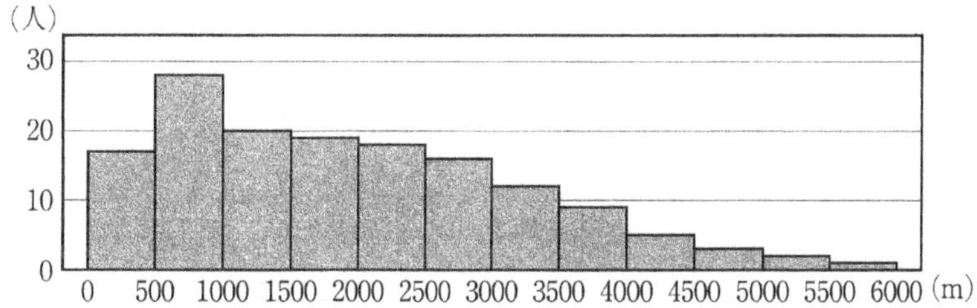

ウ

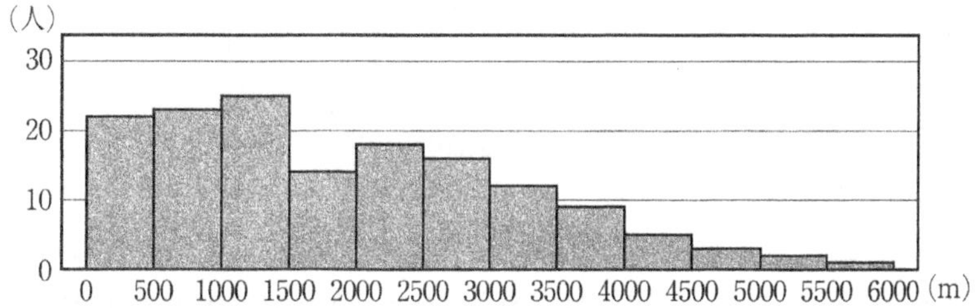

エ

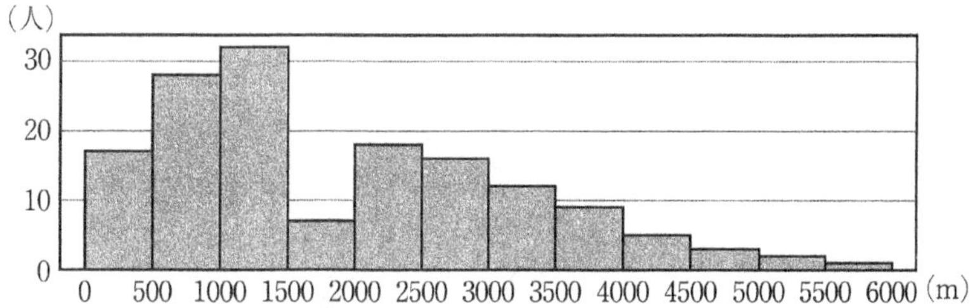

8　図1のように，□を並べ，線で結ぶ。1段目の3つのそれぞれの□には，数や式を書き，2段目以降のそれぞれの□には，線で結ばれた上の段の2つの□に書かれた数や式の和を書くものとする。

例えば，**図2**のように，1段目の3つの□に，左から順に，1，4，3を書くと，3段目の□には，12を書くことになる。

次の⑴，⑵に答えなさい。

⑴　**図1**の1段目の3つの□に，左から順に，8，x，5を書く。3段目の□に書く式の値が27となるとき，xの値を求めなさい。

図1

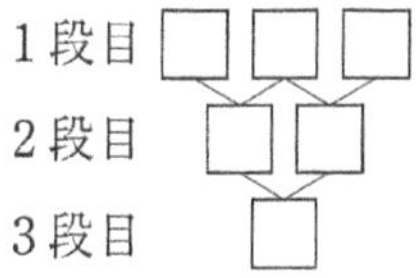

図2

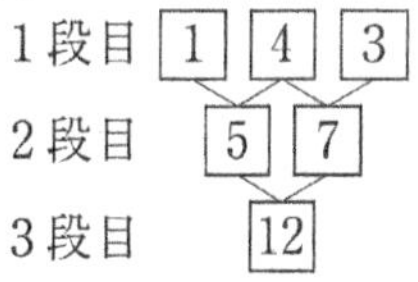

⑵　**図3**のように，1段目に並べる□の個数を6つに増やす。

aを自然数，bを2以上の偶数として，1段目の6つの□に，左から順に2，3，a，1，b，5を書く。このとき，4段目までには，**図4**のように，数や式を書くことになる。

図4中の，6段目の ［　　］ に書く式を，a，bを

図3

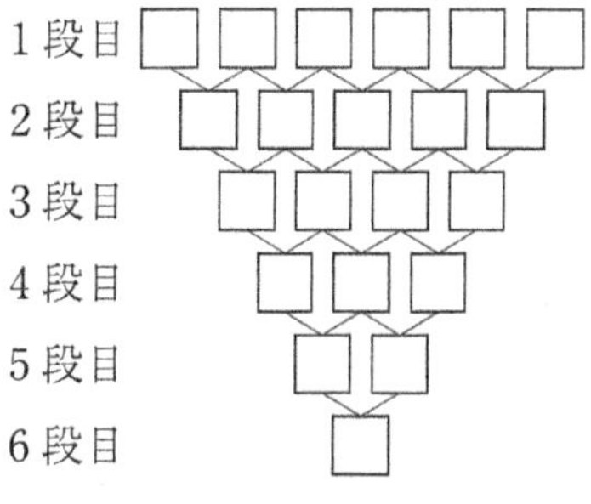

使って表しなさい。また，この式の値の一の位の数は，いつも同じ数になることを説明しなさい。

図４

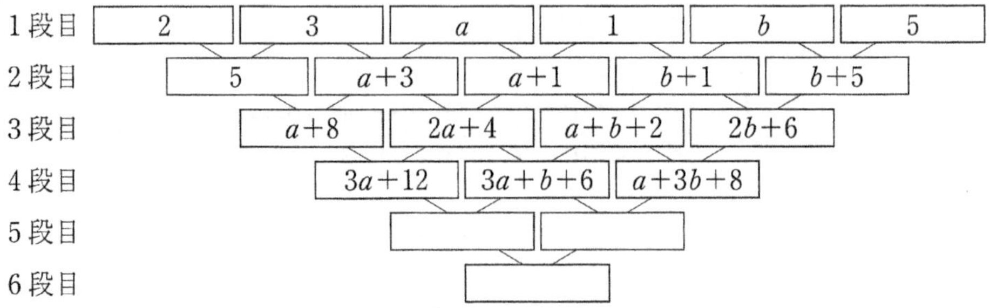

※図４中の □ は，図３中の □ の大きさを変えて示している。

9　下の図のような，おうぎ形ABCがあり，$\overset{\frown}{\mathrm{BC}}$上に点Dをとり，$\overset{\frown}{\mathrm{DC}}$上に点Eを，$\overset{\frown}{\mathrm{DE}}=\overset{\frown}{\mathrm{EC}}$となるようにとる。また，線分AEと線分BCの交点をF，線分AEの延長と線分BDの延長の交点をGとする。

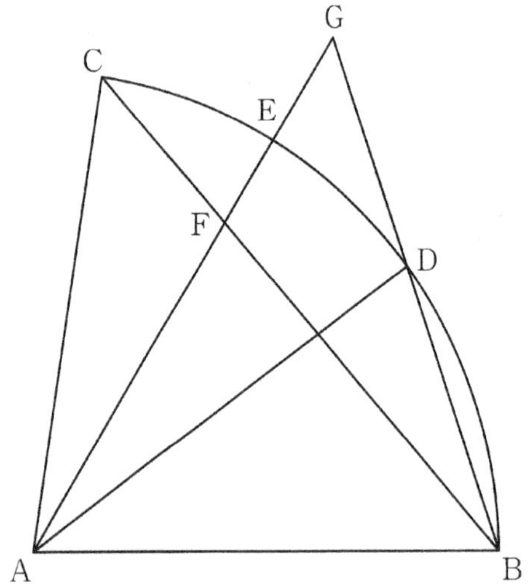

次の⑴，⑵に答えなさい。

⑴　△GAD∽△GBFであることを証明しなさい。

⑵　おうぎ形ABCの半径が８㎝，線分EGの長さが２㎝であるとき，線分AFの長さを求めなさい。

平　31　　山口県

受検番号	

数学解答用紙

得点	点

1

(1)	(2)	(3)

(4)	(5)

2

(1)		(2)	
(3)	度	(4)	$a=$

3

(1)	g
(2)	式
	豆腐の重さ　　g，牛ひき肉の重さ　　g

4

ア

イ　解

答え

ウ

5

(1)	倍	(2)	
(3)	倍		

6

(1) 作図　図２

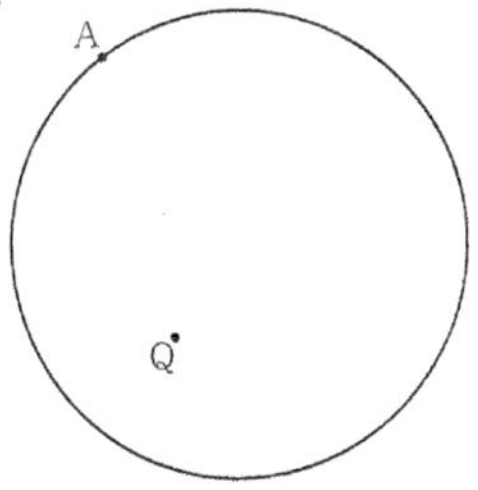

(2)　　cm

7

(1)	$a=$　　，$b=$
(2)	(ア)　　(イ)

8

(1)	$x=$
(2)	式 説明

9

(1)	証明
(2)	cm

※この解答用紙は161％に拡大していただきますと，実物大になります。

＜学校指定教科検査問題＞

時間，実施教科数に応じて，1教科15分，2教科40分，3教科65分，満点15点

1　図1のように，1辺の長さが5㎝の正三角形ABCがある。辺BCは直線ℓ上にあり，点Bは直線ℓ上の点Oと重なっている。この△ABCを，直線ℓ上を矢印の方向に，直線ℓ上にある頂点2つのうち点Oから遠いほうの点を回転の中心として，△ABCの辺が直線ℓと重なるまで回転移動させることを繰り返す。

図2は，△ABCを，頂点Cを回転の中心として，辺CAが直線ℓと重なるまで回転移動させた後，頂点Aを回転の中心として，辺ABが直線ℓと重なるまで回転移動させている途中のようすを示している。

図1

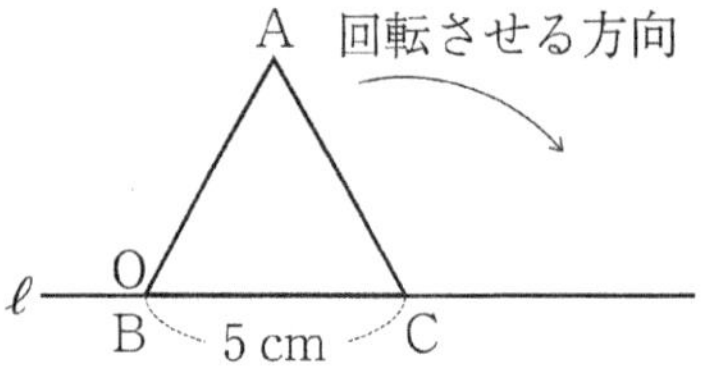

図2

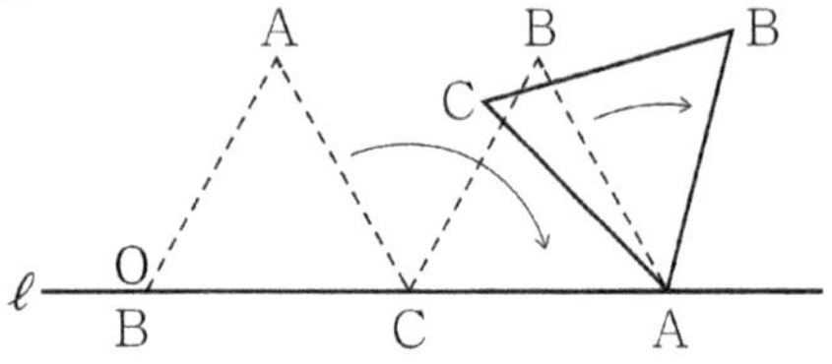

次の⑴，⑵に答えなさい。

⑴　△ABCを回転移動させ始めてから，辺BCが再び直線ℓと重なったところで移動をやめた。このとき，次の㋐，㋑に答えなさい。

㋐　△ABCの移動をやめたとき，頂点Aが移動によって移った点をPとする。点Pを，コンパスを使って，図3に作図しなさい。ただし，作図に用いた線は消さないこと。

図3

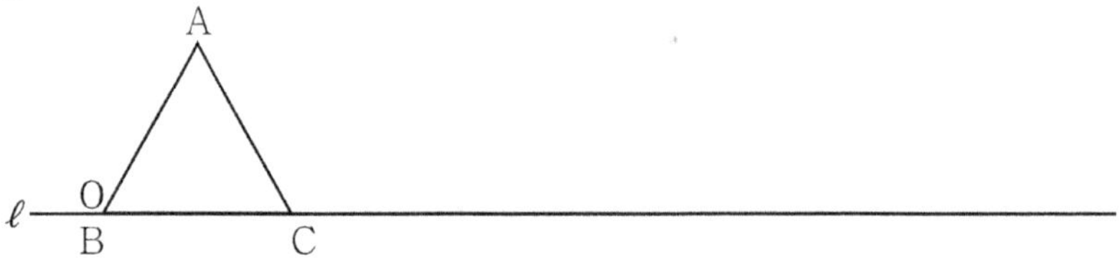

㋑　△ABCを回転移動させ始めてから，移動をやめるまでの間で，頂点Aが動いたあとにできる線の長さを求めなさい。ただし，円周率はπとする。

⑵　次のページの図4のように，△ABCを回転移動させ始めてから，辺CAが直線ℓと重なるごとに，そのときの線分OAの長さを，順に記録する。例えば，1回目に記録した線分OAの長さは10㎝である。このとき，次の㋐，㋑に答えなさい。

㋐　3回目に記録した線分OAの長さを求めなさい。

㋑　x回目に記録した線分OAの長さをy㎝とするとき，yをxを使った式で表しなさい。

図4

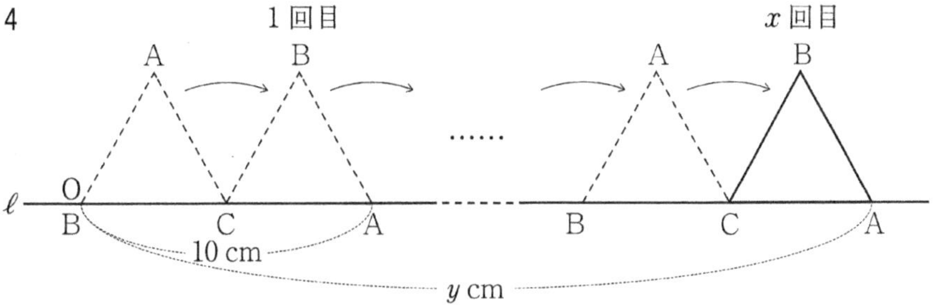

2　3本のテープA，B，Cがあり，テープCの長さは，2本のテープA，Bの長さの合計と等しい。また，2本のテープA，Bの長さは，x，yを2以上の整数，a，bを0以上9以下の整数として，テープAが$x+0.1a$（m），テープBが$y+0.1b$（m）で表されるものとする。

次の(1)～(3)に答えなさい。

(1)　テープA，テープBの長さとしてあてはまるものが，次の**ア**～**オ**の中に1つある。あてはまるものを選び，記号で答えなさい。

ア　1.5m　　**イ**　$\frac{7}{3}$m　　**ウ**　$\sqrt{10}$ m　　**エ**　3.45m　　**オ**　$\frac{7}{2}$m

(2)　テープCの長さが4.7mのとき，テープA，テープBの長さとしてあてはまる2本のテープA，Bの長さの組はいくつあるか。その個数を求めなさい。

(3)　3本のテープA，B，Cに対して，それぞれ次の**操作**を行う。

操作

テープの端《はし》から，1m間隔でテープを切り，長さ1mのテープをできるだけ多く作る。

例えば，長さ2.6mのテープに対して**操作**を行うと，長さ1mのテープが2本作られ，長さ0.6mのテープが1本残る。

Sさんは，3本のテープA，B，Cに対して，それぞれ**操作**を行って作られる長さ1mのテープの本数の関係について説明することになった。次は，その関係について説明するために，まとめたものの一部である。

> テープCの長さは，2本のテープA，Bの長さの合計と等しいので，
> $(x+y)+0.1(a+b)$（m）と表される。
> したがって，「テープCに対して**操作**を行って作られる長さ1mのテープの本数」が，「2本のテープA，Bに対して，それぞれ**操作**を行って作られる長さ1mのテープの本数の合計」より1本多くなる場合の，$a+b$の値のうち，最も小さい値は［ア］，最も大きい値は［イ］であることがわかる。

上の文章が正しくなるように，［ア］，［イ］にあてはまる整数をそれぞれ答えなさい。

平 31 山口県

受検番号	

学校指定教科検査（数学）解答用紙

得 点	点

1

(1)	(ア)	作図 図 3 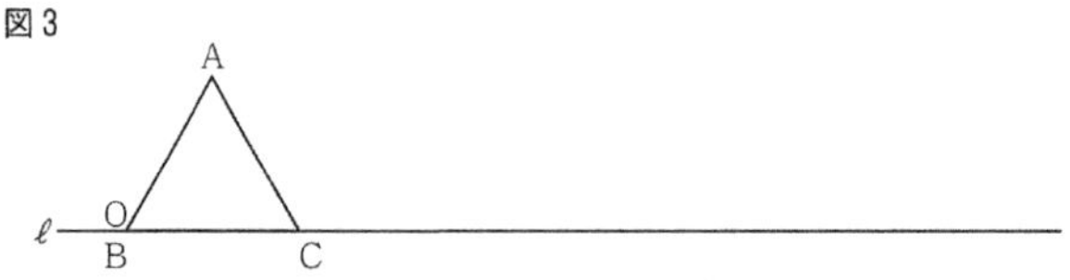
	(イ)	cm
(2)	(ア)	cm
	(イ)	$y=$

2

(1)		
(2)	個	
(3)	ア	イ

※この解答用紙は156%に拡大していただきますと，実物大になります。

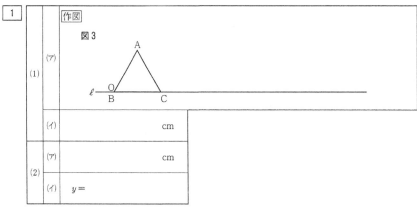

＜英語＞　時間　50分　満点　50点

1　放送によるリスニングテスト

テスト1　4つの対話を聞いて，対話の内容に関するそれぞれの問いの答えとして最も適切なものを，1～4から1つずつ選び，記号で答えなさい。

No.1　1　Badminton.　2　Baseball.　3　Soccer.　4　Skiing.

No.2　1　On Thursday.　2　On Friday.　3　On Saturday.　4　On Sunday.

No.3　1　Mike's brother.　2　Mike's sister.
3　Ryoko's brother.　4　Ryoko's sister.

No.4　1　Because she wanted her family to live in Japan with her grandmother.
2　Because she often heard about Japan from her grandmother.
3　Because her grandmother was born in Canada.
4　Because her Japanese friend visited her in Canada.

テスト2　4つの対話を聞いて，それぞれの対話に続く受け答えとして最も適切なものを，1～4から1つずつ選び，記号で答えなさい。

No.1　1　You're welcome.　2　Yes, that's right.
3　No, thank you.　4　I'm sorry.

No.2　1　Jane Smith.　Your name, please.
2　Jane Smith.　You've met her once.
3　Masafumi Fujioka.　Call me Masa.
4　Masafumi Fujioka.　I'm fine, too, thank you.

No.3　1　It's the movie I saw yesterday.
2　I'm glad you've found it.
3　Who are you talking about?
4　Did you look around the TV?

No.4　1　All right, let's do that.
2　No, I left home at nine.
3　You won't go to the airport.
4　We'll stay home that day.

テスト3　Saoriは，海外の町East CityにあるJonesさんの家にホームステイをする予定である。次の【英文】は，Saoriが，East City出身のBrown先生と学校で話をした後に，Jonesさんにあてて書いた電子メールである。

今から，学校でのSaoriとBrown先生の対話を聞いて，その内容に合うように，下線部(A)，(B)，(D)にはそれぞれ対話の中で用いられた英語1語を，下線部(C)には場面にふさわしい4語の英語を書きなさい。

【英文】

Dear Ms. Jones,

Today, I talked with my English teacher. He's from East City! He gave me some ＿(A)＿ about the weekend activities I can try there. I'm interested in three activities.

1. Visiting the big ＿(B)＿ museum.
2. ＿＿(C)＿＿ in the sea.
3. Going to my English teacher's ＿(D)＿ ice cream shop.

What do you think? See you soon.

Saori

2 次の(1)～(3)に答えなさい。

(1) 次の(a), (b)の対話について，それぞれの対話が完成するように，（ ）の中の語を適切な形にして書きなさい。

(a) *A*：How does Meg come to school?
B：She usually (walk).

(b) *A*：Do you know about this man?
B：Yes, he is a musician. I know some of (he) songs.

(2) 次の(a), (b)の対話について，それぞれの対話が完成するように，（ ）の中に入る最も適切なものを，1～4からそれぞれ選び，記号で答えなさい。

(a) *A*：John, be (　　). Look. That baby is sleeping.
B：Oh, sorry.
1 famous　2 small　3 cloudy　4 quiet

(b) *A*：I think young people should go abroad if they have a chance.
B：I (　　) with you. That experience will be useful in the future.
1 open　2 agree　3 think　4 return

(3) 次の対話について，下線部の（ ）の中の語から適切な4語を選び，対話の内容に合うように並べかえなさい。

A：What are you doing?
B：I'm writing a birthday card to Ms. Green. Last year, (English / studied / she / I / me / taught). I enjoyed her classes very much.
A：Good! She'll be happy to receive your card.

3 中学生の *Kento* は，アメリカでホームステイをしている。次の英文は，*Kento* とホームステイ先の高校生 *Jack* の対話の一部である。英文と次のページの【チラシ】(flyer) を読み，下の(1)～(4)に答えなさい。

Jack: Kento, look at this flyer. Are you interested in this event? It'll be held at my high school this Friday.

Kento: "International Night"? ＿＿(A)＿＿?

Jack: It's a popular event in schools around here. In the event, we introduce our cultures and learn about each other's culture.

Kento: Sounds interesting. But ＿＿＿(B)＿＿＿ about different cultures?

Jack: Well, because we need to understand each other better. My father is from Spain. Like him, a lot of people from many different countries live together in this country. We should learn to respect each culture.

Kento: I understand.

Jack: And this event is good and exciting! You can enjoy performances and booths. I'm going to play music from Spain with my guitar in the (C)(f＿＿＿) performance in the Gym.

Kento: Wow! I'd like to join the event and see your performance.

Jack: Good! Let's have a great time and learn about different cultures.

（注） introduce ～　～を紹介する　Sounds interesting.　おもしろそうですね
learn to respect ～　～を尊重するようになる　performance(s)　上演，演奏
booths　ブース，出店

(1) 下線部(A)に入る最も適切なものを，次の１～４から選び，記号で答えなさい。

１ Any problems　２ Any questions　３ What's that　４ Who's that

(2) 下線部(B)に，場面にふさわしい４語以上の英語を書きなさい。

(3) 【チラシ】の内容に合うように，下線部(C)に入る適切な英語１語を書きなさい。ただし，(　) 内に与えられた文字で書き始めなさい。

(4) 【チラシ】から読み取れる内容と一致するものを，次の１～６から２つ選び，記号で答えなさい。

１ "International Night" will start at five o'clock in the afternoon.
２ Each performance will be shown for thirty minutes.
３ The students can visit four booths in the Gym.
４ Quizzes about Hawaii will be held in the Room 101.
５ The students can try calligraphy in one of the classrooms.
６ All the people at the event must wear their national costumes.

【チラシ】

International Night 2018 in Mt. White High School

When? Friday, March 30, 2018 5:00 p.m. - 7:30 p.m.
Where? Mt. White High School Gym and Classrooms
★ You can wear your national costume if you have one.

[Gym]

Time	Performances
5:00 p.m. - 5:10 p.m.	Guitar Music from **Spain**
5:15 p.m. - 5:25 p.m.	Dances from **China**
5:30 p.m. - 5:40 p.m.	Dances from **Hawaii**
5:50 p.m. - 6:20 p.m.	Songs from **Different Parts of the World**

[Classrooms] (These are some examples. There will be more booths!)

Time	Booths	Room
5:00 p.m. - 7:30 p.m.	**Germany** Learning about Germany through quizzes	101
	India Making bangles with plastic bottles	102
	Japan Trying calligraphy	201
	Korea Playing its old games	202

(注) national costume(s) 民族衣装 quizzes クイズ bangles 腕輪

4 中学生の Mizuki とその祖父 Tetsuji は，留学生 Emily に，自分たちの住む町（town）を案内した。次の英文は，そのときのことについて書かれたものである。この英文を読み，あとの(1)～(4)に答えなさい。

One day, Mizuki and her grandfather, Tetsuji, showed Emily around the town. They met at Mizuki's house and went to a park together. There was a big tree in the park. It was spreading long branches and had a lot of small leaves. Emily said, "It's a wonderful place! I especially like the tree. [ア] It's very old, right?" Tetsuji answered, "I think so. This place is a park now, but when I was a child, there was an elementary school. The tree was standing by one of the school buildings and it was already big." Emily asked, "Was there a school here?" "Yes. [イ] I studied in that school and played around the tree with my friends," Tetsuji answered.

According to Tetsuji, the elementary school was built more than one hundred years ago. But about sixty years ago, when he was a junior high school student, the number of the children increased. Also, the school buildings became too old. So, a new elementary school with larger buildings was built in another place. Then, the old elementary school site became a park. Only the big tree was left there.

Tetsuji said, "Most of the old school buildings were lost. But one of them is still used as a museum to show the history of our town." Emily asked, "Where is it? I can't see such a building." Mizuki answered, "It was moved to a new place. [ウ]" Emily said, "Wait. Do you mean the old school building was moved and it's still used?" "Yes. People in this town were proud of the old elementary school and loved it very much. They also had a lot of memories of it. So, (A) <u>they</u> wanted to keep a part of it," Tetsuji answered. Emily looked surprised.

Then they walked to the museum. It was old but looked nice. They felt the long history from its appearance. "Everything changes, but good old heritage remains for a long time. I want this old school building to stay here as a museum and keep on telling the history of this town to the children," Tetsuji said to the girls. They looked at each other and smiled.

After that, they visited a few places in the town. On their way back to Mizuki's house, they visited the park again. Mizuki stopped under the big tree. She looked up and said, "This is also a good old heritage. I want it to stay here and keep on watching people in the town. [エ]" Tetsuji looked up the tree, too. The small leaves were swinging in the wind just like when he was a child.

（注）spread(ing) long branches　長い枝を広げる　leaves　葉　according to ～　～によると
site　敷地　be moved(to ～)　(～に) 移築される　be proud of ～　～を誇りに思う
appearance　外観　good old heritage(s)　古き良きもの　remain(s)　残る
keep on ～ ing　～し続ける　on their way back to ～　～に戻る途中　swing(ing)　揺れる
just like ～　ちょうど～のように

(1) 次の英文が入る最も適切な箇所を，本文中の ア ～ エ から選び，記号で答えなさい。

When I was an elementary school student, I sometimes went to that museum.

(2) 下線部(A)の they が指す内容を，4語以上の英語で答えなさい。

(3) 次の(a)～(c)の質問に対する答えとして，本文の内容に合う最も適切なものを，それぞれ1～4から選び，記号で答えなさい。

(a) What did Emily see in the park when she went there with Mizuki and Tetsuji?

1 A big tree.
2 An old school building.
3 A museum.
4 An old shrine.

(b) According to Tetsuji, why was the new elementary school built?

1 Because there were already big buildings near the old elementary school site.
2 Because the old elementary school had too many students and its buildings became too old.
3 Because people wanted a museum about an important person in the town.
4 Because Tetsuji studied in the new elementary school and played around the big tree.

(c) What did Tetsuji think about the old school building?

1 It didn't need to be moved.
2 He didn't want to keep it.
3 It changed a lot and looked like a new school.
4 He wanted it to remain for a long time.

(4) 次の英文は，Mizuki が書いた日記の一部である。本文の内容に合うように，次の下線部①～③に入る適切な英語を，1語ずつ書きなさい。ただし，（　）内に与えられた文字で書き始めなさい。

> Today, I showed Emily around the town with my grandfather. When we went to the park, he ①(t_____) us about the old elementary school and the big tree. Emily was surprised to ②(k_____) that one of the old school buildings was moved and it's still used as a museum.
>
> I think ③(b_____) the tree and the old school building are good old heritages. I want them to keep on watching us in the future.

5　Yuki のクラスでは，英語の授業で，ALT の Taylor 先生に日本文化について紹介することになった。次は，Yuki が発表のために作った日本語の【メモ】と，【メモ】にもとづいて書いた英語の【原稿】である。これらを読み，下の(1)，(2)に答えなさい。

【メモ】

紹介したいこと　…　七夕《たなばた》

説明

- 中国の昔話にもとづく行事である
- 昔，中国から日本に伝わり，伝統的な日本の行事となった
- 日本では，7月または8月に行われる
- 短冊《たんざく》に願い事を書いて竹の枝につるす

【原稿】

Hello, Mr. Taylor. Do you know about *Tanabata*?

It's an event based on an old ___(A)___ from China. It came to Japan long ago, and became a ___(B)___ Japanese event.

It's held in July or in ___(C)___ in Japan. We write our wishes on *tanzaku*, small pieces of paper, and hang them on bamboo branches.

This year I wrote, "I hope ______(D)______." I'll try to make this wish come true. What's your wish, Mr. Taylor?

（注）　make ～ come true　～を実現させる

(1)　【メモ】の説明に合うように，【原稿】の下線部(A)～(C)に適切な英語1語を書きなさい。

(2)　あなたが Yuki の立場ならば，【原稿】の下線部(D)にどのような内容を書くか。あなたの考える内容を，4語以上の英語で書きなさい。

平　31　　山口県

受検番号	

英語解答用紙

得　点	点

1

	No. 1	No. 2	No. 3	No. 4
テスト1				

	No. 1	No. 2	No. 3	No. 4
テスト2				

テスト3	(A)		(B)	
	(C)	＿＿＿ in the sea.		
	(D)			

2

(1)	(a)		(b)	
(2)	(a)		(b)	
(3)	Last year, ＿＿＿.			

3

(1)	(A)	
(2)	(B)	But ＿＿＿ about different cultures?
(3)	(C)	
(4)		

4

(1)						
(2)	(A)					
(3)	(a)		(b)		(c)	
(4)	①		②		③	

5

(1)	(A)		(B)		(C)	
(2)	(D)	I hope ＿＿＿.				

※この解答用紙は156％に拡大していただきますと，実物大になります。

＜学校指定教科検査問題＞

時間，実施教科数に応じて，1教科15分，2教科40分，3教科65分，満点15点

1　次は，*Honoka* が英語の授業で行ったスピーチの際に用いた【資料】と【原稿】である。これらを読んで，あとの(1)～(4)に答えなさい。

【資料】

表：国・地域別の訪日外国人数（2016年度）及び主な言語

（訪日外国人数の合計は2,404万人）

順位	国・地域	人数(万人)	割合(%)	主な言語
1	中国	637	26.5	中国語
2	韓国	509	21.2	韓国語
3	台湾	417	17.3	中国語
4	香港	184	7.7	中国語，英語
5	米国	124	5.2	英語
	その他	533	22.2	

グラフ：外国人訪日目的（2016年度）

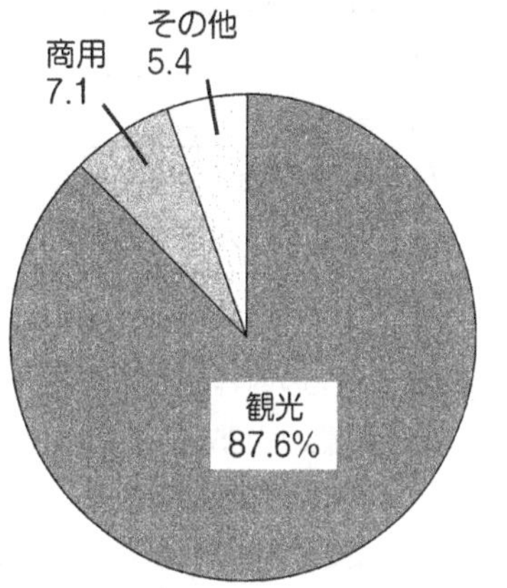

※　人数は，千の位を四捨五入した概数です。

※　表・グラフともに，割合は，小数点第二位を四捨五入しています。

（日本政府観光局（JNTO）及び外務省資料により作成）

【原稿】

Hello, everyone. Today, a lot of people come to Japan from other countries. You may see some visitors who have difficulty finding necessary information. What will you do when you see such people? Will you talk to them in English?

［　　　　(A)　　　　］

Look at the table. Judging from this table, ＿(B)＿ than 60% of the visitors do not usually use English. And most of the visitors don't use Japanese, either.

Now, look at the graph. About 88% of the visitors came to Japan for ＿(C)＿. This means (D) most of the visitors come to Japan to enjoy their stay. Some of these visitors may want to enjoy Japan without having language problems.

Then, what can we do for such visitors? I'll tell you my idea. (E)＿＿＿＿＿＿＿＿＿＿＿＿＿＿＿＿＿＿＿＿

Of course, English is useful. But we can support the visitors in other ways, too. Thank you.

（注）visitors　訪問客　　have difficulty ～ ing　～するのに困難がある　　information　情報
table　表　　judging from ～　～から判断すると　　graph　グラフ
without ～ ing　～することなしに

(1)　次の1～3は，本文中の［(A)］に入る英文である。1～3を文脈に合うように，最も適切な順に並べかえなさい。

1　Some of the visitors have learned English, just like us.

2　But I'm sure there are some other visitors who can't use English well.

3　So, I think those visitors will be happy when we talk to them in English.

(2)　【資料】の内容に合うように，下線部(B)，(C)に，それぞれ適切な英語１語を書きなさい。

(3)　*Honoka* のスピーチを聞いた後で，クラスメートの *Kohei* は，下線部(D)について *Honoka* に質問をした。次は，その対話の一部である。下線部に，場面にふさわしい４語以上の英語を書きなさい。

Kohei:　Most of the visitors come to Japan to enjoy their stay, right?

Honoka: Yes, I guess so.

Kohei:　__________________ in Japan?

Honoka: Eating Japanese food and shopping. These are really popular.

(4)　下線部(E)に入る文章を，次の【条件】に従って書きなさい。

【条件】

①　本文の内容を踏まえ，提案と，その提案の実現による具体的な利点を書くこと。

②　20語以上35語以内の英語で書くこと。英語は２文以上になってもよい。符号（., ?! など）は，語数に含めないものとする。

③　文と文のつながりを意識して，内容的にまとまりのある文章とすること。

④　解答は，解答用紙の記入例に従って書くこと。

平 31 山口県

受検番号	

学校指定教科検査（英語）解答用紙

得 点	点

1

(1)	(A)	→ →		
(2)	(B)		(C)	
(3)	in Japan?			
(4)				

20語

35語

（記入例）

Hi ,	how	are	you ?	I'm
a	high	school	student	now

※この解答用紙は156％に拡大していただきますと，実物大になります。

＜理科＞　時間　50分　満点　50点

1　Ｙさんは，校庭で栽培しているホウセンカを上から見たときの，葉のようすを観察した。**図１**は，そのときのスケッチである。

また，ホウセンカの茎をうすく輪切りにしたものを顕微鏡で観察した。**図２**は，そのときのスケッチである。

下の⑴，⑵に答えなさい。

図１

図２

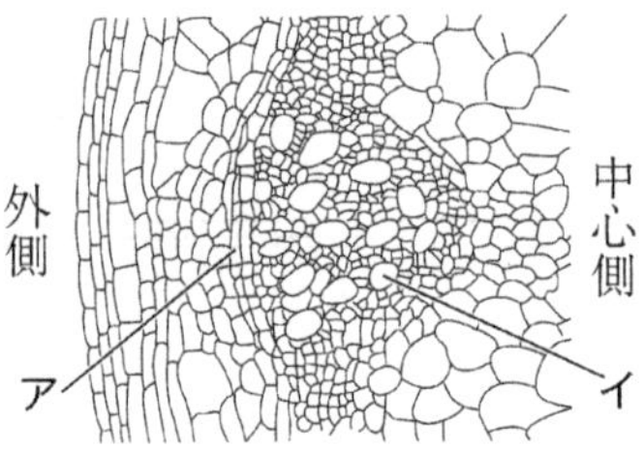

⑴　**図１**のように，葉はたがいにできるだけ重なり合わないように茎についている。このことは，多くの日光を葉で受け，デンプンなどをつくり出す点で都合がよいと考えられる。植物が，おもに葉で光を受けて，デンプンなどをつくり出すはたらきを何というか。書きなさい。

⑵　葉でつくられたデンプンは，水に溶けやすい物質に変わり，維管束を通って植物の体全体に運ばれる。維管束のうち，葉でつくられたデンプンが水に溶けやすい物質に変わって通る部分の名称を書きなさい。また，その部分は，**図２**のどの位置にあるか。**ア**，**イ**から１つ選び，記号で答えなさい。

2　**図１**のように，水300cm^{3}を入れたビーカー，エタノール300cm^{3}を入れたビーカー，密度が等しい２つのポリエチレン片を用意し，液体中の物体の浮き沈みについて，調べることにした。

ただし，20℃における密度は，水が1.00g/cm^3，エタノールが0.79g/cm^3，用いたポリエチレン片が0.95g/cm^{3}である。

次の⑴，⑵に答えなさい。

図１

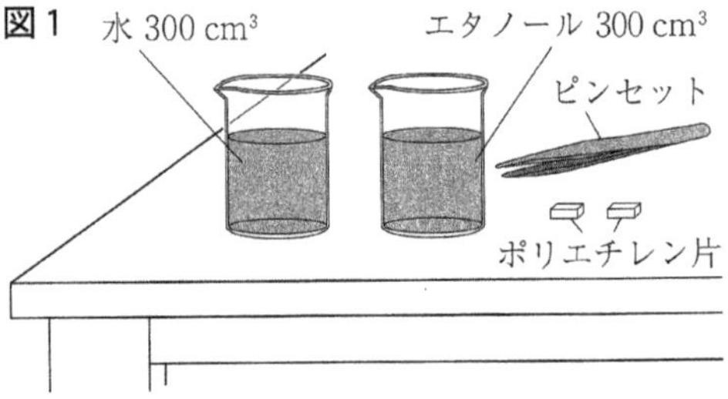

図２

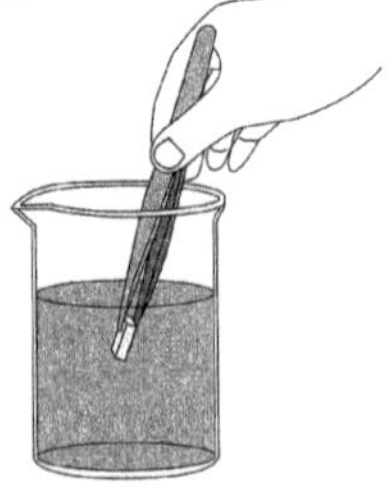

⑴　20℃において，エタノール300cm^{3}の質量は何ｇか。求めなさい。

⑵　**図２**のように，20℃において，ポリエチレン片を水とエタノールの中にそれぞれ入れて，静かにはなした。このときのポリエチレン片の浮き沈みについて述べた文として，正しいものを，次の１～４から１つ選び，記号で答えなさい。

１　水にも，エタノールにも沈む。
２　水には沈むが，エタノールには浮く。
３　水には浮くが，エタノールには沈む。
４　水にも，エタノールにも浮く。

3　乾湿計を用いて気温と湿度を測定したところ，乾湿計は**図1**のようになった。また，**表1**は，この測定に用いた乾湿計用の湿度表の一部を示したものである。下の⑴，⑵に答えなさい。

図1

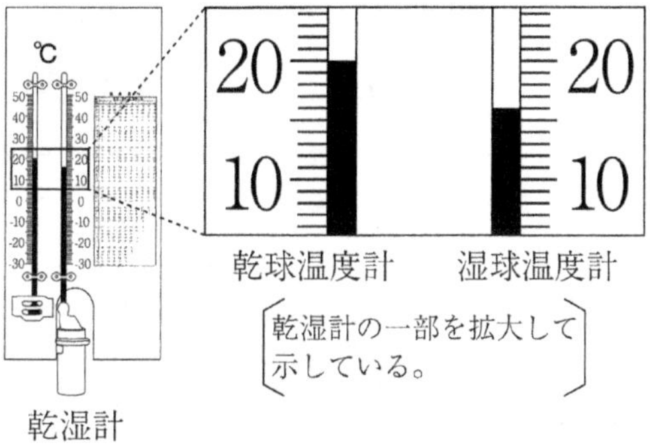

表1

乾球の読み〔℃〕	乾球の読みと湿球の読みの差〔℃〕					
	0	1	2	3	4	5
23	100	91	83	75	67	59
22	100	91	82	74	66	58
21	100	91	82	73	65	57
20	100	91	81	72	64	56
19	100	90	81	72	63	54
18	100	90	80	71	62	53

⑴　気象観測において，乾湿計を用いて気温と湿度を測定する方法として，最も適切なものを，次の1～4から選び，記号で答えなさい。

1　風通しがよい場所で，直射日光があたるようにして測定する。
2　風通しがよい場所で，直射日光があたらないようにして測定する。
3　風が通らない場所で，直射日光があたるようにして測定する。
4　風が通らない場所で，直射日光があたらないようにして測定する。

⑵　乾湿計が**図1**の値を示すときの湿度を，**表1**を用いて求めなさい。

4　**図1**のように，プロペラをつけたモーターにペルティエ（ペルチェ）素子をつなぎ，ペルティエ素子の下面に板状の氷をあて，上面に湯を入れたビーカーを置いたところ，プロペラが回転した。次の⑴，⑵に答えなさい。

図1

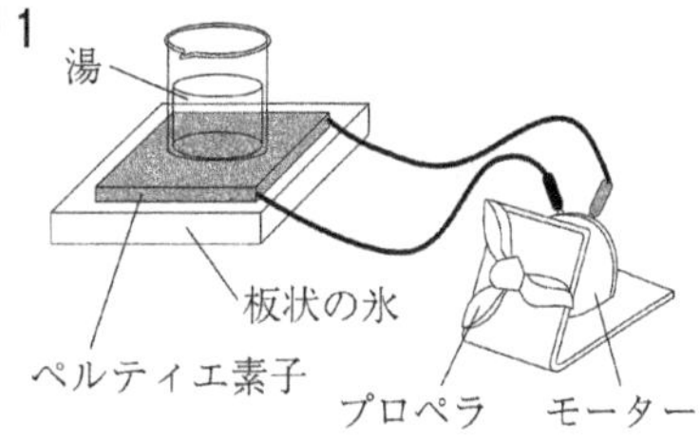

⑴　**図2**は，**図1**の装置によるエネルギーの変換のようすを表したものである。**図2**の A ， B にあてはまる語を，それぞれ下の1～4から1つずつ選び，記号で答えなさい。

図2

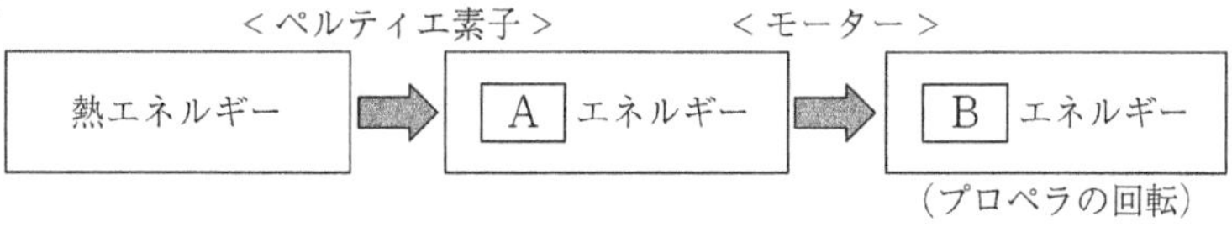

1　運動　　2　光　　3　化学　　4　電気

⑵　エネルギーが他の種類のエネルギーに変換されても，その総量は変化せず，つねに一定に保たれることを何というか。書きなさい。

5 バフンウニの雌《めす》と雄《おす》を用意し，**図１**のように海水を満たしたビーカーに卵と精子をそれぞれ採取し，次の観察を行った。下の(1)～(4)に答えなさい。

図１

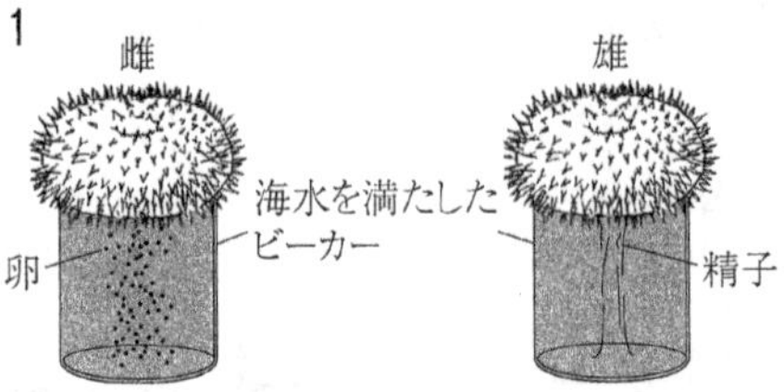

［観察］

① 採取した卵を，海水といっしょにビーカーからペトリ皿に移した。このペトリ皿に，**図２**のように海水でうすめた精子を加えて，受精させた。

② **図３**のようにホールスライドガラスに受精卵を移し，顕微鏡で観察した。その後，同一の受精卵について，30分ごとに，発生のようすを観察した。

③ **表１**は，受精直後，90分後，120分後，360分後の観察の結果をまとめたものである。

図２

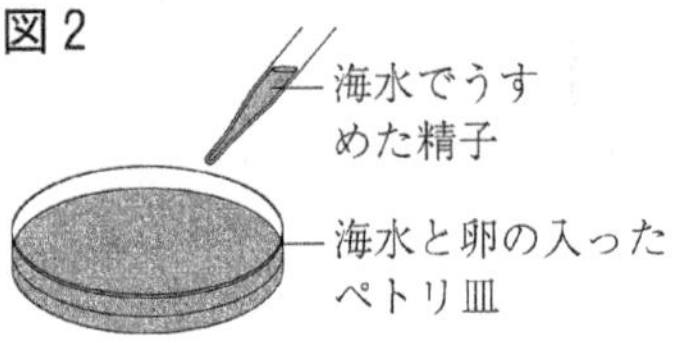

図３

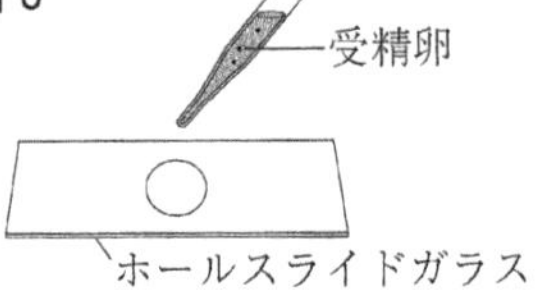

表１

受精後の時間	受精直後	90分	120分	360分
発生のようす	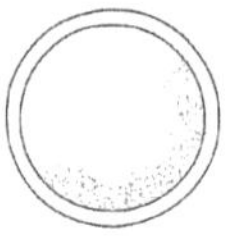	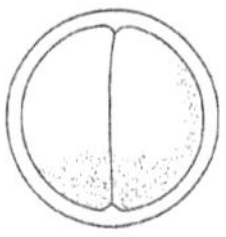	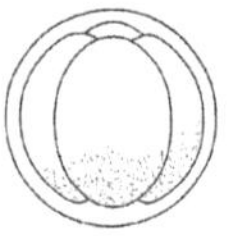	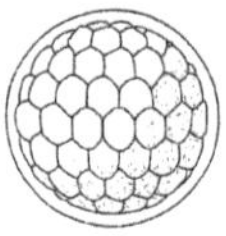
受精後の分裂の回数	０回	１回	２回	多数
細胞数	１個	２個	４個	多数

(1) 親の体から分かれた一部がそのまま子になる生殖に対して，卵や精子のような生殖細胞によって子をつくる生殖を何というか。書きなさい。

(2) **図４**は，［観察］に用いた顕微鏡を示している。［観察］の②の下線部のとき，よりくわしく観察するために高倍率にすると，視野が暗くなった。このとき，倍率を変えずに視野を明るくするために，反射鏡以外で操作するのは，**図４**のどの部分か。次の１～４から１つ選び，記号で答えなさい。

１ 接眼レンズ　　２ レボルバー
３ しぼり　　４ 調節ねじ

図４

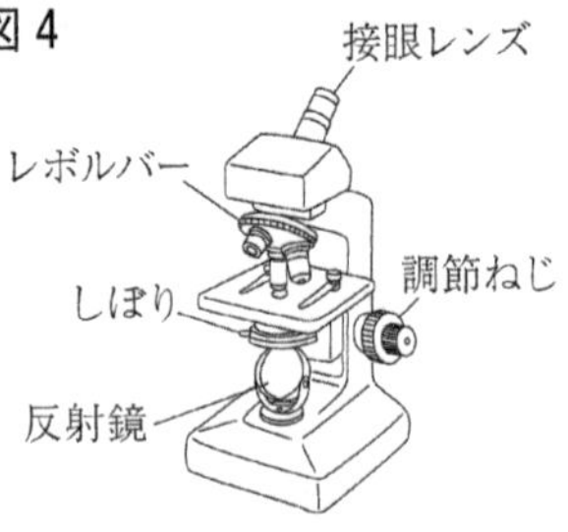

(3) **表１**のように，胚の細胞数は，受精後１回目の分裂で２個になり，２回目の分裂で４個になる。受精後５回目の分裂で，胚の細胞数は何個になるか。答えなさい。なお，バフンウニでは受精後５回目の分裂までは，胚の各細胞はすべて同時に分裂する。

(4) ２つの生殖細胞が合体して子ができるにもかかわらず，子の細胞にある染色体の数が，親の細胞にある染色体の数の２倍ではなく，同数に保たれるのはなぜか。簡潔に述べなさい。

6　電流と磁界の関係について調べるために，次の実験を行った。下の⑴～⑷に答えなさい。

［実験１］

①　コイルＡと検流計をつないだ。

②　テープをつけた棒磁石をコイルＡの近くに置き，１秒間に60回打点する記録タイマーにテープを通した。

③　**図１**のように，記録タイマーのスイッチを入れると同時に，手でテープを矢印の方向へ引き，㋐棒磁石のＮ極をコイルＡから遠ざけると，検流計の針が＋側に振れた。

④　記録タイマーのスイッチを切り，テープを新しいものにつけかえた。

⑤　テープを引く速さをかえて，②，③，④の操作を２回繰り返した。

⑥　結果を**表１**にまとめた。

図１

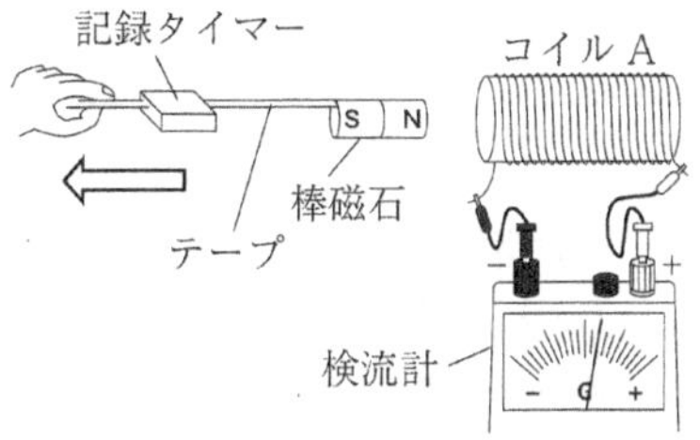

表１

	テープに記録された打点のようす	検流計の針の振れ
１回目		＋側に，およそ２目盛り振れた。
２回目	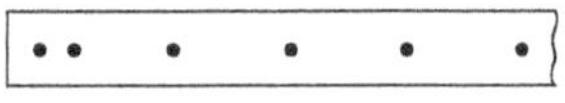	＋側に，およそ４目盛り振れた。
３回目	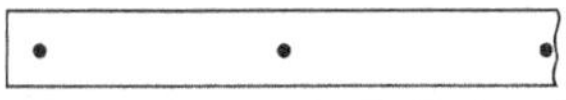	＋側に，およそ６目盛り振れた。

［実験２］

①　**図２**のように，コイルＢ，電源装置，抵抗をつなぎ，［実験１］に用いたコイルＡと検流計をつないだ装置の横に並べて置いた。

②　電源装置のスイッチを入れ，つまみを回したところ，検流計の針が＋側に振れた。

③　電源装置の㋑つまみを回し，電流を②のときより大きくした後，しばらくしてから㋒つまみを戻し，電流を②のときと同じ大きさにした。

図２

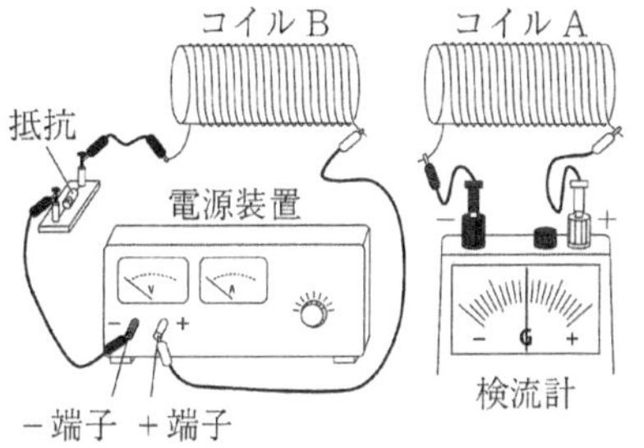

⑴　下線㋐のようにして生じる電流を何というか。書きなさい。

⑵　［実験１］について，次のア，イに答えなさい。

ア　**表１**の㋐で示した間の長さを測ると3.0㎝であった。この間の棒磁石の平均の速さは何㎝/ｓか。求めなさい。

イ　**表１**にまとめたように，より速く棒磁石を動かすと，コイルに生じる電流がより大きくなるのはなぜか。「コイルの中の磁界」という語を用いて，簡潔に述べなさい。

⑶　下線㋑，㋒のようにして，電流の大きさをそれぞれ変化させるとき，検流計の針は「＋側」と「−側」のどちらに振れるか。下線㋑，㋒について，それぞれ答えなさい。

⑷　［実験１］や［実験２］において，コイルＡに電流が流れたのと同じしくみで電流が生じるものを，次の**１**～**４**から１つ選び，記号で答えなさい。

１　電子オルゴールにつないだ手回し発電機を回すと，電子オルゴールが鳴る。

２　レモンに銅板と亜鉛板をさし込み，導線で発光ダイオードをつなぐと光る。

3　こすったプラスチックの下じきにネオン管を近づけると光る。

4　乾電池をつないだ電磁石にクリップがつく。

7　炭酸水素ナトリウムの熱分解について調べるために，次の実験を行った。あとの⑴～⑷に答えなさい。

［実験］

①　炭酸水素ナトリウム1.0 gをはかりとり，乾いた試験管に入れた。

②　①の試験管の質量をはかって記録した後，**図1**のように，試験管を加熱した。

③　ガラス管からはじめに出てきた気体を，試験管1本分ほど集めて捨てた後，ガラス管からさらに出てくる気体を試験管に集め，水中でゴム栓をした。

④　ガラス管から気体が出てこなくなるまで十分に試験管を加熱した後，ガラス管を水そうからとり出し，ガスバーナーの火を消した。このとき，加熱していた試験管の口の内側には液体が付着していた。

⑤　③で気体を集めた試験管のゴム栓をはずして，火のついた線香を試験管に入れてようすを観察した。

⑥　加熱していた試験管には白い固体が残っていた。加熱していた試験管からゴム栓をはずして，試験管を十分に乾燥させた後，白い固体を含めた試験管の質量をはかり，記録した。

⑦　①の炭酸水素ナトリウムの質量を2.0 g，3.0 g，4.0 gにかえて，②～⑥の操作を行った。**表1**は，実験の結果をまとめたものである。

図1

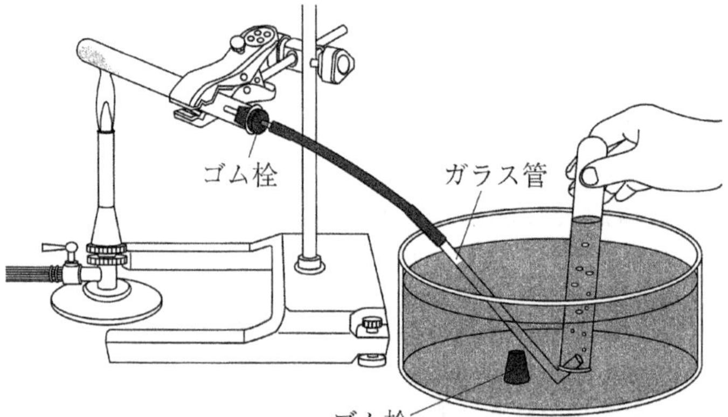

表1

炭酸水素ナトリウムの質量〔g〕	1.0	2.0	3.0	4.0
②ではかった質量〔g〕	25.6	26.6	27.6	28.6
⑥ではかった質量〔g〕	25.3	25.8	26.6	27.2

⑴　［実験］の④の下線部が水であるかどうかを調べることにした。次の文が，そのときの方法を説明したものとなるように，（　）の中のａ～ｄの語句について，正しい組み合わせを，あと

の１～４から１つ選び，記号で答えなさい。

> 加熱していた試験管の口の内側に付着した液体に，乾いた（a　リトマス紙　　b　塩化コバルト紙）をつけ，（c　赤色から青色　　d　青色から赤色）に変化すると，付着した液体が水であることがわかる。

１　aとc　　２　aとd　　３　bとc　　４　bとd

⑵　［実験］の④において，実験を安全に行うためには，試験管の加熱をやめる前に水そうからガラス管をとり出す必要がある。その理由を書きなさい。

⑶　［実験］の③で試験管に集めた気体は，二酸化炭素である。このとき，［実験］の⑤の下線部において，火のついた線香のようすがどのようになると，集めた気体が二酸化炭素であることが確かめられるか。書きなさい。

⑷　［実験］の⑥の下線部は，炭酸水素ナトリウム$NaHCO_3$の熱分解によってできた炭酸ナトリウムNa_2CO_3である。次のア，イに答えなさい。

ア　表１をもとにして，「炭酸水素ナトリウムの質量」と「できた炭酸ナトリウムの質量」の関係を表すグラフを，図２にかきなさい。

イ　［実験］において起こった炭酸水素ナトリウムの熱分解を，化学反応式で書きなさい。

図２

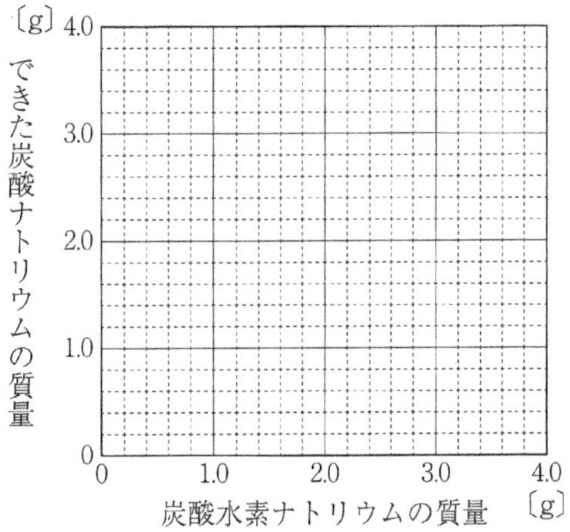

８　春分の日に，山口県の北緯34°の日あたりのよい場所で，１日の太陽の動きと太陽から受ける光の量を調べるために，次の観測と実験を行った。あとの⑴～⑷に答えなさい。

［観測］

①　図１のように，画用紙に透明半球と同じ大きさの円をかき，円の中心で直交する２本の線と，その両端に「東」「西」「南」「北」をかいた。

②　水平な場所に置いた①の画用紙に，かいた円に合わせて透明半球をテープで固定し，方位磁針を用いて，「北」が北の方角に一致するように画用紙の向きを合わせた。

③　午前８時から午後４時まで１時間ごとに，天球上での太陽の位置を示すように，透明半球上に●印をフェルトペンでつけた。

④　次のページの図２のように，③でつけた●印をなめらかな曲線で結び，その線を透明半球

図１

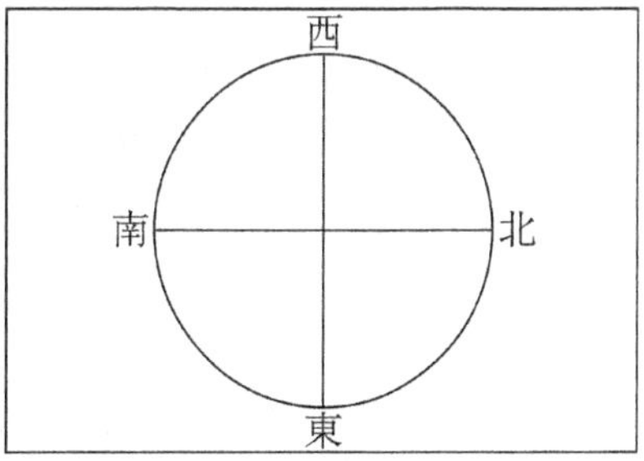

のふちまでのばした。

⑤　④でかいた曲線にそって紙テープをあて，曲線の長さを測ると，透明半球の東のふちから南中した太陽の位置までが12.1cmであった。また，1時間ごとの●印の間隔を測ると，ほぼ同じ長さであり，平均すると2.0cmであった。

図２

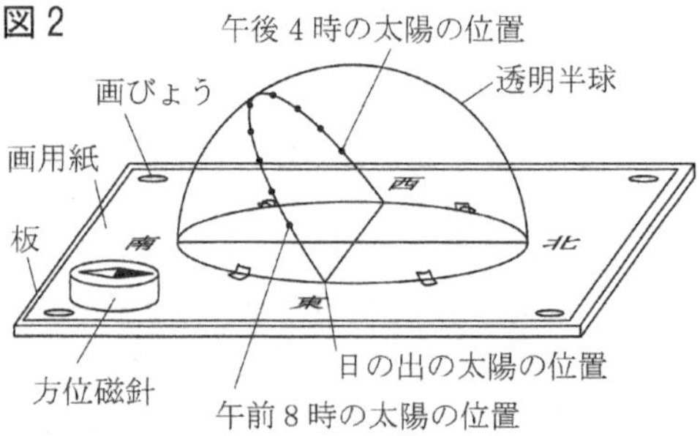

［実験］

①　**図３**のように太陽電池と電流計をつないだ装置をつくり，正午ごろに，太陽電池のパネル面を南に向けて，水平な場所に置いた。**図４**は，太陽電池のパネル面を真横から見た模式図である。

②　**図４**に示すように，水平面と太陽電池のパネル面のなす角を角ａとし，角ａの角度を０°～90°まで10°ずつ変化させたときの電流計の値を記録した。

③　②の記録をもとに，角ａの角度と電流計の値との関係を表すグラフを，**図５**のようになめらかな曲線でかいた。

図３

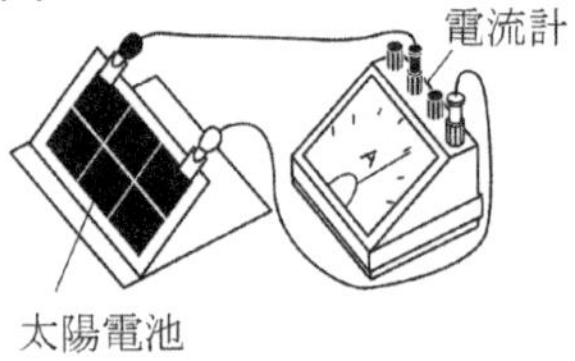

図４

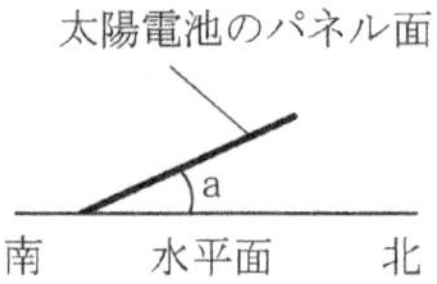

図５

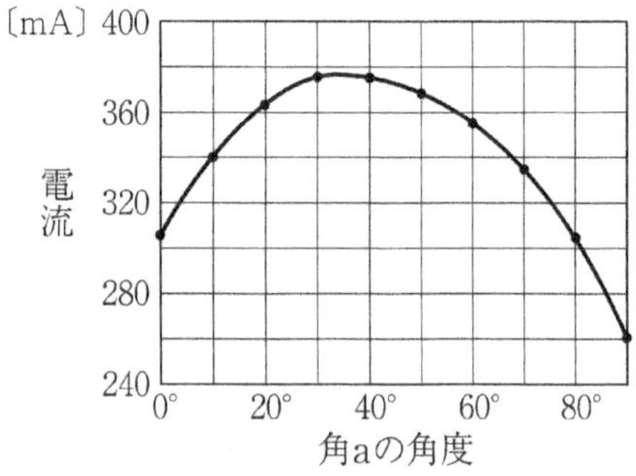

⑴　［観測］の③の下線部について，フェルトペンの先の影が画用紙上のどこに重なるように●印をつければよいか。**図１**に，フェルトペンの先の影の位置を示す×印をかきなさい。

⑵　［観測］の③において，太陽が動いて見えるのは地球が自転しているためである。このような，地球の自転による太陽の見かけの動きを何というか。書きなさい。

⑶　［観測］を行った日，観測地点の日の出の時刻は午前６時17分であった。この日に太陽が南中したおよその時刻として，最も適切なものを，次の**１**～**４**から選び，記号で答えなさい。

1　午後０時10分
2　午後０時20分
3　午後０時30分
4　午後０時40分

⑷　**図５**から，角ａの角度が30°から40°の間のとき，電流が最も大きくなることが推測できる。

次の文章が，角ａの角度が30°から40°の間のときに電流が最も大きくなる理由を説明したものとなるように，次のページの**図６**をもとにして，［A］にはあてはまる数値を，［B］には適切な語をそれぞれ書きなさい。

山口県の北緯34°の地点においては，春分の日の太陽の南中高度は［ A ］°である。[実験]を行った春分の日に太陽が南中したとき，角ａの角度を34°にすると，太陽電池のパネル面に対して［ B ］な方向から太陽の光があたるため，太陽電池のパネル面が受けとる光の量が最も多くなるから。

図６

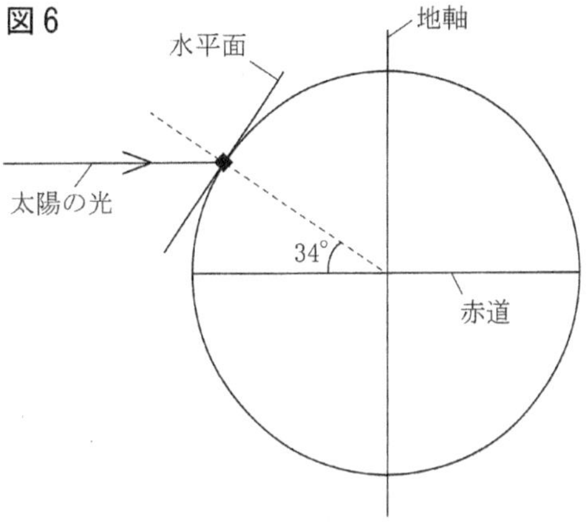

（春分の日に，◆印で示した北緯34°の地点において，太陽が南中したときの地球のようすを模式的に示している。）

9　ＡさんとＢさんは，よく冷える瞬間冷却パック（簡易冷却パック）を身近な材料でつくろうと考え，理科室でＴ先生と次の探究的な活動を行った。あとの(1)～(4)に答えなさい。

瞬間冷却パックの材料として，市販されているクエン酸と重そうを用意し，次の<仮説１>を検証するために，下の実験を行った。

<仮説１>　クエン酸と重そうの質量の合計が大きいほど，温度がより低くなる。

[実験]

① クエン酸10ｇと重そう10ｇをよく混ぜ，発泡ポリスチレンの容器に入れた。

② 図１のように，デジタル温度計を入れ，水100cm³を加え，ガラス棒でかき混ぜながら，10秒ごとに温度を記録した。温度が一定になっても，開始から６分間は測定を続けた。

③ ①で混ぜる材料の質量を「クエン酸20ｇと重そう20ｇ」「クエン酸30ｇと重そう30ｇ」にかえて，①，②の操作を行った。

④ 結果と考察を図２のようにまとめた。

図１

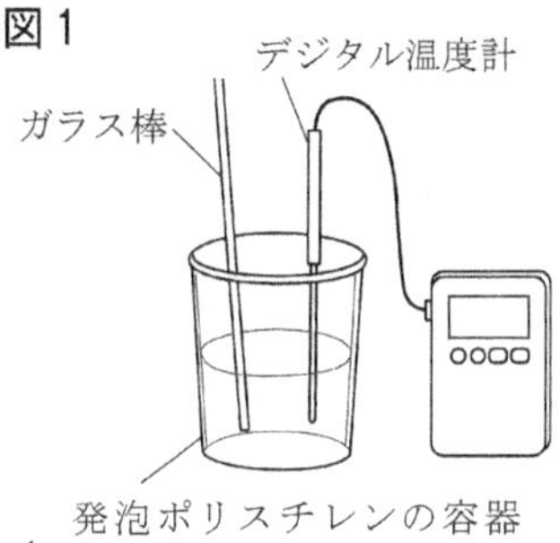

（装置の構造をわかりやすくするため，中が見えるように図示している。）

図２

【結果】

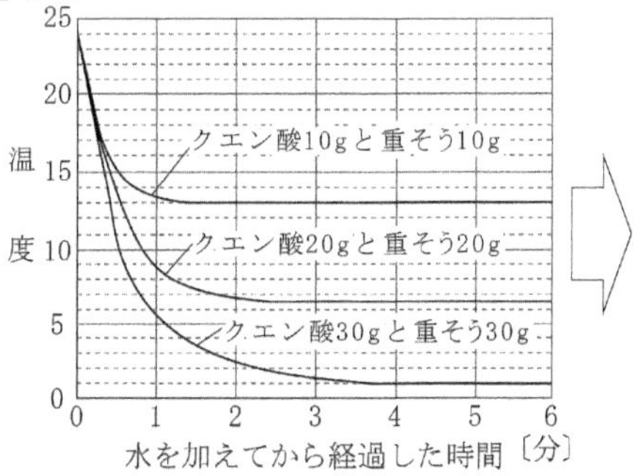

【考察】

クエン酸と重そうの質量の合計が大きいほど，最低温度が低くなっており，<仮説１>は正しいといえる。

次に，Ａさんは，より冷える条件を見つけようと考え，次の＜仮説２＞をたてた。

＜仮説２＞　クエン酸と重そうの質量の比によって，最低温度が変わる。

Ａさんは，＜仮説２＞を検証するために，［実験］の①で混ぜる材料の質量を**表１**のようにかえ，［実験］の①，②の操作を行う計画をたてた。

表１

	クエン酸と重そうの質量の比	クエン酸の質量	重そうの質量
１回目	１：２	30 g	60 g
２回目	１：１	30 g	30 g
３回目	２：１	30 g	15 g

⑴　ヒトが瞬間冷却パックに触れて冷たいと感じるのは，冷たさを皮膚で受けとっているからである。皮膚などのように，外界からの刺激を受けとる体の部分を何というか。書きなさい。

⑵　［実験］の①において，発泡ポリスチレンの容器を用いたのはなぜか。「熱」という語を用いて，簡潔に述べなさい。

⑶　次の文が，**図２**のグラフが示す温度変化を説明したものとなるように，（　）の中のａ～ｄの語句について，最も適切な組み合わせを，下の**１**～**４**から選び，記号で答えなさい。

クエン酸と重そうの質量の合計が大きいほど，最低温度になるまでの時間は（ａ　短い　ｂ　長い　）が，クエン酸と重そうの質量の合計を変えても，（ｃ　13℃　　ｄ　18℃　）になるまでにかかる時間はほぼ同じである。

１　ａとｃ　　**２**　ａとｄ　　**３**　ｂとｃ　　**４**　ｂとｄ

⑷　Ｂさんは，Ａさんがたてた**表１**の計画に対して疑問をもち，Ａさんや Ｔ先生と，次の　　　のような会話をした。

Ｂさん：　Ａさんの計画では，各回で，クエン酸と重そうの質量の　あ　ため，クエン酸と重そうの質量の比の違いが，最低温度にどのように影響するかを調べることはできないと思います。

Ｔ先生：　そうだね。変化させる条件を１つだけにすることが必要ですね。

Ｂさん：　Ａさん，実験の考察を振り返って，一緒に計画をたて直してみようよ。

Ａさん：　はい。仮説２を正しく検証できるように，混ぜる材料の質量を設定し直してみるよ。

Ａさんは，Ｂさんや Ｔ先生との会話にもとづいて，＜仮説２＞を正しく検証できるように，［実験］の①で混ぜる材料の質量を**表２**のように設定し直した。

表２

	クエン酸と重そうの質量の比	クエン酸の質量	重そうの質量
１回目	１：２	a g	b g
２回目	１：１	30 g	30 g
３回目	２：１	c g	d g

図2の【考察】をふまえ，[あ]に適切な語句を書きなさい。また，[a]～[d]にあてはまる数値をそれぞれ求めなさい。

平 31 山口県

受検番号	

理科解答用紙

得点	点

1

(1)		
(2)	名称	記号

2

(1)	g
(2)	

3

(1)	
(2)	%

4

(1)	A	B
(2)		

5

(1)	
(2)	
(3)	個
(4)	

6

(1)				
(2)	ア	cm/s		
	イ			
(3)	(イ)	(　　)側	(ウ)	(　　)側
(4)				

7

(1)		
(2)		
(3)		
(4)	ア	図2
	イ	

図2

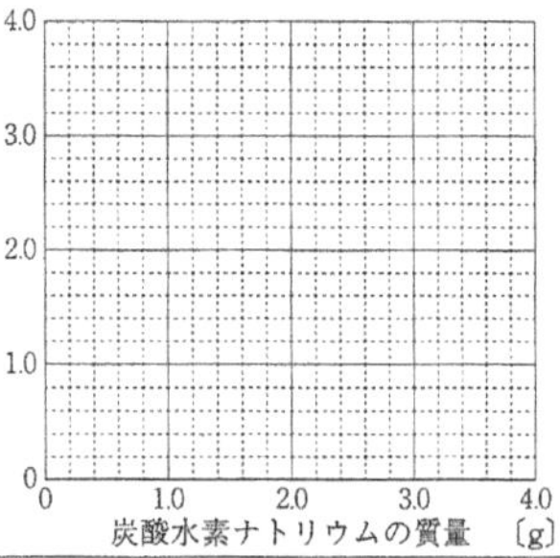

8

(1)	図1	
(2)		
(3)		
(4)	A	B

図1

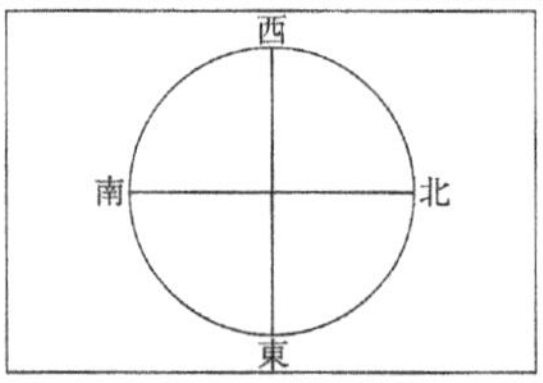

9

(1)				
(2)				
(3)				
(4)	あ			
	a	b	c	d

※この解答用紙は167%に拡大していただきますと，実物大になります。

＜社会＞

時間　50分　　満点　50点

1　次の資料Ⅰ～Ⅲについて，下の⑴～⑶に答えなさい。

資料Ⅰ

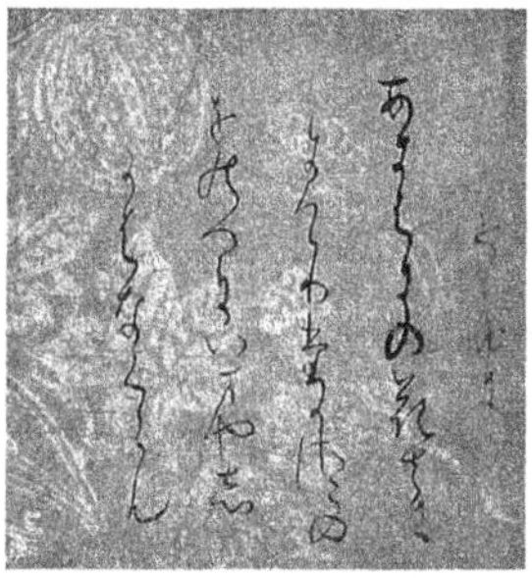

資料Ⅱ

資料Ⅲ

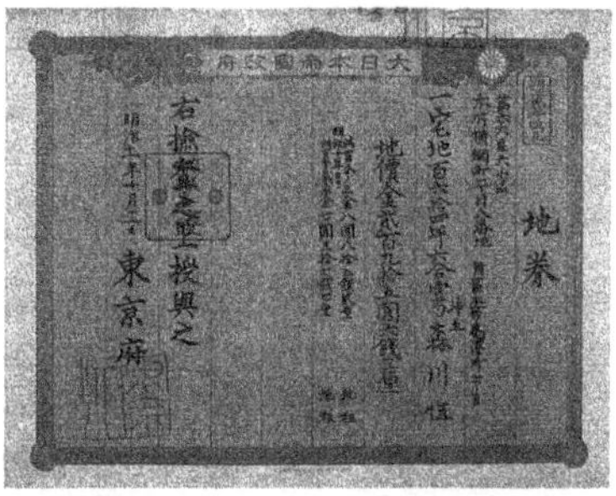

⑴　資料Ⅰは，平安時代に，かな文字で書かれた和歌の色紙である。この和歌が作られた頃，唐風の文化をふまえながら，日本独自の貴族文化が発達した。この文化を何というか。次の１～４から一つ選び，記号で答えなさい。

１　飛鳥文化　　２　国風文化　　３　南蛮文化　　４　化政文化

⑵　資料Ⅱは，江戸幕府８代将軍の肖像画である。享保の改革を行った，この人物は誰か。次の１～４から一つ選び，記号で答えなさい。

１　徳川家康　　２　徳川綱吉　　３　徳川吉宗　　４　徳川慶喜

⑶　資料Ⅲは，明治政府が発行した地券である。明治政府は，このような地券を発行し，土地の所有者と地価を決め，地価の３％（のちに2.5％に引き下げ）を税とし，現金で徴収した。1873年から明治政府が実施したこの改革を何というか。答えなさい。

2　次の⑴～⑶に答えなさい。

⑴　次の図Ⅰは，日本国憲法の三つの基本原理について，大まかに示したものである。図Ⅰ中の（Ａ）に入る，適切な語を答えなさい。

図Ⅰ

日本国憲法		
	（　　Ａ　　）：	政治は国民の意思に基づいて行われ，政治のあり方を最終的に決めるのは国民である。
	基本的人権の尊重：	自由に，人間らしく豊かに生きていくことができるよう自由権や社会権などを保障する。
	平　和　主　義：	戦争の放棄と戦力をもたないことを宣言し，世界の恒久平和のために努力する。

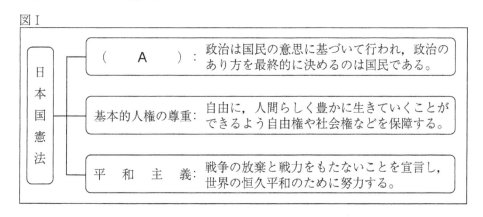

⑵　営利を目的とせず，公共の利益のため，福祉・教育，まちづくりなど，多くの分野で自発的に活動する団体を何というか。次の１～４から一つ選び，記号で答えなさい。

１　WHO　　２　PKO　　３　ILO　　４　NPO

⑶　消費税や酒税のように，税金を納める人と，負担する人が異なる税金を何というか。答えなさい。

3　次の⑴～⑶に答えなさい。

⑴　次の資料Ⅰは，氷河によってけずられた谷に海水が深く入りこんでできた地形の写真である。このような地形の名称を，何というか。下の１～４から一つ選び，記号で答えなさい。

資料Ⅰ

１　フィヨルド　　２　カルデラ　　３　リアス海岸　　４　シラス台地

⑵　次の図Ⅰは，1955年から2015年までの世界の地域別人口の推移を示したものである。アジア州の人口の推移を示したものを，図Ⅰ中の１～４から一つ選び，記号で答えなさい。

図Ⅰ

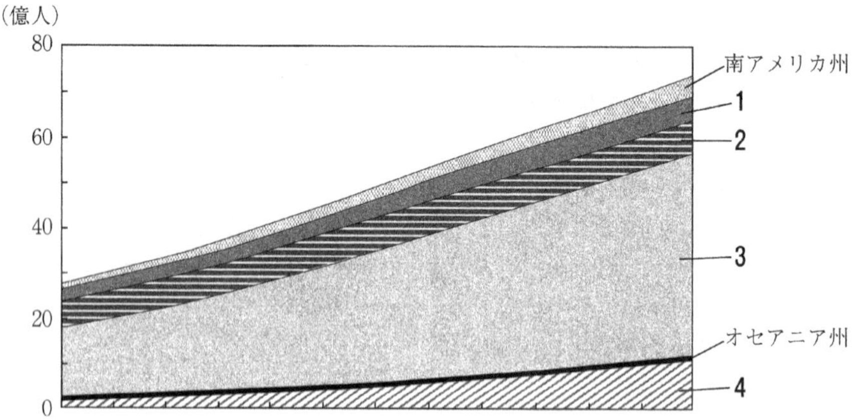

(世界の統計2018により作成)

⑶　熱帯地域などの一部では，森林や草原を焼きはらい，できた灰を肥料として利用する農業を行っている。このような農業を何というか。答えなさい。

4　Hさんのクラスでは，歴史学習のまとめとして，班ごとに時代を決めて調べ，歴史新聞を作成することにした。次は，それぞれの班が新聞に使用する題材の一部である。これについて，あとの(1)～(5)に答えなさい。

1班

［タイトル］　奈良時代新聞

［見出し］

花開く，国際色豊かな文化
～大陸との交流，遣唐使が活躍～

①墾田永年私財法成立
～開墾奨励，私有地広がる可能性～

［使用する資料］

2班

［タイトル］　②室町時代新聞

［見出し］

応仁の乱おこる
～金閣・銀閣，焼失をまぬかれる～

③琉球王国成立
～武具・生糸など諸国に販売～

［使用する資料］

3班

［タイトル］　江戸時代新聞

［見出し］

江戸・大阪・京都，三都の繁栄
～④「天下の台所」大阪，
商業の中心地として発展～

近代産業の礎（いしずえ）
～⑤織物・瓦・鍋など生産～

［使用する資料］

4班

［タイトル］　昭和時代新聞

［見出し］

敗戦からの出発
～⑥政治・経済など民主化，
ＧＨＱによる指示～

急速な経済成長
～広く普及する家庭電化製品～

［使用する資料］

(1)　1班の新聞に使用する題材について，次のア，イに答えなさい。

ア　下線部①により，貴族や寺社は，さかんに土地の開発を進め，広大な私有地をもつようになった。この私有地を何というか。答えなさい。

イ　［使用する資料］の像は，仏教の教えを広めるため，唐から来日し，後に唐招提寺を開いた人物の像である。この人物は誰か。次の1～4から一つ選び，記号で答えなさい。

1　法然　　2　鑑真　　3　栄西　　4　最澄

(2)　２班の新聞に使用する題材について，次のア，イに答えなさい。

ア　下線部②について，室町幕府において，将軍を補佐する役職を何というか。次の１～４から一つ選び，記号で答えなさい。

　１　摂政　　２　執権　　３　管領　　４　老中

イ　下線部③について，資料Ⅰは，琉球王国の都である首里の位置と，琉球王国の交易路を示したものである。琉球王国がさかえた理由を，この王国の位置に着目して説明しなさい。

資料Ⅰ

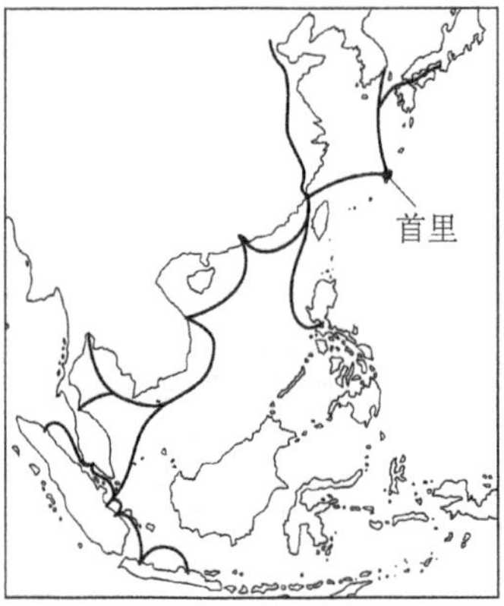

(3)　３班の新聞に使用する題材について，次のア，イに答えなさい。

ア　下線部④について，当時，諸藩が年貢米や特産品を保管・販売するために，大阪などにおいた建物を何というか。答えなさい。

イ　下線部⑤について，資料Ⅱは，瓦をつくっているようすをあらわした絵である。このように，19世紀頃に発達した，作業する場所に働き手を集めて分業で製品を生産するしくみを何というか。答えなさい。

資料Ⅱ

(4)　Hさんは，４班の新聞の中で下線部⑥に関連する記事を，資料Ⅲを用いて書くことにした。Hさんのメモにしたがって，記事を簡潔に書きなさい。

資料Ⅲ　日本の耕地面積における自作地と小作地の割合の変化

年	自作地（%）	小作地（%）
1939	54.2	45.8
1955	91.0	9.0

（完結昭和国勢総覧により作成）

Hさんのメモ

・資料Ⅲに示すような変化をもたらした政策の名称を入れる。
・この政策の内容についてふれる。

(5)　Wさんは，資料Ⅳを用いて，「その頃，世界では」というコラムをつくることにした。このコラムは，１班～４班のどの班の新聞に掲載することが適切であるか。班名を一つ選び，答えなさい。

資料Ⅳ

［見出し］フランス革命始まる

［使用する資料］

5　Kさんは，スーパーマーケットへ職場体験に行った際，店長にインタビューした。次は，そのインタビューの一部である。これについて，あとの(1)～(6)に答えなさい。

Kさん：　出店するにあたって，大変なことを教えてください。
店　長：　出店のために必要な①資金の調達は大変です。それと，営業するために，国や②地方公共団体に申請するものも多くあります。
Kさん：　簡単に③お店を出せるわけではないのですね。では，店長さんとしてどのようなことに気をつけていますか。
店　長：　まず，従業員のみなさんにとって④働きやすい環境となるよう気をつけています。また最近では折りこみチラシだけでなく，インターネットを使って，お店の情報をいち早く発信したり，商品を販売したりするようにしています。
Kさん：　なるほど。その他に，心がけていらっしゃることは何かありますか。
店　長：　環境への負担を減らすために，3Rの活動に取り組んでいます。
Kさん：　授業で3Rについて学びましたが，実際にお店でも3Rの活動を行っているのですね。⑤私も環境を守るために3Rの活動に取り組んでいこうと思います。

(1)　下線部①について，企業が株式や債券などを発行することによって，銀行などを通さずに必要な資金を調達することを何というか。答えなさい。

(2)　下線部②について，次のア，イに答えなさい。
ア　地方議会において制定される，地方公共団体独自の法を何というか。答えなさい。
イ　地方公共団体の財源のうち，地方交付税交付金とはどのようなものか。その目的にふれながら説明しなさい。

(3)　下線部③について，次の表Ⅰは，1999年と2017年における百貨店（デパート），スーパーマーケット，コンビニエンスストアの三つの業務形態における販売額と店舗数をそれぞれ示したものである。この表について，正しく読み取ったものを，下の1～4から一つ選び，記号で答えなさい。

表Ⅰ

	1999年		2017年	
業務形態	販売額(億円)	店舗数(店)	販売額(億円)	店舗数(店)
百貨店（デパート）	102,854	394	65,529	232
スーパーマーケット	128,390	1,670	130,497	4,901
コンビニエンスストア	63,833	39,628	117,451	56,374

（注）スーパーマーケットは総合スーパーに分類されているもの。
（日本国勢図会2018/19などにより作成）

1　1999年に比べ，2017年の百貨店（デパート）とスーパーマーケットの店舗数は，ともに増加しており，販売額はスーパーマーケットのみ増加している。
2　1999年に比べ，2017年のコンビニエンスストアの販売額は増加しており，百貨店（デパート）とスーパーマーケットの販売額の合計より多い。
3　1999年に比べ，2017年のコンビニエンスストアの店舗数は増加しているが，三つの業務形態の中では最も少ない。

4　1999年に比べ，2017年のスーパーマーケットの店舗数は増加しているが，一店舗当たりの販売額は減少している。

⑷　下線部④に関連して，日本国憲法で保障されている労働三権のうち，労働条件の改善をめざして，労働者が労働組合をつくる権利を何というか。答えなさい。

⑸　下線部⑤について，図Ⅰ中の［A］～［C］にあてはまる，消費者としてできる取り組みを，次の1～3からそれぞれ選び，記号で答えなさい。

1　買い物の際，レジ袋は利用せず，マイバッグを使う。

2　ペットボトルや紙などを，分別して捨てる。

3　家具などは壊れたらすぐ捨てずに，修理して長く使用する。

図Ⅰ

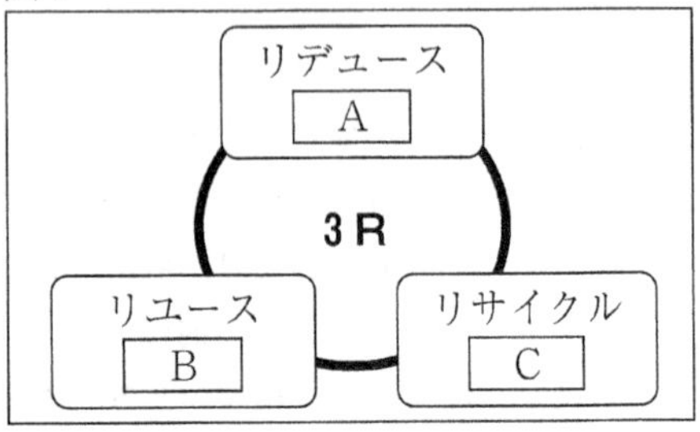

⑹　Kさんは，インターネットを利用して情報発信や商品販売が行われていることに興味をもち，情報社会について調べてみた。次は，Kさんのレポートの一部である。文中の（ア），（イ）に入る語句の組み合わせとして最も適切なものを，下の1～4から選び，記号で答えなさい。

コンピューターやインターネットなどの（　ア　）が発達し，インターネットを通じて商品を購入する消費者が増えてきました。また，お店もインターネットを利用した広告を行うようになったのは，資料Ⅰからわかるように（　イ　）など情報社会の特性を生かしているからだと考えられます。

資料Ⅰ　企業がインターネットを利用した広告を行う理由（複数回答）

理　由	製造業（%）	卸売・小売業（%）
広告効果を把握しやすい	19.6	17.3
広告費が安い	38.4	32.8
個々の消費者のニーズに合わせた広告が可能	22.3	39.1
広範囲に情報発信できる	82.5	71.5

（平成28年通信利用動向調査により作成）

1　アーＩＣＴ
　イー個人の情報を，本人の許可なく自由に利用して，商品やサービスを提供できる

2　アーＩＣＴ
　イー商品やサービスの情報を，幅広い対象に効率よく発信できる

3　アーＣＳＲ
　イー個人の情報を，本人の許可なく自由に利用して，商品やサービスを提供できる

4　アーＣＳＲ
　イー商品やサービスの情報を，幅広い対象に効率よく発信できる

6　あとの(1)，(2)に答えなさい。

(1)　世界の資源・エネルギーについて，図Ⅰをみて，下のア，イに答えなさい。

図Ⅰ

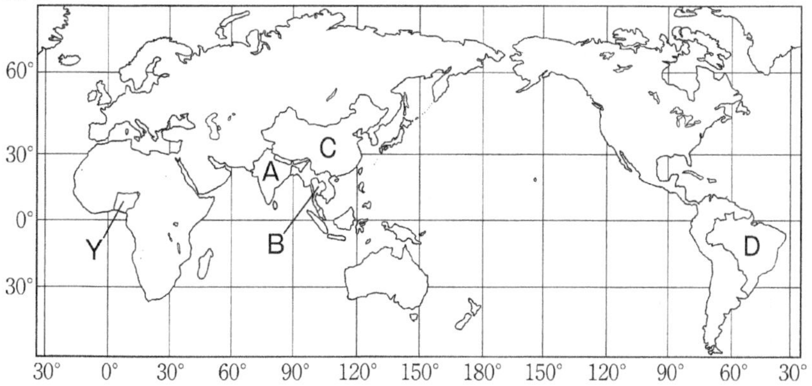

ア　次の(ア)，(イ)に答えなさい。

(ア)　図Ⅰ中のA～Dは，さとうきびの生産量上位4か国（2014年）を示している。A～Dの国の説明として正しいものを，次の1～4から一つ選び，記号で答えなさい。

1　南アジアに位置する国はAである。

2　地中海に面している国はBである。

3　本初子午線が通過する国はCである。

4　領土のすべてが南半球にある国はDである。

(イ)　図Ⅱは，表Ⅰをもとに，さとうきびなどからつくられる世界のバイオ燃料生産量の推移を，2008年を100としてあらわしたグラフである。記入されているものにならって，2014年の部分を，小数第一位を四捨五入して作成し，図Ⅱを完成させなさい。

表Ⅰ　世界のバイオ燃料生産量の推移

年	2008	2010	2012	2014
生産量(百万kL)	81	105	110	131

（農林水産省資料により作成）

図Ⅱ

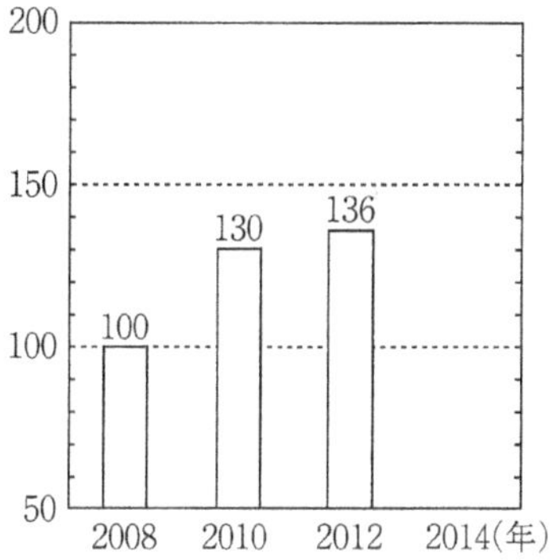

イ　資料Ⅰは，図Ⅰ中のY国の2014年の輸出品の輸出総額に占める割合を示したもので，資料

資料Ⅰ

輸出品	輸出総額に占める割合(%)
原油	72.9
液化天然ガス	8.5
石油製品	6.1
その他	12.5

（世界国勢図会2017/18により作成）

資料Ⅱ

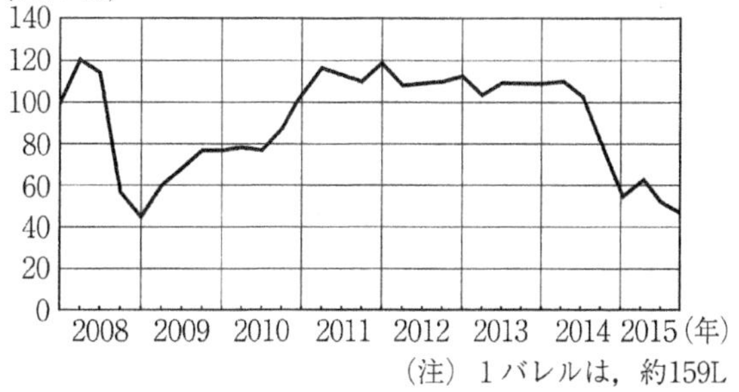

（注）1バレルは，約159L

（エネルギー・経済統計要覧2017により作成）

Ⅱは，2008年から2015年における原油の国際価格の推移を示したものである。資料Ⅰと資料Ⅱを参考に，Y国の経済の問題点として考えられることを，「国際価格」と「国の収入」という二つの語を用いて説明しなさい。

(2) 日本の都市に関して，次のア，イに答えなさい。

ア　次の文は，都市でみられる現象について説明したものである。文中の（　）に適切な語をおぎない，説明文を完成させなさい。

> ビルや商業施設が集中する都市の中心部の気温は，周辺部よりも高くなっている。このような現象は，（　　）現象とよばれており，自動車やエアコンなどの排熱が原因の一つと考えられている。

イ　図Ⅲをみて，次の(ア)～(ウ)に答えなさい。

(ア) 愛知県の名古屋市や埼玉県のさいたま市などのように，政府によって指定を受けた人口50万人以上の市で，市域が複数の行政区に分けられた市を何というか。答えなさい。

(イ) 日本を7地方に区分したとき，名古屋市が属している地方名を何というか。答えなさい。

(ウ) 表Ⅱは，図Ⅲ中の**あ**～**え**の4県と山口県の昼夜間人口比率，産業別人口に占める第3次産業の割合，人口密度を示したものである。**う**にあてはまるものを，表Ⅱ中の**1**～**4**から一つ選び，記号で答えなさい。

図Ⅲ

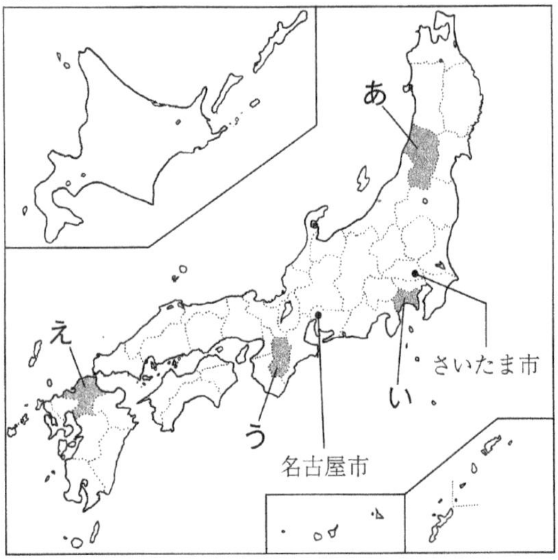

表Ⅱ　（2015年）

県	昼夜間人口比率(%)	産業別人口に占める第3次産業の割合(%)	人口密度(人/km^2)
1	100.1	75.9	1023.1
2	99.7	61.5	120.5
山口県	99.6	69.0	229.8
3	91.2	76.7	3777.7
4	90.0	73.9	369.6

（注）昼夜間人口比率とは，夜間人口に対する昼間人口の割合のことである。

（データでみる県勢2018年版などにより作成）

7　Sさんは，山口県では江戸時代に塩の生産がさかんであったことを知り，山口県の塩づくりの歴史について調べることにした。次は，Sさんが作成したレポートの一部である。これについて，あとの(1)～(6)に答えなさい。

山口県の塩づくりの歴史

《古代》

○　古墳時代には，現在の山口市や宇部市の沿岸の一部で，塩づくりが行われていた。

○　奈良時代には，現在の周防大島町などの塩は，税として朝廷に納められていた。

《中世》

○　①鎌倉時代には，現在の下関市で，海岸に塩浜と堤防をつくる製塩法による塩づくりが行われていたとされている。

《近世》

○　江戸時代初期，財政難であった長州藩は，財政再建の方策の一つとして塩づくりに着目し，塩づくりに適していた瀬戸内海沿岸を中心に塩田を多くつくらせた。

　その結果，長州藩は塩の全国的な生産地の一つとなり，生産された塩は，全国各地に運ばれ，長州藩の財政再建に貢献した。

【江戸時代の主要生産地(現在の市町名)】

　三田尻（防府市），平生（平生町）

　小郡（山口市），下松（下松市）

　小松（周防大島町）

○　江戸時代中期，全国的に製塩業が衰退する時期があった。長州藩は，塩業者のA田中藤六《とうろく》の提案を受け入れることで，不振だった製塩業を立ち直らせた。

【交通網の発達】

　江戸時代，②瀬戸内海沿岸で生産された塩は，北前船などによって全国各地に運ばれた。長州藩でつくられた塩は，おもに西廻《まわ》り航路で運ばれ，現在の下関市や萩市の港などを経由しながら日本海沿岸地域で取り引きされた。

復元された北前船

《近代》

○　1905年，③明治政府は④財政収入の確保のために塩を専売とし，山口県に製塩試験場を建設した。

《現代》

○　1971年に山口県最後の塩田が閉鎖となった。現在，その跡地の多くには工場などが立ち並び，⑤瀬戸内工業地域の一部を形成している。

(1)　下線部①について，1232年に制定された，御家人の権利や義務などの武士の慣習や，裁判の基準についてまとめた法律を何というか。答えなさい。

⑵　下線部②について，右の写真は，図Ⅰ中の1～4のいずれかの地点から矢印の示す方向を撮影したものである。右の写真は，どの地点から撮影したものか。図Ⅰ中の1～4から一つ選び，記号で答えなさい。

図Ⅰ

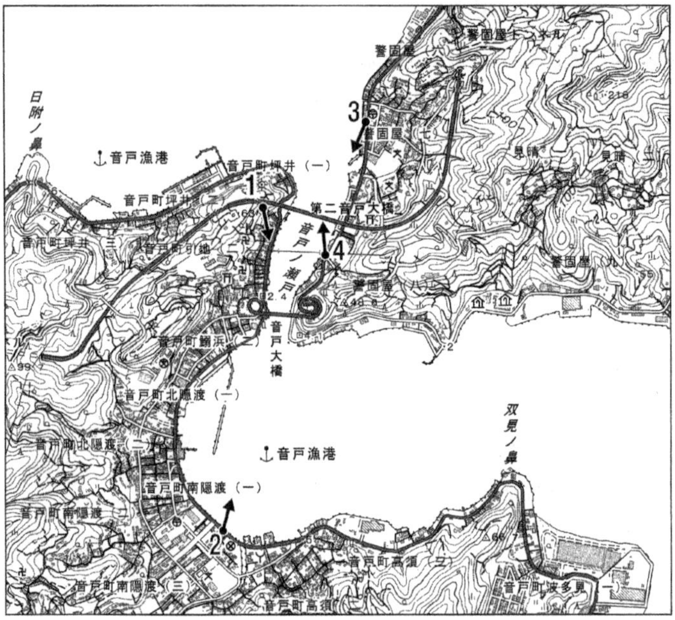

（国土地理院 25,000分の1地形図による）

⑶　下線部③に対して，資料Ⅰの人物が中心となり，国会の早期開設を求め，民撰《せん》議院設立の建白書を提出した。この資料Ⅰの人物は誰か。また，このできごとをきっかけとして始まった運動を何というか。それぞれ答えなさい。

資料Ⅰ

⑷　下線部④に関して，次の文は，景気がよいときに，政府が行う財政政策について説明したものである。（ア），（イ）にあてはまる語句の組み合わせとして最も適切なものを，下の1～4から選び，記号で答えなさい。

政府は（　ア　）したり，公共事業への支出を（　イ　）たりして，景気の過熱を抑えようとする。

1　アー減税　イー増やし　　2　アー増税　イー減らし

3　アー減税　イー減らし　　4　アー増税　イー増やし

⑸　下線部⑤に関連して，次の資料Ⅱは，2015年の瀬戸内工業地域，中京工業地帯，北九州工業地域の製造品出荷額の品目別の割合を示したものである。資料Ⅱ中の（ア）～（ウ）にあてはまる品目の組み合わせとして最も適切なものを，下の１～４から選び，記号で答えなさい。

資料Ⅱ

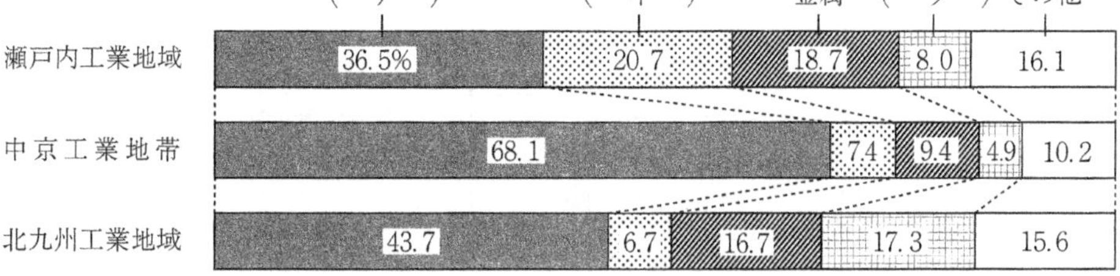

（日本国勢図会2018/19により作成）

１　アー機械　イー食料品　ウー化学　　２　アー食料品　イー化学　ウー機械
３　アー機械　イー化学　ウー食料品　　４　アー化学　イー機械　ウー食料品

⑹　下線部Ａに興味をもったＳさんは，その功績を調べてノートにまとめた。次は，Ｓさんがまとめたノートの一部である。下のア，イに答えなさい。

田中藤六の功績

【製塩業立て直しに向けた行動】

・　一定期間，塩田を休ませて生産量を調整することを長州藩に提案した。
・　その提案が長州藩に受け入れられ，田中藤六は瀬戸内海沿岸の各塩田を回り，塩業者に生産量の調整を呼びかけた。

【結果】

・　塩の価格は安定し，製塩業は立ち直った。

【私の考え】

・　田中藤六の提案は，需要と供給の関係にかかわりがあると考えられる。

【現代における需要と供給の関係】

現代の市場経済においては，資料Ⅲのように，商品の価格がＭであるとき，供給量は（　　　　　　）。

この状態では，商品が売れ残る可能性があるため，商品の価格は，需要量と供給量とが一致する点Ｐに近づくことが予想される。

資料Ⅲ

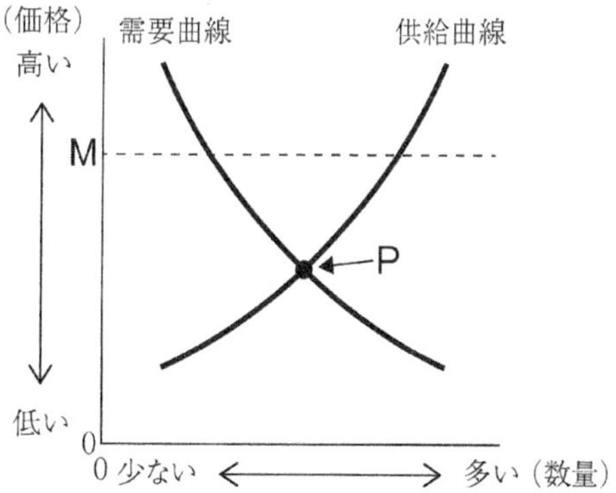

ア　資料Ⅲ中の点Ｐは，市場価格のうち，需要量と供給量が一致するときの価格である。この価格を何というか。答えなさい。

イ　ノート中の（　）に，需要と供給の関係がわかるよう適切な語句をおぎない，文章を完成させなさい。

平 31 山口県

受検番号	

社 会 解 答 用 紙

得 点	点

1

(1)	
(2)	
(3)	

2

(1)	
(2)	
(3)	

3

(1)	
(2)	
(3)	

4

(1)	ア	
	イ	
(2)	ア	
	イ	
(3)	ア	
	イ	
(4)		
(5)		班

5

(1)		
(2)	ア	
	イ	
(3)		
(4)		
(5)		A (　　) B (　　) C (　　)
(6)		

6

(1)	ア	(ア)	
		(イ)	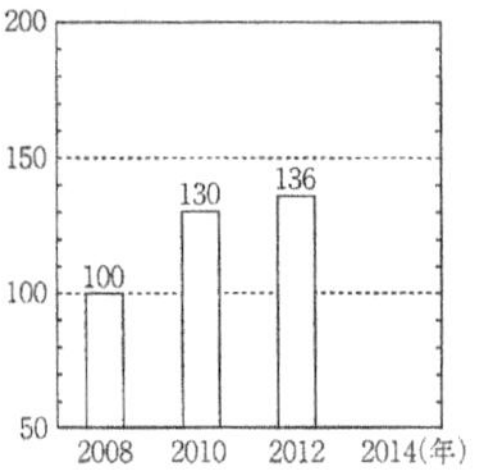
	イ		
(2)	ア		
	イ	(ア)	
		(イ)	
		(ウ)	

7

(1)		
(2)		
(3)	【人物】	
	【運動】	
(4)		
(5)		
(6)	ア	
	イ	

※この解答用紙は167%に拡大していただきますと，実物大になります。

受検番号

平三十一　山口県

学校指定教科検査（国語）解答用紙

得点　　点

一

(一)

(二)

(三)
「しんじつ」には、

(四)
Ⅰ
Ⅱ
Ⅲ
Ⅳ

※この解答用紙は１４５％に拡大していただきますと、実物大になります。

ち、いろいろと調べてみました。ところで、Bさんは「冷《ひ》やす」と「冷《さ》ます」の違いは分かりますか。

Bさん　どちらも「温度を下げる」という意味の言葉であることは分かります。

Aさん　そうですね。しかし、二つの言葉には違いがあります。「冷やす」の使い方の例としては、「すいかを冷やす」、「水を冷やす」と辞書には書かれていました。また、「冷ます」については、「湯を冷ます」、「熱を冷ます」が挙げられていました。

Bさん　温度を下げようとする対象が、どういう状態にあるのかということと、関係がありそうですね。

Aさん　そうなんですよ。それぞれの言葉の使い方の例から分かるように、一般的に、「冷やす」は［Ⅲ］ときに使うのに対して、「冷ます」は、［Ⅳ］ときに使う言葉であると説明されていました。

Bさん　なるほど。常温との関係に違いがあるのですね。言葉の使い方の微妙な違いを見つめることで、それぞれの言葉がもつ本来の意味が見えてきますね。

(一)　**文章**に「漢語」とあるが、「漢語」に該当するものを次の1～5からすべて選び、記号で答えなさい。

1　始まり　　2　学生　　3　手袋　　4　身近　　5　定着

(二)　**文章**に「時間や空間に耐える永遠普遍の本当のこと」とあるが、これとほぼ同じ内容を述べた部分を、**文章**の中から十五字以上二十字以内で書き抜きなさい。

(三)　**文章**に「「私の確信」が必ず関与しています」とあるが、どういうことか。「「しんじつ」には、」に続けて、五十字以内で説明しなさい。

(四)　**会話文**の［Ⅰ］～［Ⅳ］に入る適切な内容をそれぞれ答えなさい。なお、［Ⅰ］、［Ⅱ］には**文章**の中から三字以内の表現を書き抜き、［Ⅲ］、［Ⅳ］には十五字以内で答えること。

〈学校指定教科検査問題〉

時間　実施教科数に応じて、一教科十五分、二教科四〇分、三教科六五分
満点　十五点

一　次の**文章**と、**文章**に関する中学生の**A**さんと**B**さんの**会話文**を読んで、あとの㈠～㈣に答えなさい。

文章

「真実」と「真理」とはどこが違うか。

「真実」という言葉は、漢語として古くから日本で使用されていて、※管見《かんけん》の及ぶかぎりでは遅くとも中世の仏教文献の書き下し文には頻出しています。しかし「真理」という言葉はこの時期には見当たりません。この言葉は、近代以降、欧米語が輸入されてから訳語として作られたのではないでしょうか。

ちなみにドイツ語では、「真実」と「真理」とを分けています。「真実」はWirklichkeit《ヴィルクリヒカイト》、「真理」はWahrheit《ヴァールハイト》です。明治の翻訳家・哲学研究者たちは、WirklichkeitとWahrheitとのふたつの類義語を訳し分ける必要を感じて後者に「真理」という訳語を当てたのだと推定されます。

ところで日本語におけるこのふたつの言葉の使用例の違いを考えてみましょう。たとえば「事件の真実が判明した」とは言いますが「事件の真理が判明した」とは言いません。逆に、「学問は真理探究を目的とする」とは言いますが「学問は真実探求を目的とする」とはあまり言いません。この違いによってわかるように、「真実」という言葉はドイツ語Wirklichkeitと同じように、事実、現実、そのつどの本当のこと、いままでわかっていなかったが新しく知らされたこと、という※含意を持っています。また「真理」のほうは、私たち人間に現在知られていようがいまいが、時間や空間に耐える永遠普遍の本当のこと、という理念的な意味合いが強く感じられます。

日本語の「しんじつ」という音声が「真実」にも「信実」にも当てられることから考えて、この言葉は人の心にとって本当だと感じられ信じられること、という含意があり、「まこと（真事＝真言＝誠）」という和語の概念にぴたりと重なり合います。したがってこの言葉の重点は、客観的論理的に解き明かされた「本当」にあるよりも、むしろ主体的につかみとられた「本当」のほうにあり、だからこそ同時に倫理的な「正しさ」の概念も※包摂しているのでしょう。

それは、ある具体的な事実や心の状態との間にいつも接点を保持しています。「しんじつ」には「私の確信」が必ず関与しています。だから「しんじつ」が構成されるために、現にここにある「こころ」が、いつもその条件となることができるのです。

これに対して「真理」のほうは、その基本概念からして、もともと客観的であることをその成立条件としており、「私にとってだけの真理」というようなものはありえません。そこには自他の間に差異があってはならないのです。

（小浜逸郎《こはまいつお》「日本語は哲学する言語である」から）

（注）※管見＝自分の見解や知識をへりくだっていう言い方。
※含意＝表面に現れない意味。
※包摂＝一部分として持っていること。

会話文

Aさん　この**文章**では、「真実」と「真理」が表す意味の違いについて、これらが使用され始めた［Ⅰ］や［Ⅱ］の比較から考察を深めていましたね。私は、意味が似ている言葉の使い分けについて、これまであまり意識したことがなかったのですが、この文章を読んでほかの類義語についても興味をも

平三十一 山口県

受検番号

国語解答用紙

得点 点

一
(一) 固め
(二)
(三)
(四)
(五)
(六)
(七)

二
(一) 1 2 け
(二)
(三)
(四)
(五) Ⅰ Ⅱ
(六)

三
(一)
(二)
(三)

四
(一) 不ず可べカラ入ル
(二) Ⅰ Ⅱ

五
1 やか 2 3 4 5

六
(一)
(二)
1
2
3
4
5
6
7
8
9
10
11
12

※この解答用紙は164%に拡大していただきますと、実物大になります。

1

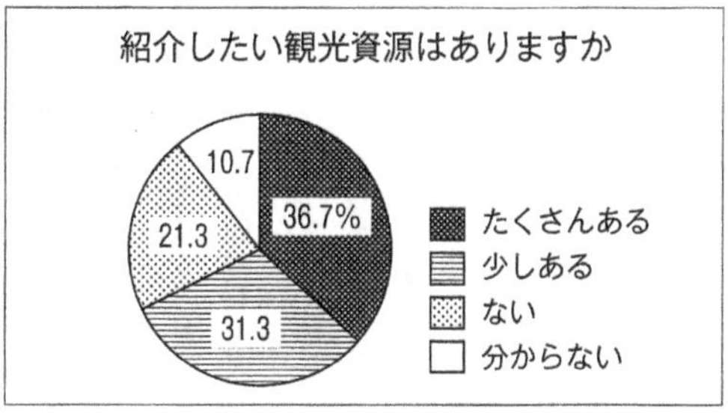

2

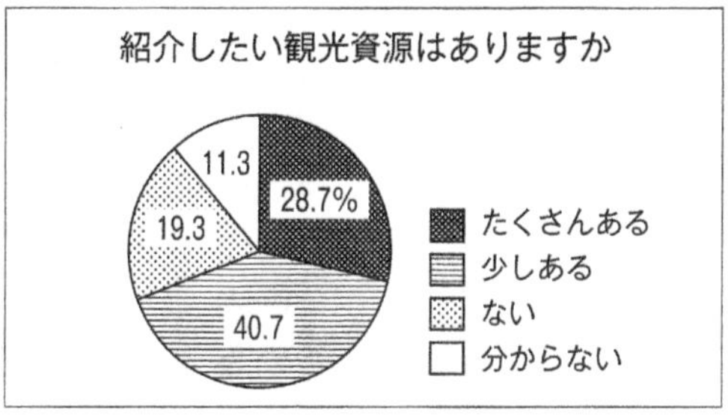

3

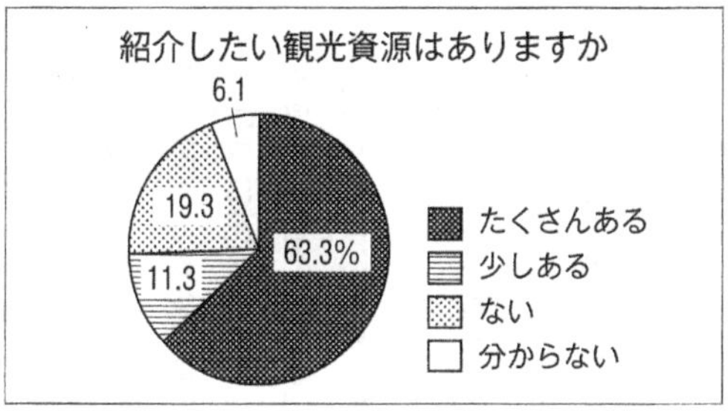

4

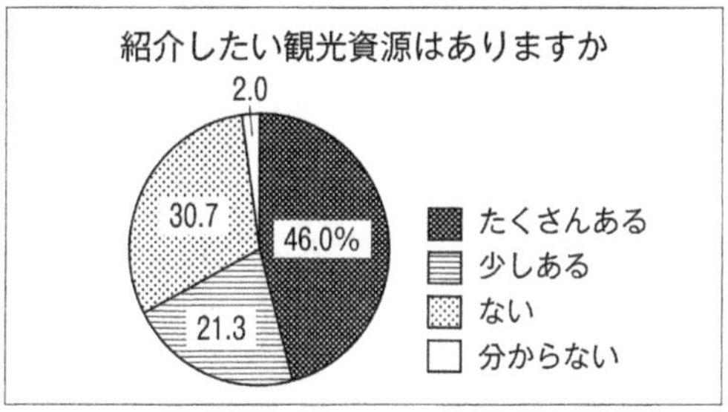

(二)　**A**さんの最後の発言を踏まえて、あなたが「実際に行動して学んだこと」について、次の注意に従って文章を書きなさい。

注　意

○　氏名は書かずに、１行目から本文を書くこと。
○　原稿用紙の使い方に従って、８行以上12行以内で書くこと。
○　段落は、内容にふさわしく適切に設けること。
○　読み返して、いくらか付け加えたり削ったりしてもよい。

五　次の1～5について、――部の漢字は読み仮名を書き、片仮名は漢字に改めなさい。

1　どうぞ健やかにお過ごしください。

2　この絵は陰影の表現に優れている。

3　自宅のニワに花を植える。

4　メンミツな計画を立てる。

5　体育館のソウコに道具を片づける。

六　ある中学校では、自分たちの住む地域についての調べ学習をしている。次の会話は、地域のよさをPRする観光パンフレットを作成することにした**A**さんと**B**さんが、観光協会の**Y**さんのところに取材に行ったときの様子である。よく読んで、あとの㈠、㈡に答えなさい。

Aさん　はじめまして。私たちは、○○中学校三年のA、Bと申します。今日はどうぞよろしくお願いします。

Yさん　はじめまして。観光協会の**Y**です。よろしくお願いします。

Bさん　早速ですが、私たちは、地域のよさをPRする観光パンフレットを作成しようと思っています。現在、地域のよさについて情報収集をしているので、**Y**さんからもお話をうかがえればと考えています。

Aさん　先日、全校生徒を対象に、「紹介したい観光資源」についてアンケートを実施しました。「紹介したい観光資源」が「ある」と肯定的に回答した人は七割弱でした。その中で「たくさんある」と回答した人の割合は、「少しある」と回答した人の割合を上回っていました。

Bさん　「ない」と否定的に回答した人は、およそ二割いました。このことに加えて、「分からない」と回答した人がいたことも気になっています。

Yさん　「ある」と回答した人たちは、具体的にはどのようなものを挙げていましたか。

Aさん　最近テレビで取り上げられて話題になっている駅前の彫刻作品を挙げた人が最も多く、次に史跡を挙げた人が多かったです。それ以外はばらばらで、何をPRしたらよいか迷っています。

Yさん　確かに、あの彫刻作品を見に訪れる人は増えていますね。しかし、観光客の方にお話をうかがうと、私たちが見慣れている海沿いの夕景色や昔ながらの看板が立ち並ぶ商店街の味のある雰囲気、郷土料理や伝統行事なども強く印象に残っているようですよ。

Aさん　海沿いの夕景色や商店街の雰囲気ですか。私たちにとっては当たり前のものでも、他の地域から来られた方には魅力的に感じられるのですね。学校で調べるだけでなく、こうして直接聞いてみないと分からないものですね。

Bさん　**Y**さんに実際に取材をして、新たな発見がありました。ありがとうございます。何を地域のよさとしてPRするかについて、見直してみます。

Aさん　取材に限らず日常生活でも、行動することで新しいことに気づき、視野が広がることが多くあります。実際に行動して学ぶことは重要ですね。

㈠　次のページの1～4の中に、**A**さんと**B**さんが「アンケート」の結果をもとに作成したグラフが一つある。会話文の内容を踏まえて、**A**さんと**B**さんが作成したグラフを選び、記号で答えなさい。

(注)　※浪華＝地名。
※故国＝故郷。
※眼当＝目印。
※雲気＝雲の様子。

(一)「ゆゑ」を現代仮名遣いで書き直しなさい。

(二)「ひとつもあたらず」とあるが、天気の予想がひとつもあたらなかったのはなぜか。「雲の動き」という言葉を用いて、現代語で説明しなさい。

(三)「かやうの類ひ」の内容として最も適切なものを、次の1～4から選び、記号で答えなさい。

1　自分の才能を過信して磨かなければ、突然その能力を失ってしまうというような話。
2　人のために能力を使うことは、たとえ失敗したとしても価値があるというような話。
3　環境が大きく変わると、有する能力をいつもどおりに発揮できないというような話。
4　自然を思いのままに操ろうと思っても、人間の能力では限界があるというような話。

四　次の漢文の書き下し文を読んで、あとの(一)、(二)に答えなさい。

※魯《ろ》に長竿《ちやうかん》を執《と》りて《長いさおを持って》城門に入《い》らん《入ろう》とする者有り。初め竪《たて》に《縦にして》して之《これ》を執るに、《これを持ってみたが》入るべからず《入ることができないし》、横にして之を執るも、亦《ま》た入るべからず、計の出《い》づる所無し《方法がなくなってしまった》。俄《には》かに《間もなく》※老父の至る有りて曰《い》はく、吾は※聖人に非《あら》ず《ではないが》、但《た》だ事を見ること多し。何《どうして》ぞ※鋸《きよ》を以《もつ》て※中截《ちゆうせつ》して入らざる《入らないのか》、と。遂《つひ》に《そのまま》依《よ》りて之《き》を截る。

(「笑林《せうりん》」から)

(注)　※魯＝中国の地名。
※老父＝老人。
※聖人＝高い学識や人徳をもつ、理想的な人。
※鋸＝のこぎり。
※中截＝二つに切る。

(一)「入るべからず」は、「不可入」を書き下し文に改めたものである。書き下し文を参考にして、「不《ず》可《ベカラ》入《ル》」に返り点を補いなさい。

(二)次の会話は、右の漢文を学習した際の、AさんとBさんのやりとりである。［Ⅰ］、［Ⅱ］に入る適切な内容を、それぞれ現代語で答えなさい。なお、［Ⅰ］には十五字以内の表現を、［Ⅱ］には書き下し文中の表現以外の二字の熟語を答えること。

Aさん　これは「笑林」という中国の書物に収められている笑い話です。［　Ⅰ　］ことができないで困っていた人が、他の方法を十分に考えず、老人の助言に従って、さおの［Ⅱ］という安易な方法を実行してしまったことが、この話のおもしろさだと思いました。 **Bさん**　そうですね。この話は、自分で深く考えることなく、他人の言葉をうのみにすることへの戒めと言えるのではないでしょうか。

（注） ※ベクトル＝大きさと向きをもった量のこと。ここでは、方向性の意。
※コント＝フランスの社会学者。
※エスニシティ＝民族性。

(一) 文章中の〰〰部1、2について、漢字は読み仮名を書き、片仮名は漢字に改めなさい。
1 鋭敏　2 トドけ

(二) 「対象」の同音異義語のうち「対」で始まるものを一つ使って、十字以上十五字以内の短文を作りなさい。

(三) 「ベクトルはもたない」の「ない」と同じ品詞であるものを、次の1～4から一つ選び、記号で答えなさい。
1 表情があどけない。
2 最後まであきらめない。
3 それほど寒くない。
4 今日は予定がない。

(四) 右の文章には、次の一文が抜けている。文章中の[A]～[D]のうち、どこに入るか。最も適切な箇所を選び、記号で答えなさい。
自然科学としての医学が、人体を観察してその「法則」を発見し、それによって治療を行えるようになるのと同じだ。

(五) 「他者への想像力」とあるが、「他者への想像力」が生まれるのは、社会学がどのような学問だからだと、筆者は述べているか。次の文がそれを説明したものとなるよう、[I]には文章中から十五字以内の表現を書き抜いて答え、[II]には適切な内容を「認識」という言葉を用いて、四十字以内で答えなさい。
社会学とは、[I]を往復することによって、物語を共有していなかった対象にまで様々な物語を流通させ、私たちに、[II]ことができる学問だから。

(六) 右の文章における構成や表現の特徴について説明したものとして最も適切なものを、次の1～4から選び、記号で答えなさい。
1 調査結果や資料に基づく科学的な根拠を数多く挙げて論じることで、学術的な説得力を強めている。
2 話題に対する一般的な考えと筆者の独自の考えを対比させることで、自身の主張を際立たせている。
3 重要な語句だけでなく通常と反対の意味をもつ語句にも「　」をつけて、読者に注意を促している。
4 （　）内に比喩や例示といった補足の説明を加えることで、抽象的な内容を分かりやすくしている。

三 次の古文を読んで、あとの(一)～(三)に答えなさい。

西国（西の方のある国）某《それ》の国に一老婆、船出に天気を見ること神のごとくなりしかば（ようだったので）、大《おほい》に称《たたへ》て※浪華《なには》へつれ来《きた》りてこれをうかがはしむるに（予想させると）、ひとつもあたらず。それはいかにと尋《たづね》るに、※故国にては雲のゆききに付《つき》て（関して）、※眼当《めあて》とせる山あり。ここにては其山《そのやま》なければ（ないので）、唯《ただ》※雲気《うんき》をのみ見るゆゑにあたらずといへりとぞ（言ったということだ）。いとをかしく、万《よろづ》のこと（多くのこと）にわたりて、かやうの類《たぐ》ひ（このような種類の話）有《ある》べき事なり。

（「閑田次筆《かんでんじひつ》」から）

3　「こころ」の優柔不断な態度に理解を示しつつも、周りに迷惑をかけてはいけないと諭す人物。

4　「こころ」の行動を責め、本心を厳しく追及することにより、自身と向き合わせて自立を促す人物。

二　次の文章を読んで、あとの㈠～㈥に答えなさい。

社会学は「調査」と「理論」のあいだをいつも往復する運動である。「調査」と「理論」を往復するというのはなんだか面倒で、現場で調べることと、それをもとに考えることの※ベクトルは異なるから、矛盾するように思ったり引き裂かれるように感じたりすることがある。だから「調査か理論か」と考える立場もあるが、むしろ「調査も理論も」と考えてその「あいだ」を往復するとき、社会学はいちばん生産的なものになるだろう。これは、社会学をめぐるほかの「あいだ」についてもいえる。 A

社会学には、一方で「科学」をめざすベクトルがある。自然科学（たとえば「空気」や「重力」を対象とする）が自然を外部から観察し、数量化し、法則を発見しようとするのと同じように、人間と社会を観察し、数量化し、法則化しようとする。そのために「調査」をし、「理論」をつくることの価値は、※コントがいうように、社会の「法則」を見つけて制御可能なものにすることをめざすならば、じつに大きい。 B

と同時に、社会学は社会のなかで生きる人々が「物語」を紡《つむ》ぎ出していること、その物語なしには人間も社会も存立できないことにつねに注目している。家族でも会社でも国家でも、そこに生きるひとりひとりが、自分が生きていることや他人と一緒に生きることについてなんらかの物語を自分に語りかけ、共同して物語を制作している。私の物語、家族の物語、国家の物語。ほかの社会科学がそれほど重視しない社会と人間がもつこの側面は、たとえば文学が1鋭敏にとらえてきたものだ。だが、文学は「物語」の水準にとどまり、自然科学的なベクトルはもたない。これに対して、社会学は「科学」へのベクトルと「物語」へのベクトルの双方をもち、「科学か物語か」ではなく「科学も物語も」という二重焦点を往復するとき豊穣《ほうじょう》なものとなるだろう。それは次のようなことも可能にする。 C

ひとつの社会はまったく違う現実を生きる人々から成り立っている。同じ年齢でも、大学に通う人と仕事をもつ人では現実の感じ方は異なるだろう。同じ場にいても性別によって感じ方が違うこともある。年齢も経済水準も※エスニシティも、まったく違う属性をもつ人々が異なる現実を生き、価値観が異なれば同じ状況に対する感じ方・考え方は大きく違ってくる。 D

「科学」をめざす社会学は、こうした多様な人々がつくる社会を自然科学のように解き明かそうとする。属性や価値観がどのような分布であり、そのあいだに葛藤や協調などどんな関係があるかを明らかにする（まるで植物や動物がどう分布するかを観察するように）。「物語」を聴き取る社会学は、異なる人々がそれぞれに自分の人生や世界について語る物語を伝えようとする。それぞれの物語は、それを語り共有する人々（同質的な人々の場合が多い）の内側には流通するが、それが外に2トドけられることは少ないだろう。これを聴き取って外に伝えるとき、同じ状況のなかでこれほど違った物語が生まれるのか！と驚くことになる。同じひとつの社会に異なる現実を経験している多様な人々がいることを知り、自分とは異なる他者が生きる現実を想像する力、「他者への想像力」がここから生まれていく。

（奥村隆《おくむらたかし》他「はじまりの社会学―問いつづけるためのレッスン―」から）

「また、遊びに来てもいいですか」

こころが言うと、

「どうぞ」

と、雨音先生は顔を上げずに、そう言った。

こころが戸を閉めようとしたとき、奥の窓際でずっと粘土をこね回していた※片岡《かたおか》先輩が、そのかたまりを右手につかんで、黙ってこころに向かって差し出した。見ると、Vサインをした手の※塑像《そぞう》だった。いつの間に作っていたのだろう。即席で作ったためにぶかっこうだが、力強いVサインだった。

「あ……」

こころは笑みを浮かべて、Vサインを返した。

片岡先輩は、ふっと、鼻から息を吐いて少しだけ笑った。それから、粘土をまた机の上でつぶしてこねた。

「失礼しました」

と言って、こころは勢いよく美術準備室の戸を閉めた。

（横沢彰《よこざわあきら》「ナイスキャッチ！　Ⅲ」から）

（注）※雨音先生＝美術部顧問。
※哲平や洋太＝こころと同学年の野球部員。
※堂島さん＝野球部の先輩。　※片岡先輩＝美術部の先輩。
※塑像＝粘土などで作った像。

(一) 次は、「歓」という漢字を楷書《かいしょ》体で書いたものである。黒ぬりのところは何画めになるか。数字で答えなさい。

(二) 「偶然」の対義語を漢字で答えなさい。

(三) 「こころ」が言葉の意味をじっくりと確かめている様子を示す直喩表現を、文章中から十一字で書き抜きなさい。

(四) 「二人に対して失礼な気がした」のはなぜか。文章の内容に即して説明しなさい。

(五) 「力強いVサインだった」とあるが、この「塑像」に込められた「片岡先輩」の気持ちの説明として最も適切なものを、次の1～4から選び、記号で答えなさい。

1　作品についての自慢　　2　試合の勝利祈願
3　こころへの応援　　4　雨音先生への賞賛

(六) 「失礼しました」とあるが、この会話文を朗読するときの工夫として最も適切なものを、次の1～4から選び、記号で答えなさい。

1　作品制作に集中している美術部員に配慮していることを表すために、静かな口調で読む。
2　次に起こす行動に思いをめぐらしていることを表すために、ぼんやりとした口調で読む。
3　解消されない大きな不安から逃れようとしていることを表すために、早めの口調で読む。
4　心の迷いがなくなり晴れ晴れとした気持ちでいることを表すために、元気な口調で読む。

(七) 前の文章の中で「雨音先生」はどのような人物として描かれているか。その説明として最も適切なものを、次の1～4から選び、記号で答えなさい。

1　「こころ」の消極的な性格をすべて受け入れながら、具体的なアドバイスを的確に授ける人物。
2　「こころ」の言動や様子を見ながら問いかけることで、さりげなく大切なことに気づかせる人物。

＜国語＞

時間　五〇分　満点　五〇点

一　次の文章は、所属している野球部をやめようかと迷っている「こころ」が、かつて所属していた美術部の部室を訪れた場面である。「こころ」は女子中学生で、野球の練習に励み、レギュラーに選ばれるほどに成長していた。よく読んで、あとの㈠～㈦に答えなさい。

「美術部に戻りたいのなら、歓迎するけど……」
やがて、静かに※雨音《あまね》先生は話し出した。
「野球部をやめようとする理由がよくわからないな」
雨音先生は、こころの目を見つめる。
こころは、目を伏せて床を見た。
「野球部の部員が足りなくて入部を頼まれたことは知ってるけど、こころさん、野球部のために入ってやったの？」
「え……」
　こころは言葉に詰まった。確かに、自分はけがをした先輩がいて人数が足りなくなったために入部を頼まれて、入部することになった。そう思っていた。※哲平《てっぺい》や洋太《ようた》に、かなり強引に入れられてしまった感じだった。
　けれど、今こうして、雨音先生に、野球部のために入ってやったのかと言われると、返事に困ってしまう。本当にそうなのか。
（野球部のために入ったわけじゃない）
　胸の中で、そんな言葉が聞こえた。
　じゃあ、なんで入ったの？　こころは自分に問いかけた。
「野球が、好きだから……」
　こころは自分の言葉をかみしめるように、小さくつぶやいた。
　言ってみて、そうだと思った。そうだ、野球が好きになったから、入ったのだ。初めは偶然に関わらされたことだったけど、知らず知らずに夢中になってしまっていた。だから入ったのだ。
　雨音先生は黙ったまま、深くうなずいた。それから、
「もう一つ、わからないこと」と、続けた。
「あなたのためにポジションを奪われた子は、なんのために野球部に入ってるのかな」
　雨音先生の瞳が、こころを見つめた。
　こころは、雨音先生に見つめられて、はっとした。
（好きだからだ）
　すぐにその言葉が、こころの中ではじけた。そうだ、※堂島《どうじま》さんも、洋太も、好きだから野球をやっているに違いない。もしかしたら、自分なんかより何倍も純粋な気持ちで野球をやっているかもしれない。
　そう思ったとき、こころは自分の大きな勘違いに気づいたような気がした。自分が、堂島さんや洋太のために退部しようとするなんてばかげている。自分の思い上がりに過ぎない。二人に対して失礼な気がした。
　こころは、すっといすから立ち上がった。
「あの、この絵、またいつか仕上げることにします」
と言って、こころはスケッチブックを棚に立てかけた。机の上の消しゴムと鉛筆を、棚のペン立ての中に戻した。
「そっ」
とだけ言って、雨音先生はにっこり笑うと、また目を机の上に戻してペンを走らせた。

MEMO

大切なことはメモしておこうネ！

2019年度

解 答 と 解 説

《2019年度の配点は解答用紙集に掲載してあります。》

＜数学解答＞

1　(1)　-12　(2)　5　(3)　$9a+2$　(4)　$-\frac{4}{9}y$　(5)　$7\sqrt{5}$

2　(1)　$(a-5)(a+9)$　(2)　$2x+3y\leqq 4000$　(3)　144度　(4)　$a=\frac{3}{4}$

3　(1)　3.5g　(2)　(式)$\begin{cases} x+y=120 \\ 0.6x+2.1y=150 \end{cases}$　(答え)$\begin{cases} \text{豆腐の重さ 68g} \\ \text{牛ひき肉の重さ 52g} \end{cases}$

4　ア　$\frac{2}{5}$　イ　$\frac{2}{3}$(求め方は解説参照)　ウ　B

5　(1)　$\frac{1}{4}$倍　(2)　$y=-\frac{5}{6}x-3$　(3)　$\frac{11}{7}$倍

6　(1)　右図　(2)　$3\sqrt{3}$ cm

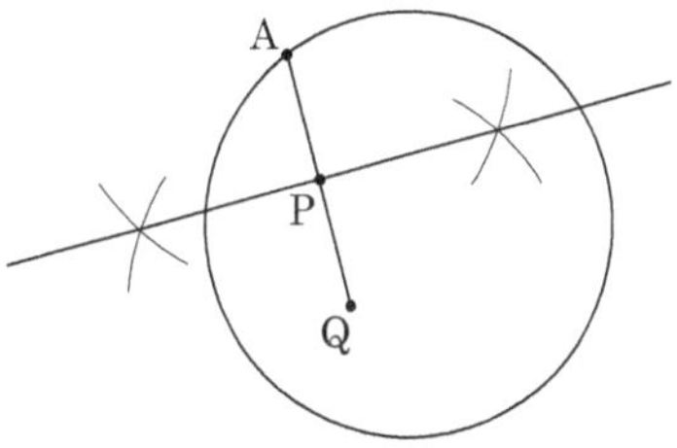

7　(1)　$a=20$，$b=23$　(2)　(ア)　13　(イ)　エ

8　(1)　$x=7$　(2)　$10a+5b+32$(説明は解説参照)

9　(1)　解説参照　(2)　$\frac{32}{5}$cm

＜数学解説＞

1 (数・式の計算，平方根)

(1)　**異符号の2数の積の符号は負で，絶対値は2数の絶対値の積**だから，$4\times(-3)=-(4\times 3)=-12$

(2)　$(-2)^2+1=4+1=5$

(3)　$2(a+5)+(7a-8)=2a+10+7a-8=2a+7a+10-8=9a+2$

(4)　$\frac{8}{3}xy\div(-6x)=\frac{8xy}{3}\times\left(-\frac{1}{6x}\right)=-\frac{8xy}{3}\times\frac{1}{6x}=-\frac{4}{9}y$

(5)　$5\sqrt{5}+\sqrt{20}=5\sqrt{5}+\sqrt{2^2\times 5}=5\sqrt{5}+2\sqrt{5}=(5+2)\sqrt{5}=7\sqrt{5}$

2 (因数分解，不等式，角度，関数$y=ax^2$)

(1)　たして4，かけて-45になる2つの数は，$(-5)+9=4$，$(-5)\times 9=-45$より，-5と9だから $a^2+4a-45=\{a+(-5)\}(a+9)=(a-5)(a+9)$

(2)　おとな2人の入館料の合計は　x円×2人＝$2x$円，子ども3人の入館料の合計は　y円×3人＝$3y$円だから，おとな2人と子ども3人の入館料の合計は　$(2x+3y)$円。これが4000円以下だから $2x+3y\leqq 4000$

(3)　**多角形の外角の和は360°**だから，正十角形の1つの外角の大きさは　$360°\div 10=36°$　**1つの頂点の隣り合う内角と外角の和は180°**だから　$\angle x=180°-36°=144°$

(4)　関数$y=ax^2$がxの**変域**に0をふくむとき，yの変域は，$a>0$なら，$x=0$で**最小値**$y=0$，xの変域の両端の値のうち**絶対値**の大きい方のxの値でyの値は最大になる。また，$a<0$なら，$x=0$で**最大値**$y=0$，xの変域の両端の値のうち絶対値の大きい方のxの値でyの値は最小になる。本問はxの変域に0をふくみyの最小値が0だから，$a>0$の場合であり，xの変域の両端の値のうち絶対値の

大きい方の$x=2$で最大値$y=3$　よって，$3=a\times 2^2=4a$　$a=\frac{3}{4}$

3 （方程式の応用）

(1)　表1より，豆腐1gあたりの脂質の重さは　$1.4\text{g}\div 40\text{g}=\frac{1.4}{40}\text{g}$　だから，豆腐100gあたりの脂質の重さは　$\frac{1.4}{40}\text{g}\times 100\text{g}=3.5\text{g}$

(2)　豆腐と牛ひき肉の重さの合計の関係から　$x+y=120$…①　豆腐xgあたりのエネルギーは　$\frac{24}{40}\text{kcal}\times x\text{g}=0.6x\text{kcal}$，牛ひき肉$y$gあたりのエネルギーは　$\frac{210}{100}\text{kcal}\times y\text{g}=2.1y\text{kcal}$　だから，豆腐と牛ひき肉のエネルギーの総和の関係から　$0.6x+2.1y=150$…②　②の両辺を10倍して　$6x+21y=1500$…③　①×7−③÷3より　$5x=340$　$x=68$　これを①に代入して　$68+y=120$　$y=52$　以上より，豆腐と牛ひき肉の重さはそれぞれ68gと52g。

4 （確率）

ア　袋Aの中から1個の球を取り出すとき，取り出し方は全部で　1，2，3，4，5　の5通り。このうち，得点が4点以上になるのは，取り出した球に書かれた数が4以上の数になる場合だから　4，5　の2通り。よって，袋Aを選んだ場合の得点が4点以上になる確率は　$\frac{2}{5}$

イ　（求め方）（例）球の取り出し方を表すと，右の**樹形図**のようになり，全部で9通りある。このうち，得点が4点以上になるのは，○印のついた6通りである。したがって，求める確率は，$\frac{6}{9}=\frac{2}{3}$

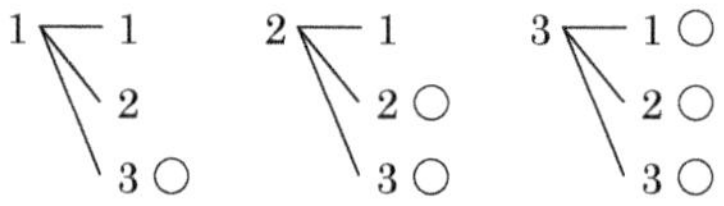

ウ　したがって，$\frac{2}{3}>\frac{2}{5}$より，「得点が4点以上になる」ということがらは，袋Bを選んだほうが起こりやすい。

5 （図形と関数・グラフ）

(1)　xとyの関係が定数aを用いて$y=\frac{a}{x}$と表されるとき，**yはxに反比例**し，xの値が2倍，3倍，4倍，…になると，yの値は$\frac{1}{2}$倍，$\frac{1}{3}$倍，$\frac{1}{4}$倍，…になる。

(2)　点Aは$y=-\frac{12}{x}$上にあるから，そのx座標は　$2=-\frac{12}{x}$　より　$x=(-12)\div 2=-6$　よって，A$(-6,\ 2)$　B$(0,\ -3)$　2点A，Bを通る直線の式は，傾きが$\frac{-3-2}{0-(-6)}=-\frac{5}{6}$，切片が$-3$なので，$y=-\frac{5}{6}x-3$

(3)　点Eのx座標は点Fのx座標と等しく　点Eは$y=-\frac{12}{x}$上にあるから，そのy座標は　$y=-\frac{12}{2}=-6$　よって，E$(2,\ -6)$　EF$=3-(-6)=9$，CF$=2-(-4)=6$だから，(長方形CDEFの面積)＝EF×CF＝$9\times 6=54$　点P，Qのx座標はそれぞれ点C，Fのx座標と等しく-4，2　点P，Qは$y=\frac{1}{2}x-2$上にあるから，そのy座標はそれぞれ　$y=\frac{1}{2}\times(-4)-2=-4$　$y=\frac{1}{2}\times 2-2=-1$　よって，P$(-4,\ -4)$，Q$(2,\ -1)$　CP$=3-(-4)=7$，FQ$=3-(-1)=4$だから，(台形CPQFの面積)＝$\frac{1}{2}\times$(CP＋FQ)×CF＝$\frac{1}{2}\times(7+4)\times 6=33$　以上より，(台形CPQFの面積)÷(台形EQPDの面積)＝(台形CPQFの面積)÷{(長方形CDEFの面積)−(台形CPQFの面積)}＝$33\div(54-33)=\frac{11}{7}$　台形CPQFの面積は，台形EQPDの面積の$\frac{11}{7}$倍である。

6 (作図，円すいの高さ)

(1) (着眼点) 平面上で，図形を，1つの直線を折り目として，折り返して移すことを**対称移動**といい，このとき，折り目とした直線を**対称の軸**という。**対称移動では，対応する点を結んだ線分は，対称の軸と垂直に交わり，その交点で2等分される。** (作図手順) 次の①～②の手順で作図する。 ① 線分AQを引く。 ② 点A，Qをそれぞれ中心として，交わるように半径の等しい円を描き，その交点を通る直線(線分AQの**垂直二等分線**)を引き，線分AQとの交点をPとする。

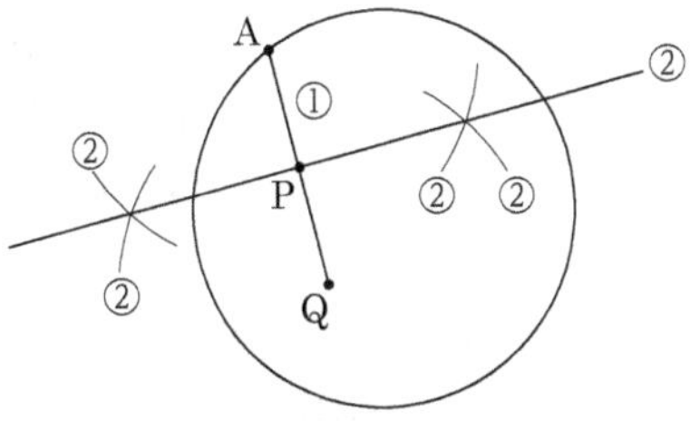

(2) 円すいの形をした容器の底面の円の中心をH，半径をrとする。底面の円の円周の長さは，問題図3の半円形の紙の弧の長さに等しいから $2\pi r=2\pi\times6\times\frac{1}{2}$ よって，$r=3$cm **三平方の定理**を用いると，この容器の高さOHは OH$=\sqrt{(\text{母線の長さ})^2-(\text{底面の半径の長さ})^2}=\sqrt{6^2-3^2}$ $=3\sqrt{3}$ cm

7 (関数とグラフ，資料の散らばり・代表値)

(1) Pさんは自宅からA中学校までの1800mの道のりを正味33－3＝30分かかったから，Pさんの速さは 1800m÷30分＝分速60m とわかる。これより，PさんはC地点からA中学校までの1800－1200＝600mの道のりを 600m÷分速60m＝10分 かかったから，$b=33-10=23$，$a=b-3=23-3=20$

(2) (ア) B中学校の0m以上1000m未満の**階級**の**度数**をxとする。**相対度数**$=\frac{\text{各階級の度数}}{\text{度数の合計}}$ より，$\frac{x}{60}=\frac{45}{150}$ $x=\frac{45}{150}\times60=18$ よって，$c=60-(18+21+5+3+0)=13$

(イ) アの**ヒストグラム**は「通学距離が短い階級ほど生徒の人数が多い」という傾向を表しているから，Pさんがつくったヒストグラムではない。**中央値**は資料の値を大きさの順に並べたときの中央の値。生徒の人数は150人で偶数だから，通学距離が短い方から75番目と76番目の生徒が入っている階級が，中央値がふくまれる階級。通学距離が2000m未満には生徒が45＋39＝84人いて，イ～エのヒストグラムの1500m以上2000m未満にはそれぞれ生徒が19人，14人，7人いるから，イ～エのそれぞれのヒストグラムで中央値が含まれる階級は，イが1500m以上2000m未満の階級，ウが1500m以上2000m未満の階級，エが1000m以上1500m未満の階級。よって，度数が最も大きい階級に中央値がふくまれるのはエのヒストグラム。

8 (規則性，式による証明)

(1) 1段目の3つの□には，左から順に，8，x，5 2段目の2つの□には，左から順に，$8+x$，$x+5$ 3段目の1つの□には，$(8+x)+(x+5)=2x+13$ これが27に等しいから $2x+13=27$ より $x=7$

(2) (6段目の□に書く式)5段目の左の□に書く式は，$(3a+12)+(3a+b+6)=6a+b+18$ 右の□に書く式は，$(3a+b+6)+(a+3b+8)=4a+4b+14$。よって，6段目の□に書く式は，$(6a+b+18)+(4a+4b+14)=10a+5b+32$ (説明)(例)bは2以上の偶数なので，nを**自然数**とすると，$b=2n$と表される。$10a+5b+32=10a+5\times2n+32=10a+10n+30+2=10(a+n+3)+2$ $a+n+3$は自然数だから，$10(a+n+3)$は10の倍数である。よって，$10(a+n+3)+2$の値の一の位の数は2である。したがって，$10a+5b+32$の値の一の位の数は，いつも同じ数2になる。

9 **(円の性質，相似の証明，線分の長さ)**

(1)（証明）（例）△GADと△GBFで，共通な角だから，∠DGA＝∠FGB…①　$\overset{\frown}{DE}=\overset{\frown}{EC}$から，$\overset{\frown}{DE}=\frac{1}{2}\overset{\frown}{DC}$なので，∠DAE＝$\frac{1}{2}$∠DAC…②　また，**円周角と中心角の関係**から，∠DBC＝$\frac{1}{2}$∠DAC…③　②，③から，∠DAE＝∠DBC　よって，∠DAG＝∠FBG…④　①，④から，2組の角がそれぞれ等しいので，△GAD∽△GBF

(2)　△GADと△CAFで，$\overset{\frown}{DE}=\overset{\frown}{EC}$から，∠DAE＝∠CAE　よって，∠DAG＝∠FAC…①　△GAD∽△GBFより，∠ADG＝∠BFG…②　**対頂角は等しい**から，∠AFC＝∠BFG…③　②，③から，∠ADG＝∠AFC…④　①，④から，2組の角がそれぞれ等しいので，△GAD∽△CAF　**相似な図形では，対応する線分の長さの比はすべて等しい**から，AD：AF＝AG：AC　AF＝$\frac{AD\times AC}{AG}=\frac{AD\times AC}{AE+EG}=\frac{8\times 8}{8+2}=\frac{32}{5}$cm

＜数学解答＞ (学校指定教科検査)

1　(1)（ア）右図　（イ）$\frac{20}{3}\pi$ cm
(2)（ア）40cm　（イ）$y=15x-5$

2　(1) オ　(2) 8個　(3) ア 10　イ 18

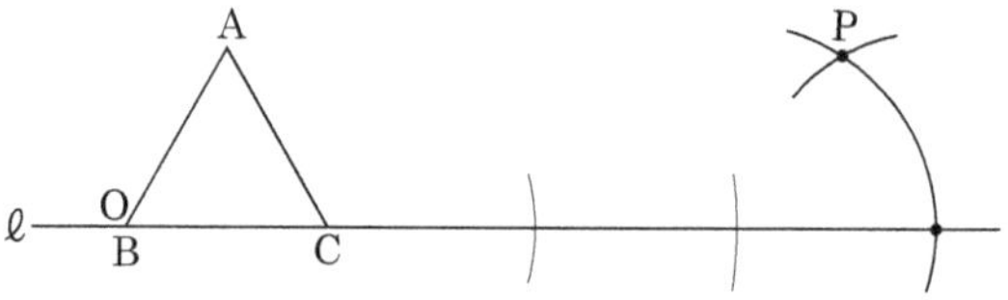

＜数学解説＞

1 **(回転移動，弧の長さ，線分の長さ，規則性)**

(1)（ア）△ABCの**回転移動**のようすを右図に示す。（作図手順）次の①～④の手順で作図する。①　点Cを中心として，半径BCの円を描く。②　点Aを中心として，半径CAの円を描く。③　点Bを中心として，半径ABの円を描く。④　点Cを中心として，半径BCの円を描き，③で描いた円との交点をPとする。

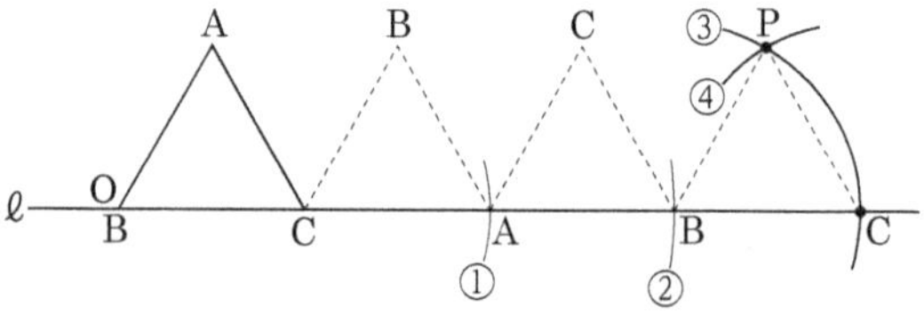

（イ）右図に示す通り，△ABCを回転移動させ始めてから，移動をやめるまでの間で，頂点Aが動いたあとにできる線の長さは，半径5cm，中心角120°のおうぎ形の弧2つ分の長さだから　$2\pi\times 5\times\frac{120°}{360°}\times 2=\frac{20}{3}\pi$ cm

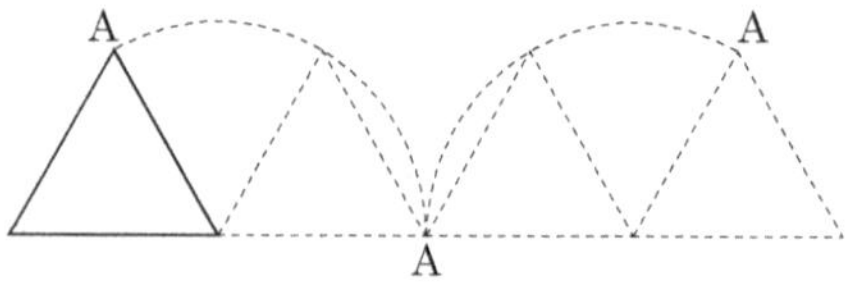

(2)（ア）△ABCの回転移動によって，直線ℓ上に並ぶ△ABCの頂点は，左から右に　O(B)→C→A→B→C→A→B→C→A→…　と並ぶ。これより，線分OAの長さは，1回目に記録した線分OAの長さに対して，2回目以降は15cmずつ増えていく。よって，3回目に記録した線分OAの長さは　10＋15＋15＝40cm　である。

（イ）前問(ア)の規則性から，x回目に記録した線分OAの長さは，1回目に記録した線分OAの長さに対して，15cmが$(x-1)$回増えるから　$y=10+15\times(x-1)=15x-5$

2 (数の性質)

(1) 問題の条件より，x，yが2以上の整数であり，a，bが0以上9以下の整数であることから，テープA，テープBの長さはともに2m以上の整数か，小数点以下1桁の小数である。アは2mより短いのであてはまらない。イは$\frac{7}{3}$=2.3mで**循環小数**となりあてはまらない。ウは**無理数**であてはまらない。エは小数点以下2桁の小数であてはまらない。オは$\frac{7}{2}$=3.5mで条件を満足する。

(2) テープCの長さが4.7mということは，2本のテープA，Bの長さの合計が4.7mということである。また，テープA，テープBの長さはともに2m以上の整数か，小数点以下1桁の小数であるから，テープA，テープBの長さとしてあてはまる2本のテープA，Bの長さの組は，(テープA，テープB)=(2.0m，2.7m)，(2.1m，2.6m)，(2.2m，2.5m)，(2.3m，2.4m)，(2.4m，2.3m)，(2.5m，2.2m)，(2.6m，2.1m)，(2.7m，2.0m)の8個ある。

(3) a，bは0以上9以下の整数であることから，$a+b$の値は0以上18以下の整数であることがいえる。これより　0m≦0.1($a+b$)≦1.8m　だから，「テープCに対して操作を行って作られる長さ1mのテープの本数」が，「2本のテープA，Bに対して，それぞれ操作を行って作られる長さ1mのテープの本数の合計」より1本多くなる場合の，$a+b$の値のうち，最も小さい値は，0.1($a+b$)=1mのときであり，このとき　$a+b$=10…ア　最も大きい値は，0.1($a+b$)=1.8mのときであり，このとき　$a+b$=18…イ

＜英語解答＞

1 テスト1　No.1　2　No.2　4　No.3　3　No.4　2　テスト2　No.1　1　No.2　3　No.3　4　No.4　1　テスト3　(A)　ideas　(B)　art　(C)　Swimming with beautiful fish　(D)　favorite

2 (1)　(a)　walks　(b)　his　(2)　(a)　4　(b)　2　(3)　she taught me English

3 (1)　(A)　3　(2)　(B)　why do you need to learn　(3)　(C)　first　(4)　1，5

4 (1)　ウ　(2)　(A)　people in this town　(3)　(a)　1　(b)　2　(c)　4　(4)　①　told　②　know　③　both

5 (1)　(A)　story　(B)　traditional　(C)　August　(2)　(D)　I will win a tennis match

＜英語解説＞

1 (リスニング)

放送台本の和訳は，67ページに掲載。

2 (語形変化・適語選択・語句の並べ換え：3人称単数現在形，代名詞，命令文，連語，文の構造)

(1) (a) A：メグはどうやって学校に来ますか？　B：彼女はたいてい<u>歩いて来ます</u>。

主語がSheで現在形のときの一般動詞。三人称単数単数現在形。

(b) A：あなたはこの男性を知っていますか？　B：はい，彼はミュージシャンです。私は<u>彼</u>

の音楽のいくつかを知っています。　‘his songs’「彼の歌」

(2)　(a)　A：ジョン，静かにしなさい。見てごらん。あの赤ちゃんは寝ていますよ。　B：あ，ごめんなさい。　空所の前に ‘be’ があることに注目。**be動詞を用いた命令文。「〜しなさい」**

(b)　A：チャンスがあれば，若者は海外に行くべきだと思います。 B：私はあなたに賛成です。<agree with＋人>「(人)に賛成する」

(3)　A：何をしているの？　B：グリーン先生にバースデーカードを書いているんだ。

<teach＋人＋もの>「(人)に(もの)を教える」　taughtはteachの過去形。

3　(対話文読解：語句補充・選択と記述，内容真偽)

(全訳)

ジャック：ケント，このチラシを見てよ。このイベントに興味はある？　今度の金曜日に，ぼくの高校で開かれるんだ。

ケント　：「インターナショルナイト」？　(A)3　それって何？

ジャック：このあたりの学校で人気のイベントなんだ。そのイベントで，自分たちの文化を紹介したり，お互いの文化を学び合ったりするんだよ。

ケント　：おもしろそうだね。でも，いろいろな文化について(B)なぜ学ぶ必要があるの？

ジャック：そうだなあ，なぜかというと僕らはお互いをもっとよく理解し合う必要があるからだよ。僕の父はスペイン出身なんだ。彼のような，たくさんの異なる国からきた大勢の人がこの国に一緒に住んでいる。僕らはお互いの文化を尊重するように学ぶべきだよね。

ケント　：そうだね，わかるよ。

ジャック：それにこのイベントは楽しくてワクワクするんだ！　いろいろな上演，演奏や出店を楽しめるよ。僕は体育館での(C)最初の演奏で，スペイン音楽をギターで演奏する予定なんだ。

ケント　：わー！　そのイベントに参加して君の演奏を見てみたいな。

ジャック：よかった！　一緒に素晴らしい時間を過ごして，いろいろな文化について学ぼう。

【チラシ】

インタナショナルナイト2018　インMt. White高校

いつ？　2018年3月30日金曜日　午後5：00－午後7：30

どこで？　Mt. White高校体育館および教室

★もし持っているなら，あなたの民族衣装を着てくることができます。

[体育館]

時間	上演，演奏
午後5：00－5：10	スペインのギター音楽
午後5：15－5：25	中国のダンス
午後5：30－5：40	ハワイのダンス
午後5：50－6：20	世界のいろいろな場所の歌

[教室](以下はいくつかの例です。　さらに多くのブースがあります！)

時間	ブース	部屋
	ドイツ クイズを通してドイツについて学ぶ	101

	インド	
	プラスチックボトルで腕輪を作る	102
午後5：00－午後7：30	日本	
	書道にトライ	201
	韓国	
	韓国の昔のゲームで遊ぶ	202

(1) 空所直後のジャックの発言を参照。ケントの質問に答えている。

(2) 直後でジャックの発言は，Well, because…と返答していることから疑問詞whyを使うと判断する。<need to ＋動詞の原形…>「…する必要がある」 <learn about～>「～について学ぶ」

(3) 【チラシ】を参照。中ほどにある[Gym]での演奏のスケジュールから，最初の演奏とわかる。

(4) 1「インターナショナルナイト」は午後5時から始まる予定である。(○) 【チラシ】の‘When？’にある情報を参照。 2 それぞれの演奏は30分間である。(×) 3 生徒たちは体育館(Gym)の4つのブースを訪れることができる。(×) 4 ハワイについてのクイズは101教室で開かれる予定である。(×) 5 生徒たちは教室の中の1つで，書道にトライできる。(○) 【チラシ】の201教室で行われる内容を参照。 6 イベントでは，すべての生徒が自分の国の衣装を着なければいけない。(×)

4 (長文読解・物語文：文の挿入，英問英答，メモ・手紙・要約文などを用いた問題)

(全訳) ある日，ミズキと彼女の祖父であるテツジは，エミリーに町を案内してあげた。彼らはミズキの家で待ち合わせ，公園へ一緒に行った。その公園には1本の大きな木があった。長い枝を広げ，たくさんの小さな葉をつけていた。エミリーが言った，「とても素敵な場所だわ！ 特にこの木が好き。とても古い木ですよね？」 テツジが答えた，「そうだと思うよ。この場所は今公園だけど，私が子供のころには小学校があったんだ。この木は校舎の1つのそばに立っていたんだけど，すでに大きかったなあ」 エミリーは，「ここに学校があったんですか？」と尋ねた。「そうなんだよ。私はその学校で勉強し，友だちとこの木の周りで遊んだんだ」とテツジは答えた。

テツジによると，小学校は100年以上前に建てられた。しかし約60年前，彼が中学生のときに，子どもの数が増加した。また，校舎が古くなり過ぎた。それで，もっと大きな校舎のある新しい小学校が別の場所に建てられた。それから，古い小学校の敷地は公園になったのだ。その大きな木だけがそこに残された。

テツジは言った，「昔の校舎のほとんどはなくなってしまった。でもその中の一つだけは町の歴史を教えるために博物館として使われているんだよ」 エミリーは尋ねた，「それはどこにあるのですか？ そのような建物は見当たりません」 ミズキが答えた，「それは新しい場所に移築されたのよ。ウ私が小学生のとき，その博物館に時々行ったわ」 エミリーが言った，「待って。昔の校舎が移築されて，それが今でも使われているという意味？」「そうだよ。この町の人々は昔の小学校を誇りに思っていて，大好きだったんだ。そこにたくさんの思い出もあった。だから，(A)彼らはその一部を保存したいと思ったのだよ」と，テツジは答えた。

それから彼らは歩いて博物館に行った。古かったが，素敵だった。彼らはその外観から長い歴史を感じた。「すべてのものは変化するけれど，古き良きものは長い期間残るんだ。私はこの昔の校舎がここに残されて，この町の歴史を子供たちに語り続けてほしいと思っているんだ」と，テツジはその女の子たちに言った。彼らはお互いを見，そして微笑んだ。

そのあと，彼らは町にある2，3の場所を訪ねた。ミズキの家に戻る途中，彼らは公園に再び訪れた。ミズキは，その大きな木の下で立ち止まった。彼女は見上げて，そして言った，「これもまた，古き良きものだわ。この木がここに残され，この町の人たちを見守り続けてほしいわ」 テツジもその木を見上げた。ちょうど彼が子供のころのように，その小さな葉は風に揺れていた。

(1)　挿入する英文にある**指示語**に注目しよう。'to that museum'「その博物館へ」とあり，直前の部分で博物館を話題にしている箇所に入れるのが適切。

(2)　**直前**の文にも同じ主語theyがあり，**さらに1文前**の主語を見ると，'People in this town' という主語が見つかる。「theyが指す内容」を答えるので，Peopleをpeopleと小文字にして解答しよう。

(3)　(a)「エミリーは，ミズキとテツジと一緒に公園に行ったとき何を見ましたか？」　1　大きな木。(○)　第1段落3文目を参照。　2　古い校舎。(×)　3　博物館(×)　4　古い神社(×)

(b)「テツジによると，新しい小学校はなぜ建てられたのですか？」　1　なぜなら昔の小学校の敷地の近くに大きな建物がすでにあったからです。(×)　2　なぜなら昔の小学校には生徒が多くなりすぎ，またその建物も古くなりすぎてしまったからです(○)　第2段落2，3文目を参照。　3　なぜなら人々が，町の重要人物に関する博物館を欲しがったからです。(×)　4　なぜならテツジは新しい小学校で勉強し，その大きな木の周りで遊んだからです。(×)

(c)「テツジは昔の校舎についてどう思いましたか？」　1　移築される必要はなかった。(×)　2　彼はそれを保存したくはなかった。(×)　3　それは大きく変化して，新しい学校のように見えた。(×)　4　彼はそれが長期間残ってほしいと思った。(○)　第4段落4，5文目を参照。

(4)　(全訳)　今日，おじいちゃんと一緒にエミリーに町を案内した。公園に行ったとき，おじいちゃんは昔の小学校と大きな木について私たちに①話した。昔の校舎が移築されて，それが博物館として今でも使われていることを②知ってエミリーは驚いていた。その木と昔の校舎の③両方とも，古き良きものだと思った。　①　<tell人about～>「～について(人)に話す」分は過去形なので，tellの過去形toldを書く。　②　<be surprised to＋動詞の原形…>「…して驚く」　<know＋接続詞that＋主語＋動詞～>「～ということを知る」　③　**<both A and B>「AとBの両方とも」**　Aにあたるのが 'the tree'「その木」で，Bにあたるのが 'the old school building'「昔の校舎」

5　(条件英作文)

(【原稿】全訳)　こんにちは，テイラー先生。先生は七夕をご存知ですか？

それは，中国の(A)昔話に基づく行事です。昔，日本に伝わり，(B)伝統的な日本の行事になりました。

日本では，7月か(C)8月に行われます。私たちは自分の願い事を，短冊という小さな紙に書いて竹の枝につるします。

今年，私は，「(D)テニスの試合に勝つことができますように」と書きました。この願いが実現するよう頑張ります。テイラー先生，先生の願い事は何ですか？

(1)　(A)　**story**「話，物語」　(B)　traditional「伝統的な」　(C)　August「8月」

(2)　(D)　I will win a tennis match(正答例英文)　空所の前に<I hope …>「私は…を望む」とあるので，自分の願っていることや夢を後ろに書く。正答例にあるように，**これからのこと**を述べるので，助動詞willを用いて書こう。

2019年度英語　放送を聞いて答える問題

〔放送台本〕

放送によるリスニングテストを行います。聞きながらメモをとっても構いません。

それでは，テスト1から始めます。テスト1の問題を読みなさい。

対話はNo.1からNo.4まで4つあり，それぞれの対話の後に問いが続きます。なお，対話と問いは2回ずつくり返します。それでは，問題に入ります。

No. 1　*A:*　What are you doing, Alex?
B:　I'm reading a book. It's about baseball.
A:　Oh, I see.
Question: What is Alex reading about?

No. 2　*A:*　Mayumi, let's study in the library this Saturday.
B:　Sorry, Tommy. I have a dance lesson this Saturday. I'll be free on Sunday.
A:　All right. Then, let's meet in the library on Sunday.
Question：When are they going to study in the library?

No. 3　*A:*　Do you have any brothers or sisters, Mike?
B:　Yes, I have one brother. He's in London and works for a Japanese company. How about you, Ryoko?
A:　I have one brother and one sister. They're in Tokyo. My brother works there and my sister is a student.
Question: Who works in Tokyo?

No. 4　*A:*　Why did you come to Japan, Michelle?
B:　My grandmother was born in Japan. She often told me about this country when I was in Canada, so I became interested in Japan.
A:　Really? I'm surprised to hear that.
Question: Why did Michelle become interested in Japan?

〔英文の訳〕

No. 1　A：何をしているの，アレックス？
B：本を読んでいるんだ。野球についての本だよ。
A：ああ，そうなんだ。
質問：アレックスは何について読んでいますか？
答え：2　野球。

No. 2　A：マユミ，今週の土曜日に図書館で勉強しよう。
B：ごめんね，トミー。今週の土曜にダンスのレッスンがあるの。日曜日は空いているわ。
A：分かった。じゃあ，日曜日に図書館で会おう。
質問：彼らはいつ図書館で勉強するつもりですか？
答え：4　日曜日です。

No. 3　A：兄弟か姉妹はいるの，マイク？

B：うん，兄が一人いるよ。彼はロンドンにいて，日本の会社で働いているんだ。君はどう，リョウコ？

A：兄が一人と姉が一人よ。彼らは東京にいるわ。兄はそこで働いていて，姉は学生なの。

質問：だれが東京で働いていますか？

答え：3　リョウコの兄です。

No. 4　A：あなたはなぜ日本に来たの，ミッシェル？

B：祖母が日本生まれなの。私がカナダにいるとき，彼女が私にこの国についてよく話していたのよ。それで日本に興味を持つようになったの。

A：ほんとう？　それは驚きだわ。

質問：なぜミッシェルは日本に興味を持ちましたか？

答え：2　なぜなら，彼女は祖母から日本についてよく聞いていたからです。

〔放送台本〕

次に，テスト2に移ります。テスト2の問題を読みなさい。今から，対話を2回ずつくり返します。では，始めます。

No. 1　*A:*　Excuse me. Is there a post office near here?

B:　Yes. It's in front of that big hospital.

A:　Oh, thank you very much.

No. 2　*A:*　Good morning. I'm Jane Smith. Nice to meet you.

B:　Nice to meet you, too, Ms. Smith. I'm Masafumi Fujioka.

A:　I'm sorry, but could you tell me your name again, please?

No. 3　*A:*　Mom, do you know where my watch is?

B:　Your watch? No. Where do you usually put it?

A:　On my desk, but it's not there.

No. 4　*A:*　Shinji, when will our plane leave tomorrow?

B:　At nine. We need to arrive at the airport one hour before that, right?

A:　Yes. It usually takes about thirty minutes to get there, so shall we leave home at seven thirty?

〔英文の訳〕

No. 1　A：すみません，この近くに郵便局はありますか？

B：ありますよ。あの大きな病院の前です。

A：ああ，どうもありがとうございます。

答え：1　どういたしまして。

No. 2　A：おはようございます。私はジェーン・スミスです。初めまして。

B：初めまして，スミス先生。私はフジオカ　マサフミです。

A：すみません，お名前をもう一度言っていただけますか？

答え：3　フジオカ　マサフミです。マサと呼んでください。

No. 3　A：お母さん，ぼくの腕時計がどこにあるか知ってる？

B：あなたの腕時計？　いいえ。たいていどこに置くの？

A：机の上だよ。でもそこにないんだ。

答え：4　テレビの周りは見たの？

No. 4　A：シンジ，私たちの飛行機は明日のいつ出発するの？
B：9時だよ。その1時間前に空港に到着する必要があるよね？
A：うん。そこへ行くのにだいたい30分かかるから，7時30分に家を出ようか？
答え：1　了解。そうしよう。

〔放送台本〕

次に，テスト3に移ります。テスト3の問題と，問題の下にある【英文】を読みなさい。今から，SaoriとBrown先生の対話を2回繰り返します。では，始めます。

Saori: Mr. Brown. I hear you come from East City. I'm going to stay there for a week this summer.
Mr. Brown: That's great! It's a beautiful city.
Saori: I see. Now I'm thinking about my weekend activities. Do you have any ideas?
Mr. Brown: Well, East City is famous for art and has a big art museum. How about visiting it? You can enjoy many kinds of art there.
Saori: That's nice. Are there any other activities I can try?
Mr. Brown: Yes. East City has a good mountain for walking. Also, you can swim with beautiful fish in the sea.
Saori: Wow! Thank you, Mr. Brown.
Mr. Brown: No problem. Oh, you should also visit my favorite ice cream shop near East City Station.
Saori: OK, I will.
Mr. Brown: Enjoy your stay!

以上で，リスニングテストを終わります。

〔英文の訳〕

サオリ　　　：ブラウン先生，先生はEast City出身だそうですね。私はこの夏，そこへ1週間滞在予定なんです。
ブラウン先生：それはいいね！　美しい町なんだよ。
サオリ　　　：そうなんですね。今，週末のアクティビティについて考えているんです。何かアイデアをお持ちですか？
ブラウン先生：そうだね，East Cityは芸術で有名で，大きな美術館があるんだ。そこを訪れてみるのはどう？　そこでたくさんの種類の芸術が楽しめるよ。
サオリ　　　：いいですね。私がトライできるアクティビティが他にもありますか？
ブラウン先生：ありますよ。East Cityにはウォーキングするのによい山があるんだ。また，海できれいな魚と一緒に泳ぐこともできるよ。
サオリ　　　：わあ！　ありがとうございます，ブラウン先生。
ブラウン先生：どういたしまして。あ，East City駅近くの，私のお気に入りのアイスクリーム店も行ったらいいよ。
サオリ：　　はい，そうします。
ブラウン先生：滞在を楽しんでね！

〔問題の英文訳〕

親愛なるジョーンズさん，

今日，私は英語の先生と話しました。彼はEast City出身です！　彼は，そちらでトライできる週末のアクティビティに関するいくつかの(A)アイデアを私にくれました。私は3つのアクティビティに興味があります。

1. 大きな(B)アートミュージアムを訪れること。
2. 海で(C)美しい魚と泳ぐこと。
3. 私の英語の先生の(D)お気に入りのアイスクリーム店に行くこと。

どう思われますか？　もうすぐお会いしましょう。

サオリ

＜英語解答＞（学校指定教科検査）

1　(1)　(A)　1→3→2　(2)　(B)　more　(C)　sightseeing　(3)　What do they like to do　(4)　We can make websites about popular places in many foreign languages. If there are such websites, more people from other countries can easily find the places they want to visit.

＜英語解説＞

1　(長文読解問題・スピーチ：文の並べかえ，表・グラフなどを用いた問題，条件英作文)

(全訳)

【原稿】

こんにちは，皆さん。今日，他の国々から多くの人が日本にやってきます。皆さんは，必要な情報を見つけるのに困難がある訪問客を見ることがあるかもしれません。そのような人を見かけたらどうしますか？　彼らに英語で話しますか？

(A)　1　ちょうど私たちのように，英語を学んでいる訪問客もいます。→3　ですから，私たちがそれらの訪問客に英語で話しかけるなら，彼らは喜ぶと思います。→2　でも，英語があまり使えない他の訪問客もきっといると思います。

表を見てください。この表から判断すると，訪問客の60パーセント(B)以上はたいてい英語を使いません。そしてその訪問客のほとんどが日本語も使いません。

では，グラフを見てください。訪問客のおよそ88パーセントは(C)観光で日本へやって来ました。これは，(D)ほとんどの訪問客は滞在を楽しむために日本に来るという意味です。これらの訪問客の中には，言葉の問題をかかえることなしに日本を楽しみたいという人もいるかもしれません。

では，そのような訪問客のために私たちには何ができるでしょうか？　皆さんに私のアイデアをお伝えします。(E)多くの言語で，人気のある場所に関するウェブサイトを作ることができます。そのようなウェブサイトがあれば，他の国から来るもっと多くの人が，自分の訪れたい場所を簡単に見つけることができます。

もちろん，英語は役に立ちます。でも，私たちは他の方法で訪問客をサポートすることもできます。ありがとうございました。

(1)　(A)　それぞれの選択肢の**接続詞や指示語に注意**し，文のつながりを自然なものとすることを意識しよう。選択肢1の 'the visitors'（訪問客たち）は，直前の文の 'them'（彼ら）を指す。選択肢3は，**接続詞** 'So'（ですから）で始まり，**指示語** 'those visitors'（それらの訪問客）は，選択肢1に書かれている，英語を学んでいる訪問客を指すと判断する。次に，選択肢2の英文は，**逆接の接続詞** 'But'（しかし）で始まるので，直前に述べたことと対立する内容となるはず。英語があまり話せない訪問客についての内容なので，選択肢3の内容に対立しており，自然な流れとなる。

(2)　(B)　<more than…>「…以上」【資料】の表から考える。第1位の「中国」から，第3位の「台湾」まで，「主な言語」の中に英語が含まれていない。これらの3か国の割合(%)を合計すると「60%以上」となる。　(C)　sightseeing「観光」 グラフから，「約88%」の訪日目的を読み取る。

(3)　(対話文和訳)

Kohei　：訪問客のほとんどの人が滞在を楽しむために日本へ来るんだよね？
Honoka：ええ，そうみたいね。
Kohei　：日本で彼らは何をすることが好きなのかな？
Honoka：和食を食べたり，買い物をしたりすることね。

下線部直後のHonokaの返答は，訪問客が日本ですることなので，「何をすることが好きか」という質問にすると自然な流 れとなる。主語をtheyとすることに注意。

(4)　上記「全訳」参照。問題の【条件】に沿って，第1文が提案。第2文がその提案の実現による具体的な利点。

<理科解答>

1　(1)　光合成　　(2)　(名称)　師管　　(記号)　ア

2　(1)　237〔g〕　　(2)　3

3　(1)　2　　(2)　64〔%〕

4　(1)　A　4　　B　1　　(2)　エネルギー保存の法則

5　(1)　有性生殖　　(2)　3　　(3)　32〔個〕
(4)　減数分裂によって染色体の数が半分になった生殖細胞が合体するから。

6　(1)　誘導電流　　(2)　ア　30〔cm/s〕　　イ　コイルの中の磁界の変化が大きくなるから。　(3)　(イ)…(＋)側，(ウ)…(－)側　　(4)　1

7　(1)　4　　(2)　水が試験管内に逆流しないようにするため。
(3)　火が消える。　　(4)　ア　右図1
イ　$2NaHCO_3 \rightarrow Na_2CO_3 + CO_2 + H_2O$

8　(1)　右図2　　(2)　日周運動　　(3)　2
(4)　A　56　　B　垂直

9　(1)　感覚器官　　(2)　容器の外側から内側に熱が伝わりにくくするため。　(3)　4　　(4)　あ　合計が異なる　　a　20　　b　40　　c　40　　d　20

図1

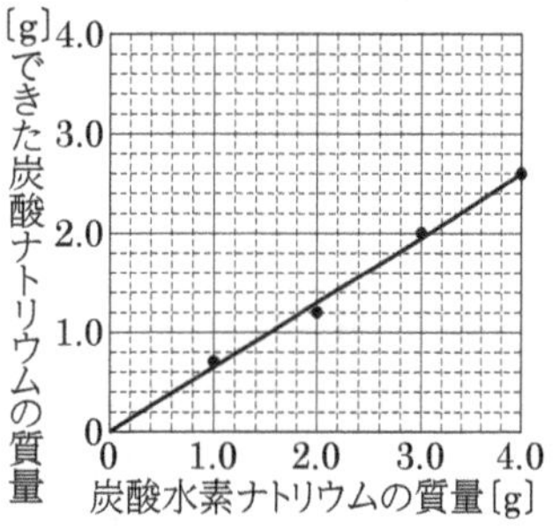

図2

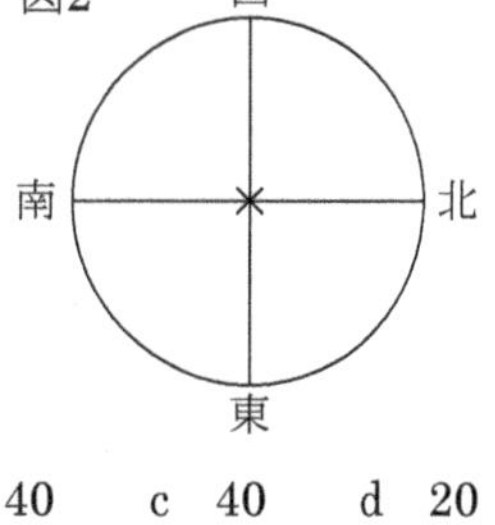

＜理科解説＞

1　(植物の体のつくり)

(1)　植物が光を受けて，二酸化炭素と水をもとに，葉緑体においてデンプンと酸素をつくるはたらきを光合成という。

(2)　イは，根から吸収した水などが通る道管である。

2　(密度)

(1)　**質量〔g〕＝密度〔g/cm^3〕×体積〔cm^3〕**より，0.79〔g/cm^3〕×300〔cm^3〕＝237〔g〕

(2)　ポリエチレンよりも密度が大きな水には浮くが，ポリエチレンよりも密度が小さなエタノールには沈む。

3　(湿度)

(1)　乾湿計は，直射日光のあたらない風通しのよいところに設置する。

(2)　乾球温度計と湿球温度計の示度の差は4℃なので，乾球の読みが20℃の行のうち，乾球の読みと湿球の読みの差が4℃となっている列の値を読みとる。

4　(エネルギー)

(1)　ペルティエ素子は，熱エネルギーを電気エネルギーに変換する。モーターは，電気エネルギーを運動エネルギーに変換する。

(2)　様々なエネルギーをまとめて考えると，**エネルギーの総量は一定で変わらない。**

5　(生殖)

(1)　受精をともなうなかまのふやし方を，有性生殖という。

(2)　視野の明るさを調節するときは，反射鏡としぼりを用いる。

(3)　1×2×2×2×2×2＝32〔個〕

(4)　生殖細胞をつくるときに行われる減数分裂では，生殖細胞内の染色体の数がもとの細胞の半分に減少する。受精により2個の生殖細胞の核が合体することにより，他の体細胞と同数の染色体数にもどる。

6　(磁界・運動)

(1)　下線(ア)の現象は電磁誘導である。電磁誘導により生じる電流を誘導電流という。

(2)　ア　この記録タイマーは，6打点で0.1秒間を表しているので，3.0〔cm〕÷0.1〔s〕＝30〔cm/s〕
　イ　コイルのまわりの磁界の変化が大きくなると，誘導電流も大きくなる。

(3)　**磁石の極，あるいは，磁石の動く向きが逆になると，誘導電流の向きは逆になる。**また，コイルBの右端はS極になっている。下線(イ)の操作では，電流が大きくなったことでコイルBの磁力が急に強くなることから，S極が磁石にすばやく近づいたときと同じ磁界の変化が起こったと考えることができる。よって，実験1の下線(ア)と同じ結果となる。下線(ウ)では，コイルBの磁界が急に弱まるので，S極がすばやく遠ざかったときと同じ磁界の変化と考えることができる。よって，実験1の下線(ア)とは逆の向きに誘導電流が流れる。

(4)　発電機は，電磁誘導を利用して誘導電流を生じさせている。

7　(分解，化学変化と質量)

(1)　水の検出には，塩化コバルト紙を用いる。

(2)　加熱直後の試験管に水そうの水が逆流すると，その温度差によって試験管が割れるおそれがある。

(3)　二酸化炭素にはものを燃やす性質はないので，二酸化炭素の中に火のついた線香を入れると，線香の火が消える。

(4)　ア　生じた気体と液体の質量の合計＝(②ではかった質量)－(⑥ではかった質量)より，反応後の白い固体の質量＝(炭酸水素ナトリウムの質量)－(生じた気体と液体の質量の合計)となり，反応後に残った白い固体の質量は次のようになる。

炭酸水素ナトリウムの質量〔g〕	1.0	2.0	3.0	4.0
生じた気体と液体の質量の合計〔g〕	0.3	0.8	1.0	1.4
反応後の白い固体の質量〔g〕	0.7	1.2	2.0	2.6

それぞれを打点し，**各点の中間を通るようなグラフ**を作成する。　イ　化学反応式では，反応の前後で，原子の種類と数が変化しないようにする。**炭酸水素ナトリウム→炭酸ナトリウム＋二酸化炭素＋水**

8　(天体)

(1)　図1で，東西南北を結んだ線の交点は透明半球の中心に位置し，観測者の位置と考えることができる。ペン先の影が観測者の位置に重なったときに印をつける。

(2)　地球が西から東に1日に1回転する自転によって，天体の日周運動が観測される。

(3)　透明半球上の太陽は，60分で2.0cm動くことから，12.1cm動くためにかかる時間x分を求める。$60:2.0=x:12.1$　$x=363$〔分〕　363分＝6時間3分より，南中時刻は，午前6時17分＋6時間3分＝午後12時20分(午後0時20分)

(4)　**春分の日の南中高度＝90°－緯度**より，山口県の南中高度は，90°－34°＝56°　太陽電池によって最も多くの電流が生み出されるとき，太陽光が太陽電池のパネルに差し込む角度は90°である。

9　(総合問題)

(1)　外界の刺激を受けとる部分を感覚器官という。

(2)　発泡ポリスチレンは，熱を周囲に伝えにくい。

(3)　クエン酸と重そうをそれぞれ10gずつ使用した場合，最低温度になるまでの時間は約1分。クエン酸と重そうをそれぞれ30gずつ使用した場合，最低温度になるまでの時間は約4分である。また，実験開始後に温度が約18℃になるまでは，3つのグラフがすべて重なっており，ほぼ同じ温度変化を示している。

(4)　クエン酸と重そうの質量の合計が等しくなるように，クエン酸と重そうの質量の比を変えて実験を行う必要がある。2回目の質量の合計が60gなので，これをもとにすると，$a=60〔g〕\times\frac{1}{1+2}=20〔g〕$，$b=60〔g〕-20〔g〕=40〔g〕$，$c=60〔g〕\times\frac{2}{1+2}=40〔g〕$，$d=60〔g〕-40〔g〕=20〔g〕$

＜社会解答＞

1　(1)　2　　(2)　3　　(3)　地租改正

2　(1)　国民主権　(2)　4　(3)　間接税

3　(1)　1　(2)　3　(3)　焼畑農業

4　(1)　ア　荘園　イ　2　(2)　ア　3　イ　日本や中国，朝鮮，東南アジアのいずれにも近く，これらの国々の産物を販売する中継貿易をさかんに行ったから。
(3)　ア　蔵屋敷　イ　工場制手工業　(4)　政府は，自作農を増やすために，地主から農地を買い，小作人に安く売り渡す農地改革を実施した。　(5)　3班

5　(1)　直接金融　(2)　ア　条例　イ　地方公共団体の財政の格差を減らすために，国から配分されるもの。　(3)　4　(4)　団結権
(5)　A　1　B　3　C　2　(6)　2

6　(1)　ア　(ア)　1　(イ)　右図

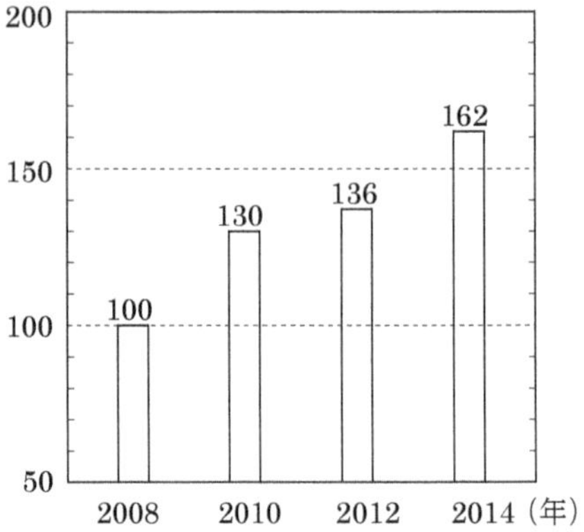

イ　輸出で大きな割合を占める原油の国際価格が変動するため，国の収入が安定しない。
(2)　ア　ヒートアイランド　イ　(ア)　政令指定都市　(イ)　中部地方　(ウ)　4

7　(1)　御成敗式目　(2)　1　(3)　【人物】　板垣退助　【運動】　自由民権運動　(4)　2
(5)　3　(6)　ア　均衡価格　イ　需要量を上回っている

<社会解説>

1　**(歴史的分野－日本の文化・人物・社会のしくみに関する問題)**

(1)　**894年に菅原道真の意見で遣唐使が停止**された後に発達した文化である。1は聖徳太子の時代の文化，3は戦国時代から安土桃山時代にかけての文化，4は江戸幕府11代将軍徳川家斉の時代の文化である。

(2)　**御三家の一つである紀伊藩**から将軍の位に就いた人物である。1は初代将軍，2は5代将軍，4は15代将軍である。

(3)　財政の安定化を図るために実施された改革である。

2　**(公民的分野－憲法三原則・現代社会・財政に関する問題)**

(1)　**日本国憲法の前文及び第1条に規定**されている内容である。

(2)　Non-Profit Organizationまたは，Not-for-Profit Organizationの略である。1は**世界保健機関**，2は**国連平和維持活動**，3は**国際労働機関**の略称である。

(3)　低所得者の負担が大きくなる逆進性という特色を持つ税金である。また，所得税など，税金を納める人と負担する人とが同じ税金を直接税という。

3　**(地理的分野－世界地理・統計資料・農業に関する問題)**

(1)　ノルウェー語を語源とする用語である。2は**火山の噴火で出来たくぼみ**のこと，3は**山地が海に沈んでできた出入りの激しい海岸**のこと，4は**鹿児島県に広がる火山灰地**のことである。

(2)　**人口世界1位の中国，2位のインドがアジア州に位置している**ことから判断すれば良い。

(3)　原始的な農業の形態である。近年では，人口増加に対応してより広範囲で焼畑が行われるようになり，その結果熱帯林の回復が遅れ，地球温暖化を促進しているという指摘もされるように

なっている。

4 (歴史的分野－各時代の文化・社会の様子・人々の暮らしに関する問題)

(1) ア　貴族や寺社の富を支える一因となったものである。平安時代になると，税を納めることを免れる**不輸の権**，国司の立ち入りを拒否する**不入の権**も認められるようになっていった。
イ　753年に6回目の試みを成功させて来日を果たし，**日本に戒律を伝えた唐の僧**である。1は浄土宗の開祖，3は臨済宗の開祖，4は天台宗を伝えた僧である。

(2) ア　**斯波・細川・畠山の三氏がその地位に就いた，室町幕府の将軍補佐職**である。1は天皇の補佐職，2は鎌倉幕府における将軍の補佐職，4は江戸幕府の政治の中心となる役職である。
イ　琉球王国は現在の沖縄県のことである。それを踏まえて資料1を読み取ると，日本・中国・東南アジア諸国との間に位置していることが読み取るはずである。

(3) ア　特に，大阪の堂島周辺に数多く置かれていたため，大阪で商業が発達する一因となったものである。　イ　働き手が集められている点，分業を行っている点に注目すれば良い。工業生産の効率化の初期段階にあたり，マニュファクチュアと呼ばれるものである。

(4) 資料Ⅲから，小作地が減り自作地が増えていることが読み取れるはずである。このことから，**GHQ主導で行われた戦後の民主化政策の一つである，農地改革**だと分かるはずである。

(5) **フランス革命が1789年から始まった**こと，3班のタイトルにある江戸時代は1603年～1867年であること，これらを併せて判断すれば良い。

5 (公民的分野－経済のしくみ・地方自治・現代社会のようすに関する問題)

(1) 貸手と借手が直接資金的なつながりを持つことである。一方で，銀行などの金融機関が仲介する金融は間接金融と呼ばれている。

(2) ア　地方議会で制定される法のことである。**地域住民には有権者総数50分の1以上の署名をもって，地方公共団体の長に条例の制定・改廃を求める直接請求権が認められている。**　イ　財政規模の小さい地方公共団体に，国から支給される使い方の制限がない交付金である。また，国から支給される交付金には，**使い方を指定された上で支給される国庫支出金**もある。

(3) 2017年の百貨店の店舗数は394から232に減少していることが読み取れるので，1は誤りである。2017年の販売額はコンビニエンスストアは117451億円，百貨店とスーパーマーケットの合計額は196026億円となることから，2は誤りである。2017年のコンビニエンスストアの店舗数は56374で三業態の中で最も多いことが分かるので，3は誤りである。

(4) **日本国憲法第28条**の内容である。その他の労働三権は，**団体行動権(争議権)**と**団体交渉権**である。

(5) A　リデュースはごみを減らすことである。レジ袋を利用しないことは，そもそもごみになるものがないということから判断できる。　B　リユースは再使用である。家具を家具として継続して使用していることから判断できる。　C　リサイクルは資源として利用することである。分別するということは，資源として利用することにつながることから判断すれば良い。

(6) **ICTとはInformation and Communication Technology**，すなわち**情報通信技術**のことである。**CSRとは，Corporate social responsibility**，すなわち**企業の社会的責任**のことである。インターネットの発達とあることから，アはICTとなることが分かる。個人情報を本人の許可なく自由に利用することは，個人情報保護の観点から認められないことから，イは企業が発信することを説明した内容となる。

6　**(地理的分野－世界地理・貿易・環境問題・日本の都市・日本の人口に関する問題)**

(1)　ア　(ア)　Aの**インドは南アジアの国**である。Bの**タイは南シナ海に面している**ことから，2は誤りである。図Ⅰから，Cの中国を通過している経線は**東経90°**と**東経120°**であることが分かるので，3は誤りである。図Ⅰから，Dの**ブラジルの北部は北半球に位置している**ことが分かるので，4は誤りである。　(イ)　2014年のグラフは，131÷81×100＝161.7…となることから，162として描けば良い。　イ　資料Ⅱから，2008年以降の原油1バレル当たりの価格は，40ドル台から120ドル超まで激しく変化していることが読み取れる。また，資料Ⅰから，Y国の輸出品に占める原油の割合が72.9％と高率であることが読み取れる。これらの点から，不安定な原油価格が国の収入を不安定にする要因となっていることをまとめれば良い。

(2)　ア　**熱中症などの健康被害**や，**感染症を媒介する蚊の越冬といった生態系の変化**を引き起こす一因だという指摘もされる環境問題のひとつである。　イ　(ア)　地方自治法第252条の規定で，都道府県と同じように扱われる都市である。**2019年4月現在20都市**が指定されている。(イ)　名古屋市のある**愛知県**の他，**新潟県・富山県・石川県・福井県・山梨県・長野県・岐阜県・静岡県の9県が位置する地方**である。　(ウ)　うの奈良県が大阪府のベッドタウンであることから，昼夜間人口比率が最も低い4となることが分かるはずである。1はえの福岡県，2はあの秋田県，3はいの神奈川県である。

7　**(総合問題－山口県の塩づくりの歴史を切り口にした問題)**

(1)　**鎌倉幕府の3代執権である北条泰時**がまとめた，**51か条からなる最初の武家法**である。

(2)　2・3の位置から見ると，橋が2本見えることになるので，橋が1本しか写っていないこの写真の撮影地点とはならない。4の位置から見ると，写真の奥は海であることが分かるので，陸地が写っているこの写真の撮影地点とはならない。

(3)　土佐藩出身の政治家である。後藤象二郎らと**民撰議院設立建白書**を提出し，**国会開設を要求する自由民権運動**のきっかけを作った人物である。

(4)　景気の過熱を抑えるためには，市中に流通する通貨量を減らす必要がある。具体的には増税・公共事業縮小などが考えられるはずである。

(5)　アは，**中京工業地帯の割合が高いことから，機械工業**であることが分かる。ウは，**北九州工業地帯の割合が高いことから，食料品工業**であることが分かる。ここから判断すれば良い。

(6)　ア　売り手と買い手の双方の利害が一致した状態のことである。　イ　需要曲線が縦軸に近く，供給曲線が縦軸から遠いことから，供給量が需要量を上回っていることが読み取れるはずである。

＜国語解答＞

一　(一)　5　(二)　必然　(三)　言葉をかみしめるように　(四)　(例)好きという純粋な気持ちで野球をやっているに違いない堂島さんや洋太に対して，自分が野球部をやめることが二人のためになると考えていたことは，思い上がりだと感じたから。　(五)　3　(六)　4　(七)　2

二　(一)　1　えいびん　2　届　(二)　(例)この建物は，左右が対称だ。　(三)　2　(四)　B　(五)　(Ⅰ)「科学も物語も」という二重焦点　(Ⅱ)　(例)ひとつの社会に異なる現実を経験している多様な人々が存在することを認識させる　(六)　4

三　(一)　ゆえ　(二)　(例)故郷には雲の動きを見る際に目印とした山があったが，浪華には目印とする山がないから。　(三)　3

四　(一)　不《ズ》レ可《ベカラ》レ入《ル》一　(二)　(Ⅰ)　(例)長いさおを持って城門に入る　(Ⅱ)　(例)切断

五　1　すこ　2　いんえい　3　庭　4　綿密　5　倉庫

六　(一)　1　(二)　(例)　私は，以前から興味のあった高齢者疑似体験に参加したことがあります。

体験前は，高齢者の疑似体験を「それほど難しいことではないだろう。」と内心思っていました。しかし，実際に疑似体験セットを装着してみると，その気持ちは一転しました。階段の上り下りなど普段何気なく行っている動作をすることがとても難しかったのです。

この体験を通して，違った立場でものを考えることの大切さを学びました。高齢者の方だけでなく，誰に対しても思いやりの心をもち，接していきたいと思います。

<国語解説>

一　(小説－情景・心情，内容吟味，文脈把握，筆順・画数・部首，同義語・対義語)

(一)　総画数は14画である。

(二)　「偶然」は，そうなるべき理由がないのにおもいがけなく起こること。「必然」は，必ずそうなるはずのこと。

(三)　「かみしめる」は，隠され意味や経験などからしみじみとした情感を味わうこと。こころが「野球が好きだから」という言葉の**意味を確かめているということはしみじみと味わっている**のだ。

(四)　傍線部の前の段落に心中表現がつづられている。**堂島さんも洋太も野球を好きだという純粋な気持ちで部活動に入っている**。それはレギュラーになりたいからやっているわけではないのだ。**ポジションを譲りたいがために自分が野球部をやめるのは，その二人の純粋な気持ちを踏みにじる行為であると気が付いた**のだ。自分の思い上がった考えが二人に対し失礼だと感じたのである。

(五)　片岡先輩は，こころと雨宮先生の会話を聞いていたので，こころの野球や野球部の仲間に対する思いを知っている。だからこそ，**再び野球部にむかうこころへ励ましのエールを送った**のである。

(六)　野球部を続けるかどうかで迷っていたこころは，雨宮先生との会話を通じて，**野球が好きだという自分の気持ちを確認でき，野球部の仲間に対しての思いもはっきりとして，じつに清々しい気持ちで野球部に戻ることになった**のだ。雨宮先生や片岡先輩にこの自分の前向きな気持ちを伝えられるような「失礼いたしました」であるのがのぞましい。

(七)　雨宮先生は，**こころに大切なことを自分で考えさせて自分で答えを見いだせるような問いかけ**をしている。したがって，その問いかけは具体的なものでは決してないが，こころが自分にとって大切なことに気付くことができた。そうした役割を担う人物である。

二　(論説文－文脈把握，段落・文章構成，脱文・脱語補充，漢字の読み書き，熟語，短文作成，品詞・用法)

(一)　1　感覚が鋭い様子。頭の回転が速い様子。　2　「届」は，とだれ＋「由」。「田」にしない。

(二)　「対象」の同音異義語のうち，「対」で始まるものには「対称」(シンメトリー)や「対照」(コントラスト。性質の違いが際立つこと。)がある。

(三)　傍線部の「ない」は付属語の助動詞で，打消しの意味がある。1は形容詞「あどけない」の一部，2は打消しの助動詞，3と4は自立語で，形容詞「ない」。

(四)　**医学が観察により「法則」を発見して治療を行うということは，「調査」をし「理論」をつくるという価値を持つもの**だ。したがって　第三段落の内容に含めるのが適切である。

(五)　Ⅰ には，**どこを往復するのか**を確認して補えばよい。「と同時に」で始まる段落に「社会学は『科学』への……『科学も物語も』という二重焦点を往復する」とあるので，ここから抜き出す。Ⅱ には「認識」というキーワードが必要だ。簡単に言えば「知る」「認める」ということである。傍線部の前に「同じひとつの社会に異なる現実を経験している多様な人々がいることを知り」とあり，**知ったうえで他者への想像力が生まれるのだという文脈**をおさえたい。**社会学が多様さを知らせる学問だから我々は想像することが出来る**のである。したがってここを用いてまとめる。

(六)　本文には(　)が多用されている。**(　)には，語句の言い換えや例示(たとえば…)・比喩(まるで…)などが書かれていて，分かりやすい文章になっている**ことがわかる。

三　(古文－大意・要旨，文脈把握，仮名遣い)

【現代語訳】　西の方にある国に，一人の老婆がいて，船出に際して天気を占う技術は神のようだったので，(その力量を)大いに讃えて浪華に連れてきて天気を予想させると，ひとつもあたらない。それはどうしたことかと尋ねると，故郷では雲の行き来に関して，目印となる山がある。ここではその山はないので，ただ雲の様子だけを見るので当たらないのだといったということだ。たいへん興味深く，多くのことにおいても，このような種類の話はあることだ。

(一)　ワ行の「ゐ・ゑ」は，現代仮名遣いで「イ・エ」にする。

(二)　「故国にて～見るゆゑにあたらず」と言う部分が老婆の答えた理由である。ここを現代語訳しながらまとめればよい。

(三)　**老婆は，いつもと違う環境・状況だったのでせっかくの力を発揮できなかった**ことをふまえる。

四　(漢文－大意・要旨，脱文・脱語補充，その他)

【現代語訳】　魯に長いさおを持って城門に入ろうとする者がいた。最初は縦にしてさおを持ってみたが，入ることが出来ないし，横にして持っても，また入ることが出来なくて，方法がなくなってしまった。間もなく老人がやって来て言うことには，「私は立派な人間ではないが，色々と多くの事をみてきた。どうしてのこぎりを使って二つに切ってはいらないのか」と。そのまま忠告にしたがってさおを切った。

(一)　「入」→「可」→「不」の順番で読むことになる。**一字ずつ返っているので，レ点**を使えばよい。

(二)　Ⅰ について，さおを持っている者ができないことは「長竿を執りて城門に入ら」である。ここを訳してまとめればよい。Ⅱ は，老人の助言に従い行ったことを入れる。**さおを切った**のだ。

五　(漢字の読み書き)

1　特に病気や故障がなく健康である事。「健」には，にんべんを忘れないこと。　2　光の当たらない，暗い部分。同じ意味を持つ漢字を重ねて出来た熟語である。　3　「庭」は訓読みが「にわ」，音読みが「テイ」である。　4　細かいところまで考えてあって，見落としなどがないように見える様子。　5　「庫」は，まだれ＋「車」。

六 (会話・議論・発表—内容吟味，作文)

(一)　会話文からアンケートの割合の読み取りに役立つ情報を挙げる。「『ある』と肯定的に回答した人は七割弱」とあり，これは**「たくさんある」と「少しある」を合わせた回答数**である。また「『たくさんある』と回答した人の割合は，『少しある』と回答した人の割合を上回って」いる。さらに，「『ない』と否定的に回答した人は，およそ二割」とある。これらをふまえて選択肢を選ぶ。

(二)　作文には，「実際に行動して学んだこと」を書く。つまり，自分の経験を具体例に挙げるのだ。具体例は簡潔にまとめよう。一段落を設けても良い。そのあと，そこから何を学んだかについてまとめるのだ。**重きを置きたいのは「何を学んだか」**だ。念頭に置いて書き始めよう。これでまた一段落作ることが出来よう。二段落でもよいし，最後にまとめとして，今後どうしていきたいかといった考察もあると力強い作文になるだろう。

＜国語解答＞(学校指定教科検査)

一　(一)　2　5　(二)　(例)客観的論理的に解き明かされた「本当」　(三)　(例)それぞれの人にとって，本当だと感じられ信じられるという人の心が，いつも関わっているということ。　(四)　Ⅰ　時期　Ⅱ　使用例　Ⅲ　(例)常温の状態のものを低温にする　Ⅳ　(例)高温の状態のものを常温に戻す

＜国語解説＞

一 (論説文ー文脈把握，脱文・脱語補充，熟語)

(一)　音読みの熟語は，「学生」と「定着」である。

(二)　本文は，「真実」と「真理」の言葉を定義し，その違いを説明している。「真理」は「時間が空間に耐える永遠普遍の本当のこと」を意味する言葉だ。一方，「真実」は，傍線部の次段落に**「客観的論理的に解き明かされた『本当』にあるより**，むしろ主体的につかみとられた『本当』」だと説明されている。この部分は「真理」と「真実」を比較していて，前半部はまさしく「真理」の説明となっているので，ここから抜き出す。

(三)　ここでは，しんじつには何が関わっているのかを読み解けばよい。この「何が」の部分が傍線部でいえば「私の確信」であり，より具体的に説明している記述を探す。「日本語の『しんじつ』と……」で始まる段落に，「この言葉は人の心にとって本当だと感じられ信じられること，と言う含意があり」と述べられている。**「しんじつ」という言葉には，さまざまな人がその人の心にとって，本当だと感じられ信じられるという心の状態が関わっていることが読み取れる。**ここをまとめる。

(四)　Ⅰ・Ⅱには，第二段落から「時期」を補い，「ところで……」で始まる段落の「二つの言葉の使用例の違い」という箇所から「使用例」が補える。Ⅲ・Ⅳには，Aさんが挙げた「使い方の例」とBさんの「常温との関係に違いがある」という発言をもとに考えて補う。**「冷やす」の目的語はすいかや水という常温のものだ。**一方，**「冷ます」の目的語は湯や熱という高温のもの**である。したがって，Ⅲには**常温のものを低温にすること**を補い，Ⅳには**高温のものを常温にすること**を補えばよい。

MEMO

大切なことはメモしておこうネ！

解答用紙集

○月×日　△曜日　天気（合格日和）

◆ご利用のみなさまへ

＊解答用紙の公表を行っていない学校につきましては、弊社の責任において、解答用紙を制作いたしました。

＊編集上の理由により一部縮小掲載した解答用紙がございます。

＊編集上の理由により一部実物と異なる形式の解答用紙がございます。

人間の最も偉大な力とは、その一番の弱点を克服したところから生まれてくるものである。――カール・ヒルティ――

※データのダウンロードは 2024 年 3 月末日まで。

東京学参株式会社

※ 200%に拡大していただくと，解答欄は実物大になります。

令　5　山口県

受検番号

数学解答用紙

＊印の欄には何も記入しないこと。

得点 ＊　点

1 ＊

(1)		(2)		(3)	
(4)		(5)			

2 ＊

(1)	$x=$	(2)	度
(3)	ア　イ	(4)	回

3 ＊

(1)		
(2)	式	カカオ含有率30%のチョコレートの重さ　g カカオ含有率70%のチョコレートの重さ　g

4 ＊

(1)

(2) 説明

5 ＊

(1)

(2) 説明

6 ＊

(1)

(2) $(2n+4)(2n+6)-2n(2n+2)=$

7 ＊

(1) 作図

図1

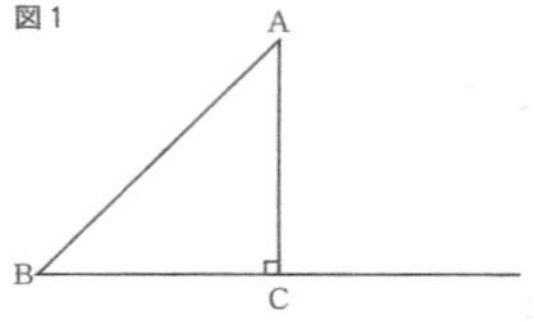

(2) 証明

8 ＊

(1)		(2)	$y=$

9 ＊

(1)	（分）	(2)	m

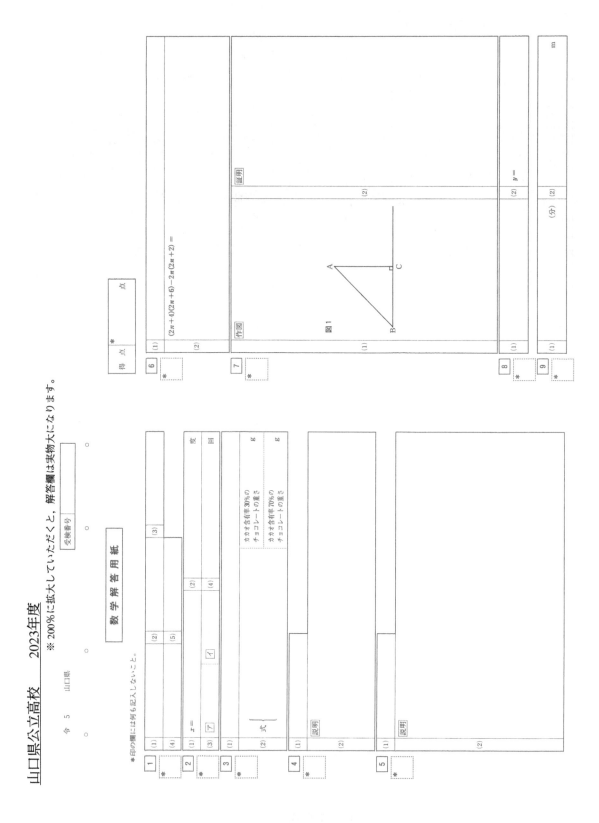

※ 200％に拡大していただくと，解答欄は実物大になります。

令 5　山口県

受検番号	

英 語 解 答 用 紙

得 点	* 点

＊印の欄には何も記入しないこと。

1 *

テスト1	No. 1	No. 2	No. 3	No. 4	
テスト2	No. 1	No. 2	No. 3	No. 4	
テスト3	(A)		(B)		
	(C)				
	(D)	I ＿＿＿＿＿＿＿＿＿＿.			

2 *

(1)	(A)		(C)		(D)	
(2)						

3 *

(1)		
(2)		
(3)		

4 *

(1)	
(2)	
(3)	

5 *

(1)						
(2)	(a)		(b)		(c)	
(3)	(a)	The train was ＿＿＿＿＿＿＿＿ a company with Japanese technology.				
	(b)	To ＿＿＿＿＿＿＿＿ in the future.				

6 *

20語

30語

【記入例】

Hi	, how	are	you	? I'm	
a	high	school	student	now	.

※ 200%に拡大していただくと，解答欄は実物大になります。

令　5　　山口県

受検番号	

理 科 解 答 用 紙

得　点	＊　　　点

＊印の欄には何も記入しないこと。

1 ＊

(1)		
(2)		

2 ＊

(1)	
(2)	

3 ＊

(1)	
(2)	

4 ＊

(1)	
(2)	

5 ＊

(1)						
(2)	あ		い		う	
(3)	え		お		か	

6 ＊

(1)		
(2)	ア	
	イ	
(3)		

7 ＊

(1)		
(2)		
(3)	ア	
	イ	

8 ＊

(1)＊							
(2)							
(3)	ア						
	イ	い		う		え	

9 ＊

(1)					
(2)	ア				
	イ	Pa			
(3)	ア	あ		い	
	イ				

※200%に拡大していただくと，解答欄は実物大になります。

令 5　山口県

受検番号	

社会解答用紙

得点	* 点

＊印の欄には何も記入しないこと。

1 ＊

(1)		(2)	
(3)		(4)	
(5)		(6)	
(7)			

2 ＊

(1)			
(2)	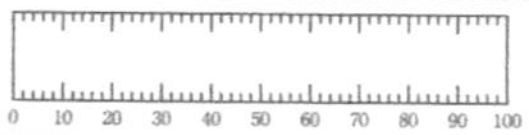		
(3)		(4)	
(5)	ア		
	イ		

3 ＊

(1)				
(2)	ア		イ	
(3)	ア		イ	
(4)	ア			
	イ			

4 ＊

(1)			(2)	
(3)	う		え	
(4)	ア	→ →		
	イ			
(5)				

5 ＊

(1)	ア			イ	
(2)				(3)	
(4)	い			う	
(5)	ア				
	イ	え			
		お			
(6)					
(7)					

6 ＊

(1)			
(2)	ア		
	イ	え	
		お	
(3)			
(4)	ア		
	イ		

山口県公立高校　2023年度

※182%に拡大していただくと、解答欄は実物大になります。

令五　山口県

受検番号

国語解答用紙

＊印の欄には何も記入しないこと。

得点　＊　点

一　＊
(一)　画
(二)
(三)
(四)
(五)
(六)
(七)

二　＊
(一)
(二)
(三)
(四)
(五)　I　II

三　＊
(一)　世ニ有リテ論者曰ク
(二)
(三)　I　II

四　＊
(一)
(二)
(三)

五　＊
(一)　1　いる　2　3　4　5　しい
(二)
(三)　ア　イ

六　＊

2023年度入試配点表(山口県)

数学	1	2	3	4	5	計
	各1点×5	各2点×4	(1)　2点 (2)　3点(完答)	(1)　2点 (2)　3点	(1)　2点 (2)　4点	50点
	6	7	8	9		
	(1)　2点 (2)　3点	各3点×2	(1)　2点 (2)　3点	(1)　2点 (2)　3点		

英語	1	2	3	4	5	6	計
	テスト3(D)　2点 他　各1点×11	各1点×4	(2)　1点 他　各2点×3	各2点×3	各2点×6	8点	50点

理科	1	2	3	4	5	計
	(1)　1点 (2)　2点	(1)　1点 (2)　2点	(1)　1点 (2)　2点	(1)　1点 (2)　2点	(2)い・う　2点(完答) 他　各1点×5	50点
	6	7	8	9		
	(3)　1点 他　各2点×3	(2)　1点 他　各2点×3	(2)　各1点×2 他　各2点×3 ((3)イ完答)	(1)　1点 他　各2点×4 ((3)ア完答)		

社会	1	2	3	4	5	6	計
	(7)　2点 他　各1点×6	(2),(5)イ 各2点×2 他　各1点×4	(4)ア　2点 他　各1点×6	(4)イ　2点 他　各1点×6	各1点×10	(4)イ　2点 他　各1点×6	50点

国語	一	二	三	四	五	六	計
	(一)~(三) 各1点×3 (五)　3点 他　各2点×3	(二),(三) 各1点×2 (五)Ⅱ　3点 他　各2点×3	(一),(二) 各1点×2 他　各2点×2	各2点×3	各1点×8	7点	50点

※ 164%に拡大していただくと，解答欄は実物大になります。

令　4　　山口県

受検番号	

数学解答用紙

得点	* 点

＊印の欄には何も記入しないこと。

1 ＊

(1)	(2)	(3)
(4)	(5)	

2 ＊

(1)	$y=$	(2)	
(3)		(4)	

3 ＊

(1)	
(2)	式 { アプリＰ　　MB，アプリＱ　　MB

4 ＊

(1)	cm³	(2)	

5 ＊

(1)　　（個）

(2) 説明

6 ＊

(1) ア　　イ

(2) 解

答え

7 ＊

(1)		(2)	$a=$

8 ＊

(1) 作図

図１

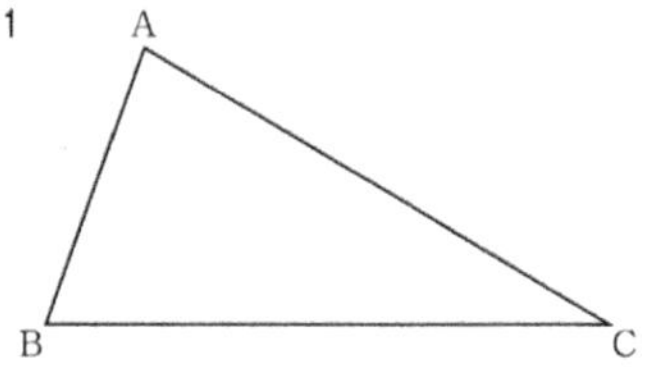

(2) 証明

9 ＊

(1)	およそ　　個	(2)	$x=$

(3) ア 解

答え　　m

イ　　度

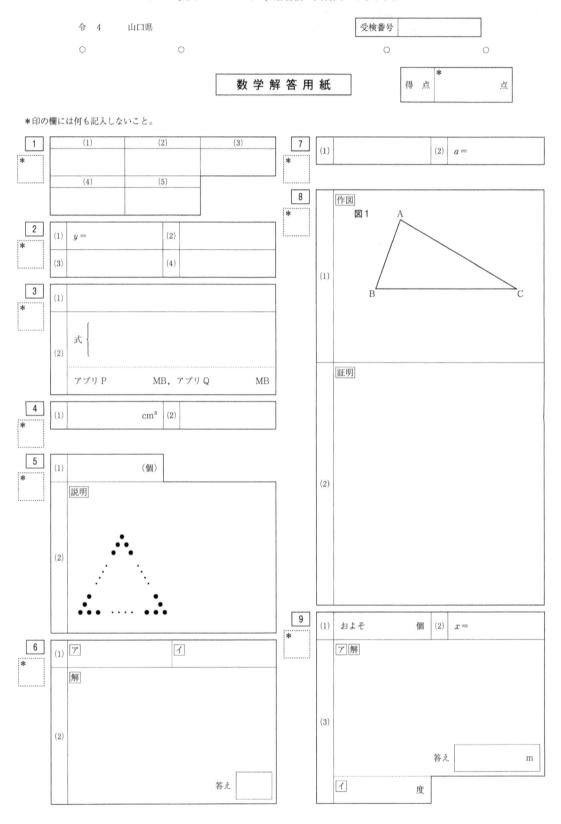

※164％に拡大していただくと，解答欄は実物大になります。

令　4　　山口県

受検番号	

英語解答用紙

得　点	＊　　点

＊印の欄には何も記入しないこと。

1 ＊

	No. 1	No. 2	No. 3	No. 4
テスト1				
	No. 1	No. 2	No. 3	No. 4
テスト2				

テスト3	(A)		(B)		(C)	
	(D)	I ＿＿＿＿＿＿＿＿＿＿＿＿＿＿＿.				

2 ＊

(1)	(A)		(C)		(D)	
(2)						

3 ＊

(1)		
(2)		
(3)		

4 ＊

(1)								
(2)	(a)		(b)		(c)		(d)	
(3)	He should ＿＿＿＿＿＿＿＿＿＿＿＿＿＿＿ and make *tanka* freely.							

5 ＊

(1)	
(2)	
(3)	

6 ＊

					20語
					30語

【記入例】

Hi ,	how	are	you ?	I'm
a	high	school	student	now .

※ 164％に拡大していただくと，解答欄は実物大になります。

令　4　　山口県

受検番号	

理科解答用紙

得　点	＊　　　　点

＊印の欄には何も記入しないこと。

1　＊

(1)	
(2)	

2　＊

(1)	
(2)	図 3 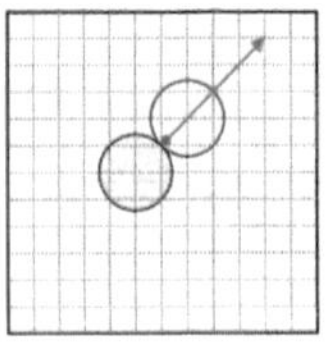

3　＊

(1)	あ	
	い	
(2)		

4　＊

(1)	
(2)	

5　＊

(1)		
(2)		
(3)	ア	
	イ	

6　＊

(1)		
(2)	ア	
	イ	
(3)	方　向	
	根　拠	
(4)		

7　＊

(1)			
(2)			
(3)	ア		
	イ	あ	
		い	
		う	

8　＊

(1)		
(2)		
(3)	ア	
	イ	

9　＊

(1)		
(2)		
(3)		
(4)	あ	
	X	
(5)	い	
	う	

※164％に拡大していただくと，解答欄は実物大になります。

令　4　　山口県

受検番号	

社会解答用紙

得点	＊　点

＊印の欄には何も記入しないこと。

1　＊

(1)		
(2)		
(3)		
(4)	表Ⅰ	
	図Ⅲ	
(5)		
(6)		

2　＊

(1)		
(2)		
(3)		
(4)	ア	
	イ	
	ウ	
	エ	

3　＊

(1)		
(2)	ア	
	イ	
(3)	ア	
	イ	
(4)		
(5)		→　→　→

4　＊

(1)		
(2)	ア	
	イ	
(3)		
(4)		（産業革命によって）
(5)		
(6)		→　→　→

5　＊

(1)	ア	
	イ	あ（　　）年 理由
(2)		
(3)	ア	
	イ	
(4)		
(5)		
(6)		
(7)		

6　＊

(1)		
(2)		→　→
(3)		
(4)	い	
	う	
(5)		
(6)		

※１６４％に拡大していただくと、解答欄は実物大になります。

令四　山口県

国語解答用紙

＊印の欄には何も記入しないこと。

受検番号

得点　＊　点

一　＊
(一)
(二)
(三)
(四)
(五)　Ⅰ　Ⅱ　Ⅲ
(六)

二　＊
(一)
(二)
(三)　〜
(四)
(五)
(六)

三　＊
(一)
(二)
(三)　ア　イ

四　＊
(一)
(二)
(三)

五　＊
(一)　1　い　2　3　4　やかに　5
(二)
(三)　ア　巧詐ハ不ト如カ拙誠ニ。　イ

六　＊

2022年度入試配点表(山口県)

	1	2	3	4	5	計
数学	各1点×5	各2点×4	(1) 2点 (2) 3点(完答)	各2点×2	(1) 1点 (2) 3点	50点
	6	7	8	9		
	(1) 2点(完答) (2) 3点	各2点×2	(1) 3点 (2) 4点	(3) 4点(完答) 他 各2点×2		

	1	2	3	4	5	6	計
英語	テスト3(D) 2点 他 各1点×11	各1点×4	(2) 1点 他 各2点×3	各2点×6	各2点×3	8点	50点

	1	2	3	4	5	計
理科	(1) 2点 (2) 1点	(1) 1点 (2) 2点	(1) 2点(完答) (2) 1点	(1) 1点 (2) 2点	(1) 1点 他 各2点×3	50点
	6	7	8	9		
	(1),(2)ア 各1点×2 他 各2点×3 ((3)完答)	(1),(3)イ 各1点×4 他 各2点×2	(1) 1点 他 各2点×3	(1),(2),(4) 各1点×4 他 各2点×2((5)完答)		

	1	2	3	4	5	6	計
社会	(4),(5) 各2点×2 他 各1点×4	(4)イ 2点 他 各1点×6	(4) 2点 他 各1点×6	(4) 2点 他 各1点×6	(2) 2点 他 各1点×8	(4),(5) 各2点×2 他 各1点×4	50点

	一	二	三	四	五	六	計
国語	(四) 3点 (五)Ⅲ・(六) 各2点×2 他 各1点×5	(一)・(二) 各1点×2 (五) 3点 他 各2点×3	(三) 各2点×2 他 各1点×2	(一) 1点 (二) 3点 (三) 2点	各1点×8	7点	50点

※161％に拡大していただくと，解答欄は実物大になります。

令　3　山口県

受検番号	

数学解答用紙

得点	＊　　点

□には，解答した選択問題の問題番号（4～7のいずれか）を記入すること。

＊印の欄には何も記入しないこと。

1　＊

(1)	(2)	(3)
(4)	(5)	

2　＊

(1)		(2)	
(3)	$y=$	(4)	cm

3　＊

(1)	cm
(2)	説明

＜選択問題＞　□　＊

(1)		(2)	
(3)			

＜選択問題＞　□　＊

(1)		(2)	
(3)			

＜選択問題＞　□　＊

(1)		(2)	
(3)			

8　＊

(1)	
(2)	式 $a=$　　，$b=$

9　＊

(1)　作図

図1

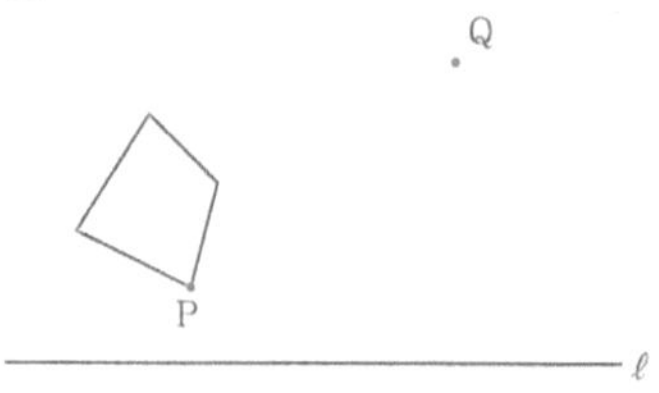

(2)　証明

10　＊

(1)	
(2)	解 答え　　個
(3)	cm

※ 167％に拡大していただくと，解答欄は実物大になります。

令　3　　山口県

受検番号	

英語解答用紙

得　点	＊　　　点

□には，解答した選択問題の問題番号（2～5のいずれか）を記入すること。

＊印の欄には何も記入しないこと。

1 ＊

テスト1	No. 1	No. 2	No. 3	No. 4
テスト2	No. 1	No. 2	No. 3	No. 4

テスト3	(A)		(B)		(C)	
	(D)	We will ______.				

≪選択問題≫ □ ＊

(1)	(A)	
(2)	(B)	(　　)
(3)	(C)	(D)

≪選択問題≫ □ ＊

(1)	(A)	
(2)	(B)	(　　)
(3)	(C)	(D)

≪選択問題≫ □ ＊

(1)	(A)	
(2)	(B)	(　　)
(3)	(C)	(D)

6 ＊

(1)	(A)	______ in your family?
(2)	(B)	
(3)	(C)	
(4)		

7 ＊

(1)					
(2)	(a)		(b)		
(3)	①		②		③

8 ＊

(1)	(A)		(B)		(C)	
(2)	(D)	______?				

※ 154%に拡大していただくと，解答欄は実物大になります。

令　3　　山口県

受検番号	

理科解答用紙

得　点	＊　　点

□には，解答した選択問題の問題番号（1～4のいずれか）を記入すること。

＊印の欄には何も記入しないこと。

≪選択問題≫

□ ＊	
(1)	
(2)	
(3)	

≪選択問題≫

□ ＊	
(1)	
(2)	
(3)	

≪選択問題≫

□ ＊	
(1)	
(2)	
(3)	

5 ＊

(1)	
(2)	
(3)	
(4)	

6 ＊

(1)		
(2)		
(3)	ア	
	イ	

7 ＊

(1)	
(2)	
(3)	
(4)	

8 ＊

(1)		
(2)		
(3)	該当する部分	図1 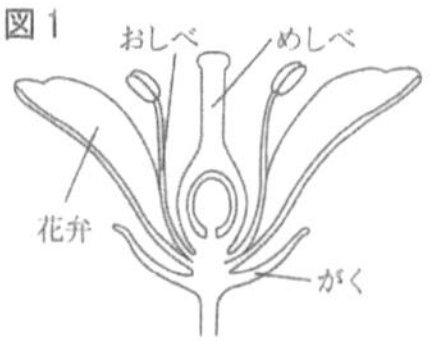
	名　称	
(4)		

9 ＊

(1)			
(2)			Wh
(3)	ア		
	イ	あ	
		い	

※ 167％に拡大していただくと，解答欄は実物大になります。

令　3　　山口県

受検番号	

社会解答用紙

得点	＊　　点

□には，解答した選択問題の問題番号（1～4のいずれか）を記入すること。

＊印の欄には何も記入しないこと。

≪選択問題≫

□　＊

(1)	
(2)	
(3)	

≪選択問題≫

□　＊

(1)	
(2)	
(3)	

≪選択問題≫

□　＊

(1)	
(2)	
(3)	

5　＊

(1)	
(2)	
(3)	
(4)	
(5)	
(6)	
(7)	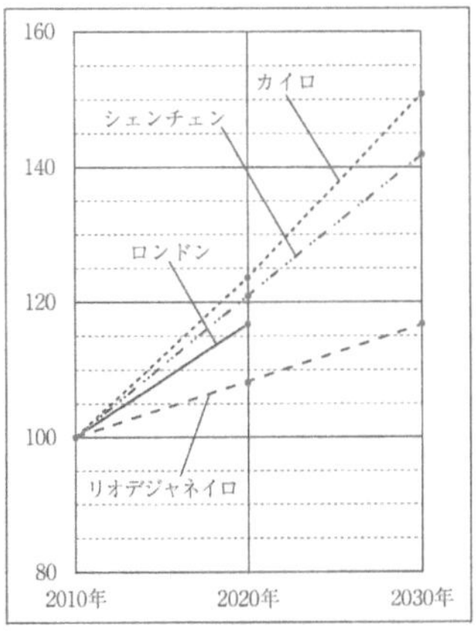

6　＊

(1)	ア	
	イ	a（　　　）　b（　　　）
(2)		
(3)		
(4)		
(5)		.
(6)		

7　＊

(1)	
(2)	
(3)	
(4)	
(5)	
(6)	
(7)	

8　＊

(1)		
(2)		
(3)		
(4)		
(5)	ア	
	イ	
(6)		
(7)		

山口県公立高校　２０２１年度

※１６４%に拡大していただくと、解答欄は実物大になります。

令三　山口県

受検番号

国語解答用紙

□には、解答した選択問題の問題番号（三～六のいずれか）を記入すること。
＊印の欄には何も記入しないこと。

得点 ＊ 点

一 ＊

(一) 画め
(二) 1 2
(三)
(四)
(五)
(六)
(七)

二 ＊

(一) 1 われ 2 3 んで 4
(二)
(三)
(四)
(五)
(六)

〈選択問題〉 ＊

(一)
(二)
(三)

〈選択問題〉 ＊

(一)
(二)
(三)

〈選択問題〉 ＊

(一)
(二)
(三)

七 ＊

(一)
(二)

2021年度入試配点表(山口県)

数学	1	2	3	4	5	計
	各1点×5	各2点×4	各2点×2	(1) 1点 他 各2点×2	(1) 1点 他 各2点×2	50点
	6	7	8	9	10	
	(1) 1点 他 各2点×2	(1) 1点 他 各2点×2	(1) 1点 (2) 3点	(1) 3点 (2) 4点	(2) 3点 他 各2点×2	

英語	1	2	3	4	計
	テスト3(D) 2点 他 各1点×11	(2)(B) 2点 他 各1点×3	(2)(B) 2点 他 各1点×3	(2)(B) 2点 他 各1点×3	50点
	5	6	7	8	
	(2)(B) 2点 他 各1点×3	(4) 各1点×2 他 各2点×3	(3) 各2点×3 他 各1点×3	(2)(D) 2点 他 各1点×3	

理科	1	2	3	4	5	計
	(1) 1点 他 各2点×2	(1) 1点 他 各2点×2	(1) 1点 他 各2点×2	(1) 1点 他 各2点×2	(1) 1点 他 各2点×3	50点
	6	7	8		9	
	(1) 1点 他 各2点×3	(2) 1点 他 各2点×3	(1),(3)該当する部分・名称 各1点×3 他 各2点×2		(1) 1点 他 各2点×3 ((3)イ完答)	

社会	1	2	3	4	計
	(2) 1点 他 各2点×2	(2) 1点 他 各2点×2	(2) 1点 他 各2点×2	(2) 1点 他 各2点×2	50点
	5	6	7	8	
	(5),(7) 各2点×2 他 各1点×5	(1)イ,(4) 各2点×2 他 各1点×5	(5) 2点 他 各1点×6	(5)イ 2点 他 各1点×7	

国語	一	二	三	四	五	六	七	計
	(四)・(五)・(七) 各2点×3 (六) 3点 他 各1点×4	(一)・(二) 各1点×5 (四) 3点 他 各2点×3	(一) 1点 他 各2点×2	(一) 1点 他 各2点×2	(一) 1点 他 各2点×2	(一) 1点 他 各2点×2	(一) 1点 (二) 7点	50点

令　2　　山口県

受検番号	

数学解答用紙

得　点	＊　　　点

＊印の欄には何も記入しないこと。

1 ＊

(1)	(2)	(3)
(4)	(5)	

2 ＊

(1)	$y=$	(2)	
(3)	$b=$	(4)	cm^3

3 ＊

(1)		(2)	分

4 ＊

(1)	(　　　，5)，(　　　，5)
(2)	個

5 ＊

(1)	$m=$	$n=$
(2)	解 答え	

6 ＊

作図

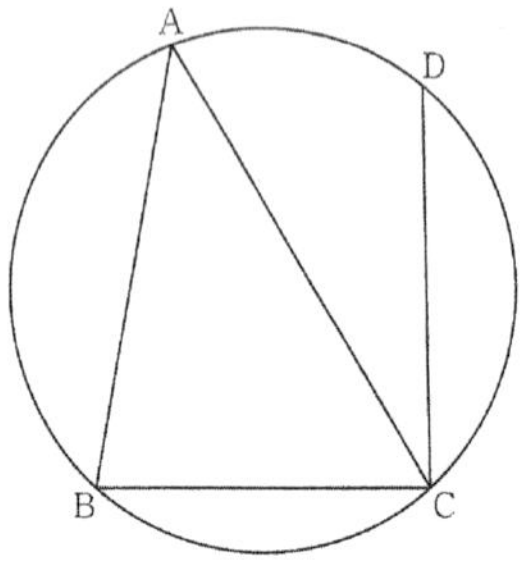

7 ＊

(1)	行目の　　　列目
(2)	式 説明

8 ＊

(1)	
(2)	証明
(3)	cm

9 ＊

(1)	(ア)	式 携帯電話　　台，ノートパソコン　　台
	(イ)	a　　b
(2)	(ア)	m
	(イ)	社，最大　　枚

※この解答用紙は167％に拡大していただきますと，実物大になります。

令　2　　　山口県

受検番号	

学校指定教科検査（数学）解答用紙

得　点	点

1

(1)	(ア)		人
	(イ)	「山」の人文字をつくるのに必要な人数	（人）
		「口」の人文字をつくるのに必要な人数	（人）
(2)	(ア)	式 $r=$	
		グラフ	
(2)	(イ)		m
		作図 図 4	

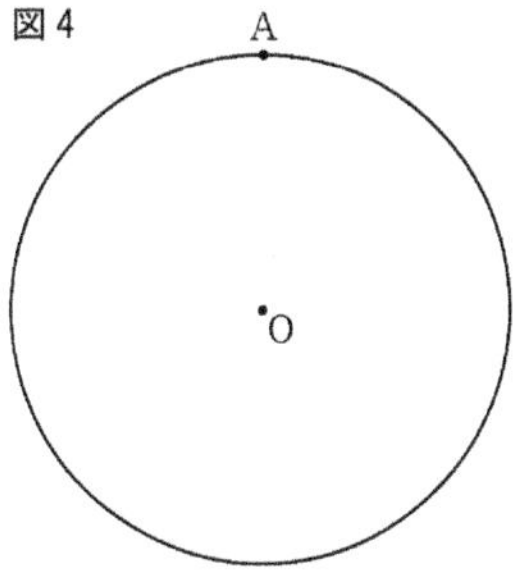

※この解答用紙は154％に拡大していただきますと，実物大になります。

令　2　　山口県

受検番号	

英語解答用紙

得　点	* 点

＊印の欄には何も記入しないこと。

1　＊

テスト1	No. 1	No. 2	No. 3	No. 4

テスト2	No. 1	No. 2	No. 3	No. 4

テスト3						
(A)	It was a present given ________ when she was in elementary school.					
(B)		(C)		(D)		

2　＊

(1)	(A)		(C)		(E)	
(2)	(B)					
(3)	(D)	Each *wagashi* in this shop is so ________ it.				

3　＊

(1)	(A)	________ with me?
(2)	(B)	
(3)	(C)	
(4)		
(5)		

4　＊

(1)						
(2)	(a)		(b)		(c)	
(3)	①		②		③	

5　＊

(1)	(A)		(B)		(C)	
(2)	(D)	________.				

※この解答用紙は154％に拡大していただきますと，実物大になります。

令 2 山口県

受検番号	

学校指定教科検査（英語）解答用紙

得 点	点

1

(1)	(A)	→ →
(2)	(B)	
(3)	(C)	
(4)	________________ the information?	
(5)	I usually ________________. 20語 30語	

（記入例）

Hi , how are you ? I'm
a high school student now .

※この解答用紙は159％に拡大していただきますと，実物大になります。

令　2　　山口県

受検番号	

理科解答用紙

得　点	＊　　　　点

＊印の欄には何も記入しないこと。

1 ＊

(1)	
(2)	

2 ＊

(1)	
(2)	

3 ＊

(1)	
(2)	

4 ＊

(1)	
(2)	

5 ＊

(1)	a	
	b	
(2)		
(3)		
(4)		

6 ＊

(1)		
(2)	g	
(3)		
(4)	バリウムイオン	硫酸イオン

7 ＊

(1)	倍
(2)	図4 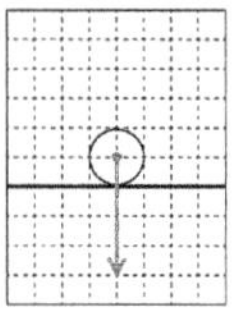
(3)	
(4)	

8 ＊

(1)		
(2)		
(3)		
(4)	区間	地層にはたらいた力

9 ＊

(1)		
(2)		
(3)	あ	
	い	
(4)		

※この解答用紙は167％に拡大していただきますと，実物大になります。

令 2　　山口県

受検番号	

社会解答用紙

得点	* 点

＊印の欄には何も記入しないこと。

1

＊

(1)	
(2)	
(3)	

2

＊

(1)	
(2)	
(3)	

3

＊

(1)	
(2)	
(3)	

4

＊

(1)	
(2)	
(3)	世紀
(4)	
(5)	
(6)	
(7)	→ →
(8)	

5

＊

(1)	
(2)	
(3)	
(4)	
(5)	

6

＊

(1)	あ		い		う	
(2)						
(3)						
(4)	ア	州				
	イ	a		b		
	ウ					
(5)	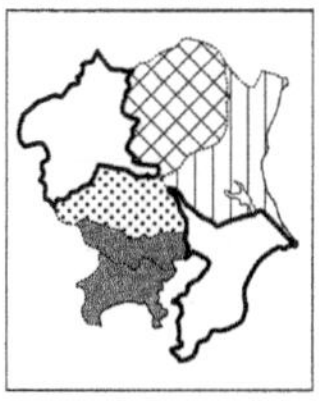					

7

＊

(1)	ア	
	イ	
	ウ	
	エ	
(2)	ア	
	イ	
	ウ	
	エ	
	オ	
	カ	

※この解答用紙は167％に拡大していただきますと，実物大になります。

令二　山口県

国語解答用紙

＊印の欄には何も記入しないこと。

受検番号

得点　＊　点

一　＊
(一) 画
(二)
(三)
(四)
(五)
(六)
(七)

二　＊
(一) 1　2 なく
(二)
(三)
(四)
(五)
(六)
(七) Ⅰ　Ⅱ

三　＊
(一)
(二)
(三)

四　＊
(一) 聖人終身言フモ治ヲ
(二)
(三) Ⅰ　Ⅱ

五　＊
1 て　2　3 び　4　5

六　＊
(一)
(二)

※この解答用紙は167％に拡大していただきますと、実物大になります。

令二　山口県

学校指定教科検査（国語）解答用紙

受検番号

得点　　点

一

(一)		
(二)	実在する事物A	
	非実在の事物B	
(三)		
(四)	Ⅰ	
	Ⅱ	

※この解答用紙は143％に拡大していただきますと、実物大になります。

2020年度入試配点表(山口県)

数学	1	2	3	4	5	計
	各1点×5	各2点×4	各2点×2	各2点×2 ((1)完答)	(1)　2点(完答) (2)　3点	50点
	6	7	8	9		
	3点	(1)　1点 (2)　4点	(1)　1点 (2)　4点 (3)　2点	(1)(ア)　3点　(イ)　2点(完答) (2)　各2点×2((イ)完答)		

学校指定教科検査

数学	1	計
	(1)(ア)　2点　(イ)　4点(完答) (2)(ア)　3点(完答)　(イ)　各3点×2	15点

英語	1	2	3	4	5	計
	テスト3(A)　2点 他　各1点×12	(3)　2点 他　各1点×4	各2点×6	各2点×7	(2)　2点, 他　各1点×3	50点

学校指定教科検査

英語	1	計
	(4)　3点　(5)　6点 他　各2点×3	15点

理科	1	2	3	4	5	計
	(1)　1点 (2)　2点	(1)　1点 (2)　2点	(1)　1点 (2)　2点	(1)　1点 (2)　2点	(1)　各1点×2 他　各2点×3	50点
	6	7	8	9		
	(1)　1点 他　各2点×3 ((4)完答)	各2点×4	(1)　1点 他　各2点×3 ((4)完答)	(1)　1点　(3)　3点(完答) 他　各2点×2		

社会	1	2	3	4	5	6	7	計
	各1点×3	各1点×3	各1点×3	(4),(7) 各2点×2 他　各1点×6	(4),(5) 各2点×2 他　各1点×3	(4)イ・ウ,(5) 各2点×3 他　各1点×4	(1)エ,(2)イ・エ・カ 各2点×4 他　各1点×6	50点

国語	一	二	三	四	五	六	計
	(一)・(二)・(四) 各1点×3 (六)　3点 他　各2点×3	(一)~(四) 各1点×5 (七)Ⅱ　3点 他　各2点×3	(一)　1点 他　各2点×2	(三)Ⅰ　2点 他　各1点×3	各1点×5	(一)　2点 (二)　7点	50点

学校指定教科検査

国語	一	計
	(三)　5点 他　各2点×5	15点

平　31　　山口県

受検番号	

数学解答用紙

得　点	点

1

(1)	(2)	(3)
(4)	(5)	

2

(1)		(2)	
(3)	度	(4)	$a=$

3

(1)	g
(2)	式
	豆腐の重さ　　　g，牛ひき肉の重さ　　　g

4

ア

イ　解

答え

ウ

5

(1)	倍	(2)	
(3)	倍		

6

(1) 作図　図2

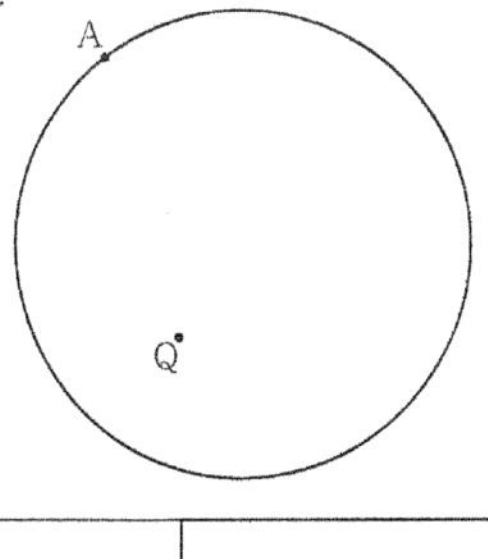

(2) cm

7

(1)	$a=$	， $b=$		
(2)	(ア)		(イ)	

8

(1)	$x=$
(2)	式
	説明

9

(1)	証明
(2)	cm

※この解答用紙は161％に拡大していただきますと，実物大になります。

平　31　　山口県

受検番号	

学校指定教科検査（数学）解答用紙

得　点	点

1

(1)	(ア)	作図 図 3 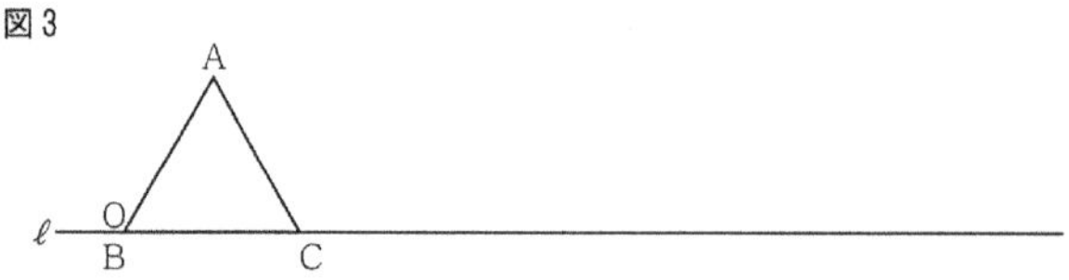
	(イ)	cm
(2)	(ア)	cm
	(イ)	$y=$

2

(1)		
(2)	個	
(3)	ア	イ

※この解答用紙は156％に拡大していただきますと，実物大になります。

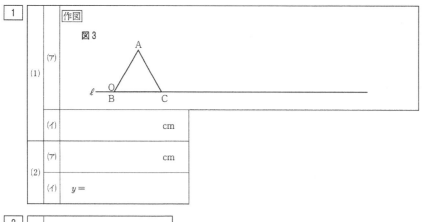

平　31　　山口県

受検番号	

英語解答用紙

得　点	点

1

	No. 1	No. 2	No. 3	No. 4
テスト1				

	No. 1	No. 2	No. 3	No. 4
テスト2				

テスト3	(A)		(B)	
	(C)	______ in the sea.		
	(D)			

2

(1)	(a)		(b)	
(2)	(a)		(b)	
(3)	Last year, ______.			

3

(1)	(A)	
(2)	(B)	But ______ about different cultures?
(3)	(C)	
(4)		

4

(1)						
(2)	(A)					
(3)	(a)		(b)		(c)	
(4)	①		②		③	

5

(1)	(A)		(B)		(C)	
(2)	(D)	I hope ______.				

※この解答用紙は156％に拡大していただきますと，実物大になります。

平　31　　山口県

受検番号	

学校指定教科検査（英語）解答用紙

得　点	点

1

(1)	(A)	→ →		
(2)	(B)		(C)	
(3)	＿＿＿＿ in Japan?			
(4)				

20語

35語

（記入例）

Hi	,	how	are	you	?	I'm	
a		high	school	student		now	

※この解答用紙は156％に拡大していただきますと，実物大になります。

平　31　　山口県

受検番号	

理科解答用紙

得　点	点

1

(1)		
(2)	名称	記号

2

(1)	g
(2)	

3

(1)	
(2)	%

4

(1)	A	B
(2)		

5

(1)	
(2)	
(3)	個
(4)	

6

(1)				
(2)	ア	cm/s		
	イ			
(3)	(イ)	（　　）側	(ウ)	（　　）側
(4)				

7

(1)		
(2)		
(3)		
(4)	ア	図2
	イ	

図2

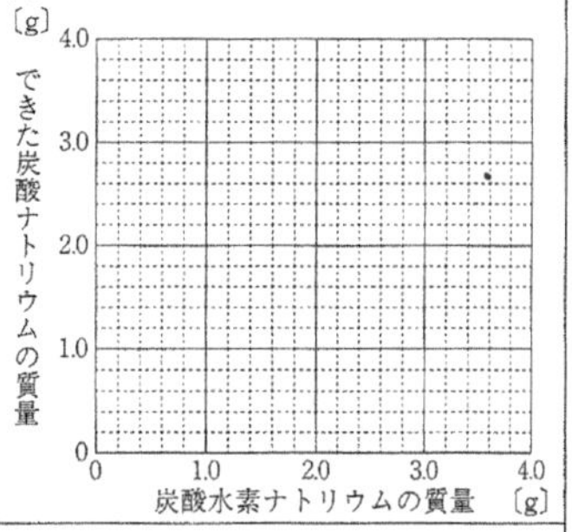

8

(1)	図1	
(2)		
(3)		
(4)	A	B

図1

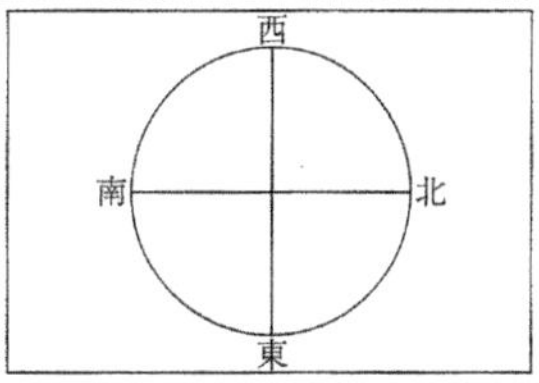

9

(1)				
(2)				
(3)				
(4)	あ			
	a	b	c	d

※この解答用紙は167%に拡大していただきますと，実物大になります。

平　31　　山口県

受検番号	

社会解答用紙

得　点	点

1

(1)	
(2)	
(3)	

2

(1)	
(2)	
(3)	

3

(1)	
(2)	
(3)	

4

(1)	ア	
	イ	
(2)	ア	
	イ	
(3)	ア	
	イ	
(4)		
(5)		班

5

(1)		
(2)	ア	
	イ	
(3)		
(4)		
(5)		A（　　）B（　　）C（　　）
(6)		

6

(1)	ア	(ア)	
		(イ)	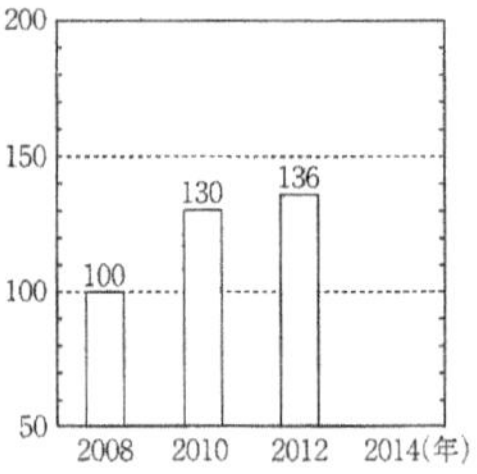
	イ		
(2)	ア		
	イ	(ア)	
		(イ)	
		(ウ)	

7

(1)		
(2)		
(3)	【人物】	
	【運動】	
(4)		
(5)		
(6)	ア	
	イ	

※この解答用紙は167%に拡大していただきますと，実物大になります。

平 三十一 山口県

国語解答用紙

受検番号

得点 点

一
(一) 画め
(二)
(三)
(四)
(五)
(六)
(七)

二
(一) 1 2 け
(二)
(三)
(四)
(五) I II
(六)

三
(一)
(二)
(三)

四
(一) 不ず 可ベカラ 入ル
(二) I II

五
1 やか
2
3
4
5

六
(一)
(二)

※この解答用紙は164%に拡大していただきますと、実物大になります。

平 三十一 山口県

学校指定教科検査（国語）解答用紙

受検番号

得点　　点

一

(一)

(二)

(三) 「しんじつ」には、

(四) Ⅰ Ⅱ Ⅲ Ⅳ

※この解答用紙は１４５％に拡大していただきますと、実物大になります。

2019年度入試配点表(山口県)

数学	1	2	3	4	5	計
	各1点×5	各2点×4	(1)　1点 (2)　3点	5点(完答)	(1)　1点 他　各2点×2	50点
	6	7	8	9		
	(1)　3点 (2)　2点	各2点×3 ((1)完答)	(1)　2点 (2)　4点	(1)　4点 (2)　2点		

学校指定教科検査

数学	1	2	計
	(1)(ア)　3点　(2)(ア)　1点 他　各2点×2	(1)　1点 他　各2点×3	15点

英語	1	2	3	4	5	計
	テスト3(C)　2点 他　各1点×11	(3)　2点 他　各1点×4	各2点×5	各2点×8	(2)　2点, 他　各1点×3	50点

学校指定教科検査

英語	1	計
	(3)　3点　(4)　6点 他　各2点×3	15点

理科	1	2	3	4	5	計
	(1)　1点 (2)　2点(完答)	(1)　2点 (2)　1点	(1)　1点 (2)　2点	(1)　1点(完答) (2)　2点	(2)　1点 他　各2点×3	50点
	6	7	8	9		
	(1),(4)　各1点×2 他　各2点×3 ((3)完答)	(1)・(3)　各1点×2 他　各2点×3	(1)　1点 他　各2点×3 ((4)完答)	(1)・(2)・(4)あ　各2点×3 他　各1点×2((4)a・b・c・d完答)		

社会	1	2	3	4	5	6	7	計
	各1点×3	各1点×3	各1点×3	(1),(2)ア,(3) 各1点×5 他　各2点×3	(2)イ・(3) 各2点×2 他　各1点×5	(1)ア(ア),(2)イ (ア)・(イ) 各1点×3 他　各2点×4	(2),(6)イ 各2点×2 他　各1点×6	50点

国語	一	二	三	四	五	六	計
	(一)～(三) 各1点×3 (四)　3点 他　各2点×3	(一)・(三) 各1点×3 (五)Ⅱ　3点 他　各2点×4	(一)　1点 (二)　3点 (三)　2点	(二)Ⅰ　2点 他　各1点×2	各1点×5	(一)　2点 (二)　7点	50点

学校指定教科検査

国語	一	計
	(三)・(四)Ⅲ・Ⅳ　各3点×3 他　各2点×3	15点

MEMO

大切なことはメモしておこうネ！

MEMO

大切なことはメモしておこうネ！

公立高校入試シリーズ

NEW

長文読解・英作文　公立高校入試対策

実戦問題演習・公立入試の英語　基礎編

- ヒント入りの問題文で「解き方」がわかるように
- 総合読解・英作文問題へのアプローチ手法を出題ジャンル形式別に丁寧に解説
- 全国の公立高校入試から問題を厳選
- 文法・構文・表現の最重要基本事項もしっかりチェック

定価：1,100 円（本体 1,000 円 + 税 10%）／ ISBN：978-4-8141-2123-6　C6300

NEW

旧版『公立入試の英語』をリニューアル！

長文読解・英作文　公立難関・上位校入試対策

実戦問題演習・公立入試の英語　実力錬成編

- 総合読解・英作文問題へのアプローチ手法を出題ジャンル形式別に徹底解説
- 全国の公立高校入試、学校別独自入試から問題を厳選
- 出題形式に合わせた英作文問題の攻略方法で「あと１点」を手にする
- 文法・構文・表現の最重要基本事項もしっかりチェック

定価：1,320 円（本体 1,200 円 + 税 10%）／ ISBN：978-4-8141-2169-4　C6300

脱０点から満点ねらいまでステップアップ構成

目標得点別・公立入試の数学

- 全国の都道府県から選び抜かれた入試問題と詳しくわかりやすい解説
- ステージ問題で実力判定⇒リカバリーコースでテーマごとに復習⇒コースクリア問題で確認⇒ 次のステージへ
- ステージをクリアして確実な得点アップを目指そう
- 実力判定　公立入試対策模擬テスト付き

定価：1,045 円（本体 950 円 + 税 10%）／ ISBN：978-4-8080-6118-0　C6300

解き方がわかる・得点力を上げる分野別トレーニング

実戦問題演習・公立入試の理科

- 全国の公立高校入試過去問からよく出る問題を厳選
- 基本問題から思考・表現を問う問題まで重要項目を実戦学習
- 豊富なヒントで解き方のコツがつかめる
- 弱点補強、総仕上げ……短期間で効果を上げる

定価：1,045 円（本体 950 円 + 税 10%）／ ISBN：978-4-8141-0454-3　C6300

弱点を補強し総合力をつける分野別トレーニング

実戦問題演習・公立入試の社会

- 都道府県公立高校入試から重要問題を精選
- 分野別総合問題、分野複合の融合問題・横断型問題など
- 幅広い出題形式を実戦演習
- 豊富なヒントを手がかりに弱点を確実に補強

定価：1,045 円（本体 950 円 + 税 10%）／ ISBN：978-4-8141-0455-0　C6300

解法＋得点力が身につく出題形式別トレーニング

形式別演習・公立入試の国語

- 全国の都道府県入試から頻出の問題形式を集約
- 基本～標準レベルの問題が中心⇒基礎力の充実により得点力をアップ
- 問題のあとに解法のポイントや考え方を掲載しわかりやすさ、取り組みやすさを重視
- 巻末には総合テスト、基本事項のポイント集を収録

定価：1,045 円（本体 950 円 + 税 10%）／ ISBN：978-4-8141-0453-6　C6300

高校受験用特訓シリーズ問題集

国語

▽国語長文難関徹底攻略30選

「練習問題」「実戦問題」の2ステップ方式

長文の読解力・記述問題の攻略法を培う

定価2,200円

古文完全攻略63選△

読解・文法・語彙・知識・文学史まで

この一冊で完全網羅

定価1,540円

▽国語融合問題完全攻略30選

説明文 論説文に古文 詩歌 文学史の重要事項を

融合させた現代文の新傾向を徹底分析

定価1,540円

英語

▽英文法難関攻略20選

基礎の徹底から一歩先の文法事項まで

難関校突破に必要な高度な文法力が確実に身につく

定価1,760円

英語長文難関攻略30選△

「取り組みやすい長文」→→「手ごたえのある長文」

へステップアップ方式

本文読解のための詳しい構文・文法解説・全訳を掲載

定価1,540円

▽英語長文テーマ別

難関攻略30選

全国最難関校の英語長文より

高度な内容の長文を厳選してテーマ別に分類

定価1,760円

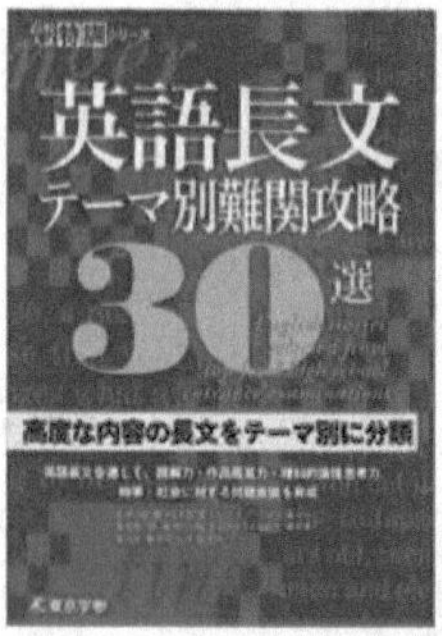

数学

▽数学難関徹底攻略700選

難関校受験生向けに

最新入試問題を厳選

問題編の3倍に及ぶ

充実した解説量

定価2,200円

▽図形と関数・グラフの融合問題

完全攻略272選

最新入試頻出問題を厳選

基礎編→応用編→実践編の

テーマ別ステップアップ方式

この一冊で苦手な「関数」を

完全克服

定価1,650円

東京学参株式会社

〒153-0043　東京都目黒区東山2-6-4

TEL.03-3794-3154　FAX.03-3794-3164

〈リスニング問題の音声について〉

本問題集掲載のリスニング問題の音声は、弊社ホームページでデータ配信しております。

現在お聞きいただけるのは「2024年度受験用」に対応した音声で、2024年3月末日までダウンロード可能です。弊社ホームページにアクセスの上、ご利用ください。

※本問題集を中古品として購入された場合など、配信期間の終了によりお聞きいただけない年度がございますのでご了承ください。

山口県公立高校　2024年度

ISBN978-4-8141-2877-8

発行所　東京学参株式会社

〒153-0043　東京都目黒区東山2-6-4
URL　https://www.gakusan.co.jp

編集部　E-mail　hensyu@gakusan.co.jp

※本書の編集責任はすべて弊社にあります。内容に関するお問い合わせ等は、編集部まで、メールにてお願い致します。なお、回答にはしばらくお時間をいただく場合がございます。何卒ご了承くださいませ。

営業部　TEL　03 (3794) 3154
FAX　03 (3794) 3164
E-mail　shoten@gakusan.co.jp

※ご注文・出版予定のお問い合わせ等は営業部までお願い致します。

2023年6月27日　初版